수제비 2026
정보처리기사
필기 기출문제집

저자: 윤영빈, 서용욱, 박인상, 정상온

수제비 출판사

- **안경환** 기술사(NCS 정보통신 분야 집필위원, 정보관리기술사, 한국정보통신기술사회 홍보소통 부위원장, (주)파인트리커뮤니케이션즈 수석연구원, 정보시스템 수석감리원)
- **배홍진** 기술사(정보관리기술사, 삼성SDS, HR SaaS 구축 및 확산)
- **문광석** 기술사(정보관리기술사, 코리안리 IT파트, ISMS-P인증심사원, 과기정통부 사이버보안전문단)
- **양해용** 기술사(정보관리기술사, 삼성SDS 데이터센터 보안그룹)

- **윤영빈** 기술사(정보관리기술사, 정보시스템 수석감리원, 정보처리기사, 정보보안기사, 전자계산기조직응용기사, 전자계산기기사, 정보통신기사, 무선설비기사, 임베디드기사, 품질경영기사, 전기공사기사, 수제비 시리즈 대표 저자)
- **서용욱** 기술사(정보관리기술사, 빅데이터 분야 개인정보보호 전문가, 수제비 시리즈 대표 저자)
- **박인상** 기술사(정보관리기술사, 정보시스템 수석감리원, 한이음 ICT 멘토, 정보통신기획평가원(IITP) 평가위원, 수제비 시리즈 대표 저자)
- **정상온**(애플리케이션 개발 PM, 정보처리분야 전문 강사, 보안 교육 강사)

수제비 2026
정보처리기사
필기 기출문제집

2025년 12월 8일 제1판 제1쇄 발행

지은이 | 윤영빈, 서용욱, 박인상, 정상온
발행인 | 이에스더
편집 · 제작 | 수제비 출판사
표지디자인 | 수제비 출판사
공급처 | 수제비 출판사(https://cafe.naver.com/soojebi)
주   소 | 인천시 서구 청라한내로 40 592
등   록 | 제2024-000030호, 2024. 5. 23

ISBN 979-11-995510-0-8 14500

값 22,000원

- 본 수험서를 복제 · 변형하여 판매 · 배포 · 전송하는 일체의 행위를 금하며, 이를 위반할 경우 저작권법 등에 따라 처벌받을 수 있습니다.

저자와의 협의하에 인지생략

초단기 합격을 위한 '수제비' 정보처리기사
필기 기출문제집

수제비 정보처리기사 필기 기출문제집은 초단기 합격을 위해 최적화된 수험서입니다. 2020년 이전부터 2025년 3회까지의 기출문제를 철저히 분석하여, 시험에 출제될 가능성이 높은 내용만을 담은 단기 합격용 초압축 수험서입니다. 시간이 부족한 IT 비전공자라도 이 책 한 권으로 필기 합격의 기쁨을 경험할 수 있습니다.

첫째 최단기 합격을 위해 꼭 필요한 내용만을 담백하게!

수제비 집필진의 오랜 연구를 통해 정보처리기사 합격까지의 최단기 솔루션을 제안합니다. 다양한 모듈에서 시험 출제 빈도를 분석하여 출제 비중이 높고 최근 시험에 반영된 문제를 중심으로 구성하였습니다.

둘째 CBT 시험에 대응할 수 있는 최신 기출문제 수록 및 유튜브 기출 해설 동영상 제공

최근 필기시험이 CBT(Computer Based Test)로 변화됨에 따라 기존 시험과 달리 시험지 제공이 되지 않아 어떤 문제가 출제되었는지 고민되셨죠? 수제비 집필진이 직접 시험에 응시하여 복원한 최신 기출문제를 수록하였습니다. 수록 문제를 모두 풀었다면 합격에 90% 이상은 도달한 것이라 자부합니다!

헷갈리는 문제는 수제비 유튜브를 통해 상세한 해설을 제공해 드리고 있습니다. 일타 강사님들의 족집게 강의, 영상을 통해 공부하시면 정보처리기사의 빠른 정복이 가능합니다.

셋째 시간이 부족한 수험생 입장에서 제대로 쓴 문제집!

IT 비전공자가 정보처리기사를 보는 이유는 대부분 각종 채용시험의 가산점을 받기 때문일 것입니다. 시간은 항상 부족하고 이번에 따지 못하면 다가오는 기업·공무원 채용시험의 가산점을 받지 못해 결국 시험에서 떨어지는 악순환! 벼랑 끝의 심정으로 공부에 매진하는 수험생 여러분들의 마음을 최대한 이해하고 좀 더 친절하게 설명할 수 있도록 집필하였습니다.

넷째 집필진이 상주하는 수제비 학습 지원센터(cafe.naver.com/soojebi)

책으로 학습하는데 잘 이해가 되지 않거나 궁금한 사항이 있을 때, 수제비 학습지원센터를 이용해 보세요! 집필진은 수험생의 궁금한 점을 풀어주기 위해 커뮤니티에 상주해서 실시간으로 수험생의 궁금증을 해결해 드리고 있습니다.

또한, 커뮤니티에서는 수험생들을 위한 공부 비법, 학습을 돕는 수제 암기 노트, 합격생들의 합격 비법이 압축된 수험생 Tip, 공부하는 습관을 길러주는 명품 Daily 문제 등을 제공하고 있습니다. 시험 회차마다 수제비의 꽃 '두음쌤'은 시험 문제를 맞히는 데 도움을 주었고, 'CBT 기출 복원 문제'에서 같은 문제가 다수 출제되었습니다. 시험 당일 가장 빠른 기출문제의 복원 및 총평, 향후 공부 방향 등을 제시합니다. 13만 명 이상의 수험생들이 함께 공부하면서 정보를 공유하는 집단지성의 커뮤니티는 여러분의 단기 합격을 견인할 것입니다.

다섯째 정보처리기사 수험생들의 추천으로 검증된 책!

2026년 필기시험을 대비하여 개정한 본 도서는 2025년 CBT 기출 복원 문제를 분석·적용해서 최적의 수험서로 진화했습니다. 수제비 집필진은 2020년부터 책, 인강, 커뮤니티를 통해 다수의 합격자를 배출하고 있습니다.

본 도서는 개정 이후의 기출문제를 정밀하게 분석하고 문제의 정확도와 완성도를 한층 끌어올려, 수험생이 보다 효율적으로 학습할 수 있도록 체계적으로 구성한 책입니다.

끝으로 이 책을 통해 학습하는 모든 수험생 여러분이 급변하는 출제 기준에도 당당히 최단기 합격을 할 수 있도록 서포트 하겠습니다.

저자 일동

> 2026 수제비 정보처리기사 필기 기출문제집의 표지는 체코 "프라하"입니다.
> 공부가 마치 여행처럼 즐거운 경험이 되기를 바라는 마음으로, 프라하를 표지로 선정했습니다.

기출문제집을 활용한 초단기 합격 전략

첫째 공부 방법

- 합격은 기출문제에 대한 철저한 이해로 시작됩니다. 수제비 기출문제집은 기출문제의 핵심 포인트를 정리하여 시험에 나올 가능성이 높은 문제를 집중적으로 학습할 수 있도록 돕습니다.
- 문제 풀이 후 해설을 통해 오답을 분석하며 이해도를 높이는 것이 중요합니다. 기출문제집을 반복 학습하며 실력을 쌓아가세요.
- PDF 수제 암기장을 활용하여 언제 어디서나 학습할 수 있습니다.

둘째 유튜브 활용

- 수제비 유튜브 채널을 통해 기출문제 풀이 및 데일리 문제 풀이 영상을 시청하세요.
- 유튜브에서 제공하는 문제 풀이 영상을 통해 실시간으로 풀이 방법을 배우고, 부족한 부분은 다시 보고 복습할 수 있습니다.

셋째 커뮤니티 이용

- 수제비 커뮤니티에서 다른 수험생들과 정보를 공유하고, 자주 출제되는 문제나 중요한 개념에 대해 토론해 보세요.
- 커뮤니티를 통해 최신 기출문제 및 시험 동향을 파악하고, 문제 풀이의 다양한 접근 방법을 배울 수 있습니다.

수제비가 제공하는 최고의 합격 지원 서비스

첫째 정보처리기사 대표 커뮤니티를 통한 실시간 학습 지원

- 정보처리기사 대표 커뮤니티인 수제비 카페(cafe.naver.com/soojebi)는 선택이 아니고, 필수입니다. 꼭 가입하셔서 이용하세요!
- 수험생들을 위한 공부 비법, 학습을 돕는 두음쌤 pdf, 합격생들의 합격 비법이 압축된 수험생 Tip, 시험을 통해 검증된 수제비 족보, 그것이 알고 싶다(Q&A), 각종 IT 관련 자료, 시험 일정, 공식 스터디 등 다양한 콘텐츠를 제공합니다.
- 질의응답을 올려주시면 최대한 빨리 답변을 드리는 One-Stop 수험자 맞춤 서비스를 지원합니다.

둘째 Youtube - '수제비' 채널을 통한 문제 풀이 및 학습 지원

- 기출문제 풀이, 특강 문제, 2분 순삭 문제 풀이 등을 Youtube - '수제비' 채널을 통해 제공하고 있습니다.
- 등교 시간, 쉬는 시간, 자기 전 시간 등 '자투리 시간'을 최대한으로 활용할 수 있는 자면서 저절로 암기되는 '두음쌤 동영상'을 제공합니다.
- 베스트 합격 후기, 시험 총평 및 다음 시험 대응 방법 등을 유튜브 영상으로 제공해 드리고 있습니다.

문제를 활용한 실력 향상 지원

1 지피지기 기출문제

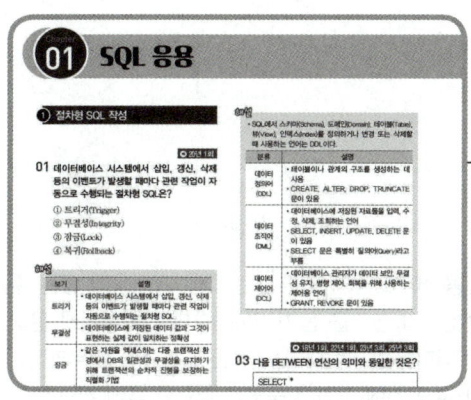

2020년 이전~2025년 3회까지 정보처리기사 필기 기출문제 전체를 과목별로 배치해 놓았습니다. 기출문제에 대한 친절한 해설을 통해 실력을 향상시킬 수 있도록 준비했습니다.

2 백전백승 기출문제

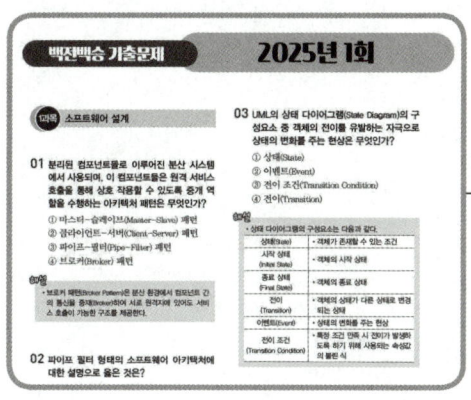

2025년 제1회~제3회 기출문제를 수험생분들이 실전처럼 문제를 풀어보고 정답을 확인할 수 있도록 구성하였습니다.

3 커뮤니티를 통한 Daily 문제

정보처리기사 필기시험은 매년 신규 문제 출제 빈도가 증가하고 있습니다. 신규 문제를 철저하게 대비하기 위해서 커뮤니티에서 최신 트렌드에 맞는 Daily 문제를 제공해 드리고 있습니다.

수제비 공식 스터디와 두음쌤 파일 제공

1 수제비 공식 스터디

비전공자이고 혼자 공부하는 것에 어려움이 있는 수험생분들의 합격을 돕기 위해 수제비 카페에서 온라인 스터디를 운영합니다. 과정은 6주, 4주, 2주 과정이고 매일 공지에 맞춰서 공부를 수행한 후에 간단한 공부 인증, 중요 내용을 스스로 올려주시면 저자들이 코멘트를 해드리는 방식으로 운영합니다.

2 두음쌤 파일 제공

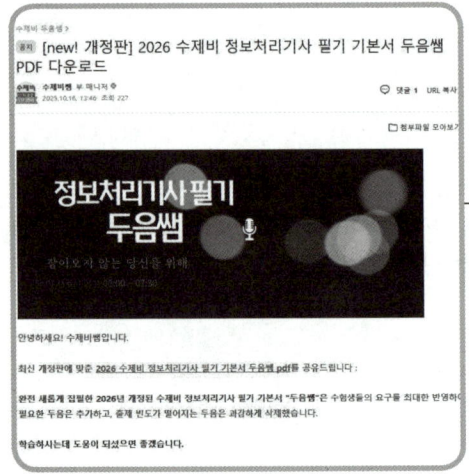

책의 뒷부분에는 두음쌤 모음을 제공하고 있습니다. 또한, 수제비 커뮤니티에서는 PDF 파일로도 제공되며, 유튜브 영상으로도 확인하실 수 있습니다. 효과적인 공부를 위한 다양한 접근법을 제공하므로 수험생 여러분께 많은 도움이 될 것입니다.

I 소프트웨어 설계

Chapter 01 요구사항 확인
1 현행 시스템 분석 • 1-16
2 요구사항 확인 • 1-17
3 분석 모델 확인 • 1-32

Chapter 02 화면 설계
1 UI 요구사항 확인 • 1-35

Chapter 03 애플리케이션 설계
1 공통 모듈 설계 • 1-39
2 객체 지향 설계 • 1-52

Chapter 04 인터페이스 설계
1 인터페이스 요구사항 확인 • 1-70
2 인터페이스 대상 식별 • 1-73
3 인터페이스 상세 설계 • 1-74

Chapter 05 기타
1 기타 • 1-77

II 소프트웨어 개발

Chapter 01 데이터 입출력 구현
1 논리 데이터 저장소 확인 • 2-4

Chapter 02 통합 구현
1 모듈 구현 • 2-13
2 통합 구현 관리 • 2-15

Chapter 03 제품 소프트웨어 패키징
1 제품 소프트웨어 패키징 • 2-18
2 제품 소프트웨어 매뉴얼 작성 • 2-20
3 제품 소프트웨어 버전 관리 • 2-25

Chapter 04 애플리케이션 테스트 관리
1 애플리케이션 테스트 관리 • 2-27
2 애플리케이션 통합 테스트 • 2-34
3 애플리케이션 성능 개선 • 2-38

Chapter 05 인터페이스 구현
1 인터페이스 설계 확인 • 2-45
2 인터페이스 기능 구현 • 2-46

Chapter 06 기타
1 기타 • 2-48

III 데이터베이스 구축

Chapter 01 SQL 응용
1 절차형 SQL 작성 • 3-4
2 응용 SQL 작성 • 3-6

Chapter 02 SQL 활용
1 기본 SQL 작성 • 3-15
2 고급 SQL 작성 • 3-23

Chapter 03 논리 데이터베이스 설계
1 관계 데이터베이스 모델 • 3-30
2 데이터 모델링 및 설계 • 3-39

Chapter 04 　물리 데이터베이스 설계
1 　물리 요소 조사 분석 • 3-49
2 　DB 물리 속성 설계 • 3-52
3 　데이터베이스 무결성과 키 • 3-53
4 　DB 반 정규화 • 3-57

Chapter 05 　기타
1 　기타 • 3-58

IV 프로그래밍 언어 활용

Chapter 01 　서버프로그램 구현
1 　개발환경 구축 • 4-4
2 　서버 프로그램 구현 • 4-5
3 　배치 프로그램 구현 • 4-5

Chapter 02 　프로그래밍 언어 활용
1 　기본문법 활용 • 4-6
2 　언어특성 활용 • 4-32
3 　라이브러리 활용 • 4-34

Chapter 03 　응용 SW 기초 기술 활용
1 　운영체제 기초 활용 • 4-38
2 　네트워크 기초 활용 • 4-54

Chapter 04 　기타
1 　기타 • 4-69

V 정보시스템 구축관리

Chapter 01 　소프트웨어 개발방법론 활용
1 　소프트웨어 개발방법론 선정 • 5-4
2 　소프트웨어 개발 방법론 테일러링 • 5-16

Chapter 02 　IT 프로젝트 정보시스템 구축관리
1 　네트워크 구축관리 • 5-21
2 　SW 구축관리 • 5-26
3 　HW 구축관리 • 5-29
4 　DB 구축관리 • 5-33

Chapter 03 　소프트웨어 개발 보안 구축
1 　소프트웨어 개발 보안 설계 • 5-35
2 　소프트웨어 개발 보안 구현 • 5-39

Chapter 04 　시스템 보안 구축
1 　시스템 보안 설계 • 5-45
2 　시스템 보안 구현 • 5-56

Chapter 05 　기타
1 　기타 • 5-60

• 백전백승 기출문제 • 6-2
　2025년 1회, 2회, 3회 기출문제

• 2026 정보처리기사 필기 기출문제집 두음쌤
　• 6-88

소프트웨어 설계

Chapter 01 요구사항 확인
Chapter 02 화면 설계
Chapter 03 애플리케이션 설계
Chapter 04 인터페이스 설계
Chapter 05 기타

Chapter 01 요구사항 확인

1 현행 시스템 분석

01 소프트웨어 설계 시 구축된 플랫폼의 성능 특성 분석에 사용되는 측정 항목이 아닌 것은? ◎ 20년 1회, 24년 1회

① 응답시간(Response Time)
② 가용성(Availability)
③ 사용률(Utilization)
④ 서버 튜닝(Server Tuning)

해설

- 플랫폼 성능 특성 측정 항목은 다음과 같다.

측정 항목	설명
경과 시간 (Turnaround Time)	애플리케이션에 작업을 의뢰(요구)한 시간부터 처리가 완료될 때까지 걸린 시간
사용률 (Utilization)	애플리케이션이 의뢰한 작업을 처리하는 동안 CPU, 메모리 등의 자원 사용률
응답시간 (Response Time)	애플리케이션에 요청을 전달한 시간부터 응답이 도착할 때까지 걸린 시간
가용성 (Availability)	서버와 네트워크, 프로그램 등의 정보 시스템이 정상적으로 사용 가능한 정도

【두음쌤】 플랫폼 성능 특성 측정 항목
「경사응가」 – 경과 시간 / 사용률 / 응답시간 / 가용성
→ 경사진 곳에서 토끼가 응가를 한다.

02 DBMS 분석 시 고려사항으로 거리가 먼 것은? ◎ 20년 1회

① 가용성
② 성능
③ 네트워크 구성도
④ 상호 호환성

해설

- DBMS의 가용성, 성능, 상호 호환성, 기술 지원, 구축 비용 등을 분석한다.

【두음쌤】 DBMS 현행 시스템 분석 시 고려 사항
「가성호기구」 – 가용성 / 성능 / 상호 호환성 / 기술 지원 / 구축 비용
→ 가성비 따지지 않고 호화스러운 기구를 구매했다.

03 현행 시스템 분석에서 고려하지 않아도 되는 항목은? ◎ 21년 1회

① DBMS 분석
② 네트워크 분석
③ 운영체제 분석
④ 인적 자원 분석

해설

- 현행 시스템 분석 시에는 운영체제 현행 시스템 분석, 네트워크 현행 시스템 분석, DBMS 현행 시스템 분석을 고려해야 한다.

정답
01 ④   02 ③   03 ④

2 요구사항 확인

04 요구사항 분석 시에 필요한 기술로 가장 거리가 먼 것은? — 20년 3회

① 청취와 인터뷰 질문 기술
② 분석과 중재 기술
③ 설계 및 코딩 기술
④ 관찰 및 모델 작성 기술

해설
- 요구사항 분석 기술에는 청취 기술, 인터뷰와 질문 기술, 분석 기술, 중재 기술, 관찰 기술, 작성 기술, 조직 기술, 모델 작성 기술이 있다.

05 자료 사전에서 자료의 생략을 의미하는 기호는? — 20년 1회

① { }   ② **
③ =   ④ ( )

해설
- 자료 사전 기호는 다음과 같다.

기호	설명
{ }	• 자료의 반복을 나타내는 기호
**	• 자료의 설명을 나타내는 기호 • 주석(Comment)
=	• 자료의 정의로서 '~으로 구성되어(is Composed of) 있다'는 것을 나타내는 기호
( )	• 자료 생략 가능함을 나타내는 기호
+	• 자료의 연결(and, along with)을 나타내는 기호
[ ]	• 자료의 선택을 나타내는 기호

06 자료 사전에서 자료의 반복을 의미하는 것은? — 20년 3회

① =   ② ( )   ③ { }   ④ [ ]

해설

기호	설명
=	• 자료의 정의로서 '~으로 구성되어(is Composed of) 있다'는 것을 나타냄
( )	• 자료 생략 가능함을 나타냄
{ }	• 자료의 반복을 나타냄
[ ]	• 자료의 선택을 나타냄 • 택일 기호 [|]는 '|'로 분리된 항목 중 하나가 선택된다는 것을 표시

07 데이터 흐름도(DFD)의 구성요소에 포함되지 않는 것은? — 20년 1회, 3회

① Process   ② Data Flow
③ Data Store ④ Data Dictionary

해설
- 데이터 흐름도 구성요소는 다음과 같다.

구성요소	설명	표기
처리기 (Process)	• 입력된 데이터를 원하는 형태로 변환하여 출력하기 위한 요소	원(○)
데이터 흐름 (Data Flow)	• DFD의 구성요소(프로세스, 데이터 저장소, 외부 엔터티)들 간의 주고받는 데이터 흐름을 나타내는 요소	화살표 (→)
데이터 저장소 (Data Store)	• 데이터가 저장된 장소를 나타내는 요소 • 평행선 안에는 데이터 저장소의 이름을 넣음	평행선 (=)
단말 (Terminator)	• 프로세스 처리 과정에서 데이터가 발생하는 시작과 종료를 나타내는 요소 • 사각형 안에는 외부 엔터티의 이름을 넣음	사각형 (□)

【두음쌤】 데이터 흐름도 구성요소
「프플스터」 - Process / Data Flow / Data Store / Terminator

정답
04 ③   05 ④   06 ③   07 ④

08 자료 흐름도(DFD)의 요소별 표기 형태의 연결이 옳지 않은 것은?

① Process: 원
② Data Flow: 화살표
③ Data Store: 삼각형
④ Terminator: 사각형

해설
- 데이터 저장소(Data Store)는 데이터가 저장된 장소이고, 평행선(=)으로 표시하며, 평행선 안에는 데이터 저장소의 이름을 넣는다.

09 UML 확장 모델에서 스테레오 타입 객체를 표현할 때 사용하는 기호로 맞은 것은?

① 〈〈 〉〉
② (( ))
③ {{ }}
④ [[ ]]

해설
- UML의 스테레오 타입은 '〈〈 〉〉'(길러멧; Guillemet) 기호를 사용하여 표현한다.

10 UML 모델에서 사용하는 Structural Diagram에 속하지 않는 것은?

① Class Diagram
② Object Diagram
③ Component Diagram
④ Activity Diagram

해설
- 구조적 다이어그램은 다음과 같다.

다이어그램	설명
클래스 (Class)	• 시스템 내 클래스의 정적 구조를 표현 • 속성(Attribute)과 동작(Behavior)으로 구성 • 시스템의 구조를 파악하고 구조상의 문제점 도출 가능 • 클래스와 클래스, 클래스의 속성 사이의 관계를 표현
객체 (Object)	• 클래스에 속한 사물(객체)들, 즉 인스턴스(Instance)를 특정 시점의 객체와 객체 사이의 관계로 표현 • 객체 인스턴스를 나타내는 대신 실제 클래스를 사용 • 연관된 모든 인스턴스를 표현
컴포넌트 (Component)	• 코드 컴포넌트 기반의 물리적 구조 표현 • 실질적 프로그래밍 작업에 사용
배치 (Deployment)	• 컴포넌트 사이의 종속성을 표현 • 결과물, 프로세스, 컴포넌트 등 물리적 요소들의 위치를 표현
복합체 구조 (Composite Structure)	• 클래스나 컴포넌트가 복합 구조를 갖는 경우 그 내부 구조를 표현
패키지 (Package)	• 유스케이스나 클래스 등의 모델 요소들을 그룹화한 패키지들의 관계를 표현

【두음쌤】 구조적 다이어그램(Structural Diagram) / 정적 다이어그램(Static Diagram)
「클객 컴배 복패」 - 클래스(Class) / 객체(Object) / 컴포넌트(Component) / 배치(Deployment) / 복합체 구조(Composite Structure) / 패키지(Package)

정답
08 ③   09 ①   10 ④

11 아래의 UML 모델에서 '차' 클래스와 각 클래스의 관계로 옳은 것은?

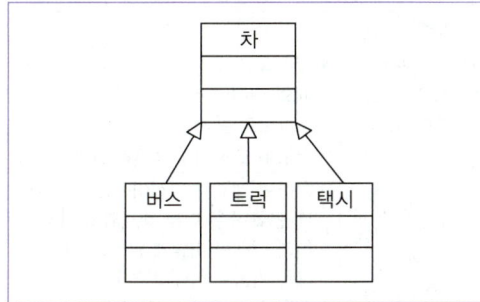

① 추상화 관계
② 의존 관계
③ 일반화 관계
④ 그룹 관계

해설
- 의존 관계와 일반화 관계는 다음과 같다.

관계	설명
의존 (Dependency) 관계	• 의존 관계는 사물 사이에 서로 연관은 있으나 필요에 따라 서로에게 영향을 주는 짧은 시간 동안만 연관을 유지하는 관계를 표현
일반화 (Generalization) 관계	• 일반화 관계는 하나의 사물이 다른 사물에 비해 더 일반적인지 구체적인지를 표현 • 일반적인 개념을 부모(상위)라고 하고, 구체적인 개념을 자식(하위)이라 함

12 UML에서 활용되는 다이어그램 중, 시스템의 동작을 표현하는 행위(Behavioral) 다이어그램에 해당하지 않는 것은?

① 유스케이스 다이어그램(Use Case Diagram)
② 시퀀스 다이어그램(Sequence Diagram)
③ 활동 다이어그램(Activity Diagram)
④ 배치 다이어그램(Deployment Diagram)

해설
- 구조적 다이어그램은 다음과 같다.

다이어그램	설명
유스케이스 (Usecase)	• 사용자 관점에서 시스템의 활동을 표현 • 유스케이스는 시스템의 기능적 요구 정의에 활용
시퀀스 (Sequence)	• 객체 간 상호 작용을 메시지 흐름으로 표현 • 객체 사이 메시지를 보내는 시간을 표현 • 교류 다이어그램(Interaction Diagram)의 한 종류로 볼 수 있음
커뮤니케이션 (Communication)	• 시퀀스 다이어그램과 같이 동작에 참여하는 객체들이 주고 받는 메시지를 표현하는데, 메시지뿐만 아니라 객체 간의 연관까지 표현
상태 (State)	• 하나의 객체가 자신이 속한 클래스의 상태 변화 혹은 다른 객체와의 상호 작용에 따라 상태가 어떻게 변화하는지 표현 • 모든 가능한 상태와 전이를 표현 • 진입 조건, 탈출 조건, 상태 전이 등 기술
활동 (Activity)	• 시스템이 어떤 기능을 수행하는지를 객체의 처리 로직이나 조건에 따른 처리의 흐름으로 순서대로 표현 • 활동의 순서대로 흐름을 표현
타이밍 (Timing)	• 객체 상태 변화와 시간 제약을 명시적으로 표현

【두음쌤】 행위적 다이어그램 / 동적 다이어그램
「유시커 상활타」 – 유스케이스 / 시퀀스 / 커뮤니케이션 / 상태 / 활동 / 타이밍

정답
11 ③   12 ④

▶ 20년 3회

13 UML에서 시퀀스 다이어그램의 구성항목에 해당하지 않는 것은?

① 생명선　　② 실행
③ 확장　　　④ 메시지

해설
• 시퀀스 다이어그램 구성요소는 객체, 생명선, 실행, 메시지가 있다.

▶ 21년 2회, 24년 1회, 25년 1회

14 기본 유스케이스 수행 시 특별한 조건을 만족할 때 수행하는 유스케이스는?

① 연관　　② 확장
③ 선택　　④ 특화

해설
• 유스케이스 수행 시 특별한 조건을 만족할 때 수행하는 유스케이스는 확장 관계이다.

관계	설명
《include》	• 하나의 유스케이스가 어떤 시점에 반드시 다른 유스케이스를 실행하는 포함 관계
《extend》	• 하나의 유스케이스가 어떤 시점에 다른 유스케이스를 실행할 수도 있고, 그렇지 않을 수도 있는 확장 관계 • 기본 유스케이스 수행 시 특별한 조건을 만족할 때 수행

▶ 21년 1회

15 UML 다이어그램 중 시스템 내 클래스의 정적 구조를 표현하고 클래스와 클래스, 클래스의 속성 사이의 관계를 나타내는 것은?

① Activity Diagram
② Model Diagram
③ State Diagram
④ Class Diagram

해설
• UML 다이어그램 중 시스템 내 클래스의 정적 구조를 표현하고 클래스와 클래스, 클래스의 속성 사이의 관계를 나타내는 것은 클래스 다이어그램(Class Diagram)이다.

다이어그램	설명
활동 다이어그램 (Activity Diagram)	• 시스템이 어떤 기능을 수행하는지를 객체의 처리 로직이나 조건에 따른 처리의 흐름으로 순서대로 표현 • 활동의 순서대로 흐름을 표현
상태 다이어그램 (State Diagram)	• 하나의 객체가 자신이 속한 클래스의 상태 변화 혹은 다른 객체와의 상호 작용에 따라 상태가 어떻게 변화하는지 표현 • 모든 가능한 상태와 전이를 표현 • 진입 조건, 탈출 조건, 상태 전이 등 기술
클래스 다이어그램 (Class Diagram)	• 시스템 내 클래스의 정적 구조를 표현 • 속성(Attribute)과 동작(Behavior)으로 구성 • 시스템의 구조를 파악하고 구조상의 문제점 도출 가능 • 클래스와 클래스, 클래스의 속성 사이의 관계를 표현

▶ 21년 2회

16 유스케이스(Usecase)에 대한 설명 중 옳은 것은?

① 유스케이스 다이어그램은 개발자의 요구를 추출하고 분석하기 위해 주로 사용한다.
② 액터는 대상 시스템과 상호 작용하는 사람이나 다른 시스템에 의한 역할이다.
③ 사용자 액터는 본 시스템과 데이터를 주고받는 연동 시스템을 의미한다.
④ 연동의 개념은 일방적으로 데이터를 파일이나 정해진 형식으로 넘겨주는 것을 의미한다.

해설
• 유스케이스 구성요소는 다음과 같다.

구성요소	설명
유스케이스 (Usecase)	• 시스템이 제공해야 하는 서비스 • 액터가 시스템을 통해 수행하는 일련의 행위
액터 (Actor)	• 사용자가 시스템에 대해 수행하는 역할 • 시스템과 상호 작용하는 사람 또는 사물
시스템 (System)	• 전체 시스템의 영역을 표현

정답

13 ③　14 ②　15 ④　16 ②

○ 21년 2회

17 UML(Unified Modeling Language)에 대한 설명 중 틀린 것은?

① 기능적 모델은 사용자 측면에서 본 시스템 기능이며, UML에서는 Use Case Diagram을 사용한다.
② 정적 모델은 객체, 속성, 연관 관계, 오퍼레이션의 시스템 구조를 나타내며, UML에서는 Class Diagram을 사용한다.
③ 동적 모델은 시스템의 내부 동작을 말하며, UML에서는 Sequence Diagram, State Diagram, Activity Diagram을 사용한다.
④ State Diagram은 객체들 사이의 메시지 교환을 나타내며, Sequence Diagram은 하나의 객체가 가진 상태와 그 상태의 변화에 의한 동작 순서를 나타낸다.

해설
- Sequence Diagram은 객체들 사이의 메시지 교환을 나타내며, State Diagram은 하나의 객체가 가진 상태와 그 상태의 변화에 의한 동작 순서를 나타낸다.

○ 21년 2회

18 다음 중 요구사항 모델링에 활용되지 않는 것은?

① 애자일(Agile) 방법
② 유스케이스 다이어그램(Use Case Diagram)
③ 시퀀스 다이어그램(Sequence Diagram)
④ 단계 다이어그램(Phase Diagram)

해설
- 요구사항 모델링은 주로 UML을 사용한다.
- 주요 UML 다이어그램에는 유스케이스 다이어그램(Use Case Diagram), 시퀀스 다이어그램(Sequence Diagram)이 있다.
- 애자일(Agile) 방법론을 적용해서 요구사항 모델링을 빠르고 효과적으로 만들 수 있다.

○ 21년 2회

19 UML 모델에서 한 사물의 명세가 바뀌면 다른 사물에 영향을 주며, 일반적으로 한 클래스가 다른 클래스를 오퍼레이션의 매개변수로 사용하는 경우에 나타나는 관계는?

① Dependency   ② Realization
③ Generalization   ④ Association

해설
- 의존 관계(Dependency)는 사물 사이에 서로 연관은 있으나 필요에 따라 서로에게 영향을 주는 짧은 시간 동안만 연관을 유지하는 관계를 표현한다.
- 사물의 변화가 다른 사물에도 영향을 미치는 관계이다.

○ 21년 3회

20 클래스 다이어그램의 요소로 다음 설명에 해당하는 용어는?

- 클래스의 동작을 의미한다.
- 클래스에 속하는 객체에 적용될 메서드를 정의한 것이다.
- UML에서는 동작에 대한 인터페이스를 지칭한다.

① Instance   ② Operation
③ Item   ④ Hiding

해설
- 클래스 다이어그램의 구성요소는 다음과 같다.

구성요소	설명
클래스 이름 (Class Name)	• 클래스의 이름을 명시
속성 (Attribute)	• 클래스의 특징에 이름을 부여
연산 (Operation)	• 클래스에 속하는 객체에 적용될 메서드를 정의 • 클래스의 동작을 의미하며, UML에서는 동작에 대한 인터페이스를 지칭
접근 제어자 (Access Modifier)	• 클래스에 접근할 수 있는 정도를 표현 • private, public, protected, default

정답
17 ④   18 ④   19 ①   20 ②

> 21년 3회, 24년 2회, 25년 3회

21 요구사항 정의 및 분석·설계의 결과물을 표현하기 위한 모델링 과정에서 사용되는 다이어그램(Diagram)이 아닌 것은?

① Data Flow Diagram
② UML Diagram
③ E-R Diagram
④ AVL Diagram

해설
- AVL 트리는 스스로 균형을 잡는 이진 탐색 트리이고, AVL 다이어그램은 존재하지 않는다.

보기	설명
Data Flow Diagram (DFD)	데이터가 각 프로세스를 따라 흐르면서 변환되는 모습을 표현하는 방식
UML Diagram	객체 지향 소프트웨어 개발 과정에서 산출물을 명세화, 시각화, 문서화할 때 사용되는 모델링 기술과 방법론을 통합해서 만든 언어인 UML로 표현하는 방식
E-R Diagram	개체 타입과 관계 타입을 기본 개념으로 현실 세계를 개념적으로 표현하는 방식

> 20년 1회, 24년 2회, 25년 3회

23 XP(eXtreme Programming)의 5가지 가치로 거리가 먼 것은?

① 용기
② 의사소통
③ 정형 분석
④ 피드백

해설
- XP의 5가지 가치는 다음과 같다.

가치	설명
용기 (Courage)	용기를 가지고 자신감 있게 개발(코드를 작성하기 전에 테스트, 빠르게 피드백, 테스트에 부합하지 못하는 코드를 리팩토링할 수 있는 용기)
단순성 (Simplicity)	필요한 것만 하고 그 이상의 것들은 하지 않음
의사소통 (Communication)	개발자, 관리자, 고객 간의 원활한 소통
피드백 (Feedback)	의사소통에 대한 빠른 피드백
존중(Respect)	팀원 간의 상호 존중

【두음쌤】 XP 5가지 가치
「용단의 피존」 – 용기 / 단순성 / 의사소통 / 피드백 / 존중

> 21년 3회

22 순차 다이어그램(Sequence Diagram)과 관련한 설명으로 틀린 것은?

① 객체들의 상호 작용을 나타내기 위해 사용한다.
② 시간의 흐름에 따라 객체들이 주고받는 메시지의 전달 과정을 강조한다.
③ 동적 다이어그램보다는 정적 다이어그램에 가깝다.
④ 교류 다이어그램(Interaction Diagram)의 한 종류로 볼 수 있다.

해설
- 순차 다이어그램은 동적 다이어그램으로 구분된다.

【두음쌤】 행위적 다이어그램 / 동적 다이어그램
「유시커 상활타」 – 유스케이스 / 시퀀스 / 커뮤니케이션 / 상태 / 활동 / 타이밍

> 20년 3회

24 애자일 기법에 대한 설명으로 맞지 않는 것은?

① 절차와 도구보다 개인과 소통을 중요하게 생각한다.
② 계획에 중점을 두어 변경 대응이 난해하다.
③ 소프트웨어가 잘 실행되는 데 가치를 둔다.
④ 고객과의 피드백을 중요하게 생각한다.

해설
- 애자일 방법론 특징은 다음과 같다.
- 절차와 도구보다 개인과 소통을 중요하게 생각한다.
- 작업 계획을 짧게 세워 요구 변화에 유연하고 신속하게 대응할 수 있다.
- 소프트웨어가 잘 실행되는데 가치를 둔다.
- 고객과의 피드백을 중요하게 생각한다.

정답
21 ④ 22 ③ 23 ③ 24 ②

◐ 20년 4회

25 애자일 방법론에 해당하지 않는 것은?

① 기능 중심 개발
② 스크럼
③ 익스트림 프로그래밍
④ 모듈 중심 개발

해설
- 애자일 방법론은 프로젝트의 요구사항을 모듈 중심으로 정의하지 않고, 기능 중심으로 정의한다.

◐ 20년 4회, 24년 3회, 25년 1회

26 UML의 기본 구성요소가 아닌 것은?

① Things
② Terminal
③ Relationship
④ Diagram

해설
- UML은 사물, 관계, 다이어그램으로 구성된다.

구성요소	설명
사물 (Things)	• 추상적인 개념으로, 주제를 나타내는 요소 • 단어 관점에서 '명사' 또는 '동사'를 의미
관계 (Relationship)	• 사물의 의미를 확장하고 명확히 하는 요소 • 사물과 사물을 연결하여 관계를 표현하는 요소 • 단어 관점에서 '형용사' 또는 '부사'를 의미
다이어그램 (Diagram)	• 사물과 관계를 모아 그림으로 표현한 형태 • 형식과 목적에 따라 9가지로 정의

【두음쌤】 UML 구성요소
「사관다」 – 사물(Things) / 관계(Relationship) / 다이어그램(Diagram)

◐ 20년 4회

27 다음 중 자료 사전(Data Dictionary)에서 선택의 의미를 나타내는 것은?

① [ ]
② { }
③ +
④ **

해설

기호	설명
[ ]	• 자료의 선택을 나타냄 • 택일 기호 [	]는 '|'로 분리된 항목 중 하나가 선택된다는 것을 표시
{ }	• 자료의 반복을 나타냄
+	• 자료의 연결(and, along with)을 나타냄
**	• 자료의 설명을 나타냄 • 주석(Comment)

◐ 20년 4회, 24년 1회, 25년 2회

28 XP(eXtreme Programming)의 기본원리로 볼 수 없는 것은?

① Linear Sequential Method
② Pair Programming
③ Collective Ownership
④ Continuous Integration

해설
- XP의 12가지 기본원리는 다음과 같다.
- 짝 프로그래밍(Pair Programming)
- 공동 코드 소유(Collective Ownership)
- 지속적인 통합(CI; Continuous Integration)
- 계획 세우기(Planning Process)
- 작은 릴리즈(Small Release)
- 메타포어(Metaphor)
- 간단한 디자인(Simple Design)
- 테스트 기반 개발(TDD; Test Driven Development)
- 리팩토링(Refactoring)
- 40시간 작업(40-Hour Work)
- 고객 상주(On Site Customer)
- 코드 표준(Coding Standard)

정답
25 ④ 26 ② 27 ① 28 ①

29 애자일 개발 방법론이 아닌 것은?
① 스크럼(Scrum)
② 익스트림 프로그래밍(XP; eXtreme Programming)
③ 기능 주도 개발(FDD; Feature Driven Development)
④ 하둡(Hadoop)

해설
- 하둡은 오픈 소스를 기반으로 한 분산 컴퓨팅 플랫폼이다.

30 애자일 개발 방법론과 관련한 설명으로 틀린 것은?
① 빠른 릴리즈를 통해 문제점을 빠르게 파악할 수 있다.
② 정확한 결과 도출을 위해 계획 수립과 문서화에 중점을 둔다.
③ 고객과의 의사소통을 중요하게 생각한다.
④ 진화하는 요구사항을 수용하는 데 적합하다.

해설
- 애자일 개발 방법론은 포괄적인 문서보다 동작하는 소프트웨어에 중점을 둔 방법론이다.

31 애자일 소프트웨어 개발 기법의 가치가 아닌 것은?
① 프로세스와 도구보다는 개인과 상호 작용에 더 가치를 둔다.
② 계약 협상보다는 고객과의 협업에 더 가치를 둔다.
③ 실제 작동하는 소프트웨어보다는 이해하기 좋은 문서에 더 가치를 둔다.
④ 계획을 따르기보다는 변화에 대응하는 것에 더 가치를 둔다.

해설
- 애자일 개발 방법론은 포괄적인 문서보다 동작하는 소프트웨어에 중점을 둔 방법론이다.
- 애자일 소프트웨어 개발 기법은 이해하기 좋은 문서보다는 실제 작동하는 소프트웨어에 더 가치를 둔다.
- 애자일 선언문은 애자일 방법론을 실천하기 위한 주요 원칙이다.

【두음쌤】 애자일 선언문
「개변동고」 - 개인과 상호 작용 / 변화에 대응 / 동작하는 소프트웨어 / 고객과 협력

32 익스트림 프로그래밍(XP)에 대한 설명으로 틀린 것은?
① 빠른 개발을 위해 테스트를 수행하지 않는다.
② 사용자의 요구사항은 언제든지 변할 수 있다.
③ 고객과 직접 대면하며 요구사항을 이야기하기 위해 사용자 스토리(User Story)를 활용할 수 있다.
④ 기존의 방법론에 비해 실용성(Pragmatism)을 강조한 것이라고 볼 수 있다.

해설
- XP는 의사소통 개선과 즉각적 피드백으로 소프트웨어 품질을 높이기 위한 방법론이다.
- XP의 12가지 기본원리 중 테스트 기반 개발(TDD; Test Driven Development)은 빠른 개발을 위해 테스트를 수행하는 기법이다.

정답
29 ④   30 ②   31 ③   32 ①

▶ 20년 4회

33 DFD(Data Flow Diagram)에 대한 설명으로 틀린 것은?

① 자료 흐름 그래프 또는 버블(Bubble) 차트라고도 한다.
② 구조적 분석 기법에 이용된다.
③ 시간 흐름을 명확하게 표현할 수 있다.
④ DFD의 요소는 화살표, 원, 사각형, 직선(단선·이중선)으로 표시한다.

해설
- DFD는 시간 흐름을 명확하게 표현할 수는 없다.

▶ 20년 4회

34 소프트웨어 개발 단계에서 요구분석 과정에 대한 설명으로 거리가 먼 것은?

① 분석 결과의 문서화를 통해 향후 유지보수에 유용하게 활용할 수 있다.
② 개발 비용이 가장 많이 소요되는 단계이다.
③ 자료 흐름도, 자료 사전 등이 효과적으로 이용될 수 있다.
④ 보다 구체적인 명세를 위해 소단위 명세서(Mini-Spec)가 활용될 수 있다.

해설
- 유지보수 단계가 개발 비용이 가장 많이 소요된다.

▶ 21년 2회

35 요구사항 분석이 어려운 이유가 아닌 것은?

① 개발자와 사용자 간의 지식이나 표현의 차이가 커서 상호 이해가 쉽지 않다.
② 사용자의 요구는 예외가 거의 없어 열거와 구조화가 어렵지 않다.
③ 사용자의 요구사항이 모호하고 불명확하다.
④ 소프트웨어 개발 과정 중에 요구사항이 계속 변할 수 있다.

해설
- 사용자의 요구는 예외가 많아 열거와 구조화가 어려운 편이다.

▶ 21년 3회

36 요구분석(Requirement Analysis)에 대한 설명으로 틀린 것은?

① 요구분석은 소프트웨어 개발의 실제적인 첫 단계로 사용자의 요구에 대해 이해하는 단계라 할 수 있다.
② 요구추출(Requirement Elicitation)은 프로젝트 계획 단계에 정의한 문제의 범위 안에 있는 사용자의 요구를 찾는 단계이다.
③ 도메인 분석(Domain Analysis)은 요구에 대한 정보를 수집하고 배경을 분석하여 이를 토대로 모델링을 하게 된다.
④ 기능적(Functional) 요구에서 시스템 구축에 대한 성능, 보안, 품질, 안정 등에 대한 요구사항을 도출한다.

해설
- 시스템 구축에 대한 성능, 보안, 품질, 안정 등에 대한 요구 사항은 비기능적 요구사항에 해당한다.
- 기능적 요구사항은 수행될 기능과 관련되어 소프트웨어가 가져야 하는 기능적 속성에 대한 요구사항을 의미한다.

▶ 22년 1회

37 소프트웨어 설계에서 요구사항 분석에 대한 설명으로 틀린 것은?

① 소프트웨어가 무엇을 해야 하는가를 추적하여 요구사항 명세를 작성하는 작업이다.
② 사용자의 요구를 추출하여 목표를 정하고 어떤 방식으로 해결할 것인지 결정하는 단계이다.
③ 소프트웨어 시스템이 사용되는 동안 발견되는 오류를 정리하는 단계이다.
④ 소프트웨어 개발의 출발점이면서 실질적인 첫 번째 단계이다.

해설
- 소프트웨어 개발은 요구사항 분석 → 설계 → 구현 → 테스트 → 유지보수 단계로 되어 있다.
- 소프트웨어 시스템이 사용되는 동안 발견되는 오류를 정리하는 단계는 테스트 단계이다.

정답

33 ③ 34 ② 35 ② 36 ④ 37 ③

38 다음의 설명에 해당하는 언어는?

> 객체 지향 시스템을 개발할 때 산출물을 명세화, 시각화, 문서화하는 데 사용된다. 즉, 개발하는 시스템을 이해하기 쉬운 형태로 표현하여 분석가, 의뢰인, 설계자가 효율적인 의사소통을 할 수 있게 해준다. 따라서, 개발 방법론이나 개발 프로세스가 아니라 표준화된 모델링 언어이다.

① JAVA ② C
③ UML ④ Python

해설
- UML은 객체 지향 소프트웨어 개발 과정에서 산출물을 명세화, 시각화, 문서화할 때 사용되는 모델링 기술과 방법론을 통합해서 만든 표준화된 범용 모델링 언어이다.
- UML은 개발하는 시스템을 이해하기 쉬운 형태로 표현하여 분석가, 의뢰인, 설계자가 효율적인 의사소통을 할 수 있게 해준다.

39 애자일(Agile) 기법 중 스크럼(Scrum)과 관련된 용어에 대한 설명이 틀린 것은?

① 스크럼 마스터(Scrum Master)는 스크럼 프로세스를 따르고, 팀이 스크럼을 효과적으로 활용할 수 있도록 보장하는 역할 등을 맡는다.
② 제품 백로그(Product Backlog)는 스크럼 팀이 해결해야 하는 목록으로 소프트웨어 요구사항, 아키텍처 정의 등이 포함될 수 있다.
③ 스프린트(Sprint)는 하나의 완성된 최종 결과물을 만들기 위한 주기로 3달 이상의 장기간으로 결정된다.
④ 속도(Velocity)는 한 번의 스프린트에서 한 팀이 어느 정도의 제품 백로그를 감당할 수 있는 지에 대한 추정치로 볼 수 있다.

해설
- 스크럼에서 스프린트(Sprint)는 2~4주의 짧은 개발 기간으로 반복적 수행으로 개발 품질을 향상한다.

40 유스케이스(Use Case)의 구성요소 간의 관계에 포함되지 않는 것은?

① 연관
② 확장
③ 구체화
④ 일반화

해설
- 유스케이스(Use Case)의 구성요소 간의 관계에는 연관, 포함, 확장, 일반화 관계가 있다.

41 유스케이스 다이어그램(Use Case Diagram)에 관련된 내용으로 틀린 것은?

① 시스템과 상호 작용하는 외부 시스템은 액터로 파악해서는 안 된다.
② 유스케이스는 사용자 측면에서의 요구사항으로, 사용자가 원하는 목표를 달성하기 위해 수행할 내용을 기술한다.
③ 시스템 액터는 다른 프로젝트에서 이미 개발되어 사용되고 있으며, 본 시스템과 데이터를 주고받는 등 서로 연동되는 시스템을 말한다.
④ 액터가 인식할 수 없는 시스템 내부의 기능을 하나의 유스케이스로 파악해서는 안 된다.

해설
- 액터는 구현 대상이 아닌 시스템 외부에서 시스템과 상호 작용 하는 존재로 사람뿐만 아니라 외부 시스템도 액터로 표현될 수 있다.

정답
38 ③ 39 ③ 40 ③ 41 ①

42 객체 지향 개념을 활용한 소프트웨어 구현과 관련한 설명 중 틀린 것은?

① 객체(Object)란 필요한 자료 구조와 수행되는 함수들을 가진 하나의 독립된 존재이다.
② JAVA에서 정보은닉(Information Hiding)을 표기할 때 private의 의미는 '공개'이다.
③ 상속(Inheritance)은 개별 클래스를 상속 관계로 묶음으로써 클래스 간의 체계화된 전체 구조를 파악하기 쉽다는 장점이 있다.
④ 같은 클래스에 속하는 개개의 객체이자 하나의 클래스에서 생성된 객체를 인스턴스(Instance)라고 한다.

해설
- JAVA의 접근제어자 종류는 public, protected, default, private 등이 있다.
- '공개'의 의미를 가지는 것은 public이다.

접근 제어자	설명
public	외부의 모든 클래스에서 접근이 가능한 접근제어자
protected	같은 패키지 내부에 있는 클래스, 하위 클래스(상속받은 경우)에서 접근이 가능한 접근제어자
default	접근제어자를 명시하지 않은 경우로 같은 패키지 내부에 있는 클래스에서 접근이 가능한 접근제어자
private	같은 클래스 내에서만 접근이 가능한 접근제어자

43 UML 다이어그램 중 순차 다이어그램에 대한 설명으로 틀린 것은?

① 객체 간의 동적 상호 작용을 시간 개념을 중심으로 모델링 하는 것이다.
② 주로 시스템의 정적 측면을 모델링하기 위해 사용된다.
③ 일반적으로 다이어그램의 수직 방향이 시간의 흐름을 나타낸다.
④ 회귀 메시지(Self-Message), 제어블록(Statement Block) 등으로 구성된다.

해설
- 순차 다이어그램(시퀀스 다이어그램)은 정적이 아닌 동적 측면을 모델링하기 위해 사용된다.

【두음쌤】행위적 다이어그램 / 동적 다이어그램
「유시커 상활타」 – 유스케이스 / 시퀀스 / 커뮤니케이션 / 상태 / 활동 / 타이밍

44 소프트웨어를 보다 쉽게 이해할 수 있고 적은 비용으로 수정할 수 있도록 겉으로 보이는 동작의 변화 없이 내부구조를 변경하는 것은?

① Refactoring
② Architecting
③ Specification
④ Renewal

해설
- 리팩토링은 프로그램의 기능을 바꾸지 않으면서 중복제거, 단순화 등을 위해 시스템 재구성을 한다는 원리이다.

45 애자일(Agile) 프로세스 모델에 대한 설명으로 틀린 것은?

① 변화에 대한 대응보다는 자세한 계획을 중심으로 소프트웨어를 개발한다.
② 프로세스와 도구 중심이 아닌 개개인과의 상호 소통을 통해 의견을 수렴한다.
③ 협상과 계약보다는 고객과의 협력을 중시한다.
④ 문서 중심이 아닌, 실행 가능한 소프트웨어를 중시한다.

해설
- 애자일(Agile) 프로세스 모델은 자세한 계획이 아닌 작업 계획을 짧게 세워 요구 변화에 유연하고 신속하게 대응한다.

정답
42 ② 43 ② 44 ① 45 ①

> 22년 2회

46 익스트림 프로그래밍에 대한 설명으로 틀린 것은?

① 대표적인 구조적 방법론 중 하나이다.
② 소규모 개발 조직이 불확실하고 변경이 많은 요구를 접하였을 때 적절한 방법이다.
③ 익스트림 프로그래밍을 구동시키는 원리는 상식적인 원리와 경험을 최대한 끌어올리는 것이다.
④ 구체적인 실천 방법을 정의하고 있으며, 개발 문서보다는 소스 코드에 중점을 둔다.

해설
- XP(eXtreme Programming)는 대표적인 애자일 방법론이다.
- XP는 의사소통 개선과 즉각적 피드백으로 소프트웨어 품질을 높이기 위한 방법론으로 기존의 방법론에 비해 실용성을 강조한 방법론이다.

> 23년 1회

47 UML에서 사물(Things)로 사용할 수 없는 것은?

① Behavioral Things
② Structural Things
③ Grouping Things
④ Internet Of Things

해설
- UML 구성요소 중 사물(Things)은 추상적인 개념으로 구조 사물, 행동 사물, 그룹 사물, 주해 사물이 있다.

종류	설명	예시
구조 사물 (Structural Things)	• UML 모델의 정적인 부분들을 정의 • 시스템의 물리적, 개념적 요소를 표현	• 클래스, 유스 케이스, 컴포넌트, 노드 등
행동 사물 (Behavioral Things)	• UML 모델의 동적인 부분을 표현 • 시간과 공간에 따른 요소들의 행위를 표현	• 상호 작용, 상태 머신 등
그룹 사물 (Grouping Things)	• UML모델의 요소들을 그룹으로 묶어서 표현	• 패키지 등
주해 사물 (Annotational Things)	• UML모델을 설명(주석) • 부가적인 설명이나 제약조건 등을 표현	• 노트 등

【두음쌤】 UML 사물의 유형
「구행그주」 – 구조 사물(Structural Things) / 행동 사물(Behavioral Things) / 그룹 사물(Grouping Things) / 주해 사물(Annotational Things)

> 23년 1회, 24년 3회

48 스크럼에서 해당 스프린트가 계획된 대로 나아가고 있는지, 정해진 목표를 달성하기 위해 팀 차원의 조정이 필요한지 알 수 있게 하고, 수행할 작업의 진행 상황을 확인할 수 있는 것은?

① User Story
② Burn Down Chart
③ Kanban Board
④ Crystal Chart

해설
- 스크럼에서 해당 스프린트가 계획된 대로 나아가고 있는지, 정해진 목표를 달성하기 위해 팀 차원의 조정이 필요한지 알 수 있게 하고, 수행할 작업의 진행 상황을 확인할 수 있는 차트는 번 다운 차트(Burn Down Chart)이다.

정답
46 ① 47 ④ 48 ②

> 23년 2회, 25년 1회

49 UML의 상태 다이어그램(State Diagram)의 구성요소 중 객체의 전이를 유발하는 자극으로 상태의 변화를 주는 현상은 무엇인가?

① 상태(State)
② 이벤트(Event)
③ 전이 조건(Transition Condition)
④ 전이(Transition)

해설

- 상태 다이어그램의 구성요소는 다음과 같다.

구성요소	설명
상태(State)	객체가 존재할 수 있는 조건
시작 상태 (Initial State)	객체의 시작 상태
종료 상태 (Final State)	객체의 종료 상태
전이 (Transition)	객체의 상태가 다른 상태로 변경되는 상태
이벤트(Event)	상태의 변화를 주는 현상
전이 조건 (Transition Condition)	특정 조건 만족 시 전이가 발생하도록 하기 위해 사용되는 속성값의 불린 식

> 24년 1회

50 다음 중 동적 다이어그램이 아닌 것은?

① State Diagram
② Deployment Diagram
③ Activity Diagram
④ Timing Diagram

해설

- 배치 다이어그램(Deployment Diagram)은 정적 다이어그램이다.

【두음쌤】행위적 다이어그램 / 동적 다이어그램
「유시커 상활타」 – 유스케이스 / 시퀀스 / 커뮤니케이션 / 상태 / 활동 / 타이밍

> 24년 2회, 25년 3회

51 XP에 대한 설명으로 올바르지 않은 것은?

① 고객과 직접 대면하며 요구사항을 이야기 하기 위해 사용자 스토리(User Story)를 활용할 수 있다.
② 기존의 방법론에 비해 실용성(Pragmatism)을 강조한 것이라고 볼 수 있다.
③ 페어 프로그래밍은 혼자 할 때보다 더 오류가 적은 프로그램을 만들 수 있다.
④ 재사용성을 위해 단순함을 포기해야 한다.

해설

- XP는 재사용성을 위해서 단순함을 포기하지는 않는다.
- 용기(Courage), 단순성(Simplicity), 의사소통(Communication), 피드백(Feedback), 존중(Respect)은 XP의 5가지 가치이다.

> 24년 2회, 25년 3회

52 UML의 활동 다이어그램에 대한 설명으로 올바른 것은?

① 시스템이 어떤 기능을 수행하는지를 객체의 처리 로직이나 조건에 따른 처리의 흐름으로 순서대로 표현하는 다이어그램
② 동작에 참여하는 객체들이 주고받는 메시지를 표현하는데, 메시지뿐만 아니라 객체 간의 연관까지 표현하는 다이어그램
③ 객체 간 상호 작용을 메시지 흐름으로 표현하는 다이어그램
④ 하나의 객체가 자신이 속한 클래스의 상태 변화 혹은 다른 객체와의 상호 작용에 따라 상태가 어떻게 변화하는지 표현하는 다이어그램

해설

- 활동 다이어그램(Activity Diagram)은 시스템이 어떤 기능을 수행하는지를 객체의 처리 로직이나 조건에 따른 처리의 흐름으로 순서대로 표현하는 다이어그램이다.

정답
49 ② 50 ② 51 ④ 52 ①

● 24년 3회, 25년 1회

53 다음 중 UML의 관계 중 한 객체가 다른 객체에 오퍼레이션을 수행하도록 지정하는 관계를 표현하고, 사물에서 기능 쪽으로 속이 빈 점선 화살표를 연결하여 표현하는 관계는?

① 연관(Association) 관계
② 의존(Dependency) 관계
③ 일반화(Generalization) 관계
④ 실체화(Realization) 관계

해설

- UML 관계의 유형은 다음과 같다.

유형	설명
연관 (Association) 관계	• 2개 이상의 사물이 서로 관련된 상태를 표현하는 관계 • 사물 사이를 실선으로 연결하여 표현하며, 방향성은 화살표로 표현 • 서로에게 영향을 주는 양방향 관계의 경우 화살표를 생략하고 실선으로만 연결
의존 (Dependency) 관계	• 사물 사이에 서로 연관은 있으나 필요에 따라 서로에게 영향을 주는 짧은 시간 동안만 연관을 유지하는 관계를 표현하는 관계 • 영향을 주는 사물이 영향을 받는 사물 쪽으로 점선 화살표를 연결하여 표현
일반화 (Generalization) 관계	• 하나의 사물이 다른 사물에 비해 더 일반적인지 구체적인지를 표현하는 관계 • 구체적(하위)인 사물에서 일반적(상위)인 사물 쪽으로 속이 빈 화살표를 연결하여 표현
실체화 (Realization) 관계	• 한 객체가 다른 객체에 오퍼레이션을 수행하도록 지정하는 관계를 표현하는 관계 • 사물에서 기능 쪽으로 속이 빈 점선 화살표를 연결하여 표현

● 24년 3회, 25년 3회

54 다음 중 요구분석 단계에 대한 설명으로 올바르지 않은 것은?

① 요구분석은 사용자의 요구를 추출하여 목표를 정하고 어떤 방식으로 해결할 것인지 결정하는 단계이다.
② 보다 구체적인 명세를 위해 소단위 명세서가 활용될 수 있다.
③ 요구분석 단계에서 동적 분석과 정적 분석을 통해 잘못된 요구사항을 걸러내야 한다.
④ 모델링 표기를 위해 DFD(Data Flow Diagram), UML 다이어그램, E-R 다이어그램을 사용한다.

해설

- 정적 분석과 동적 분석은 설계, 구현, 테스트 단계에서 수행한다.
- 요구분석의 특징은 다음과 같다.
  - 요구분석은 소프트웨어 개발의 실제적인 첫 단계로 사용자의 요구에 대해 이해하는 단계
  - 분석 결과의 문서화를 통해 향후 유지보수에 유용하게 활용할 수 있음
  - 보다 구체적인 명세를 위해 소단위 명세서가 활용될 수 있음
  - 개발 비용이 가장 많이 소요되는 단계는 아님
  - 요구분석 중 도메인 분석(Domain Analysis)은 요구에 대한 정보를 수집하고 배경을 분석하여 이를 토대로 모델링을 하게 됨

정답

53 ④   54 ③

55 유스케이스 다이어그램의 구성요소가 아닌 것은?

① 유스케이스(Usecase)
② 액터(Actor)
③ 시스템(System)
④ 클래스(Class)

해설
- 유스케이스 다이어그램은 시스템이 제공하고 있는 기능 및 그와 관련된 외부 요소를 사용자의 관점에서 표현하는 다이어그램이다.
- 유스케이스 다이어그램의 구성요소는 유스케이스, 액터, 시스템이 있다.

56 스크럼(Scrum)에서 해당 스프린트가 계획대로 나아가고 있는지, 목표를 달성하기 위해 팀 차원의 조정이 필요한지를 확인하고 작업 진행 상황을 점검하는 것은?

① 스프린트 회고
② 스크럼 미팅
③ 백로그
④ 버전 관리

해설
- 스크럼 미팅은 팀원이 매일 짧은 시간 동안 모여 스프린트 진행 상황을 공유하고 조정하는 회의이다.
- 매일 15분 정도 미팅으로 To-Do List 계획을 수립하며 데일리 미팅이라고도 한다.

57 다음 중 스크럼(Scrum)에서 제품 책임자(Product Owner)의 역할로 가장 적절한 것은?

① 팀의 기술적 장애를 해결하고 스프린트 회고를 주도한다.
② 스크럼 프로세스를 따르고, 팀이 스크럼을 효과적으로 활용할 수 있도록 보장하는 역할을 수행한다.
③ 이해관계자의 의견을 종합하여 제품에 대한 요구사항을 작성한다.
④ 스크럼 팀이 스크럼 원칙과 규칙을 잘 따르도록 안내한다.

해설
- 제품 책임자(Product Owner)는 이해관계자의 의견을 종합하여 제품에 대한 요구사항을 작성하는 주체이다.
- 제품 백로그의 작성과 우선순위 조정, 제품의 비즈니스 가치 극대화에 책임을 진다.
- 기술적인 장애를 해결하는 것은 스크럼 마스터의 역할이다.

58 다음이 설명하는 UML(Unified Modeling Language) 다이어그램은?

> 객체들이 어떻게 상호 동작하는지를 메시지 순서에 초점을 맞춰 나타낸 것으로, 어떠한 작업이 객체 간에 발생하는지를 시간 순서에 따라 보여준다.

① 클래스(Class) 다이어그램
② 순차(Sequence) 다이어그램
③ 배치(Deployment) 다이어그램
④ 컴포넌트(Component) 다이어그램

해설
- 순차(Sequence) 다이어그램은 객체들이 어떻게 상호 동작하는지를 메시지 순서에 초점을 맞춰 나타낸 것으로, 어떠한 작업이 객체 간에 발생하는지를 시간 순서에 따라 보여준다.

정답
55 ④ 56 ② 57 ③ 58 ②

3 분석 모델 확인

◐ 18년 3회, 23년 2회, 25년 1회

59 CASE(Computer Aided Software Engineering)에 대한 설명으로 가장 옳지 않은 것은?
① 프로그램의 구현과 유지보수 작업만을 중심으로 소프트웨어 생산성 문제를 해결한다.
② 소프트웨어 생명주기의 전체 단계를 연결해 주고 자동화해 주는 통합된 도구를 제공한다.
③ 개발 과정의 속도를 향상시킨다.
④ 소프트웨어 부품의 재사용을 가능하게 한다.

해설
- 프로그램의 구현과 유지보수 작업만을 중심으로 하는 것이 아니라 요구분석, 설계, 구현, 검사 및 디버깅 과정 전체 또는 일부를 자동화하는 것이다.

◐ 17년 1회, 19년 3회

60 소프트웨어, 하드웨어, 데이터베이스, 테스트 등을 통합하여 소프트웨어를 개발하는 환경을 조성한다는 의미를 가진 개념은?
① CAD
② CAI
③ CAM
④ CASE

해설
- 소프트웨어, 하드웨어, 데이터베이스, 테스트 등을 통합하여 소프트웨어를 개발하는 환경을 조성하는 것은 CASE에 대한 설명이다.

보기	설명
CAD (Computer-Aided Design)	컴퓨터를 이용하여 제도 및 설계하는 행위를 수행하는 응용 프로그램
CAI (Computer Assisted Instruction)	보조적 수단으로써 컴퓨터를 활용하여 이루어지는 수업
CAM (Content Addressable Memory)	기억장치에서 자료를 찾을 때 주소에 의해 접근하지 않고, 기억된 내용의 일부를 이용하여 접근할 수 있는 기억장치

◐ 17년 2회

61 다음 중 상위 CASE 도구가 지원하는 중요 기능으로 볼 수 없는 것은?
① 모델들 사이의 모순 검사 기능
② 모델의 오류 검증 기능
③ 소스 코드 생성 기능
④ 자료흐름도 작성 기능

해설
- 소스 코드 생성 기능은 하위 CASE 도구가 지원하는 중요 기능이다.

◐ 20년 1회, 4회, 22년 3회, 24년 2회, 25년 3회

62 CASE가 갖고 있는 주요 기능이 아닌 것은?
① 그래픽 지원
② 소프트웨어 생명주기 전 단계의 연결
③ 언어 번역
④ 다양한 소프트웨어 개발 모형 지원

해설
- CASE의 주요 기능은 다음과 같다.
  - 그래픽을 지원한다.
  - 소프트웨어 생명주기의 전 단계를 연결한다.
  - 다양한 소프트웨어 개발 모형을 지원한다.
  - 표준화된 개발 환경 구축 및 문서 자동화 기능을 제공한다.
  - 작업 과정 및 데이터 공유를 통해 작업자 간의 커뮤니케이션을 증대한다.

정답
59 ① 60 ④ 61 ③ 62 ③

63 CASE 도구에 대한 설명으로 거리가 먼 것은?

① 소프트웨어 개발 과정의 일부 또는 전체를 자동화하기 위한 도구이다.
② 표준화된 개발 환경 구축 및 문서 자동화 기능을 제공한다.
③ 작업 과정 및 데이터 공유를 통해 작업자 간의 커뮤니케이션을 증대한다.
④ 2000년대 이후 소개되었으며, 객체 지향 시스템에 한해 효과적으로 활용된다.

해설
- CASE 도구는 1980년대 등장했다.
- CASE의 주요 기능은 다음과 같다.
  - 그래픽을 지원한다.
  - 소프트웨어 생명주기의 전 단계를 연결한다.
  - 다양한 소프트웨어 개발 모형을 지원한다.
  - 표준화된 개발 환경 구축 및 문서 자동화 기능을 제공한다.
  - 작업 과정 및 데이터 공유를 통해 작업자 간의 커뮤니케이션을 증대한다.

64 CASE(Computer Aided Software Engineering)에 대한 설명으로 틀린 것은?

① 소프트웨어 모듈의 재사용성이 향상된다.
② 자동화된 기법을 통해 소프트웨어 품질이 향상된다.
③ 소프트웨어 사용자들에게 사용 방법을 신속히 숙지시키기 위해 사용된다.
④ 소프트웨어 유지보수를 간편하게 수행할 수 있다.

해설
- CASE 도구는 개발자들이 도구 사용법을 익히는 데 많은 시간과 비용이 소요된다.
- 분석 자동화 도구인 CASE 도구의 특징은 다음과 같다.
  - 표준화 적용과 문서화를 통한 보고를 통해 품질 개선이 가능하다.
  - 변경사항과 변경으로 인한 영향에 대한 추적이 쉽다.
  - 자동화된 기법을 통해 소프트웨어 품질이 향상된다.
  - 소프트웨어 모듈의 재사용성이 향상된다.
  - 소프트웨어 유지보수를 간편하게 수행할 수 있다.

65 CASE(Computer Aided Software Engineering)의 원천 기술이 아닌 것은?

① 구조적 기법
② 프로토타이핑 기술
③ 정보 저장소 기술
④ 일괄처리 기술

해설
- CASE의 원천 기술로는 구조적 기법, 프로토타이핑 기술, 자동프로그래밍 기술, 정보 저장소 기술, 분산 처리 기술을 사용한다.

66 다음 중 상위 CASE 도구가 지원하는 주요기능으로 볼 수 없는 것은?

① 모델들 사이의 모순 검사 기능
② 전체 소스 코드 생성 기능
③ 모델의 오류 검증 기능
④ 자료 흐름도 작성 기능

해설
- 상위 CASE, 하위 CASE 도구에 대한 주요 기능은 다음과 같다.

도구	설명
상위 CASE (Upper CASE)	• 계획수립, 요구분석, 기본설계 단계를 다이어그램으로 표현 • 모델들 사이의 모순 검사 및 모델의 오류 검증, 일관성 검증 지원 • 자료 흐름 프로토타이핑 작성 지원 및 UI 설계 지원
하위 CASE (Lower CASE)	• 구문 중심 편집 및 정적·동적 테스트 지원 • 시스템 명세서 생성 및 소스 코드 생성 지원

정답
63 ④ 64 ③ 65 ④ 66 ②

> 21년 3회

67 소프트웨어 공학에서 모델링(Modeling)과 관련한 설명으로 틀린 것은?

① 개발팀이 응용문제를 이해하는 데 도움을 줄 수 있다.
② 유지보수 단계에서만 모델링 기법을 활용한다.
③ 개발될 시스템에 대하여 여러 분야의 엔지니어들이 공통된 개념을 공유하는 데 도움을 준다.
④ 절차적인 프로그램을 위한 자료 흐름도는 프로세스 위주의 모델링 방법이다.

해설
- 모델링은 유지보수 단계뿐만 아니라 분석, 설계, 구현 등 전반에 걸쳐 활용된다.

> 22년 2회

69 소프트웨어 모델링과 관련한 설명으로 틀린 것은?

① 모델링 작업의 결과물은 다른 모델링 작업에 영향을 줄 수 없다.
② 구조적 방법론에서는 DFD(Data Flow Diagram), DD(Data Dictionary) 등을 사용하여 요구사항의 결과를 표현한다.
③ 객체 지향 방법론에서는 UML 표기법을 사용한다.
④ 소프트웨어 모델을 사용할 경우 개발될 소프트웨어에 대한 이해도 및 이해 당사자 간의 의사소통 향상에 도움이 된다.

해설
- 모델링 작업의 결과물은 다른 모델링 작업에 영향을 줄 수 있다.

> 21년 2회

68 요구사항 관리 도구의 필요성으로 틀린 것은?

① 요구사항 변경으로 인한 비용 편익 분석
② 기존 시스템과 신규 시스템의 성능 비교
③ 요구사항 변경의 추적
④ 요구사항 변경에 따른 영향 평가

해설
- 기존 시스템과 신규 시스템의 성능 비교는 요구사항 관리 도구의 필요성으로 적합하지 않다.
- 요구사항 관리 도구의 필요성은 다음과 같다.

필요성	설명
비용 편익	요구사항 변경으로 인한 비용 편익 분석
변경 추적	요구사항 변경의 추적
영향 평가	요구사항 변경에 따른 영향 평가

> 22년 1회, 3회, 24년 3회, 25년 3회

70 소프트웨어 개발에 이용되는 모델(Model)에 대한 설명 중 거리가 먼 것은?

① 모델은 개발 대상을 추상화하고 기호나 그림 등으로 시각적으로 표현한다.
② 모델을 통해 소프트웨어에 대한 이해도를 향상시킬 수 있다.
③ 모델을 통해 이해 당사자 간의 의사소통이 향상된다.
④ 모델을 통해 향후 개발될 시스템의 유추는 불가능하다.

해설
- 모델은 객체, 시스템 또는 개념에 대한 구조나 작업을 보여주기 위한 패턴이다.
- 모델은 개발 대상을 추상화하고 기호나 그림 등으로 시각적으로 표현한다.
- 모델을 통해 소프트웨어에 대한 이해도를 향상할 수 있고, 이해 당사자 간의 의사소통이 향상된다.
- 모델은 문제가 발생하는 상황에 대한 이해를 높이고 해결책을 설명한다.
- 모델을 통해 향후 개발될 시스템에 대한 유추가 가능하다.

정답
67 ② 68 ② 69 ① 70 ④

Chapter 02 화면 설계

1 UI 요구사항 확인

> 20년 1회, 22년 3회

01 UI 설계 원칙에서 누구나 쉽게 이해하고 사용할 수 있어야 한다는 것은?

① 유효성　　② 직관성
③ 무결성　　④ 유연성

해설
- UI 설계 원칙에서 누구나 쉽게 이해하고 사용할 수 있어야 한다는 것은 직관성이다.
- UI 설계 원칙은 다음과 같다.

설계 원칙	설명
직관성	누구나 쉽게 이해하고, 쉽게 사용할 수 있도록 제작
유효성	정확하고 완벽하게 사용자의 목표가 달성될 수 있도록 제작
학습성	초보와 숙련자 모두가 쉽게 배우고 사용할 수 있게 제작
유연성	사용자의 인터랙션을 최대한 포용하고, 실수를 방지할 수 있도록 제작

【두음쌤】 UI 설계 원칙
「직유학유」 – 직관성 / 유효성 / 학습성 / 유연성

> 20년 3회

02 UI 설계 원칙 중 누구나 쉽게 이해하고 사용할 수 있어야 한다는 원칙은?

① 희소성　　② 유연성
③ 직관성　　④ 멀티 운용성

해설
- UI 설계 원칙에서 누구나 쉽게 이해하고 사용할 수 있어야 한다는 것은 직관성이다.

> 20년 4회

03 소프트웨어의 사용자 인터페이스 개발 시스템(User Interface Development System)이 가져야 할 기능이 아닌 것은?

① 사용자 입력의 검증
② 에러 처리와 에러 메시지 처리
③ 도움과 프롬프트(Prompt) 제공
④ 소스 코드 분석 및 오류 복구

해설
- 소스 코드 분석 및 오류 복구는 소프트웨어의 UI 개발 시스템이 가져야 할 기능은 아니다.

> 21년 3회

04 대표적으로 DOS 및 Unix 등의 운영체제에서 조작을 위해 사용하던 것으로, 정해진 명령 문자열을 입력하여 시스템을 조작하는 사용자 인터페이스(User Interface)는?

① GUI(Graphical User Interface)
② CLI(Command Line Interface)
③ CUI(Cell User Interface)
④ MUI(Mobile User Interface)

해설
- DOS 및 Unix 등의 운영체제에서 조작을 위해 사용하던 것으로, 정해진 명령 문자열을 입력하여 시스템을 조작하는 사용자 인터페이스는 CLI이다.
- UI 유형은 다음과 같다.

유형	설명
CLI	명령어를 텍스트로 입력하여 조작하는 사용자 인터페이스
GUI	그래픽 환경을 기반으로 한 마우스나 전자펜을 이용하는 사용자 인터페이스
NUI	사용자가 가진 경험을 기반으로 키보드나 마우스없이 신체 부위를 이용하는 사용자 인터페이스(터치, 음성 포함)
OUI	입력장치가 곧 출력장치가 되고, 현실에 존재하는 모든 사물이 입출력장치로 변화할 수 있는 사용자 인터페이스

정답
01 ②　02 ③　03 ④　04 ②

> 21년 3회, 25년 3회

05 사용자 인터페이스(User Interface)에 대한 설명으로 틀린 것은?

① 사용자와 시스템이 정보를 주고받는 상호작용이 잘 이루어지도록 하는 장치나 소프트웨어를 의미한다.
② 편리한 유지보수를 위해 개발자 중심으로 설계되어야 한다.
③ 배우기가 용이하고 쉽게 사용할 수 있도록 만들어져야 한다.
④ 사용자 요구사항이 UI에 반영될 수 있도록 구성해야 한다.

해설
• 편리한 사용을 위해 개발자 중심이 아닌 사용자 중심으로 설계되어야 한다.

> 21년 2회

06 사용자 인터페이스(UI)의 특징으로 틀린 것은?

① 구현하고자 하는 결과의 오류를 최소화한다.
② 사용자의 편의성을 높임으로써 작업시간을 증가시킨다.
③ 막연한 작업 기능에 대해 구체적인 방법을 제시하여 준다.
④ 사용자 중심의 상호 작용이 되도록 한다.

해설
• 사용자 편의성을 높임으로써 작업시간을 감소시킨다.

> 21년 1회

07 여러 개의 선택 항목 중 하나의 선택만 가능한 경우 사용하는 사용자 인터페이스(UI) 요소는?

① 토글 버튼
② 텍스트 박스
③ 라디오 버튼
④ 체크박스

해설
• 버튼/컨트롤 타입의 종류는 다음과 같다.

종류	설명
토글 버튼	• 두 가지 상태 중에 하나로 토글되도록 만든 요소
텍스트 박스	• 텍스트를 입력할 수 있게 해주는 요소
라디오 버튼	• 여러 개 옵션 중 1개의 옵션을 선택할 때 사용하는 요소
체크 박스	• 여러 개 옵션 중 1개 이상의 옵션을 선택할 때 사용하는 요소

> 17년 1회, 19년 3회, 22년 1회, 24년 1회, 25년 2회

08 User Interface 설계 시 오류 메시지나 경고에 관한 지침으로 가장 거리가 먼 것은?

① 메시지는 이해하기 쉬워야 한다.
② 오류로부터 회복을 위한 구체적인 설명이 제공되어야 한다.
③ 오류로 인해 발생할 수 있는 부정적인 내용을 적극적으로 사용자들에게 알려야 한다.
④ 소리나 색의 사용을 줄이고 텍스트로만 전달하도록 한다.

해설
• User Interface 설계 시 오류 메시지나 경고를 위해서는 소리나 색 등을 이용하여 듣거나 보기 쉽게 의미 전달을 해야 한다.

정답
05 ② 06 ② 07 ③ 08 ④

09 사용자 인터페이스를 설계할 경우 고려해야 할 가이드 라인과 가장 거리가 먼 것은?

① 심미성을 사용성보다 우선하여 설계해야 한다.
② 효율성을 높이게 설계해야 한다.
③ 발생하는 오류를 쉽게 수정할 수 있어야 한다.
④ 사용자에게 피드백을 제공해야 한다.

해설
- 사용자 인터페이스 설계 시 사용성을 가장 우선적으로 고려하여 설계해야 한다.
- 사용자 인터페이스 설계 시 효율성 있게 설계해야 한다.
- 사용자 인터페이스 설계 시 발생하는 오류를 쉽게 수정할 수 있어야 하고, 사용자에게 피드백을 제공할 수 있도록 설계해야 한다.

10 UI의 설계 지침으로 틀린 것은?

① 이해하기 편하고 쉽게 사용할 수 있는 환경을 제공해야 한다.
② 주요 기능을 메인 화면에 노출하여 조작이 쉽도록 하여야 한다.
③ 치명적인 오류에 대한 부정적인 사항은 사용자가 인지할 수 없도록 한다.
④ 사용자의 직무, 연령, 성별 등 다양한 계층을 수용하여야 한다.

해설
- UI 설계 지침 중 오류 발생 해결에 대한 지침은 다음과 같다.
  - 사용자가 오류에 대한 상황을 정확하게 인지할 수 있어야 함
  - 오류 메시지는 이해하기 쉬워야 하고, 오류로부터 회복을 위한 구체적인 설명이 제공되어야 함
  - 오류로 인해 발생할 수 있는 부정적인 내용은 적극적으로 사용자들에게 알려야 함
  - 오류 메시지는 소리나 색 등을 이용하여 듣거나 보기 쉽게 의미 전달을 하도록 함
  - 발생하는 오류를 쉽게 수정할 수 있어야 하고, 사용자에게 피드백을 제공할 수 있도록 설계해야 함

11 UI의 종류로 멀티 터치(Multi-touch), 동작 인식(Gesture Recognition) 등 사용자의 자연스러운 움직임을 인식하여 서로 주고받는 정보를 제공하는 사용자 인터페이스를 의미하는 것은?

① GUI(Graphical User Interface)
② OUI(Organic Interface)
③ NUI(Natural User Interface)
④ CLI(Command Line Interface)

해설
- 멀티 터치(Multi-Touch), 동작 인식(Gesture Recognition) 등 사용자의 자연스러운 움직임을 인식하여 서로 주고받는 정보를 제공하는 사용자 인터페이스는 NUI이다.

12 UI와 관련된 기본 개념 중 하나로, 시스템의 상태와 사용자의 지시에 대한 효과를 보여주어 사용자가 명령에 대한 진행 상황과 표시된 내용을 해석할 수 있도록 도와주는 것은?

① Feedback
② Posture
③ Module
④ Hash

해설
- 시스템의 상태와 사용자의 지시에 대한 효과를 보여주어 사용자가 명령에 대한 진행 상황과 표시된 내용을 해석할 수 있도록 도와주는 것은 피드백(Feedback)이다.

보기	설명
모듈 (Module)	독립된 하나의 소프트웨어 또는 하드웨어 단위를 지칭하는 용어
해시 (Hash)	일방향 암호 방식으로 임의 길이의 정보를 입력받아, 고정된 길이의 암호문(해시값)을 출력하는 방식

정답
09 ① 10 ③ 11 ③ 12 ①

○ 23년 2회, 24년 3회, 25년 1회

13 다음 중 UI(User Interface) 제스처가 아닌 것은?

① 프레스(Press)
② 드래그(Drag)
③ 플릭(Flick)
④ 프로세스(Process)

해설
- UI 제스처는 탭, 더블 탭, 프레스, 플릭, 스와이프, 팬, 드래그, 핀치, 로테이트 등이 있다.

○ 22년 1회, 23년 2회, 24년 2회

14 다음 내용이 설명하는 UI 설계 도구는?

- 디자인, 사용 방법 설명, 평가 등을 위해 실제 화면과 유사하게 만든 정적인 형태의 모형
- 시각적으로만 구성요소를 배치하는 것으로, 일반적으로 실제로 구현되지는 않음

① 스토리보드(Storyboard)
② 목업(Mockup)
③ 프로토타입(Prototype)
④ 유스케이스(Usecase)

해설
- 목업은 디자인, 사용 방법 설명, 평가 등을 위해 실제 화면과 유사하게 만든 정적인 형태의 모형이다.
- 목업은 시각적으로만 구성요소를 배치하는 것으로, 일반적으로 실제로 구현되지는 않는다.

도구	설명
스토리보드 (Storyboard)	• 정책, 프로세스, 콘텐츠 구성, 와이어프레임(UI, UX), 기능 정의, 데이터베이스 연동 등 서비스 구축을 위한 모든 정보가 담겨 있는 설계 산출물
프로토타입 (Prototype)	• 정적인 화면으로 설계된 와이어프레임 또는 스토리보드에 동적 효과를 적용함으로써 실제 구현된 것처럼 시뮬레이션 할 수 있는 모형
유스케이스 (Usecase)	• 사용자 관점에서 시스템의 활동을 표현하는 동적 다이어그램

○ 24년 1회, 25년 2회

15 다음 중 UI 화면 설계를 위해서 정책이나 프로세스 및 콘텐츠의 구성, 와이어 프레임(UI, UX), 기능에 대한 정의, 데이터베이스의 연동 등 구축하는 서비스를 위한 대부분 정보가 수록된 문서는?

① 와이어 프레임(Wireframe)
② 스토리보드(Storyboard)
③ 프로토타입(Prototype)
④ 유스케이스(Usecase)

해설
- UI 화면 설계를 위해서 정책이나 프로세스 및 콘텐츠의 구성, 와이어 프레임(UI, UX), 기능에 대한 정의, 데이터베이스의 연동 등 구축하는 서비스를 위한 대부분 정보가 수록된 문서는 스토리보드이다.

정답
13 ④ 14 ② 15 ②

Chapter 03 애플리케이션 설계

1 공통 모듈 설계

◐ 18년 3회, 20년 1회, 23년 2회, 24년 3회, 25년 1회

01 HIPO(Hierarchy Input Process Output)에 대한 설명으로 거리가 먼 것은?

① 상향식 소프트웨어 개발을 위한 문서화 도구이다.
② HIPO 차트 종류에는 가시적 도표, 총체적 도표, 세부적 도표가 있다.
③ 기능과 자료의 의존 관계를 동시에 표현할 수 있다.
④ 보기 쉽고 이해하기 쉽다.

해설
- HIPO는 하향식 소프트웨어 개발을 위한 문서화 도구이다.
- HIPO 특징은 다음과 같다.
  - 체계적인 문서 관리가 가능하다.
  - 기호, 도표 등을 사용해서 보기가 쉽고 이해도 쉽다.
  - 기능과 자료의 의존 관계를 동시에 표현할 수 있다.
  - 변경, 유지보수가 용이하다.
  - 시스템의 기능을 고유 모듈들로 분할하여 이들 간의 인터페이스를 계층 구조로 표현한 것을 HIPO 차트 (Chart)라고 한다.
  - 변경, 유지보수가 용이하다.
- HIPO 차트 종류는 가시적 도표, 총체적 도표, 세부적 도표가 있다.

◐ 20년 1회

02 공통 모듈에 대한 명세 기법 중 해당 기능에 대해 일관되게 이해되고 한 가지로 해석될 수 있도록 작성하는 원칙은?

① 상호 작용성   ② 명확성
③ 독립성   ④ 내용성

해설
- 공통모듈에 대한 명세기법 중 해당 기능에 대해 일관되게 이해되고 한 가지로 해석될 수 있도록 작성하는 원칙은 명확성이다.

◐ 20년 1회, 24년 1회, 3회

03 코드 설계에서 일정한 일련번호를 부여하는 방식의 코드는?

① 연상 코드
② 블록 코드
③ 순차 코드
④ 표의 숫자 코드

해설
- 코드 설계 종류로는 연상 코드, 블록 코드, 순차 코드, 표의 숫자 코드, 십진 코드, 그룹 분류식 코드가 있다.

종류	설명
연상 코드	코드만 보고 대상을 연상할 수 있도록 명칭 일부를 약호(간단하고 알기 쉽게 나타내어 만든 부호) 형태로 넣어 연상할 수 있도록 구성된 코드
블록 코드	• 공통성이 있는 것끼리 블록으로 구분하고, 각 블록 내에서 일련번호를 부여하는 코드 • 구분 코드라고도 불림
순차 코드	• 일정한 기준에 따라 순서대로 일련번호를 부여한 코드
표의 숫자 코드	• 대상 자료의 물리적인 수치인 길이, 넓이, 용량 등을 표시한 코드
십진 코드	• 10진수 형태로 표현한 코드
그룹 분류식 코드	• 대상을 기준에 따라 대분류, 중분류, 소분류로 구분하여 번호를 부여한 코드

정답
01 ①　 02 ②　 03 ③

> 17년 2회, 21년 1회, 23년 3회, 25년 2회

04 다음은 어떤 프로그램 구조를 나타낸다. 모듈 F에서의 Fan-in과 Fan-out의 수는 얼마인가?

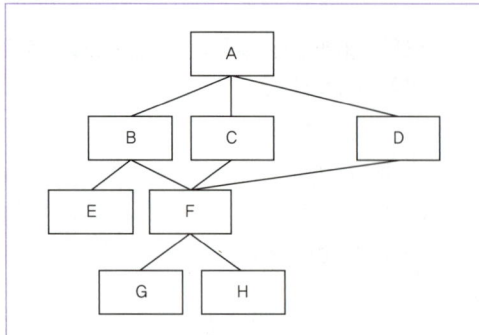

① Fan-In: 2, Fan-Out: 3
② Fan-In: 3, Fan-Out: 2
③ Fan-In: 1, Fan-Out: 2
④ Fan-In: 2, Fan-Out: 1

해설
- F의 팬인은 3, 팬아웃은 2개이다.

팬인/팬아웃	설명
팬인 (Fan-In)	• 모듈 자신을 기준으로 모듈에 들어오면 팬인 • A: 0, B: 1, C: 1, D: 1, E: 1, F: 3, G: 1, H: 1
팬아웃 (Fan-Out)	• 모듈 자신을 기준으로 모듈에서 나가면 팬아웃 • A: 3, B: 2, C: 1, D: 1, E: 0, F: 2, G: 0, H: 0

> 20년 3회

05 코드의 기본 기능으로 거리가 먼 것은?

① 복잡성　② 표준화
③ 분류　④ 식별

해설
- 코드의 기능으로는 표준화, 분류, 식별, 배열, 간소화, 연상, 암호화, 오류 검출 기능이 있다.

기능	설명
표준화	• 정보들 종류, 모양, 크기 등의 일정한 기준에 따라 통일적으로 표현하는 기능
분류	• 정보들을 동일한 특성을 가진 데이터로 그룹화하여 나누는 기능
식별	• 다른 것과 구별될 수 있는 기능

> 18년 2회, 20년 4회

06 바람직한 소프트웨어 설계 지침이 아닌 것은?

① 적당한 모듈의 크기를 유지한다.
② 모듈 간의 접속 관계를 분석하여 복잡도와 중복을 줄인다.
③ 모듈 간의 결합도는 강할수록 바람직하다.
④ 모듈 간의 효과적인 제어를 위해 설계에서 계층적 자료 조직이 제시되어야 한다.

해설
- 효과적인 모듈 설계를 위해서는 결합도를 약하게 해야 한다.

> 24년 2회

07 소프트웨어 설계 시 고려사항으로 거리가 먼 것은?

① 전체적이고 포괄적인 개념을 설계한 후 차례로 세분화하고 구체화시켜 나간다.
② 요구사항을 모두 구현해야 하고 유지보수가 용이해야 한다.
③ 모듈은 독립적인 기능을 갖도록 설계해야 한다.
④ 모듈 간의 상관성은 높이고 변경이 쉬워야 한다.

해설
- 효과적인 모듈 설계를 위해서는 결합도를 약하게 해야 모듈 간의 독립성을 확보하고, 모듈 간의 상관성을 낮춰야 한다.

정답
04 ②　05 ①　06 ③　07 ④

▶ 20년 3회

08 다음 ( ) 안에 들어갈 내용으로 옳은 것은?

> 컴포넌트 설계 시 '( )에 의한 설계'를 따를 경우, 해당 명세에서는
> (1) 컴포넌트의 오퍼레이션 사용 전에 참이 되어야 할 선행 조건
> (2) 사용 후 만족하여야 할 결과조건
> (3) 오퍼레이션이 실행되는 동안 항상 만족하여야 할 불변 조건 등이 포함되어야 한다.

① 협약
② 프로토콜
③ 패턴
④ 관계

해설

- 협약에 의한 설계(Design by Contract)에 대한 설명은 다음과 같다.
- 클래스에 대한 여러 가정을 공유하도록 명세한 설계
- 소프트웨어 컴포넌트에 대한 정확한 인터페이스 명세를 위하여 선행조건, 결과조건, 불변조건을 나타내는 설계 방법

조건	설명
선행조건 (Precondition)	컴포넌트의 오퍼레이션 사용 전에 참이 되어야 할 조건
결과조건 (Postcondition)	사용 후 만족하여야 할 조건
불변조건 (Invariant)	오퍼레이션이 실행되는 동안 항상 만족하여야 할 조건

▶ 20년 4회

09 코드화 대상 항목의 중량, 면적, 용량 등의 물리적 수치를 이용하여 만든 코드는?

① 순차 코드
② 10진 코드
③ 표의 숫자 코드
④ 블록 코드

해설

- 코드화 대상 항목의 중량, 면적, 용량 등의 물리적 수치를 이용하여 만든 코드는 표의 숫자 코드이다.

▶ 20년 4회, 24년 2회, 25년 1회

10 파이프 필터 형태의 소프트웨어 아키텍처에 대한 설명으로 옳은 것은?

① 노드와 간선으로 구성된다.
② 서브 시스템이 입력 데이터를 받아 처리하고, 결과를 다음 서브 시스템으로 넘겨주는 과정을 반복한다.
③ 계층 모델이라고도 한다.
④ 3개의 서브 시스템(모델, 뷰, 제어)으로 구성되어 있다.

해설

- 소프트웨어 아키텍처 패턴 중 파이프-필터 패턴(Pipe-Filter Pattern)은 서브 시스템이 입력 데이터를 받아 처리하고, 결과를 다음 서브 시스템으로 넘겨주는 과정을 반복하는 패턴이다.
- 필터 컴포넌트는 재사용성이 좋고, 추가가 쉽기 때문에 확장이 용이하다.

▶ 20년 4회, 23년 1회, 25년 1회

11 소프트웨어의 상위 설계에 속하지 않는 것은?

① 아키텍처 설계
② 모듈 설계
③ 인터페이스 정의
④ 사용자 인터페이스 설계

해설

- 자료 구조 설계, 아키텍처 설계, 인터페이스 설계, 프로시저 설계는 상위 설계에 속하지만, 모듈 설계는 하위 설계에 속한다.

정답
08 ①　09 ③　10 ②　11 ②

> 21년 2회

12 코드의 기입 과정에서 원래 '12536'으로 기입되어야 하는데 '12936'으로 표기되었을 경우, 어떤 코드 오류에 해당하는가?

① Addition Error
② Omission Error
③ Sequence Error
④ Transcription Error

해설
- 코드의 기입 과정에서 한 자리를 잘못 표기한 경우는 사본 오류(Transcription Error)라고 한다.
- 코드 오류의 종류는 다음과 같다.

종류	설명
사본 오류 (Transcription Error)	• 한 자리를 잘못 표기한 경우 • 필사 오류, 오자 오류라고도 불림
전위 오류 (Transposition Error)	• 연속된 두 글자가 서로 바뀌어 표기된 경우
생략 오류 (Omission Error)	• 한 글자를 빼먹고 기술한 경우
첨가 오류 (Addition Error)	• 한 글자를 추가되어 기술한 경우
이중 전위 오류 (Double Transposition Error)	• 전위 오류가 중복 발생한 경우

> 21년 1회

13 바람직한 소프트웨어 설계 지침이 아닌 것은?

① 모듈의 기능을 예측할 수 있도록 정의한다.
② 이식성을 고려한다.
③ 적당한 모듈의 크기를 유지한다.
④ 가능한 모듈을 독립적으로 생성하고 결합도를 최대화한다.

해설
- 바람직한 소프트웨어 설계 방안은 다음과 같다.
  - 모듈의 독립성과 재사용성을 높이기 위하여 결합도는 낮추고 응집도는 높인다.
  - 모듈의 복잡도와 중복성을 줄이고 일관성을 유지한다.
  - 모듈의 기능은 예측이 가능해야 하며, 지나치게 제한적이어서는 안 된다.
  - 적당한 모듈의 크기를 유지한다.
  - 모듈 간의 효과적인 제어를 위해 설계에서 계층적 자료 조직이 제시되어야 한다.
  - 유지보수가 용이해야 하고 이식성을 고려해야 한다.

> 21년 2회, 24년 3회, 25년 3회

14 소프트웨어 아키텍처 설계에서 시스템 품질 속성이 아닌 것은?

① 가용성(Availability)
② 독립성(Isolation)
③ 변경 용이성(Modifiability)
④ 사용성(Usability)

해설
- 소프트웨어 아키텍처 품질 속성 중 시스템 품질 속성은 가용성(Availability), 변경 용이성(Modifiability), 성능(Performance), 보안성(Security), 사용 편의성(Usability), 시험 용이성(Testability)이 있다.

【두음쌤】 시스템 아키텍처 품질 속성
「가변성 보사시」 – 가용성 / 변경 용이성 / 성능 / 보안성 / 사용 편의성 / 시험 용이성

> 21년 2회

15 서브 시스템이 입력 데이터를 받아 처리하고 결과를 다른 시스템에 보내는 작업이 반복되는 아키텍처 스타일은?

① 클라이언트 서버 구조
② 계층 구조
③ MVC 구조
④ 파이프 필터 구조

해설
- 파이프-필터 패턴(Pipe-Filter Pattern)은 서브 시스템이 입력 데이터를 받아 처리하고, 결과를 다음 서브 시스템으로 넘겨주는 과정을 반복하는 패턴이다.
- 필터 컴포넌트는 재사용성이 좋고, 추가가 쉽기 때문에 확장이 용이하다.

정답

12 ④   13 ④   14 ②   15 ④

▶ 21년 3회, 23년 3회, 24년 3회, 25년 1회

16 분산 시스템을 위한 마스터-슬레이브(Master-Slave) 아키텍처에 대한 설명으로 틀린 것은?

① 일반적으로 실시간 시스템에서 사용된다.
② 마스터 프로세스는 일반적으로 연산, 통신, 조정을 책임진다.
③ 슬레이브 프로세스는 데이터 수집 기능을 수행할 수 없다.
④ 마스터 프로세스는 슬레이브 프로세스들을 제어할 수 있다.

해설
- 마스터-슬레이브 패턴은 연산, 통신, 조정을 책임지는 마스터와 제어되고 동기화되는 대상인 슬레이브로 구성되는 패턴이다.
- 슬레이브 프로세스는 데이터 수집 기능을 수행할 수 있다.

▶ 21년 3회, 23년 1회

17 소프트웨어 아키텍처와 관련한 설명으로 틀린 것은?

① 파이프 필터 아키텍처에서 데이터는 파이프를 통해 양방향으로 흐르며, 필터 이동 시 오버헤드가 발생하지 않는다.
② 외부에서 인식할 수 있는 특성이 담긴 소프트웨어의 골격이 되는 기본 구조로 볼 수 있다.
③ 데이터 중심 아키텍처는 공유 데이터저장소를 통해 접근자 간의 통신이 이루어지므로 각 접근자의 수정과 확장이 용이하다.
④ 이해 관계자들의 품질 요구사항을 반영하여 품질 속성을 결정한다.

해설
- 파이프 필터 아키텍처는 데이터 스트림을 생성하고 처리하는 시스템에서 사용 가능한 패턴으로, 서브 시스템으로 데이터를 단방향으로 흐르는 구조이다.
- 필터 간 데이터 이동에서 데이터 변환 오버헤드가 발생한다.

▶ 21년 1회, 25년 3회

18 소프트웨어 설계 시 제일 상위에 있는 main user function에서 시작하여 기능을 하위 기능들로 분할해 가면서 설계하는 방식은?

① 객체 지향 설계
② 데이터 흐름 설계
③ 상향식 설계
④ 하향식 설계

해설
- 소프트웨어 설계 시 제일 상위에 있는 main user function에서 시작하여 기능을 하위 기능들로 분할해 가면서 설계하는 방식은 하향식 설계이다.

▶ 22년 1회

19 소프트웨어 개발에서 모듈(Module)이 되기 위한 주요 특징에 해당하지 않는 것은?

① 다른 것들과 구별될 수 있는 독립적인 기능을 가진 단위(Unit)이다.
② 독립적인 컴파일이 가능하다.
③ 유일한 이름을 가져야 한다.
④ 다른 모듈에서의 접근이 불가능해야 한다.

해설
- 모듈은 크게 독립된 하나의 소프트웨어 또는 하드웨어 단위를 지칭하는 용어이다.
- 모듈은 단독으로 컴파일할 수 있으며, 재사용할 수 있다.
- 모듈이 되려면 다른 것들과 구분될 수 있는 독립적인 기능을 가져야 하고 유일한 이름을 사용해야 한다.
- 다른 모듈에서의 접근이 가능해야 한다.

정답
16 ③ 17 ① 18 ④ 19 ④

> ● 22년 1회, 3회

20 좋은 소프트웨어 설계를 위한 소프트웨어의 모듈 간 결합도(Coupling)와 모듈 내 요소 간 응집도(Cohesion)에 대한 설명으로 옳은 것은?

① 응집도는 낮게 결합도는 높게 설계한다.
② 응집도는 높게 결합도는 낮게 설계한다.
③ 양쪽 모두 낮게 설계한다.
④ 양쪽 모두 높게 설계한다.

해설
- 좋은 소프트웨어 설계를 위해서는 모듈의 독립성과 재사용성을 높이기 위하여 결합도는 낮추고 응집도는 높인다.
- 좋은 소프트웨어 설계 방안은 다음과 같다.
  - 모듈의 독립성과 재사용성을 높이기 위하여 결합도는 낮추고 응집도는 높인다.
  - 모듈의 복잡도와 중복성을 줄이고 일관성을 유지한다.
  - 모듈의 기능은 예측이 가능해야 하며, 지나치게 제한적이어서는 안 된다.
  - 적당한 모듈의 크기를 유지한다.
  - 모듈 간의 효과적인 제어를 위해 설계에서 계층적 자료 조직이 제시되어야 한다.
  - 유지보수가 용이해야 하고 이식성을 고려해야 한다.

> ● 22년 1회, 3회, 24년 2회, 3회, 25년 1회

21 설계 기법 중 하향식 설계 방법과 상향식 설계 방법에 대한 비교 설명으로 가장 옳지 않은 것은?

① 하향식 설계에서는 통합 검사 시 인터페이스가 이미 정의되어 있어 통합이 간단하다.
② 하향식 설계에서 레벨이 낮은 데이터 구조의 세부 사항은 설계 초기 단계에서 필요하다.
③ 상향식 설계는 최하위 수준에서 각각의 모듈들을 설계하고 이러한 모듈이 완성되면 이들을 결합하여 검사한다.
④ 상향식 설계에서는 인터페이스가 이미 성립되어 있지 않더라도 기능 추가가 쉽다.

해설
- 상향식 설계는 하위 기능들로부터 시작하여 제일 상위에 있는 기능(Main User Function)에 접근해가는 방식이다.
- 상향식 설계는 최하위 수준에서 각각의 모듈들을 상세하게 설계하고 이러한 모듈이 완성되면 전체적으로 이들을 결합하여 설계하는 방식으로 인터페이스가 이미 성립되어 있어야 기능 추가가 쉽다.

> ● 22년 2회, 24년 2회, 25년 3회

22 소프트웨어 아키텍처 모델 중 MVC(Model-View-Controller)와 관련한 설명으로 틀린 것은?

① MVC 모델은 사용자 인터페이스를 담당하는 계층의 응집도를 높일 수 있고, 여러 개의 다른 UI를 만들어 그 사이에 결합도를 낮출 수 있다.
② 모델(Model)은 뷰(View)와 제어(Controller) 사이에서 전달자 역할을 하며, 뷰마다 모델 서브 시스템이 각각 하나씩 연결된다.
③ 뷰(View)는 모델(Model)에 있는 데이터를 사용자 인터페이스에 보이는 역할을 담당한다.
④ 제어(Controller)는 모델(Model)에 명령을 보냄으로써 모델의 상태를 변경할 수 있다.

해설
- 전달자 역할은 모델(Model)이 아닌 제어(Controller)이다.
- MVC 패턴 구성은 다음과 같다.

구성	설명
모델(Model)	• 핵심 기능과 데이터 보관
뷰(View)	• 사용자에게 정보 표시(하나 이상의 뷰가 정의될 수 있음)
컨트롤러(Controller)	• 사용자로부터 요청을 입력받아 처리 • 모델과 뷰 사이에서 전달자 역할을 수행

정답
20 ② 21 ④ 22 ②

◎ 22년 1회

23 소프트웨어 모듈화의 장점이 아닌 것은?

① 오류의 파급 효과를 최소화한다.
② 기능의 분리가 가능하여 인터페이스가 복잡하다.
③ 모듈의 재사용 가능으로 개발과 유지보수가 용이하다.
④ 프로그램의 효율적인 관리가 가능하다.

해설
• 기능의 분리가 가능하여 인터페이스가 단순하다.

◎ 20년 4회, 22년 3회

25 공통모듈의 재사용 범위에 따른 분류가 아닌 것은?

① 컴포넌트 재사용
② 더미 코드 재사용
③ 함수와 객체 재사용
④ 애플리케이션 재사용

해설
• 재사용의 유형에는 함수/객체 재사용, 컴포넌트 재사용, 애플리케이션 재사용 등이 있다.

◎ 22년 2회, 23년 2회

24 모듈화(Modularity)와 관련한 설명으로 틀린 것은?

① 시스템을 모듈로 분할하면 각각의 모듈을 별개로 만들고 수정할 수 있기 때문에 좋은 구조가 된다.
② 응집도는 모듈과 모듈 사이의 상호의존 또는 연관 정도를 의미한다.
③ 모듈 간의 결합도가 약해야 독립적인 모듈이 될 수 있다.
④ 모듈 내 구성요소 간의 응집도가 강해야 좋은 모듈 설계이다.

해설
• 응집도는 모듈의 독립성을 나타내는 개념으로, 모듈 내부 구성요소 간 연관 정도이다.
• 모듈과 모듈 사이의 상호의존 또는 연관 정도는 결합도이다.

◎ 20년 3회

26 효과적인 모듈 설계를 위한 유의사항으로 거리가 먼 것은?

① 모듈 간의 결합도를 약하게 하면 모듈 독립성이 향상된다.
② 복잡도와 중복성을 줄이고 일관성을 유지시킨다.
③ 모듈의 기능은 예측이 가능해야 하며 지나치게 제한적이어야 한다.
④ 유지보수가 용이해야 한다.

해설
• 모듈의 기능은 예측이 가능해야 하며 지나치게 제한적이면 안 된다.

정답
23 ②   24 ②   25 ②   26 ③

> 21년 3회

27 모듈의 독립성을 높이기 위한 결합도(Coupling)와 관련한 설명으로 틀린 것은?

① 오류가 발생했을 때 전파되어 다른 오류의 원인이 되는 파문 효과(Ripple Effect)를 최소화해야 한다.
② 인터페이스가 정확히 설정되어 있지 않을 경우 불필요한 인터페이스가 나타나 모듈 사이의 의존도는 높아지고 결합도가 증가한다.
③ 모듈들이 변수를 공유하여 사용하게 하거나 제어 정보를 교류하게 함으로써 결합도를 낮추어야 한다.
④ 다른 모듈과 데이터 교류가 필요한 경우 전역변수(Global Variable)보다는 매개변수(Parameter)를 사용하는 것이 결합도를 낮추는 데 도움이 된다.

해설
- 모듈들이 변수를 공유하여 사용하게 하거나 제어 정보를 교류하게 되면 결합도가 높아지고 모듈의 독립성이 낮아진다.
- 모듈의 독립성을 높이려면 결합도를 낮추어야 한다.

> 21년 3회

28 모듈화(Modularity)와 관련한 설명으로 틀린 것은?

① 소프트웨어의 모듈은 프로그래밍 언어에서 Subroutine, Function 등으로 표현될 수 있다.
② 모듈의 수가 증가하면 상대적으로 각 모듈의 크기가 커지며, 모듈 사이의 상호 교류가 감소하여 과부하(Overload) 현상이 나타난다.
③ 모듈화는 시스템을 지능적으로 관리할 수 있도록 해주며, 복잡도 문제를 해결하는 데 도움을 준다.
④ 모듈화는 시스템의 유지보수와 수정을 용이하게 한다.

해설
- 모듈의 수가 증가하면 상대적으로 각 모듈의 크기가 작아지고, 모듈 사이의 상호 교류가 증가한다.

> 20년 3회, 23년 3회

29 다음 중 가장 결합도가 강한 것은?

① Data Coupling
② Stamp Coupling
③ Common Coupling
④ Control Coupling

해설
- 결합도의 유형은 '내용 > 공통 > 외부 > 제어 > 스탬프 > 자료 결합도' 순으로 결합도가 낮아진다.
- 결합도의 종류는 다음과 같다.

구성	설명
내용 결합도 (Content Coupling)	• 다른 모듈 내부에 있는 변수나 기능을 다른 모듈에서 사용하는 경우의 결합도
공통 결합도 (Common Coupling)	• 파라미터가 아닌 모듈 밖에 선언되어 있는 전역 변수를 참조하고 전역 변수를 갱신하는 식으로 상호 작용하는 경우의 결합도
외부 결합도 (External Coupling)	• 두 개의 모듈이 외부에서 도입된 데이터 포맷, 통신 프로토콜 또는 디바이스 인터페이스를 공유할 경우의 결합도
제어 결합도 (Control Coupling)	• 어떤 모듈이 다른 모듈의 내부 논리 조직을 제어하기 위한 목적으로 제어 신호를 이용하여 통신하는 경우의 결합도 • 하위 모듈에서 상위 모듈로 제어 신호가 이동하여 상위 모듈에게 처리 명령을 부여하는 권리 전도 현상이 발생하게 하는 결합도
스탬프 결합도 (Stamp Coupling)	• 모듈 간의 인터페이스로 배열이나 객체, 구조 등이 전달되는 경우의 결합도
자료 결합도 (Data Coupling)	• 모듈 간의 인터페이스로 전달되는 파라미터를 통해서만 모듈 간의 상호 작용이 일어나는 경우의 결합도

【두음쌤】 결합도의 유형
「내공 외제 스자」 – 내용 / 공통 / 외부 / 제어 / 스탬프 / 자료 결합도
→ 내부공사는 외제를 쓰자!(스자)

정답
27 ③ 28 ② 29 ③

30.
어떤 모듈이 다른 모듈의 내부 논리 조직을 제어하기 위한 목적으로 제어 신호를 이용하여 통신하는 경우이며, 하위 모듈에서 상위 모듈로 제어 신호가 이동하여 상위 모듈에게 처리 명령을 부여하는 권리 전도 현상이 발생하게 되는 결합도는?

① Data Coupling
② Stamp Coupling
③ Control Coupling
④ Common Coupling

해설
- 어떤 모듈이 다른 모듈의 내부 논리 조직을 제어하기 위한 목적으로 제어 신호를 이용하여 통신하는 경우이며, 하위 모듈에서 상위 모듈로 제어 신호가 이동하여 상위 모듈에게 처리 명령을 부여하는 권리 전도 현상이 발생하게 되는 결합도는 제어 결합도(Control Coupling)이다.

【두음쌤】 결합도의 유형
「내공 외제 스자」 – 내용 / 공통 / 외부 / 제어 / 스탬프 / 자료 결합도
→ 내부공사는 외제를 쓰자!(스자)

31.
시스템에서 모듈 사이의 결합도(Coupling)에 대한 설명으로 옳은 것은?

① 한 모듈 내에 있는 처리 요소들 사이의 기능적인 연관 정도를 나타낸다.
② 결합도가 높으면 시스템 구현 및 유지보수 작업이 쉽다.
③ 모듈 간의 결합도를 약하게 하면 모듈 독립성이 향상된다.
④ 자료 결합도는 내용 결합도보다 결합도가 높다.

해설
- 결합도에 대한 특성은 다음과 같다.
- 결합도는 모듈 내부가 아닌 외부의 모듈과의 연관도 또는 모듈 간의 상호의존성을 나타내는 정도이다.
- 결합도가 낮으면 구현 및 유지보수가 용이해진다.
- 모듈 간의 결합도를 약하게 하면 모듈 독립성이 향상된다.
- 결합도는 '내용 〉 공통 〉 외부 〉 제어 〉 스탬프 〉 자료 결합도' 순으로 낮아진다.

32.
결합도(Coupling)에 대한 설명으로 틀린 것은?

① 데이터 결합도(Data Coupling)는 두 모듈이 매개 변수로 자료를 전달할 때, 자료구조 형태로 전달되어 이용될 때 데이터가 결합되어 있다고 한다.
② 내용 결합도(Content Coupling)는 하나의 모듈이 직접적으로 다른 모듈의 내용을 참조할 때 두 모듈은 내용적으로 결합되어 있다고 한다.
③ 공통 결합도(Common Coupling)는 두 모듈이 동일한 전역 데이터를 접근한다면 공통 결합되어 있다고 한다.
④ 결합도(Coupling)는 두 모듈 간의 상호 작용, 또는 의존도 정도를 나타내는 것이다.

해설
- 결합도(Coupling)는 두 모듈 간의 상호 작용, 또는 의존도 정도이다.

종류	설명
데이터 결합도 (Data Coupling)	• 모듈 간의 인터페이스로 전달되는 파라미터를 통해서만 모듈 간의 상호 작용이 일어나는 경우의 결합도
내용 결합도 (Content Coupling)	• 다른 모듈 내부에 있는 변수나 기능을 다른 모듈에서 사용하는 경우의 결합도 • 하나의 모듈이 직접적으로 다른 모듈의 내용을 참조할 때 두 모듈은 내용적으로 결합되어 있는 경우의 결합도
공통 결합도 (Common Coupling)	• 파라미터가 아닌 모듈 밖에 선언되어 있는 전역 변수를 참조하고 전역 변수를 갱신하는 식으로 상호 작용하는 경우의 결합도

정답
30 ③   31 ③   32 ①

> 21년 1회

33 결합도가 낮은 것부터 높은 것 순으로 옳게 나열한 것은?

> (ㄱ) 내용 결합도　(ㄴ) 자료 결합도
> (ㄷ) 공통 결합도　(ㄹ) 스탬프 결합도
> (ㅁ) 외부 결합도　(ㅂ) 제어 결합도

① (ㄱ) → (ㄴ) → (ㄹ) → (ㅂ) → (ㅁ) → (ㄷ)
② (ㄴ) → (ㄹ) → (ㅁ) → (ㅂ) → (ㄷ) → (ㄱ)
③ (ㄴ) → (ㄹ) → (ㅂ) → (ㅁ) → (ㄷ) → (ㄱ)
④ (ㄱ) → (ㄴ) → (ㄹ) → (ㅁ) → (ㅂ) → (ㄷ)

해설
- 결합도의 유형은 내용 〉 공통 〉 외부 〉 제어 〉 스탬프 〉 자료 결합도 순으로 결합도가 낮아진다.

【두음쌤】 결합도의 유형
「내공 외제 스자」 – 내용 / 공통 / 외부 / 제어 / 스탬프 / 자료 결합도
→ 내부공사는 외제를 쓰자!(스자)

> 21년 2회

34 다음 중 가장 약한 결합도(Coupling)는?

① Common Coupling
② Content Coupling
③ External Coupling
④ Stamp Coupling

해설
- 결합도의 유형은 내용 〉 공통 〉 외부 〉 제어 〉 스탬프 〉 자료 결합도 순으로 결합도가 낮아진다.

【두음쌤】 결합도의 유형
「내공 외제 스자」 – 내용 / 공통 / 외부 / 제어 / 스탬프 / 자료 결합도
→ 내부공사는 외제를 쓰자!(스자)

> 20년 3회

35 다음이 설명하는 응집도의 유형은?

> 모듈이 다수의 관련 기능을 가질 때 모듈 안의 구성 요소들이 그 기능을 순차적으로 수행할 경우의 응집도

① 기능적 응집도
② 우연적 응집도
③ 논리적 응집도
④ 절차적 응집도

해설
- 응집도의 유형은 우연적 〈 논리적 〈 시간적 〈 절차적 〈 통신적 〈 순차적 〈 기능적 응집도 순서로 응집도가 높아진다.

유형	설명
우연적 응집도 (Coincidental Cohesion)	• 서로 간에 어떠한 의미 있는 연관 관계도 없는 기능 요소로 구성될 경우의 응집도 • 서로 다른 상위 모듈에 의해 호출되어 처리상의 연관성이 없는 서로 다른 기능을 수행할 경우의 응집도
논리적 응집도 (Logical Cohesion)	• 유사한 성격을 갖거나 특정 형태로 분류되는 처리 요소들이 한 모듈에서 처리되는 경우의 응집도
시간적 응집도 (Temporal Cohesion)	• 모듈 내 구성요소들이 서로 다른 기능을 같은 시간대에 함께 실행하는 경우 응집도
절차적 응집도 (Procedural Cohesion)	• 모듈이 다수의 관련 기능을 가질 때 모듈 안의 구성요소들이 그 기능을 순차적으로 수행할 경우의 응집도
통신적 응집도 (Communication Cohesion)	• 동일한 입력과 출력을 사용하여 다른 기능을 수행하는 활동들이 모여 있을 경우의 응집도
순차적 응집도 (Sequential Cohesion)	• 모듈 내에서 한 활동으로부터 나온 출력값을 다른 활동이 사용할 경우의 응집도
기능적 응집도 (Functional Cohesion)	• 모듈 내부의 모든 기능이 단일한 목적을 위해 수행되는 경우의 응집도

정답
33 ③　34 ④　35 ④

> 19년 3회, 24년 3회, 25년 1회

36 다음 중 가장 높은 응집도(Cohesion)에 해당하는 것은?

① 순서적 응집도(Sequential Cohesion)
② 시간적 응집도(Temporal Cohesion)
③ 논리적 응집도(Logical Cohesion)
④ 절차적 응집도(Procedural Cohesion)

해설

- 응집도의 유형은 우연적 < 논리적 < 시간적 < 절차적 < 통신적 < 순차적 < 기능적 응집도 순서로 응집도가 높아진다.

【두음쌤】 응집도의 유형
「우논시절 통순기」 – 우연적 / 논리적 / 시간적 / 절차적 / 통신적 / 순차적 / 기능적 응집도
→ 우리가 논 시절의 통합짱은 순기다.

> 20년 1회

37 응집도가 가장 낮은 것은?

① 기능적 응집도
② 시간적 응집도
③ 절차적 응집도
④ 우연적 응집도

해설

- 응집도의 유형은 우연적 < 논리적 < 시간적 < 절차적 < 통신적 < 순차적 < 기능적 응집도 순서로 응집도가 높아진다.

【두음쌤】 응집도의 유형
「우논시절 통순기」 – 우연적 / 논리적 / 시간적 / 절차적 / 통신적 / 순차적 / 기능적 응집도
→ 우리가 논 시절의 통합짱은 순기다.

> 19년 2회, 22년 3회, 23년 3회

38 응집도의 종류 중 서로 간에 어떠한 의미 있는 연관 관계도 지니지 않은 기능 요소로 구성되는 경우이며, 서로 다른 상위 모듈에 의해 호출되어 처리상의 연관성이 없는 서로 다른 기능을 수행하는 경우의 응집도는?

① Functional Cohesion
② Sequential Cohesion
③ Logical Cohesion
④ Coincidental Cohesion

해설

- 서로 간에 어떠한 의미 있는 연관 관계도 지니지 않은 응집도는 우연적 응집도(Coincidental Cohesion)이다.

> 21년 1회

39 다음 중 응집도가 가장 높은 것은?

① 절차적 응집도
② 순차적 응집도
③ 우연적 응집도
④ 논리적 응집도

해설

- 응집도의 유형은 우연적 < 논리적 < 시간적 < 절차적 < 통신적 < 순차적 < 기능적 응집도 순서로 응집도가 높아진다.

> 21년 2회, 23년 1회

40 다음 중 가장 강한 응집도(Cohesion)는?

① Sequential Cohesion
② Procedural Cohesion
③ Logical Cohesion
④ Coincidental Cohesion

해설

- 응집도의 유형은 우연적 응집도(Coincidental Cohesion) < 논리적 응집도(Logical Cohesion) < 시간적 응집도(Temporal Cohesion) < 절차적 응집도(Procedural Cohesion) < 통신적 응집도(Communication Cohesion) < 순차적 응집도(Sequential Cohesion) < 기능적 응집도(Functional Cohesion) 순서로 응집도가 높아진다.

정답

36 ① 37 ④ 38 ④ 39 ② 40 ①

> 21년 3회

41 모듈 내 구성요소들이 서로 다른 기능을 같은 시간대에 함께 실행하는 경우의 응집도(Cohesion)는?

① Temporal Cohesion
② Logical Cohesion
③ Coincidental Cohesion
④ Sequential Cohesion

해설
- 모듈 내 구성요소들이 서로 다른 기능을 같은 시간대에 함께 실행하는 경우의 응집도는 시간적 응집도(Temporal Cohesion)이다.

> 23년 2회

42 다음 중 4 + 1 뷰의 구성요소가 아닌 것은?

① 유스케이스 뷰(Use-Case View)
② 논리 뷰(Logical View)
③ 프로세스 뷰(Process View)
④ 클래스 뷰(Class View)

해설
- 소프트웨어 아키텍처 4+1 뷰는 다음과 같다.

뷰	설명
유스케이스 뷰 (Usecase View)	유스케이스 또는 아키텍처를 도출하고 설계하며 다른 뷰를 검증하는데 사용되는 뷰
논리 뷰 (Logical View)	시스템의 기능적인 요구사항이 어떻게 제공되는지 설명해주는 뷰
프로세스 뷰 (Process View)	시스템의 비기능적인 속성으로서 자원의 효율적인 사용, 병행 실행, 비동기, 이벤트 처리 등을 표현한 뷰
구현 뷰 (Implementation View)	개발 환경 안에서 정적인 소프트웨어 모듈의 구성을 보여주는 뷰
배포 뷰 (Deployment View)	컴포넌트가 물리적인 아키텍처에 어떻게 배치되는가를 매핑해서 보여주는 뷰

【두음쌤】 소프트웨어 아키텍처 4+1 뷰
「유논프구배」– 유스케이스 뷰 / 논리 뷰 / 프로세스 뷰 / 구현 뷰 / 배포 뷰

> 24년 1회

43 다음에서 설명하는 응집도의 유형은 무엇인가?

> 동일한 입력과 출력을 사용하여 다른 기능을 수행하는 활동들이 모여있을 경우의 응집도

① 논리적 응집도
② 절차적 응집도
③ 시간적 응집도
④ 교환적 응집도

해설
- 동일한 입력과 출력을 사용하여 다른 기능을 수행하는 활동들이 모여있을 경우의 응집도는 교환적 응집도이다.
- 교환적 응집도는 통신적 응집도라고도 부른다.
- 응집도의 유형은 다음과 같다.

유형	설명
논리적 응집도	유사한 성격을 갖거나 특정 형태로 분류되는 처리 요소들이 한 모듈에서 처리되는 경우의 응집도
절차적 응집도	모듈이 다수의 관련 기능을 가질 때 모듈 안의 구성요소들이 그 기능을 순차적으로 수행할 경우의 응집도
시간적 응집도	연관된 기능이라기보다는 특정 시간에 처리되어야 하는 활동들을 한 모듈에서 처리할 경우의 응집도

> 24년 1회, 25년 2회

44 다음 중 물리적 시스템을 구성하고 있는 각 부분들의 분산 형태와 설치에 초점을 두는 소프트웨어 아키텍처 4 + 1 뷰는 무엇인가?

① Usecase View
② Deployment View
③ Logical View
④ Process View

해설
- 물리적 시스템을 구성하고 있는 각 부분들의 분산 형태와 설치에 초점을 두는 소프트웨어 아키텍처 4+1 뷰는 배포 뷰(Deployment View)이다.

정답
41 ①   42 ④   43 ④   44 ②

> 24년 1회, 25년 2회

45 다음 중 대상 자료의 물리적인 수치인 길이, 넓이, 용량 등을 표시한 코드는 무엇인가?

① Mnemonic Code
② Block Code
③ Significant Digit Code
④ Decimal Code

해설
- 대상 자료의 물리적인 수치인 길이, 넓이, 용량 등을 표시한 코드는 표의 숫자 코드(Significant Digit Code)이다.
- 코드의 종류는 다음과 같다.

종류	설명
연상 코드 (Mnemonic Code)	코드만 보고 대상을 연상할 수 있도록 명칭 일부를 약호(간단하고 알기 쉽게 나타내어 만든 부호) 형태로 넣어 구성된 코드
블록 코드 (Block Code)	• 공통성이 있는 것끼리 블록으로 구분하고, 각 블록 내에서 일련번호를 부여하는 코드 • 구분 코드라고도 불림
십진 코드 (Decimal Code)	10진수 형태로 표현한 코드

> 24년 2회, 25년 3회

46 다음 결합도의 종류에 대한 설명 중 틀린 것은?

① Content Coupling: 다른 모듈 내부에 있는 변수나 기능을 다른 모듈에서 사용하는 경우의 결합도이다.
② Stamp Coupling: 파라미터가 아닌 모듈 밖에 선언되어 있는 전역 변수를 참조하고 전역 변수를 갱신하는 식으로 상호 작용하는 경우의 결합도이다.
③ Data Coupling: 모듈 간의 인터페이스로 전달되는 파라미터를 통해서만 모듈 간의 상호 작용이 일어나는 경우의 결합도이다.
④ Control Coupling: 어떤 모듈이 다른 모듈의 내부 논리 조직을 제어하기 위한 목적으로 제어 신호를 이용하여 통신하는 경우의 결합도이다.

해설
- 스탬프 결합도(Stamp Coupling)는 모듈 간의 인터페이스로 배열이나 객체, 구조 등이 전달되는 경우의 결합도이다.

> 25년 1회

47 분리된 컴포넌트들로 이루어진 분산 시스템에서 사용되며, 이 컴포넌트들은 원격 서비스 호출을 통해 상호 작용할 수 있도록 중개 역할을 수행하는 아키텍처 패턴은 무엇인가?

① 마스터-슬레이브(Master-Slave) 패턴
② 클라이언트-서버(Client-Server) 패턴
③ 파이프-필터(Pipe-Filter) 패턴
④ 브로커(Broker) 패턴

해설
- 브로커 패턴(Broker Pattern)은 분산 환경에서 컴포넌트 간의 통신을 중재(Broker)하여 서로 원격지에 있어도 서비스 호출이 가능한 구조를 제공한다.

> 25년 3회

48 다음 중 MVC 아키텍처 패턴에서 사용자 입력을 처리하고 모델과 뷰 사이에서 전달자 역할을 수행하는 구성요소는?

① Model
② View
③ Controller
④ Observer

해설
- MVC 패턴 구성은 다음과 같다.

구성	설명
모델(Model)	핵심 기능과 데이터 보관
뷰(View)	사용자에게 정보 표시(하나 이상의 뷰가 정의될 수 있음)
컨트롤러(Controller)	• 사용자로부터 요청을 입력 받아 처리 • 모델과 뷰 사이에서 전달자 역할을 수행

정답

45 ③ 46 ② 47 ④ 48 ③

2 객체 지향 설계

49. 객체에 대한 특성을 설명한 것으로 가장 옳지 않은 것은?
① 객체마다 각각의 상태를 갖고 있다.
② 식별성을 가진다.
③ 행위에 대하여 그 특징을 나타낼 수 있다.
④ 일정한 기억장소를 가지고 있지 않다.

해설
- 객체는 클래스에 정의된 행위에 대한 정의를 공유함으로써 메모리를 경제적으로 사용하고, 일정한 기억장소를 가지고 있다.

50. 객체에게 어떤 행위를 하도록 지시하는 명령은?
① 클래스(Class)
② 인스턴스(Instance)
③ 객체(Object)
④ 메시지(Message)

해설
- 메시지는 객체에게 행위를 지시한다.
- 객체 지향 구성요소는 다음과 같다.

구성요소	설명
클래스(Class)	객체 지향 프로그램에서 데이터를 추상화하는 단위
객체(Object)	자신 고유의 데이터를 가지며 클래스에서 정의한 행위를 수행
메서드(Method)	클래스로부터 생성된 객체를 사용하는 방법 객체가 메시지를 받아 실행해야 할 객체의 구체적인 연산
메시지(Message)	객체에게 어떤 행위를 하도록 지시하기 위한 방법
인스턴스(Instance)	프로그램에서 클래스를 통해 만든 실제의 실행 객체, 프로그램의 실행 단계에서 나타남
속성(Property)	한 클래스 내에 속한 객체들이 가지고 있는 데이터 값들을 단위별로 정의 성질, 분류, 식별, 수량, 현재 상태 등에 대한 표현 값

51. 객체 지향 기법에서 다음 설명에 해당하는 것으로 가장 옳은 것은?
- 코드 내부 데이터와 메서드를 숨기고 공개 인터페이스를 통해서만 접근이 가능하도록 하는 기법이다.
- 유지보수와 소프트웨어 확장 시 오류를 최소화할 수 있다.

① 추상화(Abstraction)
② 상속성(Inheritance)
③ 정보 은닉(Information Hiding)
④ 다형성(Polymorphism)

해설
- 객체 지향 기법은 다음과 같다.

기법	설명
캡슐화(Encapsulation)	서로 연관된 데이터와 함수를 함께 묶어 외부와 경계를 만들고 필요한 인터페이스만을 밖으로 드러내는 기법
상속성(Inheritance)	상위 클래스의 속성과 메서드를 하위 클래스에서 재정의 없이 물려받아 사용하는 기법
다형성(Polymorphism)	하나의 메시지에 대해 각 객체가 가지고 있는 고유한 방법으로 응답할 수 있는 능력
추상화(Abstraction)	공통 성질을 추출하여 클래스를 설정하는 기법
정보 은닉(Information Hiding)	코드 내부 데이터와 메서드를 숨기고 공개 인터페이스를 통해서만 접근이 가능하도록하는 코드 보안 기술
관계성(Relationship)	두 개 이상의 엔터티 형에서 데이터를 참조하는 관계를 나타내는 기법

정답
49 ④ 50 ④ 51 ③

> 15년 1회, 21년 2회, 24년 1회, 25년 2회

52 객체 지향 기법에서 클래스에 속한 각각의 객체를 의미하는 것은?

① 인스턴스(Instance)
② 메시지(Message)
③ 메서드(Method)
④ 모듈(Module)

해설
- 프로그램에서 클래스를 통해 만든 실제의 실행 객체, 프로그램의 실행 단계에서 나타나는 것은 인스턴스(Instance)이다.

> 15년 1회, 3회, 16년 3회, 17년 1회

53 객체 지향 기법에서 캡슐화(Encapsulation)에 대한 옳은 내용 모두를 나열한 것은?

ⓐ 캡슐화를 하면 객체 간의 결합도가 높아진다.
ⓑ 캡슐화된 객체들은 재사용이 용이하다.
ⓒ 프로그램 변경에 대한 오류의 파급효과가 적다.
ⓓ 인터페이스가 단순해진다.

① ⓐ, ⓑ
② ⓐ, ⓒ, ⓓ
③ ⓑ, ⓒ, ⓓ
④ ⓐ, ⓑ, ⓒ, ⓓ

해설
- 변수를 외부에 노출하지 않기 때문에 모듈에 대한 결합도가 낮아진다.
- 캡슐화의 특징은 다음과 같다.
- 캡슐화된 객체들은 재사용이 용이
- 프로그램 변경에 대한 오류의 파급효과가 적음
- 인터페이스가 단순해짐

- 캡슐화된 객체들은 재사용이 용이
- 프로그램 변경에 대한 오류의 파급효과가 적음
- 인터페이스가 단순해짐

> 16년 2회, 18년 2회, 19년 1회
> 20년 1회, 22년 1회, 24년 2회

54 객체 지향 개념 중 하나 이상의 유사한 객체들을 묶어 공통된 특성을 표현한 데이터 추상화를 의미하는 것은?

① 메서드(Method)
② 클래스(Class)
③ 상속성(Inheritance)
④ 메시지(Message)

해설
- 하나 이상의 유사한 객체들을 묶어 공통된 특성을 표현한 데이터 추상화는 클래스(Class)이다.

> 15년 2회, 18년 1회, 19년 1회, 23년 1회

55 객체 간에 메시지를 주고받을 때 각 객체의 세부 내용은 알 필요가 없으므로 인터페이스가 단순해지고 데이터와 데이터를 처리하는 함수를 하나로 묶는 것을 의미하는 것은?

① 추상화(Abstraction)
② 클래스(Class)
③ 캡슐화(Encapsulation)
④ 통합(Integration)

해설
- 객체 간에 메시지를 주고받을 때 각 객체의 세부 내용은 알 필요가 없으므로 인터페이스가 단순해지고 데이터와 데이터를 처리하는 함수를 하나로 묶는 것은 캡슐화(Encapsuation)이다.

정답
52 ①　53 ③　54 ②　55 ③

56 캡슐화(Encapsulation)에 관한 설명 중 옳지 않은 것은?

① 데이터와 데이터를 처리하는 함수를 하나로 묶는 것이다.
② 캡슐화된 객체의 세부 내용이 외부에 은폐되어 변경으로 인한 오류의 파급 효과가 적다.
③ 인터페이스가 단순해지고 객체 간의 결합도가 낮아진다.
④ 캡슐화된 객체들은 재사용이 불가능해진다.

해설
- 캡슐화의 특징은 다음과 같다.
- 서로 관련성이 많은 데이터들과 이와 관련된 함수들을 한 묶음으로 처리
- 캡슐화된 객체들은 재사용이 용이
- 프로그램 변경에 대한 오류의 파급효과가 적음
- 인터페이스가 단순해짐

57 객체 지향 설계에 있어서 정보 은닉(Information Hiding)의 가장 근본적인 목적은?

① 코드를 개선하기 위하여
② 프로그램의 길이를 짧게 하기 위하여
③ 고려되지 않은 영향(Side-Effect)들을 최소화하기 위하여
④ 인터페이스를 최소화하기 위하여

해설
- 정보 은닉은 특정 모듈의 정보를 필요로 하지 않는 모듈이 접근하지 못하도록 세부 내용을 은폐하고 설계하는 기법이다.
- 다른 모듈의 접근을 막고, 세부 내용을 은폐함으로써 고려되지 않은 영향(Side-Effect)을 최소화하게 된다.

58 다음 객체 지향 기법에 대한 설명에 해당하는 것은?

> 메시지에 의해 객체가 연산을 수행하게 될 때 하나의 메시지에 대해 각 객체가 가지고 있는 고유한 방법으로 응답할 수 있는 능력이다.

① 캡슐화(Encapsulation)
② 추상화(Abstraction)
③ 상속성(Inheritance)
④ 다형성(Polymorphism)

해설
- 객체지향 기법은 다음과 같다.

기법	설명
캡슐화	서로 관련성이 많은 데이터와 이와 관련된 함수들을 한 묶음으로 처리하는 기법
추상화	공통 성질을 추출하여 클래스를 설정하는 기법
상속성	상위 클래스의 속성과 메서드를 하위 클래스에서 재정의 없이 물려받아 사용하는 기법
다형성	하나의 메시지에 대해 각 객체가 가지고 있는 고유한 방법으로 응답할 수 있는 능력

정답
56 ④ 57 ③ 58 ④

59 객체 지향 기법에서 상위 클래스의 메서드와 속성을 하위 클래스가 물려받는 것을 의미하는 것은?

① 추상화(Abstraction)
② 다형성(Polymorphism)
③ 캡슐화(Encapsulation)
④ 상속성(Inheritance)

해설

- 객체지향 기법은 다음과 같다.

기법	설명
추상화	공통 성질을 추출하여 클래스를 설정하는 기법
다형성	하나의 메시지에 대해 각 객체가 가지고 있는 고유한 방법으로 응답할 수 있는 능력
캡슐화	서로 관련성이 많은 데이터와 이와 관련된 함수들을 한 묶음으로 처리하는 기법
상속성	상위 클래스의 속성과 메서드를 하위 클래스에서 재정의 없이 물려받아 사용하는 기법

60 객체 지향 기법의 캡슐화(Encapsulation)에 대한 설명으로 틀린 것은?

① 인터페이스가 단순화된다.
② 소프트웨어 재사용성이 높아진다.
③ 변경 발생 시 오류의 파급효과가 적다.
④ 상위 클래스의 모든 속성과 연산을 하위 클래스가 물려받는 것을 의미한다.

해설

- 상위 클래스의 속성과 메서드를 하위 클래스에서 재정의 없이 물려받아 사용하는 기법은 상속성이다.

61 객체 지향에서 정보 은닉과 가장 밀접한 관계가 있는 것은?

① Encapsulation
② Class
③ Method
④ Instance

해설

- 객체지향 기법은 다음과 같다.

기법	설명
캡슐화 (Encapsulation)	• 서로 관련성이 많은 데이터와 이와 관련된 함수들을 한 묶음으로 처리하는 기법 • 결합도가 낮아지고 재사용이 용이 • 인터페이스가 단순화됨 • 정보 은닉과 관계가 깊음
클래스 (Class)	• 객체 지향 프로그램에서 데이터를 추상화하는 단위 • 하나 이상의 유사한 객체들을 묶어서 하나의 공통된 특성을 표현 • 속성은 변수의 형태로, 행위는 메서드 형태로 선언
메서드 (Method)	• 클래스로부터 생성된 객체를 사용하는 방법 • 전통적 시스템의 함수(Function) 또는 프로시저(Procedure)에 해당하는 연산 기능
인스턴스 (Instance)	• 객체 지향 기법에서 클래스에 속한 각각의 객체 • 실제로 메모리상에 할당

정답
59 ④　60 ④　61 ①

> 21년 3회, 24년 2회

62 객체 지향 설계에서 정보 은닉(Information Hiding)과 관련한 설명으로 틀린 것은?

① 필요하지 않은 정보는 접근할 수 없도록 하여 한모듈 또는 하부 시스템이 다른 모듈의 구현에 영향을 받지 않게 설계되는 것을 의미한다.
② 모듈들 사이의 독립성을 유지시키는 데 도움이 된다.
③ 설계에서 은닉되어야 할 기본 정보로는 IP 주소와 같은 물리적 코드, 상세 데이터 구조 등이 있다.
④ 모듈 내부의 자료 구조와 접근 동작들에만 수정을 국한하기 때문에 요구사항 변화에 따른 수정이 불가능하다.

해설
- 정보 은닉은 코드 내부 데이터와 메서드를 숨기고 공개 인터페이스를 통해서만 접근이 가능하도록 하는 코드 보안 기술이다.
- 모듈 내부의 자료 구조와 접근 동작들에만 수정을 국한하지 않기 때문에 요구사항 등 변화에 따른 수정이 가능하다.

> 21년 1회

64 객체 지향 개념에서 연관된 데이터와 함수를 함께 묶어 외부와 경계를 만들고 필요한 인터페이스만을 밖으로 드러내는 과정은?

① 메시지(Message)
② 캡슐화(Encapsulation)
③ 다형성(Polymorphism)
④ 상속(Inheritance)

해설
- 객체지향 기법은 다음과 같다.

기법	설명
캡슐화 (Encapsulation)	• 서로 관련성이 많은 데이터와 이와 관련된 함수들을 한 묶음으로 처리하는 기법 • 결합도가 낮아지고 재사용이 용이 • 인터페이스가 단순화됨
다형성 (Polymorphism)	• 하나의 메시지에 대해 각 객체가 가지고 있는 고유한 방법으로 응답할 수 있는 능력 • 오버로딩, 오버라이딩이 대표적
상속성 (Inheritance)	• 상위 클래스의 속성과 메서드를 하위 클래스에서 재정의 없이 물려받아 사용하는 기법

> 21년 3회, 24년 2회

63 소프트웨어 설계에서 사용되는 대표적인 추상화(Abstraction) 기법이 아닌 것은?

① 자료 추상화
② 제어 추상화
③ 과정 추상화
④ 강도 추상화

해설
- 강도 추상화는 추상화 기법에 속하지 않는다.

【두음쌤】 추상화 기법
「과자제」 – 과정 추상화 / 자료 추상화 / 제어 추상화

> 21년 2회

65 객체에게 어떤 행위를 하도록 지시하는 명령은?

① Class
② Package
③ Object
④ Message

해설
- 메시지는 객체에게 행위를 지시한다.

기법	설명
클래스 (Class)	• 객체 지향 프로그램에서 데이터를 추상화하는 단위
인스턴스 (Instance)	• 프로그램에서 클래스를 통해 만든 실제의 실행 객체
객체 (Object)	• 자신 고유의 데이터를 가지며 클래스에서 정의한 행위를 수행
메시지 (Message)	• 객체에게 어떤 행위를 하도록 지시하는 방법

정답
62 ④   63 ④   64 ②   65 ④

66 객체 지향 설계에서 객체가 가지고 있는 속성과 오퍼레이션의 일부를 감추어서 객체의 외부에서는 접근이 불가능하게 하는 개념은?

① 조직화(Organizing)
② 캡슐화(Encapsulation)
③ 정보 은닉(Information Hiding)
④ 구조화(Structuralization)

해설
- 정보 은닉은 코드 내부 데이터와 메서드를 숨기고 공개 인터페이스를 통해서만 접근이 가능하도록 하는 코드 보안 기술이다.
- 객체가 가지고 있는 속성과 오퍼레이션의 일부를 감추어서 객체의 외부에서는 접근이 불가능하게 한다.

67 객체 지향의 주요 개념에 대한 설명으로 틀린 것은?

① 캡슐화는 상위 클래스에서 속성이나 연산을 전달받아 새로운 형태의 클래스로 확장하여 사용하는 것을 의미한다.
② 객체는 실세계에 존재하거나 생각할 수 있는 것을 말한다.
③ 클래스는 하나 이상의 유사한 객체들을 묶어 공통된 특성을 표현한 것이다.
④ 다형성은 상속받은 여러 개의 하위 객체들이 다른 형태의 특성을 갖는 객체로 이용될 수 있는 성질이다.

해설
- 캡슐화는 서로 연관된 데이터와 함수를 함께 묶어 외부와 경계를 만들고 필요한 인터페이스만을 밖으로 드러내는 기법이다.
- 상위 클래스에서 속성이나 연산을 전달받아 새로운 형태의 클래스로 확장하여 사용하는 것은 상속이다.

68 객체 지향 분석 방법론 중 Coad-Yourdon 방법에 해당하는 것은?

① E-R 다이어그램을 사용하여 객체의 행위를 데이터 모델링하는 데 초점을 둔 방법이다.
② 객체, 동적, 기능 모델로 나누어 수행하는 방법이다.
③ 미시적 개발 프로세스와 거시적 개발 프로세스를 모두 사용하는 방법이다.
④ Use Case를 강조하여 사용하는 방법이다.

해설
- 객체 지향 방법론의 종류는 다음과 같다.

종류	설명
야콥슨(Jacobson)	유스케이스에 의한 접근 방법으로 유스케이스를 모든 모델의 근간으로 활용
럼바우(Rumbaugh)	그래픽 표기법을 이용하여 소프트웨어 구성요소를 모델링하는 방법론 분석 절차는 객체 모델링 → 동적 모델링 → 기능 모델링 순서로 진행
부치(Booch)	설계 문서화를 강조하여 다이어그램 중심으로 개발하는 방법론 미시적(Micro) 개발 프로세스와 거시적(Macro) 개발 프로세스를 모두 사용하는 분석 방법
Coad와 Yourdon	E-R 다이어그램을 사용하여 객체의 행위를 모델링하며, 객체 식별, 구조 식별, 주체 정의, 속성 및 관계 정의, 서비스 정의 등의 과정으로 구성되는 객체 지향 분석 방법
Wirfs-Brock	분석과 설계 간의 구분이 없고 고객 명세서를 평가해서 설계 작업까지 연속적으로 수행하는 분석 방법

정답
66 ③ 67 ① 68 ①

◎ 20년 3회, 4회

69 객체 지향 설계 원칙 중, 서브 타입(상속받은 하위 클래스)은 어디에서나 자신의 기반 타입(상위 클래스)으로 교체할 수 있어야 함을 의미하는 원칙은?

① ISP(Interface Segregation Principle)
② DIP(Dependency Inversion Principle)
③ LSP(Liskov Substitution Principle)
④ SRP(Single Responsibility Principle)

해설

- 객체 지향 설계 원칙은 다음과 같다.

원칙	설명
단일 책임의 원칙 (Single Responsibility Principle)	• 하나의 클래스는 하나의 목적을 위해서 생성되며, 클래스가 제공하는 모든 서비스는 하나의 책임을 수행하는 데 집중되어 있어야 한다는 원칙 • 객체 지향 프로그래밍의 5원칙 중 나머지 4원칙의 기초 원칙
개방 폐쇄 원칙 (Open Close Principle)	• 소프트웨어의 구성요소(컴포넌트, 클래스, 모듈, 함수)는 확장에는 열려있고, 변경에는 닫혀있어야 한다는 원칙
리스코프 치환의 원칙 (Liskov Substitution Principle)	• 서브 타입(상속받은 하위 클래스)은 어디서나 자신의 기반 타입(상위 클래스)으로 교체할 수 있어야 한다는 원칙
인터페이스 분리의 원칙 (Interface Segregation Principle)	• 한 클래스는 자신이 사용하지 않는 인터페이스는 구현하지 말아야 한다는 원칙
의존성 역전의 원칙 (Dependency Inversion Principle)	• 실제 사용 관계는 바뀌지 않으며, 추상을 매개로 메시지를 주고받음으로써 관계를 최대한 느슨하게 만드는 원칙

◎ 22년 1회, 24년 1회, 25년 2회

70 클래스 설계 원칙에 대한 바른 설명은?

① 단일 책임 원칙: 하나의 클래스만 변경 가능하다.
② 개방-폐쇄의 원칙: 클래스는 확장에 대해 열려있어야 하며 변경에 대해 닫혀있어야 한다.
③ 리스코프 교체의 원칙: 여러 개의 책임을 가진 클래스는 하나의 책임을 가진 클래스로 대체되어야 한다.
④ 의존관계 역전의 원칙: 클라이언트는 자신이 사용하는 메서드와 의존관계를 갖지 않도록 해야 한다.

해설

- 객체 지향 설계 원칙(SOLID)은 다음과 같다.

원칙	설명
단일 책임의 원칙	• 하나의 클래스는 하나의 목적을 위해서 생성되며, 클래스가 제공하는 모든 서비스는 하나의 책임을 수행하는 데 집중되어 있어야 한다는 원칙
개방 폐쇄 원칙	• 소프트웨어의 구성요소(컴포넌트, 클래스, 모듈, 함수)는 확장에는 열려있고, 변경에는 닫혀있어야 한다는 원칙
리스코프 치환의 원칙	• 서브 타입(상속받은 하위 클래스)은 어디서나 자신의 기반 타입(상위 클래스)으로 교체할 수 있어야 한다는 원칙
인터페이스 분리의 원칙	• 한 클래스는 자신이 사용하지 않는 인터페이스는 구현하지 말아야 한다는 원칙
의존성 역전의 원칙	• 실제 사용 관계는 바뀌지 않으며, 추상을 매개로 메시지를 주고받음으로써 관계를 최대한 느슨하게 만드는 원칙

정답

69 ③   70 ②

> 20년 3회

71 객체 지향 소프트웨어 공학에서 하나 이상의 유사한 객체들을 묶어서 하나의 공통된 특성을 표현한 것은?

① 트랜잭션
② 클래스
③ 시퀀스
④ 서브루틴

해설
- 클래스에 대한 설명은 다음과 같다.
  - 객체 지향 프로그램에서 데이터를 추상화하는 단위
  - 하나 이상의 유사한 객체들을 묶어서 하나의 공통된 특성을 표현
  - 속성은 변수의 형태로, 행위는 메서드 형태로 선언

> 19년 2회

72 객체 지향 프로그램 개발 기법에 대한 설명으로 옳지 않은 것은?

① 소프트웨어의 재사용률이 높아진다.
② 절차 중심의 프로그래밍 기법이다.
③ 객체모델의 주요요소는 추상화, 캡슐화, 모듈화가 있다.
④ 설계 시 자료와 자료에 가해지는 프로세서를 묶어 정의하고 관계를 규명한다.

해설
- 객체 지향 프로그램 개발 기법은 객체 중심의 개발 방법으로서 절차 중심의 프로그래밍 기법이 아니다.
- 객체 지향 프로그래밍의 특징은 다음과 같다.
  - 객체 지향 프로그래밍은 재사용률을 높이기 위해 사용한다.
  - 추상화, 캡슐화, 모듈화를 수행한다.
  - 자료와 프로세서를 묶어서 클래스로 정의한다.

> 20년 1회, 21년 2회, 22년 3회, 24년 2회

73 럼바우(Rumbaugh)의 객체 지향 분석 절차를 가장 바르게 나열한 것은?

① 객체 모형 → 동적 모형 → 기능 모형
② 객체 모형 → 기능 모형 → 동적 모형
③ 기능 모형 → 동적 모형 → 객체 모형
④ 기능 모형 → 객체 모형 → 동적 모형

해설
- 럼바우의 객체 지향 분석 절차는 다음과 같다.

모델 종류	설명
객체 모델링 (Object Modeling)	• 정보 모델링이라고도 하며, 시스템에서 요구하는 객체를 찾고 객체 간의 관계를 정의하는 모델링 • 가장 중요하며 선행되어 진행 • 객체 다이어그램을 활용하여 표현
동적 모델링 (Dynamic Modeling)	• 시간의 흐름에 따라 객체들 사이의 제어 흐름, 동작 순서 등의 동적인 행위를 표현하는 모델링 • 상태 다이어그램을 활용하여 표현
기능 모델링 (Functional Modeling)	• 프로세스들의 자료 흐름을 중심으로 처리 과정을 표현하는 모델링 • 자료 흐름도(DFD)를 활용하여 표현

【두음쌤】 럼바우(Rumbaugh)의 객체 지향 분석 절차
「객동기」 – 객체 모델링 / 동적 모델링 / 기능 모델링

> 20년 3회, 4회, 23년 1회

74 럼바우의 객체 지향 분석과 거리가 먼 것은?

① 기능 모델링
② 동적 모델링
③ 객체 모델링
④ 정적 모델링

해설
- 럼바우의 객체 지향 분석 절차는 객체 모델링 → 동적 모델링 → 기능 모델링 순서로 진행한다.

【두음쌤】 럼바우(Rumbaugh)의 객체 지향 분석 절차
「객동기」 – 객체 모델링 / 동적 모델링 / 기능 모델링

정답
71 ② 72 ② 73 ① 74 ④

75. 객체 지향 분석 기법의 하나로 객체 모형, 동적 모형, 기능 모형의 3개 모형을 생성하는 방법은?

① Wirfs-Block Method
② Rumbaugh Method
③ Booch Method
④ Jacobson Method

해설
- 객체 지향 분석 기법 중 럼바우(Rumbaugh)의 방법은 그래픽 표기법을 이용하여 소프트웨어 구성요소를 모델링하는 기법이다.
- 럼바우(Rumbaugh)의 방법은 객체 모형, 동적 모형, 기능 모형의 3개 모형을 생성한다.

76. 럼바우(Rumbaugh)의 객체 지향 분석 기법 중 자료 흐름도(DFD)를 주로 이용하는 것은?

① 기능 모델링
② 동적 모델링
③ 객체 모델링
④ 정적 모델링

해설
- 자료 흐름도를 활용하는 모델은 기능 모델링이다.

모델 종류	설명
객체 모델링	• 객체 다이어그램
동적 모델링	• 상태 다이어그램
기능 모델링	• 자료 흐름도(DFD)

77. 럼바우(Rumbaugh) 분석기법에서 정보 모델링이라고도 하며, 시스템에서 요구되는 객체를 찾아내어 속성과 연산 식별 및 객체들 간의 관계를 규정하여 다이어그램으로 표시하는 모델링은?

① Object   ② Dynamic
③ Function   ④ Static

해설
- 럼바우의 객체 지향 분석 절차는 다음과 같다.

모델 종류	설명	표현 방식
객체 모델링 (Object Modeling)	• 정보 모델링이라고도 하며, 시스템에서 요구하는 객체를 찾고 객체 간의 관계를 정의하는 모델링 • 가장 중요하며 선행되어 진행	• 객체 다이어그램
동적 모델링 (Dynamic Modeling)	• 시간의 흐름에 따라 객체들 사이의 제어 흐름, 동작 순서 등의 동적인 행위를 표현하는 모델링	• 상태 다이어그램
기능 모델링 (Functional Modeling)	• 프로세스들의 자료 흐름을 중심으로 처리 과정을 표현하는 모델링	• 자료 흐름도(DFD)

78. 럼바우(Rumbaugh)의 객체 지향 분석에서 사용하는 분석 활동 순서로 옳은 것은?

① 객체 모델링, 동적 모델링, 정적 모델링
② 객체 모델링, 동적 모델링, 기능 모델링
③ 동적 모델링, 기능 모델링, 정적 모델링
④ 정적 모델링, 객체 모델링, 기능 모델링

해설
- 럼바우의 객체 지향 분석 절차는 객체 모델링 → 동적 모델링 → 기능 모델링 순서로 진행한다.

【두음쌤】 럼바우(Rumbaugh)의 객체 지향 분석 절차
「객동기」 - 객체 모델링 / 동적 모델링 / 기능 모델링

정답
75 ②   76 ①   77 ①   78 ②

◆ 21년 1회

79 소프트웨어를 개발하기 위한 비즈니스(업무)를 객체와 속성, 클래스와 멤버, 전체와 부분 등으로 나누어서 분석해 내는 기법은?

① 객체 지향 분석
② 구조적 분석
③ 기능적 분석
④ 실시간 분석

해설
- 소프트웨어를 개발하기 위한 비즈니스(업무)를 객체와 속성, 클래스와 멤버, 전체와 부분 등으로 나누어서 분석해 내는 기법은 객체 지향 분석 기법이다.

◆ 21년 3회

80 객체 지향 분석 기법과 관련한 설명으로 틀린 것은?

① 동적 모델링 기법이 사용될 수 있다.
② 기능 중심으로 시스템을 파악하며 순차적인 처리가 중요시되는 하향식(Top-down) 방식으로 볼 수 있다.
③ 데이터와 행위를 하나로 묶어 객체를 정의하고 추상화시키는 작업이라 할 수 있다.
④ 코드 재사용에 의한 프로그램 생산성 향상 및 요구에 따른 시스템의 쉬운 변경이 가능하다.

해설
- 객체 지향 분석 기법은 기본적으로 객체 지향 프로그래밍 언어에서 접근하는 방식인 상향식(Bottom-up) 방식으로 볼 수 있다.

◆ 20년 1회, 24년 1회, 25년 2회

81 객체 지향 기법에서 클래스들 사이의 '부분-전체(part-whole)' 관계 또는 '부분(is-a-part-of)'의 관계로 설명되는 연관성을 나타내는 용어는?

① 일반화
② 추상화
③ 캡슐화
④ 집단화

해설
- 객체 지향의 관계성은 다음과 같다.

관계성	설명
일반화	• is-a 관계 • 클래스 간의 개념적인 포함 관계 • 상위 클래스의 특성을 하위 클래스가 상속받음
집단화	• is-part-of 관계, part-whole 관계 • 서로 관련 있는 여러 개의 객체를 묶어 한 개의 상위 객체를 만드는 특징이 있음 • 일반화와 달리 상위 클래스의 성질들이 하위 클래스로 상속되지는 않음

◆ 20년 1회

82 객체 지향 분석 방법론 중 E-R 다이어그램 사용하여 객체 행위를 모델링하며, 객체 식별, 구조 식별, 주체 정의, 속성 및 관계 정의, 서비스 정의 등의 과정으로 구성되는 것은?

① Coad와 Yourdon 방법
② Booch 방법
③ Jacobson 방법
④ Wirfs-Brocks 방법

해설
- 객체 지향 분석 방법론의 종류는 다음과 같다.

종류	설명
Coad와 Yourdon 방법론	• E-R 다이어그램을 사용하여 객체의 행위를 모델링하며, 객체 식별, 구조 식별, 주체 정의, 속성 및 관계 정의, 서비스 정의 등의 과정으로 구성되는 객체 지향 분석방법
Wirfs-Brock 방법론	• 분석과 설계 간의 구분이 없고 고객 명세서를 평가해서 설계 작업까지 연속적으로 수행하는 분석방법

정답
79 ① 80 ② 81 ④ 82 ①

83. 객체 지향 소프트웨어 설계 시 디자인 패턴을 구성하는 요소로서 가장 거리가 먼 것은?

① 개발자 이름
② 문제 및 배경
③ 사례
④ 샘플 코드

해설
- 디자인 패턴은 패턴의 이름, 문제 및 배경, 솔루션, 사례, 결과, 샘플 코드로 구성되어 있다.

【두음샘】디자인 패턴 구성요소
「패문솔 사결샘」 – 패턴 이름 / 문제 / 솔루션 / 사례 / 결과 / 샘플 코드

85. 디자인 패턴 중에서 행위적 패턴에 속하지 않는 것은?

① 커맨드(Command) 패턴
② 옵저버(Observer) 패턴
③ 프로토타입(Prototype) 패턴
④ 상태(State) 패턴

해설
- 프로토타입(Prototype) 패턴은 생성 패턴으로 처음부터 일반적인 원형을 만들어 놓고, 그것을 복사한 후 필요한 부분만 수정하여 사용하는 패턴으로, 생성할 객체의 원형을 제공하는 인스턴스에서 생성할 객체들의 타입이 결정되도록 설정하며 객체를 생성할 때 갖추어야 할 기본 형태가 있을 때 사용되는 디자인 패턴이다.

84. GOF(Gang of Four)의 디자인 패턴에서 행위 패턴에 속하는 것은?

① Builder
② Visitor
③ Prototype
④ Bridge

해설
- 디자인 패턴 분류는 다음과 같다.

패턴	종류
생성 패턴	Builder, Prototype, Factory Method, Abstract Factory, Singleton
구조 패턴	Bridge, Decorator, Facade, Flyweight, Proxy, Composite, Adapter
행위 패턴	Interpreter, Template Method, Chain of Responsibility, Command, Iterator, Mediator, Memento, Observer, State, Strategy, Visitor

【두음샘】디자인 패턴 종류(행위 패턴)
「행 미인이 템옵 스테 비커 스트 메체」 – 행위(미디에이터 / 인터프리터 / 이터레이터 / 템플릿 메서드 / 옵저버 / 스테이트 / 비지터 / 커맨드 / 스트레티지 / 메멘토 / 체인 오브 리스판서빌리티)

86. 다음 내용이 설명하는 디자인 패턴은?

- 객체를 생성하기 위한 인터페이스를 정의하여 어떤 클래스가 인스턴스화 될 것인지는 서브 클래스가 결정하도록 하는 것
- Virtual-Constructor 패턴이라고도 함

① Visitor 패턴
② Observer 패턴
③ Factory Method 패턴
④ Bridge 패턴

해설
- Factory Method 패턴은 상위 클래스에서 객체를 생성하는 인터페이스를 정의하고, 하위 클래스에서 인스턴스를 생성하도록 하는 패턴이다.
- 비지터(Visitor) 패턴은 행위 패턴으로 각 클래스 데이터 구조로부터 처리 기능을 분리하여 별도의 클래스를 만들어 놓고 해당 클래스의 메서드가 각 클래스를 돌아다니며 특정 작업을 수행하도록 만드는 패턴으로, 객체의 구조는 변경하지 않으면서 기능만 따로 추가하거나 확장할 때 사용하는 디자인 패턴이다.

정답
83 ① 84 ② 85 ③ 86 ③

> 20년 4회

87 디자인 패턴 사용의 장·단점에 대한 설명으로 거리가 먼 것은?

① 소프트웨어 구조 파악이 용이하다.
② 객체 지향 설계 및 구현의 생산성을 높이는 데 적합하다.
③ 재사용을 위한 개발 시간이 단축된다.
④ 절차형 언어와 함께 이용될 때 효율이 극대화된다.

해설
- 디자인 패턴은 절차형 언어와 함께 이용될 때 효율이 극대화되지는 않는다.

> 20년 4회

88 GoF(Gang of Four) 디자인 패턴 분류에 해당하지 않는 것은?

① 생성 패턴 ② 구조 패턴
③ 행위 패턴 ④ 추상 패턴

해설
- 디자인 패턴의 유형으로는 생성 패턴, 구조 패턴, 행위 패턴이 있다.

패턴	종류
생성(Creational) 패턴	객체 인스턴스 생성에 관여, 클래스 정의와 객체 생성 방식을 구조화, 캡슐화를 수행하는 패턴
구조(Structural) 패턴	더 큰 구조 형성 목적으로 클래스나 객체의 조합을 다루는 패턴
행위(Behavioral) 패턴	클래스나 객체들이 상호 작용하는 방법과 역할 분담을 다루는 패턴

【두음쌤】 디자인 패턴 유형
「생구행」 – 생성 / 구조 / 행위

> 21년 1회, 22년 1회

89 GoF(Gang of Four) 디자인 패턴의 생성 패턴에 속하지 않는 것은?

① 추상 팩토리(Abstract Factory)
② 빌더(Builder)
③ 어댑터(Adapter)
④ 싱글턴(Singleton)

해설
- GoF(Gang of Four) 디자인 패턴의 생성 패턴에 속하지 않는 것은 어댑터 패턴이다.

【두음쌤】 디자인 패턴 종류(생성 패턴)
「생빌 프로 팩앱싱」 – 생성(빌더 / 프로토타입 / 팩토리 메서드 / 앱스트랙 팩토리 / 싱글톤)

> 21년 1회

90 디자인 패턴을 이용한 소프트웨어 재사용으로 얻어지는 장점이 아닌 것은?

① 소프트웨어 코드의 품질을 향상시킬 수 있다.
② 개발 프로세스를 무시할 수 있다.
③ 개발자들 사이의 의사소통을 원활하게 할 수 있다.
④ 소프트웨어의 품질과 생산성을 향상시킬 수 있다.

해설
- 디자인 패턴을 이용한다고 해도 개발 프로세스를 무시할 수는 없다.
- 디자인 패턴의 장단점은 다음과 같다.

장점	• 요구사항 변경에 따른 소스 코드 변경을 최소화할 수 있게 해줌 • 소프트웨어 코드의 품질을 향상시킬 수 있음 • 설계 변경 요청에 대한 유연한 대처가 가능 • 범용적인 코딩 스타일 적용 가능 • 개발자 간의 원활한 의사소통 가능 • 재사용을 통한 개발 시간 단축 가능 • 소프트웨어 구조 파악이 용이 • 객체 지향 설계 및 구현의 생산성을 높이는 데 적합 • 소프트웨어의 품질과 생산성을 향상시킬 수 있음
단점	• 객체 지향 설계/구현 위주로 사용 • 초기 투자비용의 부담

정답
87 ④   88 ④   89 ③   90 ②

91 GoF(Gang of Four) 디자인 패턴에 대한 설명으로 틀린 것은?

① Factory method pattern은 상위 클래스에서 객체를 생성하는 인터페이스를 정의하고, 하위 클래스에서 인스턴스를 생성하도록 하는 방식이다.
② Prototype pattern은 prototype을 먼저 생성하고 인스턴스를 복제하여 사용하는 구조이다.
③ Bridge pattern은 기존에 구현되어 있는 클래스에 기능 발생 시 기존 클래스를 재사용할 수 있도록 중간에서 맞춰주는 역할을 한다.
④ Mediator pattern은 객체 간의 통제와 지시의 역할을 하는 중재자를 두어 객체 지향의 목표를 달성하게 해준다.

해설
- Bridge 패턴은 추상과 구현을 분리하여 결합도를 낮춘 패턴이다.

92 GoF(Gang of Four) 디자인 패턴 중 생성 패턴으로 옳은 것은?

① Singleton Pattern
② Adapter Pattern
③ Decorator Pattern
④ State Pattern

해설
- 싱글톤 패턴(Singleton Pattern)은 생성 패턴이다.

【두음쌤】디자인 패턴 종류(생성 패턴)
「생빌 프로 팩앱싱」 - 생성(빌더 / 프로토타입 / 팩토리 메서드 / 앱스트랙 팩토리 / 싱글톤)

93 GoF(Gang of Four) 디자인 패턴과 관련한 설명으로 틀린 것은?

① 디자인 패턴을 목적(Purpose)으로 분류할 때 생성, 구조, 행위로 분류할 수 있다.
② Strategy 패턴은 대표적인 구조 패턴으로 인스턴스를 복제하여 사용하는 구조를 말한다.
③ 행위 패턴은 클래스나 객체들이 상호 작용하는 방법과 책임을 분산하는 방법을 정의한다.
④ Singleton 패턴은 특정 클래스의 인스턴스가 오직 하나임을 보장하고, 이 인스턴스에 대한 접근 방법을 제공한다.

해설
- Strategy 패턴은 다양한 알고리즘을 캡슐화하여 알고리즘 대체가 가능하도록 한 행위 패턴이다.

94 객체에 대한 설명으로 틀린 것은?

① 객체는 상태, 동작, 고유 식별자를 가진 모든 것이라 할 수 있다.
② 객체는 공통 속성을 공유하는 클래스들의 집합이다.
③ 객체는 필요한 자료 구조와 이에 수행되는 함수들을 가진 하나의 독립된 존재이다.
④ 객체의 상태는 속성값에 의해 정의된다.

해설
- 클래스는 공통의 속성을 공유하는 객체들의 집합이다.

정답
91 ③   92 ①   93 ②   94 ②

95 속성과 관련된 연산(Operation)을 클래스 안에 묶어서 하나로 취급하는 것을 의미하는 객체지향 개념은?

① Inheritance
② Class
③ Encapsulation
④ Association

해설

- 캡슐화(Encapsulation)는 속성과 관련된 연산(Operation)을 클래스 안에 묶어서 하나로 취급하는 것을 의미하는 객체 지향 개념이다.

기법	종류
상속성 (Inheritance)	상위 클래스의 속성과 메서드를 하위 클래스에서 재정의 없이 물려받아 사용하는 기법
클래스 (Class)	하나 이상의 유사한 객체들을 묶어 공통된 특성을 표현한 일종의 틀
연관 (Association)	2개 이상의 사물이 서로 관련된 상태를 표현하는 관계

96 객체 지향 개념에서 다형성(Polymorphism)과 관련한 설명으로 틀린 것은?

① 다형성은 현재 코드를 변경하지 않고 새로운 클래스를 쉽게 추가할 수 있게 한다.
② 다형성이란 여러 가지 형태를 가지고 있다는 의미로, 여러 형태를 받아들일 수 있는 특징을 말한다.
③ 메서드 오버라이딩(Overriding)은 상위 클래스에서 정의한 일반 메소드의 구현을 하위 클래스에서 무시하고 재정의할 수 있다.
④ 오버로딩(Overloading)의 경우 매개 변수 타입은 동일하지만 메소드명을 다르게 함으로써 구현, 구분할 수 있다.

해설

- 오버로딩(Overloading)은 매개변수의 유형과 개수가 다르게 하여 같은 이름의 메소드를 여러 개 가지는 기법이다.

97 GoF(Gang of Four) 디자인 패턴을 생성, 구조, 행동 패턴의 세 그룹으로 분류할 때, 구조 패턴이 아닌 것은?

① Adapter 패턴
② Bridge 패턴
③ Builder 패턴
④ Proxy 패턴

해설

- Adapter, Bridge, Proxy 패턴은 구조 패턴이고 Builder 패턴은 생성 패턴이다.

【두음쌤】디자인 패턴 종류(구조 패턴)

「구 브데 퍼플 프록 컴 어」 - 구조(브리지 / 데코레이터 / 퍼사이드 / 플라이 웨이트 / 프록시 / 컴포지트 / 어댑터)

98 소프트웨어 설계에서 자주 발생하는 문제에 대한 일반적이고 반복적인 해결 방법을 무엇이라고 하는가?

① 모듈 분해
② 디자인 패턴
③ 연관 관계
④ 클래스 도출

해설

- 디자인 패턴은 소프트웨어 공학의 소프트웨어 설계에서 공통으로 발생하는 문제에 대해 자주 쓰이는 설계 방법을 정리한 패턴이다.
- 디자인 패턴을 참고하여 개발할 경우, 개발의 효율성과 유지보수성, 운용성 등의 품질이 높아지며, 프로그램의 최적화에 도움이 된다.

정답

95 ③   96 ④   97 ③   98 ②

99 럼바우(Rumbaugh) 객체 지향 분석 기법에서 동적 모델링에 활용되는 다이어그램은?

① 객체 다이어그램(Object Diagram)
② 패키지 다이어그램(Package Diagram)
③ 상태 다이어그램(State Diagram)
④ 자료 흐름도(Data Flow Diagram)

해설
- 동적 모델링(Dynamic Modeling)은 상태 다이어그램, 사건 흐름 다이어그램을 활용하여 표현한다.

100 싱글톤에 대한 설명으로 옳지 않은 것은?

① 전역 변수를 사용하지 않고 객체를 하나만 생성하도록 한다.
② 생성된 객체를 어디에서든지 참조할 수 있도록 한다.
③ 한 클래스에 한 객체만 존재하도록 제한한다.
④ 객체들의 관계를 트리 구조로 구성하여 부분-전체 계층을 표현하는 패턴이다.

해설
- 객체들의 관계를 트리 구조로 구성하여 부분-전체 계층을 표현하는 패턴은 컴포지트 패턴이다.

101 다음에서 설명하는 구조 패턴은 무엇인가?

> 기존에 구현되어 있는 클래스에 필요한 기능을 추가해 나가는 설계 패턴으로 기능 확장이 필요할 때 객체 간의 결합을 통해 기능을 동적으로 유연하게 확장할 수 있게 해주어 상속의 대안으로 사용하는 디자인 패턴

① Bridge
② Decorator
③ Facade
④ Flyweight

해설
- 기존에 구현되어 있는 클래스에 필요한 기능을 추가해 나가는 설계 패턴은 Decorator 패턴이다.
- 디자인 패턴은 다음과 같다.

패턴	종류
Bridge	기능의 클래스 계층과 구현의 클래스 계층을 연결하고, 구현부에서 추상 계층을 분리하여 추상화된 부분과 실제 구현 부분을 독립적으로 확장할 수 있는 디자인 패턴
Decorator	기존에 구현되어 있는 클래스에 필요한 기능을 추가해 나가는 설계 패턴으로 기능 확장이 필요할 때 객체 간의 결합을 통해 기능을 동적으로 유연하게 확장할 수 있게 해주어 상속의 대안으로 사용하는 디자인 패턴
Facade	복잡한 시스템에 대하여 단순한 인터페이스를 제공함으로써 사용자와 시스템 간 또는 여타 시스템과의 결합도를 낮추어 시스템 구조에 대한 파악을 쉽게 하는 패턴으로 오류에 대해서 단위별로 확인할 수 있게 하며, 사용자의 측면에서 단순한 인터페이스 제공을 통해 접근성을 높일 수 있는 디자인 패턴
Flyweight	다수의 객체로 생성될 경우 모두가 갖는 본질적인 요소를 클래스 화하여 공유함으로써 메모리를 절약하고, '클래스의 경량화'를 목적으로 하는 디자인 패턴

정답
99 ③   100 ④   101 ②

102 럼바우(Rumbaugh)의 객체 지향 분석기법 중 다음에서 설명하는 모델링은 무엇인가?

> 프로세스들의 자료 흐름을 중심으로 처리 과정을 표현하는 모델링

① 객체 모델링
② 동적 모델링
③ 기능 모델링
④ 정적 모델링

해설

- 프로세스들의 자료 흐름을 중심으로 처리 과정을 표현하는 모델링은 기능 모델링이다.
- 럼바우의 객체 지향 분석 절차는 다음과 같다.

모델 종류	설명	표현 방식
객체 모델링 (Object Modeling)	• 정보 모델링이라고도 하며, 시스템에서 요구하는 객체를 찾고 객체 간의 관계를 정의하는 모델링 • 가장 중요하며 선행되어 진행	• 객체 다이어그램
동적 모델링 (Dynamic Modeling)	• 시간의 흐름에 따라 객체들 사이의 제어 흐름, 동작 순서 등의 동적인 행위를 표현하는 모델링	• 상태 다이어그램
기능 모델링 (Functional Modeling)	• 프로세스들의 자료 흐름을 중심으로 처리 과정을 표현하는 모델링	• 자료 흐름도(DFD)

103 다음에서 설명하고 있는 디자인 패턴은 무엇인가?

> 일반적으로 상위 클래스(추상 클래스)에는 추상 메서드를 통해 기능의 골격을 제공하고, 하위 클래스(구체 클래스)의 메서드에는 세부 처리를 구체화하는 방식

① Template Method
② Observer
③ State
④ Factory Method

해설

- 디자인 패턴은 다음과 같다.

패턴	종류
Template Method	• 어떤 작업을 처리하는 일부분을 서브 클래스로 캡슐화해 전체 일을 수행하는 구조는 바꾸지 않으면서 특정 단계에서 수행하는 내역을 바꾸는 패턴 • 일반적으로 상위 클래스(추상 클래스)에는 추상 메서드를 통해 기능의 골격을 제공하고, 하위 클래스(구체 클래스)의 메서드에는 세부 처리를 구체화하는 방식으로 사용하며 코드 양을 줄이고 유지보수를 용이하게 만드는 특징을 갖는 디자인 패턴
Observer	• 한 객체의 상태가 바뀌면 그 객체에 의존하는 다른 객체들에 연락이 가고 자동으로 내용이 갱신되는 방법으로 일대 다의 의존성을 가지며 상호 작용하는 객체 사이에서는 가능하면 느슨하게 결합하는 디자인 패턴
State	• 객체 상태를 캡슐화하여 클래스화함으로써 그것을 참조하게 하는 방식으로 상태에 따라 다르게 처리할 수 있도록 행위 내용을 변경하여, 변경 시 원시 코드의 수정을 최소화할 수 있고, 유지보수의 편의성도 갖는 디자인 패턴
Factory Method	• 상위 클래스에서 객체를 생성하는 인터페이스를 정의하고, 하위 클래스에서 인스턴스를 생성하도록 하는 방식으로, 상위 클래스에서는 인스턴스를 만드는 방법만 결정하고, 하위 클래스에서 그 데이터의 생성을 책임지고 조작하는 함수들을 오버라이딩하여 인터페이스와 실제 객체를 생성하는 클래스를 분리할 수 있는 특성을 갖는 디자인 패턴

정답

102 ③   103 ①

◐ 24년 2회, 25년 3회

104 다음 중 객체 지향 기법에 대한 설명으로 올바르지 않은 것은?

① 추상화(Abstraction): 하나의 메시지에 대해 각 객체가 가지고 있는 고유한 방법으로 응답할 수 있는 능력으로 오버라이딩이 대표적 기법
② 정보 은닉(Information Hiding): 코드 내부 데이터와 메서드를 숨기고 공개 인터페이스를 통해서만 접근이 가능하도록 하는 코드 보안 기술
③ 상속성(Inheritance): 상위 클래스의 속성과 메서드를 하위 클래스에서 재정의 없이 물려받아 사용하는 기법
④ 캡슐화(Encapsulation): 서로 연관된 데이터와 함수를 함께 묶어 외부와 경계를 만들고 필요한 인터페이스만을 밖으로 드러내는 기법

해설

- 객체지향 기법은 다음과 같다.

기법	설명
다형성(Polymorphism)	하나의 메시지에 대해 각 객체가 가지고 있는 고유한 방법으로 응답할 수 있는 능력으로 오버라이딩이 대표적 기법
추상화(Abstraction)	공통 성질을 추출하여 추상 클래스를 설정하는 기법
정보 은닉(Information Hiding)	코드 내부 데이터와 메서드를 숨기고 공개 인터페이스를 통해서만 접근이 가능하도록 하는 코드 보안 기술
상속성(Inheritance)	상위 클래스의 속성과 메서드를 하위 클래스에서 재정의 없이 물려받아 사용하는 기법
캡슐화(Encapsulation)	서로 연관된 데이터와 함수를 함께 묶어 외부와 경계를 만들고 필요한 인터페이스만을 밖으로 드러내는 기법

◐ 24년 3회, 25년 1회

105 다음에서 설명하는 객체 지향 구성요소는 무엇인가?

- 객체 지향 기법에서 클래스를 통해 만든 실제의 실형 객체
- 클래스에 속한 각각의 객체

① Class
② Method
③ Property
④ Instance

해설

- 객체 지향 기법에서 클래스를 통해 만든 실제의 실형 객체는 인스턴스(Instance)이다.

◐ 24년 3회, 25년 1회

106 객체 지향 설계 원칙에 해당하지 않는 것은?

① 단일 책임의 원칙(Single Responsibility Principle)
② 리스코프 치환의 원칙(Liskov Substitution Principle)
③ 인터페이스 통합의 원칙(Interface Integration Principle)
④ 개방 폐쇄 원칙(Open Close Principle)

해설

- 인터페이스 통합의 원칙이 아닌 인터페이스 분리의 원칙이다.

【두음쌤】 객체 지향 설계 원칙

「SOLID」 – 단일 책임의 원칙(Single Responsibility Principle) / 개방 폐쇄 원칙(Open Close Principle) / 리스코프 치환의 원칙(Liskov Substitution Principle) / 인터페이스 분리의 원칙(Interface Segregation Principle) / 의존성 역전의 원칙(Dependency Inversion Principle)

정답
104 ①   105 ④   106 ③

> 24년 3회, 25년 3회

107 다음은 객체 지향 기법 중 무엇에 대한 설명인가?

> • is-instance-of 관계
> • 공통된 속성에 의해 정의된 객체 구성원들의 인스턴스

① 분류화
② 집단화
③ 일반화
④ 연관화

해설

• 관계성의 종류는 다음과 같다.

종류	종류
분류화	• is-instance-of 관계 • 공통된 속성에 의해 정의된 객체 구성원들의 인스턴스
집단화	• is part of 관계, part-whole 관계 • 서로 관련 있는 여러 개의 객체를 묶어 한 개의 상위 객체를 만드는 특징이 있음 • 일반화와 달리 상위 클래스의 성질들이 하위 클래스로 상속되지는 않음
일반화	• is-a 관계 • 클래스들 간의 개념적인 포함 관계 • 상위 클래스의 특성을 하위 클래스가 상속받음
연관화	• is-member-of 관계 • 클래스와 객체의 참조 및 이용관계 • 같은 계층에 속하는 클래스들 사이의 상호 의존성을 보여주는 비 계층적 관계성을 나타냄

정답

107 ①

Chapter 04 인터페이스 설계

1 인터페이스 요구사항 확인

> 20년 1회

01 검토회의 전에 요구사항 명세서를 미리 배포하여 사전 검토한 후 짧은 검토 회의를 통해 오류를 조기에 검출하는 데 목적을 두는 요구사항 검토 방법은?

① 빌드 검증
② 동료 검토
③ 워크 스루
④ 개발자 검토

해설

- 정형 기술 검토 기법은 다음과 같다.

기법	종류
동료 검토 (Peer Review)	• 2~3명이 진행하는 리뷰의 형태 • 요구사항 명세서 작성자가 요구사항 명세서를 설명하고 이해관계자들이 설명을 들으면서 결함을 발견하는 형태로 진행하는 검토 방법
워크 스루 (Walk Through)	• 오류를 조기에 검출하는 데 목적이 있는 검토 방법 • 검토 자료를 회의 전에 배포해서 사전 검토한 후 짧은 시간 동안 회의를 진행하는 형태로 리뷰를 통해 오류를 검출하고 문서화 하는 비공식적인 검토 방법
인스펙션 (Inspection)	• 소프트웨어 요구, 설계, 원시 코드 등의 저작자 외의 다른 전문가 또는 팀이 검사하여 오류를 찾아내는 공식적인 검토 방법 • 인스펙션 절차는 계획 → 사전 교육 → 준비 → 인스펙션 회의 → 수정 → 후속 조치 순서로 진행

> 20년 3회, 24년 1회, 25년 2회

02 인터페이스 요구사항 검토 방법에 대한 설명이 옳은 것은?

① 리팩토링: 작성자 이외의 전문 검토 그룹이 요구사항 명세서를 상세히 조사하여 결함, 표준 위배, 문제점 등을 파악
② 동료 검토: 요구사항 명세서 작성자가 요구사항 명세서를 설명하고 이해관계자들이 설명을 들으면서 결함을 발견
③ 일반화 관계: 자동화된 요구사항 관리 도구를 이용하여 요구사항 추적성과 일관성을 검토
④ CASE 도구: 검토 자료를 회의 전에 배포해서 사전 검토한 후 짧은 시간 동안 검토 회의를 진행하면서 결함을 발견

해설

- 동료 검토는 다음과 같다.
- 2~3명이 진행하는 리뷰의 형태
- 요구사항 명세서 작성자가 요구사항 명세서를 설명하고 이해 관계자들이 설명을 들으면서 결함을 발견하는 형태로 진행

정답
01 ③ 02 ②

> 23년 2회, 24년 1회, 25년 2회

03 정형 기술 검토(FTR)의 지침 사항으로 가장 옳지 않은 것은?

① 제품의 검토에만 집중한다.
② 문제 영역을 명확히 표현한다.
③ 참가자의 수를 제한하고 사전 준비를 강요한다.
④ 논쟁이나 반박을 제한하지 않는다.

해설
- 정형 기술 검토에서는 논쟁이나 반박을 제한해야 하는 것이 지침이다.
- 정형 기술 검토(FTR) 지침은 다음과 같다.
  - 제품의 검토에만 집중한다.
  - 의제를 제한하여 진행한다.
  - 논쟁과 반박을 제한한다.
  - 문제 영역을 명확히 표현한다.
  - 해결책이나 개선책에 대해서는 논하지 않는다.
  - 참가자 수를 제한하고 사전준비를 강요한다.
  - 자원과 시간 일정을 할당한다.
  - 모든 검토자들을 위해 의미있는 훈련을 행한다.
  - 검토자들은 사전에 작성한 메모들을 공유한다.
  - 검토 과정과 결과를 재검토한다.

> 20년 4회, 22년 3회, 25년 3회

04 요구사항 명세기법에 대한 설명으로 틀린 것은?

① 비정형 명세기법은 사용자의 요구를 표현할 때 자연어를 기반으로 서술한다.
② 비정형 명세기법은 사용자의 요구를 표현할 때 Z 비정형 명세기법을 사용한다.
③ 정형 명세기법은 사용자의 요구를 표현할 때 수학적인 원리와 표기법을 이용한다.
④ 정형 명세기법은 비정형 명세기법에 비해 표현이 간결하다.

해설
- 정형 명세기법은 사용자의 요구를 표현할 때 Z-스키마 언어를 활용한다.

> 21년 3회

05 요구사항 검증(Requirements Validation)과 관련한 설명으로 틀린 것은?

① 요구사항이 고객이 정말 원하는 시스템을 제대로 정의하고 있는지 점검하는 과정이다.
② 개발 완료 이후에 문제점이 발견될 경우 막대한 재작업 비용이 들 수 있기 때문에 요구사항 검증은 매우 중요하다.
③ 요구사항이 실제 요구를 반영하는지, 문서상의 요구사항은 서로 상충되지 않는지 등을 점검한다.
④ 요구사항 검증 과정을 통해 모든 요구사항 문제를 발견할 수 있다.

해설
- 요구사항 검증 과정을 통해 모든 요구사항 문제를 발견하기 어렵다.

> 21년 2회, 22년 3회

06 요구사항 개발 프로세스의 순서로 옳은 것은?

㉠ 도출(Elicitation)
㉡ 분석(Analysis)
㉢ 명세(Specification)
㉣ 확인(Validation)

① ㉠ - ㉡ - ㉢ - ㉣
② ㉠ - ㉢ - ㉡ - ㉣
③ ㉠ - ㉣ - ㉡ - ㉢
④ ㉠ - ㉡ - ㉣ - ㉢

정답
03 ④   04 ②   05 ④   06 ①

해설

- 요구사항 개발 절차는 다음과 같다.

절차	설명
도출	소프트웨어가 해결해야 할 문제를 이해하고, 고객으로부터 제시되는 추상적 요구에 대해 관련 정보를 식별하고 수집 방법 결정, 수집된 요구사항을 구체적으로 표현하는 단계
분석	도출된 요구사항에 대해 충돌, 중복, 누락 등의 분석을 통해 완전성과 일관성을 확보하는 단계
명세	체계적으로 검토, 평가, 승인될 수 있는 문서를 작성하는 단계
확인 및 검증	요구사항이 고객이 정말 원하는 시스템을 제대로 정의하고 있는지 점검하는 과정

【두음쌤】 요구사항 개발 절차
「도분명확」 – 요구사항 도출 / 요구사항 분석 / 요구사항 명세 / 요구사항 확인 및 검증

● 22년 2회, 23년 1회

07 소프트웨어 공학에서 워크스루(Walkthrough)에 대한 설명으로 틀린 것은?

① 사용사례를 확장하여 명세하거나 설계 다이어그램, 원시 코드, 테스트 케이스 등에 적용할 수 있다.
② 복잡한 알고리즘 또는 반복, 실시간 동작, 병행 처리와 같은 기능이나 동작을 이해하려고 할 때 유용하다.
③ 인스펙션(Inspection)과 동일한 의미를 가진다.
④ 단순한 테스트 케이스를 이용하여 프로덕트를 수작업으로 수행해 보는 것이다.

해설
- 인스펙션은 소프트웨어 요구, 설계, 원시 코드 등의 저작자 외의 다른 전문가 또는 팀이 검사하여 오류를 찾아내는 공식적 검토 방법이다.
- 워크스루는 검토 자료를 회의 전에 배포해서 사전검토한 후 짧은 시간 동안 회의를 진행하는 형태로 리뷰를 통해 오류를 검출하고 문서화 하는 비공식적 검토 방법이다.

● 22년 2회, 23년 3회

08 다음은 인스펙션 과정을 표현한 것이다. (가)~(마)에 들어갈 말을 [보기]에서 찾아 바르게 연결한 것은?

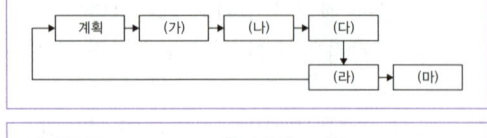

㉠ 준비 ㉡ 사전 교육
㉢ 인스펙션 회의 ㉣ 수정 ㉤ 후속 조치

① (가) – ㉡, (나) – ㉢
② (나) – ㉠, (다) – ㉢
③ (다) – ㉢, (라) – ㉤
④ (라) – ㉣, (마) – ㉢

해설
- 인스펙션의 절차는 계획 → 사전 교육 → 준비 → 인스펙션 회의 → 수정 → 후속 조치 순서로 진행된다.

● 22년 2회, 23년 2회

09 요구사항 분석에서 비기능적(Nonfunctional) 요구에 대한 설명으로 옳은 것은?

① 시스템의 처리량(Throughput), 반응 시간 등의 성능 요구나 품질 요구는 비기능적 요구에 해당하지 않는다.
② '차량 대여 시스템이 제공하는 모든 화면이 3초 이내에 사용자에게 보여야 한다'는 비기능적 요구이다.
③ 시스템 구축과 관련된 안전, 보안에 대한 요구사항들은 비기능적 요구에 해당하지 않는다.
④ '금융 시스템은 조회, 인출, 입금, 송금의 기능이 있어야 한다'는 비기능적 요구이다.

해설
- 비기능적 요구사항은 시스템 특성, 품질, 제약사항, 성능, 가용성, 사용 용이성, 유지보수 용이성, 안전성, 보안성과 관련된 사항이다.
- 차량 대여 시스템이 제공하는 모든 화면이 3초 이내에 사용자에게 보여야 한다'는 성능과 관계된 비기능적 요구사항이다.

정답
07 ③ 08 ② 09 ②

10 소프트웨어 개발 방법 중 요구사항 분석(Requirements Analysis)과 거리가 먼 것은?

① 비용과 일정에 대한 제약설정
② 타당성 조사
③ 요구사항 정의 문서화
④ 설계 명세서 작성

해설
- 요구사항 분석에 대한 설명은 다음과 같다.
- 추출된 요구사항에 대해 충돌, 중복, 누락 등의 분석을 통해 완전성과 일관성을 확보하는 활동
- 주요 활동으로는 후보 요구사항 모델링, 요구사항의 우선순위 부여, 해당 릴리즈에 수행할 요구사항 선정, 요구사항 협의가 있음
- 요구사항 분석 활동으로 비용과 일정에 대한 제약설정, 타당성 조사, 요구사항 정의 문서화가 있음

11 다음 중 이해관계자와 직접 대화를 통해 정보를 구하는 정보 수집 방법은?

① 인터뷰
② 브레인스토밍
③ 델파이 기법
④ 설문 조사

해설
- 요구사항 도출 단계 주요 기법은 다음과 같다.

인터뷰 (Interview)	• 이해관계자와 직접 대화를 통해 정보를 구하는 공식적·비공식적 정보 수집 방법
브레인스토밍 (Brainstorming)	• 말을 꺼내기 쉬운 분위기로 만들어, 회의 참석자들이 내놓은 아이디어들을 비판 없이 수용할 수 있도록 하는 회의
델파이 기법 (Delphi Method)	• 전문가의 경험적 지식을 통한 문제 해결 및 미래 예측을 위한 기법
설문 조사 (Survey)	• 설문지 또는 여론조사 등을 이용해 간접적으로 정보를 수집 • 개발될 시스템의 사용자가 다수일 때 의견 수렴에 용이

② 인터페이스 대상 식별

12 다음 설명에 해당하는 시스템으로 옳은 것은?

> 시스템 인터페이스를 구성하는 시스템으로, 연계할 데이터를 데이터베이스와 애플리케이션으로부터 연계 테이블 또는 파일 형태로 생성하여 송신하는 시스템이다.

① 연계 서버
② 중계 서버
③ 송신 시스템
④ 수신 시스템

해설
- 인터페이스 시스템의 주요 구성은 다음과 같다.

구성	설명
송신 시스템	• 연계할 데이터를 데이터베이스와 애플리케이션으로부터 연계 테이블 또는 파일 형태로 생성하여 송신하는 시스템
수신 시스템	• 수신한 연계 테이블 또는 파일의 데이터를 수신 시스템에서 관리하는 데이터 형식에 맞게 변환하여 데이터베이스에 저장하거나 애플리케이션에서 활용할 수 있도록 제공하는 시스템
중계 서버	• 송신 시스템과 수신 시스템 사이에서 데이터를 송수신하고 연계 데이터의 송수신 현황을 모니터링하는 시스템 • 연계 데이터의 보안 강화 및 다중 플랫폼 지원 등이 가능

정답
10 ④   11 ①   12 ③

13 시스템의 구성요소로 볼 수 없는 것은?

① Process
② Feedback
③ Maintenance
④ Control

해설

- 시스템의 구성요소는 다음과 같다.

구성요소	설명
입력 (Input)	처리 방법, 처리할 데이터, 조건을 시스템에 투입하는 행위
출력 (Output)	처리된 결과를 시스템에서 산출하는 행위
처리 (Process)	입력된 데이터를 처리 방법과 조건에 따라 처리하는 행위
제어 (Control)	자료를 입력하고 출력될 때까지의 처리 과정이 올바르게 진행되는지를 감독하는 행위
피드백 (Feedback)	출력 결과가 목표를 만족시키지 못하는 경우 달성을 위해 반복 개선하는 행위

【두음쌤】 시스템 구성요소
「입출처제피」 - 입력 / 출력 / 처리 / 제어 / 피드백

③ 인터페이스 상세 설계

14 트랜잭션이 올바르게 처리되고 있는지 데이터를 감시하고 제어하는 미들웨어는?

① RPC ② ORB
③ TP Monitor ④ HUB

해설

- 미들웨어 솔루션 유형은 다음과 같다.

구성	설명
DB 미들웨어	DB 솔루션 업체에서 제공하는 애플리케이션과 DB 간에 통신을 원활하게 하는 것을 목적으로 하는 미들웨어
원격 프로시저 호출 (RPC; Remote Procedure Call)	응용 프로그램의 프로시저를 사용하여 원격 프로시저를 로컬 프로시저처럼 호출하는 방식의 미들웨어
메시지 지향 미들웨어 (MOM; Message-Oriented Middleware)	메시지 기반의 비동기형 메시지 전달 방식 미들웨어 서로 다른 이기종 분산 DB 시스템의 데이터 동기를 위하여 주로 사용
트랜잭션 처리 (TP; Transaction Processing) 모니터	온라인 업무에서 트랜잭션을 처리, 감시하는 미들웨어 분산 환경의 핵심 기술인 분산 트랜잭션을 처리하기 위한 미들웨어 주로 사용자가 많고 안정적이면서도 즉각적인 처리가 필요한 업무 프로그램의 개발에 많이 사용
레거시웨어 (Legacyware)	기존의 애플리케이션이나 DB 기반에 새로운 업데이트된 기능을 덧붙이고자 할 때 사용되는 미들웨어
객체 기반 (ORB; Object Request Brokers) 미들웨어	코바(CORBA) 표준 스펙을 구현한 객체 지향 미들웨어 각기 다양한 기반으로 구축된 컴퓨터 간의 프로그램과 데이터의 교환 및 변환이 편리하게 이루어질 수 있도록 지원
WAS (Web Application Server)	서버 계층에서 애플리케이션이 동작할 수 있는 환경을 제공하고 안정적인 트랜잭션 처리와 관리, 다른 이기종 시스템과의 애플리케이션 연동을 지원하는 미들웨어

정답
13 ③   14 ③

> 20년 3회, 24년 2회

15 미들웨어 솔루션의 유형에 포함되지 않는 것은?

① WAS
② Web Server
③ RPC
④ ORB

해설
- Web Server는 미들웨어 솔루션 유형에 해당하지 않는다.

【두음샘】 미들웨어 솔루션 유형
「디원메트 레객와」 – DB 미들웨어 / 원격 프로시저 호출(RPC) / 메시지 지향 미들웨어(MOM) / 트랜잭션 처리 모니터(TP-모니터) / 레거시웨어 / 객체 기반 미들웨어(ORB) / WAS

> 20년 4회

16 클라이언트와 서버 간의 통신을 담당하는 시스템 소프트웨어를 무엇이라고 하는가?

① 웨어러블
② 하이웨어
③ 미들웨어
④ 응용 소프트웨어

해설
- 클라이언트와 서버 간의 통신을 담당하는 시스템 소프트웨어는 미들웨어이다.

> 21년 1회

17 분산 컴퓨팅 환경에서 서로 다른 기종 간의 하드웨어나 프로토콜, 통신환경 등을 연결하여 응용 프로그램과 운영환경 간에 원만한 통신이 이루어질 수 있게 서비스를 제공하는 소프트웨어는?

① 미들웨어
② 하드웨어
③ 오픈허브웨어
④ 그레이웨어

해설
- 분산 컴퓨팅 환경에서 서로 다른 기종 간의 하드웨어나 프로토콜, 통신환경 등을 연결하여 응용 프로그램과 운영환경 간에 원만한 통신이 이루어질 수 있게 서비스를 제공하는 소프트웨어는 미들웨어이다.

보기	설명
하드웨어	하드웨어는 중앙 처리 장치(CPU), 모니터, 자판, 컴퓨터 기억 장치, 그래픽 카드, 사운드 카드, 메인보드와 같은 컴퓨터의 물리적 부품 및 장치를 의미
그레이웨어	바이러스나 명백한 악성 코드를 포함하지 않는 합법적 프로그램이면서도 사용자를 귀찮게 하거나 위험한 상황에 빠뜨릴 수 있는 프로그램

> 21년 1회

18 응용 프로그램의 프로시저를 사용하여 원격 프로시저를 로컬 프로시저처럼 호출하는 방식의 미들웨어는?

① WAS(Web Application Server)
② MOM(Message Oriented Middleware)
③ RPC(Remote Procedure Call)
④ ORB(Object Request Broker)

해설
- 응용 프로그램의 프로시저를 사용하여 원격 프로시저를 로컬 프로시저처럼 호출하는 방식의 미들웨어는 RPC(Remote Procedure Call)이다.

정답
15 ② 16 ③ 17 ① 18 ③

◯ 21년 1회, 23년 3회, 24년 3회

19 통신을 위한 프로그램을 생성하여 포트를 할당하고, 클라이언트의 통신 요청 시 클라이언트와 연결하는 내·외부 송·수신 연계기술은?

① DB 링크 기술
② 소켓 기술
③ 스크럼 기술
④ 프로토타입 기술

해설

- 통신을 위한 프로그램을 생성하여 포트를 할당하고, 클라이언트의 통신 요청 시 클라이언트와 연결하는 내·외부 송·수신 연계기술은 소켓(Socket) 기술이다.

기술	설명
DB 링크 기술	데이터베이스에서 제공하는 DB 링크 객체를 이용하는 기술
소켓 기술	서버는 통신을 위한 소켓을 생성하여 포트를 할당하고 클라이언트의 통신 요청 시 클라이언트와 연결하고 통신하는 기술

◯ 21년 3회

20 분산 시스템에서의 미들웨어(Middleware)와 관련한 설명으로 틀린 것은?

① 분산 시스템에서 다양한 부분을 관리하고 통신하며 데이터를 교환하게 해주는 소프트웨어로 볼 수 있다.
② 위치 투명성(Location Transparency)을 제공한다.
③ 분산 시스템의 여러 컴포넌트가 요구하는 재사용 가능한 서비스의 구현을 제공한다.
④ 애플리케이션과 사용자 사이에서만 분산 서비스를 제공한다.

해설

- 미들웨어는 애플리케이션과 사용자, 애플리케이션과 애플리케이션 등 다양한 환경에서 분산 서비스를 제공한다.

◯ 22년 2회, 3회

21 미들웨어(Middleware)에 대한 설명으로 틀린 것은?

① 여러 운영체제에서 응용 프로그램들 사이에 위치한 소프트웨어이다.
② 미들웨어의 서비스 이용을 위해 사용자가 정보 교환 방법 등의 내부 동작을 쉽게 확인할 수 있어야 한다.
③ 소프트웨어 컴포넌트를 연결하기 위한 준비된 인프라 구조를 제공한다.
④ 여러 컴포넌트를 1 대 1, 1 대 다, 다 대 다 등 여러 가지 형태로 연결이 가능하다.

해설

- 미들웨어의 서비스 이용을 위해 사용자가 정보 교환 방법 등의 내부 동작을 확인할 필요가 없다.

◯ 22년 1회

22 메시지 지향 미들웨어(MOM; Message-Oriented Middleware)에 대한 설명으로 틀린 것은?

① 느리고 안정적인 응답보다는 즉각적인 응답이 필요한 온라인 업무에 적합하다.
② 독립적인 애플리케이션을 하나의 통합된 시스템으로 묶기 위한 역할을 한다.
③ 송신 측과 수신 측의 연결 시 메시지 큐를 활용하는 방법이 있다.
④ 상이한 애플리케이션 간 통신을 비동기 방식으로 지원한다.

해설

- 메시지 지향 미들웨어(MOM)는 메시지 기반의 비동기형 메시지 전달 방식 미들웨어이다.
- 비동기적이라는 것은 요청을 보내고 나서 그 응답을 받을 때까지 기다리지 않고, 다른 작업을 수행하다가 나중에 확인하는 방식으로 즉각적인 응답을 원하는 경우가 아니라 다소 느리고 안정적인 응답을 필요로 하는 경우에 많이 사용된다.
- MOM은 독립적인 애플리케이션을 하나의 통합된 시스템으로 묶기 위한 역할을 한다.

정답

19 ② 20 ④ 21 ② 22 ①

Chapter 05 기타

1 기타

> 22년 1회

01 입력되는 데이터를 컴퓨터의 프로세서가 처리하기 전에 미리 처리하여 프로세서가 처리하는 시간을 줄여주는 프로그램이나 하드웨어를 말하는 것은?

① EAI
② FEP
③ GPL
④ Duplexing

해설

- FEP(Front-End Processor)는 입력되는 데이터를 컴퓨터의 프로세서가 처리하기 전에 미리 처리하여 프로세서가 처리하는 시간을 줄여주는 프로그램이나 하드웨어이다.

보기	설명
EAI (Enterprise Application Integration)	• 비즈니스 프로세스를 중심으로 어댑터를 이용하여 기업 내 각종 플랫폼 및 애플리케이션 간의 상호 연동이 가능하도록 통합하는 솔루션
GPL (General Public License)	• 자유 소프트웨어 재단에서 만든 오픈 소스 소프트웨어 라이선스 • GPL 파생 저작물 조항에 의한 소스 코드 배포 의무가 있음
Duplexing	• 단일 매체, 장치, 포트에서 '동시 양방향 통신'을 가능하게 하는 전송방식

> 22년 1회

02 아키텍처 설계과정이 올바른 순서로 나열된 것은?

㉮ 설계 목표 설정
㉯ 시스템 타입 결정
㉰ 스타일 적용 및 커스터마이즈
㉱ 서브 시스템의 기능, 인터페이스 동작 작성
㉲ 아키텍처 설계 검토

① ㉮ → ㉯ → ㉰ → ㉱ → ㉲
② ㉲ → ㉮ → ㉯ → ㉱ → ㉰
③ ㉮ → ㉲ → ㉯ → ㉱ → ㉰
④ ㉮ → ㉯ → ㉰ → ㉲ → ㉱

해설

- 아키텍처 설계과정은 다음과 같다.

과정	설명
설계 목표 설정	• 시스템의 개발 방향을 명확히 하기 위해 설계에 영향을 주는 비즈니스 목표, 우선순위 등의 요구사항을 분석하여 전체 시스템의 설계 목표를 설정
시스템 타입 결정	• 시스템과 서브 시스템의 타입을 결정하고, 설계 목표를 고려하여 아키텍처 패턴을 선택
스타일 적용 및 커스터마이즈	• 아키텍처 패턴을 참조하여 시스템의 표준 아키텍처를 설계
서브 시스템의 기능, 인터페이스 동작 작성	• 서브 시스템의 기능 및 서브 시스템 간의 상호 작용을 위한 동작과 인터페이스를 정의 아키텍처 설계
검토	• 아키텍처 설계 목표 부합 여부, 요구사항 반영 여부, 설계의 기본원리 만족 여부 등을 검토

정답

01 ②   02 ①

03 소프트웨어 개발 영역을 결정하는 요소 중 다음 사항과 관계있는 것은?

- 소프트웨어에 의해 간접적으로 제어되는 장치와 소프트웨어를 실행하는 하드웨어
- 기존의 소프트웨어와 새로운 소프트웨어를 연결하는 소프트웨어
- 순서적 연산에 의해 소프트웨어를 실행하는 절차

① 기능(Function)
② 성능(Performance)
③ 제약 조건(Constraint)
④ 인터페이스(Interface)

해설
- 소프트웨어 개발 영역을 결정하는 요소에는 기능, 성능, 신뢰도, 인터페이스, 제약 조건 등이 있다.
- 인터페이스(Interface)는 소프트웨어에 의해 간접적으로 제어되는 장치와 소프트웨어를 실행하는 하드웨어, 기존의 소프트웨어와 새로운 소프트웨어를 연결하는 소프트웨어, 순서적 연산에 의해 소프트웨어를 실행하는 절차가 포함된다.

04 위험 모니터링의 의미로 옳은 것은?

① 위험을 이해하는 것
② 첫 번째 조치로 위험을 피할 수 있는 것
③ 위험 발생 후 즉시 조치하는 것
④ 위험 요소 징후들에 대하여 계속적으로 인지하는 것

해설
- 위험 모니터링은 위험 요소 징후들에 대하여 계속적으로 인지하는 것을 의미한다.

05 다음 중 기능 모델링 순서로 옳은 것은?

㉠ 입출력 자료 정의
㉡ 제약조건 파악
㉢ 기능 명세서 작성
㉣ 자료 흐름도 작성

① ㉠ → ㉡ → ㉢ → ㉣
② ㉠ → ㉡ → ㉣ → ㉢
③ ㉠ → ㉣ → ㉢ → ㉡
④ ㉠ → ㉣ → ㉡ → ㉢

해설

모델링 순서	설명
입출력 자료 정의	• 외부와 시스템 간의 입출력 자료를 정의
자료 흐름도 작성	• 입출력 자료 정의를 기반으로 시스템의 주요 기능을 나타내는 자료 흐름도(Data Flow Diagram)를 작성
기능 명세서 작성	• 프로세스 기능에 대한 정의를 기능 명세서로 작성
제약 조건 파악	• 시스템의 동작에 영향을 주는 제약 조건을 파악

정답
03 ④ 04 ④ 05 ③

06 요구사항 수집 방법에서 프로토타입 방법에 대한 설명으로 올바르지 않은 것은?

① 정확한 요구사항 수집이 가능하다.
② 개발 과정에서 사용자의 요구를 충분히 반영한다.
③ 의뢰자나 개발자 모두에게 공동의 참조 모델을 제공한다.
④ 중간에 요구사항을 변경하지 말아야 한다.

해설
- 프로토타입 방법은 중간에 요구사항을 변경할 수 있다.
- 프로토타입 방법의 특징 및 장점은 다음과 같다.
  - 최종 결과물이 만들어지기 전에 의뢰자가 최종 결과물의 일부 또는 모형 확인이 가능하다.
  - 프로토타입은 발주자나 개발자 모두에게 공동의 참조 모델을 제공한다.
  - 프로토타입은 구현 단계의 구현 골격이다.
  - 고객이 요구한 주요 기능을 프로토타입으로 구현하여, 고객의 피드백을 통해 개선, 보완하여 완성 소프트웨어를 만들어가는 모델이다.

07 시스템에서 구현되어야 할 것에 대한 공식적인 문장으로 사용자, 시스템을 명세화한 산출물로 알맞은 것은?

① Tailoring
② SRS(Software Requirement Specification)
③ CMMi
④ SPICE

해설
- 소프트웨어 요구사항 명세서(SRS; Software Requirement Specification)는 시스템에서 구현되어야 할 것에 대한 공식적인 문장으로 사용자, 시스템을 명세화한 산출물이다.
- 소프트웨어 요구사항 명세서는 소프트웨어 개발 프로세스의 시작인 소프트웨어의 요구사항을 분석하고 정의하는 단계에서 작성되는 최종 산출물이다.

보기	설명
Tailoring	프로젝트의 특성과 필요에 따라 소프트웨어 개발 프로세스를 적합한 규모로 가공하는 과정 및 방법론
CMMi	기존 CMM 모델을 통합하고 ISO15504를 준수하는 소프트웨어 개발 능력/성숙도 평가 및 프로세스 개선 활동의 지속적인 품질 개선 모델
SPICE	소프트웨어 프로세스를 평가하고 개선함으로써 품질 및 생산성을 높이고자 하는 국제표준(ISO15504)

정답
06 ④   07 ②

소프트웨어 개발

Chapter 01	데이터 입출력 구현
Chapter 02	통합 구현
Chapter 03	제품 소프트웨어 패키징
Chapter 04	애플리케이션 테스트 관리
Chapter 05	인터페이스 구현
Chapter 06	기타

Chapter 01 데이터 입출력 확인

1 논리 데이터 저장소 확인

> 17년 3회, 21년 3회, 22년 3회

01 순서가 A, B, C, D로 정해진 입력 자료를 스택에 입력한 후 출력한 결과로 가능한 것은?

① A, D, B, C
② B, D, A, C
③ C, D, B, A
④ D, C, A, B

해설

- 스택은 LIFO(Last In First Out) 구조로 마지막에 넣은 자료가 먼저 사용된다.

① 출력 결과가 A, D, B, C일 경우

순서	구성도	설명
1	〈스택〉 / 입력 A, B, C, D / 출력	A를 먼저 스택에 PUSH 한다.
2	〈스택〉 A / 입력 B, C, D / 출력	A가 먼저 출력되어야 하므로 A를 스택에서 POP시킨다.
3	〈스택〉 / 입력 B, C, D / 출력 A	다음은 D를 출력해야 하므로 D까지 스택에 순서대로 PUSH 한다.
4	〈스택〉 D, C, B / 입력 / 출력 A	D를 스택에서 POP 시킨다.
5	〈스택〉 C, B / 입력 / 출력 A, D	다음은 B를 출력해야 하는데, 스택에는 B가 C보다 아래에 있어 POP을 시킬 수가 없다.(출력 불가능)

② 출력 결과가 B, D, A, C일 경우

순서	구성도	설명
1	〈스택〉 / 입력 A, B, C, D / 출력	B가 먼저 출력되어야 하므로 B까지 스택에서 PUSH 한다.
2	〈스택〉 B, A / 입력 C, D / 출력	B를 스택에서 POP 시킨다.
3	〈스택〉 A / 입력 C, D / 출력 B	다음은 D를 출력해야 하므로 D까지 스택에 순서대로 PUSH 한다.
4	〈스택〉 D, C, A / 입력 / 출력 B	D를 스택에서 POP 시킨다.
5	〈스택〉 C, A / 입력 / 출력 B, D	다음은 A를 출력해야 하는데, 스택에는 A가 C보다 아래에 있어 POP을 시킬 수가 없다.(출력 불가능)

③ 출력 결과가 C, D, B, A일 경우

순서	구성도	설명
1	〈스택〉 / 입력 A, B, C, D / 출력	C가 먼저 출력되어야 하므로 C까지 스택에서 PUSH 한다.
2	〈스택〉 C, B, A / 입력 D / 출력	C가 먼저 출력되어야 하므로 C를 스택에서 POP 시킨다.
3	〈스택〉 B, A / 입력 D / 출력 C	다음은 D를 출력해야 하므로 D를 스택에 PUSH 한다.
4	〈스택〉 D, B, A / 입력 / 출력 C	다음으로 D가 출력되어야 하므로 D를 스택에서 POP 시킨다.

순서	구성도		설명
5	〈스택〉 B A	입력 출력 C, D	다음으로 B가 출력되어야 하므로 B를 스택에서 POP 시킨다.
6	〈스택〉 A	입력 출력 C, D, B	다음으로 A가 출력되어야 하므로 A를 스택에서 POP 시킨다.
7	〈스택〉	입력 출력 C, D, B, A	(가능함)

④ 출력 결과가 D, C, A, B일 경우

순서	구성도		설명
1	〈스택〉	입력 A, B, C, D 출력	D가 먼저 출력되어야 하므로 D까지 스택에서 PUSH 한다.
2	〈스택〉 D C B A	입력 출력	D를 스택에서 POP 시킨다.
3	〈스택〉 C B A	입력 출력 D	다음은 C를 출력해야 하므로 C를 스택에서 POP 시킨다.
4	〈스택〉 B A	입력 출력 D, C	다음은 A를 출력해야 하는데, 스택에는 A가 B보다 아래에 있어 POP을 시킬 수가 없다.(출력 불가능)

◎ 17년 3회, 21년 3회, 22년 1회, 23년 1회, 3회, 24년 3회

02 다음 중 선형 구조로만 묶인 것은?

① 스택, 트리
② 큐, 데크
③ 큐, 그래프
④ 리스트, 그래프

해설

- 자료 구조의 분류는 선형 구조와 비선형 구조로 크게 나뉜다.

선형 구조	리스트, 스택, 큐, 데크
비선형 구조	트리, 그래프

◎ 18년 1회, 21년 1회

03 그래프의 특수한 형태로 노드(Node)와 선분(Branch)으로 되어 있고, 정점 사이에 사이클(Cycle)이 형성되어 있지 않으며, 자료 사이의 관계성이 계층 형식으로 나타나는 비선형 구조는?

① 트리(tree)
② 네트워크(network)
③ 스택(stack)
④ 분산(distributed)

해설

- 비선형 구조는 트리, 그래프이다.
- 그래프는 사이클이 존재하고, 트리는 사이클이 없다.
- 트리는 데이터들을 계층화시킨 비선형 자료 구조이다.
- 그래프는 노드(N; Node)와 노드를 연결하는 간선(E; Edge)을 하나로 모아놓은 비선형 자료 구조이다.

정답

01 ③   02 ②   03 ①

04 양방향에서 입·출력이 가능한 선형 자료 구조로 2개의 포인터를 이용하여 리스트의 양쪽 끝 모두에서 삽입·삭제가 가능한 것은?

① 데크(Deque)
② 스택(Stack)
③ 큐(Queue)
④ 트리(Tree)

해설

- 선형 구조의 종류는 다음과 같다.

데크	삽입과 삭제가 리스트의 양쪽 끝에서 모두 발생할 수 있는 자료 구조
스택	리스트의 한쪽 끝으로만 자료의 삽입, 삭제 작업이 이루어지는 자료 구조
큐	한쪽에서는 삽입 작업이 이루어지고 다른 한쪽에서는 삭제 작업이 이루어지도록 구성한 자료 구조
트리	비선형 자료 구조

05 자료 구조에 대한 설명으로 틀린 것은?

① 큐는 비선형 구조에 해당한다.
② 큐는 First In-First Out 처리를 수행한다.
③ 스택은 Last In-First Out 처리를 수행한다.
④ 스택은 서브루틴 호출, 인터럽트 처리, 수식 계산 및 수식 표기법에 응용된다.

해설

- 큐는 선형 구조에 해당한다.

06 다음 중 스택을 이용한 연산과 거리가 먼 것은?

① 선택 정렬
② 재귀 호출
③ 후위표현(Post-fix expression)의 연산
④ 깊이 우선 탐색

해설

- 스택 응용 분야는 다음과 같다.

함수 호출 (재귀 호출 포함)	함수를 호출 시 현재 진행 중인 명령어 주소를 스택에 저장
후위표현 연산	Postfix를 계산할 때 사용
깊이 우선 탐색 (DFS; Depth-First Search)	깊이 내려갈 때마다 스택에 값을 PUSH하고, 더 이상 깊이 갈 곳이 없을 경우 스택에서 POP한 노드와 인접한 노드를 찾음
인터럽트의 처리	현재 진행 중인 명령어 위치를 스택에 PUSH하고, 인터럽트 발생 상황을 처리한 후에 인터럽트 전에 진행 중이던 명령어 위치를 스택에서 POP을 통해 받아옴

07 다음은 스택의 자료 삭제 알고리즘이다. ⓐ에 들어갈 내용으로 옳은 것은? (단, Top: 스택 포인터, S: 스택의 이름)

```
If Top = 0 Then
  ( ⓐ )
Else {
  remove S(Top)
  Top = Top - 1
}
```

① Overflow
② Top = Top + 1
③ Underflow
④ Top = Top

정답

04 ① 05 ① 06 ① 07 ③

해설

- 스택의 자료 삽입, 삭제는 다음과 같다.

연산	코드	설명
삽입	If Top = n Then Overflow Else { Top = Top + 1 insert S(Top) }	• 스택에 데이터가 n개이면 삽입할 공간이 없으므로 오버플로 • 스택에 데이터가 n개가 아니면 • 스택 포인터 Top 값을 1 증가 • 스택 포인터 Top가 가리키는 곳에 데이터 삽입
삭제	If Top = 0 Then Underflow Else { remove S(Top) Top = Top − 1 }	• 스택에 데이터가 0개이면 삭제할 데이터가 없으므로 언더플로 • 스택에 데이터가 0개가 아니면 • 스택 포인터 Top가 가리키는 곳에 데이터 삭제 • 스택 포인터 Top 값을 1 감소

> 21년 1회, 23년 2회

08 스택에 대한 설명으로 틀린 것은?

① 입출력이 한쪽 끝으로만 제한된 리스트이다.
② Head(Front)와 Tail(Rear)의 2개 포인터를 갖고 있다.
③ LIFO 구조이다.
④ 더 이상 삭제할 데이터가 없는 상태에서 데이터를 삭제하면 언더플로(Underflow)가 발생한다.

해설

- 스택은 Top이라는 1개 포인터를 갖고 있다.
- Head(Front)와 Tail(Rear)의 2개 포인터를 갖고 있는 것은 큐(Queue)이다.

> 18년 2회, 23년 2회, 24년 1회, 25년 2회

09 다음 그림에서 트리의 차수(Degree)는?

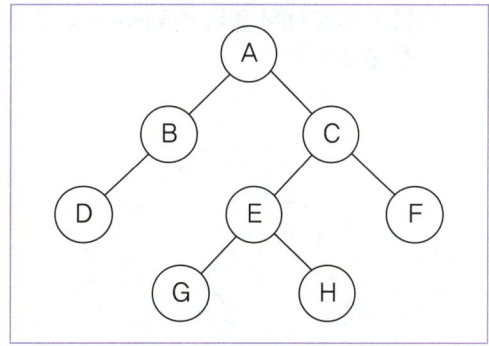

① 1　　　　　② 2
③ 3　　　　　④ 4

해설

- 해당 트리에서 최대 차수는 2개이다.
- 차수는 특정 노드에 연결된 자식 노드의 수이다.

노드	차수
A	B/C(2개)
B	D(1개)
C	E/F(2개)
E	G/H(2개)

> 18년 2회, 20년 1회, 24년 3회

10 정점이 5개인 방향 그래프가 가질 수 있는 최대 간선수는? (단, 자기 간선과 중복 간선은 배제한다.)

① 7개　　　　② 10개
③ 20개　　　　④ 27개

해설

- 노드의 개수(정점의 개수)가 n일 때 방향 그래프가 가질 수 있는 최대 간선수는 다음과 같다.

$n(n-1) = 5(5-1) = 20$

- 방향 그래프의 최대 간선수는 최대 20개이다.

정답

08 ②　09 ②　10 ③

> 18년 2회, 20년 4회, 21년 3회, 23년 2회, 3회
> 24년 1회, 3회, 25년 1회

11 다음 트리에 대한 중위 순회(In-Order Traversal) 운행 결과는?

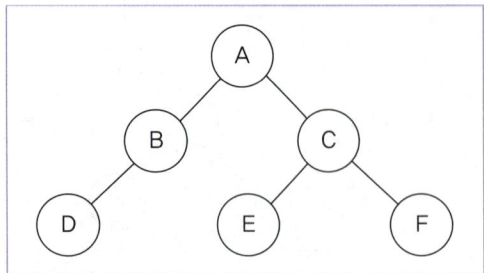

① D B A E C F
② A B D C E F
③ D B E C F A
④ A B C D E F

해설

- 트리를 중위 순회하면 다음과 같다.

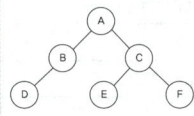	중위 순회는 Left → Root → Right 순으로 방문한다.
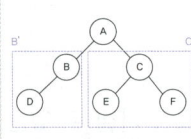	A를 루트로 두었을 때 B, D가 있는 트리를 B'로 두고 C, E, F가 있는 트리를 C'로 두면 A는 Root, B'는 Left, C'는 Right가 되므로 B' → A → C'가 된다.

- B' 트리를 중위 순회하면 다음과 같다.

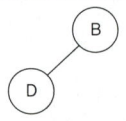	B를 루트로 두었을 때 B는 Root, D는 Left가 되므로 D → B가 된다.

- C' 트리를 중위 순회하면 다음과 같다.

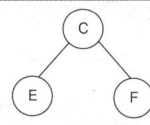	C를 루트로 두었을 때 C는 Root, E는 Left, F는 Right가 되므로 E → C → F가 된다.

- 처음에 B' → A → C'이었고, B'은 D → B이므로 합치면 (D → B) → A → C'가 된다.
- (D → B) → A → C'에서 C'은 E → C → F이므로 D → B → A → E → C → F가 된다.
- 중위 순회를 하면 D → B → A → E → C → F가 된다.

> 18년 3회, 20년 4회, 25년 3회

12 n개의 노드로 구성된 무방향 그래프의 최대 간선 수는?

① n−1 ② n(n−1)/2
③ n/2 ④ n(n+1)

해설

- n개의 노드로 구성된 무방향 그래프의 최대 간선 수는 n(n−1)/2이다.

> 18년 3회, 22년 3회, 23년 1회

13 다음 그림에서 트리의 차수는?

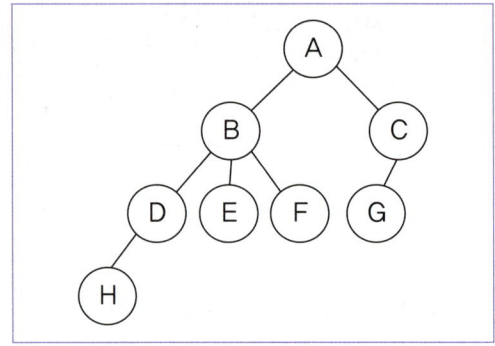

① 3 ② 4
③ 6 ④ 8

해설

- 최대 차수인 B의 차수는 D, E, F로 3이다.

> 19년 1회

14 비선형 자료 구조에 해당하는 것은?

① 큐(Queue) ② 그래프(Graph)
③ 데크(Deque) ④ 스택(Stack)

해설

- 자료 구조의 분류는 선형 구조와 비선형 구조로 크게 나뉜다.

선형 구조	리스트, 스택, 큐, 데크
비선형 구조	트리, 그래프

정답

11 ① 12 ② 13 ① 14 ②

◐ 20년 1회

15 다음 트리를 전위 순회(Preorder Traversal)한 결과는?

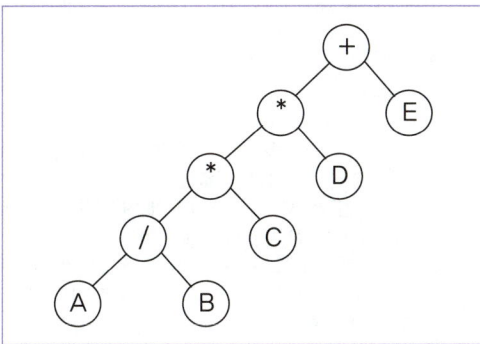

① +*AB/*CDE
② AB/C*D*E+
③ A/B*C*D+E
④ +**/ABCDE

해설
- 전위 순회는 먼저 노드를 방문하고, 왼쪽 서브 트리를 방문한 후, 오른쪽 서브 트리를 방문하는 순으로 순회하는 방식이다.
- 전위 순회 계산식은 '루트 → 좌 → 우' 순서대로 노드를 방문한다.

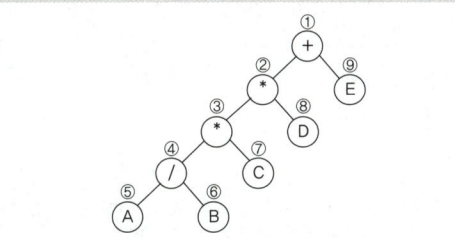

◐ 20년 4회, 21년 2회, 24년 2회, 25년 3회

16 다음 전위식(Prefix)을 후위식(Postfix)으로 옳게 표현한 것은?

- / * A + B C D E

① A B C + D / * E −
② A B * C D / + E −
③ A B * C + D / E −
④ A B C + * D / E −

해설
- 수식 Prefix를 Postfix로 바꾸는 방법은 다음과 같다.
① 전위식은 Root → Left → Right 순인데, Root는 연산자를 나타내므로 연산자, 피연산자, 피연산자 형태를 찾고 묶는다. (연산자, 피연산자, 피연산자 형태도 묶으면 피연산자가 된다.)

| − / * A + B C D E |
| − / * A (+ B C) D E |
| − / (* A (+ B C)) D E |
| − (/ (* A (+ B C)) D) E |
| (− (/ (* A (+ B C)) D) E) |

② Postfix는 기호들을 괄호 안에서 가장 뒤쪽으로 옮긴다.

| (− (/ (* A (+ B C)) D) E) |
| (((A (B C +) *) D /) E −) |

③ 괄호를 제거한다.
A B C + * D / E −

◐ 20년 4회, 21년 2회

17 다음 Postfix로 표현된 연산식의 연산 결과로 옳은 것은?

3 4 * 5 6 * +

① 35   ② 42
③ 81   ④ 360

해설
- 수식 Postfix를 Infix로 바꾸는 방법은 다음과 같다.
① 후위식은 Left → Right → Root 순인데, Root는 연산자를 나타내므로 피연산자, 피연산자, 연산자 형태를 찾고 묶는다. (피연산자, 피연산자, 연산자 형태도 묶으면 피연산자가 된다.)

| 3 4 * 5 6 * + |
| (3 4 *) 5 6 * + |
| (3 4 *) (5 6 *) + |
| ((3 4 *) (5 6 *) +) |

② Infix는 기호들을 괄호 중간으로 옮긴다.

| ((3 4 *) (5 6 *) +) |
| ((3 * 4) + (5 * 6)) |

③ ((3 * 4) + (5 * 6))을 계산하면 12 + 30 = 42이다.

정답
15 ④   16 ④   17 ②

18 다음 중 최악의 경우 검색 효율이 가장 나쁜 트리 구조는?

① 이진 탐색 트리
② AVL 트리
③ 2-3 트리
④ 레드-블랙 트리

해설
- 트리의 경우 노드가 왼쪽이나 오른쪽 한 곳만 노드가 존재하게 될 경우 효율이 매우 나쁘다.
- AVL, 2-3 트리, 레드-블랙 트리를 통해서 전체 트리의 균형을 맞춰주지만 이진 탐색 트리는 균형을 맞춰주지 않으므로 최악의 경우 이진 탐색 트리의 검색 효율이 가장 나쁘다.

해설
- DFS로 운행한 결과는 다음과 같다.

① A에서 출발
② A 아래에 있는 노드는 B, C, D인데, 그중 하나인 B를 선택한다. (알파벳 순서상 가장 빠르므로 선택)
③ B 아래에 노드는 E이므로 E를 선택
④ E 아래가 없으므로 옆으로 이동 → F 선택
⑤ F 아래에 노드는 G이므로 G를 선택
⑥ G 아래가 없으므로 옆으로 이동 → 옆에 노드도 없으므로 더 이상 진행할 수 없음
⑦ ②에서 선택되지 않은 C, D 중에 하나를 선택 → C 선택(알파벳 순서상 가장 빠르므로 선택)
⑧ C 아래는 F 노드이지만, 이미 ④번 단계에서 선택되었기 때문에 선택할 수 없음 → 옆으로 이동하면 D 노드이므로 D를 선택
⑨ 모든 노드가 선택되었으므로 DFS 종료

- 운행 결과는 A → B → E → F → G → C → D이다.

19 다음 그래프에서 정점 A를 선택하여 깊이 우선 탐색(DFS)으로 운행한 결과는?

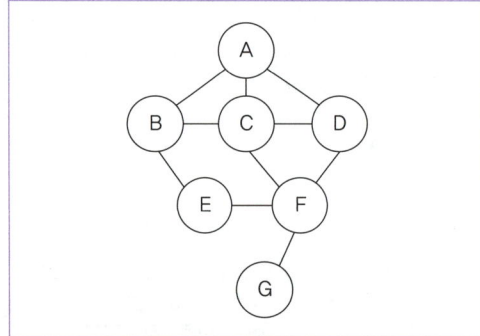

① A B E C D F G
② A B E C F D G
③ A B C D E F G
④ A B E F G C D

20 순서가 있는 리스트에서 데이터의 삽입(Push), 삭제(Pop)가 한 쪽 끝에서 일어나며 LIFO(Last-In First-Out)의 특징을 가지는 자료 구조는?

① Tree
② Graph
③ Stack
④ Queue

해설
- 스택은 한 방향으로만 자료를 넣고 꺼낼 수 있는 LIFO(Last-In First-Out) 형식의 자료 구조이다.
- 한 방향으로만 PUSH와 POP을 이용하여 자료를 넣고 꺼낸다.

정답
18 ① 19 ④ 20 ③

21 스택(Stack)에 대한 옳은 내용으로만 나열된 것은?

> ㉠ FIFO 방식으로 처리된다.
> ㉡ 순서 리스트의 뒤(Rear)에서 노드가 삽입되며, 앞(Front)에서 노드가 제거된다.
> ㉢ 선형 리스트의 양쪽 끝에서 삽입과 삭제가 모두 가능한 자료 구조이다.
> ㉣ 인터럽트 처리, 서브루틴 호출 작업 등에 응용된다.

① ㉠, ㉡
② ㉡, ㉢
③ ㉣
④ ㉠, ㉡, ㉢, ㉣

해설
- 스택(Stack)은 LIFO(Last-In First-Out) 형식의 자료 구조이다.
- 인터럽트 처리, 서브루틴 호출 작업 등에 응용된다.

22 순서가 A, B, C, D로 정해진 입력자료를 Push, Push, Pop, Push, Push, Pop, Pop, Pop 순서로 스택 연산을 수행하는 경우 출력 결과는?

① B D C A
② A B C D
③ B A C D
④ A B D C

해설

순서	구성도	설명
1	〈스택〉 A / 입력 B, C, D / 출력	(Push) 남아 있는 자료 중 가장 앞에 있는 A를 스택에 PUSH
2	〈스택〉 B, A / 입력 C, D / 출력	(Push) 남아 있는 자료 중 가장 앞에 있는 B를 스택에 PUSH
3	〈스택〉 A / 입력 C, D / 출력 B	(Pop) 스택에 가장 위에 있는 B를 POP
4	〈스택〉 C, A / 입력 D / 출력 B	(Push) 남아 있는 자료 중 가장 앞에 있는 C를 스택에 PUSH
5	〈스택〉 D, C, A / 입력 / 출력 B	(Push) 남아 있는 자료 중 가장 앞에 있는 D를 스택에 PUSH
6	〈스택〉 C, A / 입력 / 출력 B, D	(Pop) 스택에 가장 위에 있는 D를 POP
7	〈스택〉 A / 입력 / 출력 B, D, C	(Pop) 스택에 가장 위에 있는 C를 POP
8	〈스택〉 / 입력 / 출력 B, D, C, A	(Pop) 스택에 가장 위에 있는 A를 POP

정답
21 ③   22 ①

> 22년 2회

23 아래 Tree 구조에 대하여 후위 순회(Post-order)한 결과는?

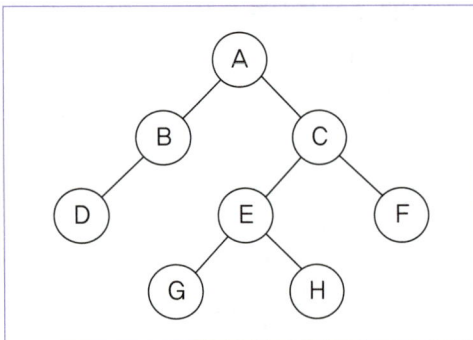

① A → B → D → C → E → G → H → F
② D → B → G → H → E → F → C → A
③ D → B → A → G → E → H → C → F
④ A → B → D → G → E → H → C → F

해설

- 후위 순회는 다음과 같이 동작한다.

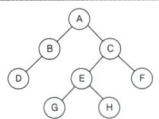 | 후위 순회는 Left → Right → Root 순으로 방문한다.

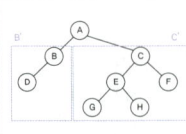 | A를 루트로 두었을 때 B, D가 있는 트리를 B'로 두고, C, E, F, G, H가 있는 트리를 C'로 두면 A는 Root, B'는 Left, C'는 Right가 되므로 B' → C' → A가 된다.

- B' 트리를 후위 순회하면 다음과 같다.

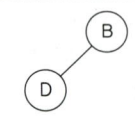 | B를 루트로 두었을 때 B는 Root, D는 Left가 되므로 D → B가 된다.

- C' 트리를 후위 순회하면 다음과 같다.

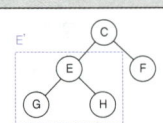 | C를 루트로 두었을 때 E, G, H가 있는 트리를 E'로 두면 C는 Root, E'는 Left, F는 Right가 되므로 E' → F → C가 된다.

- E' 트리를 후위 순회하면 다음과 같다.

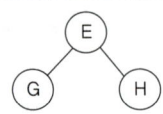 | E를 루트로 두었을 때 E는 Root, G는 Left, H는 Right가 되므로 G → H → E가 된다.

- 처음에 B' → C' → A이었고, B'는 D → B이므로 합치면 (D → B) → C' → A가 된다.
- (D → B) → C' → A에서 C'는 E' → F → C이므로 D → B → (E' → F → C) → A가 된다.
- D → B → E' → F → C → A에서 E'는 G → H → E이므로 D → B → (G → H → E) → F → C → A가 된다.
- 후위 순회를 하면 D → B → G → H → E → F → C → A가 된다.

> 24년 2회, 25년 3회

24 트리 구조에서 단말 노드의 개수는?

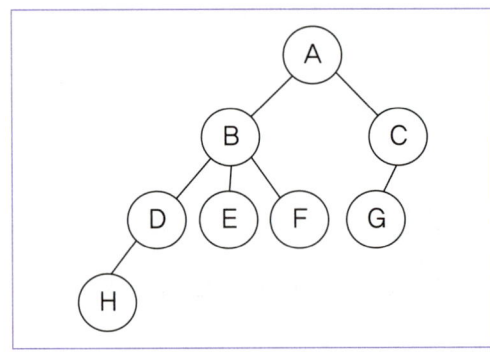

① 2 ② 3
③ 4 ④ 5

해설

- 단말 노드는 자식이 없는 노드로 단말 노드는 {E, F, G, H}이다.

정답
23 ② 24 ③

Chapter 02 통합 구현

1 모듈 구현

> 21년 3회, 24년 3회, 25년 1회

01 다음 설명에 부합하는 용어로 옳은 것은?

- 소프트웨어 구조를 이루며, 다른 것들과 구별될 수 있는 독립적인 기능을 갖는 단위이다.
- 하나 또는 몇 개의 논리적인 기능을 수행하기 위한 명령어들의 집합이라고도 할 수 있다.
- 서로 모여 하나의 완전한 프로그램으로 만들어질 수 있다.

① 통합 프로그램　② 저장소
③ 모듈　　　　　④ 데이터

해설
- 모듈에 대한 설명은 다음과 같다.
- 소프트웨어 개발에 있어 기능을 단위 모듈별로 분할하고 추상화하여 성능을 향상시키고, 유지보수를 효과적으로 하기 위한 구현 기법이다.
- 소프트웨어 구조를 이루며, 다른 것들과 구별될 수 있는 독립적인 기능을 갖는 단위이다.
- 인터페이스 모듈, 데이터베이스 접근 모듈 등 통합 구현에 필요한 단위 컴포넌트를 구현한다.

> 21년 1회, 23년 3회, 24년 3회

02 구현 단계에서의 작업 절차를 순서대로 맞게 나열한 것은?

- ㉠ 코딩한다.
- ㉡ 코딩작업을 계획한다.
- ㉢ 코드를 테스트한다.
- ㉣ 컴파일한다.

① ㉠ → ㉡ → ㉢ → ㉣
② ㉡ → ㉠ → ㉣ → ㉢
③ ㉢ → ㉠ → ㉡ → ㉣
④ ㉣ → ㉡ → ㉠ → ㉢

해설
- 구현 단계에서 작업 절차는 다음과 같다.

순서	절차	설명
1	코딩 계획	기능을 실제 수행할 수 있도록 수행 방법을 논리적으로 결정하는 단계
2	코딩	논리적으로 결정한 문제해결 방법을 특정 프로그래밍 언어를 사용하여 구현하는 단계
3	컴파일	작성한 코드를 다른 언어의 코드(주로 기계어)로 변환하는 단계
4	테스트	기능이 요구사항을 만족하는지, 예상과 실제 결과가 어떤 차이를 보이는지 검사하고 평가하는 단계

> 20년 3회, 24년 3회, 25년 3회

03 소프트웨어 재공학이 소프트웨어의 재개발에 비해 갖는 장점으로 거리가 먼 것은?

① 위험부담 감소
② 비용 절감
③ 시스템 명세의 오류억제
④ 개발시간의 증가

해설
- 소프트웨어 재공학이 재개발에 비해 갖는 주요한 장점은 위험부담 감소, 비용 절감, 시스템 명세의 오류억제가 있다.

정답
01 ③　02 ②　03 ④

04 테스트와 디버그의 목적으로 옳은 것은?

① 테스트는 오류를 찾는 작업이고, 디버깅은 오류를 수정하는 작업이다.
② 테스트는 오류를 수정하는 작업이고, 디버깅은 오류를 찾는 작업이다.
③ 둘 다 소프트웨어의 오류를 찾는 작업으로 오류 수정은 하지 않는다.
④ 둘 다 소프트웨어 오류의 발견, 수정과 무관하다.

해설

• 테스트와 디버그의 차이는 다음과 같다.

항목	테스트	디버그
개념	시스템이 정해진 요구를 만족하는지, 예상과 실제 결과가 어떤 차이를 보이는지 검사하고 평가하는 단계	개발 중에 발생하는 시스템의 논리적인 오류나 버그를 찾아서 수정하는 과정
목적	오류를 찾는 작업	오류를 수정하는 작업

05 소프트웨어 일부분을 다른 시스템에서 사용할 수 있는 정도를 의미하는 것은?

① 신뢰성(Reliability)
② 유지 보수성(Maintainability)
③ 가시성(Visibility)
④ 재사용성(Reusability)

해설

• 소프트웨어 일부분을 다른 시스템에서 사용할 수 있는 정도는 재사용성(Reusability)이다.

특성	설명
신뢰성	• 명시된 조건에서 사용될 때 성능 수준을 유지할 수 있는 소프트웨어 제품의 능력
유지 보수성	• 소프트웨어 제품이 변경되는 능력
재사용성	• 소프트웨어 일부분을 다른 시스템에서 사용할 수 있는 정도

06 소프트웨어 재공학의 주요 활동 중 기존 소프트웨어 시스템을 새로운 기술 또는 하드웨어 환경에서 사용할 수 있도록 변환하는 작업을 의미하는 것은?

① Analysis
② Migration
③ Restructuring
④ Reverse Engineering

해설

• 소프트웨어 재공학의 주요 활동은 분석(Analysis), 재구조(Restructing), 역공학(Reverse Engineering), 이식(Migration)이 있다.

활동	설명
분석 (Analysis)	• 기존 소프트웨어 명세서를 확인하여 소프트웨어 동작을 이해하고, 재공학 대상을 선정하는 작업
재구조 (Restructuring)	• 상대적으로 같은 추상적 수준에서 하나의 표현을 다른 형태로 바꾸는 작업
역공학 (Reverse Engineering)	• 기존 소프트웨어를 분석하여 설계도를 추출하거나 다시 만들어내는 작업
이식 (Migration)	• 소프트웨어 재공학의 주요 활동 중 기존 소프트웨어 시스템을 새로운 기술 또는 하드웨어 환경에서 사용할 수 있도록 변환하는 작업

07 정보시스템 개발 단계에서 프로그래밍 언어 선택 시 고려할 사항으로 가장 거리가 먼 것은?

① 개발 정보시스템의 특성
② 사용자의 요구사항
③ 컴파일러의 가용성
④ 컴파일러의 독창성

해설

• 정보시스템 개발 단계에서 프로그래밍 언어 선택 시 고려할 사항은 개발 정보시스템의 특성, 사용자의 요구사항, 컴파일러의 가용성 등이 있다.

정답

04 ① 05 ④ 06 ② 07 ④

08
> 22년 2회, 23년 2회

명백한 역할을 가지고 독립적으로 존재할 수 있는 시스템의 부분으로 넓은 의미에서 재사용되는 모든 단위라고 볼 수 있으며 인터페이스를 통해서만 접근할 수 있는 것은?

① Model
② Sheet
③ Component
④ Cell

해설
- 명백한 역할을 가지고 독립적으로 존재할 수 있는 시스템의 부분으로 넓은 의미에서 재사용되는 모든 단위라고 볼 수 있으며, 인터페이스를 통해서만 접근할 수 있는 것은 컴포넌트(Component)이다.

09
> 24년 1회

다음 중 어렵거나 변경 가능성이 있는 모듈을 타 모듈로부터 은폐하는 개념은?

① 정보 은닉(Information Hiding)
② 분할과 정복(Divide & Conquer)
③ 데이터 추상화(Data Abstraction)
④ 모듈 독립성(Module Independency)

해설
- 단위 모듈 구현의 원리는 다음과 같다.

원리	설명
정보 은닉 (Information Hiding)	어렵거나 변경 가능성이 있는 모듈을 타 모듈로부터 은폐
분할과 정복 (Divide & Conquer)	복잡한 문제를 분해, 모듈 단위로 문제 해결
데이터 추상화 (Data Abstraction)	각 모듈 자료 구조를 액세스하고 수정하는 함수 내에 자료 구조의 표현 내역을 은폐
모듈 독립성 (Module Independency)	낮은 결합도와 높은 응집도를 가짐

❷ 통합 구현 관리

10
> 19년 2회, 24년 1회, 25년 2회

소프트웨어 형상 관리(Configuration Management)에 대한 설명으로 가장 타당한 것은?

① 개발 인력을 관리하는 것
② 개발 일정을 관리하는 것
③ 개발과정의 변화되는 사항을 관리하는 것
④ 테스트 과정에서 소프트웨어를 통합하는 것

해설
- 소프트웨어 형상 관리(Configuration Management)는 소프트웨어 개발 과정의 변화되는 사항을 관리하는 것이다.

11
> 20년 1회, 22년 3회, 24년 3회, 25년 1회

소프트웨어 형상 관리의 의미로 적절한 것은?

① 비용에 관한 사항을 효율적으로 관리하는 것
② 개발 과정의 변경 사항을 관리하는 것
③ 테스트 과정에서 소프트웨어를 통합하는 것
④ 개발 인력을 관리하는 것

해설
- 형상 관리는 소프트웨어 생명주기 동안 발생하는 변경사항을 체계적으로 관리하여 소프트웨어의 품질 보증을 향상시키는 관리적 활동이다.

12
> 20년 4회, 24년 2회, 25년 3회

소프트웨어 형상 관리에서 관리 항목에 포함되지 않는 것은?

① 프로젝트 요구 분석서
② 소스 코드
③ 운영 및 설치 지침서
④ 프로젝트 개발 비용

해설
- 형상 관리는 소프트웨어 개발을 위한 변경사항을 관리하므로 프로젝트의 개발 비용은 거리가 멀다.

정답
08 ③ 09 ① 10 ③ 11 ② 12 ④

> 21년 3회, 24년 1회, 25년 2회

13 형상 관리의 개념과 절차에 대한 설명으로 틀린 것은?

① 형상 식별은 형상 관리 계획을 근거로 형상 관리의 대상이 무엇인지 식별하는 과정이다.
② 형상 관리를 통해 가시성과 추적성을 보장함으로써 소프트웨어의 생산성과 품질을 높일 수 있다.
③ 형상 통제 과정에서는 형상 목록의 변경 요구를 즉시 수용 및 반영해야 한다.
④ 형상 감사는 형상 관리 계획대로 형상 관리가 진행되고 있는지, 형상 항목의 변경이 요구사항에 맞도록 제대로 이뤄졌는지 등을 살펴보는 활동이다.

해설
- 형상 통제 과정에서는 형상 목록의 변경 요구를 형상통제위원회(CCB)의 검토 후 수용 및 반영해야 한다.
- 형상 관리 절차는 다음과 같다.

절차	설명
형상 식별	형상 관리 계획을 근거로 형상 관리의 대상이 무엇인지 식별하는 활동
형상 통제	형상 항목의 변경사항에 대하여 형상통제위원회가 승인/기각/보류를 결정하고, 승인된 변경사항의 이행을 체계적으로 통제하는 활동
형상 감사	형상 관리 계획대로 형상 관리가 진행되고 있는지, 형상 항목의 변경이 요구사항에 맞도록 제대로 이뤄졌는지 등을 살펴보는 활동
형상 기록	소프트웨어 형상 및 변경 관리에 대한 각종 수행결과를 기록하는 활동

【두음쌤】 형상 관리 절차
「식통감기」 - 형상 식별 / 형상 통제 / 형상 감사 / 형상 기록

> 20년 3회, 24년 3회, 25년 1회

14 형상 관리 도구의 주요 기능으로 거리가 먼 것은?

① 정규화(Normalization)
② 체크인(Check-in)
③ 체크아웃(Check-Out)
④ 커밋(Commit)

해설
- 형상 관리 도구의 기능은 다음과 같다.

기능	설명
체크인 (Check-In)	개발자가 수정한 소스를 형상 관리 저장소로 업로드 하는 기능
체크아웃 (Check-Out)	형상 관리 저장소로부터 최신 버전을 개발자 PC로 다운로드 받는 기능
커밋 (Commit)	개발자가 소스를 형상 관리 저장소에 업로드 후 최종적으로 업데이트가 되었을 때에 형상 관리 서버에서 반영하도록 하는 기능

【두음쌤】 형상 관리 도구의 기능
「인아커」 - 체크인 / 체크아웃 / 커밋

> 21년 1회, 23년 3회

15 소프트웨어 형상 관리(Configuration Management)에 관한 설명으로 틀린 것은?

① 소프트웨어에서 일어나는 수정이나 변경을 알아내고 제어하는 것을 의미한다.
② 소프트웨어 개발의 전체 비용을 줄이고, 개발 과정의 여러 방해 요인이 최소화되도록 보증하는 것을 목적으로 한다.
③ 형상 관리를 위하여 구성된 팀을 "chief programmer team"이라고 한다.
④ 형상 관리의 기능 중 하나는 버전 제어 기술이다.

해설
- 형상 관리를 위하여 구성된 팀을 형상 통제 위원회(CCB; Change Control Board)라고 한다.

정답
13 ③ 14 ① 15 ③

> 20년 3회, 23년 1회

16 버전 관리 항목 중 저장소에 새로운 버전의 파일로 갱신하는 것을 의미하는 용어는?

① 형상 감사(Configuration Audit)
② 롤백(Rollback)
③ 단위 테스트(Unit Test)
④ 체크인(Check-In)

해설

- 형상 관리 도구의 기능은 다음과 같다.

기능	설명
체크인 (Check-In)	개발자가 수정한 소스를 형상 관리 저장소로 업로드 하는 기능
체크아웃 (Check-Out)	형상 관리 저장소로부터 최신 버전을 개발자 PC로 다운로드 받는 기능
커밋 (Commit)	개발자가 소스를 형상 관리 저장소에 업로드 후

> 21년 2회

17 소프트웨어 형상 관리에 대한 설명으로 거리가 먼 것은?

① 소프트웨어에 가해지는 변경을 제어하고 관리한다.
② 프로젝트 계획, 분석서, 설계서, 프로그램, 테스트 케이스 모두 관리 대상이다.
③ 대표적인 형상 관리 도구로 Ant, Maven, Gradle 등이 있다.
④ 유지보수 단계뿐만 아니라 개발 단계에도 사용할 수 있다.

해설

- Ant, Maven, Gradle는 빌드 자동화 도구이다.
- 대표적인 형상 관리 도구는 CVS, SVN, Git이다.

> 22년 2회, 23년 2회

18 IDE(Integrated Development Environment) 도구의 각 기능에 대한 설명으로 틀린 것은?

① Coding - 프로그래밍 언어를 가지고 컴퓨터 프로그램을 작성할 수 있는 환경을 제공
② Compile - 저급언어의 프로그램을 고급언어 프로그램으로 변환하는 기능
③ Debugging - 프로그램에서 발견되는 버그를 찾아 수정할 수 있는 기능
④ Deployment - 소프트웨어를 최종 사용자에게 전달하기 위한 기능

해설

- IDE는 고급언어의 프로그램을 저급언어 프로그램으로 변환하는 기능을 제공한다.
- IDE는 문법에 어긋나는지 확인하고 기계어로 변환하는 Compile 기능을 제공한다.

> 22년 2회

19 소프트웨어의 개발과정에서 소프트웨어의 변경사항을 관리하기 위해 개발된 일련의 활동을 뜻하는 것은?

① 복호화
② 형상 관리
③ 저작권
④ 크랙

해설

- 형상 관리는 소프트웨어 생명주기 동안 발생하는 변경사항을 체계적으로 관리하여 소프트웨어의 품질 보증을 향상시키는 관리적 활동이다.

정답

16 ④   17 ③   18 ②   19 ②

Chapter 03 제품 소프트웨어 패키징

1 제품 소프트웨어 패키징

> 21년 2회, 22년 1회, 23년 3회, 24년 1회, 25년 2회

01 소프트웨어 패키징에 대한 설명으로 틀린 것은?

① 패키징은 개발자 중심으로 진행한다.
② 신규 및 변경 개발 소스를 식별하고, 이를 모듈화하여 상용제품으로 패키징한다.
③ 고객의 편의성을 위해 매뉴얼 및 버전 관리를 지속적으로 한다.
④ 범용 환경에서 사용이 가능하도록 일반적인 배포 형태로 패키징이 진행된다.

해설
- 소프트웨어 패키징은 사용자 중심으로 진행된다.

> 20년 1회, 24년 3회, 25년 1회

02 SW 패키징 도구 활용 시 고려사항과 거리가 먼 것은?

① 패키징 시 사용자에게 배포되는 SW이므로 보안을 고려한다.
② 사용자 편의성을 위한 복잡성 및 비효율성 문제를 고려한다.
③ 보안상 단일 기종에서만 사용할 수 있도록 해야 한다.
④ 제품 SW 종류에 적합한 암호화 알고리즘을 적용한다.

해설
- 제품 소프트웨어 패키징 도구 활용 시 내부 콘텐츠에 대한 보안도 고려해야 한다.
- SW 패키징 도구 활용 시에는 암호화/보안, 이기종 연동, 복잡성 및 비효율성 문제, 최적합 암호화 알고리즘 적용을 고려해야 한다.

> 20년 1회, 21년 1회, 22년 3회, 23년 2회, 3회

03 디지털 저작권 관리(DRM)의 기술 요소가 아닌 것은?

① 크랙 방지 기술
② 정책 관리 기술
③ 암호화 기술
④ 방화벽 기술

해설
- 방화벽 기술은 DRM 기술 요소가 아니다.

【두음쌤】 DRM의 기술요소
「암키식저 파정크인」 - 암호화 / 키 관리 / 식별 기술 / 저작권 표현 / 암호화 파일 생성 / 정책 관리 / 크랙 방지 / 인증

> 20년 1회

04 소스 코드 품질분석 도구 중 정적 분석 도구가 아닌 것은?

① PMD
② Cppcheck
③ ValMeter
④ Checkstyle

해설
- 정적 분석 도구에는 PMD, Cppcheck, Checkstyle이 있다.

> 20년 3회

05 제품 소프트웨어 패키징 도구 활용 시 고려사항이 아닌 것은?

① 제품 소프트웨어의 종류에 적합한 암호화 알고리즘을 고려한다.
② 추가로 다양한 이기종 연동을 고려한다.
③ 사용자 편의성을 위한 복잡성 및 비효율성 문제를 고려한다.
④ 내부 콘텐츠에 대한 보안은 고려하지 않는다.

정답
01 ①　02 ③　03 ④　04 ③　05 ④

해설
- SW 패키징 도구 활용 시에는 암호화/보안, 이기종 연동, 복잡성 및 비효율성 문제, 최적합 암호화 알고리즘 적용을 고려해야 한다.

◆ 20년 4회, 23년 1회

06 저작권 관리 구성요소에 대한 설명이 틀린 것은?

① 콘텐츠 제공자(Contents Provider): 콘텐츠를 제공하는 저작권자
② 콘텐츠 분배자(Contents Distributor): 콘텐츠를 메타 데이터와 함께 배포 가능한 단위로 묶는 기능
③ 클리어링 하우스(Clearing House): 키 관리 및 라이선스 발급 관리
④ DRM 컨트롤러: 배포된 콘텐츠의 이용 권한을 통제

해설
- DRM 구성요소는 다음과 같다.

구성요소	설명
콘텐츠 제공자 (Contents Provider)	• 콘텐츠를 제공하는 저작권자
패키저 (Packager)	• SW 패키징 도구 활용 시에는 암호화/보안, 이기종 연동, 복잡성 및 비효율성 문제, 최적합 암호화 알고리즘 적용을 고려해야 한다. • 콘텐츠를 메타 데이터와 함께 배포 가능한 단위를 묶는 도구
클리어링 하우스 (Clearing House)	• 저작권에 대한 사용 권한, 라이선스 발급, 사용량에 따른 관리 등을 수행하는 곳 • 콘텐츠 권한 정책, 라이선스를 관리를 수행
DRM 컨트롤러 (DRM Controller)	• 배포된 디지털 콘텐츠의 이용 권한을 통제

◆ 21년 3회

07 디지털 저작권 관리(DRM) 구성요소가 아닌 것은?

① Data Warehouse
② DRM Controller
③ Packager
④ Contents Distributor

해설
- 데이터 웨어하우스(Data Warehouse)는 DRM 구성요소가 아니다.

【두음쌤】 DRM 구성요소
「제소분 클콘패 컨보」 – 콘텐츠 제공자 / 콘텐츠 소비자 / 콘텐츠 분배자 / 클리어링 하우스 / DRM 콘텐츠 / 패키저 / DRM 컨트롤러 / 보안 컨테이너

◆ 21년 3회

08 저작권 관리 구성요소 중 패키저(Packager)의 주요 역할로 옳은 것은?

① 콘텐츠를 제공하는 저작권자를 의미한다.
② 콘텐츠를 메타 데이터와 함께 배포 가능한 단위를 묶는다.
③ 라이선스를 발급하고 관리한다.
④ 배포된 콘텐츠의 이용 권한을 통제한다.

해설
- 콘텐츠를 메타 데이터와 함께 배포 가능한 단위로 묶는 기능은 패키저이다.

【두음쌤】 DRM 구성요소
「제소분 클콘패 컨보」 – 콘텐츠 제공자 / 콘텐츠 소비자 / 콘텐츠 분배자 / 클리어링 하우스 / DRM 콘텐츠 / 패키저 / DRM 컨트롤러 / 보안 컨테이너

정답
06 ② 07 ① 08 ②

◉ 20년 4회, 24년 1회, 2회, 25년 3회

09 디지털 저작권 관리(DRM) 기술과 거리가 먼 것은?

① 콘텐츠 암호화 및 키 관리
② 콘텐츠 식별체계 표현
③ 콘텐츠 오류 감지 및 복구
④ 라이선스 발급 및 관리

해설
- 콘텐츠 오류 감지 및 복구는 디지털 저작권 관리(DRM) 기술이 아니다.

【두음쌤】 DRM의 기술요소
「암키식저 파정크인」 - 암호화 / 키 관리 / 식별 기술 / 저작권 표현 / 암호화 파일 생성 / 정책 관리 / 크랙 방지 / 인증

◉ 22년 2회, 24년 3회

10 DRM(Digital Right Management)과 관련한 설명으로 틀린 것은?

① 디지털 콘텐츠와 디바이스의 사용을 제한하기 위해 하드웨어 제조업자, 저작권자, 출판업자 등이 사용할 수 있는 접근 제어 기술을 의미한다.
② 디지털 미디어의 생명주기 동안 발생하는 사용 권한 관리, 과금, 유통 단계를 관리하는 기술로도 볼 수 있다.
③ 클리어링 하우스(Clearing House)는 사용자에게 콘텐츠 라이센스를 발급하고 권한을 부여해주는 시스템을 말한다.
④ 원본을 안전하게 유통하기 위한 전자적 보안은 고려하지 않기 때문에 불법 유통과 복제의 방지는 불가능하다.

해설
- DRM은 배포를 위한 패키징 시에 디지털 콘텐츠의 지적 재산권을 보호하고 관리하는 기능을 제공하며, 안전한 유통과 배포를 보장하는 도구이자 솔루션이다.

❷ 제품 소프트웨어 매뉴얼 작성

◉ 18년 3회

11 소프트웨어 설치 매뉴얼에 대한 설명으로 틀린 것은?

① 설치 과정에서 표시될 수 있는 예외상황에 관련 내용을 별도로 구분하여 설명한다.
② 설치 시작부터 완료할 때까지의 전 과정을 빠짐없이 순서대로 설명한다.
③ 설치 매뉴얼은 개발자 기준으로 작성한다.
④ 설치 매뉴얼에는 목차, 개요, 기본사항 등이 기본적으로 포함되어야 한다.

해설
- 설치 매뉴얼은 사용자를 기준으로 작성한다.

◉ 21년 3회, 23년 2회

12 제품 소프트웨어의 사용자 매뉴얼 작성 절차로 (가)~(다)와 [보기]의 기호를 바르게 연결한 것은?

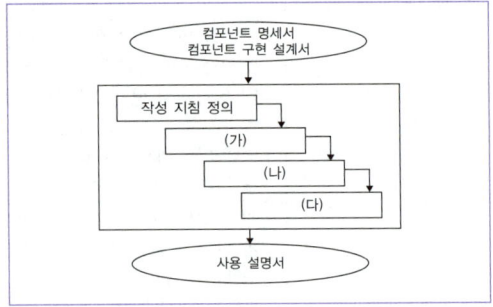

[보기]

㉠ 사용 설명서 검토
㉡ 구성 요소별 내용 작성
㉢ 사용 설명서 구성요소 정의

① (가)-㉠, (나)-㉡, (다)-㉢
② (가)-㉢, (나)-㉡, (다)-㉠
③ (가)-㉠, (나)-㉢, (다)-㉡
④ (가)-㉢, (나)-㉠, (다)-㉡

정답
09 ③　10 ④　11 ③　12 ②

해설

- 제품 소프트웨어 사용자 매뉴얼 작성 프로세스는 다음과 같다.

순서	프로세스	설명
1	작성 지침 정의	• 사용자 매뉴얼을 작성하기 위한 지침 설정 • 사용자 매뉴얼은 실제 사용자 환경에 필요한 정보를 제공할 수 있는 형태로 작성
2	사용자 매뉴얼 구성요소 정의	• 제품 소프트웨어의 기능, 구성 객체 목록, 객체별 메서드, 메서드의 파라미터, 실제 사용 예제, 사용자 환경 세팅 방법 등의 사용자 매뉴얼 구성요소를 정의
3	구성 요소별 내용 작성	• 제품 소프트웨어 구성 요소별로 내용 작성
4	사용자 매뉴얼 검토	• 작성된 사용자 매뉴얼이 개발된 제품의 기능을 제대로 설명하는지, 제품 사용 시 부족한 정보가 없는지 등을 검사 • 해당 기능별 관련 개발자와 함께 기능 내용이나 인터페이스, 메서드나 메서드의 파라미터 등을 검토 • 점검 사항을 반영하여 사용자 지침서 수정, 보완

◎ 21년 1회, 23년 1회

13 소프트웨어 설치 매뉴얼이 포함될 항목이 아닌 것은?

① 제품 소프트웨어 개요
② 설치 관련 파일
③ 프로그램 삭제
④ 소프트웨어 개발 기간

해설

- 소프트웨어 설치 매뉴얼에 소프트웨어 개발 기간은 따로 포함되지 않는다.

【두음쌤】 제품 소프트웨어 설치 매뉴얼 구성요소
「개파절아 삭버고준」 – 제품 소프트웨어 개요 / 설치 관련 파일 / 설치 절차 / 설치 아이콘 / 삭제 방법 / 설치 버전 및 작성자 / 고객 지원 방법 및 FAQ / 준수 정보 & 제한 보증

◎ 21년 3회, 24년 2회, 25년 3회

14 소프트웨어 품질 목표 중 하나 이상의 하드웨어 환경에서 운용되기 위해 쉽게 수정될 수 있는 시스템 능력을 의미하는 것은?

① Portability
② Efficiency
③ Usability
④ Correctness

해설

- 하나 이상의 하드웨어 환경에서 운용되기 위해 쉽게 수정될 수 있는 시스템 능력은 이식성(Portability)이다.
- ISO/IEC 9126의 소프트웨어 품질 특성은 다음과 같다.

특성	설명
기능성 (Functionality)	• 소프트웨어가 특정 조건에서 사용될 때 명시된 요구와 내재된 요구를 만족하는 기능을 제공하는 소프트웨어 제품의 능력
신뢰성 (Reliability)	• 명시된 조건에서 사용될 때 성능 수준을 유지할 수 있는 소프트웨어 제품의 능력 • 옳고 일관된 결과를 얻기 위하여 요구된 기능을 수행할 수 있는 정도이고, 주어진 시간 동안 주어진 기능을 오류 없이 수행하는 정도
사용성 (Usability)	• 명시된 조건에서 사용될 경우, 사용자에 의해 이해되고, 학습되고, 사용되고, 선호될 수 있는 소프트웨어 제품의 능력
효율성 (Efficiency)	• 명시된 조건에서 사용되는 자원의 양에 따라 요구된 성능을 제공하는 소프트웨어 제품의 능력
유지보수성 (Maintainability)	• 소프트웨어 제품이 변경되는 능력 • 변경에는 환경과 요구사항 및 기능적 명세에 따른 소프트웨어의 수정, 개선, 혹은 개작 등이 포함
이식성 (Portability)	• 하나 이상의 하드웨어 환경에서 운용되기 위해 쉽게 수정될 수 있는 시스템 능력

정답

13 ④   14 ①

> 18년 3회

15 소프트웨어의 품질 목표 중에서 옳고 일관된 결과를 얻기 위하여 요구된 기능을 수행할 수 있는 정도를 나타내는 것은?

① 유지보수성(Maintainability)
② 신뢰성(Reliability)
③ 효율성(Efficiency)
④ 무결성(Integrity)

해설
• 신뢰성은 소프트웨어의 품질 목표 중에서 옳고 일관된 결과를 얻기 위하여 요구된 기능을 수행할 수 있는 정도이다.

> 16년 3회, 23년 3회

16 ISO 9126에 근거한 소프트웨어 품질 목표 중 명시된 조건에서 사용되는 자원의 양에 따라 요구된 성능을 제공하는 소프트웨어 제품의 능력을 의미하는 것은?

① 사용성(Usability)
② 신뢰성(Reliability)
③ 기능성(Functionality)
④ 효율성(Efficiency)

해설
• 효율성(Efficiency)은 명시된 조건에서 사용되는 자원의 양에 따라 요구된 성능을 제공하는 소프트웨어 제품의 능력을 말한다.

> 16년 2회, 20년 3회, 24년 3회

17 소프트웨어 품질 목표 중 주어진 시간동안 주어진 기능을 오류 없이 수행하는 정도를 나타내는 것은?

① 효율성   ② 사용 용이성
③ 신뢰성   ④ 이식성

해설
• ISO/IEC 9126의 소프트웨어 품질 특성 중 신뢰성(Reliability)은 명세된 조건에서 사용될 때 성능 수준을 유지할 수 있는 소프트웨어 제품의 능력이다.
• 신뢰성은 옳고 일관된 결과를 얻기 위하여 요구된 기능을 수행할 수 있는 정도이고, 주어진 시간 동안 주어진 기능을 오류없이 수행하는 정도이다.

> 21년 1회, 24년 2회

18 소프트웨어 품질 목표 중 쉽게 배우고 사용할 수 있는 정도를 나타내는 것은?

① Correctness   ② Reliability
③ Usability   ④ Integrity

해설
• 사용성(Usability)은 소프트웨어 품질 목표 중 쉽게 배우고 사용할 수 있는 정도이다.

> 15년 1회

19 소프트웨어 품질 목표 중 품질 부특성으로 시간반응성, 자원효율성, 준수성 등을 갖는 것은?

① 무결성(Integrity)
② 유연성(Flexibility)
③ 효율성(Efficiency)
④ 신뢰성(Reliability)

해설
• 효율성(Efficiency)은 명시된 조건에서 사용되는 자원의 양에 따라 요구된 성능을 제공하는 소프트웨어 제품의 능력을 말한다.
• 품질 부특성에는 시간 반응성, 자원 효율성, 준수성 등을 갖는다.

> 19년 3회, 20년 1회, 23년 1회

20 S/W Project 일정이 지연된다고 해서 Project 말기에 새로운 인원을 추가 투입하면 Project는 더욱 지연되게 된다는 내용과 관련되는 법칙은?

① Putnam의 법칙
② Mayer의 법칙
③ Brooks의 법칙
④ Boehm의 법칙

해설
• S/W Project 일정이 지연된다고 해서 Project 말기에 새로운 인원을 추가 투입하면 Project는 더욱 지연되게 된다는 내용과 관련되는 법칙은 브룩스(Brooks)의 법칙이다.

정답
15 ② 16 ④ 17 ③ 18 ③ 19 ③ 20 ③

> 19년 3회, 24년 3회

21 소프트웨어 테스트에서 오류의 80%는 전체 모듈의 20% 내에서 발견된다는 법칙은?

① Brooks의 법칙
② Boehm의 법칙
③ Pareto의 법칙
④ Jackson의 법칙

해설
- 소프트웨어 테스트에서 오류의 80%는 전체 모듈의 20% 내에서 발견된다는 법칙은 파레토(Pareto)의 법칙으로 결함 집중 원리를 나타낸다.

> 20년 1회

22 소프트웨어 품질 측정을 위해 개발자 관점에서 고려해야 할 항목으로 거리가 먼 것은?

① 정확성
② 무결성
③ 사용성
④ 간결성

해설
- 소프트웨어 품질 측정을 위해 개발자 관점에서 고려해야 할 항목은 정확성, 신뢰성, 효율성, 무결성, 유연성, 이식성, 사용성, 상호 운용성이다.

> 20년 1회

23 ISO/IEC 9126의 소프트웨어 품질 특성 중 기능성(Functionality)의 하위 특성으로 옳지 않은 것은?

① 학습성
② 적합성
③ 정확성
④ 보안성

해설
- 기능성의 하위 특성에는 적합성, 정확성, 상호 운용성, 보안성, 준수성이 있다.

> 20년 3회, 22년 3회

24 소프트웨어 공학의 기본 원칙이라고 볼 수 없는 것은?

① 품질 높은 소프트웨어 상품 개발
② 지속적인 검증 시행
③ 결과에 대한 명확한 기록 유지
④ 최대한 많은 인력 투입

해설
- 소프트웨어 공학의 기본원칙은 3가지가 있다.
  - 현대적인 프로그래밍 기술을 계속적으로 적용해야 한다.
  - 개발된 소프트웨어의 품질이 유지되도록 지속적 검증을 수행해야 한다.
  - 소프트웨어 개발 관련 사항 및 결과에 대한 명확한 기록을 유지해야 한다.

> 21년 2회, 23년 2회

25 공학적으로 잘된 소프트웨어(Well Engineered Software)의 설명 중 틀린 것은?

① 소프트웨어는 유지보수가 용이해야 한다.
② 소프트웨어 신뢰성이 높아야 한다.
③ 소프트웨어는 사용자 수준에 무관하게 일관된 인터페이스를 제공해야 한다.
④ 소프트웨어는 충분한 테스팅을 거쳐야 한다.

해설
- 소프트웨어는 사용자 수준에 맞는 인터페이스를 제공해야 한다.

정답
21 ③ 22 ④ 23 ① 24 ④ 25 ③

◆ 21년 1회

26 소프트웨어 공학에 대한 설명으로 거리가 먼 것은?

① 소프트웨어 공학이란 소프트웨어의 개발, 운용, 유지보수 및 파기에 대한 체계적인 접근 방법이다.
② 소프트웨어 공학은 소프트웨어 제품의 품질을 향상시키고 소프트웨어 생산성과 작업 만족도를 증대시키는 것이 목적이다.
③ 소프트웨어 공학의 궁극적 목표는 최대의 비용으로 계획된 일정보다 가능한 빠른 시일 내에 소프트웨어를 개발하는 것이다.
④ 소프트웨어 공학은 신뢰성 있는 소프트웨어를 경제적인 비용으로 획득하기 위해 공학적 원리를 정립하고 이를 이용하는 것이다.

해설
- 소프트웨어 공학은 최대의 비용으로 계획된 일정보다 가능한 빠른 시일 내에 소프트웨어를 개발하는 것이 아니라 소프트웨어의 품질 및 생산성을 향상시키는 방법이다.

◆ 22년 1회, 23년 1회, 25년 1회

27 소프트웨어 품질 관련 국제 표준인 ISO/IEC 25000에 관한 설명으로 옳지 않은 것은?

① 소프트웨어 품질평가를 위한 소프트웨어 품질평가 통합모델 표준이다.
② System and Software Quality Requirements and Evaluation으로 줄여서 SQuaRE라고도 한다.
③ ISO/IEC 2501n에서는 소프트웨어의 내부 측정, 외부 측정, 사용품질 측정, 품질 측정 요소 등을 다룬다.
④ 기존 소프트웨어 품질평가 모델과 소프트웨어 평가 절차 모델인 ISO/IEC 9126과 ISO/IEC 14598을 통합하였다.

해설
- ISO/IEC 25000는 기존 소프트웨어 품질평가 모델과 소프트웨어 평가 절차 모델인 ISO/IEC 9126과 ISO/IEC 14598을 통합한 소프트웨어 품질 평가 모델 국제 표준으로 SQuaRE(System and Software Quality Requirements and Evaluation)라고 한다.
- ISO/IEC 2502n에서 소프트웨어의 내부 측정, 외부 측정, 사용 품질 측정, 품질 측정 요소 등을 다룬다.

◆ 20년 3회, 22년 3회

28 패키지 소프트웨어의 일반적인 제품 품질 요구사항 및 테스트를 위한 국제 표준은?

① ISO/IEC 2196
② IEEE 19554
③ ISO/IEC 12119
④ ISO/IEC 14959

해설
- ISO/IEC 12119는 소프트웨어 패키지 제품에 대한 품질 요구사항 및 테스트 국제 표준이다.
- 패키지 제품은 제품 설명서, 사용자 문서, 실행 프로그램이다.

◆ 25년 2회

29 SPICE(ISO/IEC 15504) 모델에서 정의한 프로세스의 성숙도 수준(Capability Level)에 대한 설명으로 옳지 않은 것은?

① 레벨 0은 프로세스가 수행되지 않거나 불완전하게 수행되는 상태이다.
② 레벨 1은 정의된 자원의 한도 내에서 그 프로세스가 작업 산출물을 인도한다.
③ 레벨 3은 소프트웨어 공학 원칙에 기반하여 정의된 프로세스가 수행된다.
④ 레벨 4는 프로세스가 목적 달성을 위해 통제되고, 양적인 측정을 통해서 일관되게 수행된다.

정답
26 ③ 27 ③ 28 ③ 29 ②

해설
- SPICE의 성숙도 수준은 다음과 같이 정의된다.

순서	단계	설명
Level 0	불완전	프로세스가 구현되지 않았거나, 프로세스가 그 목적을 달성하지 못한 단계
Level 1	수행	프로세스의 목적이 전반적으로 이루어진 단계
Level 2	관리	정의된 자원의 한도 내에서 그 프로세스가 작업 산출물을 인도
Level 3	확립	소프트웨어 공학 원칙에 기반하여 정의된 프로세스가 수행
Level 4	예측	프로세스가 목적 달성을 위해 통제되고, 양적인 측정을 통해서 일관되게 수행
Level 5	최적화	프로세스 수행을 최적화하고, 지속적으로 업무 목적을 만족

◎ 25년 3회

30 다음 설명에 해당하는 품질 개선 모델은?

- 조직의 프로세스 개선을 위한 모델로, 조직의 능력(Capability)과 성숙도(Maturity)를 기준으로 프로세스의 성숙 단계를 평가하고 개선 방향을 제시하는 모델이다.
- 적용 및 평가 방식은 조직 차원의 성숙도를 평가하는 단계별 표현과 프로세스 영역별 능력도를 평가하는 연속적 표현이 있음

① ISO 9126 ② CMMi
③ Six Sigma ④ SPICE

해설

모델	설명
ISO 9126	소프트웨어 품질을 측정하고, 평가하기 위해서 소프트웨어의 품질 요소와 특성을 정의하는 국제 표준
CMMi	• 기존 CMM 모델을 통합하고 ISO15504(SPICE)를 준수하는 소프트웨어 개발 능력/성숙도 평가 및 프로세스 개선 활동의 지속적인 품질 개선 모델 • 적용 및 평가 방식은 단계별 표현과 연속적 표현이 있음
SPICE (ISO/IEC 15504)	소프트웨어 프로세스를 평가하고 개선함으로써 품질 및 생산성을 높이고자 하는 국제 표준

3 제품 소프트웨어 버전 관리

◎ 21년 2회

31 다음 설명의 소프트웨어 버전 관리 도구 방식은?

- 버전 관리 자료가 원격 저장소와 로컬 저장소에 함께 저장되어 관리된다.
- 로컬 저장소에서 버전 관리가 가능하므로 원격 저장소에 문제가 생겨도 로컬 저장소의 자료를 이용하여 작업할 수 있다.
- 대표적인 버전 관리 도구로 Git가 있다.

① 단일 저장소 방식
② 분산 저장소 방식
③ 공유 폴더 방식
④ 클라이언트 서버 방식

해설
- 소프트웨어 버전 관리 도구 유형은 다음과 같다.

유형	설명	도구
공유 폴더 방식	매일 개발 완료 파일은 약속된 위치의 공유 폴더에 복사하는 방식	RCS
클라이언트/서버 방식	버전 관리 자료가 중앙 시스템(서버)에 저장되어 관리되는 방식	CVS, SVN
분산 저장소 방식	로컬 저장소와 원격 저장소로 분리되어 관리되는 방식	Git

◎ 20년 3회

32 제품 소프트웨어의 형상 관리 역할로 틀린 것은?

① 형상 관리를 통해 이전 리비전이나 버전에 대한 정보에 접근 가능하여 배포본 관리에 유용
② 불필요한 사용자의 소스 수정 제한
③ 프로젝트 개발비용을 효율적으로 관리
④ 동일한 프로젝트에 대해 여러 개발자 동시개발 가능

정답
30 ② 31 ② 32 ③

해설
- 제품 소프트웨어의 형상 관리 역할은 버전에 대한 쉬운 정보 접근성이 있고, 불필요한 사용자에 대한 접근 제어 역할이 있고, 동일 프로젝트에 대한 동시 사용성이 있고, 빠른 오류 복구가 있다.

◐ 22년 2회, 24년 1회, 25년 2회

33 동시에 소스를 수정하는 것을 방지하며 다른 방향으로 진행된 개발 결과를 합치거나 변경 내용을 추적할 수 있는 소프트웨어 버전 관리 도구는?

① RCS(Revision Control System)
② RTS(Reliable Transfer Service)
③ RTC(Remote Procedure Call)
④ RVS(Relative Version System)

해설
- RCS는 CVS(Concurrent Version System)와 달리 소스 파일의 수정을 한 사람만으로 제한하여 다수의 사람이 파일의 수정을 동시에 할 수 없도록 파일 잠금 방식으로 버전을 관리 하는 도구이다.
- RCS는 다른 방향으로 진행된 개발 결과를 합치거나 변경 내용을 추적할 수 있는 소프트웨어 버전 관리 도구이다.

◐ 20년 4회, 23년 3회

34 빌드 자동화 도구에 대한 설명으로 틀린 것은?

① Gradle은 실행할 처리 명령들을 모아 태스크로 만든 후 태스크 단위로 실행한다.
② 빌드 자동화 도구는 지속적인 통합개발환경에서 유용하게 활용된다.
③ 빌드 자동화 도구에는 Ant, Gradle, Jenkins 등이 있다.
④ Jenkins는 Groovy 기반으로 한 오픈 소스로 안드로이드 앱 개발 환경에서 사용된다.

해설
- 젠킨스(Jenkins)는 JAVA 기반의 오픈 소스로 가장 많이 활용되는 빌드 자동화 도구이다.
- 그래들(Gradle)은 그루비(Groovy)를 기반으로 한 오픈 소스로서 안드로이드 앱 개발 환경에서 사용되는 빌드 자동화 도구이다.

◐ 24년 1회, 25년 2회

35 다음 중 컴파일, 테스트, 정적 분석 등을 통해 동작할 수 있는 소프트웨어 생성 도구는?

① 테스트 커버리지 도구(Test Coverage Tool)
② 빌드도구(Build Tool)
③ 테스트 도구(Test Tool)
④ 인스펙션 도구(Inspection Tool)

해설
- 빌드 자동화 구성 요소는 다음과 같다.

구성 요소	설명
테스트 커버리지 도구(Test Coverage Tool)	테스트 코드가 대상 소스 코드에 대해 어느 정도 커버하는지 분석하는 도구
테스트 도구 (Test Tool)	작성된 테스트 코드에 따라 자동으로 테스트를 수행해 주는 도구
인스펙션 도구 (Inspection Tool)	프로그램을 실행하지 않고, 소스 코드 자체로 품질을 판단할 수 있는 정적 분석 도구

◐ 24년 1회, 25년 2회

36 여러 사람이 같은 프로젝트에 참여할 경우, 각자 수정 부분은 자동으로 동기화 되어 팀원 전체가 볼 수 있는 시스템으로 가장 알맞은 것은?

① SCM(Source Code Management)
② CI(Continuous Integration) 서버
③ 테스트 도구(Test Tool)
④ 인스펙션 도구(Inspection Tool)

해설
- 빌드 자동화 구성 요소는 다음과 같다.

CI(Continuous Integration) 서버	빌드 프로세스를 관리하는 서버
테스트 도구 (Test Tool)	작성된 테스트 코드에 따라 자동으로 테스트를 수행해 주는 도구로, 빌드 도구의 스크립트에서 실행
인스펙션 도구 (Inspection Tool)	프로그램을 실행하지 않고, 소스 코드 자체로 품질을 판단할 수 있는 정적 분석 도구 코딩 표준 준수 검사, 코드 메트릭 측정, 중복 코드 검사, 코드 인스펙션 검사

정답

33 ① 34 ④ 35 ② 36 ①

Chapter 04 애플리케이션 테스트 관리

1 애플리케이션 테스트 케이스 설계

▶ 21년 1회, 24년 1회, 25년 2회

01 테스트 케이스에 일반적으로 포함되는 항목이 아닌 것은?

① 테스트 조건
② 테스트 데이터
③ 테스트 비용
④ 예상 결과

해설
- 테스트 케이스 작성 절차 중 테스트 케이스 정의에서 각 요구사항에 대해 테스트 케이스를 작성하고, 입력값(테스트 데이터), 테스트 조건, 예상 결과를 기술한다.

▶ 19년 3회, 20년 1회, 24년 3회

02 소프트웨어 테스트에서 오류의 80%는 전체 모듈의 20% 내에서 발견된다는 법칙은?

① Brooks의 법칙
② Boehm의 법칙
③ Pareto의 법칙
④ Jackson의 법칙

해설
- 소프트웨어 테스트에서 오류의 80%는 전체 모듈의 20% 내에서 발견된다는 법칙은 파레토(Pareto)의 법칙이다.
- 파레토 법칙의 내용은 테스트의 결함 집중의 원리를 설명한다.

▶ 20년 1회, 22년 3회

03 검증 검사 기법 중 개발자의 장소에서 사용자가 개발자 앞에서 행하는 기법이며, 일반적으로 통제된 환경에서 사용자와 개발자가 함께 확인하면서 수행되는 검사는?

① 동치 분할 검사
② 형상 검사
③ 알파 검사
④ 베타 검사

해설
- 검증 검사 기법 중 개발자의 장소에서 사용자가 개발자 앞에서 행하는 기법이며, 일반적으로 통제된 환경에서 사용자와 개발자가 함께 확인하면서 수행되는 검사는 알파 검사(테스트)이다.
- 베타 검사는 실제 환경에서 고객에 의해 수행되는 검사(테스트)이다.

▶ 20년 1회, 23년 2회, 25년 3회

04 평가 점수에 따른 성적부여는 다음 표와 같다. 이를 구현한 소프트웨어를 경곗값 분석 기법으로 테스트하고자 할 때 다음 중 테스트 케이스의 입력 값으로 옳지 않은 것은?

평가 점수	성적
80~100	A
60~79	B
0~59	C

① 59　② 80　③ 90　④ 101

해설
- 블랙박스 테스트 유형 중 경곗값 분석 테스트(Boundary Value Analysis Testing)는 등가분할 후 경곗값 부분에서 오류 발생 확률이 높아서 경곗값을 포함하여 테스트 케이스를 설계하여 테스트하는 기법이다.
- 90이라는 숫자는 80~100의 경계가 아닌 가운데 값이므로 경곗값 분석 테스트라고 보기 어렵다.

정답
01 ③　02 ③　03 ③　04 ③

> 20년 1회, 23년 3회

05 White box Testing에 대한 설명으로 옳지 않은 것은?

① Base Path Testing, Boundary Value Analysis가 대표적인 기법이다.
② Source Code의 모든 문장을 한 번 이상 수행함으로써 진행된다.
③ 모듈 안의 작동을 직접 관찰할 수 있다.
④ 산출물의 각 기능별로 적절한 프로그램의 제어 구조에 따라 선택, 반복 등의 부분들을 수행함으로써 논리적 경로를 점검한다.

해설
- Base Path Testing은 White-box Testing 기법이고, Boundary Value Analysis는 Black box Testing 기법이다.

> 21년 3회, 24년 2회, 25년 1회

06 소프트웨어 테스트에서 검증(Verification)과 확인(Validation)에 대한 설명으로 틀린 것은?

① 소프트웨어 테스트에서 검증과 확인을 구별하면 찾고자 하는 결함 유형을 명확하게 하는 데 도움이 된다.
② 검증은 소프트웨어 개발 과정을 테스트하는 것이고, 확인은 소프트웨어 결과를 테스트하는 것이다.
③ 검증은 작업 제품이 요구 명세의 기능, 비기능 요구사항을 얼마나 잘 준수하는지 측정하는 작업이다.
④ 검증은 작업 제품이 사용자의 요구에 적합한지 측정하며, 확인은 작업 제품이 개발자의 기대를 충족시키는지를 측정한다.

해설
- 테스트 시각에 따른 분류는 다음과 같다.

분류	설명
검증 (Verification)	• 소프트웨어 개발 과정을 테스트 • 올바른 제품을 생산하고 있는지 검증 • 이전 단계에서 설정된 개발 규격과 요구를 충족시키는지 판단 • 개발자 혹은 시험자의 시각으로 소프트웨어가 명세화된 기능을 올바로 수행하는지 알아보는 과정
확인 (Validation)	• 소프트웨어 결과를 테스트 • 만들어진 제품이 제대로 동작하는지 확인 • 최종 사용자 요구 또는 소프트웨어 요구에 적합한지 판단 • 사용자 시각으로 올바른 소프트웨어가 개발되었는지 입증하는 과정

> 21년 3회, 23년 1회, 3회, 24년 2회

07 개별 모듈을 시험하는 것으로 모듈이 정확하게 구현되었는지, 예정한 기능이 제대로 수행되는지를 점검하는 것이 주요 목적인 테스트는?

① 통합 테스트(Integration Test)
② 단위 테스트(Unit Test)
③ 시스템 테스트(System Test)
④ 인수 테스트(Acceptance Test)

해설
- 테스트 레벨 종류는 다음과 같다.

종류	설명
단위 테스트	• 사용자 요구사항에 대한 단위 모듈, 서브루틴 등을 테스트하는 단계
통합 테스트	• 단위 테스트를 통과한 컴포넌트 간의 인터페이스를 테스트하는 단계
시스템 테스트	• 개발 프로젝트 차원에서 정의된 전체 시스템 또는 제품의 동작에 대해 테스트하는 단계
인수 테스트	• 계약상의 요구사항이 만족되었는지 확인하기 위한 테스트 단계

정답
05 ①   06 ④   07 ②

08 다음 중 단위 테스트를 통해 발견할 수 있는 오류가 아닌 것은?

① 알고리즘 오류에 따른 원치 않는 결과
② 탈출구가 없는 반복문의 사용
③ 모듈 간의 비정상적 상호 작용으로 인해 원치 않은 결과
④ 틀린 계산 수식에 의한 잘못된 결과

해설
• 모듈 간의 인터페이스 관련 오류 및 결함을 찾아내기 위한 체계적인 테스트 기법은 통합 테스트이다.

09 필드 테스팅(Field Testing)이라고도 불리며 개발자 없이 고객의 사용 환경에 소프트웨어를 설치하여 검사를 수행하는 인수 검사 기법은?

① 베타 검사
② 알파 검사
③ 형상 검사
④ 복구 검사

해설
• 인수 테스트의 종류는 다음과 같다.

종류	설명
알파 검사 (Alpha Test)	• 선택된 사용자(회사 내의 다른 사용자 또는 실제 사용자)가 개발자 환경에서 통제된 상태로 개발자와 함께 수행하는 인수 테스트
베타 검사 (Beta Test)	• 필드 테스팅(Field Testing)이라고도 불리며 개발자 없이 고객의 사용 환경에 소프트웨어를 설치하여 검사를 수행하는 인수 테스트

10 알파, 베타 테스트와 가장 밀접한 연관이 있는 테스트 단계는?

① 단위 테스트
② 인수 테스트
③ 통합 테스트
④ 시스템 테스트

해설
• 인수 테스트의 종류에는 알파 테스트, 베타 테스트가 있다.

11 블랙박스 테스트의 유형으로 틀린 것은?

① 경곗값 분석
② 오류 예측
③ 동등 분할 기법
④ 조건, 루프 검사

해설
• 조건, 루프 검사는 화이트박스 테스트의 유형이다.

【두음쌤】 블랙박스 테스트 유형
「동경결상 유분페원비오」 - 동등 분할 / 경곗값 분석 / 결정 테이블 / 상태전이 / 유스케이스 / 분류트리 / 페어와이즈 / 원인-결과 그래프 / 비교 테스트 / 오류 추정

12 다음 중 블랙박스 검사 기법은?

① 경곗값 분석
② 조건 검사
③ 기초 경로 검사
④ 루프 검사

해설
• 조건 검사, 기초 경로 검사, 루프 검사는 화이트박스 테스트의 유형이다.

【두음쌤】 블랙박스 테스트 유형
「동경결상 유분페원비오」 - 동등 분할 / 경곗값 분석 / 결정 테이블 / 상태전이 / 유스케이스 / 분류트리 / 페어와이즈 / 원인-결과 그래프 / 비교 테스트 / 오류 추정

정답
08 ③ 09 ① 10 ② 11 ④ 12 ①

▶ 21년 2회

13 블랙박스 테스트를 이용하여 발견할 수 있는 오류가 아닌 것은?

① 비정상적인 자료를 입력해도 오류 처리를 수행하지 않는 경우
② 정상적인 자료를 입력해도 요구된 기능이 제대로 수행되지 않는 경우
③ 반복 조건을 만족하는데도 루프 내의 문장이 수행되지 않는 경우
④ 경곗값을 입력할 경우 요구된 출력 결과가 나오지 않는 경우

해설
- 블랙박스 테스트의 특징은 다음과 같다.
- 프로그램 외부 사용자의 요구사항 명세를 보면서 수행하는 테스트(기능 테스트)이다.
- 소프트웨어의 특징, 요구사항, 설계 명세서 등에 초점을 맞춰 테스트가 이루어진다.
- 기능 및 동작 위주의 테스트를 진행하기 때문에 내부 구조나 작동 원리를 알지 못해도 가능하다.
- 반복 조건을 만족하는데도 루프 내의 문장이 수행되지 않는 경우는 코드 분석과 프로그램 구조에 대한 지식을 바탕으로 문제가 발생할 가능성이 있는 모듈 내부를 직접 관찰하기 때문에 화이트박스 테스트이다.

▶ 21년 2회

14 소프트웨어 테스트와 관련한 설명으로 틀린 것은?

① 화이트 박스 테스트는 모듈의 논리적인 구조를 체계적으로 점검할 수 있다.
② 블랙박스 테스트는 프로그램의 구조를 고려하지 않는다.
③ 테스트 케이스에는 일반적으로 시험 조건, 테스트 데이터, 예상 결과가 포함되어야 한다.
④ 화이트 박스 테스트에서 기본 경로(Basis Path)란 흐름 그래프의 시작 노드에서 종료 노드까지의 서로 독립된 경로로 싸이클을 허용하지 않는 경로를 말한다.

해설
- 기본 경로는 수행 가능한 모든 경로로 사이클을 허용한다.

▶ 20년 4회, 23년 1회

15 다음이 설명하는 테스트 용어는?

- 테스트의 결과가 참인지 거짓인지를 판단하기 위해서 사전에 정의된 참값을 입력하여 비교하는 기법 및 활동을 말한다.
- 종류에는 참, 샘플링, 휴리스틱, 일관성 검사가 존재한다.

① 테스트 케이스
② 테스트 시나리오
③ 테스트 오라클
④ 테스트 데이터

해설
- 테스트의 결과가 참인지 거짓인지를 판단하기 위해서 사전에 정의된 참값을 입력하여 비교하는 기법을 테스트 오라클이라고 한다.

▶ 20년 4회

16 검증(Validation) 검사 기법 중 개발자의 장소에서 사용자가 개발자 앞에서 행해지며, 오류와 사용상의 문제점을 사용자와 개발자가 함께 확인하면서 검사하는 기법은?

① 디버깅 검사
② 형상 검사
③ 자료 구조 검사
④ 알파 검사

해설
- 알파 검사(Alpha Test)는 오류와 문제점을 사용자와 개발자가 함께 확인하면서 검사하는 기법이다.

정답
13 ③ 14 ④ 15 ③ 16 ④

17 블랙박스 테스트 기법으로 거리가 먼 것은?

① 기초 경로 검사
② 동치 클래스 분해
③ 경곗값 분석
④ 원인 결과 그래프

해설
- 기초 경로 검사는 화이트박스 테스트에 해당한다.

【두음쌤】 블랙박스 테스트 유형
「동경결상 유분페원비오」 – 동등 분할 / 경곗값 분석 / 결정 테이블 / 상태전이 / 유스케이스 / 분류트리 / 페어와이즈 / 원인-결과 그래프 / 비교 테스트 / 오류 추정

18 테스트를 목적에 따라 분류했을 때, 강도(Stress) 테스트에 대한 설명으로 옳은 것은?

① 시스템에 고의로 실패를 유도하고 시스템이 정상적으로 복귀하는지 테스트한다.
② 시스템에 과다 정보량을 부과하여 과부하 시에도 시스템이 정상적으로 작동되는지를 테스트한다.
③ 사용자의 이벤트에 시스템이 응답하는 시간, 특정 시간 내에 처리하는 업무량, 사용자 요구에 시스템이 반응하는 속도 등을 테스트한다.
④ 부당하고 불법적인 침입을 시도하여 보안 시스템이 불법적인 침투를 잘 막아내는지 테스트한다.

해설
- 테스트 목적에 따른 분류는 다음과 같다.

분류	설명
회복 테스트 (Recovery Test)	시스템에 고의로 실패를 유도하고, 시스템의 정상적 복귀 여부를 테스트하는 기법
안전 테스트 (Security Test)	불법적인 소프트웨어가 접근하여 시스템을 파괴하지 못하도록 소스 코드 내의 보안적인 결함을 미리 점검하는 테스트 기법
성능 테스트 (Performance Test)	사용자의 이벤트에 시스템이 응답하는 시간, 특정 시간 내에 처리하는 업무량, 사용자 요구에 시스템이 반응하는 속도 등을 측정하는 테스트 기법
강도 테스트 (Stress Test)	시스템 처리 능력 이상의 부하, 즉 임계점 이상의 부하를 가하여 비정상적인 상황에서의 처리를 테스트
구조 테스트 (Structure Test)	시스템의 내부 논리 경로, 소스 코드의 복잡도를 평가하는 테스트 기법
회귀 테스트 (Regression Test)	회귀 테스트는 오류를 제거하거나 수정한 시스템에서 오류 제거와 수정에 의해 새로이 유입된 오류가 없는지 확인하는 일종의 반복 테스트 기법
병행 테스트 (Parallel Test)	변경된 시스템과 기존 시스템에 동일한 데이터를 입력 후 결과를 비교하는 테스트 기법

19 다음 설명의 소프트웨어 테스트의 기본 원칙은?

- 파레토 법칙이 좌우한다.
- 애플리케이션 결함의 대부분은 소수의 특정한 모듈에 집중되어 존재한다.
- 결함은 발생한 모듈에서 계속 추가로 발생할 가능성이 높다.

① 살충제 패러독스
② 결함 집중
③ 오류 부재의 궤변
④ 완벽한 테스팅은 불가능

정답
17 ① 18 ② 19 ②

해설

- 소프트웨어 테스트의 원리는 다음과 같다.

원리	설명
살충제 패러독스	• 동일한 테스트 케이스에 의한 반복적 테스트는 새로운 버그를 찾지 못한다는 원리
결함 집중	• 적은 수의 모듈(20% 모듈)에서 대다수 결함(80% 결함)이 발견된다는 원리 • 파레토 법칙(Pareto Principle)의 내용인 80 대 20 법칙 적용
오류 부재의 궤변	• 요구사항을 충족시켜주지 못한다면, 결함이 없다고 해도 품질이 높다고 볼 수 없다는 원리
완벽 테스팅은 불가능	• 무한 경로(한 프로그램 내의 내부 조건은 무수히 많을 수 있음), 무한 입력값(입력이 가질 수 있는 모든 값의 조합이 무수히 많음)으로 인한 완벽한 테스트가 어렵다는 원리

● 22년 2회, 25년 1회

20 테스트 케이스와 관련한 설명으로 틀린 것은?

① 테스트의 목표 및 테스트 방법을 결정하기 전에 테스트 케이스를 작성해야 한다.
② 프로그램에 결함이 있더라도 입력에 대해 정상적인 결과를 낼 수 있기 때문에 결함을 검사할 수 있는 테스트 케이스를 찾는 것이 중요하다.
③ 개발된 서비스가 정의된 요구사항을 준수하는지 확인하기 위한 입력값과 실행 조건, 예상 결과의 집합으로 볼 수 있다.
④ 테스트 케이스 실행이 통과되었는지 실패하였는지 판단하기 위한 기준을 테스트 오라클(Test Oracle)이라고 한다.

해설

- 테스트의 목표 및 테스트 방법을 결정한 이후에 테스트 케이스를 작성해야 한다.
- 테스트 케이스 작성 절차는 다음과 같다.
① 테스트 대상 프로젝트 범위와 접근 방법 이해를 위해서 테스트 계획 검토 및 자료 확보
② 위험 평가 및 우선순위 결정
③ 테스트 요구사항 정의
④ 테스트 구조 설계 및 테스트 방법 결정
⑤ 테스트 케이스 정의 및 작성
⑥ 테스트 케이스 타당성 확인 및 유지보수

● 22년 1회, 24년 2회

21 코드 인스펙션과 관련한 설명으로 틀린 것은?

① 프로그램을 수행시켜 보는 것 대신에 읽어보고 눈으로 확인하는 방법으로 볼 수 있다.
② 코드 품질 향상 기법 중 하나이다.
③ 동적 테스트 시에만 활용하는 기법이다.
④ 결함과 함께 코딩 표준 준수 여부, 효율성 등의 다른 품질 이슈를 검사하기도 한다.

해설

- 코드 인스펙션은 동적 테스트 시 활용하는 기법이 아니라 정적 테스트 시 활용하는 기법이다.

● 22년 1회

22 화이트 박스 검사 기법에 해당하는 것으로만 짝지어진 것은?

㉠ 데이터 흐름 검사
㉡ 루프 검사
㉢ 동등 분할 검사
㉣ 경곗값 분석
㉤ 원인 결과 그래프 기법
㉥ 오류예측 기법

① ㉠, ㉡ ② ㉠, ㉣
③ ㉡, ㉤ ④ ㉢, ㉥

해설

- 프로그램의 반복(Loop) 구조에 초점을 맞춰 실시하는 루프 검사(Loop Testing)도 화이트 박스 테스트에 포함된다.

【두음쌤】 화이트박스 테스트 유형
「구결조 조변다 기제데루」 – 구문 커버리지 / 결정 커버리지 / 조건 커버리지 / 조건-결정 커버리지 / 변경 조건-결정 커버리지 / 다중 조건 커버리지 / 기본 경로 커버리지 / 제어 흐름 테스트 / 데이터 흐름 테스트 / 루프 테스트

정답

20 ①   21 ③   22 ①

23. 소프트웨어 생명주기 모델 중 V 모델과 관련한 설명으로 틀린 것은?

① 요구 분석 및 설계 단계를 거치지 않으며 항상 통합 테스트를 중심으로 V 형태를 이룬다.
② Perry에 의해 제안되었으며 세부적인 테스트 과정으로 구성되어 신뢰도 높은 시스템을 개발하는데 효과적이다.
③ 개발 작업과 검증 작업 사이의 관계를 명확히 드러내 놓은 폭포수 모델의 변형이라고 볼 수 있다.
④ 폭포수 모델이 산출물 중심이라면 V 모델은 작업과 결과의 검증에 초점을 둔다.

해설
- V 모델은 요구 분석 및 설계 단계를 거쳐 구현, 테스트 등 각 단계를 연결하여 V 형태를 이루는 모델이다.
- V 모델은 Perry에 의해 제안되었으며 세부적인 테스트 과정으로 구성되어 신뢰도 높은 시스템을 개발하는 데 효과적이고 개발 작업과 검증 작업 사이의 관계를 명확히 드러내 놓은 폭포수 모델의 변형이라고 볼 수 있다.
- 폭포수 모델이 산출물 중심이라면 V 모델은 작업과 결과의 검증에 초점을 둔다.

24. 다음 중 테스트 오라클(Test Oracle)에 해당하지 않는 것은?

① 코드 기반 오라클
② 일관성 검사 오라클
③ 참 오라클
④ 샘플링 오라클

해설
- 테스트 오라클 종류는 참 오라클, 샘플링 오라클, 휴리스틱 오라클, 일관성 검사 오라클이 있다.

【두음쌤】 테스트 오라클 종류
「참샘휴일」 – 참 오라클 / 샘플링 오라클 / 휴리스틱 오라클 / 일관성 검사 오라클

25. 다음 설명에 해당하는 인수 테스트 유형은?

> 실제 환경에서 일정 수의 사용자에게 대상 소프트웨어를 사용하게 하고 피드백을 통해 문제점을 파악하고 개선하는 방식의 테스트이다.

① 알파 테스트(Alpha Test)
② 회귀 테스트(Regression Test)
③ 화이트박스 테스트(White-box Test)
④ 베타 테스트(Beta Test)

해설
- 베타 테스트(Beta Test)는 실제 사용자 환경에서 일반 사용자들이 소프트웨어를 사용해보고 피드백을 제공하는 인수 테스트의 일종이다.

26. 화이트 박스 테스트와 관련한 설명으로 틀린 것은?

① 화이트 박스 테스트의 이해를 위해 논리 흐름도(Logic-Flow Diagram)를 이용할 수 있다.
② 테스트 데이터를 이용해 실제 프로그램을 실행함으로써 오류를 찾는 동적 테스트(Dynamic Test)에 해당한다.
③ 프로그램의 구조를 고려하지 않기 때문에 요구나 명세를 기초로 결정한다.
④ 테스트 데이터를 선택하기 위하여 검증 기준(Test Coverage)을 정한다.

해설
- 화이트박스 테스트는 코드 분석과 프로그램 구조에 대한 지식을 바탕으로 문제가 발생할 가능성이 있는 모듈 내부를 직접 관찰하고, 테스트하는 방법이다.
- 블랙박스 테스트는 프로그램의 구조를 고려하지 않고 요구나 명세를 기초로 테스트하는 방법이다.

정답
23 ① 24 ① 25 ④ 26 ③

2 애플리케이션 통합 테스트

> 21년 3회, 22년 1회, 24년 2회, 25년 3회

27 소프트웨어 개발 활동을 수행함에 있어서 시스템이 고장(Failure)을 일으키게 하며, 오류(Error)가 있는 경우 발생하는 것은?

① Fault
② Testcase
③ Mistake
④ Inspection

해설

보기	설명
오류 (Error)	• 결함(Defect)의 원인이 되는 것으로, 일반적으로 사람(소프트웨어 개발자, 분석가 등)에 의해 생성된 실수(Human Mistake)
결점 (Fault)	• 소프트웨어 개발 활동을 수행함에 있어서 시스템이 고장(Failure)을 일으키게 하며, 오류(Error)가 있는 경우 발생하는 현상

> 21년 2회

28 애플리케이션의 처리량, 응답시간, 경과시간, 자원사용률에 대해 가상의 사용자를 생성하고 테스트를 수행함으로써 성능 목표를 달성하였는지를 확인하는 테스트 자동화 도구는?

① 명세 기반 테스트 설계 도구
② 코드 기반 테스트 설계 도구
③ 기능 테스트 수행 도구
④ 성능 테스트 도구

해설

• 테스트 자동화 도구 유형에는 정적 분석 도구, 테스트 실행 도구, 성능 테스트 도구, 테스트 통제 도구, 테스트 장치가 있다.

유형	설명
정적 분석 도구	• 만들어진 애플리케이션을 실행하지 않고 분석하는 방법
테스트 실행 도구	• 테스트를 위해 작성된 스크립트를 실행하는 도구
성능 테스트 도구	• 애플리케이션의 처리량, 응답시간, 경과시간, 자원 사용률에 대해 가상의 사용자를 생성하고 테스트를 수행함으로써 성능 목표를 달성하였는지를 확인하는 도구
테스트 통제 도구	• 테스트 계획 및 관리, 테스트 수행, 결함 관리, 협업 지원 등을 수행하는 도구
테스트 장치	• 애플리케이션 컴포넌트 및 모듈을 테스트하는 환경의 일부분

> 18년 2회, 24년 3회, 25년 1회

29 하향식 통합 테스트에 대한 설명으로 가장 옳지 않은 것은?

① 시스템 구조의 위층에 있는 모듈부터 아래층의 모듈로 내려오면서 통합한다.
② 일반적으로 스텁(Stub)을 드라이버(Driver)보다 쉽게 작성할 수 있다.
③ 검사 초기에는 시스템의 구조를 사용자에게 보여줄 수 없다.
④ 상위층에서 검사 사례(Test Case)를 쓰기가 어렵다.

해설

• 메인 제어 모듈은 작성된 프로그램을 사용하고, 아직 작성되지 않은 하위 모듈을 제어한다.
• 스텁은 하위 모듈의 반환 값(Return Value)만 전달하면 되지만, 드라이버는 상위 모듈 흐름을 작성해야 하므로 스텁이 개발하기 쉽다.
• 위에서 아래로 내려오기 때문에 검사 초기에 시스템의 구조가 파악되어야 한다.

정답

27 ①   28 ④   29 ③

> 21년 3회, 25년 2회

30 소스 코드 정적 분석(Static Analysis)에 대한 설명으로 틀린 것은?

① 소스 코드를 실행시키지 않고 분석한다.
② 코드에 있는 오류나 잠재적인 오류를 찾아내기 위한 활동이다.
③ 하드웨어적인 방법으로만 코드 분석이 가능하다.
④ 자료 흐름이나 논리 흐름을 분석하여 비정상적인 패턴을 찾을 수 있다.

해설
- 정적 분석 방법(도구)은 다음과 같다.
- 정적 분석 도구는 만들어진 애플리케이션을 실행하지 않고 분석하는 방법이다.
- 대부분의 경우 소스 코드에 대한 코딩 표준, 코딩 스타일, 코드 복잡도 및 남은 결함을 발견하기 위하여 사용한다.
- 테스트를 수행하는 사람이 작성된 소스 코드에 대한 이해를 바탕으로 도구를 이용해서 분석하는 것을 말한다.
- 자료 흐름이나 논리 흐름을 분석하여 비정상적인 패턴을 찾을 수 있다.

> 19년 3회, 21년 1회, 24년 1회, 25년 2회

31 하향식 통합시험을 위해 일시적으로 필요한 조건만을 가지고 임시로 제공되는 시험용 모듈은?

① Stub   ② Driver
③ Procedure   ④ Function

해설
- 테스트 장치 구성요소는 다음과 같다.

구성요소	설명
테스트 스텁 (Test Stub)	• 하향식 통합시험을 위해 일시적으로 필요한 조건만을 가지고 임시로 제공되는 시험용 모듈
테스트 드라이버 (Test Driver)	• 상향식 통합시험을 위해 모듈 테스트 수행 후의 결과를 도출하는 시험용 모듈
프로시저 (Procedure)	• 특정한 로직을 처리하기만 하고 결괏값을 반환하지 않는 서브 프로그램
함수 (Function)	• 하나의 특별한 목적의 작업을 수행하기 위해 독립적으로 설계된 코드의 집합

> 21년 3회, 22년 3회

32 테스트 드라이버(Test Driver)에 대한 설명으로 틀린 것은?

① 시험대상 모듈을 호출하는 간이 소프트웨어이다.
② 필요에 따라 매개 변수를 전달하고 모듈을 수행한 후에 결과를 보여줄 수 있다.
③ 상향식 통합 테스트에서 사용된다.
④ 테스트 대상 모듈이 호출하는 하위 모듈의 역할을 한다.

해설
- 테스트 대상 모듈이 호출하는 하위 모듈의 역할을 하는 것은 테스트 스텁이다.

구성요소	설명
테스트 드라이버 (Test Driver)	• 상향식 통합시험을 위해 모듈 테스트 수행 후의 결과를 도출하는 시험용 모듈 • 테스트와 필요한 모듈에 인자를 넘겨주고 테스트를 완료한 후 그 결괏값을 받는 역할을 하는 가상의 모듈 • 하위 모듈을 호출하는 상위 모듈의 역할
테스트 스텁 (Test Stub)	• 하향식 통합시험을 위해 일시적으로 필요한 조건만을 가지고 임시로 제공되는 시험용 모듈 • 상위 모듈에 의해 호출되는 하위 모듈의 역할

> 21년 3회

33 테스트 케이스 자동 생성 도구를 이용하여 테스트 데이터를 찾아내는 방법이 아닌 것은?

① 스터브(Stub)와 드라이버(Driver)
② 입력 도메인 분석
③ 랜덤(Random) 테스트
④ 자료 흐름도

정답
30 ③   31 ①   32 ④   33 ①

해설

- 테스트 케이스 생성 도구를 이용한 테스트 데이터를 찾는 방법은 다음과 같다.

방법	설명
자료 흐름도	소스 코드를 파싱하여 자료 흐름도를 작성한 후 테스트에 필요한 입력값을 찾아내는 방법
기능 테스트	주어진 기능을 구동시키는 상태를 파악하여 입력값을 생성하는 방법
입력 도메인 분석	입력 변수가 가질 수 있는 값의 도메인을 분석하는 방법
랜덤 테스트	입력값을 무작위로 추출하는 방법

◆ 20년 3회

34 다음이 설명하는 애플리케이션 통합 테스트 유형은?

- 깊이 우선 방식 또는 너비 우선 방식이 있다.
- 상위 컴포넌트를 테스트하고 점증적으로 하위 컴포넌트를 테스트한다.
- 하위 컴포넌트 개발이 완료되지 않은 경우 스텁(Stub)을 사용하기도 한다.

① 하향식 통합 테스트
② 상향식 통합 테스트
③ 회귀 테스트
④ 빅뱅 테스트

해설

- 하향식 통합 테스트 수행 단계는 다음과 같다.

단계	설명
1단계	메인 제어 모듈은 작성된 프로그램을 사용하고, 아직 작성되지 않은 하위 모듈을 제어함
2단계	위에서 아래로 내려오기 때문에 검사 초기에 시스템의 구조가 파악되어야 함
3단계	모듈 및 모든 하위 컴포넌트를 대신하여 더미 모듈인 스텁 개발
4단계	깊이-우선 방식 또는 너비-우선 방식에 따라, 하위 모듈인 스텁이 한 번에 하나씩 실제 모듈로 대체
5단계	각 모듈 또는 컴포넌트를 통합하면서 테스트 수행
6단계	테스트가 완료되면 스텁이 실제 모듈 또는 컴포넌트로 작성

◆ 22년 2회, 24년 1회, 25년 2회

35 통합 테스트(Integration Test)와 관련한 설명으로 틀린 것은?

① 시스템을 구성하는 모듈의 인터페이스와 결합을 테스트하는 것이다.
② 하향식 통합 테스트의 경우 너비 우선(Breadth First) 방식으로 테스트를 할 모듈을 선택할 수 있다.
③ 상향식 통합 테스트의 경우 시스템 구조도의 최상위에 있는 모듈을 먼저 구현하고 테스트한다.
④ 모듈 간의 인터페이스와 시스템의 동작이 정상적으로 잘되고 있는지를 빨리 파악하고자 할 때 상향식보다는 하향식 통합 테스트를 사용하는 것이 좋다.

해설

- 상향식 통합 테스트는 애플리케이션 구조에서 최하위 레벨의 모듈 또는 컴포넌트로부터 점진적으로 상위 모듈과 함께 테스트하는 기법이다.

◆ 22년 1회, 23년 1회, 24년 2회, 3회, 25년 3회

36 단위 테스트에서 테스트의 대상이 되는 하위 모듈을 호출하고, 파라미터를 전달하는 가상의 모듈로 상향식 테스트에 필요한 것은?

① 테스트 스텁(Test Stub)
② 테스트 드라이버(Test Driver)
③ 테스트 슈트(Test Suites)
④ 테스트 케이스(Test Case)

해설

- 테스트 드라이버(Test Driver)는 상향식 통합시험을 위해 단위 테스트에서 테스트의 대상이 되는 하위 모듈을 호출하는 상위 모듈의 역할로, 필요에 따라 파라미터를 전달하는 가상의 모듈이다.

【두음쌤】 하향식 및 상향식 통합 수행 방식

「하스 상드」 - 하향식 (스텁) / 상향식 (드라이버)
→ 하얀 스타킹을 상으로 드렸다.

정답
34 ① 35 ③ 36 ②

37 상향식 통합 테스트 절차로 가장 알맞은 것은?

㉠ 상위의 모듈에서 데이터의 입력과 출력을 확인하기 위한 더미 모듈인 드라이버 작성한다.
㉡ 테스트가 완료되면 각 클러스터들은 프로그램의 위쪽으로 결합되며, 드라이버는 실제 모듈 또는 컴포넌트로 대체한다.
㉢ 하위 레벨의 모듈 또는 컴포넌트들이 하위 모듈의 기능을 수행하는 클러스터(Cluster)로 결합한다.
㉣ 각 통합된 클러스터 단위 테스트를 수행한다.

① ㉠ → ㉣ → ㉢ → ㉡
② ㉢ → ㉠ → ㉣ → ㉡
③ ㉠ → ㉢ → ㉣ → ㉡
④ ㉢ → ㉣ → ㉠ → ㉡

해설
• 상향식 통합 테스트 수행 단계는 다음과 같다.

단계	설명
1단계	• 하위 레벨의 모듈 또는 컴포넌트들이 하위 모듈의 기능을 수행하는 클러스터(Cluster)로 결합
2단계	• 상위의 모듈에서 데이터의 입력과 출력을 확인하기 위한 더미 모듈인 드라이버 작성
3단계	• 각 통합된 클러스터 단위 테스트
4단계	• 테스트가 완료되면 각 클러스터들은 프로그램의 위쪽으로 결합되며, 드라이버는 실제 모듈 또는 컴포넌트로 대체

38 다음 중 테스트 장치 구성요소에 대한 설명 중 올바르지 않은 것은?

① 테스트 슈트(Test Suite)는 테스트 케이스를 실행 환경에 따라 구분해 놓은 테스트 케이스의 집합이다.
② 테스트 시나리오(Test Scenario)는 애플리케이션의 테스트 되어야 할 기능 및 특징, 테스트가 필요한 상황을 작성한 문서이다.
③ 테스트 스텁(Stub)은 테스트가 필요한 모듈에 인자를 넘겨주고 테스트를 완료한 후 그 결괏값을 받는 역할을 하는 가상의 모듈이다.
④ 테스트 스크립트(Test Script)는 테스트 케이스의 실행 순서(절차)를 작성한 문서이다.

해설
• 테스트 드라이버와 테스트 스텁의 특징은 다음과 같다.

모듈	설명
테스트 드라이버 (Test Driver)	• 상향식 통합시험을 위해 모듈 테스트 수행 후의 결과를 도출하는 시험용 모듈 • 테스트가 필요한 모듈에 인자를 넘겨주고 테스트를 완료한 후 그 결괏값을 받는 역할을 하는 가상의 모듈
테스트 스텁 (Test Stub)	• 하향식 통합시험을 위해 일시적으로 필요한 조건만을 가지고 임시로 제공되는 시험용 모듈 • 상위 모듈에 의해 호출되는 하위 모듈의 역할

정답
37 ② 38 ③

3 애플리케이션 성능 개선

> 20년 1회, 24년 2회, 25년 3회

39 외계인 코드(Alien Code)에 대한 설명으로 옳은 것은?

① 프로그램의 로직이 복잡하여 이해하기 어려운 프로그램을 의미한다.
② 아주 오래되거나 참고문서 또는 개발자가 없어 유지보수 작업이 어려운 프로그램을 의미한다.
③ 오류가 없어 디버깅 과정이 필요 없는 프로그램을 의미한다.
④ 사용자가 직접 작성한 프로그램을 의미한다.

해설
• 외계인 코드는 매우 오래되거나 참고 문서 또는 개발자가 없어 유지보수 작업이 몹시 어려운 코드이다.

> 20년 1회, 23년 3회, 24년 3회, 25년 1회

40 알고리즘 시간복잡도 O(1)이 의미하는 것은?

① 컴퓨터 처리가 불가
② 알고리즘 입력 데이터 수가 한 개
③ 알고리즘 수행 시간이 입력 데이터 수와 관계없이 일정
④ 알고리즘 길이가 입력 데이터보다 작음

해설
• 알고리즘 시간 복잡도 O(1)은 알고리즘 수행 시간이 입력 데이터 수와 관계없이 일정하다는 의미이다.

> 20년 1회, 21년 2회

41 정렬된 N개의 데이터를 처리하는데 $O(n\log_2 n)$의 시간이 소요되는 정렬 알고리즘은?

① 선택 정렬
② 삽입 정렬
③ 버블 정렬
④ 합병 정렬

해설
• 시간 복잡도에 따른 알고리즘 분류는 다음과 같다.

정렬	종류
$O(n\log_2 n)$	• 퀵 정렬, 병합 정렬(합병 정렬), 힙 정렬
$O(n^2)$	• 거품(버블) 정렬, 삽입 정렬, 선택 정렬

> 20년 4회, 22년 3회

42 해싱 함수 중 레코드 키를 여러 부분으로 나누고, 나눈 부분의 각 숫자를 더하거나 XOR 한 값을 홈 주소로 사용하는 방식은?

① 제산법
② 폴딩법
③ 기수 변환법
④ 숫자 분석법

해설
• 해싱 함수는 다음과 같다.

함수	설명
제산법 (Division)	• 나머지 연산자(%)를 사용하여 테이블 주소를 계산하는 방식
폴딩법 (Folding)	• 레코드 키를 여러 부분으로 나누고, 나눈 부분의 각 숫자를 더하거나 XOR한 값을 홈 주소로 사용하는 방식
기수 변환법 (Radix Conversion)	• 어떤 진법으로 표현된 주어진 레코드 키를 다른 진법으로 간주하고 키를 변환하여 홈 주소를 얻는 방식
숫자 분석법 (Digit Analysis)	• 레코드 키를 구성하는 수들이 모든 키들 내에서 자리별로 어떤 분포인지를 조사하여 비교적 고른 분포를 나타내는 자릿수를 필요한 만큼 선택하여, 레코드의 홈 주소로 사용하는 방법

> 21년 1회, 24년 1회, 25년 2회

43 해싱 함수(Hashing Function)의 종류가 아닌 것은?

① 제곱법(Mid-Square)
② 숫자 분석법(Digit Analysis)
③ 개방 주소법(Open Addressing)
④ 제산법(Division)

정답
39 ② 40 ③ 41 ④ 42 ② 43 ③

해설
- 해싱 함수는 제산법, 제곱법, 숫자 분석법, 폴딩법, 기수 변환법, 무작위 방법이 있다.

【두음쌤】해싱 함수
「산곱숫 폴기무」 – 제산법 / 제곱법 / 숫자 분석법 / 폴딩법 / 기수 변환법 / 무작위 방법

▶ 21년 1회, 24년 2회, 25년 3회

44 이진 검색 알고리즘에 대한 설명으로 틀린 것은?

① 탐색 효율이 좋고 탐색 시간이 적게 소요된다.
② 검색할 데이터가 정렬되어 있어야 한다.
③ 피보나치 수열에 따라 다음에 비교할 대상을 선정하여 검색한다.
④ 비교 횟수를 거듭할 때마다 검색 대상이 되는 데이터의 수가 절반으로 줄어든다.

해설
- 이진 검색은 정렬되어 있는 리스트에서 탐색 범위를 절반씩 좁혀가며 데이터를 탐색하는 알고리즘이다.
- 탐색 효율이 좋고 탐색 시간이 적게 소요된다.

▶ 21년 1회

45 퀵 정렬에 관한 설명으로 옳은 것은?

① 레코드의 키값을 분석하여 같은 값끼리 그 순서에 맞는 버킷에 분배하였다가 버킷의 순서대로 레코드를 꺼내어 정렬한다.
② 주어진 파일에서 인접한 두 개의 레코드 키값을 비교하여 그 크기에 따라 레코드 위치를 서로 교환한다.
③ 레코드의 많은 자료 이동을 없애고 하나의 파일을 부분적으로 나누어 가면서 정렬한다.
④ 임의의 레코드 키와 매개변수(h) 값만큼 떨어진 곳의 레코드 키를 비교하여 서로 교환해 가면서 정렬한다.

해설
- 퀵 정렬은 피벗을 두고 피벗의 왼쪽에는 피벗보다 작은 값을 오른쪽에는 큰 값을 두는 과정을 반복하는 알고리즘이다.
- 레코드의 많은 자료 이동을 없애고 하나의 파일을 부분적으로 나누어 가면서 정렬한다.
- 퀵 정렬의 수행 시간은 다음과 같다.

최적 수행 시간	$O(n\log_2 n)$
평균 수행 시간	$O(n\log_2 n)$
최악 수행 시간	$O(n^2)$

▶ 21년 2회, 23년 3회, 24년 2회, 25년 1회

46 힙 정렬(Heap Sort)에 대한 설명으로 틀린 것은?

① 정렬할 입력 레코드들로 힙을 구성하고 가장 큰 키값을 갖는 루트 노드를 제거하는 과정을 반복하여 정렬하는 기법이다.
② 평균 수행 시간은 $O(n\log_2 n)$이다.
③ 완전이진 트리(Complete Binary Tree)로 입력 자료의 레코드를 구성한다.
④ 최악의 수행 시간은 $O(2n^4)$이다.

해설
- 힙 정렬은 정렬할 입력 레코드들로 힙을 구성하고 가장 큰 키 값을 갖는 루트 노드를 제거하는 과정을 반복하여 정렬하는 알고리즘이다.
- 완전이진 트리로 입력 자료의 레코드를 구성한다.
- 힙 정렬의 수행 시간은 다음과 같다.

최적 수행 시간	$O(n\log_2 n)$
평균 수행 시간	$O(n\log_2 n)$
최악 수행 시간	$O(n\log_2 n)$

정답
44 ③ 45 ③ 46 ④

◆ 18년 2회, 21년 2회, 21년 3회, 23년 2회, 24년 2회, 25년 1회

47 다음 자료를 버블 정렬을 이용하여 오름차순으로 정렬할 경우 PASS 2의 수행 결과는?

> 9, 6, 7, 3, 5

① 3, 5, 6, 7, 9
② 6, 7, 3, 5, 9
③ 3, 5, 9, 6, 7
④ 6, 3, 5, 7, 9

해설

과정	값	설명
초깃값	9, 6, 7, 3, 5	• 첫 번째 값과 두 번째 값을 비교하여 큰 값을 뒤로 이동
PASS 1	6, 9, 7, 3, 5	• 두 번째 값과 세 번째 값을 비교하여 큰 값을 뒤로 이동
	6, 7, 9, 3, 5	• 세 번째 값과 네 번째 값을 비교하여 큰 값을 뒤로 이동
	6, 7, 3, 9, 5	• 네 번째 값과 다섯 번째 값을 비교하여 큰 값을 뒤로 이동
	6, 7, 3, 5, 9	• 다시 첫 번째 값과 두 번째 값을 비교하여 큰 값을 뒤로 이동
PASS 2	6, 7, 3, 5, 9	• 두 번째 값과 세 번째 값을 비교하여 큰 값을 뒤로 이동
	6, 3, 7, 5, 9	• 세 번째 값과 네 번째 값을 비교하여 큰 값을 뒤로 이동
	6, 3, 5, 7, 9	• 마지막 값(다섯 번째 값)은 PASS 1 때 가장 큰 값이므로 PASS 2 종료

◆ 20년 1회, 24년 3회, 25년 1회

48 다음 자료에 대하여 삽입 정렬 기법을 사용하여 오름차순으로 정렬하고자 한다. 1회전 후의 결과는?

> 5, 4, 3, 2, 1

① 4, 3, 2, 1, 5
② 3, 4, 5, 2, 1
③ 4, 5, 3, 2, 1
④ 1, 2, 3, 4, 5

해설

• 삽입 정렬은 이미 정렬된 부분과 비교하여, 자신의 위치를 찾아 삽입하는 알고리즘이다.

과정	값	설명
초깃값	5, 4, 3, 2, 1	• 맨 앞의 값인 5는 정렬되어 있다고 가정
1회전	4, 5, 3, 2, 1	• 초깃값에서 두 번째 값인 4는 5보다 작으므로 5 앞으로 이동
2회전	3, 4, 5, 2, 1	• 1회전 때 세 번째 값인 3은 4보다 작으므로 4 앞으로 이동
3회전	2, 3, 4, 5, 1	• 2회전 때 네 번째 값인 2는 3보다 크므로 3 앞으로 이동
4회전	1, 2, 3, 4, 5	• 3회전 때 다섯 번째 값인 1은 2보다 작으므로 2 앞으로 이동

◆ 20년 4회

49 다음 초기 자료에 대하여 삽입 정렬(Insertion Sort)을 이용하여 오름차순으로 정렬할 경우 1회전 후의 결과는?

> 8, 3, 4, 9, 7

① 3, 4, 8, 7, 9
② 3, 4, 9, 7, 8
③ 7, 8, 3, 4, 9
④ 3, 8, 4, 9, 7

해설

• 삽입 정렬은 가장 작은 데이터를 찾아 정렬되지 않은 부분의 가장 앞의 데이터와 교환해 나가는 알고리즘이다.

과정	값	설명
초깃값	8, 3, 4, 9, 7	• 맨 앞의 값인 8은 정렬되어 있다고 가정
1회전	3, 8, 4, 9, 7	• 초깃값에서 두 번째 값인 3은 8보다 작으므로 8 앞으로 이동
2회전	3, 4, 8, 9, 7	• 1회전 때 세 번째 값인 4는 3보다 크고 8보다 작으므로 3과 8 사이에 위치
3회전	3, 4, 8, 9, 7	• 2회전 때 네 번째 값인 9는 8보다 크므로 8 뒤로 이동
4회전	3, 4, 7, 8, 9	• 3회전 때 다섯 번째 값인 7은 4보다 크고 8보다 작으므로 4와 8 사이에 위치

정답

47 ④   48 ③   49 ④

> 20년 3회, 21년 1회, 22년 3회

50 다음 자료에 대하여 선택(Selection) 정렬을 이용하여 오름차순으로 정렬하고자 한다. 3회전 후의 결과로 옳은 것은?

37, 14, 17, 40, 35

① 14, 17, 37, 40, 35
② 14, 37, 17, 40, 35
③ 17, 14, 37, 35, 40
④ 14, 17, 35, 40, 37

해설

- 정렬되지 않은 데이터들에 대해 가장 작은 데이터를 찾아 정렬되지 않은 부분의 가장 앞의 데이터와 교환해 나가는 알고리즘이다.

과정	값	설명
초깃값	37, 14, 17, 40, 35	첫 번째 값인 37과 가장 작은 값인 14와 자리를 바꿈
1회전	14, 37, 17, 40, 35	두 번째 값인 37과 두 번째로 작은 값인 17과 자리를 바꿈
2회전	14, 17, 37, 40, 35	세 번째 값인 37과 세 번째로 작은 값인 35와 자리를 바꿈
3회전	14, 17, 35, 40, 37	3회전 후에는 값이 아직 정렬되지 않음

> 20년 3회, 23년 3회

51 제어 흐름 그래프가 다음과 같을 때 McCabe의 Cyclomatic 수는 얼마인가?

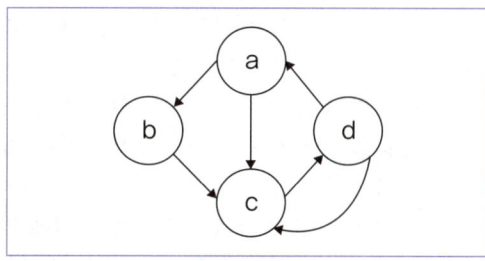

① 3   ② 4
③ 5   ④ 6

해설

- E(엣지; 선)의 개수가 6개이고, N(노드; 원)의 개수가 4이므로 Cyclomatic 수는 다음과 같이 계산한다.

$$V(G) = E - N + 2 = 6 - 4 + 2 = 4$$

> 20년 3회

52 다음 중 클린 코드 작성 원칙으로 거리가 먼 것은?

① 누구든지 쉽게 이해하는 코드 작성
② 중복이 최대화된 코드 작성
③ 다른 모듈에 미치는 영향 최소화
④ 단순, 명료한 코드 작성

해설

- 클린 코드 작성 원칙에는 누구든지 쉽게 이해하는 코드로 작성하고, 중복성을 제거하고, 다른 모듈에 미치는 영향 최소화하고, 단순 및 명료한 코드로 작성해야 한다.

> 20년 3회, 23년 2회, 24년 2회, 25년 1회

53 알고리즘 설계 기법으로 거리가 먼 것은?

① Divide and Conquer
② Greedy
③ Static Block
④ Backtracking

해설

- 알고리즘 기법은 분할과 정복(Divide and Conquer), 동적 계획법(Dynamic Programming), 탐욕법(Greedy), 백트래킹(Backtracking)이 있다.

【두음쌤】 알고리즘 기법
「분동탐백」 – 분할과 정복 / 동적 계획법 / 탐욕법 / 백트래킹

> 20년 4회, 23년 1회, 24년 1회

54 소스 코드 품질분석 도구 중 정적분석 도구가 아닌 것은?

① pmd   ② checkstyle
③ valance ④ cppcheck

해설

- 정적분석 도구는 소스 코드의 잠재적인 문제를 발견한다.
- 주요 도구로는 pmd, checkstyle, cppcheck가 있다.

정답

50 ④   51 ②   52 ②   53 ③   54 ③

55. 다음에서 설명하는 클린 코드 작성 원칙은? ▶20년 4회

- 한 번에 한 가지 처리만 수행한다.
- 클래스/메서드/함수를 최소 단위로 분리한다.

① 다형성　② 단순성
③ 추상화　④ 의존성

해설
- 한 번에 한 가지 처리만 수행하는 클린 코드 작성 원칙은 단순성에 해당한다.

56. 클린 코드 작성원칙에 대한 설명으로 틀린 것은? ▶21년 2회

① 코드의 중복을 최소화한다.
② 코드가 다른 모듈에 미치는 영향을 최대화하도록 작성한다.
③ 누구든지 코드를 쉽게 읽을 수 있도록 작성한다.
④ 간단하게 코드를 작성한다.

해설
- 코드가 다른 모듈에 미치는 영향을 최소화(의존성 최소)해야 한다.

【두음쌤】 클린 코드의 작성 원칙
「가단의 중추」 – 가독성 / 단순성 / 의존성 최소 / 중복성 제거 / 추상화

57. 코드의 간결성을 유지하기 위해 사용되는 지침으로 틀린 것은? ▶21년 3회

① 공백을 이용하여 실행문 그룹과 주석을 명확히 구분한다.
② 복잡한 논리식과 산술식은 괄호와 들여쓰기(Indentation)를 통해 명확히 표현한다.
③ 빈 줄을 사용하여 선언부와 구현부를 구별한다.
④ 한 줄에 최대한 많은 문장을 코딩한다.

해설
- 클린 코드의 유형은 다음과 같다.

유형	설명
의미 있는 이름	• 변수나 클래스, 메서드 명을 의도가 분명한 이름(사용 용도, 작업 명)으로 사용 • 클래스는 행위의 주체로 명사나 명사구로 표현하고 함수 이름은 클래스가 행하는 행위로 동사 또는 동사구 사용
간결하고 명확한 주석	• 주석이 필요한 경우 최대한 간결하고 명확하게 작성 • 코드 안에 변경 이력이나 저자 등의 기록은 형상 관리 도구를 사용 • 코드를 처음 접하는 사람이 궁금한 점에 대해 주석 작성
보기 좋은 배치	• 읽는 사람이 편하게 읽을 수 있도록 구성(복잡한 논리식과 산술식은 괄호와 들여쓰기를 통해 표현, 빈 줄을 사용하여 선언부와 구현부를 구별) • 반복되는 구분은 새로운 함수로 정리하고 배열을 정리하여 읽기 쉽게 리팩토링
작은 함수	• 함수는 가급적으로 작게 만들고 If 문이나 While 문 안의 내용은 한 줄로 처리되도록 작성 • 함수 하나당 하는 일은 하나만 하도록 선언하고 중복이 없도록 작성

58. 알고리즘과 관련한 설명으로 틀린 것은? ▶22년 2회

① 주어진 작업을 수행하는 컴퓨터 명령어를 순서대로 나열한 것으로 볼 수 있다.
② 검색(Searching)은 정렬이 되지 않은 데이터 혹은 정렬이 된 데이터 중에서 키값에 해당하는 데이터를 찾는 알고리즘이다.
③ 정렬(Sorting)은 흩어져있는 데이터를 키 값을 이용하여 순서대로 열거하는 알고리즘이다.
④ 선형 검색은 검색을 수행하기 전에 반드시 데이터의 집합이 정렬되어 있어야 한다.

해설
- 선형 검색(순차 검색; Sequential Search)은 배열의 처음부터 끝까지 차례대로 비교하여 원하는 데이터를 찾아내는 알고리즘이다.
- 선형 검색은 검색할 리스트의 길이가 길면 비효율적이지만, 검색 방법 중 가장 단순하여 구현이 쉽고, 정렬되지 않은 리스트에서도 사용할 수 있다는 장점이 있다.

정답
55 ②　56 ②　57 ④　58 ④

◆ 22년 2회

59 버블 정렬을 이용하여 다음 자료를 오름차순으로 정렬 할 경우 PASS 1의 결과는?

9, 6, 7, 3, 5

① 6, 9, 7, 3, 5
② 3, 9, 6, 7, 5
③ 3, 6, 7, 9, 5
④ 6, 7, 3, 5, 9

해설

- 버블 정렬의 PASS 1 과정은 다음과 같다.

과정	값	설명
초깃값	9, 6, 7, 3, 5	첫 번째 값(9)과 두 번째 값(6)을 비교하여 큰 값(9)을 뒤로 이동
PASS 1	6, 9, 7, 3, 5	두 번째 값(9)과 세 번째 값(7)을 비교하여 큰 값(9)을 뒤로 이동
	6, 7, 9, 3, 5	세 번째 값(9)과 네 번째 값(3)을 비교하여 큰 값(9)을 뒤로 이동
	6, 7, 3, 9, 5	네 번째 값(9)과 다섯 번째 값(3)을 비교하여 큰 값(9)을 뒤로 이동
	6, 7, 3, 5, 9	PASS 1 종료

◆ 22년 2회, 23년 1회, 2회

60 다음과 같이 레코드가 구성되어 있을 때, 이진 검색 방법으로 14를 찾을 경우 비교되는 횟수는?

1, 2, 3, 4, 5, 6, 7, 8, 9, 10, 11, 12, 13, 14, 15

① 2   ② 3
③ 4   ④ 5

해설

- 1번째 : 데이터의 개수는 15개이므로 가운데 레코드 번호는 $\frac{1+15}{2}$=8이다.
- 2번째 : 14는 8보다 크므로 9부터 15 사이의 값이 되며, 가운데 레코드 번호는 $\frac{9+15}{2}$= 12 이다.
- 3번째 : 14는 12보다 크므로 13과 15 사이의 값이 되며, 가운데 레코드 번호는 $\frac{13+15}{2}$= 14 이다. (14를 찾았으므로 이진 검색 종료)

◆ 22년 1회, 23년 1회

61 분할 정복(Divide and Conquer)에 기반한 알고리즘으로 피벗(Pivot)을 사용하며 최악의 경우 $\frac{n(n-1)}{2}$ 회의 비교를 수행해야 하는 정렬(Sort)은?

① Selection Sort
② Bubble Sort
③ Insertion Sort
④ Quick Sort

해설

- 퀵 정렬은 '피벗'을 두고 피벗의 왼쪽에는 피벗보다 작은 값을 오른쪽에는 큰 값을 두는 과정을 반복하는 알고리즘이다.

보기	설명
선택 정렬 (Selection Sort)	정렬되지 않은 데이터들에 대해 가장 작은 데이터를 찾아 정렬되지 않은 부분의 가장 앞의 데이터와 교환해 나가는 알고리즘
거품 정렬 (Bubble Sort)	인접한 2개의 레코드 키값을 비교하여 그 크기에 따라 레코드 위치를 서로 교환하는 알고리즘
삽입 정렬 (Insertion Sort)	2번째 키와 첫 번째 키를 비교하여 순서대로 나열하고, 이어서 3번째 키를 1, 2번째 키와 비교해 순서대로 나열하고, 계속해서 n번째 키를 앞의 (n-1)개 키와 비교하여 알맞은 순서에 삽입하는 알고리즘

정답

59 ④   60 ②   61 ④

◎ 22년 1회, 22년 3회

62 클린 코드(Clean Code)를 작성하기 위한 원칙으로 틀린 것은?

① 추상화: 하위 클래스/메서드/함수를 통해 애플리케이션의 특성을 간략하게 나타내고, 상세 내용은 상위 클래스/메서드/함수에서 구현한다.
② 의존성: 다른 모듈에 미치는 영향을 최소화하도록 작성한다.
③ 가독성: 누구든지 읽기 쉽게 코드를 작성한다.
④ 중복성: 중복을 최소화할 수 있는 코드를 작성한다.

해설
- 추상화에서 상세 내용은 '상위 클래스/메서드/함수'가 아닌 '하위 클래스/메서드/함수'에서 구현한다.

작성 원칙	설명
가독성	• 누구든지 읽기 쉽게 코드를 작성, 이해하기 쉬운 용어를 사용
단순성	• 한 번에 한 가지 처리만 수행
의존성	• 최소 코드의 변경이 다른 부분에 영향이 없게 작성
중복성 제거	• 중복된 코드를 제거, 공통된 코드를 사용
추상화	• 클래스/메서드/함수에 대해 동일한 수준의 추상화 구현, 상세 내용은 하위 클래스/메서드/함수에서 구현

◎ 22년 1회, 23년 2회

63 아주 오래되거나 참고 문서 또는 개발자가 없어 유지보수 작업이 아주 어려운 프로그램을 의미하는 것은?

① Title Code
② Source Code
③ Object Code
④ Alien Code

해설
- 외계인 코드(Alien Code)는 아주 오래되거나 참고 문서 또는 개발자가 없어 유지보수 작업이 아주 어려운 프로그램이다.

보기	설명
소스 코드 (Source Code)	• 프로그래머가 사람이 읽을 수 있는 프로그래밍 언어를 사용하여 작성한 코드 모음 • 소프트웨어의 구조나 작동 원리, 알고리즘 등을 표현
목적 코드 (Object Code)	• 소스 코드를 어셈블러나 컴파일러 등을 통해 출력으로 생성한 코드 모음

◎ 25년 1회

64 다음 중 이진 탐색 트리(Binary Search Tree)에 대한 설명으로 틀린 것은?

① 각 노드는 최대 두 개의 자식 노드를 가진다.
② 검색에 대한 시간복잡도는 균형 잡힌 상태이면 O(log2n)의 시간이 걸린다.
③ 검색에 대한 시간복잡도는 균형이 잡히지 않은 상태라면 최대 $O(n)$의 시간이 걸린다.
④ 부모 노드보다 큰 값은 왼쪽으로, 부모 노드보다 작은 값은 오른쪽 노드에 생성된다.

해설
- 이진 탐색 트리에서 부모 노드보다 큰 값은 오른쪽으로, 부모 노드보다 작은 값은 왼쪽 노드에 생성된다.

정답
62 ① 63 ④ 64 ④

Chapter 05 인터페이스 구현

1 인터페이스 설계 확인

01 EAI(Enterprise Application Integration)의 구축 유형으로 옳지 않은 것은?

① Point-to-Point
② Hub & Spoke
③ Message Bus
④ Tree

해설
- EAI 구축 유형은 포인트 투 포인트, 허브 앤 스포크, 메시지 버스, 하이브리드가 있다.

【두음쌤】 EAI 구축 유형
「포허 메하」 - 포인트 투 포인트 / 허브 앤 스포크 / 메시지 버스 / 하이브리드
→ 전쟁 중에 포탄 허용을 매주 하나씩 승인함

02 EAI(Enterprise Application Integration) 구축유형 중 Hybrid에 대한 설명으로 틀린 것은?

① Hub & Spoke와 Message Bus의 혼합방식이다.
② 필요한 경우 한 가지 방식으로 EAI 구현이 가능하다.
③ 데이터 병목현상을 최소화할 수 있다.
④ 중간에 미들웨어를 두지 않고 각 애플리케이션을 Point to Point로 연결한다.

해설
- EAI의 하이브리드 방식은 그룹 내는 허브 앤 스포크 방식을 사용하고, 그룹 간에는 메시지 버스 방식을 사용하는 통합 방식이다.

03 EAI(Enterprise Application Integration) 구축 유형에서 애플리케이션 사이에 미들웨어를 두어 처리하는 것은?

① Message Bus
② Point-to-Point
③ Hub & Spoke
④ Hybrid

해설
- EAI 구축 유형은 다음과 같다.

유형	설명
포인트 투 포인트 (Point-to-Point)	중간에 미들웨어를 두지 않고 각각의 애플리케이션 간에 점대점 형태로 연결
허브 앤 스포크 (Hub & Spoke)	단일한 접점의 허브 시스템을 통하여 데이터를 전송하는 중앙 집중식 방식
메시지 버스 (Message Bus)	애플리케이션 사이 미들웨어(버스)를 두어 연계하는 미들웨어 통합 방식
하이브리드 (Hybrid)	그룹 내는 허브 앤 스포크 방식을 사용하고, 그룹 간에는 메시지 버스 방식을 사용하는 통합 방식

정답
01 ④ 02 ④ 03 ①

② 인터페이스 기능 구현

> ● 20년 1회, 3회, 4회, 23년 3회

04 인터페이스 보안을 위해 네트워크 영역에 적용될 수 있는 솔루션과 거리가 먼 것은?

① IPSec ② SMTP
③ SSL ④ S-HTTP

해설
- 인터페이스 보안을 위해 네트워크 영역에 적용될 수 있는 솔루션은 IPSec, SSL/TLS, S-HTTP 등이 있다.
- SMTP는 이메일을 보내기 위해서 이용되는 프로토콜이다.

> ● 20년 3회, 22년 3회, 24년 3회

05 인터페이스 구현 시 사용하는 기술 중 다음 내용이 설명하는 것은?

> JavaScript를 사용한 비동기 통신 기술로 클라이언트와 서버 간에 XML 데이터를 주고 받는 기술

① Procedure ② Trigger
③ Greedy ④ AJAX

해설
- 인터페이스 구현 시 사용하는 기술 중 JavaScript를 사용한 비동기 통신 기술로 클라이언트와 서버 간에 XML 데이터를 주고 받는 기술은 AJAX이다.

> ● 21년 2회

06 IPSec(IP Security)에 대한 설명으로 틀린 것은?

① 암호화 수행 시 일방향 암호화만 지원한다.
② ESP는 발신지 인증, 데이터 무결성, 기밀성 모두를 보장한다.
③ 운영 모드는 Tunnel 모드와 Transport 모드로 분류된다.
④ AH는 발신지 호스트를 인증하고, IP 패킷의 무결성을 보장한다.

해설
- IPSec(IP Security)은 양방향 암호화, 보안 서비스를 제공하는 프로토콜이다.

> ● 22년 2회, 23년 1회, 2회

07 인터페이스 구현 시 사용하는 기술로 속성-값 쌍(Attribute-Value Pairs)으로 이루어진 데이터 오브젝트를 전달하기 위해 사용하는 개방형 표준 포맷은?

① JSON ② HTML
③ AVPN ④ DOF

해설
- 인터페이스 구현 시 사용하는 기술로 속성-값 쌍(Attribute-Value Pairs)으로 이루어진 데이터 오브젝트를 전달하기 위해 사용하는 개방형 표준 포맷은 JSON이다.

> ● 22년 1회

08 인터페이스 간의 통신을 위해서 이용되는 데이터 포맷이 아닌 것은?

① AJTML ② JSON
③ XML ④ YAML

해설
- 인터페이스 간의 통신을 위해서 이용되는 데이터 포맷에는 JSON, XML, YAML 등이 있다.

포맷	설명
JSON	비동기 브라우저/서버 통신(AJAX)을 위해 "속성-값 쌍", "키-값 쌍"으로 이루어진 데이터 오브젝트를 전달하기 위해 인간이 읽을 수 있는 텍스트를 사용하는 개방형 표준 포맷
XML	W3C에서 개발된, 다른 특수한 목적을 갖는 마크업 언어를 만드는 데 사용하도록 권장하는 다목적 마크업 언어
YAML	데이터를 사람이 쉽게 읽을 수 있는 형태로 표현하기 위해 사용하는 데이터 직렬화 양식

정답

04 ② 05 ④ 06 ① 07 ① 08 ①

09 인터페이스 구현 검증 도구 중 아래에서 설명하는 것은?

> - 서비스 호출, 컴포넌트 재사용 등 다양한 환경을 지원하는 테스트 프레임워크
> - 각 테스트 대상 분산 환경에 데몬을 사용하여 테스트 대상 프로그램을 통해 테스트를 수행하고, 통합하여 자동화하는 검증 도구

① xUnit ② STAF
③ FitNesse ④ RubyNode

해설
- STAF는 서비스 호출, 컴포넌트 재사용 등 다양한 환경을 지원하는 테스트 프레임워크이다.
- STAF는 각 테스트 대상 분산 환경에 데몬을 사용하여 테스트 대상 프로그램을 통해 테스트를 수행하고, 통합하여 자동화하는 검증 도구이다.

10 인터페이스 구현 검증 도구가 아닌 것은?

① Foxbase ② STAF
③ watir ④ xUnit

해설
- 인터페이스 구현 검증 도구는 xUnit, STAF, FitNess, NTAF, Selenium, watir가 있다.

【두음쌤】 인터페이스 구현 검증 도구
「엑스피 엔셀웨」 - xUnit / STAF / FitNesse / NTAF / Selenium / watir
→ 윈도우 엑스피는 안셀레(엔셀웨)

11 다음 중 단위 테스트 도구로 사용할 수 없는 것은?

① CppUnit ② JUnit
③ HttpUnit ④ IgpUnit

해설
- 인터페이스 구현 검증 도구의 종류 중 xUnit은 소프트웨어의 함수나 클래스 같은 서로 다른 구성 원소(단위)를 테스트할 수 있게 해주는 도구이다.
- xUnit에는 CppUnit(C++), JUnit(Java), HttpUnit(Web) 등이 있다.

12 웹과 컴퓨터 프로그램에서 용량이 적은 데이터를 교환하기 위해 데이터 객체를 속성-값의 쌍 형태로 표현하는 형식으로 자바스크립트(JavaScript)를 토대로 개발된 형식은?

① Python
② XML
③ JSON
④ WEB SERVER

해설

보기	설명
Python	다양한 플랫폼에서 쓸 수 있고, 라이브러리(모듈)가 풍부한 언어
XML	W3C에서 개발된 다른 특수한 목적을 갖는 마크업 언어를 만드는 데 사용하도록 권장하는 다목적 마크업 언어
JSON	비동기 브라우저/서버 통신(AJAX)을 위해 '속성-값 쌍', '키-값 쌍'으로 이루어진 데이터 오브젝트를 전달하기 위해 인간이 읽을 수 있는 텍스트를 사용하는 개방형 표준 포맷
WEB SERVER	웹 브라우저로부터 HTTP 요청을 받아들이고, HTML 문서와 같은 웹 페이지를 반환하는 컴퓨터 프로그램

정답
09 ② 10 ① 11 ④ 12 ③

Chapter 06 기타

1 기타

01 다음 중 키를 직접 변환해서 탐색하는 기법은 무엇인가? ● 22년 1회

① 이진 탐색
② 해싱 함수
③ 순차 탐색
④ 병렬 탐색

해설
- 키를 직접 변환해서 탐색하는 기법은 해싱 함수이다.
- 해싱 함수(해시 함수)는 임의의 길이의 데이터를 고정된 길이의 데이터로 매핑하는 함수이다.

02 다음 중 정적 분석 도구로 올바르지 않은 것은? ● 23년 1회

① Checkstyle
② PMD
③ SonarQube
④ CSS

해설
- CSS(Cascading Style Sheet)는 HTML 문서를 스타일링하는 표준 언어이다.
- 정적 분석 도구로는 PMD, Checkstyle, Splint, Cppcheck, SonarQube 등이 있다.

03 순차 파일에 대한 설명으로 옳지 않은 것은? ● 25년 1회

① DASD(Direct Access Storage Device)의 물리적 주소를 통하여 파일의 각 레코드에 직접 접근한다.
② 레코드들이 순차적으로 처리되므로 대화식 처리보다 일괄 처리에 적합하다.
③ 연속적인 레코드의 저장에 의해 레코드 사이에 빈 공간이 존재하지 않으므로 기억 장치의 효율적인 이용이 가능하다.
④ 구조가 단순하여 디스크, 테이프 등 다양한 저장 매체에 쉽게 적용할 수 있다.

해설
- 순차 파일은 SASD(Sequential Access Storage Device)를 통해 파일의 시작부터 끝까지 순차적으로 읽는다.
- 순차 파일은 구조가 단순하여 디스크, 테이프 등 다양한 저장 매체에 쉽게 적용할 수 있다.
- 기억 장치의 접근 방식은 순차 접근 방식(SASD)과 직접 접근 방식(DASD)이 있다.

방식	설명
순차 접근 방식 (SASD; Sequential Access Storage Device)	자료가 저장된 위치에 접근할 때, 처음부터 순서대로 접근하여 원하는 위치를 검색하는 방식
직접 접근 방식 (DASD; Direct Access Storage Device)	순서를 거치지 않고 자료가 저장된 위치를 직접 접근할 수 있는 방식

정답
01 ②　02 ④　03 ①

데이터베이스 구축

- **Chapter 01** SQL 응용
- **Chapter 02** SQL 활용
- **Chapter 03** 논리 데이터베이스 설계
- **Chapter 04** 물리 데이터베이스 설계
- **Chapter 05** 기타

Chapter 01 SQL 응용

① 절차형 SQL 작성

01 데이터베이스 시스템에서 삽입, 갱신, 삭제 등의 이벤트가 발생할 때마다 관련 작업이 자동으로 수행되는 절차형 SQL은?

① 트리거(Trigger)
② 무결성(Integrity)
③ 잠금(Lock)
④ 복귀(Rollback)

해설

보기	설명
트리거	데이터베이스 시스템에서 삽입, 갱신, 삭제 등의 이벤트가 발생할 때마다 관련 작업이 자동으로 수행되는 절차형 SQL
무결성	데이터베이스에 저장된 데이터 값과 그것이 표현하는 실제 값이 일치하는 정확성
잠금	같은 자원을 액세스하는 다중 트랜잭션 환경에서 DB의 일관성과 무결성을 유지하기 위해 트랜잭션의 순차적 진행을 보장하는 직렬화 기법
복귀	데이터베이스에서 업데이트 오류가 발생할 때, 이전 상태로 되돌리는 명령어

02 SQL에서 스키마(Schema), 도메인(Domain), 테이블(Table), 뷰(View), 인덱스(Index)를 정의하거나 변경 또는 삭제할 때 사용하는 언어는?

① DML(Data Manipulation Language)
② DDL(Data Definition Language)
③ DCL(Data Control Language)
④ IDL(Interactive Data Language)

해설

- SQL에서 스키마(Schema), 도메인(Domain), 테이블(Table), 뷰(View), 인덱스(Index)를 정의하거나 변경 또는 삭제할 때 사용하는 언어는 DDL이다.

분류	설명
데이터 정의어 (DDL)	• 테이블이나 관계의 구조를 생성하는 데 사용 • CREATE, ALTER, DROP, TRUNCATE 문이 있음
데이터 조작어 (DML)	• 데이터베이스에 저장된 자료들을 입력, 수정, 삭제, 조회하는 언어 • SELECT, INSERT, UPDATE, DELETE 문이 있음 • SELECT 문은 특별히 질의어(Query)라고 부름
데이터 제어어 (DCL)	• 데이터베이스 관리자가 데이터 보안, 무결성 유지, 병행 제어, 회복을 위해 사용하는 제어용 언어 • GRANT, REVOKE 문이 있음

03 다음 BETWEEN 연산의 의미와 동일한 것은?

```
SELECT *
  FROM 성적
 WHERE (점수 BETWEEN 90 AND 95)
   AND 학과 = "컴퓨터공학과"
```

① 점수 >= 90 AND 점수 <= 95
② 점수 > 90 AND 점수 < 95
③ 점수 > 90 AND 점수 <= 95
④ 점수 >= 90 AND 점수 < 95

해설

- BETWEEN A AND B는 'A보다 크거나 같고, B보다 작거나 같다'이다.
- "점수 BETWEEN 90 AND 95"는 "점수 >= 90 AND 점수 <= 95"이다.

정답

01 ① 02 ② 03 ①

04 SQL의 논리 연산자가 아닌 것은?

① AND
② OTHER
③ OR
④ NOT

해설
- SQL의 논리 연산자에는 AND, OR, NOT이 있다.

05 player 테이블에는 player_name, team_id, height 컬럼이 존재한다. 아래 SQL 문에서 문법적 오류가 있는 부분은?

```
(1) SELECT player_name, height
(2) FROM player
(3) WHERE team_id = 'Korea'
(4) AND height BETWEEN 170 OR 180;
```

① (1)   ② (2)
③ (3)   ④ (4)

해설
- 값 1보다 크거나 같고, 값 2보다 작거나 같을 경우 BETWEEN을 사용할 경우 문법은 다음과 같다.

속성명 BETWEEN 값1 AND 값2;

06 "회사원"이라는 테이블에서 "사원명"을 검색할 때, "연락번호"가 NULL 값이 아닌 "사원명"을 모두 찾을 경우의 SQL 질의로 옳은 것은?

① SELECT 사원명 FROM 회사원 WHERE 연락번호 != NULL;
② SELECT 사원명 FROM 회사원 WHERE 연락번호 ◇= NULL;
③ SELECT 사원명 FROM 회사원 WHERE 연락번호 IS NOT NULL;
④ SELECT 사원명 FROM 회사원 WHERE 연락번호 DON'T NULL;

해설
- NULL에 대한 연산자는 "IS NULL"(NULL 값인 것), "IS NOT NULL"(NULL 값이 아닌 것) 두 가지가 있다.

07 학적 테이블에서 전화번호가 NULL 값이 아닌 학생명을 모두 검색할 때, SQL 구문으로 옳은 것은?

① SELECT 학생명 FROM 학적 WHERE 전화번호 DON'T NULL;
② SELECT 학생명 FROM 학적 WHERE 전화번호 != NOT NULL;
③ SELECT 학생명 FROM 학적 WHERE 전화번호 IS NOT NULL;
④ SELECT 학생명 FROM 학적 WHERE 전화번호 IS NULL;

해설
- NULL에 대한 연산자는 "IS NULL"(NULL 값인 것), "IS NOT NULL"(NULL 값이 아닌 것) 두 가지가 있다.
- IS NOT NULL로 검색하면 NULL이 아닌 값을 찾을 수 있다.

정답
04 ②   05 ④   06 ③   07 ③

◆ 18년 3회, 21년 1회, 24년 3회

08 아래와 같은 결과를 만들어내는 SQL 문은?

[공급자 테이블]

공급자번호	공급자명	위치
1	대신공업사	수원
2	삼진사	서울
3	삼양사	인천
4	진아공업사	대전
5	신촌상사	서울

[결과]

공급자번호	공급자명	위치
1	대신공업사	수원
5	신촌상사	서울

① SELECT * FROM 공급자 WHERE 공급자명 LIKE '%신%'
② SELECT * FROM 공급자 WHERE 공급자명 LIKE '대%'
③ SELECT * FROM 공급자 WHERE 공급자명 LIKE '%사'
④ SELECT * FROM 공급자 WHERE 공급자명 LIKE '_사'

해설
• 공급자명에는 '신'이라는 글자가 들어가므로 LIKE 문에 '%신%'으로 검색해야 결과 테이블처럼 조회가 된다.
• LIKE '%키워드%'는 % 와 % 사이에 키워드가 포함되었을 때 키워드가 들어있는 문자열을 검색한다.

❷ 응용 SQL 작성

◆ 22년 1회, 23년 2회, 24년 3회

09 SQL에서 DELETE 명령에 대한 설명으로 옳지 않은 것은?

① 테이블의 행을 삭제할 때 사용한다.
② WHERE 조건절이 없는 DELETE 명령을 수행하면 DROP TABLE 명령을 수행했을 때와 같은 효과를 얻을 수 있다.
③ SQL을 사용 용도에 따라 분류할 경우 DML에 해당한다.
④ 기본 사용 형식은 "DELETE FROM 테이블 [WHERE 조건];"이다.

해설
• 데이터 삭제(DELETE)는 테이블 내의 인스턴스(값)를 삭제하는 데이터 조작어(DML)이고, 테이블 삭제(DROP)는 테이블의 스키마(테이블 정의)를 삭제하는 데이터 정의어(DDL)이므로 DELETE와 DROP의 효과는 다르다.

◆ 16년 2회, 19년 2회, 20년 1회, 23년 2회, 25년 3회

10 STUDENT 테이블에 독일어과 학생 50명, 중국어과 학생 30명, 영어영문학과 학생 50명의 정보가 저장되어 있을 때, 다음 두 SQL 문의 실행 결과 튜플 수는? (단, DEPT 칼럼은 학과명)

ⓐ SELECT DEPT FROM STUDENT;
ⓑ SELECT DISTINCT DEPT FROM STUDENT ;

① ⓐ 3, ⓑ 3
② ⓐ 50, ⓑ 3
③ ⓐ 130, ⓑ 3
④ ⓐ 130, ⓑ 130

해설
• 단순 SELECT(조건 검색)의 경우 전체 테이블의 튜플을 검색하기 때문에 130건(= 50 + 30 + 50)이 조회된다.
• DISTINCT(중복 제거)의 경우 동일한 튜플을 제거하고 검색하기 때문에 독일어과 1건, 중국어과 1건, 영어영문학과 1건으로 총 3건이 조회된다.

정답
08 ①   09 ②   10 ③

11 관계 데이터베이스인 테이블 R1에 대한 아래 SQL 문의 실행 결과로 옳은 것은?

[R1]

학번	이름	학년	학과	주소
1000	홍길동	1	컴퓨터공학	서울
2000	김철수	1	전기공학	경기
3000	강남길	2	전자공학	경기
4000	오말자	2	컴퓨터공학	경기
5000	장미화	3	전자공학	서울

[SQL 문]

```
SELECT DISTINCT 학년 FROM R1;
```

①
학년
1
1
2
2
3

②
학년
1
2
3

③
이름	학년
홍길동	1
김철수	1
강남길	2
오말자	2
장미화	3

④
이름	학년
홍길동	1
강남길	2
장미화	3

해설
- DISTINCT(중복 제거)의 경우 동일한 튜플을 제거하고 검색한다.
- SELECT DISTINCT 학년 FROM R1;의 경우 R1 테이블에서 학년을 출력할 때 튜플이 중복된 경우를 제거한다.

12 다음 R1과 R2의 테이블에서 아래의 실행 결과를 얻기 위한 SQL 문은?

[R1] 테이블

학번	이름	학년	학과	주소
1000	홍길동	1	컴퓨터공학	서울
2000	김철수	1	전기공학	경기
3000	강남길	2	전자공학	경기
4000	오말자	2	컴퓨터공학	경기
5000	장미화	3	전자공학	서울

[R2] 테이블

학번	과목번호	과목이름	학점	점수
1000	C100	컴퓨터구조	A	91
2000	C200	데이터베이스	A+	99
3000	C100	컴퓨터구조	B+	89
3000	C200	데이터베이스	B	85
4000	C200	데이터베이스	A	93
4000	C300	운영체제	B+	88
5000	C300	운영체제	B	82

[실행결과]

과목번호	과목이름
C100	컴퓨터구조
C200	데이터베이스

① SELECT 과목번호, 과목이름
 FROM R1, R2
 WHERE R1.학번 = R2.학번 AND R1.학과 = '전자공학' AND R1.이름 = '강남길';

② SELECT 과목번호, 과목이름
 FROM R1, R2
 WHERE R1.학번 = R2.학번 OR R1.학과 = '전자공학' OR R1.이름 = '홍길동';

③ SELECT 과목번호, 과목이름
 FROM R1, R2
 WHERE R1.학번 = R2.학번 AND R1.학과 = '컴퓨터공학' AND R1.이름 = '강남길';

④ SELECT 과목번호, 과목이름
 FROM R1, R2
 WHERE R1.학번 = R2.학번 OR R1.학과 = '컴퓨터공학' OR R1.이름 = '홍길동';

해설
- WHERE 조건에서 R1과 R2 테이블에서 학번이 같고, 학과가 전자공학이고, 이름이 강남길인 조건을 만족하는 과목번호와 과목 이름을 출력한다.

정답
11 ② 12 ①

13 SQL 문에서 SELECT에 대한 설명으로 옳지 않은 것은?

① FROM 절에는 질의에 의해 검색될 데이터들을 포함하는 테이블 명을 기술한다.
② 검색 결과에 중복되는 레코드를 없애기 위해서는 WHERE 절에 'DISTINCT' 키워드를 사용한다.
③ HAVING 절은 GROUP BY 절과 함께 사용되며, 그룹에 대한 조건을 지정한다.
④ ORDER BY 절은 특정 속성을 기준으로 정렬하여 검색할 때 사용한다.

해설
- 검색 결과에 중복되는 레코드를 없애기 위해서는 SELECT 절에 'DISTINCT' 키워드를 사용한다.

14 SQL의 명령은 사용 용도에 따라 DDL, DML, DCL로 분류할 수 있다. 다음 명령 중 그 성격이 나머지 셋과 다른 하나는?

① CREATE ② SELECT
③ INSERT ④ UPDATE

해설
- SQL 문법의 분류는 다음과 같다.

분류	명령
데이터 정의어 (DDL)	CREATE, ALTER, DROP, RENAME, TRUNCATE
데이터 조작어 (DML)	SELECT, INSERT, UPDATE, DELETE
데이터 제어어 (DCL)	GRANT, REVOKE
트랜잭션 제어어 (TCL)	COMMIT, ROLLBACK, CHECKPOINT

15 다음 중 SQL에서의 DDL 문이 아닌 것은?

① CREATE ② DELETE
③ ALTER   ④ DROP

해설
- SQL 문법의 분류는 다음과 같다.

분류	설명
데이터 정의어 (DDL)	CREATE, ALTER, DROP, RENAME, TRUNCATE
데이터 조작어 (DML)	SELECT, INSERT, UPDATE, DELETE
데이터 제어어 (DCL)	GRANT, REVOKE
트랜잭션 제어어 (TCL)	COMMIT, ROLLBACK, CHECKPOINT

16 다음 SQL 문에서 ( ) 안에 들어갈 내용으로 옳은 것은?

UPDATE 인사급여 ( ) 호봉 = 15 WHERE 성명 = '홍길동';

① SET   ② FROM
③ INTO ④ IN

해설
- DML 문법 중 UPDATE는 SET과 함께 쓰인다.

연산	문법
갱신	UPDATE ~ SET ~
삭제	DELETE ~ FROM ~
삽입	INSERT INTO ~ VALUES ~

17 SQL 언어의 데이터 조작어(DML)에 해당하지 않는 것은?

① DELETE ② ALTER
③ SELECT ④ UPDATE

해설
- ALTER의 경우 데이터 정의어(DDL)이다.

【두음쌤】 DML의 유형
「세인업데」 - SELECT / INSERT / UPDATE / DELETE
→ 내 친구 세인이 집에 업데

정답
13 ② 14 ① 15 ② 16 ① 17 ②

▶ 17년 3회, 25년 3회

18 DML에 해당하는 것으로만 나열된 것은?

> ⓐ SELECT   ⓑ UPDATE
> ⓒ INSERT   ⓓ GRANT

① ⓐ, ⓑ, ⓒ
② ⓐ, ⓑ, ⓓ
③ ⓐ, ⓒ, ⓓ
④ ⓐ, ⓑ, ⓒ, ⓓ

해설
- SELECT, UPDATE, INSERT는 데이터 조작어(DML)이고, GRANT는 데이터 제어어(DCL)이다.

【두음쌤】 DML의 유형
「세인업데」 - SELECT / INSERT / UPDATE / DELETE
→ 내 친구 세인이 집에 업데

▶ 16년 1회, 20년 1회, 22년 3회

19 DML에 해당하는 SQL 명령으로만 나열된 것은?

① DELETE, UPDATE, CREATE, ALTER
② INSERT, DELETE, UPDATE, DROP
③ SELECT, INSERT, DELETE, UPDATE
④ SELECT, INSERT, DELETE, ALTER

해설
- CREATE는 DDL, DROP은 DDL, ALTER는 DDL이다.

▶ 20년 3회, 24년 3회

20 DML 명령어가 아닌 것은?

① INSERT
② UPDATE
③ ALTER
④ DELETE

해설
- ALTER는 DDL이다.

▶ 16년 1회, 24년 2회

21 DBMS의 필수 기능 중 사용자와 데이터베이스 사이의 인터페이스 수단을 제공하는 기능은?

① 정의 기능
② 제어 기능
③ 조작 기능
④ 전략 기능

해설
- 데이터베이스 관리 시스템(DBMS)의 필수 기능은 다음과 같다.

분류	설명
데이터 정의 (Data Definition) 기능	• 다양한 응용 프로그램과 데이터베이스가 서로 인터페이스를 하는 방법을 제공하는 기능 • 구현된 하나의 물리적 구조의 데이터베이스로 여러 사용자의 다양한 형태의 데이터 요구를 지원해 줄 수 있도록 가장 적절한 데이터베이스 구조를 정의할 수 있는 기능
데이터 조작 (Data Manipulation) 기능	• 사용자와 데이터베이스 사이의 인터페이스를 위한 수단을 제공하는 기능 • 데이터베이스를 이용하는 사용자의 요구에 따라 체계적으로 데이터베이스에 접근하고 조작할 수 있는 기능
데이터 제어 (Data Control) 기능	• 공용 목적으로 관리되는 데이터베이스의 내용에 대해 항상 정확성과 안정성을 유지할 수 있도록 데이터를 제어하는 기능

▶ 16년 3회

22 다음 표와 같은 판매실적 테이블에서 서울지역에 한하여 판매액 내림차순으로 지점명과 판매액을 출력하고자 한다. 가장 적절한 SQL 구문은?

[테이블명: 판매실적]

도시	지점명	판매액
서울	강남 지점	200
서울	강북 지점	150
광주	광주 지점	240
서울	강서 지점	120
서울	강동 지점	400
대전	대전 지점	170

정답
18 ①   19 ③   20 ③   21 ③   22 ①

① SELECT 지점명, 판매액 FROM 판매실적
　WHERE 도시 = "서울" ORDER BY 판매액 DESC;
② SELECT 지점명, 판매액 FROM 판매실적
　ORDER BY 판매액 DESC;
③ SELECT 지점명, 판매액 FROM 판매실적
　WHERE 도시 = "서울" ASC;
④ SELECT * FROM 판매실적
　WHERE 도시 = "서울" ORDER BY 판매액 DESC;

해설
- 쿼리는 'SELECT 속성명 FROM 테이블명 WHERE 조건 ORDER BY 컬럼명' 순서로 작성한다.
- ORDER BY에서 오름차순은 ASC, 내림차순은 DESC 옵션을 준다.

> 20년 3회, 22년 3회

23 데이터 제어언어(DCL)의 기능으로 옳지 않은 것은?

① 데이터 보안
② 논리적, 물리적 데이터 구조 정의
③ 무결성 유지
④ 병행수행 제어

해설
- 데이터 제어 기능은 데이터 보안, 무결성 유지, 병행수행 제어, 회복이 있다.

【두음쌤】 데이터 제어어 기능
「보무병회」 – 데이터 **보**안 / **무**결성 유지 / **병**행수행 제어 / **회**복

> 20년 3회, 23년 2회, 24년 3회

24 DCL 명령어가 아닌 것은?

① COMMIT　　② ROLLBACK
③ GRANT　　 ④ SELECT

해설
- 데이터 제어어(DCL)의 명령어에는 GRANT, REVOKE, COMMIT, ROLLBACK, SAVEPOINT(CHECKPOINT)가 있다.

> 21년 2회, 25년 2회

25 트랜잭션의 실행이 실패하였음을 알리는 연산자로 트랜잭션이 수행한 결과를 원래의 상태로 원상 복귀시키는 연산은?

① COMMIT 연산　　② BACKUP 연산
③ LOG 연산　　　 ④ ROLLBACK 연산

해설
- 트랜잭션의 실행이 실패하였음을 알리는 연산자로 트랜잭션이 수행한 결과를 원래의 상태로 원상 복귀시키는 연산은 ROLLBACK 연산이다.
- TCL 연산은 다음과 같다.

연산	설명
COMMIT;	데이터베이스 트랜잭션 내용 업데이트를 영구적으로 확정
ROLLBACK;	데이터베이스 업데이트 오류 발생 시 이전 상태로 되돌림
SAVEPOINT 이름;	특정 지점을 지정
ROLLBACK TO SAVEPOINT 이름;	SAVEPOINT로 지정한 부분 이후에 발생한 트랜잭션 취소

> 18년 3회, 20년 4회

26 DBA가 사용자 PARK에게 테이블 [STUDENT]의 데이터를 갱신할 수 있는 시스템 권한을 부여하고자 하는 SQL 문을 작성하고자 한다. 다음에 주어진 SQL 문의 빈칸을 알맞게 채운 것은?

```
SQL> GRANT ___㉠___ ___㉡___
      STUDENT TO PARK;
```

① ㉠ INSERT, ㉡ INTO
② ㉠ ALTER, ㉡ TO
③ ㉠ UPDATE, ㉡ ON
④ ㉠ REPLACE, ㉡ IN

해설
- 사용자 PARK에게 테이블 [STUDENT]의 데이터를 갱신(UPDATE)할 수 있는 시스템 권한을 부여하고자 하는 명령어는 GRANT이다.

GRANT 권한 ON 테이블 TO 사용자;

정답
23 ②　24 ④　25 ④　26 ③

27 다음과 같은 일련의 권한 부여 SQL 명령에 대한 설명 중 부적합한 것은?

> DBA) GRANT SELECT ON STUDENT TO U1 WITH GRANT OPTION;
> U1) GRANT SELECT ON STUDENT TO U2;
> DBA) REVOKE SELECT ON STUDENT FROM U1 CASCADE;

① U1은 STUDENT에 대한 검색 권한이 없다.
② DBA는 STUDENT에 대한 검색 권한이 있다.
③ U2는 STUDENT에 대한 검색 권한이 있다.
④ U2는 STUDENT에 대한 검색 권한을 다른 사용자에게 부여할 수 없다.

해설
- U2는 STUDENT에 대한 검색 권한이 없다.

문법	설명
GRANT 권한 ON 테이블 TO 사용자 [WITH 권한옵션]	• 관리자가 사용자에게 테이블에 대한 권한을 부여하는 명령어 • WITH GRANT OPTION은 사용자가 권한을 받고 난 후 다른 사람들에게 권한을 줄 수 있는 옵션
REVOKE 권한 ON 테이블 FROM 사용자 [CASCADE]	• 관리자가 사용자에게 부여했던 테이블에 대한 권한을 회수하는 명령어 • CASCADE는 연쇄적인 권한을 해제할 때 입력(WITH GRANT OPTION으로 부여된 사용자들의 권한까지 취소)

28 사용자 X1에게 department 테이블에 대한 검색 연산을 회수하는 명령은?

① delete select on department to X1;
② remove select on department from X1;
③ revoke select on department from X1;
④ grant select on department from X1;

해설
- 사용자 X1에게 department 테이블의 검색 연산인 select 권한을 회수하는 명령은 revoke이다.

REVOKE 권한 ON 테이블 FROM 사용자 [CASCADE];

29 다음의 성적 테이블에서 학생별 점수 평균을 구하기 위한 SQL 문으로 옳은 것은?

성명	과목	점수
홍길동	국어	45
홍길동	영어	22
홍길동	수학	13
장길산	국어	80
장길산	영어	50
장길산	수학	30

① SELECT 성명, (AVG)점수 FROM 성적 ORDER BY 성명;
② SELECT 성명, AVG(점수) FROM 성적 ORDER BY 성명;
③ SELECT 성명, (AVG)점수 FROM 성적 GROUP BY 성명;
④ SELECT 성명, AVG(점수) FROM 성적 GROUP BY 성명;

해설
- 학생별 점수 평균을 구하는 SQL 문이기 때문에 "성명을 그룹으로 묶고, AVG로 점수 평균을 구하는 쿼리문" 작성이 필요하다.

구문	설명
GROUP BY 절	• 속성값을 그룹으로 분류하고자 할 때 사용
ORDER BY 절	• 속성값을 정렬하고자 할 때 사용(생략 시 오름차순으로 정렬) ASC • 오름차순으로 정렬 DESC • 내림차순으로 정렬

30 다음 중 SQL의 집계 함수가 아닌 것은?

① AVG   ② COUNT
③ SUM   ④ CREATE

해설
- 집계 함수에는 COUNT, SUM, AVG, MAX, MIN, STDDEV, VARIANCE이 있다.

정답
27 ③ 28 ③ 29 ④ 30 ④

31 데이터 웨어하우스의 기본적인 OLAP(On-Line Analytical Processing) 연산이 아닌 것은?

① translate
② roll-up
③ dicing
④ drill-down

해설

- OLAP의 연산은 Roll-Up, Drill-Down, Slicing, Dicing, Pivoting이 있다.

연산	설명
Roll-Up	• 분석할 항목에 대해 구체적인 데이터로부터 요약된 형태의 데이터로 접근하는 연산
Drill-Down	• 분석할 항목에 대해 요약된 형태의 데이터로부터 구체적인 데이터로 접근하는 연산
Slicing	• 온라인 분석처리를 위한 자료 구조인 데이터 큐브의 한 조각을 볼 수 있게 해주는 연산
Dicing	• 고정된 다차원 값에 대한 연산
Pivoting	• 다차원 분석 테이블인 크로스 테이블에서 차원 변경을 위해 사용되는 연산

32 다음 SQL 문의 실행 결과로 생성되는 튜플 수는?

```
SELECT 급여 FROM 사원;
```

[사원] 테이블

사원ID	사원명	급여	부서ID
101	박철수	30000	1
102	한나라	35000	2
103	김감동	40000	3
104	이구수	35000	2
105	최초록	40000	3

① 1
② 3
③ 4
④ 5

해설

- SELECT 문에 WHERE 절이 없으면 테이블의 모든 튜플을 조회하기 때문에 테이블의 튜플 수인 5가 된다.

33 다음 테이블을 보고 강남지점의 판매량이 많은 제품부터 출력되도록 할 때 다음 중 가장 적절한 SQL 구문은? (단, 출력은 제품명과 판매량이 출력되도록 한다.)

[푸드] 테이블

지점명	제품명	판매량
강남지점	비빔밥	500
강북지점	도시락	300
강남지점	도시락	200
강남지점	미역국	550
수원지점	비빔밥	600
인천지점	비빔밥	800
강남지점	잡채밥	250

① SELECT 제품명, 판매량 FROM 푸드 ORDER BY 판매량 ASC;
② SELECT 제품명, 판매량 FROM 푸드 ORDER BY 판매량 DESC;
③ SELECT 제품명, 판매량 FROM 푸드 WHERE 지점명 = '강남지점' ORDER BY 판매량 ASC;
④ SELECT 제품명, 판매량 FROM 푸드 WHERE 지점명 = '강남지점' ORDER BY 판매량 DESC;

해설

- '강남지점의 판매량이 많은 제품부터 출력'이므로 지점명은 '강남지점'이어야 하므로 WHERE 절에는 지점명이 '강남지점'인 조건을 작성한다.
- 판매량이 많은 제품부터 출력이므로 판매량을 내림차순으로 정렬해야 하므로 ORDER BY 절에서 판매량을 내림차순(DESC)으로 한다.

정답

31 ① 32 ④ 33 ④

34. SQL과 관련한 설명으로 틀린 것은?

① REVOKE 키워드를 사용하여 열 이름을 다시 부여할 수 있다.
② 데이터 정의어는 기본 테이블, 뷰 테이블 또는 인덱스 등을 생성, 변경, 제거하는 데 사용되는 명령어이다.
③ DISTINCT를 활용하여 중복 값을 제거할 수 있다.
④ JOIN을 통해 여러 테이블의 레코드를 조합하여 표현할 수 있다.

해설
- REVOKE 명령어는 데이터베이스 관리자(DBA)가 사용자에게 부여했던 권한을 회수하기 위한 명령어이다.

35. 다음 [조건]에 부합하는 SQL 문을 작성하고자 할 때, [SQL 문]의 빈칸에 들어갈 내용으로 옳은 것은? (단, '팀코드' 및 '이름'은 속성이며, '직원'은 테이블이다.)

[조건]

이름이 '정도일'인 팀원이 소속된 팀코드를 이용하여 해당 팀에 소속된 팀원들의 이름을 출력하는 SQL 문 작성

[SQL 문]

```
SELECT 이름
FROM 직원
WHERE 팀코드 = ( [          ] );
```

① WHERE 이름 = '정도일'
② SELECT 팀코드 FROM 이름
   WHERE 직원 = '정도일'
③ WHERE 직원 = '정도일'
④ SELECT 팀코드 FROM 직원
   WHERE 이름 = '정도일'

해설
- 'WHERE 절에 팀코드 = ([   ])에 단일 값이 나와야 하므로 단순한 값이거나 서브 쿼리이어야 한다.
- 이름이 '정도일'인 팀원이 소속된 팀코드를 조회해야 하므로 직원 테이블(FROM 직원)에서 이름이 '정도일'(WHERE 이름 = '정도일')인 팀원이 소속된 팀코드(SELECT 팀코드)를 조회한다.

36. SQL의 기능에 따른 분류 중에서 REVOKE 문과 같이 데이터의 사용 권한을 관리하는 데 사용하는 언어는?

① DDL(Data Definition Language)
② DML(Data Manipulation Language)
③ DCL(Data Control Language)
④ DUL(Data User Language)

해설
- 데이터의 사용 권한을 관리하는 데 사용하는 언어는 DCL(Data Control Language)이다.
- SQL 문법의 분류는 다음과 같다.

분류	설명
데이터 정의어 (DDL)	• 데이터를 정의하는 언어 • 테이블이나 관계의 구조를 생성하는 데 사용 • CREATE, ALTER, DROP, TRUNCATE 문이 있음
데이터 조작어 (DML)	• 데이터베이스에 저장된 자료들을 입력, 수정, 삭제, 조회하는 언어 • SELECT, INSERT, UPDATE, DELETE 문이 있음
데이터 제어어 (DCL)	• DBA가 데이터 보안, 무결성 유지, 병행 제어, 회복을 위해 사용하는 제어용 언어 • GRANT, REVOKE 문이 있음

정답
34 ① 35 ④ 36 ③

37 데이터 제어어(DCL)에 대한 설명으로 옳은 것은?

① ROLLBACK: 데이터의 보안과 무결성을 징의힌다.
② COMMIT: 데이터베이스 사용자의 사용 권한을 취소한다.
③ GRANT: 데이터베이스 사용자에게 사용 권한을 부여한다.
④ REVOKE: 데이터베이스 조작 작업이 비정상적으로 종료되었을 때 원래 상태로 복구한다.

해설

- 데이터 제어어(DCL) 명령어의 기능은 다음과 같다.

명령어	설명
GRANT	관리자(DBA)가 사용자에게 데이터베이스에 대한 권한을 부여하는 명령어
REVOKE	관리자(DBA)가 사용자에게 부여했던 권한을 회수하기 위한 명령어
COMMIT	데이터베이스 트랜잭션의 내용 업데이트를 영구적으로 확정하는 명령어
ROLLBACK	데이터베이스에서 업데이트 오류가 발생할 때, 이전 상태로 되돌리는 명령어
SAVEPOINT (CHECK POINT)	트랜잭션의 특정 지점에 이름을 지정하고, 그 지점 이전에 수행한 작업에 영향을 주지 않고 그 지점 이후에 수행한 작업을 롤백할 수 있는 명령어

38 사용자 'PARK'에게 테이블을 생성할 수 있는 권한을 부여하기 위한 SQL 문의 구성으로 빈 칸에 적합한 내용은?

[SQL 문]

> GRANT [ ] PARK;

① CREATE TABLE TO
② CREATE TO
③ CREATE FROM
④ CREATE TABLE FROM

해설

- GRANT 문법은 다음과 같다. (시스템 권한이므로 ON 테이블은 없음)

> GRANT 권한 TO 사용자;

- 사용자 'PARK'에게 테이블을 생성할 수 있는 권한인 'CREATE TABLE'을 부여한다.

> GRANT CREATE TABLE TO PARK;

39 SQL 문장의 기술이 적당하지 않은 것은?

① SELECT … FROM … WHERE …
② INSERT … ON … VALUES …
③ UPDATE … SET … WHERE …
④ DELETE FROM … WHERE …

해설

- INSERT 명령어는 다음과 같다.

> INSERT INTO 테이블명(속성명1, …) VALUES(데이터1, …);

정답

37 ③   38 ①   39 ②

Chapter 02 SQL 활용

1 기본 SQL 작성

01 하나의 애트리뷰트가 가질 수 있는 원자값들의 집합을 의미하는 것은?

① 도메인
② 튜플
③ 엔티티
④ 다형성

해설
- DDL 대상에는 도메인, 스키마, 테이블, 뷰, 인덱스가 있다.

대상	설명
도메인	• 하나의 속성이 가질 수 있는 원자값들의 집합 • 속성의 데이터 타입과 크기, 제약조건 등의 정보
스키마	• 데이터베이스의 구조, 제약조건 등의 정보를 담고 있는 기본적인 구조
테이블	• 데이터를 저장하는 항목인 필드들로 구성된 데이터의 집합체
뷰	• 하나 이상의 물리 테이블에서 유도되는 가상의 테이블
인덱스	• 검색을 빠르게 하기 위한 데이터 구조

02 SQL의 분류 중 DDL에 해당하지 않는 것은?

① UPDATE
② ALTER
③ DROP
④ CREATE

해설
- UPDATE는 DML이다.

【두음쌤】 DDL 명령어
「크알드트」 - CREATE / ALTER / DROP / TRUNCATE
→ 크리스마스를 위한 계란알 두 트럭

03 DDL(Data Definition Language)의 기능이 아닌 것은?

① 데이터베이스의 생성 기능
② 병행처리 시 Lock 및 Unlock 기능
③ 테이블의 삭제 기능
④ 인덱스(Index) 생성 기능

해설
- DDL 명령어의 기능은 다음과 같다.

기능	DDL 명령어	설명
생성	CREATE	• 데이터베이스 오브젝트 생성
수정	ALTER	• 데이터베이스 오브젝트 변경
삭제	DROP	• 데이터베이스 오브젝트 삭제
삭제	TRUNCATE	• 데이터베이스 오브젝트 내용 삭제

04 다음에서 설명하는 스키마(Schema)는?

> 데이터베이스 전체를 정의한 것으로 데이터 개체, 관계, 제약조건, 접근 권한, 무결성 규칙 등을 명세화한 것

① 개념 스키마
② 내부 스키마
③ 외부 스키마
④ 내용 스키마

정답
01 ① 02 ① 03 ② 04 ①

해설

- 데이터베이스 전체를 정의한 것으로 데이터 개체, 관계, 제약조건, 접근 권한, 무결성 규칙 등을 명세화한 것은 개념 스키마이다.

스키마	설명
외부 스키마 (External Schema)	• 사용자나 개발자의 관점에서 필요로 하는 데이터베이스의 논리적 구조 • 사용자 뷰를 나타냄 • 서브 스키마로 불림
개념 스키마 (Conceptual Schema)	• 데이터베이스의 전체적인 논리적 구조 • 전체적인 뷰를 나타냄 • 개체 간의 관계, 제약조건, 접근 권한, 무결성, 보안에 대해 정의
내부 스키마 (Internal Schema)	• 물리적 저장장치의 관점에서 보는 데이터베이스 구조 • 실제로 데이터베이스에 저장될 레코드의 형식을 정의하고 저장 데이터 항목의 표현 방법, 내부 레코드의 물리적 순서 등을 표현

◆ 21년 2회, 23년 1회

05 DDL(Data Define Language)의 명령어 중 스키마, 도메인, 인덱스 등을 정의할 때 사용하는 SQL 문은?

① ALTER
② SELECT
③ CREATE
④ INSERT

해설

- DDL의 명령어 중 스키마, 도메인, 인덱스 등을 정의할 때 사용하는 SQL 문은 CREATE이다.

명령어	설명
CREATE	• 데이터베이스 오브젝트 생성
ALTER	• 데이터베이스 오브젝트 변경
DROP	• 데이터베이스 오브젝트 삭제
TRUNCATE	• 데이터베이스 오브젝트 내용 삭제

◆ 15년 3회, 16년 2회, 3회, 19년 1회

06 일련의 연산 집합으로 데이터베이스의 상태를 변환시키기 위하여 논리적 기능을 수행하는 하나의 작업 단위는?

① 도메인(Domain)
② 트랜잭션(Transaction)
③ 모듈(Module)
④ 프로시저(Procedure)

해설

- 트랜잭션은 논리적 기능을 수행하는 하나의 "작업 단위"이다.

◆ 21년 1회, 24년 1회

07 데이터베이스 성능에 많은 영향을 주는 DBMS의 구성 요소로 테이블과 클러스터에 연관되어 독립적인 저장 공간을 보유하며, 데이터베이스에 저장된 자료를 더욱 빠르게 조회하기 위하여 사용되는 것은?

① 인덱스(Index)
② 트랜잭션(Transaction)
③ 역정규화(Denormalization)
④ 트리거(Trigger)

해설

- 인덱스는 데이터베이스 성능에 많은 영향을 주는 DBMS의 구성 요소로 테이블과 클러스터에 연관되어 독립적인 저장 공간을 보유하며, 데이터베이스에 저장된 자료를 더욱 빠르게 조회하기 위하여 사용된다.

보기	설명
트랜잭션 (Transaction)	• 데이터베이스 시스템에서 하나의 논리적 기능을 정상적으로 수행하기 위한 작업의 기본 단위 • 인가받지 않은 사용자로부터 데이터를 보장하기 위해 DBMS가 가져야 하는 특성
역정규화 (Denormalization)	• 정규화된 엔티티, 속성, 관계에 대해 성능 향상과 개발 운영의 단순화를 위해 중복, 통합, 분리 등을 수행하는 데이터 모델링 기법
트리거 (Trigger)	• 데이터베이스 시스템에서 삽입, 갱신, 삭제 등의 이벤트가 발생할 때마다 관련 작업이 자동으로 수행되는 절차형 SQL

정답

05 ③ 06 ② 07 ①

08 데이터베이스에서 하나의 논리적 기능을 수행하기 위한 작업의 단위 또는 한꺼번에 모두 수행되어야 할 일련의 연산들을 의미하는 것은?

① 트랜잭션 ② 뷰
③ 튜플 ④ 카디널리티

해설
- 트랜잭션은 논리적 기능을 수행하는 하나의 "작업 단위"이다.

09 테이블을 생성한 후, 성별 필드가 누락되어 이를 추가하려고 한다. 이에 적합한 SQL 명령어는?

① INSERT
② ALTER
③ DROP
④ MODIFY

해설

보기	설명
INSERT	테이블에 새로운 튜플을 삽입할 때 사용하는 명령어
ALTER	테이블에 필드를 추가, 수정, 삭제하기 위해 사용하는 명령어
DROP	데이터베이스 오브젝트를 삭제하는 명령어
MODIFY	테이블에 필드를 수정할 때 사용하는 키워드

10 『회원』 테이블 생성 후 『주소』 필드(컬럼)가 누락되어 이를 추가하려고 한다. 이에 적합한 SQL 명령어는?

① DELETE
② RESTORE
③ ALTER
④ ACCESS

해설
- 컬럼 추가는 ALTER 명령어를 사용한다.

11 다음 SQL 문의 실행 결과를 가장 옳게 설명한 것은?

DROP TABLE 인사 CASCADE;

① 인사 테이블을 제거한다.
② 인사 테이블을 참조하는 테이블과 인사 테이블을 제거한다.
③ 인사 테이블이 참조 중이면 제거하지 않는다.
④ 인사 테이블을 제거할지의 여부를 사용자에게 다시 질의한다.

해설
- DROP TABLE 테이블명 [CASCADE | RESTRICT]

옵션	설명
CASCADE	참조하는 테이블까지 연쇄적으로 제거하는 옵션
RESTRICT	다른 테이블이 삭제할 테이블을 참조 중이면 제거하지 않는 옵션

12 참조 무결성을 유지하기 위하여 DROP 문에서 부모 테이블의 항목 값을 삭제할 경우 자동적으로 자식 테이블의 해당 레코드를 삭제하기 위한 옵션은?

① CLUSTER
② CASCADE
③ SET-NULL
④ RESTRICTED

해설
- DROP TABLE 명령어의 옵션에는 CASCADE와 RESTRICT가 있다.

옵션	설명
CASCADE	참조하는 테이블까지 연쇄적으로 제거하는 옵션
RESTRICT	다른 테이블이 삭제할 테이블을 참조 중이면 제거하지 않는 옵션

정답
08 ① 09 ② 10 ③ 11 ② 12 ②

13. 트랜잭션의 특성 중 아래 내용에 해당하는 것은?

> 시스템이 가지고 있는 고정요소는 트랜잭션 수행 전과 트랜잭션 수행 완료 후에 같아야 한다.

① 원자성(Atomicity)
② 일관성(Consistency)
③ 격리성(Isolation)
④ 영속성(Durability)

해설

• 트랜잭션 특성은 다음과 같다.

특성	설명
원자성 (Atomicity)	• 트랜잭션을 구성하는 연산 전체가 모두 정상적으로 실행되거나 모두 취소되어야 하는 성질
일관성 (Consistency)	• 시스템이 가지고 있는 고정요소는 트랜잭션 수행 전과 트랜잭션 수행 완료 후의 상태가 같아야 하는 성질
격리성 (Isolation; 고립성)	• 동시에 실행되는 트랜잭션들이 서로 영향을 미치지 않아야 한다는 성질
영속성 (Durability)	• 성공이 완료된 트랜잭션의 결과는 영속적으로 데이터베이스에 저장되어야 하는 성질

14. 트랜잭션의 실행이 실패하였음을 알리는 연산자로 트랜잭션이 수행한 결과를 원래의 상태로 원상 복귀시키는 연산은?

① COMMIT 연산
② BACKUP 연산
③ LOG 연산
④ ROLLBACK 연산

해설

연산	설명
COMMIT 연산	• 하나의 트랜잭션에 대한 작업이 성공적으로 끝나고 수행 결과를 관리자에게 알려주는 연산
ROLLBACK 연산	• 하나의 트랜잭션 처리가 비정상적 종료되어 해당 트랜잭션을 재시작 또는 폐기하는 연산

15. Commit과 Rollback 명령어에 의해 보장받는 트랜잭션의 특성은?

① 병행성
② 보안성
③ 원자성
④ 로그

해설

• Commit과 Rollback 명령어에 의해 원자성을 보장받는다.

16. 트랜잭션(Transaction)은 보통 일련의 연산 집합이란 의미로 사용하며 하나의 논리적 기능을 수행하는 작업의 단위이다. 트랜잭션이 가져야 할 특성으로 거리가 먼 것은?

① 원자성(Atomicity)
② 병행성(Concurrency)
③ 격리성(Isolation)
④ 영속성(Durability)

해설

【두음쌤】 트랜잭션의 특징
「ACID」 - Atomicity / Consistency / Isolation / Durability

17. 트랜잭션들을 수행하는 도중 장애로 인해 손상된 데이터베이스를 손상되기 이전의 정상적인 상태로 복구시키는 작업은?

① 회복(Recovery)
② 재시작(Restart)
③ 완료(Commit)
④ 중단(Abort)

해설

• 회복은 손상된 데이터베이스를 손상되기 이전의 정상적인 상태로 복구시키는 작업이다.

정답
13 ② 14 ④ 15 ③ 16 ② 17 ①

18 트랜잭션의 특성으로 옳은 내용 모두를 나열한 것은?

> ⓐ Atomicity ⓑ Durability
> ⓒ Consistency ⓓ Isolation

① ⓐ, ⓑ
② ⓐ, ⓑ, ⓓ
③ ⓐ, ⓒ, ⓓ
④ ⓐ, ⓑ, ⓒ, ⓓ

해설
- 트랜잭션의 특성은 Atomicity, Consistency, Isolation, Durability가 있다.

19 트랜잭션의 특성 중 다음 설명에 해당하는 것은?

> 트랜잭션의 연산은 데이터베이스에 모두 반영되든지 아니면 전혀 반영되지 않아야 한다.

① Durability
② Isolation
③ Consistency
④ Atomicity

해설
- 트랜잭션 특성은 다음과 같다.

특성	설명
원자성 (Atomicity)	트랜잭션을 구성하는 연산 전체가 모두 정상적으로 실행되거나 모두 취소되어야 하는 성질
일관성 (Consistency)	시스템이 가지고 있는 고정요소는 트랜잭션 수행 전과 트랜잭션 수행 완료 후의 상태가 같아야 하는 성질
격리성 (Isolation; 고립성)	동시에 실행되는 트랜잭션들이 서로 영향을 미치지 않아야 한다는 성질
영속성 (Durability)	성공이 완료된 트랜잭션의 결과는 영속적으로 데이터베이스에 저장되어야 하는 성질

20 트랜잭션의 주요 특성 중 하나로 둘 이상의 트랜잭션이 동시에 병행 실행되는 경우 어느 하나의 트랜잭션 실행 중에 다른 트랜잭션의 연산이 끼어들 수 없음을 의미하는 것은?

① Log
② Consistency
③ Isolation
④ Durability

해설
- 트랜잭션 특성은 다음과 같다.

특성	설명
원자성 (Atomicity)	트랜잭션을 구성하는 연산 전체가 모두 정상적으로 실행되거나 모두 취소되어야 하는 성질
일관성 (Consistency)	시스템이 가지고 있는 고정요소는 트랜잭션 수행 전과 트랜잭션 수행 완료 후의 상태가 같아야 하는 성질
격리성 (Isolation; 고립성)	동시에 실행되는 트랜잭션들이 서로 영향을 미치지 않아야 한다는 성질
영속성 (Durability)	성공이 완료된 트랜잭션의 결과는 영속적으로 데이터베이스에 저장되어야 하는 성질

정답
18 ④   19 ④   20 ③

◆ 20년 1회, 4회, 21년 1회, 23년 2회, 25년 1회

21 병행 제어의 로킹(Locking) 단위에 대한 설명으로 옳지 않은 것은?

① 데이터베이스, 파일, 레코드 등은 로킹 단위가 될 수 있다.
② 로킹 단위가 작아지면 로킹 오버헤드가 감소한다.
③ 로킹 단위가 작아지면 데이터베이스 공유도가 증가한다.
④ 한꺼번에 로킹할 수 있는 객체의 크기를 로킹 단위라고 한다.

해설
- 로킹의 특징은 다음과 같다.
- 데이터베이스, 파일, 레코드 등은 로킹 단위가 될 수 있음
- 로킹 단위가 작아지면 데이터베이스 공유도가 증가
- 로킹 단위가 작아지면 로킹 오버헤드가 증가
- 한꺼번에 로킹할 수 있는 객체의 크기를 로킹 단위라고 함

◆ 20년 3회, 24년 1회

23 병행 제어 기법 중 로킹에 대한 설명으로 옳지 않은 것은?

① 로킹의 대상이 되는 객체의 크기를 로킹 단위라고 한다.
② 데이터베이스, 파일, 레코드 등은 로킹 단위가 될 수 있다.
③ 로킹의 단위가 작아지면 로킹 오버헤드가 증가한다.
④ 로킹의 단위가 커지면 데이터베이스 공유도가 증가한다.

해설
- 로킹의 특징은 다음과 같다.
- 데이터베이스, 파일, 레코드 등은 로킹 단위가 될 수 있음
- 로킹 단위가 작아지면 데이터베이스 공유도가 증가
- 로킹 단위가 작아지면 로킹 오버헤드가 증가
- 한꺼번에 로킹할 수 있는 객체의 크기를 로킹 단위라고 함

◆ 21년 3회, 25년 3회

22 로킹 단위(Locking Granularity)에 대한 설명으로 옳은 것은?

① 로킹 단위가 크면 병행성 수준이 낮아진다.
② 로킹 단위가 크면 병행 제어 기법이 복잡해진다.
③ 로킹 단위가 작으면 로크(lock)의 수가 적어진다.
④ 로킹은 파일 단위로 이루어지며, 레코드와 필드는 로킹 단위가 될 수 없다.

해설
- 로킹 단위가 크면 병행성 수준이 낮아진다.

◆ 16년 3회, 21년 2회, 23년 3회

24 병행 제어(Concurrency Control) 기법의 종류가 아닌 것은?

① 로킹 기법
② 낙관적 검증 기법
③ 타임스탬프 기법
④ 시분할 기법

해설
- 병행 제어 기법은 로킹, 2PC, 낙관적 검증, 타임 스탬프 순서, 다중 버전 동시성

【두음쌤】 병행 제어 기법
「로2 낙타다」 - 로킹 / 2PC / 낙관적 검증 / 타임 스탬프 순서 / 다중버전 동시성

정답
21 ② 22 ① 23 ④ 24 ④

25 동시성 제어를 위한 직렬화 기법으로 트랜잭션 간의 순서를 미리 정하는 방법은?

① 로킹 기법
② 타임스탬프 기법
③ 검증 기법
④ 베타 로크 기법

해설
- 타임스탬프 순서 기법은 트랜잭션과 트랜잭션이 읽거나 갱신한 데이터에 대해 트랜잭션이 실행을 시작하기 전에 시간표(Time Stamp)를 부여하여 부여된 시간에 따라 트랜잭션 작업을 수행하는 기법이다.
- 타임스탬프 순서 기법을 타임스탬프 기법이라고 출제되었다.

26 트랜잭션의 병행 제어 목적으로 옳지 않은 것은?

① 데이터베이스의 공유 최대화
② 시스템의 활용도 최대화
③ 데이터베이스의 일관성 최소화
④ 사용자에 대한 응답시간 최소화

해설
- 병행 제어의 목적은 다음과 같다.
  - 데이터베이스의 공유를 최대화한다.
  - 시스템의 활용도를 최대화한다.
  - 데이터베이스의 일관성을 유지한다.
  - 사용자에 대한 응답시간을 최소화한다.

27 데이터베이스 로그(log)를 필요로 하는 회복 기법은?

① 즉각 갱신 기법
② 대수적 코딩 방법
③ 타임 스탬프 기법
④ 폴딩 기법

해설
- 로그 기반 회복 기법에는 지연 갱신 회복 기법, 즉각 갱신 회복 기법이 있다.

기법	설명
지연 갱신 회복 기법 (Deferred Update)	트랜잭션이 완료되기 전까지 데이터베이스에 기록하지 않는 기법
즉각 갱신 회복 기법 (Immediate Update)	트랜잭션 수행 중 갱신 결과를 바로 DB에 반영하는 기법

28 트랜잭션의 상태 중 트랜잭션의 수행이 실패하여 Rollback 연산을 실행한 상태는?

① 철회(Aborted)
② 부분 완료(Partially Committed)
③ 완료(Commit)
④ 실패(Fail)

해설
- 트랜잭션이 취소되고 데이터베이스가 트랜잭션 시작 전 상태로 환원된 상태는 철회 상태이다.
- 트랜잭션의 상태는 다음과 같다.

상태	설명
활동 상태 (Active)	초기 상태, 트랜잭션이 실행 중일 때 가지는 상태
부분 완료 상태 (Partially Committed)	마지막 명령문이 실행된 후에 가지는 상태로 모든 연산의 처리는 끝났지만, 트랜잭션이 수행한 최종 결과를 데이터베이스에 반영하지 않은 상태
완료 상태 (Committed)	트랜잭션이 성공적으로 완료된 후 가지는 상태
실패 상태 (Failed)	정상적인 실행이 더 이상 진행될 수 없을 때 가지는 상태
철회 상태 (Aborted)	트랜잭션이 취소되고 데이터베이스가 트랜잭션 시작 전 상태로 환원된 상태 / 트랜잭션의 수행이 실패하여 Rollback 연산을 실행한 상태

정답
25 ② 26 ③ 27 ① 28 ①

> 22년 2회, 23년 3회, 25년 1회

29 트랜잭션의 상태 중 트랜잭션의 마지막 연산이 실행된 직후의 상태로, 모든 연산의 처리는 끝났지만 트랜잭션이 수행한 최종 결과를 데이터베이스에 반영하지 않은 상태는?

① Active
② Partially Committed
③ Committed
④ Aborted

해설
- 마지막 명령문이 실행된 후에 가지는 상태로 모든 연산의 처리는 끝났지만 트랜잭션이 수행한 최종 결과를 데이터베이스에 반영하지 않은 상태는 부분 완료 상태(Partially Committed)이다.

> 24년 1회

31 인사 테이블의 주소 필드에 대한 데이터 타입을 VARCHAR(10)으로 정의하였으나, 필드 길이가 부족하여 20바이트로 확장하고자 한다. 이에 적합한 SQL 명령은?

① MODIFY FIELD
② MODIFY TABLE
③ ALTER TABLE
④ ADD TABLE

해설
- 주소 필드의 길이를 수정하기 위해 ALTER TABLE 명령을 사용한다.

> 23년 2회, 3회, 24년 2회

30 2 Phase Commit에 대한 설명 중 옳지 않은 것은?

① 분산 데이터베이스에서 트랜잭션 일관성을 유지하기 위한 기술이다.
② 확장 단계에서 모든 분산 시스템에서 트랜잭션 수행 결과가 일치하는지 확인한다.
③ 트랜잭션을 두 단계로 분리하여 제어한다.
④ 성능이 느리고, 복잡한 구현이 필요하다는 단점이 있다.

해설
- 2PC는 준비 단계, 커밋 단계로 나뉘고, 커밋 단계는 모든 분산 시스템에서 트랜잭션 수행 결과가 일치하는지 확인한다.

단계	설명
1단계 (준비 단계)	• 트랜잭션 수행 결과를 다른 분산 시스템에 알리는 과정
2단계 (커밋 단계)	• 모든 분산 시스템에서 트랜잭션 수행 결과가 일치하는지 확인 • 모든 분산 시스템이 트랜잭션을 성공적으로 수행했다면, 커밋을 수행하고, 그렇지 않다면 롤백을 수행

정답
29 ② 30 ② 31 ③

② 고급 SQL 작성

32 뷰에 대한 설명으로 옳지 않은 것은?
① 뷰는 삽입, 삭제, 갱신 연산에 제약사항이 따른다.
② 뷰는 데이터 접근제어로 보안을 제공한다.
③ 뷰는 물리적으로 구현되는 테이블이다.
④ 뷰는 데이터의 논리적 독립성을 제공한다.

해설
- 뷰는 논리적으로 구현되는 테이블이다.

장점	단점
• 논리적 독립성을 제공한다. • 데이터 접근제어로 보안 기능 제공한다. • 사용자의 데이터 관리를 간단하게 한다. • 하나의 테이블로 여러 개의 뷰를 만들 수 있다.	• 독자적인 인덱스를 가질 수 없다. • 정의를 변경할 수 없다. • 삽입, 삭제, 갱신 연산에 많은 제약이 따른다.

33 SQL 구문에서 "HAVING" 절과 같이 사용해야 하는 구문은 무엇인가?
① GROUP BY
② ORDER BY
③ UPDATE
④ JOIN

해설
- 그룹 값을 처리하기 위해서는 GROUP BY로 그룹화하고 HAVING 절을 사용해야 한다.

34 SQL 문에서 HAVING을 사용할 수 있는 절은?
① LIKE 절
② WHERE 절
③ GROUP BY 절
④ ORDER BY 절

해설
- 그룹 값을 처리하기 위해서는 GROUP BY로 그룹화하고 HAVING 절을 사용해야 한다.

35 뷰(VIEW)에 대한 설명으로 틀린 것은?
① 뷰 위에 또 다른 뷰를 정의할 수 있다.
② 뷰에 대한 조작에서 삽입, 갱신, 삭제 연산은 제약이 따른다.
③ 뷰의 정의는 기본 테이블과 같이 ALTER 문을 이용하여 변경한다.
④ 뷰가 정의된 기본 테이블이 제거되면 뷰도 자동적으로 제거된다.

해설
- 뷰(View)는 변경이 불가능하므로 삭제 후(DROP → CREATE) 생성해야 한다.

36 SQL에서 뷰(VIEW)를 삭제할 때 사용하는 명령은?
① ERASE
② KILL
③ DROP
④ DELETE

해설
- 뷰(View) 삭제 시에는 DROP 명령을 사용한다.

분류	문법
데이터 정의어 (DDL)	• CREATE, DROP, ALTER, TRUNCATE
데이터 조작어 (DML)	• SELECT, INSERT, UPDATE, DELETE

정답
32 ③ 33 ① 34 ③ 35 ③ 36 ③

> 18년 1회, 24년 1회

37 SQL View(뷰)에 대한 설명으로 틀린 것은?

① 뷰(View)를 제거하고자 할 때는 DROP 문을 이용한다.
② 뷰(View)의 정의를 변경하고자 할 때는 ALTER 문을 이용한다.
③ 뷰(View)를 생성하고자 할 때는 CREATE 문을 이용한다.
④ 뷰(View)의 내용을 검색하고자 할 때는 SELECT 문을 이용한다.

해설
- 뷰는 DDL인 CREATE 문으로 생성, DROP 문으로 삭제할 수 있다.(ALTER로 뷰 정의 변경 불가능)

> 16년 2회, 25년 2회

38 뷰(View)에 대한 설명 중 옳은 내용으로만 나열한 것은?

ⓐ 뷰는 저장장치 내에 물리적으로 존재한다.
ⓑ 뷰가 정의된 기본 테이블이 삭제되더라도 뷰는 자동적으로 삭제되지 않는다.
ⓒ DBA는 보안 측면에서 뷰를 활용할 수 있다.
ⓓ 뷰로 구성된 내용에 대한 삽입, 삭제, 갱신 연산에는 제약이 따른다.

① ⓐ, ⓑ, ⓒ, ⓓ
② ⓐ, ⓒ, ⓓ
③ ⓑ, ⓓ
④ ⓒ, ⓓ

해설
- 뷰의 특징은 다음과 같다.
- 뷰는 물리적이 아닌 논리적으로 구성되어 있고, 논리적 독립성을 제공한다.
- 뷰를 통해서 데이터에 접근하게 함으로써 뷰에 보이지 않는 데이터를 안전하게 보호하는 효과가 있다.
- 뷰는 데이터 접근제어에 대한 보안을 제공한다.
- 뷰는 삽입, 삭제, 갱신 연산은 제약사항이 따른다.
- 뷰가 정의된 기본 테이블이 삭제되면 뷰는 자동으로 삭제된다.

> 20년 1회

39 뷰(View)에 대한 설명으로 옳지 않은 것은?

① 뷰는 CREATE 문을 사용하여 정의한다.
② 뷰는 데이터의 논리적 독립성을 제공한다.
③ 뷰를 제거할 때에는 DROP 문을 사용한다.
④ 뷰는 저장장치 내에 물리적으로 존재한다.

해설
- 뷰는 논리적으로 구현되는 테이블이다.
- 뷰에 대한 특성은 다음과 같다.
  - 논리적 데이터 독립성 제공
  - 데이터 조작 연산 간소화
  - 보안 기능(접근제어) 제공
  - 뷰 정의는 ALTER 문을 이용하여 변경할 수 없음
  - 뷰는 CREATE 문을 사용
  - 뷰를 제거할 때는 DROP 문을 사용

> 17년 3회, 21년 1회, 22년 1회

40 뷰(VIEW)에 대한 설명으로 옳지 않은 것은?

① DBA는 보안 측면에서 뷰를 활용할 수 있다.
② 뷰 위에 또 다른 뷰를 정의할 수 있다.
③ 뷰에 대한 삽입, 갱신, 삭제 연산 시 제약사항이 따르지 않는다.
④ 뷰의 정의는 ALTER 문을 이용하여 변경할 수 없다.

해설
- 뷰는 삽입, 삭제, 갱신 연산에 제약사항이 따른다.

> 20년 3회

41 뷰(View)의 장점이 아닌 것은?

① 뷰 자체로 인덱스를 가짐
② 데이터 보안 용이
③ 논리적 독립성 제공
④ 사용자 데이터 관리 용이

정답
37 ② 38 ④ 39 ④ 40 ③ 41 ①

해설

- 뷰의 장단점은 다음과 같다.

장점	• 논리적 독립성 제공, 사용자 데이터 관리 용이, 데이터 보안의 용이
단점	• 뷰 자체 인덱스 불가, 뷰 정의 변경 불가, 데이터 변경 제약 존재

> 20년 1회, 22년 3회, 23년 2회, 25년 2회

42 다음 SQL 문의 실행 결과는?

```
SELECT 가격 FROM 도서가격
 WHERE 책번호 = (SELECT 책번호
  FROM 도서 WHERE 책명 = '자료구조');
```

[도서]

책번호	책명
111	운영체제
222	자료구조
555	컴퓨터구조

[도서가격]

책번호	가격
111	20,000
222	25,000
333	10,000
444	15,000

① 10,000   ② 15,000
③ 20,000   ④ 25,000

해설

- WHERE 절 서브쿼리로 실제 결과는 다음과 같다.

SELECT 가격 FROM 도서가격 WHERE 책번호 = (SELECT 책번호 　　　　　　　FROM 도서 　　　WHERE 책명 = '자료구조');	• (SELECT 책번호 FROM 도서 WHERE 책명 = '자료구조') 서브쿼리에서 나온 '책번호'와 '도서가격' 테이블에 있는 '책번호'와 같은 책의 '가격'을 출력

◯ 결과

가격
25,000

> 21년 2회, 24년 2회

43 테이블 R1, R2에 대하여 다음 SQL 문의 결과는?

```
(SELECT 학번 FROM R1)
INTERSECT
(SELECT 학번 FROM R2)
```

[R1] 테이블

학번	수학점수
20201111	15
20202222	20

[R2] 테이블

학번	과목번호
20202222	CS200
20203333	CS300

①

학번	수학점수	과목번호
20202222	20	CS200

②

학번
20202222

③

학번
20201111
20202222
20203333

④

학번	수학점수	과목번호
20201111	15	NULL
20202222	20	CS200
20203333	NULL	CS300

해설

- INTERSECT는 교집합을 추출한다.

정답

42 ④　　43 ②

▶ 20년 4회

44 다음 SQL 문의 실행 결과는?

```
SELECT 과목이름
 FROM 성적
WHERE EXISTS (SELECT 학번
   FROM 학생 WHERE 학생.학번 = 성적.학번
        AND 학생.학과 IN ('전산', '전기')
        AND 학생.주소 = '경기');
```

[학생] 테이블

학번	이름	학년	학과	주소
1000	김철수	1	전산	서울
2000	고영준	1	전기	경기
3000	유진호	2	전자	경기
4000	김영진	2	전산	경기
5000	정현영	3	전자	서울

[성적] 테이블

학번	과목번호	과목이름	학점	점수
1000	A100	자료구조	A	91
2000	A200	DB	A+	99
3000	A100	자료구조	B+	88
3000	A200	DB	B	85
4000	A200	DB	A	94
4000	A300	운영체제	B+	89
5000	A300	운영체제	B	88

①

과목이름
DB

②

과목이름
DB
DB

③

과목이름
DB
DB
운영체제

④

과목이름
DB
운영체제

해설

```
SELECT 과목이름
FROM 성적
WHERE EXISTS(SELECT 학번
    FROM 학생
    WHERE 학생.학번 = 성적.학번
    AND 학생.학과 IN('전산', '전기')
    AND 학생.주소 = '경기');
```

• 학생 테이블과 성적 테이블의 학번이 같고, 학생 테이블에서 학과가 '전산', '전기'이고 학생 테이블에서 주소가 '경기'인 학번을 조회하고, 조회된 학번이 성적 테이블에 존재하는 경우 과목이름을 출력

• 쿼리 수행 결과는 다음과 같다.

과목이름
DB
DB
운영체제

▶ 21년 1회

45 아래의 SQL 문을 실행한 결과는?

[R1] 테이블

학번	이름	학년	학과	주소
1000	홍길동	1	컴퓨터	서울
2000	김철수	1	전기	경기
3000	강남길	2	컴퓨터	경기
4000	오말자	2	컴퓨터	경기
5000	장미화	3	전기	서울

[R2] 테이블

학번	과목번호	학점	점수
1000	C100	A	91
1000	C200	A	94
2000	C300	B	85
3000	C400	A	90
3000	C500	C	75
3000	C100	A	90
4000	C400	A	95
4000	C500	A	91
4000	C100	B	80
4000	C200	C	74
5000	C400	B	85

정답
44 ③   45 ②

SQL 문

```
SELECT 이름
FROM R1
WHERE 학번 IN
    (SELECT 학번
     FROM R2
     WHERE 과목번호 = 'C100');
```

①
이름
홍길동
강남길
장미화

②
이름
홍길동
강남길
오말자

③
이름
홍길동
김철수
강남길
오말자
장미화

④
이름
홍길동
김철수

해설
- 서브쿼리인 SELECT 학번 FROM R2 WHERE 과목번호 = 'C100'을 수행하면 1000, 3000, 4000인 학번을 가져온다.
- 서브쿼리에서 구한 학번인 1000, 3000, 4000을 IN 연산자에 넣은 결과를 구해야 하므로 SELECT 이르면 FROM R1 WHERE 학번 IN(1000, 3000, 4000)을 수행하면 다음과 같이 결과가 출력된다.

이름
홍길동
강남길
오말자

46 데이터베이스의 인덱스와 관련한 설명으로 틀린 것은?

① 문헌의 색인, 사전과 같이 데이터를 쉽고 빠르게 찾을 수 있도록 만든 데이터 구조이다.
② 테이블에 붙여진 색인으로 데이터 검색 시 처리 속도 향상에 도움이 된다.
③ 인덱스의 추가, 삭제 명령어는 각각 ADD, DELETE이다.
④ 대부분 데이터베이스에서 테이블을 삭제하면 인덱스도 같이 삭제된다.

해설
- 인덱스의 추가, 삭제 명령어는 각각 CREATE, DROP이다.

47 데이터베이스에서의 뷰(View)에 대한 설명으로 틀린 것은?

① 뷰는 다른 뷰를 기반으로 새로운 뷰를 만들 수 있다.
② 뷰는 일종의 가상 테이블이며, UPDATE에는 제약이 따른다.
③ 뷰는 기본 테이블을 만드는 것처럼 CREATE VIEW를 사용하여 만들 수 있다.
④ 뷰는 논리적으로 존재하는 기본 테이블과 다르게 물리적으로만 존재하며 카탈로그에 저장된다.

해설
- 뷰는 물리적으로 존재하는 기본 테이블과 다르게 논리적으로만 존재하며 카탈로그에 저장된다.

정답
46 ③   47 ④

> 22년 1회, 24년 2회

48 테이블 두 개를 조인하여 뷰 V_1을 정의하고, V_1을 이용하여 뷰 V_2를 정의하였다. 다음 명령 수행 후 결과로 옳은 것은?

> DROP VIEW V_1 CASCADE;

① V_1만 삭제된다.
② V_2만 삭제된다.
③ V_1과 V_2 모두 삭제된다.
④ V_1과 V_2 모두 삭제되지 않는다.

해설

- DROP VIEW 명령어 옵션은 다음과 같다.

옵션	설명
CASCADE	참조하는 뷰까지 연쇄적으로 제거하는 옵션
RESTRICT	다른 뷰가 삭제할 뷰를 참조 중이면 제거하지 않는 옵션

- DROP VIEW V_1 CASCADE에서 V_2는 V_1을 참조하고 있으므로 V_1과 참조하고 있는 뷰인 V_2 모두 삭제된다.

> 22년 1회, 23년 3회, 24년 1회

49 테이블 R과 S에 대한 SQL 문이 실행되었을 때, 실행 결과로 옳은 것은?

R
A	B
1	A
3	B

S
A	B
1	A
2	B

```
SELECT A
FROM R
UNION ALL
SELECT A
FROM S;
```

① 1

② 3
   2

③ 1
   3

④ 1
   3
   1
   2

해설

- UNION ALL은 중복 행이 제거되지 않은 쿼리 결과 집합이다.
- SELECT A FROM R은 R 테이블의 A 컬럼 값인 1, 3이 되고, SELECT A FROM S는 S 테이블의 A 컬럼 값인 1, 2가 된다.
- 두 조회 결과를 UNION ALL하게 되면 중복된 행이 제거되지 않으므로 1, 3, 1, 2가 조회된다.

> 24년 3회

50 테이블 R1, R2가 있을 때 밑줄에 들어갈 수 있는 키워드로 옳은 것은?

```
(SELECT 학번
   FROM R1)
_____
(SELECT 학번
   FROM R2)
```

① INTERSECT   ② ADD
③ MODIFY   ④ OUT

해설

- 두 테이블에서 컬럼의 개수가 같을 때는 집합 연산자인 INTERSECT을 사용할 수 있다.

정답

48 ③   49 ④   50 ①

> 25년 1회

51 다음 SQL 실행 결과로 가장 알맞은 것은?

[R1] 테이블

학번	학과명
1000	컴퓨터학과
2000	건축과
3000	전자공학
4000	전기과

[R2] 테이블

학번	이름
1000	홍길동
2000	장길산
3000	임꺽정
4000	김철수

[SQL]

```
SELECT 학과명, 학번 FROM R1
WHERE 학번 = (SELECT 학번 FROM R2
WHERE 이름 = '김철수');
```

①

학과명	학번
컴퓨터학과	1000
전기과	4000

②

학과명	학번
컴퓨터학과	1000
건축과	2000
전기과	4000

③

학과명	학번
전기과	4000

④

학과명	학번
전자공학	3000
전기과	4000

해설
- 서브 쿼리인 SELECT 학번 FROM R2 WHERE 이름 = '김철수' 을 실행한 결과는 다음과 같다.

학번
4000

- 서브 쿼리의 결과가 4000이므로 학번 = 4000인 학과명, 학번을 조회한다.

학과명	학번
전기과	4000

> 25년 3회

52 집합연산자에 대한 설명으로 틀린 것은?

① UNION ALL은 UNION과 유사하나 중복된 항목을 포함하여 결과를 반환한다.
② UNION이 교집합을 의미한다.
③ INTERSECT는 두 쿼리 결과에 공통적으로 존재하는 집합이다.
④ MINUS는 차집합을 의미한다.

해설
- UNION은 교집합이 아닌 합집합이다.

정답
51 ③ 52 ②

Chapter 03 논리 데이터베이스 설계

1 관계 데이터베이스 모델

◉ 19년 2회, 21년 2회

01 애트리뷰트(Attribute)에 대한 설명으로 틀린 것은?

① 애트리뷰트는 개체의 특성을 기술한다.
② 애트리뷰트는 데이터베이스를 구성하는 가장 작은 논리적 단위이다.
③ 애트리뷰트는 파일 구조상 데이터 항목 또는 데이터 필드에 해당된다.
④ 애트리뷰트의 수를 "Cardinality"라고 한다.

해설
• 애트리뷰트의 수(열의 수)는 차수(Degree)이고, 튜플(행의 수)의 수는 카널리티(Cardinality)이다.

◉ 19년 1회, 25년 2회

02 다음 릴레이션의 차수(Degree)와 카디널리티(Cardinality)는?

학번	이름	학년	학과
20001	이순신	1학년	컴퓨터
20002	이황	2학년	전자공학
20003	신사임당	3학년	기계공학

① Degree: 4, Cardinality: 3
② Degree: 3, Cardinality: 4
③ Degree: 3, Cardinality: 12
④ Degree: 12, Cardinality: 3

해설
• 차수(Degree)는 속성(Attribute)의 수이므로 4, 카디널리티(Cardinality)는 튜플의 수이므로 3이다.

◉ 18년 1회, 2회, 22년 3회

03 릴레이션에 포함되어 있는 튜플의 수는?

① 카디널리티(Cardinality)
② 스키마(Schema)
③ 타입(Type)
④ 차수(Degree)

해설
• 애트리뷰트의 수(열의 수)는 차수(Degree)이고, 튜플(행의 수)의 수는 카디널리티(Cardinality)이다.

◉ 16년 2회, 21년 3회

04 관계 데이터베이스 모델에서 차수(Degree)의 의미는?

① 튜플의 수
② 테이블의 수
③ 데이터베이스의 수
④ 애트리뷰트의 수

해설
• 애트리뷰트의 수(열의 수)는 차수(Degree)이고, 튜플(행의 수)의 수는 카디널리티(Cardinality)이다.

◉ 20년 4회, 23년 1회

05 한 릴레이션 스키마가 4개 속성, 2개 후보 키 그리고 그 스키마의 대응 릴레이션 인스턴스가 7개 튜플을 갖는다면 그 릴레이션의 차수(Degree)는?

① 1   ② 2
③ 4   ④ 7

해설
• 차수(Degree)는 속성(Attribute)의 수이다.
• 속성(Attribute)의 개수가 4개이므로 차수는 4이다.

정답
01 ④   02 ①   03 ①   04 ④   05 ③

06 다음 관계형 데이터 모델에 대한 설명으로 옳은 것은?

고객 ID	고객 이름	거주 도시
S1	홍길동	서울
S2	이정재	인천
S3	신보라	인천
S4	김흥국	서울
S5	도요새	용인

① relation 3개, attribute 3개, tuple 5개
② relation 3개, attribute 5개, tuple 3개
③ relation 1개, attribute 5개, tuple 3개
④ relation 1개, attribute 3개, tuple 5개

해설
- 릴레이션은 테이블의 개수이기 때문에 1개, 애트리뷰트는 열의 개수이기 때문에 3개, 튜플은 행의 개수이기 때문에 5개이다.

07 릴레이션에 대한 설명으로 거리가 먼 것은?

① 튜플들의 삽입, 삭제 등의 작업으로 인해 릴레이션은 시간에 따라 변한다.
② 한 릴레이션에 포함된 튜플들은 모두 상이하다.
③ 애트리뷰트는 논리적으로 쪼갤 수 없는 원자값으로 저장한다.
④ 한 릴레이션에 포함된 튜플 사이에는 순서가 있다.

해설
- 한 릴레이션에 포함된 튜플 사이에는 순서가 없다. (보통은 삽입된 순서대로 저장됨)

08 관계 데이터 모델에서 릴레이션(Relation)에 관한 설명으로 옳은 것은?

① 릴레이션의 각 행을 스키마(Schema)라 하며, 예로 도서 릴레이션을 구성하는 스키마에는 도서번호, 도서명, 저자, 가격 등이 있다.
② 릴레이션의 각 열을 튜플(Tuple)이라 하며, 하나의 튜플은 각 속성에서 정의된 값을 이용하여 구성된다.
③ 도메인(Domain)은 하나의 속성이 가질 수 있는 같은 타입의 모든 값의 집합으로 각 속성의 도메인은 원자값을 갖는다.
④ 속성(Attribute)은 한 개의 릴레이션의 논리적인 구조를 정의한 것으로 릴레이션의 이름과 릴레이션에 포함된 속성들의 집합을 의미한다.

해설
- 도메인(Domain)은 하나의 속성이 가질 수 있는 같은 타입의 모든 값의 집합으로서 각 속성의 도메인은 원자값을 갖는다.

구성요소	문법
릴레이션(Relation)	행(Row)과 열(Column)로 구성된 테이블
튜플(Tuple)	릴레이션의 행(Row)에 해당하는 요소
속성(Attribute)	릴레이션의 열(Column)에 해당하는 요소
카디널리티(Cardinality)	튜플(Row)의 수
차수(Degree)	애트리뷰트(Column)의 수
스키마(Schema)	데이터베이스의 구조, 제약조건 등의 정보를 담고 있는 기본적인 구조
인스턴스(Instance)	정의된 스키마에 따라 생성된 테이블에 실제 저장된 데이터의 집합

정답
06 ④ 07 ④ 08 ③

◯ 21년 2회

09 관계형 데이터 모델의 릴레이션에 대한 설명으로 틀린 것은?

① 모든 속성값은 원자 값을 갖는다.
② 한 릴레이션에 포함된 튜플은 모두 상이하다.
③ 한 릴레이션에 포함된 튜플 사이에는 순서가 없다.
④ 한 릴레이션을 구성하는 속성 사이에는 순서가 존재한다.

해설
- 한 릴레이션을 구성하는 속성 사이에는 순서가 존재하지 않는다.

◯ 16년 3회, 19년 2회, 22년 1회, 23년 1회, 25년 1회

10 관계 해석에서 'for all: 모든 것에 대하여'의 의미를 나타내는 논리 기호는?

① ∋ ② ∈
③ ∀ ④ ∪

해설
- for all에서 All의 'A'를 뒤집어 놓은 형태인 '∀'가 정답이다.

◯ 19년 1회, 21년 3회, 22년 3회

11 관계 데이터베이스에 있어서 관계 대수 연산이 아닌 것은?

① 디비전(Division)
② 프로젝트(Project)
③ 조인(Join)
④ 포크(Fork)

해설
- 포크(Fork)는 관계 대수 연산과 관련이 없다.

【두음쌤】 일반 집합 연산자
「합교차카」 – 합집합 / 교집합 / 차집합 / 카티션 프로덕트

【두음쌤】 순수 관계 연산자
「셀프조디」 – 셀렉트 / 프로젝트 / 조인 / 디비전

◯ 20년 3회, 25년 1회

12 관계 대수의 순수관계 연산자가 아닌 것은?

① Select
② Cartesian Product
③ Division
④ Project

해설
- 카티션 프로덕트(Cartesian Product)는 일반 집합 연산자이다.

【두음쌤】 순수 관계 연산자
「셀프조디」 – 셀렉트 / 프로젝트 / 조인 / 디비전

◯ 21년 2회, 24년 1회

13 다음 관계 대수 중 순수 관계 연산자가 아닌 것은?

① 차집합(Difference)
② 프로젝트(Project)
③ 조인(Join)
④ 디비전(Division)

해설
- 차집합(Difference)은 일반 집합 연산자이다.

【두음쌤】 순수 관계 연산자
「셀프조디」 – 셀렉트 / 프로젝트 / 조인 / 디비전

정답
09 ④ 10 ③ 11 ④ 12 ② 13 ①

14 관계 대수 연산에서 두 릴레이션이 공통으로 가지고 있는 속성을 이용하여 두 개의 릴레이션을 하나로 합쳐서 새로운 릴레이션을 만드는 연산은?

① ⋈
② ⊃
③ π
④ σ

해설

- 순수 관계 연산자는 다음과 같다.

기호	연산자	설명
σ	셀렉트 (Select)	조건을 만족하는 튜플 반환
π	프로젝트 (Project)	주어진 속성들의 값으로만 구성된 튜플 반환
⋈	조인 (Join)	공통 속성을 이용해 두 개의 튜플을 연결해 만들어진 튜플 반환
÷	디비전 (Division)	릴레이션 S의 모든 튜플과 관련 있는 R의 튜플 반환

15 순수 관계 연산자에서 릴레이션의 일부 속성만 추출하여 중복되는 튜플은 제거한 후 새로운 릴레이션을 생성하는 연산자는?

① REMOVE
② PROJECT
③ DIVISION
④ JOIN

해설

- 순수 관계 연산자는 다음과 같다.

기호	연산자	설명
셀렉트 (Select)	$\sigma_{조건}(R)$	릴레이션 R에서 조건을 만족하는 튜플 반환
프로젝트 (Project)	$\pi_{속성리스트}(R)$	릴레이션 R에서 주어진 속성들의 값으로만 구성된 튜플 반환
조인 (Join)	R⋈S	공통 속성을 이용해 R과 S의 튜플들을 연결해 만들어진 튜플 반환
디비전 (Division)	R÷S	릴레이션 S의 모든 튜플과 관련 있는 R의 튜플 반환

16 다음 R과 S 두 릴레이션에 대한 Division 연산의 수행 결과는?

[R]

D1	D2	D3
a	1	A
b	1	A
a	2	A
c	2	B

[S]

D2	D3
1	A

①

D3
A
B

②

D2
2
2

③

D3
A

④

D1
a
b

해설

- R÷S(Division 연산)의 경우 수행 결과는 다음과 같다.

① 릴레이션 S에 있는 컬럼 D2의 값 1, 컬럼 D3의 값 A를 릴레이션 R에서 찾는다.

D1	D2	D3
a	1	A
b	1	A

② 릴레이션 S에 포함된 컬럼을 제거한다.

D1
a
b

정답

14 ①　15 ②　16 ④

17 다음의 관계 대수식을 SQL 질의로 옳게 표현한 것은?

$$\pi_A(\sigma_p(|R1|\times|R2|))$$

① select P from r1, r2 where A;
② select A from r1, r2 where P;
③ select r1, r2 from A where P;
④ select A from r1, r2

해설

- 순수 관계 연산자에서 셀렉트, 프로젝트 연산자는 다음과 같다.

연산자	표현	설명
셀렉트 (Select)	$\sigma_{조건}(R)$	릴레이션 R에서 조건을 만족하는 튜플 반환
프로젝트 (Project)	$\pi_{속성리스트}(R)$	R에서 주어진 속성들의 값으로만 구성된 튜플 반환

- π는 속성(컬럼)들을 출력하므로, $\pi_A(R)$의 경우 select A가 된다.
- $\sigma_p(|\gamma1|\times|\gamma2|)$의 경우는 조건이므로 where p가 되고, $|\gamma1|\times|\gamma2|$는 릴레이션(테이블)에 해당하므로 from γ1, γ2가 된다.

18 다음은 관계 대수의 수학적 표현식이다. 해당하는 연산은?

$$R\times S=\{r\cdot s|r\in R\wedge s\in S\}$$
$$R=<a_1, a_2,\cdots a_n>, s=<b_1, b_2,\cdots b_n>$$

① 합집합
② 교집합
③ 차집합
④ 카티션 프로덕트

해설

- R×S이므로 카티션 프로덕트이다.

19 릴레이션의 R의 차수가 4이고 카디널리티가 5이며, 릴레이션의 S의 차수가 6이고 카디널리티가 7일 때, 두 개의 릴레이션을 카티션 프로덕트한 결과의 새로운 릴레이션의 차수와 카디널리티는 얼마인가?

① 24, 35 ② 24, 12
③ 10, 35 ④ 10, 12

해설

- 카티션 프로덕트에서 차수는 각 릴레이션 차수의 합이 되고, 카디널리티는 각 릴레이션 카디널리티의 곱이 된다.
 (차수) = (릴레이션 R의 차수 4) + (릴레이션 S의 차수 6) = 10
 (카디널리티) = (릴레이션 R의 카디널리티 5) × (릴레이션 S의 카디널리티 7) = 35

학번	이름
202001	이영희
202002	김철수

〈A〉

교수번호	학과	과목
1	컴퓨터	C언어
2	전자	회로이론
3	기계	동역학

〈B〉

- 예를 들어 릴레이션 A(차수: 2, 카디널리티: 2)와 릴레이션 B(차수: 3, 카디널리티: 3)가 있다고 한다면 A×B의 차수는 (A의 차수2) + (B의 차수3) = 5, 카디널리티는 (A의 카디널리티2) × (B의 카디널리티3) = 6이 된다.

A.학번	A.이름	B.교수번호	B.학과	B.과목
202001	이영희	1	컴퓨터	C언어
202001	이영희	2	전자	회로이론
202001	이영희	3	기계	동역학
202002	김철수	1	컴퓨터	C언어
202002	김철수	2	전자	회로이론
202002	김철수	3	기계	동역학

정답

17 ② 18 ④ 19 ③

20 다음 두 릴레이션 R1과 R2의 카티션 프로덕트(Cartesian Product) 수행 결과는? ◆ 21년 3회

R1

학년
1
2
3

R2

학과
컴퓨터
국문
수학

①

학년	학과
1	컴퓨터
2	국문
3	수학

②

학년	학과
2	컴퓨터
2	국문
2	수학

③

학년	학과
3	컴퓨터
3	국문
3	수학

④

학년	학과
1	컴퓨터
1	국문
1	수학
2	컴퓨터
2	국문
2	수학
3	컴퓨터
3	국문
3	수학

해설
- 카티션 프로덕트는 R1과 R2에 속한 모든 튜플을 연결해 새로운 튜플로 릴레이션을 구성한다.
- 카티션 프로덕트에서 차수는 각 릴레이션 차수의 합이 되고, 카디널리티는 각 릴레이션 카디널리티의 곱이 된다.

21 관계 대수에 대한 설명으로 옳지 않은 것은? ◆ 18년 2회, 20년 4회, 21년 3회

① 원하는 릴레이션을 정의하는 방법을 제공하며 비절차적 언어이다.
② 릴레이션 조작을 위한 연산의 집합으로 피연산자와 결과가 모두 릴레이션이다.
③ 일반 집합 연산과 순수 관계 연산으로 구분된다.
④ 질의에 대한 해를 구하기 위해 수행해야 할 연산의 순서를 명시한다.

해설
- 관계 대수는 절차적 언어이다.

【두음쌤】 관계 대수와 관계 해석
「대절해비」 - 관계 대수는 절차적 언어 / 관계 해석은 비절차적 언어

22 관계 대수에 대한 설명으로 옳지 않은 것은? ◆ 18년 1회

① 릴레이션을 처리하기 위한 연산의 집합으로 피연산자가 릴레이션이고 결과도 릴레이션이다.
② 원하는 정보와 그 정보를 어떻게 유도하는가를 기술하는 절차적 특징을 가지고 있다.
③ 일반 집합 연산과 순수 관계 연산이 있다.
④ 수학의 프레디킷 해석(Predicate Calculus)에 기반을 두고 있다.

해설
- 관계 대수가 아닌 관계 해석에서 수학의 프레디킷 해석(Predicate Calculus)에 기반을 두고 있다.

정답
20 ④   21 ①   22 ④

> 17년 3회, 20년 4회, 25년 2회

23 관계 해석에 대한 설명으로 옳지 않은 것은?

① 수학의 프레디킷 해석에 기반을 두고 있다.
② 관계 데이터 모델의 제안자인 코드(Codd)가 관계 데이터베이스에 적용할 수 있도록 설계하여 제안하였다.
③ 튜플 관계 해석과 도메인 관계 해석이 있다.
④ 원하는 정보와 그 정보를 어떻게 유도하는 가를 기술하는 절차적 특성을 가진다.

해설
- 관계 해석은 비절차적 특성을 가진다.

【두음쌤】 관계 대수와 관계 해석
「대절해비」 – 관계 대수는 절차적 언어 / 관계 해석은 비절차적 언어

> 17년 2회, 24년 3회, 25년 1회

25 관계 해석에 대한 설명으로 틀린 것은?

① 튜플 관계 해석과 도메인 관계 해석이 있다.
② 질의에 대한 해를 구하기 위해 수행해야 할 연산의 순서를 명시해야 하는 절차적인 언어이다.
③ 릴레이션을 정의하는 방법을 제공한다.
④ 수학의 프레디킷 해석(Predicate Calculus)에 기반을 두고 있다.

해설
- 관계 해석은 비절차적 언어이다.

【두음쌤】 관계 대수와 관계 해석
「대절해비」 – 관계 대수는 절차적 언어 / 관계 해석은 비절차적 언어

> 17년 2회, 21년 1회

24 조건을 만족하는 릴레이션의 수평적 부분 집합으로 구성하며, 연산자의 기호는 그리스 문자 시그마(σ)를 사용하는 관계 대수 연산은?

① Select
② Project
③ Join
④ Division

해설

연산자	기호	설명
셀렉트 (Select)	σ	릴레이션 R에서 조건을 만족하는 튜플 반환
프로젝트 (Project)	π	릴레이션 R에서 주어진 속성들의 값으로만 구성된 튜플 반환
조인 (Join)	⋈	공통 속성을 이용해 R과 S의 튜플들을 연결해 만들어진 튜플 반환
디비전 (Division)	÷	릴레이션 S의 모든 튜플과 관련 있는 R의 튜플 반환

> 19년 2회, 25년 1회, 3회

26 시스템 카탈로그에 대한 설명으로 틀린 것은?

① 시스템 카탈로그는 DBMS가 스스로 생성하고 유지하는 데이터베이스 내의 특별한 테이블들의 집합체이다.
② 일반 사용자도 SQL을 이용하여 시스템 카탈로그를 직접 갱신할 수 있다.
③ DBMS는 자동적으로 시스템 카탈로그 테이블들의 행을 삽입, 삭제, 수정한다.
④ 시스템 카탈로그는 데이터베이스 구조에 관한 메타 데이터를 포함한다.

해설
- 시스템 카탈로그는 일반 사용자가 조회는 가능하나 갱신은 할 수 없다.
- 시스템 카탈로그 특성은 다음과 같다.
  - 시스템 카탈로그들이 자료 사전(Data Dictionary)이라고도 부른다.
  - 시스템 카탈로그에 저장된 정보를 메타 데이터(Meta-data)라고 부른다.
  - INSERT, DELETE, UPDATE 문으로 카탈로그를 갱신하는 것은 허용되지 않는다(카탈로그는 DBMS가 스스로 생성하고 유지).
  - 사용자가 SQL 문을 실행시켜 기본 테이블, 뷰, 인덱스 등에 변화를 주면 시스템이 자동으로 갱신된다.

정답
23 ④   24 ①   25 ②   26 ②

> 19년 2회, 22년 2회, 24년 2회

27 릴레이션을 구성하는 요소로 튜플의 개수를 뜻하는 것은?

① 카디널리티(Cardinality)
② 스키마(Schema)
③ 타입(Type)
④ 차수(Degree)

해설

용어	설명
카디널리티(Cardinality)	• 행(Row, Tuple)의 수
차수(Degree)	• 열(Column)의 수

> 21년 1회, 22년 2회, 24년 3회, 35년 2회

28 시스템 카탈로그에 대한 설명으로 틀린 것은?

① 시스템 카탈로그의 갱신은 무결성 유지를 위하여 SQL을 이용하여 사용자가 직접 갱신하여야 한다.
② 데이터베이스에 포함되는 데이터 객체에 대한 정의나 명세에 대한 정보를 유지 관리한다.
③ DBMS가 스스로 생성하고 유지하는 데이터베이스 내의 특별한 테이블 집합체이다.
④ 카탈로그에 저장된 정보를 메타 데이터라고도 한다.

해설
• 사용자가 SQL 문을 실행시켜 기본 테이블, 뷰, 인덱스 등에 변화를 주면 시스템이 자동으로 갱신된다.

> 17년 1회, 23년 3회, 24년 1회, 2회

29 시스템 카탈로그에 대한 설명으로 틀린 것은?

① 데이터베이스에 포함된 다양한 데이터 객체에 대한 정보들을 유지, 관리하기 위한 시스템 데이터베이스이다.
② 시스템 카탈로그를 데이터 사전이라고도 한다.
③ 시스템 카탈로그에 저장된 정보를 메타 데이터라고도 한다.
④ 시스템 카탈로그는 시스템을 위한 정보를 포함하는 시스템 데이터베이스이므로 일반 사용자는 내용을 검색할 수 없다.

해설
• 시스템 카탈로그는 테이블로 구성되어 있고, 일반 사용자도 SQL을 이용하여 내용을 검색할 수 있다.

> 21년 2회

30 관계 데이터베이스 모델에서 차수(Degree)의 의미는?

① 튜플의 수
② 테이블의 수
③ 데이터베이스의 수
④ 애트리뷰트의 수

해설
• 관계 데이터베이스 모델에서 차수(Degree)는 테이블 내의 열의 개수로 애트리뷰트의 수를 의미한다.

> 24년 1회

31 A1, A2, A3 3개 속성을 갖는 한 릴레이션에서 A1의 도메인은 3개 값, A2의 도메인은 2개 값, A3의 도메인은 4개의 값을 갖는다. 이 릴레이션에 존재할 수 있는 가능한 튜플(Tuple)의 최대 수는?

① 24 ② 12
③ 8   ④ 9

정답
27 ① 28 ① 29 ④ 30 ④ 31 ①

해설
- 도메인(Domain)은 하나의 속성이 가질 수 있는 원자값들의 집합이다.
- 릴레이션에 존재할 수 있는 최대 튜플의 수는 각 속성의 도메인 값을 모두 곱하여 구할 수 있다.
- 튜플의 최대 수는 A1의 도메인의 값 3 × A2의 도메인의 값 2 × A3의 도메인의 값 4를 곱한 값이다.
- 따라서 튜플의 최대 수는 24이다.

◎ 21년 1회, 24년 3회

32 다음 릴레이션의 카디널리티와 차수가 옳게 나타낸 것은?

아이디	성명	나이	등급	적립금	가입 연도
yuyu01	원유철	36	3	2,000	2006
sykim10	김성일	29	2	3,300	2014
kshan4	한경선	45	3	2,800	2009
namsu52	이남수	33	5	1,000	2016

① 카디널리티: 4, 차수: 4
② 카디널리티: 4, 차수: 6
③ 카디널리티: 6, 차수: 4
④ 카디널리티: 6, 차수: 6

해설
- 카디널리티는 4개, 차수는 6개이다.

용어	설명
카디널리티(Cardinality)	튜플(Tuple)의 개수
차수(Degree)	속성(Attribute)의 개수

◎ 22년 2회

33 데이터베이스에서 릴레이션에 대한 설명으로 틀린 것은?

① 모든 튜플은 서로 다른 값을 가지고 있다.
② 하나의 릴레이션에서 튜플은 특정한 순서를 가진다.
③ 각 속성은 릴레이션 내에서 유일한 이름을 가진다.
④ 모든 속성값은 원잣값(Atomic Value)을 가진다.

해설
- 하나의 릴레이션에서 튜플은 특정한 순서를 가지지 않는다.

◎ 23년 3회

34 속성의 수와 차수를 합한 값은 얼마인가?

학번	이름	학년	학과	주소
1000	홍길동	1	컴퓨터공학	서울
2000	김철수	1	전기공학	경기
3000	강남길	2	전기공학	경기
4000	오말자	2	컴퓨터공학	서울

① 8
② 9
③ 10
④ 20

해설
- 속성은 5개이고, 차수는 속성의 수이므로 5이기 때문에 5 + 5 = 10이다.

용어	설명
카디널리티(Cardinality)	튜플(Tuple)의 개수
차수(Degree)	속성(Attribute)의 개수

◎ 25년 1회

35 관계 대수의 순수 관계 연산자가 아닌 것은?

① join
② project
③ division
④ section

해설
- section은 순수 관계 연산자가 아니다.

【두음쌤】 순수 관계 연산자
「셀프조디」 – 셀렉트 / 프로젝트 / 조인 / 디비전

정답
32 ② 33 ② 34 ③ 35 ④

2 데이터 모델링 및 설계

36 데이터 모델에 표시해야 할 요소로 거리가 먼 것은?

① 논리적 데이터 구조
② 출력 구조
③ 연산
④ 제약조건

해설
- 데이터 모델에 표시해야 할 요소로는 논리적 데이터 구조, 연산, 제약조건이 있다.

【두음쌤】데이터 모델에 표시해야 할 요소
「구연제」- 구조(Structure) / 연산(Operation) / 제약조건(Constraint)

37 데이터베이스 설계 시 논리적 설계 단계에 대한 설명으로 옳지 않은 것은?

① 사용자의 요구에 대한 트랜잭션을 모델링한다.
② 트랜잭션 인터페이스를 설계한다.
③ 관계형 데이터베이스에서는 테이블을 설계하는 단계이다.
④ DBMS에 맞는 논리적 스키마를 설계한다.

해설
- 트랜잭션에 대한 모델링은 개념적 모델링 단계에서 수행한다.

38 데이터베이스의 논리적 설계(Logical Design) 단계에서 수행하는 작업이 아닌 것은?

① 레코드 집중의 분석 및 설계
② 논리적 데이터베이스 구조로 매핑(Mapping)
③ 트랜잭션 인터페이스 설계
④ 스키마의 평가 및 정제

해설
- 레코드 집중의 분석 및 설계는 물리적 설계 단계에서 수행하는 작업이다.

39 데이터베이스 설계 시 물리적 설계 단계에서 수행하는 사항이 아닌 것은?

① 저장 레코드 양식 설계
② 레코드 집중의 분석 및 설계
③ 접근 경로 설계
④ 목표 DBMS에 맞는 스키마 설계

해설
- 목표 DBMS에 맞는 스키마 설계는 논리적 설계 단계이다.

정답
36 ② 37 ① 38 ① 39 ④

40 데이터베이스 설계 단계 중 저장 레코드 양식 설계, 레코드 집중의 분석 및 설계, 접근 경로 설계와 관계되는 것은?

① 논리적 설계
② 요구 조건 분석
③ 개념적 설계
④ 물리적 설계

해설

- 데이터베이스 설계 단계는 다음과 같다.

단계	설명
요구조건 분석	• 도출된 요구사항 간 상충을 해결하고 범위를 파악하여 외부 환경과의 상호작용 분석을 통해 데이터에 대한 요구 분석
개념적 설계	• 트랜잭션 모델링, View 통합방법 및 Attribute 합성 고려 • 개념적 데이터 모델은 DB 종류와 관계가 없음
논리적 설계	• 트랜잭션 인터페이스를 설계함 • 관계형 데이터베이스에서는 테이블을 설계하는 단계 • DBMS에 맞는 논리적 스키마를 설계 • 논리적 데이터베이스 구조로 매핑(Mapping) • 스키마의 평가 및 정제
물리적 설계	• 저장 레코드 양식 설계 • 레코드 집중의 분석 및 설계 • 접근 경로 설계

41 데이터베이스 설계 단계 중 응답시간, 저장공간의 효율화, 트랜잭션 처리도와 가장 밀접한 관계가 있는 것은?

① 물리적 설계
② 논리적 설계
③ 개념적 설계
④ 요구조건 분석

해설

- 응답시간, 저장공간 효율화 등 성능과 관련된 부분은 물리적 설계 단계에서 수행한다.

42 물리적 데이터베이스 설계에 대한 설명으로 거리가 먼 것은?

① 물리적 설계의 목적은 효율적인 방법으로 데이터를 저장하는 것이다.
② 트랜잭션 처리량과 응답시간, 디스크 용량 등을 고려해야 한다.
③ 저장 레코드의 형식, 순서, 접근 경로와 같은 정보를 사용하여 설계한다.
④ 트랜잭션의 인터페이스를 설계하며, 데이터 타입 및 데이터 타입들 간의 관계로 표현한다.

해설

- 논리적 설계 단계에서 트랜잭션의 인터페이스를 설계하며, 데이터 타입 및 데이터 타입들 간의 관계로 표현한다.

43 데이터 모델의 종류 중 CODASYL DBTG 모델과 가장 밀접한 관계가 있는 것은?

① 계층형 데이터 모델
② 네트워크형 데이터 모델
③ 관계형 데이터 모델
④ 스키마형 데이터 모델

해설

- 네트워크형 데이터 모델의 특징은 다음과 같다.
  - 논리적 구조가 그래프 형태로 구성된 모델이다.
  - CODASYL DBTG 모델이라고 불린다.

정답

40 ④   41 ①   42 ④   43 ②

> 18년 1회, 20년 4회, 21년 1회
> 22년 3회, 23년 2회, 24년 1회

44 개체-관계 모델의 E-R 다이어그램에서 사용되는 기호와 그 의미의 연결이 옳지 않은 것은?

① 사각형 – 개체 타입
② 삼각형 – 속성
③ 선 – 개체 타입과 속성을 연결
④ 마름모 – 관계 타입

해설

- 개체-관계 모델 구성 요소는 다음과 같다.

구성	기호	
개체	□	(사각형)
속성	○	(타원)
관계-속성 연결	—	(선)
관계	◇	(마름모)

> 17년 2회, 20년 1회

45 E-R 모델의 표현 방법으로 옳지 않은 것은?

① 개체타입 – 사각형
② 관계타입 – 마름모
③ 속성 – 오각형
④ 연결 – 선

해설

- 개체-관계 모델 구성 요소는 다음과 같다.

구성	기호	
개체	□	(사각형)
관계	◇	(마름모)
속성	○	(타원)
관계-속성 연결	—	(선)

> 17년 1회, 22년 1회, 23년 3회

46 E-R 모델에서 다중 값 속성의 표기법은?

① ◇　　　② □
③ ◎　　　④ —

해설

- 개체-관계 모델 구성 요소는 다음과 같다.

구성	기호	
관계	◇	(마름모)
개체	□	(사각형)
다중 값 속성	◎	(이중타원)
관계-속성 연결	—	(선)

> 18년 1회, 20년 3회, 22년 3회, 25년 1회

47 개체-관계 모델(E-R)의 그래픽 표현으로 옳지 않은 것은?

① 개체타입 – 사각형
② 속성 – 원형
③ 관계타입 – 마름모
④ 연결 – 삼각형

해설

- 개체-관계 모델 구성 요소는 다음과 같다.

구성	기호	
개체	□	(사각형)
관계	◇	(마름모)
속성	○	(타원)
관계-속성 연결	—	(선)

정답

44 ②　45 ③　46 ③　47 ④

> 18년 1회, 20년 3회, 22년 3회, 25년 1회

48 릴레이션 조작 시 데이터들이 불필요하게 중복되어 예기치 않게 발생하는 곤란한 현상을 의미하는 것은?

① normalization
② rollback
③ cardinality
④ anomaly

해설
- 이상 현상은 릴레이션 조작 시 데이터들이 불필요하게 중복되어 예기치 않게 발생하는 곤란한 현상으로 영어로는 anomaly로 표현한다.

> 21년 2회, 23년 2회, 24년 3회

49 어떤 릴레이션 R에서 X와 Y를 각각 R의 애트리뷰트 집합의 부분 집합이라고 할 경우 애트리뷰트 X의 값 각각에 대해 시간에 관계없이 항상 애트리뷰트 Y의 값이 오직 하나만 연관되어 있을 때 Y는 X에 함수종속이라고 한다. 이 함수 종속의 표기로 옳은 것은?

① Y → X
② Y ⊂ X
③ X → Y
④ X ⊂ Y

해설
- 함수 종속 표기는 X → Y이다.

> 21년 2회, 24년 2회

50 데이터 속성 간의 종속성에 대한 엄밀한 고려 없이 잘못 설계된 데이터베이스에서는 데이터 처리 연산 수행 시 각종 이상 현상이 발생할 수 있는데, 이러한 이상 현상이 아닌 것은?

① 검색 이상
② 삽입 이상
③ 삭제 이상
④ 갱신 이상

해설
- 이상 현상에는 삽입 이상, 삭제 이상, 갱신 이상이 있다.

【두음쌤】 이상 현상
「삽삭갱」 – 삽입 이상 / 삭제 이상 / 갱신 이상
→ 삽살개(삽삭갱)

> 21년 1회, 23년 3회

51 정규화를 거치지 않아 발생하게 되는 이상(Anomaly) 현상의 종류에 대한 설명으로 옳지 않은 것은?

① 삭제 이상이란 릴레이션에서 한 튜플을 삭제할 때 의도와는 상관없는 값들도 함께 삭제되는 연쇄 삭제 현상이다.
② 삽입 이상이란 릴레이션에서 데이터를 삽입할 때 의도와는 상관없이 원하지 않는 값들도 함께 삽입되는 현상이다.
③ 갱신 이상이란 릴레이션에서 튜플에 있는 속성값을 갱신할 때 일부 튜플의 정보만 갱신되어 정보에 모순이 생기는 현상이다.
④ 종속 이상이란 하나의 릴레이션에 하나 이상의 함수적 종속성이 존재하는 현상이다.

해설
- 이상 현상에는 삽입 이상, 삭제 이상, 갱신 이상이 있다.
- 이상 현상의 종류는 다음과 같다.

종류	설명
삽입 이상	릴레이션에서 데이터를 삽입할 때 의도와는 상관없이 원하지 않는 값들도 함께 삽입되는 현상
삭제 이상	릴레이션에서 한 튜플을 삭제할 때 의도와는 상관없는 값들도 함께 연쇄 삭제되는 현상
갱신 이상	릴레이션에서 튜플에 있는 속성값을 갱신할 때 일부 튜플의 정보만 갱신되어 정보에 모순이 생기는 현상

정답
48 ④　49 ③　50 ①　51 ④

52 다음 정의에서 말하는 기본 정규형은?

> 어떤 릴레이션 R에 속한 모든 도메인이 원자값(Atomic Value)만으로 되어 있다.

① 제1정규형(1NF)
② 제2정규형(2NF)
③ 제3정규형(3NF)
④ 보이스/코드 정규형(BCNF)

해설
- 어떤 릴레이션 R에 속한 모든 도메인이 원자값(Atomic Value) 만으로 되어 있는 정규형은 제1정규형(1NF)이다.

【두음쌤】데이터베이스 정규화 단계
「**원부이 결다조**」 – **원**자화(1) / **부**분 함수 종속 제거(2) / **이**행 함수 종속 제거(3) / **결**정자 함수 종속 제거(BCNF) / **다**치 종속성 제거(4) / **조**인 종속성 제거(5NF)

53 데이터의 중복으로 인하여 관계 연산을 처리할 때 예기치 못한 곤란한 현상이 발생하는 것을 무엇이라 하는가?

① 이상(Anomaly)
② 제한(Restriction)
③ 종속성(Dependency)
④ 변환(Translation)

해설
- 이상 현상은 릴레이션 조작 시 데이터들이 불필요하게 중복되어 예기치 않게 발생하는 곤란한 현상이다.

54 정규화에 대한 설명으로 적절하지 않은 것은?

① 데이터베이스의 개념적 설계 단계 이전에 수행한다.
② 데이터 구조의 안정성을 최대화한다.
③ 중복을 배제하여 삽입, 삭제, 갱신 이상의 발생을 방지한다.
④ 데이터 삽입 시 릴레이션을 재구성할 필요성을 줄인다.

해설
- 논리적 설계 단계에 정규화를 수행한다.

55 정규화 과정 중 BCNF에서 4NF가 되기 위한 조건은?

① 조인 종속성 이용
② 다치 종속 제거
③ 이행적 함수 종속 제거
④ 결정자이면서 후보 키가 아닌 함수 종속 제거

해설
- 4차 정규화가 되기 위해서는 다치 종속성을 제거해야 한다.

【두음쌤】데이터베이스 정규화 단계
「**원부이 결다조**」 – **원**자화(1) / **부**분 함수 종속 제거(2) / **이**행 함수 종속 제거(3) / **결**정자 함수 종속 제거(BCNF) / **다**치 종속성 제거(4) / **조**인 종속성 제거(5NF)

정답
52 ① 53 ① 54 ① 55 ②

> 19년 1회, 25년 1회

56 제2 정규형에서 제3 정규형이 되기 위한 조건은?

① 이행적 함수 종속 제거
② 부분적 함수 종속 제거
③ 다치 종속 제거
④ 결정자이면서 후보 키가 아닌 것 제거

해설
- 3정규형은 이행 함수 종속 제거를 만족해야 한다.

【두음쌤】데이터베이스 정규화 단계
「원부이 결다조」 – 원자화(1) / 부분 함수 종속 제거(2) / 이행 함수 종속 제거(3) / 결정자 함수 종속 제거(BCNF) / 다치 종속성 제거(4) / 조인 종속성 제거(5NF)

> 18년 1회, 20년 4회, 23년 1회

57 정규화의 필요성으로 거리가 먼 것은?

① 데이터 구조의 안정성 최대화
② 중복 데이터의 활성화
③ 수정, 삭제 시 이상 현상의 최소화
④ 테이블 불일치 위험의 최소화

해설
- 정규화의 목적은 다음과 같다.
- 중복 데이터를 최소화하여 테이블 불일치 위험을 최소화한다.
- 수정, 삭제 시 이상 현상의 최소화함으로써 데이터 구조의 안정성을 최대화한다.

> 17년 3회, 20년 3회, 24년 1회

58 정규화의 목적으로 옳지 않은 것은?

① 어떠한 릴레이션이라도 데이터베이스 내에서 표현 가능하게 만든다.
② 데이터 삽입 시 릴레이션을 재구성할 필요성을 줄인다.
③ 중복을 배제하여 삽입, 삭제, 갱신 이상의 발생을 야기한다.
④ 효과적인 검색 알고리즘을 생성할 수 있다.

해설
- 정규화의 목적은 다음과 같다.
- 중복 데이터를 최소화하여 테이블 불일치 위험을 최소화한다.
- 수정, 삭제 시 이상 현상의 최소화함으로써 데이터 구조의 안정성을 최대화한다.

> 17년 2회, 22년 1회, 22년 3회, 25년 3회

59 어떤 릴레이션 R의 모든 조인 종속성의 만족이 R의 후보키를 통해서만 만족된다. 이 릴레이션 R은 어떤 정규형의 릴레이션인가?

① 5 정규형
② 4 정규형
③ 3 정규형
④ 보이스-코드 정규형

해설
- 5정규형은 조인 종속성을 제거해야 한다.

【두음쌤】데이터베이스 정규화 단계
「원부이 결다조」 – 원자화(1) / 부분 함수 종속 제거(2) / 이행 함수 종속 제거(3) / 결정자 함수 종속 제거(BCNF) / 다치 종속성 제거(4) / 조인 종속성 제거(5NF)

정답
56 ①　57 ②　58 ③　59 ①

◎ 16년 3회, 20년 1회, 25년 2회

60 정규화 과정 중 1NF에서 2NF가 되기 위한 조건은?

① 1NF를 만족하고 모든 도메인이 원자 값이어야 한다.
② 1NF를 만족하고 키가 아닌 모든 애트리뷰트들이 기본 키에 이행적으로 함수 종속되지 않아야 한다.
③ 1NF를 만족하고 다치 종속이 제거되어야 한다.
④ 1NF를 만족하고 키가 아닌 모든 속성이 기본 키에 완전 함수적 종속되어야 한다.

해설
- 1 정규형에서 2 정규형이 되기 위한 조건은 1 정규형을 만족하고 키가 아닌 모든 속성이 기본 키에 완전 함수적 종속되어야 한다.

【두음쌤】 데이터베이스 정규화 단계
「원부이 결다조」 - 원자화(1) / 부분 함수 종속 제거(2) / 이행 함수 종속 제거(3) / 결정자 함수 종속 제거(BCNF) / 다치 종속성 제거(4) / 조인 종속성 제거(5NF)

◎ 21년 3회

61 이전 단계의 정규형을 만족하면서 후보키를 통하지 않는 조인종속(JD; Join Dependency)을 제거해야 만족하는 정규형은?

① 제3 정규형
② 제4 정규형
③ 제5 정규형
④ 제6 정규형

해설
- 5정규형은 조인 종속성을 제거해야 한다.

【두음쌤】 데이터베이스 정규화 단계
「원부이 결다조」 - 원자화(1) / 부분 함수 종속 제거(2) / 이행 함수 종속 제거(3) / 결정자 함수 종속 제거(BCNF) / 다치 종속성 제거(4) / 조인 종속성 제거(5NF)

◎ 19년 3회, 20년 1회, 23년 2회, 25년 2회

62 이행적 함수 종속 관계를 의미하는 것은?

① A → B이고 B → C일 때, A → C를 만족하는 관계
② A → B이고 B → C일 때, A → B를 만족하는 관계
③ A → B이고 B → C일 때, B → A를 만족하는 관계
④ A → B이고 B → C일 때, C → B를 만족하는 관계

해설
- 이행 함수 종속 관계는 A → B이고 B → C일 때, A → C를 만족하는 관계이다.

◎ 20년 3회

63 다음에 해당하는 함수종속의 추론규칙은?

X → Y이고 Y → Z이면 X → Z이다.

① 분해 규칙
② 이행 규칙
③ 반사 규칙
④ 결합 규칙

해설
- 이행 함수 종속 관계는 A → B이고 B → C일 때, A → C를 만족하는 관계이다.

정답
60 ④ 61 ③ 62 ① 63 ②

> 20년 3회

64 릴레이션 R의 모든 결정자가 후보 키이면 그 릴레이션 R은 어떤 정규형에 속하는가?

① 제1 정규형
② 제2 정규형
③ 보이스/코드 정규형
④ 제4 정규형

해설
- 결정자가 후보 키이면 결정자 함수 종속을 제거한 상태이므로 BCNF이다.

【두음쌤】데이터베이스 정규화 단계
「원부이 결다조」 – 원자화(1) / 부분 함수 종속 제거(2) / 이행 함수 종속 제거(3) / 결정자 함수 종속 제거(BCNF) / 다치 종속성 제거(4) / 조인 종속성 제거(5NF)

> 20년 4회, 21년 1회, 21년 2회, 25년 3회

65 제3 정규형에서 보이스코드 정규형(BCNF)으로 정규화하기 위한 작업은?

① 원자값이 아닌 도메인을 분해
② 부분 함수 종속 제거
③ 이행 함수 종속 제거
④ 결정자가 후보 키가 아닌 함수 종속 제거

해설
- 결정자가 후보 키가 아닌 함수 종속 제거는 BCNF이다.

【두음쌤】데이터베이스 정규화 단계
「원부이 결다조」 – 원자화(1) / 부분 함수 종속 제거(2) / 이행 함수 종속 제거(3) / 결정자 함수 종속 제거(BCNF) / 다치 종속성 제거(4) / 조인 종속성 제거(5NF)

> 20년 3회, 23년 1회, 24년 3회

66 다음과 같이 위쪽 릴레이션을 아래쪽 릴레이션으로 정규화를 하였을 때 어떤 정규화 작업을 한 것인가?

국가	도시
대한민국	서울, 부산
미국	워싱턴, 뉴욕
중국	베이징

↓

국가	도시
대한민국	서울
대한민국	부산
미국	워싱턴
미국	뉴욕
중국	베이징

① 제1 정규형
② 제2 정규형
③ 제3 정규형
④ 제4 정규형

해설
- 도시에 (서울, 부산), (워싱턴, 뉴욕)과 같이 값이 2개 이상 들어가 있는 테이블을 값이 하나(원자값)가 되도록 하는 작업은 제1 정규화이다.

> 22년 2회

67 물리적 데이터베이스 구조의 기본 데이터 단위인 저장 레코드의 양식을 설계할 때 고려사항이 아닌 것은?

① 데이터 타입
② 데이터 값의 분포
③ 트랜잭션 모델링
④ 접근 빈도

해설
- 트랜잭션 모델링은 개념적 데이터 모델 단계에서 수행한다.
- 저장 레코드 양식 설계 시에는 데이터 타입, 데이터값의 분포, 접근 빈도 등을 고려해야 하고, 물리적 데이터 모델 단계에서 수행한다.

정답
64 ③ 65 ④ 66 ① 67 ③

68 데이터베이스에서 개념적 설계 단계에 대한 설명으로 틀린 것은?

① 산출물로 E-R Diagram을 만들 수 있다.
② DBMS에 독립적인 개념 스키마를 설계한다.
③ 트랜잭션 인터페이스를 설계 및 작성한다.
④ 논리적 설계 단계의 앞 단계에서 수행된다.

해설
- 트랜잭션 인터페이스를 설계 및 작성은 논리적 설계 단계이다.

69 데이터 모델의 구성요소 중 데이터 구조에 따라 개념 세계나 컴퓨터 세계에서 실제로 표현된 값들을 처리하는 작업을 의미하는 것은?

① Relation
② Data Structure
③ Constraint
④ Operation

해설
- 데이터 모델에 표시해야 할 요소는 다음과 같다.

요소	설명
구조 (Structure)	• 데이터베이스에 논리적으로 표현될 대상으로서의 개체 타입과 개체 타입 간의 관계 • 데이터 구조 및 정적 성질을 표현하는 요소
연산 (Operation)	• 데이터베이스에 저장된 실제 데이터를 처리하는 작업에 대한 명세 • 릴레이션을 조작하기 위한 관계 연산을 나타냄(SELECT, PROJECT, JOIN, DIVISION)
제약조건 (Constraint)	• 데이터베이스에 저장될 수 있는 실제 데이터의 논리적인 제약 조건 • 데이터 무결성 유지를 위한 DB의 보편적 방법 • 릴레이션의 특정 칼럼에 설정하는 제약을 의미(개체 무결성, 참조 무결성 등)

70 다음 조건을 모두 만족하는 정규형은?

- 테이블 R에 속한 모든 도메인이 원잣값만으로 구성되어 있다.
- 테이블 R에서 키가 아닌 모든 필드가 키에 대해 함수적으로 종속되며, 키의 부분 집합이 결정자가 되는 부분 종속이 존재하지 않는다.
- 테이블 R에 존재하는 모든 함수적 종속에서 결정자가 후보키이다.

① BCNF
② 제1 정규형
③ 제2 정규형
④ 제3 정규형

해설
- 결정자가 되는 부분 종속을 제거한 상태는 BCNF이다.

【두음쌤】데이터베이스 정규화 단계
「원부이 결다조」 - 원자화(1) / 부분 함수 종속 제거(2) / 이행 함수 종속 제거(3) / 결정자 함수 종속 제거(BCNF) / 다치 종속성 제거(4) / 조인 종속성 제거(5NF)

71 정규화 과정에서 함수 종속이 A → B이고, B → C일 때 A → C인 관계를 제거하는 단계는?

① 1NF → 2NF
② 2NF → 3NF
③ 3NF → BCNF
④ BCNF → 4NF

해설
- A → B이고, B → C일 때 A → C는 이행함수 종속성이고, 이행 함수 종속성 관계를 제거하는 단계는 3NF이다.

【두음쌤】데이터베이스 정규화 단계
「원부이 결다조」 - 원자화(1) / 부분 함수 종속 제거(2) / 이행 함수 종속 제거(3) / 결정자 함수 종속 제거(BCNF) / 다치 종속성 제거(4) / 조인 종속성 제거(5NF)

정답
68 ③   69 ④   70 ①   71 ②

72. A의 원소는 B의 여러 원소와 대응할 수 있지만 B의 원소는 A의 원소 하나만 대응이 가능한 것은 무슨 관계인가?

① 일대다 관계
② 일대일 관계
③ 다대다 관계
④ 자기 참조 관계

해설

- 관계형 데이터베이스의 관계는 다음과 같다.

관계	설명
1:1(일대일) 관계	A의 원소와 B의 원소가 하나만 대응이 가능한 관계
1:N(일대다) 관계	A의 원소는 B의 여러 원소와 대응할 수 있지만 B의 원소는 A의 원소 하나만 대응 가능한 관계
N:M(다대다) 관계	A의 원소는 B의 여러 원소와 대응할 수 있고 B의 원소도 A의 여러 원소와 대응 가능한 관계
자기참조관계	자기자신과 관계를 맺는 관계

73. 데이터 모델의 구성요소 중 데이터베이스에 논리적으로 표현될 대상으로서의 개체 타입과 개체 타입 간의 관계를 의미하는 것은?

① Structure
② Operation
③ Relation
④ Constraint

해설

- 데이터 모델에 표시해야 할 요소는 다음과 같다.

요소	설명
구조 (Structure)	데이터베이스에 논리적으로 표현될 대상으로서의 개체 타입과 개체 타입들 간의 관계로, 데이터 구조 및 정적 성질을 표현하는 요소
연산 (Operation)	데이터베이스에 저장된 실제 데이터를 처리하는 작업에 대한 명세로서 데이터베이스를 조작하는 요소
제약조건 (Constraint)	데이터베이스에 저장될 수 있는 실제 데이터의 논리적인 제약조건

정답

72 ① 73 ①

Chapter 04 물리 데이터베이스 설계

1 물리 요소 조사 분석

01 분산 데이터베이스 시스템에 대한 설명으로 옳지 않은 것은? (24년 1회)

① 사용자나 응용 프로그램이 접근하려는 데이터나 사이트의 위치를 알아야 한다.
② 중앙의 컴퓨터에 장애가 발생하더라도 전체 시스템에 영향을 끼치지 않는다.
③ 중앙 집중 시스템보다 구현하는 데 복잡하고 처리 비용이 증가한다.
④ 중앙 집중 시스템보다 시스템 확장이 용이하다.

해설
- 분산 데이터베이스는 위치 투명성으로 인해 물리적 위치를 알 필요가 없다.
- 장애 투명성으로 인해 통신망 등에 이상이 생기더라도 데이터 무결성을 보존할 수 있다.
- 중앙 집중에 비해 상대적으로 복잡하고 인프라를 추가 구축해야 하기 때문에 비용이 많이 들지만, 시스템 확장이 용이하다.

02 분산 데이터베이스에 대한 설명으로 거리가 먼 것은? (24년 2회)

① 지역 자치성이 높다.
② 효용성과 융통성이 높다.
③ 분산 제어가 가능하다.
④ 점진적 시스템 확장이 어렵다.

해설
- 분산 데이터 특징은 다음과 같다.
- 분산 제어가 쉽다.
- 지역 자치성이 높다. (자신의 데이터를 지역적으로 제어하여 원격 데이터 처리센터에 대한 의존도가 감소한다.)
- 효용성과 융통성이 높다.
- 점진적으로 시스템 확장이 쉽다.

03 분산 데이터베이스 목표 중 "데이터베이스의 분산된 물리적 환경에서 특정 지역의 컴퓨터 시스템이나 네트워크에 장애가 발생해도 데이터 무결성이 보장된다."는 것과 관계있는 것은? (20년 1회)

① 장애 투명성
② 병행 투명성
③ 위치 투명성
④ 중복 투명성

해설
- 분산 데이터베이스 투명성 종류는 다음과 같다.

투명성	설명
위치 투명성	• 사용자나 응용 프로그램이 접근할 데이터의 물리적 위치를 알아야 할 필요가 없는 성질
복제 투명성	• 사용자나 응용 프로그램이 접근할 데이터가 물리적으로 여러 곳에 복제되어 있는지를 알 필요가 없는 성질
병행 투명성	• 여러 사용자나 응용 프로그램이 동시에 분산 데이터베이스에 대한 트랜잭션을 수행하는 경우에도 결과에 이상이 발생하지 않는 성질 • 로킹(Locking), 타임스탬프(Time Stamp) 순서 기법 이용
분할 투명성	• 사용자가 하나의 논리적인 릴레이션이 여러 단편으로 분할되어 각 단편의 사본이 여러 장소에 저장되어 있음을 알 필요가 없는 성질
장애 투명성	• 데이터베이스가 분산되어 있는 각 지역의 시스템이나 통신망에 이상이 생기더라도, 데이터의 무결성을 보존할 수 있는 성질 • 2PC(Phase Commit) 활용

정답
01 ① 02 ④ 03 ①

◎ 20년 3회, 22년 3회, 24년 3회, 25년 2회

04 분산 데이터베이스의 투명성(Transparency)에 해당하지 않는 것은?

① Location Transparency
② Replication Transparency
③ Failure Transparency
④ Media Access Transparency

해설

- 분산 데이터베이스 투명성 종류는 위치 투명성(Location Transparency), 복제 투명성(Replication Transparency), 병행 투명성(Concurrency Transparency), 분할 투명성(Fragmentation Transparency), 장애 투명성(Failure Transparency)이 있다.

【두음쌤】 분산 데이터베이스 투명성 종류
「위 복병 분장」 - 위치 투명성(Location Transparency) / 복제 투명성(Replication Transparency) / 병행 투명성(Concurrency Transparency) / 분할 투명성(Fragmentation Transparency) / 장애 투명성(Failure Transparency)
→ 위나라의 복병이 분장을 하고 침투했다.

◎ 22년 1회, 23년 1회

05 분산 데이터베이스 시스템(Distributed Database System)에 대한 설명으로 틀린 것은?

① 분산 데이터베이스는 논리적으로는 하나의 시스템에 속하지만, 물리적으로는 여러 개의 컴퓨터 사이트에 분산되어 있다.
② 위치 투명성, 중복 투명성, 병행 투명성, 장애 투명성을 목표로 한다.
③ 데이터베이스의 설계가 비교적 어렵고, 개발 비용과 처리 비용이 증가한다는 단점이 있다.
④ 분산 데이터베이스 시스템의 주요 구성요소는 분산 처리기, P2P 시스템, 단일 데이터베이스 등이 있다.

해설

- 분산 데이터베이스 시스템의 주요 구성요소는 분산 처리기, 분산 데이터베이스, 통신 네트워크가 있다.

◎ 22년 2회, 25년 2회

06 분산 데이터베이스 시스템과 관련한 설명으로 틀린 것은?

① 물리적으로 분산된 데이터베이스 시스템을 논리적으로 하나의 데이터베이스 시스템처럼 사용할 수 있도록 한 것이다.
② 물리적으로 분산되어 지역별로 필요한 데이터를 처리할 수 있는 지역 컴퓨터를 분산 처리기라고 한다.
③ 분산 데이터베이스 시스템을 위한 통신 네트워크 구조가 데이터 통신에 영향을 주므로 효율적으로 설계해야 한다.
④ 데이터베이스가 분산되어 있음을 사용자가 인식할 수 있도록 분산 투명성을 배제해야 한다.

해설

- 분산 데이터베이스 시스템의 주요 구성 요소는 분산 처리기, 분산 데이터베이스, 통신 네트워크가 있다.

구성	설명
분산 처리기	물리적으로 분산되어 지역별로 필요한 데이터를 처리할 수 있는 지역 컴퓨터
분산 데이터 베이스	네트워크상에서 여러 컴퓨터에 물리적으로 분산되어 있지만, 하나의 데이터베이스처럼 인식하도록 논리적으로 통합된 데이터베이스
통신 네트워크	통신을 가능하게 할 목적으로 연결해 놓은 단말, 링크, 노드의 집합

- 분산 데이터베이스 시스템에서 사용자가 데이터베이스를 하나의 데이터베이스처럼 인식하도록 분산 데이터베이스 투명성 기술이 구현되어야 한다.

정답

04 ④   05 ④   06 ④

> 21년 3회, 22년 3회, 24년 2회

07 정보 보안을 위한 접근제어(Access Control)와 관련한 설명으로 틀린 것은?

① 적절한 권한을 가진 인가자만 특정 시스템이나 정보에 접근할 수 있도록 통제하는 것이다.
② 시스템 및 네트워크에 대한 접근제어의 가장 기본적인 수단은 IP와 서비스 포트로 볼 수 있다.
③ DBMS에 보안 정책을 적용하는 도구인 XDMCP를 통해 데이터베이스에 대한 접근제어를 수행할 수 있다.
④ 네트워크 장비에서 수행하는 IP에 대한 접근 제어로는 관리 인터페이스의 접근제어와 ACL(Access Control List) 등이 있다.

해설
- DBMS에 보안 정책을 적용하는 도구인 XDMCP를 통해 데이터베이스에 대한 접근제어를 수행하지는 않는다.
- 정보 보안을 위한 접근제어(Access Control)의 특징은 다음과 같다.
- 적절한 권한을 가진 인가자만 특정 시스템이나 정보에 접근할 수 있도록 통제하는 행위
- 시스템 및 네트워크에 대한 접근제어의 가장 기본적인 수단은 IP와 서비스 포트
- 네트워크 장비에서 수행하는 IP에 대한 접근제어로는 관리 인터페이스의 접근제어와 ACL(Access Control List) 등이 있음

> 25년 1회

08 분산 데이터베이스의 투명성(Transparency) 중 사용자나 응용 프로그램이 접근할 데이터의 물리적 위치를 알아야 할 필요가 없는 성질에 해당하는 투명성은?

① 위치 투명성(Location Transparency)
② 복제 투명성(Replication Transparency)
③ 병행 투명성(Concurrency Transparency)
④ 분할 투명성(Fragmentation Transparency)

해설
- 사용자나 응용 프로그램이 접근할 데이터의 물리적 위치를 알아야 할 필요가 없는 성질은 위치 투명성이다.

> 25년 2회

09 중앙관리자가 주체와 객체의 상호 관계를 제어하며 조직 내에서 맡은 역할에 기초하여 자원에 대한 접근 허용 여부 결정하는 방법은 무엇인가?

① DAC(Discretionary Access Control)
② RBAC(Role Based Access Control)
③ MAC(Mandatory Access Control)
④ ABAC(Attribute Based Access Control)

해설
- 접근 제어정책은 다음과 같다.

정책	설명
DAC (Discretionary Access Control)	• 신원 기반 접근제어 정책 • 주체나 그들이 속해 있는 그룹들의 신분에 근거하여 객체에 대한 접근을 제한하는 방법
MAC (Mandatory Access Control)	• 규칙 기반 접근제어 정책 • 객체에 포함된 정보의 비밀성과 이러한 비밀성의 접근 정보에 대하여 주체가 갖는 권한에 근거하여 객체에 대한 접근을 제한하는 방법
RBAC(Role Based Access Control)	• 역할 기반 접근제어 정책 • 중앙관리자가 주체와 객체의 상호 관계를 제어하며 조직 내에서 맡은 역할에 기초하여 자원에 대한 접근 허용 여부를 결정하는 방법
ABAC (Attribute Based Access Control)	• 속성 기반 접근제어 정책

정답

07 ③   08 ①   09 ②

2 DB 물리 속성 설계

> 20년 3회, 25년 1회

10 물리 데이터 저장소의 파티션 설계에서 파티션 유형으로 옳지 않은 것은?

① 범위 분할(Range Partitioning)
② 해시 분할(Hash Partitioning)
③ 조합 분할(Composite Partitioning)
④ 유닛 분할(Unit Processing)

해설

- 파티션의 유형에는 범위 분할, 해시 분할, 목록 분할, 조합 분할, 라운드 로빈이 있다.

【두음쌤】 파티션 유형
「레해리컴라」 – Range Partitioning / Hash Partitioning / List Partitioning / Composite Partitioning / Round-Robin

> 21년 2회, 23년 3회, 24년 3회

11 병렬 데이터베이스 환경 중 수평분할에서 활용되는 분할 기법이 아닌 것은?

① 라운드 로빈　② 범위 분할
③ 예측 분할　　④ 해시 분할

해설

- 파티션의 유형에는 범위 분할, 해시 분할, 목록 분할, 조합 분할, 라운드 로빈이 있다.

【두음쌤】 파티션 유형
「레해리컴라」 – Range Partitioning / Hash Partitioning / List Partitioning / Composite Partitioning / Round-Robin

> 23년 1회, 25년 3회

12 다음 중 파티셔닝 기법의 특징으로 옳지 않은 것은?

① 물리적 파티셔닝으로 인해 전체 데이터 훼손 가능성은 줄어들고 데이터 가용성이 향상된다.
② 데이터베이스를 작은 단위로 관리하여 편리하다.
③ 병렬 데이터베이스 환경 중 수평분할에서 활용되는 분할 기법이다.
④ 테이블을 파티션 단위로 나누어 데이터 접근하므로 성능이 저하된다.

해설

- 파티셔닝의 특징은 다음과 같다.
- 물리적 파티셔닝으로 인해 전체 데이터 훼손 가능성은 줄어들고 데이터 가용성이 향상된다.
- 데이터베이스를 작은 단위로 관리하여 편리하다.
- 부하를 각각 파티션들로 분산시켜 성능을 향상 시킨다.

> 25년 2회

13 다음 파티셔닝 유형 중 수평 분할 설명 중 옳은것은?

① Range Partitioning은 분할 키값이 범위 내에 있는지 여부로 구분하는 기법이다.
② List Partitioning은 해시 함수의 값에 따라 파티션에 포함할지 여부를 결정하는 기법이다.
③ Composite Partitioning은 값 목록에 파티션을 할당하고 분할 키 값을 그 목록에 맞추어 목록을 선택하는 기법이다.
④ 라운드 로빈(Round-Robin)은 범위 분할, 해시 분할, 목록 분할 중 2개 이상의 파티셔닝을 결합하는 기법이다.

해설

- 파티션의 유형은 다음과 같다.

범위 분할 (Range Partitioning)	분할 키값이 범위 내에 있는지 여부로 구분하는 기법
해시 분할 (Hash Partitioning)	해시 함수의 값에 따라 파티션에 포함할지 여부를 결정하는 기법
목록 분할 (List Partitioning)	값 목록에 파티션을 할당하고 분할 키 값을 그 목록에 맞추어 목록을 선택하는 기법
조합 분할 (Composite Partitioning)	범위 분할, 해시 분할, 목록 분할 중 2개 이상의 파티셔닝을 결합하는 기법
라운드 로빈 (Round-Robin)	라운드 로빈으로 회전하면서 새로운 행을 파티션에 할당하는 기법

정답

10 ④　11 ③　12 ④　13 ①

3 데이터베이스 무결성과 키

> 16년 3회, 18년 1회, 2회, 19년 1회, 20년 3회
> 21년 2회, 3회, 22년 3회, 23년 2회

14 한 릴레이션의 기본 키를 구성하는 어떠한 속성값도 널(NULL)값이나 중복값을 가질 수 없음을 의미하는 무결성의 종류는?

① 개체 무결성
② 참조 무결성
③ 도메인 무결성
④ 키 무결성

해설

- 무결성의 종류는 다음과 같다.

종류	설명
개체 무결성	• 한 엔터티에서 동일한 기본키(PK)를 가질 수 없거나, 기본키(PK)의 속성이 NULL을 허용할 수 없는 제약조건
참조 무결성	• 외래키가 참조하는 다른 개체의 기본키에 해당하는 값이 기본키값이나 NULL이어야 하는 제약조건
도메인 무결성	• 속성의 값은 기본값, NULL 여부, 도메인(데이터 타입, 길이)이 지정된 규칙을 준수해야 하는 제약조건
사용자 무결성	• 사용자의 의미적 요구사항을 준수해야 하는 제약조건
키 무결성	• 한 릴레이션에 같은 키 값을 가진 튜플들을 허용할 수 없는 제약조건

> 21년 1회, 25년 1회

15 릴레이션 R1에 속한 애트리뷰트의 조합인 외래키를 변경하려면 이를 참조하고 있는 릴레이션 R2의 기본 키도 변경해야 하는데 이를 무엇이라 하는가?

① 정보 무결성
② 고유 무결성
③ 널 제약성
④ 참조 무결성

해설

- 참조 무결성은 릴레이션 R1에 속한 애트리뷰트의 조합인 외래키를 변경하려면 이를 참조하고 있는 릴레이션 R2의 기본 키도 변경해야 하는 무결성이다.

종류	설명
개체 무결성	• 한 엔터티에서 동일한 기본키(PK)를 가질 수 없거나, 기본키(PK)의 속성이 NULL을 허용할 수 없는 제약조건
참조 무결성	• 외래키가 참조하는 다른 개체의 기본키에 해당하는 값이 기본키값이나 NULL이어야 하는 제약조건
도메인 무결성	• 속성의 값은 기본값, NULL 여부, 도메인(데이터 타입, 길이)이 지정된 규칙을 준수해야 하는 제약조건
사용자 무결성	• 사용자의 의미적 요구사항을 준수해야 하는 제약조건
키 무결성	• 한 릴레이션에 같은 키 값을 가진 튜플들을 허용할 수 없는 제약조건

> 24년 2회, 3회, 25년 3회

16 데이터베이스 무결성과 보안의 차이점에 대한 설명으로 가장 적합한 것은?

① 무결성은 권한이 있는 사용자로부터 데이터베이스를 보호하는 것이고, 보안은 권한이 없는 사용자로부터 데이터베이스를 보호하는 것이다.
② 무결성은 권한이 없는 사용자로부터 데이터베이스를 보호하는 것이고, 보안은 권한이 있는 사용자로부터 데이터베이스를 보호하는 것이다.
③ 무결성과 보안은 모두 권한이 있는 사용자로부터 데이터베이스를 보호하는 것이지만, 보안은 사용자 계정과 비밀번호로 관리한다.
④ 무결성과 보안은 모두 권한이 없는 사용자로부터 데이터베이스를 보호하는 것이지만, 무결성은 DBMS가 자동적으로 보장해준다.

정답

14 ①   15 ④   16 ①

해설
- 무결성은 UPDATE, INSERT, DELETE 활동을 통해 데이터베이스에 저장된 데이터 값과 그것이 표현하는 실제값이 일치하는 정확성을 유지한다.
- UPDATE, INSERT, DELETE는 권한이 있는 사용자여야 가능하다.
- 무결성은 권한이 있는 사용자로부터 데이터베이스를 보호하는 것이고, 보안은 권한 없는 사용자가 데이터 조작하는 것을 방지하는 기술이다.

◆ 17년 2회, 20년 1회

17 데이터 무결성 제약 조건 중 "개체 무결성 제약" 조건에 대한 설명으로 맞는 것은?

① 릴레이션 내의 튜플들이 각 속성의 도메인에 지정 값만을 가져야 한다.
② 기본 키에 속해 있는 애트리뷰트는 널 값이나 중복 값을 가질 수 없다.
③ 릴레이션은 참조할 수 없는 외래 키 값을 가질 수 없다.
④ 키 속성의 모든 값들은 서로 같은 값이 없어야 한다.

해설
- 개체 무결성은 한 엔터티에서 기본 키(PK)가 동일한 값을 가질 수 없거나, 기본 키(PK)의 속성이 NULL을 허용할 수 없다.

◆ 20년 1회, 24년 2회

18 다음 설명의 괄호 안 내용으로 가장 적합한 것은?

> 릴레이션에서 튜플을 유일하게 구별해주는 속성 또는 속성들의 조합을 후보 키라고 한다. 후보키는 유일성과 (   )을 모두 만족해야 한다.

① 중복성   ② 최소성
③ 참조성   ④ 동일성

해설
- 키는 유일성, 최소성을 만족해야 한다.

◆ 22년 3회

19 후보 키에 대한 설명으로 옳지 않은 것은?

① 릴레이션의 기본 키와 대응되어 릴레이션 간의 참조 무결성 제약조건을 표현하는데 사용되는 중요한 도구이다.
② 릴레이션의 후보 키는 유일성과 최소성을 모두 만족해야 한다.
③ 하나의 릴레이션에 속하는 모든 튜플들은 중복된 값을 가질 수 없으므로 모든 릴레이션은 반드시 하나 이상의 후보 키를 갖는다.
④ 릴레이션에서 튜플을 유일하게 구별해 주는 속성 또는 속성들의 조합을 의미한다.

해설
- 테이블 간의 참조 데이터 무결성을 위한 제약조건, 한 릴레이션의 컬럼이 다른 릴레이션의 기본 키로 이용되는 키는 외래키이다.

◆ 24년 3회

20 다음은 학생이라는 개체의 속성을 나타내고 있다. 여기서 "학과"를 기본 키로 사용하기 곤란한 이유로 가장 타당한 것은?

> 학생(학과, 성명, 학번, 세부전공, 주소)

① 학과는 기억하기 어렵다.
② 학과는 정렬하는 데 많은 시간이 소요된다.
③ 학과는 기억 공간을 많이 필요로 한다.
④ 동일한 학과명을 가진 학생이 두 명 이상 존재할 수 있다.

해설
- 기본 키는 테이블의 각 튜플들을 고유하게 식별하는 컬럼으로 동일한 값이 나오면 안 된다.

정답
17 ②   18 ②   19 ①   20 ④

> 22년 1회, 25년 3회

21 다른 릴레이션의 기본키를 참조하는 키를 의미하는 것은?

① 필드 키
② 슈퍼 키
③ 외래 키
④ 후보 키

해설
- 외래 키는 테이블 간의 참조 데이터 무결성을 위한 제약조건이고, 한 릴레이션의 컬럼이 다른 릴레이션의 기본 키로 이용된다.

> 20년 1회, 23년 3회

22 다음 두 릴레이션에서 외래 키로 사용된 것은? (단, 밑줄 친 속성은 기본 키이다.)

> 과목(<u>과목번호</u>, 과목명)
> 수강(<u>수강번호</u>, 학번, 과목번호, 학기)

① 수강번호
② 과목번호
③ 학번
④ 과목명

해설
- 외래 키(Foreign Key)는 한 릴레이션의 컬럼이 다른 릴레이션의 기본 키로 이용되는 키이다.
- '과목' 릴레이션의 '과목번호'가 기본 키이므로 '수강' 릴레이션의 '과목번호'를 외래 키로 하여 '과목'과 '수강' 릴레이션 사이에 관계를 설정할 수 있다.

> 18년 2회, 21년 3회

23 다음은 관계형 데이터베이스의 키(Key)를 설명하고 있다. 해당하는 키는?

> 한 릴레이션 내의 속성들의 집합으로 구성된 키로서, 릴레이션을 구성하는 모든 튜플에 대한 유일성은 만족시키지만 최소성은 만족시키지 못한다.

① 후보 키(Candidate Key)
② 대체 키(Alternate Key)
③ 슈퍼 키(Super Key)
④ 외래 키(Foreign Key)

해설
- 슈퍼 키는 릴레이션을 구성하는 모든 튜플에 대해 유일성은 만족하지만, 최소성은 만족하지 못하는 키이다.

> 20년 4회, 23년 1회, 25년 1회

24 릴레이션에 있는 모든 튜플에 대해 유일성은 만족시키지만 최소성은 만족시키지 못하는 키는?

① 후보 키   ② 기본 키
③ 슈퍼 키   ④ 외래 키

해설
- 키 종류는 다음과 같다

종류	설명
기본 키 (Primary Key)	테이블의 각 튜플을 고유하게 식별하는 컬럼
대체 키 (Alternate Key)	후보 키 중에서 기본 키로 선택되지 않은 키
후보 키 (Candidate Key)	테이블에서 각 튜플을 구별하는 데 기준이 되는 키
슈퍼 키 (Super Key)	릴레이션에 있는 모든 튜플에 대해 유일성은 만족시키지만 최소성은 만족시키지 못하는 키
외래 키 (Foreign Key)	테이블 간의 참조 데이터 무결성을 위한 제약조건, 한 릴레이션의 컬럼이 다른 릴레이션의 기본 키로 이용되는 키

정답
21 ③   22 ②   23 ③   24 ③

> 21년 3회

25 데이터베이스의 무결성 규정(Integrity Rule)과 관련한 설명으로 틀린 것은?

① 무결성 규정에는 데이터가 만족해야 될 제약 조건, 규정을 참조할 때 사용하는 식별자 등의 요소가 포함될 수 있다.
② 무결성 규정의 대상으로는 도메인, 키, 종속성 등이 있다.
③ 정식으로 허가받은 사용자가 아닌 불법적인 사용자에 의한 갱신으로부터 데이터베이스를 보호하기 위한 규정이다.
④ 릴레이션 무결성 규정(Relation Integrity Rules)은 릴레이션을 조작하는 과정에서의 의미적 관계(Semantic Relationship)를 명세한 것이다.

해설
- 무결성 규정(Integrity Rule)은 불법적인 사용자에 의한 것이 아니라 정식허가를 받은 사용자에 의한 갱신으로부터 데이터베이스를 보호하기 위한 규정이다.

> 22년 2회, 24년 3회

26 키의 종류 중 유일성과 최소성을 만족하는 속성 또는 속성들의 집합은?

① Atomic key
② Super key
③ Candidate key
④ Test key

해설
- 기본 키(Primary Key), 대체 키(Alternate Key), 후보 키(Candidate Key)는 유일성과 최소성을 만족하지만, 슈퍼 키(Super Key)는 최소성을 만족하지 못한다.

> 22년 2회

27 테이블의 기본 키(Primary Key)로 지정된 속성에 관한 설명으로 가장 거리가 먼 것은?

① NOT NULL로 널 값을 가지지 않는다.
② 릴레이션에서 튜플을 구별할 수 있다.
③ 외래 키로 참조될 수 있다.
④ 검색할 때 반드시 필요하다.

해설
- 기본키(Primary Key)의 특징은 다음과 같다.
- NOT NULL 제약조건을 포함하고 있어 NULL 값을 가지지 않음
- UNIQUE 제약조건을 포함하고 있어 릴레이션에서 튜플을 구별할 수 있음
- 외래키는 기본키를 참조
- 기본키가 검색할 때 반드시 필요한 것은 아니며 다른 컬럼을 이용할 수도 있다.

> 22년 2회, 25년 3회

28 무결성 제약조건 중 개체 무결성 제약조건에 대한 설명으로 옳은 것은?

① 릴레이션 내의 튜플들이 각 속성의 도메인에 정해진 값만을 가져야 한다.
② 기본 키는 NULL 값을 가져서는 안 되며 릴레이션 내에 오직 하나의 값만 존재해야 한다.
③ 자식 릴레이션의 외래 키는 부모 릴레이션의 기본키와 도메인이 동일해야 한다.
④ 자식 릴레이션의 값이 변경될 때 부모 릴레이션의 제약을 받는다.

해설
- 릴레이션 내의 튜플들이 각 속성의 도메인에 정해진 값만을 가져야 하는 것은 도메인 무결성, 자식 릴레이션의 외래 키는 부모 릴레이션의 기본키와 도메인이 동일해야 하고, 자식 릴레이션의 값이 변경될 때 부모 릴레이션의 제약을 받는 것은 참조 무결성과 관련 있다.

정답
25 ③ 26 ③ 27 ④ 28 ②

④ DB 반 정규화

▶ 20년 1회, 23년 2회

29 반 정규화(Denormalization) 유형 중 중복 테이블을 추가하는 방법에 해당하지 않는 것은?

① 빌드 테이블의 추가
② 집계 테이블의 추가
③ 진행 테이블의 추가
④ 특정 부분만을 포함하는 테이블 추가

해설
- 반 정규화(Denormalization) 유형 중 중복 테이블을 추가하는 방법에는 집계 테이블 추가, 진행 테이블 추가, 특정 부분만을 포함하는 테이블 추가가 있다.

▶ 20년 4회, 24년 2회

30 정규화된 엔티티, 속성, 관계를 시스템의 성능 향상과 개발 운영의 단순화를 위해 중복, 통합, 분리 등을 수행하는 데이터 모델링 기법은?

① 인덱스 정규화
② 반 정규화
③ 집단화
④ 머징

해설
- 반 정규화는 성능 향상과 개발 운영의 단순화를 위해 중복, 통합, 분리 등을 수행하는 데이터 모델링 기법이다.
- 반 정규화 기법에는 테이블 병합, 테이블 분할, 중복 테이블 생성, 중복 컬럼 생성, 중복 관계 추가 등이 있다.

정답
29 ① 30 ②

Chapter 05 기타

1 기타

01 데이터베이스에 영향을 주는 생성, 읽기, 갱신, 삭제 연산으로 프로세스와 테이블 간에 매트릭스를 만들어서 트랜잭션을 분석하는 것은?

① CASE 분석
② 일치 분석
③ CRUD 분석
④ 연관성 분석

해설
- CRUD 분석은 데이터베이스에 영향을 주는 생성, 읽기, 갱신, 삭제 연산으로 프로세스와 테이블 간에 매트릭스를 만들어서 트랜잭션을 분석하는 기법이다.

02 다음 중 DAS에서 사용하는 프로토콜이 아닌 것은?

① SATA
② SCSI
③ NFS
④ ATA

해설
- DAS(Direct Attached Storage)는 케이블을 통해 서버나 PC에 직접 연결된 전용 디지털 저장 장치이다.
- ATA(Advanced Technology Attachment), SATA(Serial Advanced Technology Attachment), SCSI(Small Computer System Interface), SAS(Serial Attached SCSI)는 DAS 연결에 사용되는 기본 프로토콜이다.
- NFS(Network File System), CIFS(Common Internet File System), SMB(Server Message Block)는 NAS에서 사용하는 프로토콜이다.

03 다음이 설명하는 용어는 무엇인가?

> 데이터 분석을 위한 데이터를 데이터 저장소인 DW(Data Warehouse) 및 DM(Data Mart)으로 이동시키기 위해 다양한 소스 시스템으로부터 필요한 원본 데이터를 추출하고 변환하여 적재하는 작업 및 기술

① ETL
② FTP
③ OLAP
④ UDP

해설

보기	설명
ETL (Extract Transform Load)	소스 시스템으로부터 필요한 원본 데이터를 추출하고 변환하여 적재하는 작업 및 기술
FTP (File Transfer Protocol)	TCP/IP 프로토콜을 가지고 서버와 클라이언트 사이의 파일을 전송하기 위한 프로토콜
OLAP (On-Line Analytical Processing)	사용자가 동일한 데이터를 여러 기준을 이용하는 다양한 방식으로 바라보면서 다차원 데이터 분석을 할 수 있도록 도와주는 기술
UDP (User Datagram Protocol)	비연결성이고, 신뢰성이 없으며, 순서화되지 않은 데이터그램 서비스를 제공하는 전송 계층(4계층)의 통신 프로토콜

정답
01 ③   02 ③   03 ①

프로그래밍 언어 활용

- **Chapter 01** 서버프로그램 구현
- **Chapter 02** 프로그래밍 언어 활용
- **Chapter 03** 응용 SW 기초 기술 활용
- **Chapter 04** 기타

Chapter 01 서버프로그램 구현

❶ 개발환경 구축

01 WAS(Web Application Server)가 아닌 것은? ◆ 21년 1회

① JEUS
② JVM
③ Tomcat
④ WebSphere

해설
- 웹 애플리케이션 서버(WAS; Web Application Server)는 사용자에게 동적 서비스를 제공하기 위해 웹 서버로부터 요청을 받아 데이터 처리를 수행하거나, 웹 서버와 데이터베이스 서버 또는 웹 서버와 파일 서버 사이에서 인터페이스 역할을 수행하는 서버이다.
- 제품에는 Oracle WebLogic, Apache Tomcat, IBM WebSphere, JEUS 등이 있다.

02 프레임워크(Framework)에 대한 설명으로 옳은 것은? ◆ 21년 2회, 23년 2회

① 소프트웨어 구성에 필요한 기본 구조를 제공함으로써 재사용이 가능하게 해준다.
② 소프트웨어 개발 시 구조가 잡혀있기 때문에 확장이 불가능하다.
③ 소프트웨어 아키텍처(Architecture)와 동일한 개념이다.
④ 모듈화(Modularity)가 불가능하다.

해설
- 프레임워크(Framework)는 소프트웨어 구성에 필요한 기본 구조를 제공함으로써 재사용이 가능하게 해준다.

03 개발 환경 구성을 위한 빌드(Build) 도구에 해당하지 않는 것은? ◆ 22년 1회

① Ant
② Kerberos
③ Maven
④ Gradle

해설
- 개발 도구 분류는 다음과 같다.

분류	도구
빌드 도구	• Ant, Maven, Gradle
구현 도구	• Eclipse, Spring Tool Suite, Visual Studio
테스트 도구	• xUnit, PMD, Findbugs, cppCheck, SonarQube
형상 관리 도구	• CVS, SVN, Git

정답
01 ②   02 ①   03 ②

❷ 서버 프로그램 구현

> 20년 3회

04 다음 내용이 설명하는 소프트웨어 취약점은?

> 메모리를 다루는 데 오류가 발생하여 잘못된 동작을 하는 프로그램 취약점

① FTP 바운스 공격
② SQL 삽입
③ 버퍼 오버플로우
④ 디렉터리 접근 공격

해설

- 버퍼 오버플로는 메모리의 정해진 범위를 넘치게 해서 원래의 리턴 주소를 변경시켜 잘못된 동작을 하도록 하는 취약점이다.

보기	설명
FTP 바운스 공격	• FTP 서버가 데이터를 전송할 때 목적지가 어디인지 검사하지 않는 설계상의 문제점을 이용한 공격기법
SQL 삽입	• 데이터베이스와 연동된 웹 애플리케이션에서 공격자가 입력 폼 및 URL 입력란에 SQL 문을 삽입하여 DB로부터 정보를 열람할 수 있는 공격기법
디렉터리 접근 공격	• HTTP 기반의 공격으로 액세스가 제한된 디렉터리에 접근하여 서버의 루트 디렉터리에서 외부 명령을 실행하여 파일, 웹 소스 등을 강제로 내려받을 수 있는 공격기법

> 23년 1회, 3회

05 소프트웨어나 하드웨어의 버그, 보안 취약점 등 설계상 결함을 이용해 공격자의 의도된 동작을 수행하도록 만들어진 절차나 일련의 명령, 프로그램 등을 의미하는 용어는 무엇인가?

① Exploit
② Buffer Overflow
③ Cross Site Scripting
④ SQL Injection

해설

- 익스플로잇(Exploit)은 소프트웨어나 하드웨어의 버그, 보안 취약점 등 설계상 결함을 이용해 공격자의 의도된 동작을 수행하도록 만들어진 절차나 일련의 명령, 프로그램 등을 의미하는 용어이다.

❸ 배치 프로그램 구현

> 20년 3회, 22년 3회

06 배치 프로그램의 필수 요소에 대한 설명으로 틀린 것은?

① 자동화는 심각한 오류 상황 외에는 사용자의 개입 없이 동작해야 한다.
② 안정성은 어떤 문제가 생겼는지, 언제 발생했는지 등을 추적할 수 있어야 한다.
③ 대용량 데이터는 대용량의 데이터를 처리할 수 있어야 한다.
④ 무결성은 주어진 시간 내에 처리를 완료할 수 있어야 하고, 동시에 동작하고 있는 다른 애플리케이션을 방해하지 말아야 한다.

해설

- 배치 프로그램의 필수 요소는 자동화, 안정성, 대용량 데이터, 견고성, 성능이다.

정답

04 ③   05 ①   06 ④

Chapter 02 프로그래밍 언어 활용

1 기본문법 활용

01 C언어에서 배열 b[5]의 값은? ◆ 20년 1회

```
static int b[9] = {1, 2, 3};
```

① 0　　② 1
③ 2　　④ 3

해설
- 명시적으로 값이 선언되지 않은 배열에는 0이 들어가게 되므로 {1, 2, 3, 0, 0, 0, 0, 0, 0}이 된다.

02 C언어에서 정수 자료형으로 옳은 것은? ◆ 20년 3회

① int
② float
③ char
④ double

해설
- 정수 자료형은 int이다.
- 주요 자료형은 다음과 같다.

자료형	설명
int	• 정수 타입
float	• 부동소수점 타입
char	• 문자 타입
double	• 실수 타입

03 JAVA에서 변수와 자료형에 대한 설명으로 틀린 것은? ◆ 21년 1회, 23년 2회

① 변수는 어떤 값을 주기억 장치에 기억하기 위해서 사용하는 공간이다.
② 변수의 자료형에 따라 저장할 수 있는 값의 종류와 범위가 달라진다.
③ char 자료형은 나열된 여러 개의 문자를 저장하고자 할 때 사용한다.
④ boolean 자료형은 조건이 참인지 거짓인지 판단하고자 할 때 사용한다.

해설
- char 자료형은 문자 하나를 저장하고자 할 때 사용한다.

타입	설명	예시
불린 타입 (Boolean Type)	• 조건이 참(True)인지 거짓(False)인지 판단하고자 할 때 사용	boolean a = TRUE;
문자 타입 (Char Type)	• 문자 하나를 저장하고자 할 때 사용	char a = 'A';
문자열 타입 (String Type)	• 나열된 여러 개의 문자를 저장하고자 할 때 사용	String a = "Hello";
정수 타입 (Int Type)	• 정숫값을 저장하고자 할 때 사용	int a = 5;
부동 소수점 타입 (Float Type)	• 소수점을 포함하는 실숫값을 저장하고자 할 때 사용	float a = 4.5;

정답
01 ①　02 ①　03 ③

04 파이썬의 변수 작성 규칙 설명으로 옳지 않은 것은? ▶ 20년 3회

① 첫 자리에 숫자를 사용할 수 없다.
② 영문 대문자/소문자, 숫자, 밑줄(_)의 사용이 가능하다.
③ 변수 이름의 중간에 공백을 사용할 수 있다.
④ 이미 사용하고 있는 예약어는 사용할 수 없다.

해설
- 변수 이름의 중간에는 공백을 사용할 수 없다.

사용 가능 예시	사용 불가능 예시
my_student	my student

05 C언어에서 사용할 수 없는 변수명은? ▶ 20년 1회, 23년 1회

① student2019
② text-color
③ _korea
④ amount

해설
- 변수명으로 $, %, +, - 등과 같은 특수문자는 사용할 수 없다.
- 특수문자는 '_'(밑줄)와 '$'(달러)만 사용할 수 있다.
- 변수 설정 규칙은 다음과 같다.

구분	규칙	사용 가능 예시	사용 불가능 예시
사용 가능 문자	영문 대문자/소문자, 숫자, 밑줄('_')의 사용이 가능	a, A, a1, _, _hello,	?a, 〈a
변수 사용 규칙	첫 자리에는 숫자를 사용할 수 없음	_1, a1, a100	1, 1a, 1A, 1234
	변수 이름의 중간에는 공백을 사용할 수 없음	my_student	my student
변수 의미 부여	이미 사용되고 있는 예약어의 경우에는 변수로 사용할 수 없음	For, If, While	int, short, long, for, while, do, continue, break, if, else

06 C 언어에서 변수로 사용할 수 없는 것은? ▶ 21년 1회

① data02
② int01
③ _sub
④ short

해설
- short는 예약어이므로 사용할 수 없다.

07 C 언어에서의 변수 선언으로 틀린 것은? ▶ 21년 3회, 25년 1회

① int else;
② int Test2;
③ int pc;
④ int True;

해설
- else는 예약어이므로 사용할 수 없다.

08 C언어에서 비트 논리 연산자에 해당하지 않는 것은? ▶ 20년 1회, 23년 1회, 24년 2회, 25년 1회

① ^
② ?
③ &
④ ~

해설
- 비트 논리 연산자는 다음과 같다.

연산자	설명
&	두 값을 비트로 연산하여 같은 비트의 값이 모두 1이면 해당 비트 값이 1이 되고, 그렇지 않으면 0이 되는 연산자
|	두 값을 비트로 연산하여 같은 비트의 값이 하나라도 1이면 해당 비트 값이 1이 되고, 그렇지 않으면 0이 되는 연산자
^	두 값을 비트로 연산하여 같은 비트의 값이 서로 다르면 해당 비트 값이 1이 되고, 그렇지 않으면 0이 되는 연산자
~	모든 비트의 값을 반대로 바꾸는 반전 기능을 하는 연산자

정답
04 ③ 05 ② 06 ④ 07 ① 08 ②

09 다음 C언어 프로그램이 실행되었을 때의 결과는? ▶ 21년 2회

```
01  #include <stdio.h>
02  int main(int argc, char *argv[ ]){
03    int a[2][2] = {{11, 22}, {44, 55}};
04    int i, sum = 0;
05    int *p;
06    p = a[0];
07    for(i = 1; i < 4; i++)
08      sum += *(p + i);
09    printf("%d", sum);
10    return 0;
11  }
```

① 55 ② 77
③ 121 ④ 132

해설

라인수	설명
01	• printf 함수를 사용하기 위해 stdio.h 헤더 파일을 포함
02	• 프로그램이 시작 부분인 main 함수 선언
03	• 2 x 2 크기의 정수형 배열 변수 a를 선언과 동시에 11, 22, 44, 55로 초기화
04	• 정수형 변수 i를 선언, sum은 선언과 동시에 0을 대입함
05	• 정수형 포인터 변수 p를 선언함
06	• 배열 a[0]의 주솟값을 p에 대입함
07~08	• for 반복문에서 i는 1부터 4까지 반복을 수행함 • *(p+1)는 22, *(p+2)는 44, *(p+3)은 55이므로 22 + 44 + 55인 121을 sum 변수에 대입
09	• sum 값을 화면에 출력함
10	• main 함수의 정상종료를 의미하는 0을 리턴

10 C언어에서 산술 연산자가 아닌 것은? ▶ 21년 1회, 22년 3회

① % ② *
③ / ④ =

해설

• = 는 대입 연산자이다.
• 산술 연산자는 다음과 같다.

연산자	설명
+, -, *, /	• 덧셈, 뺄셈, 곱셈, 나눗셈 연산자
%	• 왼쪽 값을 오른쪽 값으로 나눈 나머지를 계산하는 연산자

11 다음 C언어 프로그램이 실행되었을 때의 결과는? ▶ 21년 2회, 24년 2회, 25년 1회

```
01  #include <stdio.h>
02  int main(int argc, char *argv[ ]){
03    char a;
04    a = 'A' + 1;
05    printf("%d", a);
06    return 0;
07  }
```

① 1 ② 11
③ 66 ④ 98

해설

라인수	설명
01	• printf 함수를 사용하기 위해 stdio.h 헤더 파일을 포함
02	• 프로그램이 시작 부분인 main 함수 선언
03	• 문자 타입 변수 a를 선언
04	• 'A'는 정숫값으로 65이고, 65에 1을 더한 값 66을 a 변수에 대입
05	• 변수 a를 출력
06	• main 함수의 정상종료를 의미하는 0을 반환

정답
09 ③ 10 ④ 11 ③

12. 다음 C언어 프로그램이 실행되었을 때의 결과는?

```
01  #include <stdio.h>
02  int main(int argc, char *argv[ ]){
03    int a = 4;
04    int b = 7;
05    int c = a | b;
06    printf("%d", c);
07    return 0;
08  }
```

① 3 ② 4
③ 7 ④ 10

해설

라인수	설명
01	• printf 함수를 사용하기 위해 stdio.h 헤더 파일을 포함
02	• 프로그램이 시작 부분인 main 함수 선언
03~04	• a 변수에 4, b 변수에 7을 대입
05	• 비트 연산을 수행하므로 a와 b를 2진수로 변환하면 a는 2진수로 100, b는 2진수로 111 • a와 b를 OR 비트 연산(OR 연산은 하나라도 1이면 결과는 1이 되는 연산)을 수행한 결과를 c에 대입 　　　0　1　0　0 OR　0　1　1　1 　　　0　1　1　1 • c는 2진수로 0111이므로 10진수로 7이 됨
06	• 변수 c를 10진수로 출력함
07	• main 함수의 정상종료를 의미하는 0을 반환

13. C언어에서 연산자 우선순위가 높은 것에서 낮은 것으로 바르게 나열된 것은?

| ㉠ ( ) | ㉡ == | ㉢ < |
| ㉣ << | ㉤ || | ㉥ / |

① ㉠, ㉥, ㉣, ㉢, ㉡, ㉤
② ㉠, ㉣, ㉥, ㉢, ㉡, ㉤
③ ㉠, ㉥, ㉣, ㉢, ㉡, ㉤
④ ㉠, ㉥, ㉣, ㉤, ㉡, ㉢

해설

- 괄호의 우선순위가 가장 높고, 산술 연산자인 '/'가 다음으로 높다.
- 시프트 연산자인 '<<'가 다음으로 높다.
- 관계 연산자인 '<', '=='가 다음으로 높으나 둘 중에서는 대소 비교가 동일 비교보다 높으므로 '<'가 '=='보다 높다.
- 논리 연산자인 '||'가 우선순위가 가장 낮다.

【두음쌤】 연산자 우선순위

「증산시 관비 논삼대」 – 증감 연산자 / 산술 연산자 / 시프트 연산자 / 관계 연산자 / 비트 연산자 / 논리 연산자 / 삼항 연산자 / 대입 연산자

14. 다음 중 JAVA에서 우선순위가 가장 낮은 연산자는?

① -- ② %
③ & ④ =

해설

- '='은 대입 연산자이므로 우선순위가 가장 낮다.

【두음쌤】 연산자 우선순위

「증산시 관비 논삼대」 – 증감 연산자 / 산술 연산자 / 시프트 연산자 / 관계 연산자 / 비트 연산자 / 논리 연산자 / 삼항 연산자 / 대입 연산자

정답
12 ③ 13 ① 14 ④

> 21년 3회, 22년 3회, 24년 1회, 2회, 3회

15 다음 C언어 프로그램이 실행되었을 때의 결과는?

```
01  #include <stdio.h>
02  int main( ){
03    int a = 3, b = 4, c = 2;
04    int r1, r2, r3;
05    r1 = b <= 4 || c == 2;
06    r2 = (a > 0) && (b < 5);
07    r3 = !c;
08    printf("%d", r1 + r2 + r3);
09    return 0;
10  }
```

① 0 ② 1
③ 2 ④ 3

> 21년 2회, 25년 3회

16 다음 JAVA 프로그램이 실행되었을 때의 결과는?

```
01  public class Soojebi{
02    public static void main(String[ ] args){
03      int x = 5, y = 0, z = 0;
04      y = x++;
05      z = --x;
06      System.out.println(x + ", " + y + ", " + z);
07    }
08  }
```

① 5, 5, 5
② 5, 6, 5
③ 6, 5, 5
④ 5, 6, 4

해설

라인수	설명
01	• printf 함수를 사용하기 위해 stdio.h 헤더 파일을 포함
02	• 프로그램이 시작 부분인 main 함수 선언
03	• a 변수에 3, b 변수에 4, c 변수에 2를 대입
04	• r1, r2, r3 변수를 선언
05	• r1은 1이 됨 r1 = b <= 4 || c == 2; • b는 4이므로 b <= 4는 참 ⇒ 1 • c는 2이므로 c==2는 참 ⇒ 1 r1 = 1 || 1; 두 개의 논리값 중 하나 이상이 참 값에 해당하는 1이므로 참에 해당하는 1을 반환
06	• r2는 1이 됨 r2 = (a > 0) && (b < 5); • a는 3이므로 a > 0는 참 ⇒ 1 • b는 4이므로 b < 5는 참 ⇒ 1 r2 = 1 && 1; 두 개의 논리 값이 모두 참값에 해당하는 1이므로 참에 해당하는 1을 반환
07	• r3는 0이 됨 r3 = !c; c는 2이므로 참(0이 아닌 값은 참)인데, NOT 연산인 !가 붙어있으므로 거짓이 되어 거짓인 0을 반환
08	• r1은 1, r2는 1, r3는 0이므로 1 + 1 + 0인 2가 출력
09	• main 함수의 정상종료를 의미하는 0을 반환

해설

• 코드 실행 순서는 다음과 같다.

라인수	설명
01	• printf 함수를 사용하기 위해 stdio.h 헤더 파일을 포함
02	• 프로그램이 시작 부분인 main 함수 선언
03	• x 변수에 5, y 변수에 0, z 변수에 0을 대입
04	• x를 먼저 y에 대입한 후에 x가 1 증가됨 (x = 6, y = 5, z = 0)
05	• x를 1 감소시킨 후에 z에 대입 (x = 5, y = 5, z = 5)
06	• x는 5, y는 5, z는 5이므로 5, 5, 5가 출력됨

정답
15 ③   16 ①

17 다음 C언어 프로그램이 실행되었을 때의 결과는?

```
01  #include <stdio.h>
02  int main( ){
03    int n = 4;
04    int* pt = NULL;
05    pt = &n;
06    printf("%d", &n + *pt - *&pt + n);
07    return 0;
08  }
```

① 0
② 4
③ 8
④ 12

해설

- 코드 실행 순서는 다음과 같다.

라인수	설명
01	• printf 함수를 사용하기 위해 stdio.h 헤더 파일을 포함
02	• 프로그램이 시작 부분인 main 함수 선언
03	• n 변수에 4를 대입
04	• 포인터 변수 pt에 NULL을 대입
05	• 포인터 변수 pt에 n의 주소를 대입
06	• n의 주솟값은 모르므로 x라고 가정하면 x + 4 − x + 4인 8이 출력
	&n • n의 주솟값이므로 x
	*pt • pt가 가리키는 값인 4
	*&pt • pt의 주솟값이 가리키는 값(*과 &는 반대 역할이므로 pt와 같음)인 x
	n • n의 값인 4
07	• main 함수의 정상종료를 의미하는 0을 반환

18 다음 자바 프로그램 조건문에 대해 삼항 조건 연산자를 사용하여 옳게 나타낸 것은?

```
int i = 7, j = 9;
int k;
if(i > j)
  k = i − j;
else
  k = i + j;
```

① int i = 7, j = 9;
   int k;
   k = (i > j)?(i − j):(i + j);
② int i = 7, j = 9;
   int k;
   k = (i < j)?(i − j):(i + j);
③ int i = 7, j = 9;
   int k;
   k = (i > j)?(i + j):(i − j);
④ int i = 7, j = 9;
   int k;
   k = (i < j)?(i + j):(i − j);

해설

- 삼항 연산자가 '(조건식) ? a : b'와 같을 때, 조건식이 참일 경우 변수 a가 실행되고 거짓일 경우 변수 b가 실행된다.
- 주어진 if 문에서 'if(i > j)'은 조건식이다. if 문이 참인 경우에는 k = i − j; 가 실행되고 거짓인 경우에는 k = i + j; 가 실행된다.
- 삼항 연산자로 변경하면 k = (i > j)?(i − j):(i + j);와 같이 변경할 수 있다.

정답

17 ③   18 ①

> 20년 3회

19 다음 C 프로그램의 결괏값은?

```
01  #include <stdio.h>
02  int main( ){
03    int i;
04    int sum = 0;
05    for(i = 1; i <= 10; i = i + 2)
06      sum = sum + i;
07    printf("%d", sum);
08    return 0;
09  }
```

① 15　　　　② 19
③ 25　　　　④ 27

해설

- 코드 실행 순서는 다음과 같다.

라인수	설명
01	• printf 함수를 사용하기 위해 stdio.h 헤더 파일을 포함
02	• 프로그램이 시작 부분인 main 함수 선언
03~04	• i 변수 선언, sum 변수에 0을 대입
05~06	• i = 1일 때 i <= 10은 참이 되므로 for 문을 반복

i <= 10	sum = sum + i	i = i + 2
1 <= 10 → 참	sum = 0 + 1 = 1	i = 3
3 <= 10 → 참	sum = 1 + 3 = 4	i = 5
5 <= 10 → 참	sum = 4 + 5 = 9	i = 7
7 <= 10 → 참	sum = 9 + 7 = 16	i = 9
9 <= 10 → 참	sum = 16 + 9 = 25	i = 11
11 <= 10 → 거짓		

라인수	설명
	• i = 11일 때 i <= 10는 거짓이 되므로 for 문을 종료
07	• sum 값인 25를 출력
08	• main 함수의 정상종료를 의미하는 0을 리턴

> 21년 3회, 23년 3회, 24년 2회

20 다음 JAVA 프로그램이 실행되었을 때의 결과를 쓰시오.

```
01  public class Soojebi{
02    public static void main(String[ ] args){
03      int arr[ ];
04      int i = 0;
05      arr = new int[10];
06      arr[0] = 0;
07      arr[1] = 1;
08      while(i < 8){
09        arr[i + 2] = arr[i + 1] + arr[i];
10        i++;
11      }
12      System.out.println(arr[9]);
13    }
14  }
```

① 13　② 21　③ 34　④ 55

해설

- 코드 실행 순서는 다음과 같다.

라인수	설명
01	• Soojebi 클래스 선언
02	• main 메서드부터 프로그램 시작
03~04	• arr 배열 변수 선언, i는 0을 대입
05	• arr 배열에 정수형 10개 배열 생성
06~07	• arr[0]은 0, arr[1]은 1을 대입

| | • i = 0일 때 i < 8은 참이 되므로 while 문을 반복 |

	i < 8	arr[i + 2] = arr[i + 1] + arr[i];	i++
08~11	0 < 8 → 참	arr[0+2] = arr[0+1] + arr[0] = 0+1 = 1	i = 1
	1 < 8 → 참	arr[1+2] = arr[1+1] + arr[1] = 1+1 = 2	i = 2
	2 < 8 → 참	arr[2+2] = arr[2+1] + arr[2] = 2+1 = 3	i = 3
	3 < 8 → 참	arr[3+2] = arr[3+1] + arr[3] = 3+2 = 5	i = 4
	4 < 8 → 참	arr[4+2] = arr[4+1] + arr[4] = 5+3 = 8	i = 5
	5 < 8 → 참	arr[5+2] = arr[5+1] + arr[5] = 8+5 = 13	i = 6
	6 < 8 → 참	arr[6+2] = arr[6+1] + arr[6] = 13+8 = 21	i = 7
	7 < 8 → 참	arr[7+2] = arr[7+1] + arr[7] = 21+13 = 34	i = 8
	8 < 8 → 거짓		

정답

19 ③　　20 ③

	• i = 8일 때 while 문 조건인 i < 8을 만족하지 않으므로 종료
12	• arr[9] 값인 34를 출력

◆ 20년 4회

21 다음 자바 코드를 실행한 결과는?

```
int x = 1, y = 6;
while(y--)
x++;

System.out.println("x ="+ x + "y ="+ y);
```

① x = 7, y = 0
② x = 6, y = -1
③ x = 7, y = -1
④ Unresolved compilation problem 오류 발생

해설

- 자바의 경우 while에 결괏값이 불린 타입이 아닌 경우 오류가 발생한다.
- y는 int 형이므로 증감 연산자를 사용해 y--를 사용해도 int 형이므로 결괏값이 boolean 형이 아니므로 오류가 발생한다.

◆ 21년 2회, 23년 1회, 25년 2회

22 다음 JAVA 프로그램이 실행되었을 때의 결과는?

```
01  public class Soojebi{
02    public static void main(String[ ] args){
03      int cnt = 0;
04      do{
05        cnt++;
06      } while (cnt < 0);
07      if(cnt==1)
08        cnt++;
09      else
10        cnt = cnt + 3;
11      System.out.printf("%d", cnt);
12    }
13  }
```

① 2   ② 3   ③ 4   ④ 5

해설

- 코드 실행 순서는 다음과 같다.

라인수	설명
01	• Soojebi 클래스 선언
02	• main 메서드부터 프로그램 시작
03	• cnt 변수 선언하고 0을 대입
05	• cnt 값을 1 증가시켜 cnt가 1이 됨
06	• cnt < 0이 거짓이므로 반복문 종료
07~08	• cnt==1는 참이므로 cnt++을 실행하여 cnt는 2가 됨
11	• cnt 값인 2를 출력

◆ 21년 1회, 23년 2회, 25년 2회

23 다음은 파이썬으로 만들어진 반복문 코드이다. 이 코드의 결과는?

```
01  while(True):
02    print('A')
03    print('B')
04    print('C')
05    continue
06    print('D')
```

① A, B, C 출력이 반복된다.
② A, B, C까지만 출력된다.
③ A, B, C, D 출력이 반복된다.
④ A, B, C, D까지만 출력된다.

해설

- 코드 실행 순서는 다음과 같다.

라인수	설명
01	• while 조건문이 True이므로 반복 수행
02	• A를 출력
03	• B를 출력
04	• C를 출력
05	• continue를 만나 while 시작점으로 이동
01	• while 조건문이 True이므로 반복 수행
02~04	• A~C를 출력
05	• continue를 만나 while 시작점으로 이동

- while 문에서 조건문이 True이므로 무한 반복을 수행한다.
- while 문 안에서 A, B, C까지 출력하고 다음 반복을 수행하므로 D는 출력하지 않는다.

정답

21 ④   22 ①   23 ①

◆ 21년 3회, 23년 3회

24 다음 파이썬(Python) 프로그램이 실행되었을 때의 결과는?

```
01  def cs(n):
02    s = 0
03    for num in range(n + 1):
04      s += num
05    return s
06
07  print(cs(11))
```

① 45　　　　　② 55
③ 66　　　　　④ 78

해설

- 코드 실행 순서는 다음과 같다.

라인수	설명
07	• 사용자 정의 함수 cs에 11을 대입
01	• 함수명이 cs이고, 매개변수로 n을 넘겨받는 사용자 정의 함수 정의 • cs(11)에 의해 호출(이때 n = 11이 됨)
02	• s 변수에 0을 대입
03~04	• num 값을 0부터 11 + 1 미만까지 더하므로 반복문이 종료할 때 s는 0부터 11까지의 합인 66이 됨
05	• 사용자 정의 함수 cs를 호출한 부분에 s 값인 66을 반환
07	• cs(11)의 결과인 66을 출력

◆ 21년 2회, 23년 2회

25 다음 파이썬(Python) 프로그램이 실행되었을 때의 결과는?

```
01  class FourCal:
02    def setdata(sel, fir, sec):
03      sel.fir = fir
04      sel.sec = sec
05    def add(sel):
06      result = sel.fir + sel.sec
07      return result
08  a = FourCal( )
09  a.setdata(4, 2)
10  print(a.add( ))
```

① 0　　　　　② 2
③ 4　　　　　④ 6

해설

- 코드 실행 순서는 다음과 같다.

라인수	설명
01~07	• 클래스 FourCal을 정의
08	• a 변수에 클래스 FourCal을 대입
09	• a 변수는 FourCal 클래스이므로 FourCal 클래스 안에 setdata 메서드를 호출
02	• setdata 메서드는 매개변수로 fir, sec을 전달받고, sel은 클래스 자신을 의미(fir에 4, sec에 2를 전달받음)
03	• 매개변수 fir는 sel.fir에 대입하여 sel.fir은 4가 됨
04	• 매개변수 sec는 sel.sec에 대입하여 sel.sec은 2가 됨
10	• a 변수는 FourCal 클래스이므로 FourCal 클래스 안에 add 메서드를 호출
05	• add 메서드는 매개변수를 받지 않음
06	• 3번째 라인에 의해 sel.fir은 4이고, 4번째 라인에 의해 sel.sec은 2이므로 4 + 2가 result 변수에 저장
07	• result 값인 6을 add 메서드 호출한 부분에 전달
10	• a.add()는 6이므로 print(6)이 되어 6을 출력

정답

24 ③　　25 ④

> 22년 1회

26 C언어에서 정수 변수 a, b에 각각 1, 2가 저장되어 있을 때 다음 식의 연산 결과로 옳은 것은?

```
a < b + 2 && a << 1 <= b
```

① 0
② 1
③ 3
④ 5

해설
- 변수 a, b에 각각 1, 2가 저장되어 있으므로 수식은 다음과 같다.

  1 < 2 + 2 && 1 << 1 <= 2

- '<'는 관계 연산자, '+'는 산술 연산자, '&&'는 논리 연산자, '<<'는 시프트 연산자, '<='는 관계 연산자이므로 산술 연산자인 '+'가 가장 우선순위가 높다.

  1 < 2 + 2 && 1 << 1 <= 2
  1 < 4 && 1 << 1 <= 2

- 다음으로는 시프트 연산자인 '<<'가 우선순위가 높다. (시프트 연산자에서 1은 이진수로 바꾸면 1이고, 왼쪽으로 1칸 시프트시키면 이진수로 10이 되는데, 이진수 10은 십진수로 2가 된다.)

  1 < 4 && 1 << 1 <= 2
  1 < 4 && 2 <= 2

- 다음으로는 관계 연산자인 '<'와 '<='가 우선순위가 높다. (1 < 4는 참이므로 1이 되고, 2 <= 2도 참이므로 1이 된다.)

  1 < 4 && 2 <= 2
  1 && 1

- 마지막으로 논리 연산자인 '&&'를 수행하면 1이 된다. (1은 참을 의미하므로 참과 참을 AND 연산하면 참이 되어 1이 된다.)

【두음쌤】 연산자 우선순위

「증산시 관비 논삼대」 – 증감 연산자 / 산술 연산자 / 시프트 연산자 / 관계 연산자 / 비트 연산자 / 논리 연산자 / 삼항 연산자 / 대입 연산자

> 22년 1회, 24년 2회

27 C언어에서 두 개의 논릿값 중 하나라도 참이면 1을, 모두 거짓이면 0을 반환하는 연산자는?

① | |
② &&
③ **
④ !=

해설
- 주요 연산자는 다음과 같다.

연산자	설명
||	두 개의 논릿값 중 하나 이상 참이면 참(True)을 반환하고, 그렇지 않으면 거짓(False)을 반환(OR 연산)하는 연산자
&&	두 개의 논릿값이 모두 참이면 참(True)을 반환하고, 그렇지 않으면 거짓(False)을 반환(AND 연산)하는 연산자
!=	두 값이 다른지 확인하는 연산자

> 22년 2회, 24년 2회

28 Python 데이터 타입 중 시퀀스(Sequence) 데이터 타입에 해당하며 다양한 데이터 타입들을 주어진 순서에 따라 저장할 수 있으나 저장된 내용을 변경할 수 없는 것은?

① 복소수(Complex) 타입
② 리스트(List) 타입
③ 사전(Dict) 타입
④ 튜플(Tuple) 타입

해설
- 파이썬의 주요 자료형은 다음과 같다.

자료형	설명
세트(Set) 형	중복된 원소를 허용하지 않는 집합의 성질을 가지고 있는 자료구조
리스트(List) 형	크기가 가변적으로 변하는 선형리스트의 성질을 가지고 있는 자료구조
튜플(Tuple) 형	초기에 선언된 값에서 값을 생성, 삭제, 수정이 불가능한 형태의 자료구조
딕셔너리(Dictionary) 형	키와 값으로 구성된 객체를 저장하는 구조로 되어 있는 자료구조

정답
26 ②   27 ①   28 ④

29 다음 JAVA 프로그램이 실행되었을 때의 결과는? ● 22년 2회

```
01  public class Soojebi{
02    public static void main (String[ ] args){
03      int a = 1, b = 2, c = 3, d = 4;
04      int mx, mn;
05      mx = a < b? b : a;
06      if(mx==1){
07        mn = a > mx ? b : a;
08      }
09      else{
10        mn = b < mx ? d : c;
11      }
12      System.out.println(mn);
13    }
14  }
```

① 1   ② 2
③ 3   ④ 4

해설

- 코드 실행 순서는 다음과 같다.

라인수	설명
01	• Soojebi 클래스 선언
02	• main 메서드부터 프로그램 시작
03	• a 변수에 1을, b 변수에 2를, c 변수에 3을, d 변수에 4를 대입
04	• mx, mn 변수 선언
05	• a 값인 1은 b값인 2보다 작으므로 참이기 때문에 물음표 뒤의 b 값을 mx에 저장
06	• mx는 2이므로 거짓이기 때문에 if 문 안의 명령어를 실행하지 않음
09~10	• if 문이 거짓이므로 else 문에 있는 명령어를 실행 • b 값인 2는 mx인 2보다 작지 않으므로 거짓이기 때문에 콜론 뒤에 c를 mn에 저장
12	• mn 값은 3이므로 3을 출력

30 다음 Python 프로그램이 실행되었을 때, 실행 결과는? ● 22년 1회

```
01  a = 100
02  list_data = ['a', 'b', 'c']
03  dict_data = {'a' : 90, 'b' : 95}
04  print(list_data[0])
05  print(dict_data['a'])
```

① a / 90
② 100 / 90
③ 100 / 100
④ a / a

해설

- 코드 실행 순서는 다음과 같다.

라인수	설명
01	• 변수 a를 선언
02	• 리스트 list_data를 선언
03	• 딕셔너리 dict_data를 선언 'a'라는 키의 값은 90이고, 'b'라는 키의 값은 95
04	• list_data의 0번째 값인 문자 'a'를 출력
05	• dict_data의 키 'a'가 가진 값인 숫자 90을 출력

정답
29 ③   30 ①

> 22년 1회, 23년 1회

31 다음 C언어 프로그램이 실행되었을 때, 실행 결과는?

```
01  #include <stdio.h>
02  int main(int argc, char *argv[ ]){
03    int arr[2][3] = {1, 2, 3, 4, 5, 6};
04    int (*p)[3] = NULL;
05    p = arr;
06    printf("%d, ", *(p[0] + 1) + *(p[1] + 2));
07    printf("%d", *(*(p + 1) + 0) + *(*(p + 1) + 1));
08    return 0;
09  }
```

① 7, 5 ② 8, 5
③ 8, 9 ④ 7, 9

해설

- 코드 실행 순서는 다음과 같다.

라인수	설명
01	• printf 함수를 사용하기 위해 stdio.h 헤더 파일을 포함
02	• 프로그램이 시작 부분인 main 함수 선언
03	• 2×3 크기의 2차원 배열 생성
04	• p라는 배열 포인터 선언, p라는 포인터는 p[x][3] 크기의 배열을 가리킬 수 있음
05	• arr 배열을 포인터 p에 대입하면 p는 arr 배열처럼 사용할 수 있음
06	• *(p[0] + 1)은 *(arr[0] + 1)과 같은데, *(arr[0] + 1)은 arr[0][0]에서 1번째 뒤에 있는 arr[0][1]의 값 2를 의미 • *(p[1] + 2)는 *(arr[1] + 2)와 같은데, *(arr[1] + 2)는 arr[1][0]에서 2번째 뒤에 있는 arr[1][2]의 값 6을 의미 • *(p[0] + 1)은 2, *(p[1]+2)는 6이므로 *(p[0] + 1) + *(p[1] + 2)는 8이 됨
07	• *(arr + 1)은 arr[1]과 같으므로 *(*(p + 1) + 0)은 *(arr[1] + 0)과 같음 • *(arr[1] + 0)은 arr[1][0]의 값인 4를 의미 • *(arr + 1)은 arr[1]과 같으므로 *(*(p + 1) + 1)은 *(arr[1] + 1)과 같음 • *(arr[1] + 1)은 arr[1][1]의 값인 5를 의미 • *(*(p + 1) + 0)은 4, *(*(p + 1) + 1)은 5이므로 *(*(p + 1) + 0) + *(*(p + 1) + 1)는 9가 됨
08	• main 함수의 정상종료를 의미하는 0을 리턴

> 22년 2회, 23년 3회, 25년 3회

32 a[0]의 주소값이 10일 경우 다음 C언어 프로그램이 실행되었을 때의 결과는? (단, int 형의 크기는 4Byte로 가정한다.)

```
01  #include <stdio.h>
02  int main(int argc, char *argv[ ]){
03    int a[ ] = {14, 22, 30, 38};
04    printf("%u, ", &a[2]);
05    printf("%u", a);
06    return 0;
07  }
```

① 14, 10 ② 14, 14
③ 18, 10 ④ 18, 14

해설

- 코드 실행 순서는 다음과 같다.

라인수	설명
01	• printf 함수를 사용하기 위해 stdio.h 헤더 파일을 포함
02	• 프로그램이 시작 부분인 main 함수 선언
03	• 배열 a를 선언
04	• a[2]는 0번지로부터 2번지 떨어져 있고, &a[2]는 a[2]의 주소를 의미 • a[2]번지의 주소는 a[0]번지로부터 2번지 떨어져 있고, 하나의 번지는 int형만큼 차이가 나기 때문에 1번지 증가할 때마다 4씩 증가
05	• a는 &a[0]과 같고, a[0]의 주소를 의미 • &a[2]는 a[2]의 주소이므로 10에서 두 번지의 거리인 8을 더한 18이 되고, a는 a[0]의 주소이므로 10이 됨
06	• main 함수의 정상종료를 의미하는 0을 리턴

정답

31 ③ 32 ③

> 22년 1회

33 다음 C언어 프로그램이 실행되었을 때, 실행 결과는?

```
01  #include <stdio.h>
02  int main(int argc, char *argv[ ]){
03    int i = 0;
04    while(1){
05      if(i==4){
06        break;
07      }
08      ++i;
09    }
10    printf("i = %d", i);
11    return 0;
12  }
```

① i = 0 ② i = 1
③ i = 3 ④ i = 4

해설

- 코드 실행 순서는 다음과 같다.

라인수	설명
01	• printf 함수를 사용하기 위해 stdio.h 헤더 파일을 포함
02	• 프로그램이 시작 부분인 main 함수 선언
03	• i 변수에 0을 대입
04~09	• while 문은 while(조건식)에서 조건식이 참인 동안 계속 반복 • i = 0인 상태에서 if(i==4)는 거짓이므로 break 문을 실행하지 않고, ++i에 의해 i는 1로 증가 • i = 1인 상태에서 if(i==4)는 거짓이므로 break 문을 실행하지 않고, ++i에 의해 i는 1로 증가 • i = 2인 상태에서 if(i==4)는 거짓이므로 break 문을 실행하지 않고, ++i에 의해 i는 1로 증가 • i = 3인 상태에서 if(i==4)는 거짓이므로 break 문을 실행하지 않고, ++i에 의해 i는 1로 증가 • i = 4인 상태에서 if(i==4)는 참이므로 break 문을 만나 while 문을 탈출
10	• i 값이 4인 상태에서 탈출했으므로 i 값인 4를 출력
11	• main 함수의 정상종료를 의미하는 0을 리턴

> 22년 1회, 23년 3회

34 다음 JAVA 프로그램이 실행되었을 때, 실행 결과는?

```
01  public class Soojebi{
02    static void rs(char a[ ]){
03      for(int i = 0; i<a.length; i++)
04        if(a[i] == 'B')
05          a[i] = 'C';
06      else if(i == a.length - 1)
07        a[i] = a[i-1];
08          else a[i] = a[i+1];
09    }
10    static void pca(char a[ ]){
11      for(int i = 0; i < a.length; i++)
12        System.out.print(a[i]);
13      System.out.println();
14  }
15
16    public static void main(String[ ] args){
17      char c[ ] = {'A', 'B', 'D', 'D', 'A', 'B', 'C'};
18      rs(c);
19      pca(c);
20    }
21  }
```

① BCDABCA
② BCDABCC
③ CDDACCC
④ CDDACCA

정답
33 ④ 34 ②

해설

- 코드 실행 순서는 다음과 같다.

라인수	설명
01	• Soojebi 클래스 선언
16	• main 메서드부터 프로그램 시작
17	• c 배열 선언
18	• rs 메서드를 호출하고, c 배열을 매개변수로 전달
12	• rs 메서드 정의하고 a 배열을 매개변수로 사용 • main 메서드에서 넘긴 c 배열을 a라는 이름으로 사용
03~08	• a.length는 a 배열의 크기인 7을 의미하므로 i가 0부터 6까지 동작 • a[i]가 'B'인 경우 'C'로 바꿈 • i가 a.length - 1인 6이면 a[6] = a[5]를 실행 • a[i]가 'B'도 아니고, i가 6이 아니면 a[i] = a[i + 1]을 실행 | i | a[i] | if 문 | else if 문 | else 문 | |---|---|---|---|---| | 0 | 'A' | 거짓 | 거짓 | ① | | 1 | 'B' | 참 (②) | | | | 2 | 'D' | 거짓 | 거짓 | ③ | | 3 | 'D' | 거짓 | 거짓 | ④ | | 4 | 'A' | 거짓 | 거짓 | ⑤ | | 5 | 'B' | 참 (②) | | | | 6 | 'C' | 거짓 | 참 | ⑦ | ① a[0] = a[1]이므로 a[1]의 값인 'B'를 a[0]에 대입 ② a[1] = 'C' ③ a[2] = a[3]이므로 a[3]의 값인 'D'를 a[2]에 대입 ④ a[3] = a[4]이므로 a[4]의 값인 'A'를 a[3]에 대입 ⑤ a[4] = a[5]이므로 a[5]의 값인 'B'를 a[4]에 대입 ⑥ a[5] = 'C'
19	• pca 메서드를 호출하고, c 배열을 매개변수로 전달
10	• pca 메서드 정의하고 c 배열을 매개변수로 사용
11~12	• for 문은 a 배열에 있는 문자들을 한 글자씩 개행 없이 출력
13	• for 문이 종료되면 println 함수에 의해 개행을 수행

◆ 22년 1회

35 다음 Python 프로그램이 실행되었을 때, 실행 결과는?

```
01  a = ["대", "한", "민", "국"]
02  for i in a:
03      print(i)
```

① 대한민국

② 대
　 한
　 민
　 국

③ 대

④ 대대대대

해설

- 파이썬에서 print 함수는 문자열을 출력하며, 기본적으로 개행한다.
- 개행을 원치 않을 경우 print(i, end='')로 사용할 수 있다.
- 코드 실행 순서는 다음과 같다.

라인수	설명
01	• "대", "한", "민", "국"을 순서대로 갖는 리스트 a를 생성
02~03	• a 리스트에 있는 값을 차례대로 i 변수에 넣고 출력 • for 문을 첫 번째 돌 때 i의 값은 a 배열의 첫 번째 값인 "대"이고, for 문을 두 번째 돌 때 i의 값은 a 배열의 두 번째 값인 "한"이고, for 문을 세 번째 돌 때 i의 값은 a 배열의 세 번째 값인 "민"이고, for 문을 네 번째 돌 때 i의 값은 a 배열의 네 번째 값인 "국"을 출력

정답

35 ②

> 22년 2회, 23년 1회

36 다음 C언어 프로그램이 실행되었을 때, 실행 결과는?

```
01  #include <stdio.h>
02  int main(int argc, char *argv[ ]){
03    int a = 5, b = 3, c = 12;
04    int t1, t2, t3;
05    t1 = a && b;
06    t2 = a || b;
07    t3 = !c;
08    printf("%d", t1 + t2 + t3);
09    return 0;
10  }
```

① 0   ② 2
③ 5   ④ 14

해설

- C언어에서 0이 아니면 참, 0이면 거짓으로 인식하고, 계산한 결과는 참이면 1로, 거짓이면 0이 된다.
- 코드 실행 순서는 다음과 같다.

라인수	설명
01	printf 함수를 사용하기 위해 stdio.h 헤더 파일을 포함
02	프로그램이 시작 부분인 main 함수 선언
03	a 변수에 5, b 변수에 3, c 변수에 12를 대입
04	t1, t2, t3 변수 선언
05	a는 5이므로 참, b는 3이므로 참이기 때문에 (참 && 참)은 참이므로 t1은 1
06	a는 5이므로 참, b는 3이므로 참이기 때문에 (참 || 참)은 참이므로 t2는 1
07	c는 12이므로 참이지만 !(NOT) 연산에 의해 참은 거짓이 되므로 t3는 0
08	t1은 1, t2는 1, t3은 0이므로 1 + 1 + 0인 2를 출력
11	main 함수의 정상종료를 의미하는 0을 리턴

> 22년 2회

37 다음 C언어 프로그램이 실행되었을 때, 실행 결과는?

```
01  #include <stdio.h>
02  int main(int argc, char *argv[ ]){
03    int n1 = 1, n2 = 2, n3 = 3;
04    int r1, r2, r3;
05    r1 = (n2 <=2) || (n3 > 3);
06    r2 = !n3;
07    r3 = (n1 > 1) && (n2 < 3);
08    printf("%d", r3 - r2 + r1);
09    return 0;
10  }
```

① 0   ② 1
③ 2   ④ 3

해설

- C언어에서 0이 아니면 참, 0이면 거짓으로 인식하고, 계산한 결과는 참이면 1로, 거짓이면 0이 된다.
- 코드 실행 순서는 다음과 같다.

라인수	설명
01	printf 함수를 사용하기 위해 stdio.h 헤더 파일을 포함
02	프로그램이 시작 부분인 main 함수 선언
03	n1 변수에 1, n2 변수에 2, n3 변수에 3을 대입
04	r1, r2, r3 변수 선언
05	n2 <=2는 참이고, n3 > 3은 거짓이므로 (참 || 거짓)이기 때문에 참이 되어 r1은 1이 됨
06	n3는 3이므로 참이기 때문에 !(NOT) 연산을 하면 거짓이 되므로 r2는 0이 됨
07	n1 > 1은 거짓이고, n2<3은 참이므로 (거짓 && 참)이기 때문에 거짓이 되어 r3은 0이 됨
08	r3은 0, r2은 0, r1은 1이므로 0 + 0 + 1인 1을 출력
09	main 함수의 정상종료를 의미하는 0을 리턴

정답

36 ②   37 ②

38 다음 Python 프로그램의 실행 결과가 [실행 결과]와 같을 때, 빈칸에 적합한 것은?

```
x = 20

if x == 10:
  print('10')
☐ x == 20:
  print('20')
else:
  print('other')
```

[실행 결과]

```
20
```

① either ② elif
③ else if ④ else

해설
- 파이썬의 if 문은 다음과 같다.

if 조건식 : 명령어1 elif 조건식 : 명령어2 else : 명령어3	• if의 조건식이 참이면 명령어1 실행 • if 조건식은 거짓이고, elif의 조건식이 참이면 명령어2 실행 • if, elif 조건식이 모두 거짓이면 명령어3 실행

39 다음 C언어 프로그램이 실행되었을 때, 실행 결과는?

```
01  #include <stdio.h>
02  struct st{
03    int a;
04    int c[10];
05  };
06  int main(int argc, char *argv[ ]){
07    int i = 0;
08    struct st ob1;
09    struct st ob2;
10    ob1.a = 0;
11    ob2.a = 0;
12
13    for(i = 0; i < 10; i++){
14      ob1.c[i] = i;
15      ob2.c[i] = ob1.c[i] + i;
16    }
17
18    for(i = 0; i < 10; i = i + 2){
19      ob1.a = ob1.a + ob1.c[i];
20      ob2.a = ob2.a + ob2.c[i];
21    }
22
23    printf("%d", ob1.a + ob2.a);
24    return 0;
25  }
```

① 30 ② 60
③ 80 ④ 120

정답
38 ②   39 ②

해설

- 코드 실행 순서는 다음과 같다.

라인수	설명
01	• printf 함수를 사용하기 위해 stdio.h 헤더 파일을 포함
02~05	• 구조체 st를 선언 • 구조체 내에 정수형 변수 a와 정수형 배열 c를 정의
06	• 프로그램이 시작 부분인 main 함수 선언
07	• 정수형 변수 i에 0을 초기화
08~09	• st 구조체 변수 ob1, ob2 생성
10	• ob1 구조체 안에 a 변수를 0으로 초기화
11	• ob2 구조체 안에 a 변수를 0으로 초기화
13~16	• i = 0부터 i = 9까지 반복문을 수행하면서 ob1.c[i]라는 값에 i를 넣고, ob2.c[i]에 ob1.c[i]와 i를 더한 값을 저장 | |c[0]|c[1]|c[2]|c[3]|c[4]|c[5]|c[6]|c[7]|c[8]|c[9]| |ob1|0|1|2|3|4|5|6|7|8|9| |ob2|0|2|4|6|8|10|12|14|16|18|
18~21	• i = 0부터 i < 10을 만족할 때까지 반복문을 수행하는데, 증감식이 i = i + 2이므로 i가 0, 2, 4, 6, 8일 때 반복 • i = 0일 때 ob1.a는 0이고, ob1.c[0]는 0이므로 ob1.a은 0, ob2.a는 0이고, ob2.c[0]는 0이므로 ob2.a은 0이 됨 • i = 2일 때 ob1.a는 0이고, ob1.c[2]는 2이므로 ob1.a은 2, ob2.a는 0이고, ob2.c[2]는 4이므로 ob2.a은 4가 됨 • i = 4일 때 ob1.a는 2이고, ob1.c[4]는 4이므로 ob1.a은 6, ob2.a는 4이고, ob2.c[4]는 8이므로 ob2.a은 12가 됨 • i = 6일 때 ob1.a는 6이고, ob1.c[6]는 6이므로 ob1.a은 12, ob2.a는 12이고, ob2.c[6]는 12이므로 ob2.a은 24가 됨 • i = 8일 때 ob1.a는 12이고, ob1.c[8]는 8이므로 ob1.a은 20, ob2.a는 24이고, ob2.c[8]는 16이므로 ob2.a은 40이 됨
23	• ob1.a는 20이고, ob2.a는 40이므로 20 + 40인 60을 출력
24	• main 함수의 정상종료를 의미하는 0을 리턴

> 22년 2회

40 다음 JAVA 프로그램이 실행되었을 때 실행 결과는?

```
01  class Soojebi{
02    static int[ ] marr( ){
03      int temp[ ] = new int[4];
04      for(int i = 0; i < temp.length; i++)
05        temp[i] = i;
06      return temp;
07    }
08    public static void main (String[ ] args) {
09      int iarr[ ];
10      iarr = marr();
11      for(int i = 0; i < iarr.length; i++)
12        System.out.print(iarr[i] + " ");
13    }
14  }
```

① 1 2 3 4 ② 0 1 2 3
③ 1 2 3   ④ 0 1 2

해설

- 코드 실행 순서는 다음과 같다.

라인수	설명
01	• Soojebi 클래스 선언
08	• main 메서드부터 프로그램 시작
09	• 정수형 배열 iarr 선언
10	• marr 메서드를 실행해
02	• marr 메서드 정의
03	• 정수형 배열 temp를 선언
04~05	• temp는 4개이므로 temp.length는 4 • i가 0일 때 temp[0]에는 0을 저장 • i가 1일 때 temp[1]에는 1을 저장 • i가 2일 때 temp[2]에는 2를 저장 • i가 3일 때 temp[3]에는 3을 저장
06	• temp를 marr 메서드 호출한 부분에 전달
10	• marr 메서드를 실행해 반환된 int[4] 배열을 iarr에 저장
11~12	• i는 0부터 iarr의 크기인 4 미만일 때까지 반복 • iarr[0]부터 iarr[3]까지의 값을 출력

정답

40 ②

41 다음 JAVA 코드 출력문의 결과는?

```
System.out.println("5 + 2 = " + 3 + 4);
System.out.println("5 + 2 = " + (3 + 4));
```

① 5 + 2 = 34
　5 + 2 = 34
② 5 + 2 + 3 + 4
　5 + 2 = 7
③ 7 = 7
　7 + 7
④ 5 + 2 = 34
　5 + 2 = 7

해설
- System.out.println("5 + 2 = " + 3 + 4); 코드를 실행하면 "5 + 2 = " 부분은 문자열로 처리되며 뒤에 나오는 3과 4도 문자열로 처리되기 때문에 출력 결과는 "5 + 2 = 34"가 된다.
- System.out.println("5 + 2 = " + (3 + 4)); 코드를 실행하면 "5 + 2 = "는 문자열로 처리되고, 괄호 내 코드는 3+4가 덧셈 계산이 되어 7이 되기 때문에 출력 결과는 "5 + 2 = 7"이 된다.

42 C언어에서 구조체를 사용하여 데이터를 처리할 때 사용하는 것은?

① for　　　② scanf
③ struct　　④ abstract

해설
- 프로그래밍 언어에서 사용하는 주요 예약어는 다음과 같다.

보기	설명
for	초깃값, 최종값, 증감값을 지정하여 반복을 실행하는 키워드
scanf	값을 입력받는 함수
struct	구조체를 사용하여 데이터를 처리할 때 사용하는 키워드
abstract	자식 클래스에서 해당 추상 메서드를 반드시 구현하도록 강제하는 키워드

43 Java에서 사용되는 출력 함수가 아닌 것은?

① System.out.print( )
② System.out.println( )
③ System.out.printing( )
④ System.out.printf( )

해설
- 자바에서 대표적인 출력 함수는 print, println, printf가 있다.

출력 함수	설명
System.out.print	개행 없이 출력하는 함수
System.out.println	출력 후 개행하는 함수
System.out.printf	C언어처럼 포맷을 지정하여 출력하는 함수

44 다음은 사용자로부터 입력받은 문자열에서 처음과 끝의 3글자를 추출한 후 합쳐서 출력하는 파이썬 코드에서 ㉠에 들어갈 내용은?

```
string = input("7문자 이상 문자열을 입력하시오:")
m = ( ㉠ )
print(m)
```

입력값: Hello World
최종 출력: Helrld

① string[1:3] + string[-1:]
② string[:3] + string[-3:-1]
③ string[0:3] + string[-3:]
④ string[0:] + string[:-1]

해설
- slice는 문자열에서 부분 문자열을 반환하는 기법이다.

문자열[시작:끝]

- 'Hello World'의 string[0:3]에서 'Hel'를 반환하고 string[-3:]에서 'rld'를 반환한 후 두 부분 문자열을 '+'한 'Helrld'를 m에 대입한다.
- 대입된 결과를 print( )를 이용하여 출력한다.

정답
41 ④　42 ③　43 ③　44 ③

45. 다음 파이썬으로 구현된 프로그램의 실행 결과로 옳은 것은?

01	a = [0,10,20,30,40,50,60,70,80,90]
02	a[:7:2]

① [20, 60]
② [60, 20]
③ [0, 20, 40, 60]
④ [10, 30, 50, 70]

해설

- 코드 실행 순서는 다음과 같다.

라인수	설명
01	• 리스트를 선언
02	• 0부터 6번째(7번째 인덱스 직전)까지 인덱스가 2씩 증가되도록 출력 • 0번째 값인 0, 2번째 값인 20, 4번째 값인 40, 6번째 값인 60까지 출력

46. 다음 파이썬(Python) 프로그램이 실행되었을 때의 결과는?

```
a = [1, 2, [3, 4, ['life', 'is']]]
print(a[2][2][0])
```

① life   ② 1
③ 2   ④ is

해설

- a[2][2][0]의 값은 'life'이므로 'life'을 출력한다.

코드	값
a[0]	1
a[1]	2
a[2]	[3, 4, ['life', 'is']]
a[2][0]	3
a[2][1]	4
a[2][2]	['life', 'is']
a[2][2][0]	'life'
a[2][2][1]	'is'

47. C언어에서 반드시 존재해야 하는 함수는?

① printf( )
② main( )
③ scanf( )
④ strcpy( )

해설

- C언어에서 main 함수는 프로그램이 실행하는 모든 프로그램의 시작점으로 반드시 존재해야 한다.

48. 다음 JAVA 프로그램이 실행되었을 때의 ㉠에 들어갈 결과는?

01	public class Soojebi{
02	public static void main(String[ ] args){
03	int r1 = 1;
04	int r2 = 1;
05	int r3 = 0;
06	
07	while(r3 < 100) {
08	r3 = r1 + r2;
09	r1 = r2;
10	r2 = r3;
11	System.out.print(r3);
12	}
13	}
14	}

[출력결과]

23581321 ㉠ 89144

① 55   ② 3455
③ 0611   ④ 478

정답

45 ③   46 ①   47 ②   48 ②

해설

- 코드 실행 순서는 다음과 같다.

라인수	설명
01	• Soojebi 클래스 선언
02	• main 메서드부터 프로그램 시작
03~05	• r1 변수에 1, r2 변수에 2, r3 변수에 0을 대입
07~12	• r3 < 100이 참이면 반복문 수행 • r1 + r2의 값을 r3에 대입 • r2의 값을 r1에 대입 • r3의 값을 r2에 대입 • r3의 값을 출력

r3 < 100	r1	r2	r3(출력)
0 < 100 (참)	1	2	2
2 < 100 (참)	2	3	3
3 < 100 (참)	3	5	5
5 < 100 (참)	5	8	8
8 < 100 (참)	8	13	13
13 < 100 (참)	13	21	21
21 < 100 (참)	21	34	34
34 < 100 (참)	34	55	55
55 < 100 (참)	55	89	89
89 < 100 (참)	89	144	144
144 < 100 (거짓)			

● 24년 2회

49 다음 C 프로그램의 결괏값은?

```
01  #include <stdio.h>
02  int main( ){
03      int a = 97;
04      int b = 3.14;
05      char c = 'a';
06      printf("%c %d %d", a, b, c);
07      return 0;
08  }
```

① a 3 97
② 97 3 'a'
③ a 3.14 97
④ 97 3.14 'a'

해설

- 코드 실행 순서는 다음과 같다.

라인수	설명
01	• printf 함수를 사용하기 위해 stdio.h 헤더 파일을 포함
02	• 프로그램이 시작 부분인 main 함수 선언
03	• 정수형 변수 a를 선언하고 97을 대입
04	• 정수형 변수 b를 선언하고 3.14를 대입
05	• 문자형 변수 c를 선언하고 'a'를 대입
06	• a는 %c에 의해 문자로 출력, b는 %d에 의해 정수로 출력, c는 %d에 의해 정수로 출력

● 24년 3회

50 다음 C언어 프로그램이 실행되었을 때, 실행 결과는?

```
01  #include <stdio.h>
02  int main(int argc, char *argv[ ]){
03      int a = 97, A = 65;
04      int b = 3.14;
05      int c = A;
06      printf("%c %d %d", a, b, c);
07      return 0;
08  }
```

① a 3 65
② a 3 A
③ a 3.14 65
④ a 3.14 A

해설

- 코드 실행 순서는 다음과 같다.

라인수	설명
01	• printf 함수를 사용하기 위해 stdio.h 헤더 파일을 포함
02	• 프로그램이 시작 부분인 main 함수 선언
03	• 소문자 a는 97, 대문자 A는 65로 초기화함
04	• b를 선언하고 3.14로 초기화함 • b는 정수형 변수이므로 3만 대입됨
05	• 정수형 변수 c를 선언하고 A값 65를 대입함
06	• a는 %c로 출력하므로 소문자 'a' 출력, b는 %d로 출력하므로 3을 출력, c는 %d로 출력하므로 65를 출력함

정답

49 ①   50 ①

51. 자바언어에서 산술 연산자가 아닌 것은?

① ^
② %
③ +
④ /

해설
- ^는 비트 연산자이다.

52. 다음 파이썬(Python) 프로그램이 실행되었을 때의 결과는?

```
01  for i in range(1, 15):
02    if (i%5==0):
03      print("X", end='')
04    else:
05      print("O", end='')
06
07  print(i)
```

① OOOOXOOOOXOOOOX15
② XOOOOXOOOOXOOO15
③ OOOOXOOOOXOOOO14
④ XOOOOXOOOOXOOO14

해설
- 코드 실행 순서는 다음과 같다.

라인수	설명
01	range는 1부터 15 미만일 때까지 1씩 증가하며 for 반복을 수행함
02~03	i를 5로 나눈 나머지가 0이면(i가 5의 배수이면) 참이 되어 X를 출력
04~05	i를 5로 나눈 나머지가 0이 아니면 O를 출력
07	for 문에서 i는 15 미만인 14일 때까지 반복했으므로 i는 14가 되어 14를 출력

53. 다음 C언어 프로그램이 실행되었을 때, 실행 결과는?

```
01  #include <stdio.h>
02  #include <string.h>
03  int main(int argc, char *argv[ ]){
04    char s[ ] = "C compile";
05    int i;
06    for (i = strlen(s) − 1; i )= 0; i−−)
07      printf("%c", s[i] );
08    return 0;
09  }
```

① C compile
② ompile
③ pmoc C
④ elipmoc C

해설
- 코드 실행 순서는 다음과 같다.

라인수	설명
01	printf 함수를 사용하기 위해 stdio.h 헤더 파일을 포함
02	strlen 함수를 사용하기 위해 strlen 헤더 파일을 포함
03	프로그램이 시작 부분인 main 함수 선언
04	문자형 배열 s에 "C compile" 문자열을 초기화
05	정수형 변수 i 선언
06~07	strlen(s)−1로 문자열 길이에서 1을 뺀 값을 i에 대입하고 i값이 0보다 크거나 같을 때까지 1씩 감소하며 반복을 수행 • s[i]값을 화면에 출력

i	8	7	6	5	4	3	2	1	0
s[i]	e	l	i	p	m	o	c		C

정답
51 ① 52 ③ 53 ④

54 다음 C언어 프로그램이 실행되었을 때, 실행 결과는?

```
01  #include <stdio.h>
02  int main(int argc, char *argv[ ]){
03    int a = 1, b = 2;
04    int r = (++a, a++, b++);
05    printf("%d", r);
06    return 0;
07  }
```

① 1   ② 2
③ 3   ④ 4

해설

- 코드 실행 순서는 다음과 같다.

라인수	설명
01	• printf 함수를 사용하기 위해 stdio.h 헤더 파일을 포함
02	• 프로그램이 시작 부분인 main 함수 선언
03	• 정수형 변수 a는 1, b는 2로 초기화
04	• 콤마 연산자로 (++a), (a++), (r = b++) 순서대로 실행 • (++a)를 하면 a는 2가 되고, (a++)을 하면 a는 3이 됨 • (r = b++)을 하면 b 값인 2를 r에 대입한 후에 b를 1 증가시켜서 b는 3이 됨
05	• r 값인 2를 출력

55 다음 C언어 프로그램이 실행되었을 때, 실행 결과는?

```
01  #include <stdio.h>
02  int main(int argc, char *argv[ ]){
03    int a = 1, b = 2;
04    if(a < b){
05      if(a != 1);
06      printf("A");
07      printf("B");
08    }
09    else
10      printf("C");
11
12    return 0;
13  }
```

① A   ② B
③ AB   ④ C

해설

- 코드 실행 순서는 다음과 같다.

라인수	설명
01	• printf 함수를 사용하기 위해 stdio.h 헤더 파일을 포함
02	• 프로그램이 시작 부분인 main 함수 선언
03	• 정수형 변수 a는 1, b는 2로 초기화
04	• a < b는 1 < 2이므로 참이 되어 if 문을 실행
05	• a != 1은 1 != 1이므로 거짓이 되어 if 문은 거짓이 됨 • if 문에 세미콜론이 바로 붙어 있으면 조건만 보고 아무것도 하지 않는 것과 같음
06	• A를 출력
07	• B를 출력
08	• 04라인의 if 문 블록이 끝
09~10	• 04~08라인의 if 문을 실행했으므로 else 문은 실행하지 않음

정답
54 ②   55 ③

56. 다음 C언어 프로그램에서 밑줄친 부분과 같은 의미를 가지는 코드는?

```
01  #include <stdio.h>
02  int main( ){
03    int a, b;
04    for(a = 0; a < 2; a++)
05      for(b = 0; b < 2; b++)
06        printf("%d", !a && !b);
07    return 0;
08  }
```

① !a || !b
② !(a || b)
③ !(a && b)
④ a || b

해설

• !a && !b는 a = 0, b = 0일 때만 1이고, 나머지일 때는 0이 된다.

a	b	!a	!b	!a && !b
0	0	1	1	1
0	1	1	0	0
1	0	0	1	0
1	1	0	0	0

• !(a || b)일 때 a = 0, b = 0일 때만 1이고, 나머지일 때는 0이 된다.

a	b	①	②	③	④
0	0	1	1	1	0
0	1	1	0	1	1
1	0	1	0	1	1
1	1	0	0	0	1

• 드모르간 법칙(De Morgan's Law)에 의해서 !a && !b은 !(a || b)과 같고, !a || !b는 !(a && b)와 같다.

57. 다음 파이썬 프로그램이 실행되었을 때, 실행 결과는?

```
01  x = [[0 for a in range(2)] for b in range(4)]
02  print(x)
```

① [0, 0]
② [[0, 0], [0, 0], [0, 0], [0, 0]]
③ [[0, 1], [0, 1], [0, 1], [0, 1]]
④ [[0, 0], [1, 1], [2, 2], [3, 3]]

해설

• 코드 실행 순서는 다음과 같다.

라인수	설명
01	• 내부 리스트 [0 for a in range(2)]는 0을 2번 사용하므로 [0, 0]이 됨 • 바깥쪽 리스트 [[0, 0] for b in range(4)]는 [0, 0]을 4번 사용하므로 [[0, 0], [0, 0], [0, 0], [0, 0]]가 되어, x에 [[0, 0], [0, 0], [0, 0], [0, 0]]를 대입
02	• x 값인 [[0, 0], [0, 0], [0, 0], [0, 0]]를 출력

58. 다음 자바 프로그램이 실행되었을 때, 실행 결과는?

```
01  class Rectangle {
02    private int width = 0;
03    private int height = 0;
04    public int area() {
05      return this.width * this.height;
06    }
07    public Rectangle(int width, int height) {
08      this.width = width;
09      this.height = height;
10    }
11  }
12  public class Soojebi {
13    public static void main(String[ ] args) {
14      int x = 10;
15      int y = 20;
16      Rectangle rec = new Rectangle(x, y);
17      int area = rec.area( );
18      System.out.println("area=" + area);
19    }
20  }
```

① area=0
② area=10
③ area=20
④ area=200

정답

56 ②   57 ②

해설

- 코드 실행 순서는 다음과 같다.

라인수	설명
13	• main 메서드부터 시작
14	• x 변수에 10을 대입
15	• y 변수에 20을 대입
16	• 생성자 Rectangle(10, 20)을 실행
07	• Rectangle(10, 20)에 의해 실행되므로 width = 10, height = 20이 됨
08	• width 값 10을 Rectangle의 width 변수에 대입
09	• height 값 20을 Rectangle의 height 변수에 대입
16	• rec 변수에 Rectangle 인스턴스를 대입
17	• rec.area( )를 실행
04~06	• Rectangle 인스턴스에 width = 10, height = 20이었으므로 10*20 = 200을 반환
17	• rec.area( )는 200이므로 area = 200이 됨
18	• area는 200이므로 "area=" + 200인 "area=200"을 출력

해설

- 코드 실행 순서는 다음과 같다.

라인수	설명	
01	• printf 함수를 사용하기 위해 stdio.h 헤더 파일을 포함	
02	• 프로그램이 시작 부분인 main 함수 선언	
03	• a를 231로 초기화	
04	• b를 8로 초기화	
05	• x를 22로 초기화	
06	• 괄호 안의 값을 먼저 계산하면 a%b > 0?1:0 = 231%8 > 0?1:0 = 7 > 0?1:0이므로 7 > 0이 참이 되어 1이 됨	
	231 % 8	• 나머지는 7이 됨
	7 > 0	• 참(True)이 됨
	참 ? 1 : 0	• 조건식이 참이면 ? 다음의 값을 선택하고 조건식이 거짓이면 : 다음의 값을 선택 • 7 > 0이 참이므로 ? 다음의 1을 선택
	• a / b + 1 = 231 / 8 + 1 = 28 + 1 = 29가 되어 x = 29가 됨	
07	• x 값인 29를 출력	

▶ 25년 2회

59 다음 C언어 프로그램이 실행되었을 때, 실행 결과는?

```
01  #include <stdio.h>
02  int main( ){
03    int a = 231;
04    int b = 8;
05    int x = 22;
06    x = a/b + (a%b > 0?1:0);
07    printf("%d", x);
08    return 0;
09  }
```

① 22 ② 25
③ 28 ④ 29

▶ 25년 2회

60 한 개의 논릿값이 참이면 거짓을 반환하고, 거짓이면 참을 반환하는 연산자는?

① & ② #
③ ^ ④ !

해설

- 비트 연산자는 다음과 같다.

연산자	설명
&	• 두 값을 비트로 연산하여 같은 비트의 값이 모두 1이면 해당 비트값이 1이 되고, 그렇지 않으면 0이 되는 연산자
^	• 두 값을 비트로 연산하여 같은 비트의 값이 서로 다르면 해당 비트값이 1이 되고, 그렇지 않으면 0이 되는 연산자
!	• 한 개의 논릿값이 참이면 거짓을 반환하고, 거짓이면 참을 반환(NOT 연산)하는 연산자

정답

58 ④   59 ④   60 ④

> 25년 2회

61 다음 C언어 프로그램이 실행되었을 때, 실행 결과는?

```
01  #include <stdio.h>
02  struct KEY{
03    int a;
04    int b;
05  };
06  int main(int argc, char *argv[ ]){
07    struct KEY y;
08    struct KEY *p;
09    p = &y;
10    y.a = 100;
11    y.b = 200;
12    printf("%d", p->a);
13    return 0;
14  }
```

① 100　　　　　② 200
③ 10000　　　　④ 20000

해설

- 포인터 변수일 때는 ->로 값을 접근한다.
- 코드 실행 순서는 다음과 같다.

라인수	설명
01	• printf 함수를 사용하기 위해 stdio.h 헤더 파일을 포함
02~05	• KEY라는 이름의 구조체 타입을 정의 • KEY 구조체에서 a, b라는 이름의 정수형 변수를 사용
06	• 프로그램이 시작 부분인 main 함수 선언
07	• KEY라는 구조체를 y라는 변수로 선언
08	• KEY라는 구조체의 포인터를 p라는 변수로 선언
09	• y의 주솟값을 p라는 포인터 변수에 저장
10	• y 안의 a 변수에 100을 대입
11	• y 안의 b 변수에 200을 대입 y a 100 　 b 200
12	• p는 포인터이므로 '->'을 이용해 접근하고, y.a에 의해 이미 100이 저장되어 있으므로 100이 출력됨 • p는 p = &y;에 의해 y의 주솟값(p는 y의 주솟값)을 가지고 있고, y.a = 100;에 의해 y안에 a 변수는 100이 저장되어 있으므로 p->a는 y가 가리키고 있는 a의 값인 100이 됨

> 25년 2회

62 다음의 프로그램을 실행한 결과로 옳은 것은?

```
01  #include <stdio.h>
02  int main(int argc, char *argv[ ]){
03    int a[ ] = {1, 2, 3, 4};
04    int b[ ] = {5, 6, 7, 8};
05    int *pa[ ] = {a, b};
06    printf("%d", *(pa[1] + 1));
07  }
```

① 2　　② 3　　③ 5　　④ 6

해설

- 코드 실행 순서는 다음과 같다.

라인수	설명
01	• printf 함수를 사용하기 위해 stdio.h 헤더 파일을 포함
02	• 프로그램이 시작 부분인 main 함수 선언
03	• a에 배열을 선언 후 {1, 2, 3, 4}로 초기화
04	• b에 배열을 선언 후 {5, 6, 7, 8}로 초기화
05	• pa는 배열에 대한 포인터로 배열을 가리키고 있는 a, b로 초기화 | pa[0] | pa[1] | | a | b |
06	• pa[1]는 b이므로 *(pa[1] + 1) == *(b + 1)이 됨 • *(b + 1)은 b의 1번째(b[1]) 값을 가리키므로 6이 됨

> 25년 3회

63 다음 자바 프로그램이 실행되었을 때, 실행 결과는?

```
01  public class Soojebi {
02    public static void main(String[ ] args){
03      int[ ] c = {500, 100, 50, 10};
04      int m = 6790;
05      int a = 0;
06      for(int i = 0; i < c.length; i++) {
07        int cnt = m/c[i];
08        a += cnt;
09        m = m - cnt*c[i];
10      }
11      System.out.printf("%d", a);
12    }
13  }
```

① 4　　② 20　　③ 420　　④ 894

정답

61 ①　　62 ④

해설

- 코드 실행 순서는 다음과 같다.

라인수	설명
01	• Soojebi 클래스 선언
02	• main 메서드부터 프로그램 시작
03	• c 배열을 500, 100, 50, 10으로 초기화 c[0]=500, c[1]=100, c[2]=50, c[3]=10
04	• m을 6790으로 초기화
05	• a를 0으로 초기화
06	• c.legnth는 4 • i = 0일 때 i < 4는 참이므로 for 문을 실행
07	• m = 6790, c[0] = 500이고, 둘 다 정수이므로 6790/500 = 13이 되어 cnt에 13을 대입
08	• a에 cnt 값인 13을 더해주어 a는 13이 됨
09	• m − cnt*c[0] = 6790 − 13*500 = 290이므로 m에 290을 대입
06	• i++에 의해 i = 1이 되면, i < 4는 참이므로 for 문을 실행
07	• m = 290, c[1] = 100이고, 290 / 100 = 2가 되어 cnt에 2를 대입
08	• a에 cnt 값인 2를 더해주어 a는 15가 됨
09	• m − cnt*c[1] = 290 − 2*100 = 90이므로 m에 90을 대입
06	• i++에 의해 i = 2가 되면, i < 4는 참이므로 for 문을 실행
07	• m = 90, c[2] = 50이고, 90 / 50 = 1이 되어 cnt에 1을 대입
08	• a에 cnt 값인 1을 더해주어 a는 16이 됨
09	• m − cnt*c[2] = 90 − 1*50 = 40이므로 m에 40을 대입
06	• i++에 의해 i = 3이 되면, i < 4는 참이므로 for 문을 실행
07	• m = 40, c[3] = 10이고, 40 / 10 = 4가 되어 cnt에 4를 대입
08	• a에 cnt 값인 4를 더해주어 a는 20이 됨
09	• m − cnt*c[3] = 40 − 4*10 = 0이므로 m에 0을 대입
06	• i++에 의해 i = 4가 되면, i < 4는 거짓이므로 for 문을 종료
11	• a 값인 20을 출력

▶ 25년 3회

64 다음 C언어 프로그램이 실행되었을 때, 밑줄 친 곳에 들어가는 값 중 출력 값이 다른 것은?

```
01  #include <stdio.h>
02  int main(int argc, char *argv[ ]){
03    int a[3] = {1};
04    int *p = a;
05    printf("%x", ___);
06    return 0;
07  }
```

① &p ② &a[0]
③ p   ④ a

해설

1차원 포인터	값	
a	a[0]	1
a + 1	a[1]	0
a + 2	a[2]	0

- 코드 실행 순서는 다음과 같다.

라인수	설명
01	• printf 함수를 사용하기 위해 stdio.h 헤더 파일을 포함
02	• 프로그램이 시작 부분인 main 함수 선언
03	• a 배열을 선언
04	• p는 1차원 포인터로 a(1차원 포인터)와 동일
05	• 16진수로 출력 • &p에서 p는 a와 동일하므로 &p는 포인터 변수 p 자체의 메모리 주소 • &a[0]은 a[0]의 주소이므로 a와 동일 • p는 a와 동일

▶ 25년 3회

65 파이썬에서 여러 자료를 한 번에 저장하는 자료형으로만 묶인 것은?

① int, float, str ② float, bool, list
③ bool, tuple, set ④ list, set, tuple

해설

- 파이썬에서 여러 자료를 한 번에 저장하는 자료형은 list, set, tuple, dictionary 형이 있다.

정답

63 ② 64 ① 65 ④

> 25년 3회

66 다음 C언어로 작성한 프로그램의 실행 결과로 가장 옳은 것은?

```
01  #include <stdio.h>
02  int main(int argc, char *argv[ ]){
03    int sum = 0;
04    int i = 0;
05    for(i = 0; i < 10; i++){
06      sum += i;
07    }
08    printf("%d", sum);
09    return 0;
10  }
```

① 36
② 45
③ 55
④ 66

해설

- 코드 실행 순서는 다음과 같다.

라인수	설명
01	printf 함수를 사용하기 위해 stdio.h 헤더 파일을 포함
02	프로그램이 시작 부분인 main 함수 선언
03	sum을 0으로 초기화
04	i를 0으로 초기화
05~07	• i = 0부터 1씩 증가하여 i < 10을 만족할 때까지 반복 • for 문을 실행하면서 i 값을 sum에 더해줌 <table><tr><td>i</td><td>0</td><td>1</td><td>2</td><td>3</td><td>4</td><td>5</td><td>6</td><td>7</td><td>8</td><td>9</td></tr><tr><td>sum</td><td>0</td><td>1</td><td>3</td><td>6</td><td>10</td><td>15</td><td>21</td><td>28</td><td>36</td><td>45</td></tr></table>
08	sum 값인 45를 출력

❷ 언어특성 활용

> 20년 1회, 4회, 23년 3회

67 JAVA 언어에서 접근제어자가 아닌 것은?

① public
② protected
③ package
④ private

해설

- 자바 접근제어자는 다음과 같다.

접근제어자	설명
public	• 외부의 모든 클래스에서 접근이 가능한 접근 제어자
protected	• 같은 패키지 내부에 있는 클래스, 하위 클래스(상속받은 경우)에서 접근이 가능한 접근 제어자 • 자기 자신과 상속받은 하위 클래스 둘 다 접근이 가능한 접근 제어자
default	• 접근 제한자를 명시하지 않은 경우로 같은 패키지 내부에 있는 클래스에서 접근이 가능한 접근 제어자
private	• 같은 클래스 내에서만 접근이 가능한 접근 제어자

> 21년 3회, 25년 2회, 3회

68 JAVA에서 힙(Heap)에 남아있으나 변수가 가지고 있던 참조 값을 잃거나 변수 자체가 없어짐으로써 더 이상 사용되지 않는 객체를 제거해주는 역할을 하는 모듈은?

① Heap Collector
② Garbage Collector
③ Memory Collector
④ Variable Collector

해설

- 자바에서는 메모리 관리를 위해 가비지 컬렉터를 사용한다.

정답

66 ②　67 ③　68 ②

69. Java 프로그래밍 언어의 정수 데이터 타입 중 'long'의 크기는?

① 1byte
② 2byte
③ 4byte
④ 8byte

해설

- 기본형 데이터 타입 크기는 다음과 같다.

타입		크기
논리형	boolean	1byte
문자형	char	2byte
정수형	byte	1byte
	short	2byte
	int	4byte
	long	8byte
실수형	float	4byte
	double	8byte

70. 스크립트 언어가 아닌 것은?

① PHP
② Cobol
③ Basic
④ Python

해설

- Cobol은 COmmon Business-Oriented Language의 약자로, 절차적, 명령형 언어이며 최근엔 객체지향 언어에 속한다.
- 스크립트 언어는 코볼 스크립트(Cobol Script)라는 별도의 스크립트 언어가 존재한다.

71. 자바스크립트(JavaScript)와 관련한 설명으로 틀린 것은?

① 프로토타입(Prototype)의 개념이 존재한다.
② 컴파일 언어로 타입 검사를 엄격하게 한다.
③ Prototype Link와 Prototype Object를 활용할 수 있다.
④ 객체 기반의 스크립트 프로그래밍 언어이다.

해설

- 자바스크립트의 특징은 다음과 같다.
- 객체 기반의 스크립트 프로그래밍 언어
- 타입을 명시할 필요가 없는 인터프리터 언어
- 웹 브라우저 내에서 주로 사용하며, 다른 응용 프로그램의 내장 객체에도 접근할 수 있는 기능이 존재
- 자바스크립트는 브라우저마다 지원되는 버전이 상이
- 프로토타입(Prototype)의 개념이 존재하고, Prototype Link와 Prototype Object를 활용할 수 있음

72. 귀도 반 로섬(Guido van Rossum)이 발표한 언어로 인터프리터 방식이자 객체 지향적이며, 배우기 쉽고 이식성이 좋은 것이 특징인 스크립트 언어는?

① C++
② JAVA
③ C#
④ Python

해설

- 프로그래밍 언어의 종류는 다음과 같다.

언어	설명
C++	C 문법에 객체 지향 프로그래밍 개념과 일반화 프로그래밍을 위한 템플릿 기능이 추가된 언어
JAVA	썬 마이크로 시스템즈(Oracle 합병됨)가 개발한 객체지향적 프로그래밍 언어
C#	마이크로소프트에서 개발한 객체 지향 프로그래밍 언어
Python	인터프리터 방식이자 객체 지향적이며, 배우기 쉽고 이식성이 좋은 것이 특징인 스크립트 언어

73. 다음 Java의 기본 자료형 중 문자형은?

① byte
② char
③ short
④ long

해설

- byte, int, short, long은 정수형이고 char은 문자형이다.

정답

69 ④ 70 ② 71 ② 72 ④ 73 ②

74 다음 자바 프로그램이 실행되었을 때의 결과는?

```
01  class Tomato {
02    int fn(int a, int b) {
03      return a + b;
04    }
05  }
06  class Apple extends Tomato {
07    int fn(int a, int b) {
08      return a - b;
09    }
10  }
11  public class Soojebi {
12    public static void main(String[ ] args) {
13      Tomato t = new Apple( );
14      System.out.println(t.fn(5,3));
15    }
16  }
```

① 0   ② 8
③ 2   ④ 28

해설
- 코드 실행 순서는 다음과 같다.

라인수	설명
12	main 함수의 시작 부분(프로그램이 제일 처음 실행되는 부분)
13	부모 클래스 Tomato 타입의 t 객체를 선언하고 new 연산자를 이용하여 Apple( ) 생성자를 호출하여 객체를 생성함
06~10	Apple 클래스의 fn 메서드를 호출 5와 3을 매개변수로 넘겨주며 a = 5, b = 3이 되기 때문에 5 - 3 값을 반환함
14	t.fn(5, 3)의 반환값이 2이므로 2를 출력

3 라이브러리 활용

75 라이브러리의 개념과 구성에 대한 설명 중 틀린 것은?

① 라이브러리란 필요할 때 찾아서 쓸 수 있도록 모듈화되어 제공되는 프로그램을 말한다.
② 프로그래밍 언어에 따라 일반적으로 도움말, 설치파일, 샘플코드 등을 제공한다.
③ 외부 라이브러리는 프로그래밍 언어가 기본적으로 가지고 있는 라이브러리를 의미하며, 표준 라이브러리는 별도의 파일 설치를 필요로 하는 라이브러리를 의미한다.
④ 라이브러리는 모듈과 패키지를 총칭하며, 모듈이 개별 파일이라면 패키지는 파일들을 모아 놓은 폴더라고 볼 수 있다.

해설
- 표준 라이브러리는 프로그래밍 언어가 기본적으로 가지고 있는 라이브러리를 의미하고, 외부 라이브러리는 표준 라이브러리와 달리 별도의 파일을 설치한다.

76 C 언어에서 문자열을 정수형으로 변환하는 라이브러리 함수는?

① atoi( )   ② atof( )   ③ itoa( )   ④ ceil( )

해설
- C 언어에서 문자열을 정수형으로 변환하는 라이브러리 함수는 atoi 함수이다.
- atoi 함수는 표준 라이브러리 헤더 파일(stdlib.h)을 include 한 후 사용한다.
- 주요 문자열 함수는 다음과 같다.

보기	설명
atoi 함수	문자열(str)을 정수(int)형으로 변환하는 라이브러리 함수
atof 함수	문자열(str)을 실수(float, double)형으로 변환하는 라이브러리 함수
itoa 함수	정수(int)형을 문자열(str)로 변환하는 라이브러리 함수
ceil 함수	소숫점 올림 라이브러리 함수

정답
74 ③   75 ③   76 ①

77 다음 C 언어 프로그램이 실행되었을 때의 결과는?

```
01  #include <stdio.h>
02  #include <string.h>
03  void main(){
04    char str[50] = "nation";
05    char *p2 = "alter";
06    strcat(str, p2);
07    printf("%s", str);
08  }
```

① nation
② nationalter
③ alter
④ alternation

해설
- 코드 실행 순서는 다음과 같다.

라인수	설명
01	printf 함수를 사용하기 위해 stdio.h 헤더 파일을 포함
02	strcat 함수를 사용하기 위해 stdlib.h 헤더 파일을 포함
03	프로그램이 시작 부분인 main 함수 선언
04	str 변수에 "nation" 저장
05	p2 변수에 "alter" 문자열 덩어리를 가리키는 주솟값 저장
06	p2가 가리키고 있는 문자열을 str 변수에 이미 저장된 "nation" 뒤에 붙임
07	str은 "nation"에 "alter"를 붙여 "nationalter"을 출력

78 C 언어 라이브러리 중 stdlib.h에 대한 설명으로 옳은 것은?

① 문자열을 수치 데이터로 바꾸는 문자 변환 함수와 수치를 문자열로 바꿔주는 변환 함수 등이 있다.
② 문자열 처리 함수로 strlen( )이 포함되어 있다.
③ 표준 입출력 라이브러리이다.
④ 삼각 함수, 제곱근, 지수 등 수학적인 함수를 내장하고 있다.

해설
- 주요 헤더 파일은 다음과 같다.

헤더 파일	설명
stdlib.h	• 문자열을 숫자로 바꿔주는 atoi, atof 등의 함수가 있음 • 표준 라이브러리
string.h	• 문자열 처리 함수들을 정의
stdio.h	• 표준 입출력
math.h	• 삼각 함수, 제곱근, 지수 등 수학적인 함수를 내장

79 다음 C언어 프로그램이 실행되었을 때, 실행 결과는?

```
01  #include <stdio.h>
02  #include <string.h>
03  int main(int argc, char *argv[ ]){
04    char str1[20] = "KOREA";
05    char str2[20] = "LOVE";
06    char* p1 = NULL;
07    char* p2 = NULL;
08    p1 = str1;
09    p2 = str2;
10    str1[1] = p2[2];
11    str2[3] = p1[4];
12    strcat(str1, str2);
13    printf("%c", *(p1 + 2));
14    return 0;
15  }
```

① E   ② V   ③ R   ④ O

정답
77 ②   78 ①   79 ③

해설

- 코드 실행 순서는 다음과 같다.

라인수	설명
01	• printf 함수를 사용하기 위해 stdio.h 헤더 파일을 포함
02	• strcat 함수를 사용하기 위해 stdlib.h 헤더 파일을 포함
03	• 프로그램이 시작 부분인 main 함수 선언
04~05	• 크기가 20인 배열 str1, str2를 선언
06~07	• 포인터 변수 p1, p2를 선언
08	• p1에 str1의 시작 주소값(&str1[0])을 저장(str1 배열을 포인터 p1에 대입하면 p1은 str1 배열처럼 사용할 수 있음)
09	• p2에 str2의 시작 주소값(&str2[0])을 저장(str2 배열을 포인터 p2에 대입하면 p2는 str2 배열처럼 사용할 수 있음)
10	• str1[1]에 p2[2]의 값 "V"를 저장
11	• str2[3]에 p1[4]의 값 "A"를 저장
12	• strcat으로 문자열 str1에 str2를 붙임 ("KVREALOVA")
13	• p1은 &str1[0]이고, p1 + 2는 &str1[2] • p1 + 2가진 값인 "R"을 출력
14	• main 함수의 정상종료를 의미하는 0을 리턴

◎ 22년 1회, 23년 3회, 24년 3회, 25년 1회

80 JAVA의 예외(Exception)와 관련된 설명으로 틀린 것은?

① 문법 오류로 인해 발생한 것
② 오동작이나 결과에 악영향을 미칠 수 있는 실행시간 동안에 발생한 오류
③ 배열의 인덱스가 그 범위를 넘어서는 경우 발생하는 오류
④ 존재하지 않는 파일을 읽으려고 하는 경우에 발생하는 오류

해설

- 예외(Exception)는 문법 오류로 인해 발생하는 것이 아니다.
- 예외는 개발자가 구현한 코드에서 발생하며, 발생할 상황을 미리 예측하여 처리할 수 있도록 만든 안전장치이다.
- 주요 예외는 다음과 같다.

예외	설명
RuntimeException	• 오동작이나 결과에 악영향을 미칠 수 있는 실행시간 동안에 발생한 오류
ArrayIndexOutOfBoundsException	• 배열의 인덱스가 그 범위를 넘어서는 경우 발생하는 오류
FileNotFoundException	• 존재하지 않는 파일을 읽으려고 하는 경우에 발생하는 오류

◎ 22년 2회, 24년 1회

81 C언어에서 문자열 처리 함수의 서식과 그 기능의 연결로 틀린 것은?

① strlen(s) - s의 길이를 구한다.
② strcpy(s1, s2) - s2를 s1으로 복사한다.
③ strcmp(s1, s2) - s1과 연결한다.
④ strrev(s) - s를 거꾸로 변환한다.

해설

- 주요 문자열 함수는 다음과 같다.

보기	설명
strlen	• 문자열 길이를 알려주는 함수(String Length)
strcpy	• 문자열을 복사하는 함수(String Copy)
strcmp	• 문자열을 비교하는 함수(String Compare)
strrev	• 문자열 거꾸로 뒤집는 함수(String Reverse)

정답

80 ① 81 ③

82 다음 자바 프로그램이 실행되었을 때의 결과는?

```
01  class Soojebi {
02    public static void main(String[ ] args) {
03      try {
04        int sum = 11/0;
05        System.out.println("A");
06      }
07      catch (NumberFormatException e) {
08        System.out.println("B");
09      }
10      catch (ArithmeticException e) {
11        System.out.println("C");
12      }
13      catch (Exception e) {
14        System.out.println("D");
15      }
16    }
17  }
```

① A ② B
③ C ④ D

해설

- NumberFormatException은 숫자가 아닌 문자열을 숫자로 변환할 때 발생하는 예외이고, ArithmeticException은 산술 연산(0으로 나누기 시도 등)에서 발생하는 예외이다.

라인수	설명
02	main 메서드부터 프로그램 시작
03	try~catch 구문
04	try 구문에서 11을 0으로 나누기를 시도하여 예외가 발생하여 ArithmeticException 예외를 catch
10	ArithmeticException을 catch
11	C를 화면에 출력

83 삼각함수, 제곱근, 지수 등 수학적인 함수를 내장하는 헤더파일은 무엇인가?

① stdlib.h
② string.h
③ stdio.h
④ math.h

해설

- 주요 헤더 파일을 다음과 같다.

헤더 파일	설명
stdlib.h	• 표준 라이브러리 헤더 • 문자열을 숫자로 바꿔주는 atoi, atof 등의 함수가 있음
string.h	• 문자열 처리 함수들을 정의하는 헤더
stdio.h	• 표준 입출력 헤더 • printf와 같은 출력 함수, scanf와 같은 입력 함수가 있음
math.h	• 삼각함수, 제곱근, 지수 등 수학적인 함수를 내장하는 헤더

정답

82 ③   83 ④

Chapter 03 응용 SW 기초 기술 활용

1 운영체제 기초 활용

> 19년 2회, 3회, 20년 1회, 23년 1회

01 UNIX의 쉘(Shell)에 관한 설명으로 옳지 않은 것은?

① 명령어 해석기이다.
② 시스템과 사용자 간의 인터페이스를 담당한다.
③ 여러 종류의 쉘이 있다.
④ 프로세스, 기억 장치, 입출력 관리를 수행한다.

해설
- 쉘은 사용자가 내린 명령을 운영체제가 수행할 수 있도록 명령을 해석하는 명령어 해석기이다.
- 쉘이 아닌 커널이 프로세스 관리, 파일 관리, 입·출력 관리, 기억 장치 관리 등의 기능을 수행한다.

> 20년 3회, 24년 2회

02 운영체제에 대한 설명으로 거리가 먼 것은?

① 다중 사용자와 다중 응용 프로그램 환경 하에서 자원의 현재 상태를 파악하고 자원 분배를 위한 스케줄링을 담당한다.
② CPU, 메모리 공간, 기억 장치, 입출력 장치 등의 자원을 관리한다.
③ 운영체제의 종류로는 매크로 프로세서, 어셈블러, 컴파일러 등이 있다.
④ 입출력 장치와 사용자 프로그램을 제어한다.

해설
- 운영체제의 종류로는 윈도우, 리눅스/유닉스, 맥(Mac), 안드로이드(Android)가 있다.

> 21년 1회, 23년 1회, 24년 1회

03 운영체제를 기능에 따라 분류할 경우 제어 프로그램이 아닌 것은?

① 데이터 관리 프로그램
② 서비스 프로그램
③ 작업 제어 프로그램
④ 감시 프로그램

해설
- 운영체제를 기능별로 분류하면 다음과 같다.

구분	프로그램	설명
제어 프로그램 (Control Program)	감시 프로그램 (Supervisor Program)	각종 프로그램의 실행과 시스템 전체의 작동 상태 감시 및 감독
	작업 제어 프로그램 (Job Control Program)	• 작업의 연속 처리를 위한 스케줄 및 시스템 자원 할당 담당 • Job Scheduler, Master Scheduler
	데이터 관리 프로그램 (Data Management Program)	주기억장치와 보조기억장치 사이의 데이터 전송과 보조 기억장치의 자료 갱신 및 유지보수 기능을 수행
처리 프로그램 (Processing Program)	언어 번역 프로그램 (Language Translator Program)	원시 프로그램을 기계어 형태의 목적 프로그램으로 번역하는 프로그램으로 어셈블러, 컴파일러, 인터프리터가 있음
	서비스 프로그램 (Service Program)	효율성을 위해 사용 빈도가 높은 프로그램으로 링커(Linker), 정렬/합병 프로그램, 라이브러리(Library), 유틸리티 프로그램이 있음
	문제 프로그램 (Problem Program)	특정 업무 해결을 위해 사용자가 작성한 프로그램

정답
01 ④ 02 ③ 03 ②

20년 3회, 25년 1회

04 UNIX에서 새로운 프로세스를 생성하는 명령어는?

① ls ② cat
③ fork ④ chmod

해설

- 주요 명령어는 다음과 같다.

명령어	설명
ls	자신이 속해있는 폴더 내에서의 파일 및 폴더들의 목록(list)을 표시하는 명령어
cat	파일의 내용을 화면에 출력하는 명령어
fork	새로운 프로세스를 생성하는 명령어
chmod	특정 파일 또는 디렉터리의 퍼미션을 수정하는 명령어

21년 1회, 23년 3회, 24년 1회, 2회

05 운영체제 분석을 위해 리눅스에서 버전을 확인하고자 할 때 사용되는 명령어는?

① ls ② cat
③ pwd ④ uname

해설

- 주요 명령어는 다음과 같다.

보기	설명
ls	자신이 속해있는 폴더 내에서의 파일 및 폴더들을 표시하는 명령어
cat	파일의 내용을 화면에 출력하는 명령어
pwd	현재 작업 중인 디렉터리의 절대 경로를 출력하는 명령어
uname	시스템의 정보를 확인하는 명령어

19년 2회, 22년 3회

06 지역성(Locality)에 대한 설명으로 옳지 않은 것은?

① 프로세서들은 기억 장치 내의 정보를 균일하게 접근하는 것이 아니라, 어느 한 순간에 특정 부분을 집중적으로 참조한다.
② 시간 지역성의 예는 "순환, 부 프로그램, 스택" 등이 있다.
③ 시간 지역성은 최근 사용되었던 기억장소들이 집중적으로 액세스하는 현상이다.
④ 공간 지역성의 예는 "순차적 코드의 실행"이 있다.

해설

- 순차적 코드의 실행은 순차 지역성의 예이다.
- 공간 지역성은 하나의 기억장소가 참조되면 그 근처의 기억장소가 계속 참조되는 경향이 있음을 의미하는 지역성이다.
- 공간 지역성의 예는 배열 순회, 프로그래머들이 관련된 변수(데이터 저장 기억장소)들을 서로 근처에 선언하여 할당되는 기억장소 등이 있다.

19년 2회, 20년 4회, 22년 1회, 23년 1회, 24년 1회, 25년 1회

07 4개의 프레임을 수용할 수 있는 주기억 장치가 있으며, 초기에는 모두 비어 있다고 가정한다. 다음의 순서로 페이지 참조가 발생할 때, FIFO 페이지 교체 알고리즘을 사용할 경우 페이지 결함의 발생 횟수는?

페이지 참조 순서: 1, 2, 3, 1, 2, 4, 5, 1, 4

① 4회 ② 5회
③ 6회 ④ 7회

해설

- 페이지 결함(부재) 발생 횟수는 6회이다.
- FIFO는 주기억장치 페이지에 순차적으로 참조 스트링이 들어오고, 페이지 교체는 가장 먼저 들어온 페이지부터 교체하는 알고리즘이다.

참조 스트링	1	2	3	1	2	4	5	1	4
주기억 장치 (Page Frame)	1	2	3	3	3	4	5	1	1
		1	2	2	2	3	4	5	5
			1	1	1	2	3	4	4
						1	2	3	3
페이지 부재 (Page Fault)	①	②	③			④	⑤	⑥	

① 참조 스트링 1이 페이지 프레임에 없으므로 페이지 부재
② 참조 스트링 2가 페이지 프레임에 없으므로 페이지 부재
③ 참조 스트링 3이 페이지 프레임에 없으므로 페이지 부재
④ 참조 스트링 4가 페이지 프레임에 없으므로 페이지 부재
⑤ 참조 스트링 5가 페이지 프레임에 없으므로 페이지 부재가 일어나고, 가장 먼저 들어온 1이 빠짐
⑥ 참조 스트링 1이 페이지 프레임에 없으므로 페이지 부재가 일어나고, 페이지 프레임에서 더 먼저 들어온 2가 빠짐

정답

04 ③   05 ④   06 ④   07 ③

08. [20년 1회]

다음의 페이지 참조 열(Page Reference String)에 대해 페이지 교체 기법으로 선입선출 알고리즘을 사용할 경우 페이지 부재(Page Fault) 횟수는? (단, 할당된 페이지 프레임 수는 3이고, 처음에는 모든 프레임이 비어 있다.)

> 페이지 참조 열: 7, 0, 1, 2, 0, 3, 0, 4, 2, 3, 0, 3, 2, 1, 2, 0, 1, 7, 0

① 13 ② 14
③ 15 ④ 20

해설

- 페이지 결함(부재) 발생 횟수는 14회이다.
- FIFO는 주기억장치 페이지에 순차적으로 참조 스트링이 들어오고, 페이지 교체는 가장 먼저 들어온 페이지부터 교체하는 알고리즘이다.

참조 스트링	7	0	1	2	0	3	0	4	2	3	0	3	2	1	2	0	1	7	0
주기억 장치 (Page Frame)	7	0	1	2	2	3	0	4	2	3	0	0	0	1	2	2	2	7	0
		7	0	1	1	2	3	0	4	2	3	3	3	0	1	1	1	2	7
			7	0	0	1	2	3	0	4	2	2	2	3	0	0	0	1	2
페이지 부재 (Page Fault)	F	F	F	F		F	F	F	F	F	F			F	F			F	F

09. [19년 3회]

다음과 같은 3개의 작업에 대하여 FCFS 알고리즘을 사용할 때, 임의의 작업 순서로 얻을 수 있는 최대 평균 반환시간을 T, 최소 평균 반환시간을 t라고 가정했을 경우 T − t의 값은?

프로세스	실행 시간
P1	9
P2	3
P3	12

① 3 ② 4 ③ 5 ④ 6

해설

- 최소 평균 반환시간(t)은 짧은 프로세스 순으로, 최대 평균 반환시간(T)은 큰 프로세스 순으로 대기 리스트에 배치하여 계산한다.
- 최소 평균 반환시간(t)을 계산하면 다음과 같다.

	0	1	2	3	…	11	12	…	23
P2									
P1						…			
P3								…	

- (반환시간) = (종료 시간) − (도착시간)
- (대기시간) = (반환시간) − (서비스 시간)

프로세스	도착 시간	서비스 시간 (실행 시간)	종료 시간	반환시간
P2	0	3	3	3(= 3 − 0)
P1	0	9	12	12(= 12 − 0)
P3	0	12	24	24(= 24 − 0)

- 최소 평균 반환시간(t) = (3 + 12 + 24) / 3 = 13
- 최대 평균 반환시간(T)을 계산하면 다음과 같다.

	0	…	11	12	…	20	21	22	23
P2		…							
P1					…				
P3									

- (반환시간) = (종료 시간) − (도착시간)
- (대기시간) = (반환시간) − (서비스 시간)

프로세스	도착 시간	서비스 시간 (실행 시간)	종료 시간	반환시간
P3	0	12	12	12(= 12 − 0)
P1	0	9	21	21(= 21 − 0)
P2	0	3	24	24(= 24 − 0)

- 최대 평균 반환시간(T) = (12 + 21 + 24) / 3 = 19
- 최대 평균 반환시간(T) − 최소 평균 반환시간(t) = 19 − 13 = 6

정답
08 ② 09 ④

> 20년 3회, 25년 3회

10 FIFO 스케줄링에서 3개의 작업 도착 시간과 CPU 사용 시간(Burst Time)이 다음 표와 같다. 이때 모든 작업들의 평균 반환시간(Turn Around Time)은 약 얼마인가?

작업	도착시간	CPU 사용시간 (Burst Time)
JOB 1	0	13
JOB 2	3	35
JOB 3	8	2

① 16 ② 17
③ 20 ④ 33

해설

- 평균 반환시간을 계산하면 다음과 같다.

	0	…	10	11	12	13	14	15	…	47	48	49
JOB1												
JOB2												
JOB3												

프로세스	도착 시간	서비스 시간 (실행 시간)	종료 시간	반환시간
JOB1	0	13	13	13(= 13 − 0)
JOB2	3	35	48	45(= 48 − 3)
JOB3	8	2	50	42(= 50 − 8)

- 평균 반환시간 = (13 + 45 + 42) / 3 = 33(소수점 이하 반올림 처리)

> 20년 3회, 23년 2회

11 메모리 관리 기법 중 Worst Fit 방법을 사용할 경우 10K 크기의 프로그램 실행을 위해서는 어느 부분에 할당되는가?

영역번호	메모리 크기	사용 여부
No.1	8K	FREE
No.2	12K	FREE
No.3	10K	IN USE
No.4	20K	IN USE
No.5	16K	FREE

① No.2 ② No.3
③ No.4 ④ No.5

해설

- 최악 적합(Worst Fit) 방법은 프로세스의 가용 공간 중에서 가장 큰 공간을 할당하는 방식이다.
- 10K 크기의 프로그램이라고 하였으므로 NO.2, NO.3, NO.4, NO.5 영역 중 메모리 크기가 20K로 가장 큰 NO.4가 할당되어야 하나 사용 여부가 IN USE이므로 그 다음으로 메모리 크기가 큰 NO.5에 할당한다.

> 21년 1회, 24년 2회

12 기억 공간 15K, 23K, 22K, 21K 순으로 빈 공간이 있을 때 기억 장치 배치 전략으로 "First Fit"을 사용하여 17K의 프로그램을 적재할 경우 내부 단편화의 크기는 얼마인가?

① 5K ② 6K
③ 7K ④ 8K

해설

- 최초 적합(First Fit)은 프로세스가 적재될 수 있는 가용 공간 중에서 첫 번째 분할에 할당하는 방식이다.
- 17K의 프로그램을 적재할 경우 프로세스가 적재될 수 있는 가용 공간 중에서 첫 번째 분할은 23K이고, 17K를 적재하면 6K의 내부 단편화가 발생한다.

정답

10 ④   11 ④   12 ②

> 21년 1회, 24년 1회, 25년 3회

13 다음 설명의 ㉠과 ㉡에 들어갈 내용으로 옳은 것은?

> 가상기억장치의 일반적인 구현 방법에는 프로그램을 고정된 크기의 일정한 블록으로 나누는 (㉠) 기법과 가변적인 크기의 블록으로 나누는 (㉡) 기법이 있다.

① ㉠: Paging, ㉡: Segmentation
② ㉠: Segmentation, ㉡: Allocation
③ ㉠: Segmentation, ㉡: Compaction
④ ㉠: Paging, ㉡: Linking

해설

- 주기억장치 할당 기법 중 분산 할당 기법의 유형은 다음과 같다.

기법	설명
페이징 기법 (Paging)	프로그램을 고정된 크기의 일정한 블록으로 나누어 주기억장치의 분산된 공간에 적재시킨 후 프로세스를 수행시키는 기법
세그먼테이션 기법 (Segmentation)	가상기억장치 내의 프로세스를 가변적인 크기의 블록으로 나누고 메모리를 할당하는 기법
페이징/세그먼테이션 혼용 기법	하나의 세그먼트를 정수 배의 부분 페이지로 다시 분할하는 기법

> 21년 2회

14 페이징 기법에서 페이지 크기가 작아질수록 발생하는 현상이 아닌 것은?

① 기억장소 이용 효율이 증가한다.
② 입·출력 시간이 늘어난다.
③ 내부 단편화가 감소한다.
④ 페이지 맵 테이블의 크기가 감소한다.

해설

- 페이징 기법에서 페이지 크기가 작을 경우와 클 경우 발생하는 현상은 다음과 같다.

항목	페이지 크기가 작을 경우	페이지 크기가 클 경우
페이지 맵 테이블 크기	큼	작음
내부 단편화	작음	큼
입·출력 시간	깊	짧음
기억장소 이용 효율	높음	낮음

> 21년 3회, 23년 3회

15 다음 중 페이지 교체(Page Replacement) 알고리즘이 아닌 것은?

① FIFO(First-In-First-Out)
② LUF(Least Used First)
③ Optimal
④ LRU(Least Recently Used)

해설

- LUF라는 페이지 교체 알고리즘은 존재하지 않는다.
- 페이지 교체 알고리즘은 다음과 같다.

알고리즘	설명
FIFO (First In First Out)	각 페이지가 주기억 장치에 적재될 때마다 그때의 시간을 기억시켜 가장 먼저 들어와 가장 오래 있던 페이지를 교체하는 기법(선입선출)
OPT (OPTimal Replacement)	앞으로 가장 오랫동안 사용하지 않을 페이지를 교체하는 기법 / 페이지 부재 횟수가 가장 적게 발생하는 가장 효율적인 알고리즘
LRU (Least Recently Used)	사용된 시간을 확인하여 가장 오랫동안 사용되지 않은 페이지를 선택하여 교체하는 기법 / 프로그램의 지역성의 원리에 따라서 최근에 참조된 페이지는 앞으로도 참조될 가능성이 크고, 최근에 참조되지 않은 페이지는 앞으로도 참조되지 않을 가능성이 크다는 전제로 구현된 알고리즘

정답

13 ① 14 ④ 15 ②

> 19년 2회, 23년 2회

16 RR(Round-Robin) 스케줄링에 대한 설명으로 틀린 것은?

① "(대기시간+서비스 시간)/서비스 시간"의 계산으로 우선순위를 처리한다.
② 시간 할당이 작아지면 프로세스-문맥 교환이 자주 일어난다.
③ Time Sharing System을 위해 고안된 방식이다.
④ 시간 할당이 커지면 FCFS 스케줄링과 같은 효과를 얻을 수 있다.

해설
- RR은 프로세스는 같은 크기의 CPU 시간을 할당(Time Quantum)하고, 프로세스가 할당된 시간 내에 처리 완료를 못하면 준비 큐 리스트의 가장 뒤로 보내지고, CPU는 대기 중인 다음 프로세스로 넘어가는 방식으로 우선순위를 처리한다.
- RR은 시간 할당이 작아지면 프로세스-문맥 교환이 자주 일어나고, 시간 할당이 커지면 FCFS 스케줄링과 같은 효과를 얻는다.

> 19년 2회

17 다음은 무엇에 관한 설명인가?

> - 프로그램 카운터, 레지스터 같은 현재 사용되는 자원에 대한 정보를 가짐
> - CPU에 의해 처리되는 사용자 프로그램, 시스템 프로그램, 즉 실행 중인 프로그램을 의미한다.

① 세마포어
② 모니터
③ 세그먼트
④ 프로세스

해설
- 프로세스는 프로그램 카운터, 레지스터 같은 현재 사용되는 자원에 대한 정보(PCB)를 가진다.
- CPU에 의해 처리되는 사용자 프로그램, 시스템 프로그램, 즉 실행 중인 프로그램을 의미하는 것은 프로세스이다.

> 19년 2회

18 스케줄링 기법 중 SJF 기법과 SRT 기법에 관한 설명으로 가장 옳지 않은 것은?

① SJF는 비선점(Non Preemptive) 기법이다.
② SJF는 프로세스가 도착하는 시점에 따라 그 당시 가장 작은 서비스 시간을 갖는 프로세스가 종료 시까지 자원 선점한다.
③ SRT는 짧은 수행 시간 프로세스를 우선 수행한다.
④ SRT에서는 이미 할당된 CPU를 다른 프로세스가 강제로 빼앗아 사용할 수 없다.

해설
- SRT는 선점형 스케줄링 기법으로 이미 CPU에 할당된 프로세스를 강제로 빼앗아 사용할 수 있다.

> 19년 1회, 24년 1회

19 프로세스가 실행되면서 하나의 페이지를 일정 시간 동안 집중적으로 액세스하는 현상은?

① 구역성(Locality)
② 스래싱(Thrashing)
③ 워킹세트(Working Set)
④ 프리페이징(Prepaging)

해설

보기	설명
Locality (구역성; 지역성)	실행 중인 프로세스가 주기억 장치를 참조할 때 일부 페이지만 집중적으로 참조하는 성질
Thrashing (스래싱)	프로세스의 처리 시간보다 페이지 교체 시간이 더 많아지는 현상
Working Set (워킹 셋)	프로세스가 일정 시간 동안 자주 참조하는 페이지들의 집합
Prepaging (프리페이징)	사용될 페이지라고 예측되는 페이지를 미리 적재하는 기법

정답

16 ① 17 ④ 18 ④ 19 ①

> 19년 1회, 20년 3회, 23년 2회, 24년 2회

20 HRN 방식으로 스케줄링할 경우, 입력된 작업이 다음과 같을 때 처리되는 작업 순서로 옳은 것은?

작업	대기시간	서비스(실행) 시간
A	5	20
B	40	20
C	15	45
D	20	2

① A → B → C → D
② A → C → B → D
③ D → B → C → A
④ D → A → B → C

해설

- HRN(Highest Response Ratio Next)의 공식은 '(대기시간 + 서비스 시간) / 서비스 시간'이다.

A	(5 + 20) / 20 = 1.25
B	(40 + 20) / 20 = 3
C	(15 + 45) / 45 = 1.34
D	(20 + 2) / 2 = 11

> 20년 1회

21 HRN(Highest Response-ratio Next) 스케줄링 방식에 대한 설명으로 옳지 않은 것은?

① 대기시간이 긴 프로세스일 경우 우선순위가 높아진다.
② SJF 기법을 보완하기 위한 방식이다.
③ 긴 작업과 짧은 작업 간의 지나친 불평등을 해소할 수 있다.
④ 우선순위를 계산하여 그 수치가 가장 낮은 것부터 높은 순으로 우선순위가 부여된다.

해설

- 우선순위를 계산하여 그 수치가 가장 높은 것부터 순서대로 우선순위가 부여된다.

> 19년 1회, 25년 2회

22 Microsoft의 Windows 운영체제의 특징이 아닌 것은?

① GUI 기반 운영체제이다.
② 트리 디렉터리 구조를 가진다.
③ 선점형 멀티태스킹 방식을 사용한다.
④ 소스가 공개된 개방형(Open) 시스템이다.

해설

- 윈도우(Windows)는 Dos 기반에서 개발된 OS로 현재는 사용자가 사용하기 편한 GUI 모드로 제공된다.
- Microsoft의 Windows 운영체제는 소스가 공개되지 않았으며, 소스가 공개된 개방형 운영체제로는 리눅스가 존재한다.

> 18년 3회

23 운영체제의 운용 기법 중 중앙 처리 장치의 시간을 각 사용자에게 균등하게 분할하여 사용하는 체제로서 모든 컴퓨터 사용자에게 똑같은 서비스를 제공하는 것을 목표로 삼고 있으며, 라운드 로빈 스케줄링을 사용하는 것은?

① Real-Time Processing System
② Time Sharing System
③ Batch Processing System
④ Distributed Processing System

해설

- 운영체제의 운용 기법 중 중앙처리장치의 시간을 각 사용자에게 균등하게 분할하여 사용하는 체제로서 모든 컴퓨터 사용자에게 똑같은 서비스를 제공하는 것을 목표로 삼고 있으며, 라운드 로빈 스케줄링을 사용하는 대화식 시스템은 시분할 시스템(Time Sharing System)이다.

정답

20 ③ 21 ④ 22 ④ 23 ②

> 18년 3회

24 FIFO와 RR 스케줄링 방식을 혼합한 것으로 상위 단계에서 완료되지 못한 작업은 하위 단계로 전달되어 마지막 단계에서는 RR 방식을 사용하는 것은?

① SJF ② SRT
③ HRN ④ MFQ

해설
- 다단계 피드백 큐(MFQ; Multi-level Feedback Queue)는 프로세스를 특정 그룹으로 분류할 수 있을 경우 그룹에 따라 각기 다른 준비 상태 큐를 사용하는 기법이다.
- FCFS(FIFO)와 RR 스케줄링 기법을 혼합한 것으로, 상위 단계에서 완료되지 못한 작업은 하위 단계로 전달되며 마지막 단계에서는 RR 스케줄링 기법을 사용한다.

> 18년 3회

25 스케줄링의 목적으로 가장 거리가 먼 것은?
① 모든 작업들에 대해 공평성을 유지하기 위하여
② 단위 시간당 처리량을 최대화하기 위하여
③ 응답 시간을 빠르게 하기 위하여
④ 운영체제의 오버헤드를 최대화하기 위하여

해설
- 스케줄링의 목적은 운영체제의 오버헤드를 최소화하기 위함이다.

> 18년 3회

26 PCB(Process Control Block)가 갖고 있는 정보가 아닌 것은?
① 프로세스의 현재 상태
② 프로세스 고유 식별자
③ 스케줄링 및 프로세스의 우선순위
④ 할당되지 않은 주변 장치의 상태 정보

해설
- PCB는 PID(프로세스 식별자), 프로세스 상태, 프로그램 카운트, 레지스터 저장 영역, 프로세서 스케줄링 정보, 계정 정보, 입출력 상태 정보, 메모리 관리 정보가 있다.

【두음쌤】 PCB 구성요소
「프상카레 스계입메」 – PID(프로세스 식별자) / 프로세스 상태 / 프로그램 카운트 / 레지스터 저장 영역 / 프로세서 스케줄링 정보 / 계정 정보 / 입출력 상태 정보 / 메모리 관리 정보

> 18년 2회, 24년 2회

27 비선점(Non-Preemptive) 스케줄링에 해당하지 않는 것은?
① SRT(Shortest Remaining Time)
② FIFO(First In First Out)
③ 기한부(Deadline)
④ HRN(Highest Response-ratio Next)

해설
- SRT(Shortest Remaining Time)는 선점 스케줄링이다.

【두음쌤】 선점 스케줄링 알고리즘
「SMMR」 – SRT / MLQ / MLFQ / Round Robin

【두음쌤】 비선점 스케줄링 알고리즘
「우기 HFS」 – 우선순위 / 기한부 / HRN / FCFS / SJF

> 18년 2회

28 SJF(Shortest-Job-First) 스케줄링 방법에 대한 설명으로 가장 거리가 먼 것은?
① 프로세스가 도착하는 시점에 따라 그 당시 가장 작은 서비스 시간을 갖는 프로세스가 종료 시까지 자원을 점유하는 방식이다.
② 준비 큐 작업 중 가장 짧은 작업부터 수행, 평균 대기시간이 최소가 된다.
③ 남은 처리 시간이 더 짧다고 판단되는 프로세스가 준비 큐에 생기면 언제라도 프로세스가 선점된다.
④ 기아 현상(Starvation) 발생 가능성이 있다.

정답
24 ④ 25 ④ 26 ④ 27 ① 28 ③

해설
- 최단 작업 우선 스케줄링(Shortest Job First Scheduling)은 평균 대기시간을 최소화하기 위해 CPU 점유 시간이 가장 짧은 프로세스에 CPU를 먼저 할당하는 방식의 CPU 스케줄링 알고리즘으로 평균 대기시간을 최소로 만드는 알고리즘이다.
- 남은 처리 시간이 더 짧다고 판단되는 프로세스가 준비 큐에 생기면 언제라도 프로세스가 선점되는 방식은 SRT 알고리즘이다.

◎ 21년 2회, 23년 1회

29 프로세스들 간의 메모리 경쟁으로 인하여 지나치게 페이지폴트가 발생하여 전체 시스템의 성능이 저하되는 현상은?

① Fragmentation ② Thrashing
③ Locality ④ Prepaging

해설

스레싱 (Thrashing)	• 어떤 프로세스가 계속적으로 페이지 부재가 발생하여 프로세스의 실제 처리 시간보다 페이지 교체 시간이 더 많아지는 현상 • 오류율이 클수록 스레싱이 많이 발생한 것이고, 스레싱으로 인해 전체 시스템의 성능 및 처리율은 저하됨
스레싱 현상 방지 방법	• 다중 프로그래밍의 정도를 적정 수준으로 유지, 부족한 자원 증설, 일부 프로세스 중단, 페이지 부재 빈도 조절, 워킹 셋 유지 • 적정 프레임 수 제공

◎ 21년 2회, 23년 3회

30 프로세스 적재 정책과 관련한 설명으로 틀린 것은?

① 반복, 스택, 부프로그램은 시간 지역성(Temporal Locality)과 관련이 있다.
② 공간 지역성(Spatial Locality)은 프로세스가 어떤 페이지를 참조했다면 이후 가상주소 공간상 그 페이지와 인접한 페이지들을 교환할 가능성이 높음을 의미한다.
③ 일반적으로 페이지 교환에 보내는 시간보다 프로세스 수행에 보내는 시간이 더 크면 스레싱(Thrashing)이 발생한다.
④ 스레싱(Thrashing) 현상을 방지하기 위해서는 각 프로세스가 필요로 하는 프레임을 제공할 수 있어야 한다.

해설
- 스레싱(Thrashing)은 어떤 프로세스가 계속적으로 페이지 부재가 발생하여 프로세스의 실제 처리 시간보다 페이지 교체 시간이 더 많아지는 현상이다.
- 스레싱(Thrashing) 현상을 방지하기 위해서는 각 프로세스가 많이 참조하는 페이지들의 집합을 주기억 장치 공간에 계속 상주하게 하여 빈번한 페이지 교체 현상을 줄이고자 하는 기법인 워킹 세트(Working Set)와 페이지 부재 비율에 따라 페이지 프레임 개수를 조절하는 페이지 부재 빈도(PFF; Page-Fault Frequency) 기법이 있다.
- 지역성의 유형 및 특징은 다음과 같다.

유형	설명	사례
시간 (Temporal) 지역성	• 최근 사용되었던 기억장소들이 집중적으로 액세스하는 현상 • 참조했던 메모리는 빠른 시간에 다시 참조될 확률이 높은 특성	• Loop(반복, 순환), 스택(Stack), 부프로그램(Sub Routine), Counting(1씩 증감), 집계(Totaling)에 사용되는 변수(기억 장소)
공간 (Spatial) 지역성	• 프로세스 실행 시 일정 위치의 페이지를 집중적으로 액세스하는 현상 • 참조된 메모리 근처의 메모리를 참조하는 특성	• 배열 순회, 프로그래머들이 관련된 변수(데이터 저장 기억 장소)들을 서로 근처에 선언하여 할당되는 기억 장소, 같은 영역에 있는 변수 참조
순차 (Sequential) 지역성	• 데이터가 순차적으로 액세스 되는 현상 • 프로그램 내의 명령어가 순차적으로 구성된 특성	• 순차적 코드 실행

정답
29 ② 30 ③

31. 운영체제의 가상기억 장치 관리에서 프로세스가 일정 시간 동안 자주 참조하는 페이지들의 집합을 의미하는 것은?

① Locality
② Deadlock
③ Thrashing
④ Working Set

해설

보기	설명
워킹 세트 (Working Set)	• 각 프로세스가 많이 참조하는 페이지들의 집합을 주기억 장치 공간에 계속 상주하게 하여 빈번한 페이지 교체 현상을 줄이고자 하는 기법
지역성 (Locality; 구역성)	• 프로세스가 기억 장치 내의 모든 정보를 균일하게 참조하는 것이 아니라 특정 부분만을 집중적으로 참조하는 성질
교착상태 (Deadlock)	• 다중프로세싱 환경에서 두 개 이상의 프로세스가 특정 자원할당을 무한정 대기하는 상태
스레싱 (Thrashing)	• 프로세스의 처리 시간보다 페이지 교체 시간이 더 많아지는 현상

32. 프로세스 상태의 종류가 아닌 것은?

① Ready
② Running
③ Request
④ Exit

해설
- Request는 프로세스 상태의 종류에 해당하지 않는다.
- Exit는 완료(종료) 상태를 의미한다.

【두음쌤】 프로세스 상태
「생준 실대완」 – 생성(Create) 상태 / 준비(Ready) 상태 / 실행(Running) 상태 / 대기(Waiting) 상태 / 완료(Complete) 상태

33. 스레드(Thread)에 관한 설명으로 옳지 않은 것은?

① 하드웨어, 운영체제의 성능과 응용 프로그램의 처리율을 향상시킬 수 있다.
② 스레드는 그들이 속한 프로세스의 자원과 메모리를 공유한다.
③ 다중 프로세스 구조에서 각 스레드는 다른 프로세스에서 병렬로 실행될 수 있다.
④ 스레드는 동일 프로세스 환경에서 서로 다른 독립적인 다중 수행이 불가능하다.

해설
- 스레드는 프로세스보다 가벼운, 독립적으로 수행되는 순차적인 제어의 흐름이며, 실행 단위이다.
- 스레드는 동일 프로세스 환경에서 서로 다른 독립적인 다중 수행이 가능하다.

34. 스레드(Thread)에 대한 설명으로 옳지 않은 것은?

① 한 개의 프로세스는 여러 개의 스레드를 가질 수 없다.
② 커널 스레드의 경우 운영체제에 의해 스레드를 운용한다.
③ 사용자 스레드의 경우 사용자가 만든 라이브러리를 사용하여 스레드를 운용한다.
④ 스레드를 사용함으로써 하드웨어, 운영체제의 성능과 응용 프로그램의 처리율을 향상시킬 수 있다.

해설
- 스레드는 프로세스에서 실행 제어만 분리한 실행 단위로 한 개의 프로세스는 여러 개의 스레드를 가질 수 있다.

정답
31 ④   32 ③   33 ④   34 ①

> 19년 1회

35 운영체제에서 스레드(Thread)의 개념으로 가장 옳지 않은 것은?

① 다중 프로그래밍 시스템에서 CPU를 받아서 수행되는 프로그램 단위이다.
② 프로세스(Process)나 태스크(Task)보다 더 작은 단위이다.
③ 입·출력 장치와 같은 자원의 할당에 관계된다.
④ 한 태스크(Task)는 여러 개의 스레드(Thread)로 나누어 수행될 수 있다.

해설
- 스레드는 입출력 장치가 아닌 CPU 자원 할당에 관계된다.
- 스레드는 프로세스에서 실행 제어만 분리한 실행 단위로 한 개의 프로세스는 여러 개의 스레드를 가질 수 있다.

해설
- 스레드는 프로세스보다 가벼운, 독립적으로 수행되는 순차적인 제어의 흐름이며, 실행 단위이다.
- 스레드는 프로세스에서 실행 제어만 분리한 실행 단위로 한 개의 프로세스는 여러 개의 스레드를 가질 수 있다.
- 스레드는 스택을 가지고 있다.

구분	프로세스(Process)	스레드(Thread)
요소 기술	PCB(Program Control Block), 텍스트, 데이터, 힙, 스택	스레드 ID, 레지스터 집합, 스택
통신 방법	프로세스 간 통신은 IPC (Pipe, Message, 공유메모리 등)를 사용	스레드 간 통신에는 IPC뿐 아니라, 전역 변수를 사용할 수 있음
시스템 부하	문맥 교환을 통해 프로세스 간 교환이 일어나기 때문에 시스템 부하가 큼	경량화된 문맥 교환을 사용하여 시스템 부하가 적음

> 21년 3회

36 프로세스와 관련한 설명으로 틀린 것은?

① 프로세스가 준비 상태에서 프로세서가 배당되어 실행 상태로 변화하는 것을 디스패치(Dispatch)라고 한다.
② 프로세스 제어 블록(PCB, Process Control Block)은 프로세스 식별자, 프로세스 상태 등의 정보로 구성된다.
③ 이전 프로세스의 상태 레지스터 내용을 보관하고 다른 프로세스의 레지스터를 적재하는 과정을 문맥 교환(Context Switching)이라고 한다.
④ 프로세스는 스레드(Thread) 내에서 실행되는 흐름의 단위이며, 스레드와 달리 주소 공간에 실행 스택(Stack)이 없다.

> 20년 1회, 25년 3회

37 교착상태 발생의 필요 충분 조건이 아닌 것은?

① 상호배제(Mutual Exclusion)
② 점유와 대기(Hold and Wait)
③ 환형 대기(Circular Wait)
④ 선점(Preemption)

해설
- 선점은 교착상태 발생 조건이 아니다.

【두음쌤】 교착상태 발생 조건
「상점비환」 – 상호배제 / 점유와 대기 / 비선점 / 환형 대기

> 18년 3회

38 교착상태의 해결 방법 중 회피(Avoidance) 기법과 가장 밀접한 관계가 있는 것은?

① 점유 및 대기 방지
② 비선점 방지
③ 환형 대기 방지
④ 은행원 알고리즘 사용

해설
- 회피기법에는 은행가 알고리즘, Wound-Wait, Wait-Die가 있다.

정답
35 ③ 36 ④ 37 ④ 38 ④

> 20년 1회, 21년 2회, 22년 3회, 24년 3회, 25년 1회

39 은행가 알고리즘(Banker's Algorithm)은 교착 상태의 해결 방법 중 어떤 기법에 해당하는가?

① Avoidance
② Detection
③ Prevention
④ Recovery

해설

- 교착 상태의 해결 방안은 다음과 같다.

해결 방안	설명	세부 기법
예방 (Prevention)	상호배제를 제외한 나머지 교착 상태 발생 조건을 위배(부정)하는 방안	점유 자원 해제 후 새 자원 요청
회피 (Avoidance)	안전한 상태를 유지할 수 있는 요구만 수락(프로세스별 자원 최대요구량 확보)	은행가 알고리즘
발견 (Detection)	시스템의 상태를 감시 알고리즘 통해 교착 상태 검사	자원할당 그래프
복구 (Recovery)	Deadlock이 없어질 때까지 프로세스를 순차적으로 Kill하여 제거, 희생자 선택해야 하고 기아 상태 발생	프로세스 Kill, 자원 선점

> 21년 1회, 23년 2회

40 교착상태가 발생할 수 있는 조건이 아닌 것은?

① Mutual Exclusion
② Hold and Wait
③ Non-preemption
④ Linear Wait

해설

- 교착상태가 발생할 수 있는 조건은 다음과 같다.

발생 조건	설명
상호배제 (Mutual Exclusive)	프로세스가 자원을 배타적으로 점유하여 다른 프로세스가 그 자원을 사용할 수 없음
점유와 대기 (Hold & Wait)	한 프로세스가 자원을 점유하고 있으면서 또 다른 자원을 요청하여 대기하고 있는 상태
비선점 (Non Preemption)	한 프로세스가 점유한 자원에 대해 다른 프로세스가 선점할 수 없고, 오직 점유한 프로세스만이 해제 가능
환형 대기 (Circular Wait)	두 개 이상의 프로세스 간 자원의 점유와 대기가 하나의 원형을 구성하는 상태

> 20년 4회

41 다음과 같은 프로세스가 차례로 큐에 도착하였을 때, SJF(Shortest Job First) 정책을 사용할 경우 가장 먼저 처리되는 작업은?

프로세스 번호	실행 시간
P1	6
P2	8
P3	4
P4	3

① P1
② P2
③ P3
④ P4

해설

- SJF 스케줄링의 경우 비 선점 스케줄링으로 우선순위가 높은 프로세스가 자원을 선점하면 그 프로세스가 종료할 때까지 자원을 독점하는 방식이다.
- 각각의 프로세스(P1~P4)가 큐에 도착했고, 가장 작은 서비스 시간을 갖는 프로세스인 P4가 작업을 종료할 때까지(P3 실행시간까지) 자원을 점유한다.

> 21년 2회, 22년 3회

42 리눅스 Bash 쉘(Shell)에서 export와 관련한 설명으로 틀린 것은?

① 변수를 출력하고자 할 때는 export를 사용해야 한다.
② export가 매개변수 없이 쓰일 경우 현재 설정된 환경 변수들이 출력된다.
③ 사용자가 생성하는 변수는 export 명령어로 표시하지 않는 한 현재 쉘에 국한된다.
④ 변수를 export 시키면 전역(Global) 변수처럼 되어 끝까지 기억된다.

해설

- env, set, printenv 명령어들은 변수 없이 사용하면, 모든 환경 변수 및 그에 따른 모든 값을 보여준다.
- env와 set은 환경 변수를 설정하는 데 쓰일 수도 있으며 쉘에 직접 통합되기도 한다.
- printenv는 변수 이름을 명령어에 단일 변수로 주면, 하나의 단일 변수 인쇄에 쓰일 수 있다.

정답

39 ① 40 ④ 41 ④ 42 ①

◯ 20년 4회

43 UNIX SHELL 환경 변수를 출력하는 명령어가 아닌 것은?

① configenv
② printenv
③ env
④ setenv

해설
- env, set, 그리고 printenv 명령어들은 UNIX SHELL 환경 변수를 출력하는 명령어이다.
- setenv는 csh와 관련된 쉘에서 쓰인다.

◯ 20년 4회, 22년 3회

44 운영체제에서 커널의 기능이 아닌 것은?

① 프로세스 생성, 종료
② 사용자 인터페이스
③ 기억 장치 할당, 회수
④ 파일 시스템 관리

해설
- 쉘은 운영체계의 가장 바깥 부분에 위치해서 사용자 명령에 대한 처리를 담당하는 역할을 하고, 인터페이스 기능을 수행한다.
- 커널의 기능은 다음과 같다.

기능	설명
프로세스 관리	• 프로세스 스케줄링 및 동기화 관리 담당 • 프로세스 생성과 제거, 시작과 정지, 메시지 전달 등의 기능 담당
기억 장치 관리	• 프로세스에게 메모리 할당 및 회수 관리 담당
주변장치 관리	• 입출력 장치 스케줄링 및 전반적인 관리 담당
파일 관리	• 파일 관리 파일의 생성과 삭제, 변경, 유지 등의 관리 담당

◯ 21년 3회, 23년 1회, 25년 2회

45 사용자가 요청한 디스크 입·출력 내용이 다음과 같은 순서로 큐에 들어 있을 때 SSTF 스케줄링을 사용한 경우의 처리 순서는? (단, 현재 헤드 위치는 53이고, 제일 안쪽이 1번, 바깥쪽이 200번 트랙이다.)

> 큐의 내용: 98 183 37 122 14 124 65 67

① 53-65-67-37-14-98-122-124-183
② 53-98-183-37-122-14-124-65-67
③ 53-37-14-65-67-98-122-124-183
④ 53-67-65-124-14-122-37-183-98

해설
- SSTF는 현재 위치에서 탐색 거리(Seek Distance)가 가장 짧은 트랙에 대한 요청을 먼저 서비스하는 기법으로 현재 헤드 위치에서 가장 가까운 거리에 있는 트랙으로 헤드를 이동시킨다.
- 현재 위치와 대기 큐와의 차이가 가장 작은 위치를 선택한다.

현재\대기	14	37	65	67	98	122	124	183
53	39	16	12	14	45	69	71	130
65	51	28		2	33	57	59	118
67	53	30			31	55	57	116
37	23				61	24	26	85
14					84	108	110	169
98						24	26	85
122							2	61
124								59

- 이동 순서는 53 - 65 - 67 - 37 - 14 - 98 - 122 - 124 - 183이다.

정답
43 ① 44 ② 45 ①

▶ 21년 3회

46 파일 디스크립터(File Descriptor)에 대한 설명으로 틀린 것은?

① 파일 관리를 위해 시스템이 필요로 하는 정보를 가지고 있다.
② 보조기억 장치에 저장되어 있다가 파일이 개방(open)되면 주기억 장치로 이동된다.
③ 사용자가 파일 디스크립터를 직접 참조할 수 있다.
④ 파일 제어 블록(File Control Block)이라고도 한다.

해설
- 파일 디스크립터는 파일 시스템에서 관리하기 때문에 사용자가 직접 참조할 수 없다.
- 파일 디스크립터(File Descriptor)에 대한 특징은 다음과 같다.
  - 파일 디스크립터는 운영체제가 필요로 하는 파일에 대한 정보를 갖고 있는 제어 블록을 의미하며, 파일 제어 블록(File Control Block)이라고도 함
  - 파일마다 독립적으로 존재하며, 시스템에 따라 다른 구조를 가질 수 있음
  - 보통 보조기억 장치 내에 저장되어 있다가 해당 파일이 개방(Open)될 때 주기억 장치로 이동됨
  - 파일 디스크립터는 파일 시스템에서 관리하므로 사용자가 직접 참조할 수 없음

▶ 22년 1회, 24년 1회, 3회

47 UNIX 시스템의 쉘(Shell)의 주요 기능에 대한 설명이 아닌 것은?

① 사용자 명령을 해석하고 커널로 전달하는 기능을 제공한다.
② 반복적인 명령을 프로그램으로 만드는 프로그래밍 기능을 제공한다.
③ 쉘 프로그램 실행을 위해 프로세스와 메모리를 관리한다.
④ 초기화 파일을 이용해 사용자 환경을 설정하는 기능을 제공한다.

해설
- 쉘 프로그램 실행을 위해 프로세스와 메모리를 관리하는 기능을 제공하는 것은 커널이다.

▶ 22년 2회

48 UNIX 운영체제에 관한 특징으로 틀린 것은?

① 하나 이상의 작업에 대하여 백그라운드에서 수행이 가능하다.
② Multi-User는 지원하지만 Multi-Tasking은 지원하지 않는다.
③ 트리 구조의 파일 시스템을 갖는다.
④ 이식성이 높으며 장치 간의 호환성이 높다.

해설
- Multi-User(다중 사용자)뿐만 아니라 Multi-Tasking(다중 작업)도 지원한다.

【두음쌤】 유닉스 계열 운영체제 특징
「대다 사이계」 - 대화식 운영체제 기능 제공 / 다중 작업 기능 제공 / 다중 사용자 기능 제공 / 이식성 제공 / 계층적 트리 구조 파일 시스템 제공

▶ 22년 1회, 25년 2회

49 빈 기억 공간에 크기가 20KB, 16KB, 8KB, 40KB일 때 기억 장치 배치 전략으로 "Best Fit"을 사용하여 17KB의 프로그램을 적재할 경우 내부 단편화의 크기는 얼마인가?

① 3KB   ② 23KB
③ 64KB   ④ 67KB

해설
- 최적 적합은 가용 공간 중에서 가장 크기가 비슷한 공간을 선택하여 프로세스를 적재하는 방식이다.
- 17KB 프로그램이 적재될 수 있는 곳은 20KB와 40KB인데, 17KB와 크기가 가장 비슷한 곳은 20KB이다.
- 내부 단편화는 분할된 공간에 프로세스를 적재한 후 남은 공간으로 20KB 공간에 17KB를 넣게 되면 3KB가 남게 되므로, 내부 단편화는 3KB이다.

정답
46 ③   47 ③   48 ②   49 ①

> 22년 2회

50 4개의 페이지를 수용할 수 있는 주기억 장치가 있으며, 초기에는 모두 비어 있다고 가정한다. 다음 순서로 페이지 참조가 발생했을 때, LRU 페이지 교체 알고리즘을 사용할 경우 몇 번의 페이지 결함이 발생하는가?

> 페이지 참조 순서: 1, 2, 3, 1, 2, 4, 1, 2, 5

① 5회 ② 6회
③ 7회 ④ 8회

해설
- LRU 알고리즘은 사용된 시간을 확인하여 가장 오랫동안 사용되지 않은 페이지를 선택하여 교체하는 알고리즘이다.

참조스트링	1	2	3	1	2	4	1	2	5
주기억 장치 (Page Frame)	1	2	3	1	2	4	1	2	5
		1	2	3	1	2	4	1	2
			1	2	3	1	2	4	1
						3	3	3*	4
페이지 부재 (Page Fault)	F	F	F			F*			F

- 5가 들어오는 시점에 5가 없으므로 페이지 부재가 일어나고, 사용된 시간을 확인했을 때 가장 오랫동안 사용하지 않은 3(1, 2, 3, 4를 비교할 때 3이 가장 오래전에 사용됨)이 빠지고, 5가 들어온다.
- 페이지 결함 횟수는 5회이다.

> 22년 2회

51 다음에서 설명하는 프로세스 스케줄링은?

> 최소 작업 우선(SJF) 기법의 약점을 보완한 비선점 스케줄링 기법으로 다음과 같은 식을 이용해 우선순위를 판별한다.
>
> $$우선순위 = \frac{대기한 시간 + 서비스를 받을 시간}{서비스를 받을 시간}$$

① FIFO 스케줄링
② RR 스케줄링
③ HRN 스케줄링
④ MQ 스케줄링

해설
- HRN은 대기 중인 프로세스 중 대기시간이 긴 프로세스일 경우 우선순위가 높아지게 하여 우선순위를 결정하는 비선점 스케줄링 기법이다.
- HRN은 SJF 기법의 약점을 보완하여 서비스받을 시간과 서비스를 기다린 시간을 고려하여 가변적 우선순위를 결정한다.

【두음쌤】 HRN 우선순위 공식
「대서서」 – (대기 시간 + 서비스 시간) / (서비스 시간)

> 22년 2회, 23년 3회

52 사용자 수준에서 지원되는 스레드(Thread)가 커널에서 지원되는 스레드에 비해 가지는 장점으로 옳은 것은?

① 한 프로세스가 운영체제를 호출할 때 전체 프로세스가 대기할 필요가 없으므로 시스템 성능을 높일 수 있다.
② 동시에 여러 스레드가 커널에 접근할 수 있으므로 여러 스레드가 시스템 호출을 동시에 사용할 수 있다.
③ 각 스레드를 개별적으로 관리할 수 있으므로 스레드의 독립적인 스케줄링이 가능하다.
④ 커널 모드로의 전환 없이 스레드 교환이 가능하므로 오버헤드가 줄어든다.

해설
- 여러 개의 사용자 스레드 중 하나의 스레드가 시스템 호출 등으로 블록이 걸리면 나머지 모든 스레드 역시 블록된다.
- 커널 레벨 스레드는 커널이 각 스레드를 개별적으로 관리할 수 있다.
- 사용자 레벨 스레드는 커널 모드로의 전환 없이 스레드 교환이 가능하므로 오버헤드가 줄어든다.

정답
50 ① 51 ③ 52 ④

◆ 24년 3회

53 리눅스에서 현재 작업 중인 디렉터리의 절대 경로를 출력하는 명령어는?

① ls ② cat
③ pwd ④ uname

해설

- 주요 리눅스 명령어는 다음과 같다.

명령어	설명
ls	자신이 속해있는 폴더 내에서의 파일 및 폴더들을 표시하는 명령어
cat	파일의 내용을 화면에 출력하는 명령어
pwd	현재 작업 중인 디렉터리의 절대 경로를 출력하는 명령어
uname	시스템의 정보를 확인하는 명령어

◆ 24년 3회

54 다음 중 선점 스케줄링에 대한 설명으로 가장 알맞은 것은?

① 하나의 프로세스가 CPU를 차지하고 있을 때, 우선순위가 높은 다른 프로세스가 현재 프로세스를 중단시키고 CPU를 점유하는 스케줄링 방식이다.
② 모든 프로세스에 대한 요구를 공정하게 처리한다.
③ 짧은 작업을 수행하는 프로세스가 긴 작업 종료 시까지 대기한다.
④ 선점 스케줄링 알고리즘에는 FCFS(First Come First Served), SJF(Shortest Job First) 등이 있다.

해설

- 선점 스케줄링은 하나의 프로세스가 CPU를 차지하고 있을 때, 우선순위가 높은 다른 프로세스가 현재 프로세스를 중단시키고 CPU를 점유하는 스케줄링 방식이다.

◆ 24년 3회

55 3개의 페이지를 수용할 수 있는 주기억 장치가 있으며, 초기에는 모두 비어 있다고 가정한다. 다음 순서로 페이지 참조가 발생했을 때, LRU 페이지 교체 알고리즘을 사용할 경우 마지막에 메모리에 남아 있는 페이지는 무엇인가?

페이지 참조 순서: 2, 3, 2, 1, 5, 2, 3, 5

① 5 3 2 ② 3 2 3
③ 2 5 1 ④ 5 3 1

해설

- LRU(Least Recently Used)는 사용된 시간을 확인하여 가장 오랫동안 사용되지 않은 페이지를 선택하여 교체하는 알고리즘이다.

참조스트링	2	3	2	1	5	2	3	5
주기억 장치 (Page Frame)	2	3	2	1	5	2	3	5
		2	3	2	1	5	2	3
				3	2	1	5	2
페이지 부재 (Page Fault)	①	②		③	④		⑤	

① 참조 스트링 2가 페이지 프레임에 없으므로 페이지 부재
② 참조 스트링 3이 페이지 프레임에 없으므로 페이지 부재
③ 참조 스트링 1이 페이지 프레임에 없으므로 페이지 부재
④ 참조 스트링 5가 페이지 프레임에 없으므로 페이지 부재가 일어나고, 가장 오래 사용하지 않은 3이 빠짐
⑤ 참조 스트링 3이 페이지 프레임에 없으므로 페이지 부재가 일어나고, 가장 오래 사용하지 않은 1이 빠짐
- 마지막에 메모리에 남아 있는 페이지는 5, 3, 2이다.

◆ 25년 1회

56 시간적 구역성(Temporal Locality)과 거리가 먼 것은?

① 루프 ② 서브루틴
③ 배열 순회 ④ 스택

해설

- 배열 순회는 공간적 구역성에 활용된다.
- 시간적 구역성(Temporal Locality)은 Loop(반복, 순환), 스택(Stack), 부 프로그램(Sub Routine), Counting(1씩 증감), 집계(Totaling)에 사용되는 변수(기억장소)에 활용된다.

정답

53 ③ 54 ① 55 ① 56 ③

> 25년 2회

57 페이지 교체 기법 중 LRU와 비슷한 알고리즘이며, 최근에 사용하지 않은 페이지를 교체하는 기법으로 시간 오버헤드를 줄이기 위해 각 페이지마다 참조 비트와 변형 비트를 두는 교체 기법은?

① FIFO
② LFU
③ NUR
④ OPT

해설
- NUR는 LRU와 비슷한 알고리즘으로, 최근에 사용하지 않은 페이지를 교체하는 기법이다.
- 각 페이지마다 참조 비트와 변형 비트가 사용된다.

② 네트워크 기초 활용

> 20년 1회, 25년 1회

58 IEEE 802.11 워킹 그룹의 무선 LAN 표준화 현황 중 QoS 강화를 위해 MAC 기능 지원을 채택한 것은?

① 802.11a
② 802.11b
③ 802.11g
④ 802.11e

해설
- 주요 IEEE 802.11 표준은 다음과 같다.

표준	설명
802.11a	• 5GHz 대역에서 54Mbps 속도를 제공
802.11b	• 2.4GHz 대역에서 11Mbps 속도를 제공
802.11g	• 802.11b와 비슷하나 속도가 향상(22Mbps 이상)
802.11e	• QoS 강화를 위해 MAC 지원 기능을 채택 • 초고속 서비스(IP 전화, 비디오)에 QoS를 제공

> 21년 1회

59 IEEE 802.3 LAN에서 사용되는 전송 매체 접속 제어(MAC) 방식은?

① CSMA/CD
② Token Bus
③ Token Ring
④ Slotted Ring

해설
- 통신망 사용 시 공유 매체에 대한 다중 접근 제어 방식은 다음과 같다.

방식	설명
CSMA/CD (Carrier Sense Multiple Access with Collision Detection; 반송파 감지 다중 접속 / 충돌탐지)	• IEEE802.3 유선 LAN의 반이중 방식(Half Duplex)에서 사용하는 방식으로 각 단말이 신호 전송 전에 현재 채널이 사용 중인지 체크하여 사용하지 않을 때 전송하는 전송 매체 접속 제어(MAC) 방식
CSMA/CA (Carrier Sense Multiple Access with Collision Avoidance; 반송파 감지 다중 접속 / 충돌 회피)	• IEEE 802.11 무선 LAN의 반이중 방식(Half Duplex)에서 사용하는 방식으로 데이터 전송 시, 매체가 비어 있음을 확인한 뒤 충돌을 회피하기 위해서 임의 시간을 기다린 후 데이터를 전송하는 방법

정답

57 ③   58 ④   59 ①

▶ 21년 2회, 24년 1회

60 다음 설명에 해당하는 방식은?

> - 무선 랜에서 데이터 전송 시, 매체가 비어있음을 확인한 뒤 충돌을 회피하기 위해서 임의 시간을 기다린 후 데이터를 전송하는 방법이다.
> - 네트워크에 데이터의 전송이 없는 경우라도 동시 전송에 의한 충돌에 대비하여 확인 신호를 전송한다.

① STA
② Collision Domain
③ CSMA/CA
④ CSMA/CD

해설

- 통신망 사용 시 공유 매체에 대한 다중 접근 제어 방식은 다음과 같다.

방식	설명
CSMA/CD (Carrier Sense Multiple Access with Collision Detection; 반송파 감지 다중 접속 / 충돌탐지)	IEEE802.3 유선 LAN의 반이중 방식(Half Duplex)에서 사용하는 방식으로 각 단말이 신호 전송 전에 현재 채널이 사용 중인지 체크하여 사용하지 않을 때 전송하는 전송 매체 접속 제어(MAC) 방식
CSMA/CA (Carrier Sense Multiple Access with Collision Avoidance; 반송파 감지 다중 접속 / 충돌 회피)	IEEE 802.11 무선 LAN의 반이중 방식(Half Duplex)에서 사용하는 방식으로 데이터 전송 시, 매체가 비어 있음을 확인한 뒤 충돌을 회피하기 위해서 임의 시간을 기다린 후 데이터를 전송하는 방법

▶ 19년 2회, 20년 4회

61 OSI 7계층에서 단말기 사이에 오류 수정과 흐름 제어를 수행하여 신뢰성 있고 명확한 데이터를 전달하는 계층은?

① 전송 계층
② 응용 계층
③ 세션 계층
④ 표현 계층

해설

- 전송 계층은 상위 계층들이 데이터 전달의 유효성이나 효율성을 생각하지 않도록 해주면서 양 끝단(End to End)의 사용자들에게 신뢰성 있는 데이터를 전달하는 계층이다.
- 순차 번호 기반의 오류 제어 방식을 사용한다.
- 종단 간 통신을 다루는 최하위 계층으로 종단 간 신뢰성 있고 효율적인 데이터를 전송한다.
- 단위는 세그먼트이다.
- 주요 프로토콜은 TCP, UDP이다.

▶ 19년 1회, 21년 1회, 23년 3회, 24년 1회

62 OSI 7계층에서 TCP는 어떤 계층에 해당하는가?

① 세션 계층
② 네트워크 계층
③ 전송 계층
④ 데이터 링크 계층

해설

- TCP는 전송 계층의 프로토콜이고, IP는 네트워크 계층의 프로토콜이다.

▶ 20년 1회

63 OSI 7계층에서 종단 간 신뢰성 있고 효율적인 데이터를 전송하기 위해 오류 검출과 복구, 흐름 제어를 수행하는 계층은?

① 전송 계층
② 세션 계층
③ 표현 계층
④ 응용 계층

해설

- OSI 7계층의 주요 계층은 다음과 같다.

보기	설명
전송 계층	상위 계층들이 데이터 전달의 유효성이나 효율성을 생각하지 않도록 해주면서 종단 간의 사용자들에게 신뢰성 있는 데이터를 전달하는 계층
세션 계층	응용 프로그램 간의 대화를 유지하기 위한 구조를 제공하고, 이를 처리하기 위해 프로세스들의 논리적인 연결을 담당하는 계층
표현 계층	애플리케이션이 다루는 정보를 통신에 알맞은 형태로 만들거나 하위 계층에서 온 데이터를 사용자가 이해할 수 있는 형태로 만드는 역할을 담당하는 계층
응용 계층	응용 프로세스와 직접 관계하여 일반적인 응용 서비스를 수행하는 계층

정답

60 ③ 61 ① 62 ③ 63 ①

64 OSI 7 Layer에서 링크의 설정과 유지 및 종료를 담당하며, 노드 간의 오류 제어와 흐름 제어 기능을 수행하는 계층은?

① 데이터 링크 계층
② 물리 계층
③ 세션 계층
④ 응용 계층

해설

- OSI 7계층의 주요 계층은 다음과 같다.

계층	설명
응용 계층	응용 프로세스와 직접 관계하여 일반적인 응용 서비스를 수행하는 계층
표현 계층	애플리케이션이 다루는 정보를 통신에 알맞은 형태로 만들거나 하위 계층에서 온 데이터를 사용자가 이해할 수 있는 형태로 만드는 역할을 담당하는 계층
세션 계층	응용 프로그램 간의 대화를 유지하기 위한 구조를 제공하고, 이를 처리하기 위해 프로세스들의 논리적인 연결을 담당하는 계층
전송 계층	상위 계층들이 데이터 전달의 유효성이나 효율성을 생각하지 않도록 해주면서 종단 간의 사용자들에게 신뢰성 있는 데이터를 전달하는 계층
네트워크 계층	다양한 길이의 패킷을 네트워크를 통해 전달하고 그 과정에서 전송 계층이 요구하는 서비스 품질(QoS)을 위한 수단을 제공하는 계층
데이터 링크 계층	링크의 설정과 유지 및 종료를 담당하며, 노드 간의 오류 제어와 흐름 제어 기능을 수행하는 계층
물리 계층	실제 장치들을 연결하는 데 필요한 전기적, 물리적 세부 사항들을 정의하는 계층

65 OSI 7계층에서 물리적 연결을 이용해 신뢰성 있는 정보를 전송하려고 동기화, 오류 제어, 흐름 제어 등의 전송 에러를 제어하는 계층은?

① 데이터 링크 계층
② 물리 계층
③ 응용 계층
④ 표현 계층

해설

- 데이터 링크 계층은 링크의 설정과 유지 및 종료를 담당하며 물리적 연결을 이용해 신뢰성 있는 정보를 전송하려고 동기화, 오류 제어, 흐름 제어, 회선 제어 기능을 수행하는 계층이다.

66 OSI 7계층 중 네트워크 계층에 대한 설명으로 틀린 것은?

① 패킷을 발신지로부터 최종 목적지까지 전달하는 책임을 진다.
② 한 노드로부터 다른 노드로 프레임을 전송하는 책임을 진다.
③ 패킷에 발신지와 목적지의 논리 주소를 추가한다.
④ 라우터 또는 교환기는 패킷 전달을 위해 경로를 지정하거나 교환 기능을 제공한다.

해설

- 프레임은 OSI 7계층 중 데이터 링크 계층의 데이터 단위이다.
- OSI 7계층 중 네트워크 계층의 특징은 다음과 같다.
  - 패킷을 발신지로부터 최종 목적지까지 전달하는 책임을 짐
  - 패킷에 발신지와 목적지의 논리 주소를 추가함
  - 라우터 또는 교환기는 패킷 전달을 위해 경로를 지정하거나 교환 기능을 제공
  - 네트워크 계층은 다양한 길이의 패킷을 네트워크들을 통해 전달하고, 그 과정에서 전송 계층이 요구하는 서비스 품질(QoS)을 위한 수단을 제공하는 계층임
  - 네트워크 계층은 라우팅, 패킷 포워딩, 인터 네트워킹(Inter-Networking) 등을 수행

정답

64 ①　65 ①　66 ②

> 21년 3회, 23년 2회

67 오류 제어에 사용되는 자동반복 요청 방식(ARQ)이 아닌 것은?

① Stop-and-wait ARQ
② Go-back-N ARQ
③ Selective-Repeat ARQ
④ Non-Acknowledge ARQ

해설

- 자동반복 요청 방식(ARQ)의 종류는 다음과 같다.

종류	설명
Stop-and-Wait ARQ 방식	• 한 개의 프레임을 전송하고, 수신 측으로부터 ACK 및 NAK 신호를 수신할 때까지 정보 전송을 중지하고 기다리는 방식 • 송신 측이 수신 측으로부터 ACK를 받으면 다음 프레임을 전송하고, NAK를 받으면 재전송 • 데이터 프레임의 정확한 수신 여부를 매번 확인하면서 다음 프레임을 전송해나가는 가장 간단한 오류 제어 방식 • 구현이 간단하고 송신측에서 최대 프레임 크기의 버퍼가 1개만 있어도 됨 • 전송시간이 긴 경우 전송효율이 저하
Go-Back-N ARQ 방식	• 데이터 프레임을 연속적으로 전송하는 과정에서 NAK를 수신하게 되면, 오류가 발생한 프레임 이후에 전송된 모든 데이터 프레임을 재전송하는 방식
Selective Repeat ARQ 방식	• 연속적으로 데이터 프레임을 전송하고 에러가 발생한 데이터 프레임만 재전송하는 방식

> 21년 2회, 25년 2회

68 CIDR(Classless Inter-Domain Routing) 표기로 203.241.132.82/27과 같이 사용되었다면, 해당 주소의 서브넷 마스크(Subnet Mask)는?

① 255.255.255.0
② 255.255.255.224
③ 255.255.255.240
④ 255.255.255.248

해설

- /27이므로 서브넷 마스크는 1을 27개 채운 주소이다.

2진수	11111111.11111111.11111111.11100000
10진수	255.255.255.224

> 20년 3회, 23년 1회, 24년 1회, 25년 3회

69 200.1.1.0/24 네트워크를 FLSM 방식을 이용하여 10개의 Subnet으로 나누고 IP Subnet-Zero를 적용했다. 이때 서브네팅된 네트워크 중 10번째 네트워크의 Broadcast IP 주소는?

① 200.1.1.159
② 201.1.5.175
③ 202.1.11.254
④ 203.1.255.245

해설

- IP 주소를 2진수로 바꾸면 다음과 같다.

10진수	200.1.1.0
2진수	11001000.00000001.00000001.00000000

- /24이므로 서브넷 마스크는 1을 24개 채운다.

2진수	11111111.11111111.11111111.00000000

- IP 주소와 서브넷 마스크를 AND 연산한 결과가 네트워크 주소이다.

	11001000.00000001.00000001.00000000
&	11111111.11111111.11111111.00000000
2진수	11001000.00000001.00000001.00000000

- 10개의 Subnet으로 나누기 때문에 $2^n \geq 10$을 만족하는 n은 4 서브넷 마스크 중 25번째 비트~28번째 비트(4비트)는 Subnet을 위해 사용한다.

1번째 서브넷	11001000.00000001.00000001.00000000
2번째 서브넷	1001000.00000001.00000001.00010000
3번째 서브넷	11001000.00000001.00000001.00100000
4번째 서브넷	11001000.00000001.00000001.00110000
5번째 서브넷	11001000.00000001.00000001.01000000
6번째 서브넷	11001000.00000001.00000001.01010000
7번째 서브넷	11001000.00000001.00000001.01100000
8번째 서브넷	11001000.00000001.00000001.01110000
9번째 서브넷	11001000.00000001.00000001.10000000
10번째 서브넷	11001000.00000001.00000001.10010000

- 10번째 서브넷은 11001000.00000001.00000001.10010000이고, 호스트 ID는 29번째 비트~32번째 비트(4비트)이다. (브로드캐스트일 때 호스트 ID는 모두 1로 채움)

10번째 서브넷 브로드캐스트 IP 주소	11001000.00000001.000000 01.10011111

- 10번째 서브넷 브로드캐스트 IP 주소는 11001000.00000001.00000001.10011111이므로 10진수로 200.1.1.159 이다.

정답

67 ④　68 ②　69 ①

> 21년 3회

70 192.168.1.0/24 네트워크를 FLSM 방식을 이용하여 4개의 Subnet으로 나누고 IP Subnet-Zero를 적용했다. 이 때 Subnetting된 네트워크 중 4번째 네트워크의 4번째 사용 가능한 IP는 무엇인가?

① 192.168.1.192
② 192.168.1.195
③ 192.168.1.196
④ 192.168.1.1

해설

- IP 주소를 2진수로 바꾸면 다음과 같다.

10진수	192.168.1.0
2진수	11000000.10101000.00000001.00000000

- /24이므로 서브넷 마스크는 1을 24개 채운다.

2진수	11111111.11111111.11111111.00000000

- IP 주소와 서브넷 마스크를 AND 연산한 결과가 네트워크 주소이다.

```
      11000000.10101000.00000001.00000000
    & 11111111.11111111.11111111.00000000
2진수  11000000.10101000.00000001.00000000
```

- 4개의 Subnet으로 나누기 때문에 $2^n \geq 4$를 만족하는 n은 $2(2^2 = 4)$이므로 서브넷 마스크 중 25번째 비트~ 26번째 비트(2비트)는 Subnet을 위해 사용한다.
- 여기에서 IP Subnet Zero를 적용한다는 조건이 있으므로 서브넷 비트가 모두 0인 1번째 서브넷을 사용할 수 있다.

1번째 서브넷	11000000.10101000.00000001.00000000
2번째 서브넷	11000000.10101000.00000001.01000000
3번째 서브넷	11000000.10101000.00000001.10000000
4번째 서브넷	11000000.10101000.00000001.11000000

- 11000000.10101000.00000001.11000000은 네트워크 주소이고 11000000.10101000.00000001.11111111은 브로드캐스트 주소이므로 제외한다.

4번째 서브넷 1번째 IP 주소	11000000.10101000.00000001.11000001
4번째 서브넷 2번째 IP 주소	11000000.10101000.00000001.11000010
4번째 서브넷 3번째 IP 주소	11000000.10101000.00000001.11000011
4번째 서브넷 4번째 IP 주소	11000000.10101000.00000001.11000100
...	

- 4번째 서브넷 4번째 IP 주소는 11000000.10101000.00000001.11000100이므로 10진수로 192.168.1.196이다.

> 20년 3회

71 IPv6에 대한 설명으로 틀린 것은?

① 32비트의 주소 체계를 사용한다.
② 멀티미디어의 실시간 처리가 가능하다.
③ IPv4보다 보안성이 강화되었다.
④ 자동으로 네트워크 환경구성이 가능하다.

해설

- IPv4가 32비트 주소 체계이며, IPv6는 128비트 주소 체계이다.

> 20년 1회

72 IPv6에 대한 설명으로 틀린 것은?

① 128비트의 주소 공간을 제공한다.
② 인증 및 보안 기능을 포함하고 있다.
③ 패킷 크기가 64Kbyte로 고정되어 있다.
④ IPv6 확장 헤더를 통해 네트워크 기능확장이 용이하다.

해설

- IPv6의 헤더 크기가 고정되어 있다.
- 패킷 크기는 최대 65,535바이트(64KByte-1Byte)까지 가능하다.

> 19년 1회, 20년 1회, 23년 2회, 24년 2회

73 IPv6의 주소 체계로 거리가 먼 것은?

① Unicast
② Anycast
③ Broadcast
④ Multicast

해설

- Broadcast는 IPv4에서만 전송할 수 있다.

【두음쌤】 IPv6 전송방식
「유멀애」 – 유니캐스트 / 멀티캐스트 / 애니캐스트

정답

70 ③   71 ①   72 ③   73 ③

74 IPv6의 헤더 항목이 아닌 것은?
① Flow label   ② Payload length
③ HOP limit   ④ Section

해설
- Section은 헤더 항목이 아니다.

【두음쌤】 IPv6 헤더 구조
「버트플 페넥홉 소데」 – Version / Traffic Class / Flow Label / Payload Length / Next Header / Hop Limit / Source Address / Destination Address

75 C Class에 속하는 IP Address는?
① 200.168.30.1   ② 10.3.2.1
③ 225.2.4.1   ④ 172.16.98.3

해설

클래스	IP 대역
A 클래스	0.0.0.0 ~ 127.255.255.255
B 클래스	128.0.0.0 ~ 191.255.255.255
C 클래스	192.0.0.0 ~ 223.255.255.255
D 클래스	224.0.0.0 ~ 239.255.255.255
E 클래스	240.0.0.0 ~ 255.255.255.255

76 인터넷 제어 메시지 프로토콜(ICMP)에 관한 설명으로 옳지 않은 것은?
① 에코 메시지는 호스트가 정상적으로 동작하는지를 결정하는 데 사용할 수 있다.
② 물리 계층 프로토콜이다.
③ 메시지 형식은 8바이트의 헤더와 가변 길이의 데이터 영역으로 분리된다.
④ 수신지 도달 불가 메시지는 수신지 또는 서비스에 도달할 수 없는 호스트를 통지하는 데 사용된다.

해설
- ICMP는 네트워크 계층 프로토콜이다.

77 링크 상태 라우팅 알고리즘을 사용하며, 대규모 네트워크에 적합한 것은?
① RIP   ② VPN
③ OSPF   ④ XOP

해설
- OSPF는 규모가 크고 복잡한 TCP/IP 네트워크에서 RIP의 단점을 개선하기 위해 자신을 기준으로 링크 상태 알고리즘을 적용하여 최단 경로를 찾는 라우팅 프로토콜이다.
- 홉 카운트에 제한이 없기 때문에 대규모 네트워크에 적합하다.

78 OSI 7계층 데이터 링크 계층의 프로토콜로 맞지 않는 것은?
① HTTP   ② HDLC
③ PPP   ④ LLC

해설
- HTTP는 응용 계층이다.
- OSI 7계층 데이터 링크 계층의 프로토콜은 HDLC, PPP, Frame-Relay, FDDI, ATM, LLC, ALOHA가 있다.

79 IPv4 주소 구조 중 실험적인 주소로 공용으로는 사용되지 않는 클래스는?
① A 클래스   ② B 클래스
③ C 클래스   ④ E 클래스

해설
- IPv4 네트워크 클래스는 다음과 같다.

클래스	설명	IP 주소 범위
class A	국가나 대형통신망	0.0.0.0~127.255.255.255
class B	중대형 통신망	128.0.0.0~191.255.255.255
class C	소규모 통신망	192.0.0.0~223.255.255.255
class D	멀티캐스트용	224.0.0.0~239.255.255.255
class E	실험용	240.0.0.0~255.255.255.255

정답
74 ④   75 ①   76 ②   77 ③   78 ①   79 ④

⊙ 18년 3회

80 라우팅 프로토콜이 아닌 것은?

① BGP(Border Gateway Protocol)
② OSPF(Open Shortest Path First)
③ RIP(Routing Information Protocol)
④ SLIP(Serial Line Internet Protocol)

해설
- SLIP은 전화 회선, RS-232 등의 직렬 인터페이스를 이용하여 인터넷에 접속하는 다이얼 업 IP 접속을 위한 업계 표준 규약이다.

⊙ 18년 3회, 20년 4회, 23년 3회

81 UDP 특성에 해당하는 것은?

① 데이터 전송 후, ACK를 받는다.
② 송신 중에 링크를 유지 관리하므로 신뢰성이 높다.
③ 흐름 제어나 순서 제어가 없어 전송 속도가 빠르다.
④ 제어를 위한 오버헤드가 크다.

해설
- UDP의 특성은 다음과 같다.
- 데이터 전송 전 연결 설정하지 않는 비연결형 서비스 제공
- TCP에 비해 상대적으로 단순한 헤더 구조이기 때문에 오버헤드 적음
- 실시간 전송, 신뢰성보다 속도가 중요시되는 네트워크에서 사용

⊙ 21년 1회

82 IPv6에 대한 설명으로 틀린 것은?

① 멀티캐스트(Multicast) 대신 브로드캐스트(Broadcast)를 사용한다.
② 보안과 인증 확장 헤더를 사용함으로써 인터넷 계층의 보안 기능을 강화하였다.
③ 애니캐스트(Anycast)는 하나의 호스트에서 그룹 내의 가장 가까운 곳에 있는 수신자에게 전달하는 방식이다.
④ 128비트 주소 체계를 사용한다.

해설
- IPv4와 IPv6 특징은 다음과 같다.

구분	IPv4	IPv6
주소 길이	32bit	128bit
표시 방법	8비트씩 4부분으로 나뉜 10진수 (192.168.10.1)	16비트씩 8부분으로 나뉜 16진수 (2001:9e76:..:e11c)
주소 개수	약 43억 개	4.3×10^{38}
주소 할당	A, B, C, D 등 클래스 단위 비순차적 할당(비효율적)	네트워크 규모 및 단말기 수에 따른 순차적 할당(효율적)
헤더 크기	가변	고정
QoS	Best Effort 방식 / 보장 곤란	등급별, 서비스별 패킷 구분 보장
보안 기능	IPSec 프로토콜 별도 설치	확장기능에서 기본 제공
Plug&Play	지원 안 함	지원
모바일 IP	곤란	용이
웹 캐스팅	곤란	용이
전송 방식	멀티캐스트, 유니캐스트, 브로드캐스트	멀티캐스트, 유니캐스트, 애니캐스트

⊙ 18년 2회

83 IPv6에 대한 설명으로 틀린 것은?

① 더 많은 IP 주소를 지원할 수 있도록 주소의 크기는 64비트이다.
② 프로토콜의 확장을 허용하도록 설계되었다.
③ 확장 헤더로 이동성을 지원하고, 보안 및 서비스 품질 기능 등이 개선되었다.
④ 유니캐스트, 멀티캐스트, 애니캐스트를 지원한다.

해설
- IPv6는 128bit의 주소 크기를 가지고 있다.

정답

80 ④   81 ③   82 ①   83 ①

> 18년 2회, 23년 3회

84 IP(Internet Protocol) 프로토콜에 대한 설명으로 틀린 것은?

① 비연결 프로토콜이다.
② 에러 제어와 흐름 제어가 없다.
③ IP 패킷이 다른 경로를 통해 전달될 수 있기 때문에 송신된 순서와 다르게 목적지에 도착할 수 있다.
④ IP 패킷에서 헤더 체크 섬은 제공하지 않고, 데이터 체크 섬만을 제공한다.

해설
- IP 프로토콜의 특징은 다음과 같다.
  - IP 프로토콜은 신뢰성이 없는 비연결형 데이터그램 프로토콜로서 최선의 노력으로 전달을 제공하는 전송 서비스이다.
  - 최선의 노력이란 IP가 오류 검사나 추적을 제공하지 않는다는 것을 의미한다.
  - IP는 각기 개별적으로 전송되는 데이터그램이라는 패킷 형태로 데이터를 전송한다.
  - 데이터그램은 서로 다른 경로로 전달될 수 있으므로 순서대로 도착하지 않거나 중복되어 도착할 수 있다.
  - IP는 경로를 기록하지 않고, 일단 목적지에 도착한 데이터그램을 재전송하는 기능도 제공하지 않는다.
  - IP 패킷에서는 헤더 체크 섬을 제공한다.

> 20년 3회

85 TCP 프로토콜에 대한 설명으로 거리가 먼 것은?

① 신뢰성 있는 연결 지향형 전달 서비스이다.
② 기본 헤더 크기는 100byte이고 160byte까지 확장 가능하다.
③ 스트림 전송 기능을 제공한다.
④ 순서제어, 오류 제어, 흐름 제어 기능을 제공한다.

해설
- TCP 기본 헤더 크기는 20byte이고 60byte까지 확장할 수 있다.

> 21년 2회

86 TCP 프로토콜과 관련한 설명으로 틀린 것은?

① 인접한 노드 사이의 프레임 전송 및 오류를 제어한다.
② 흐름 제어(Flow Control)의 기능을 수행한다.
③ 전이중(Full Duplex) 방식의 양방향 가상 회선을 제공한다.
④ 전송 데이터와 응답 데이터를 함께 전송할 수 있다.

해설
- 인접한 노드 사이의 프레임 전송 및 오류 제어는 2계층인 데이터 링크 계층의 역할이고, TCP는 4계층인 전송 계층(Transport Layer)이다.
- TCP 프로토콜의 특징은 다음과 같다.
  - TCP는 전송 계층에 위치하면서 근거리 통신망이나 인트라넷, 인터넷에 연결된 컴퓨터에서 실행되는 프로그램 간에 일련의 옥텟을 안정적으로, 순서대로, 에러 없이 교환할 수 있게 해주는 프로토콜
  - 흐름 제어(Flow Control) 기능을 활용하여 송신(송신 전송률) 및 수신(수신 처리율) 속도를 일치시킴
  - 전이중(Full Duplex) 방식의 양방향 가상회선을 제공함
  - 전송 데이터와 응답 데이터를 함께 전송할 수 있음

> 19년 3회, 24년 2회

87 TCP/IP 관련 프로토콜 중 응용계층에 해당하지 않는 것은?

① ARP
② DNS
③ SMTP
④ HTTP

해설
- ARP(Address Resolution Protocol)는 네트워크 계층 프로토콜이다.

> 20년 1회

88 TCP/IP 프로토콜 중 전송 계층 프로토콜은?

① HTTP
② SMTP
③ FTP
④ TCP

해설
- HTTP, SMTP, FTP는 응용 계층 프로토콜이다.

정답
84 ④ 85 ② 86 ① 87 ① 88 ④

89 TCP/IP 네트워크에서 IP 주소를 MAC 주소로 변환하는 프로토콜은?

① UDP ② ARP
③ TCP ④ ICMP

해설

보기	설명
UDP	• 비연결성이고, 신뢰성이 없으며, 순서화되지 않은 데이터그램 서비스를 제공하는 전송 계층(4계층)의 통신 프로토콜
ARP	• IP 네트워크상에서 논리 주소(IP 주소)를 물리 주소(MAC 주소)로 변환하는 프로토콜
TCP	• 전송 계층에 위치하면서 근거리 통신망이나 인트라넷, 인터넷에 연결된 컴퓨터에서 실행되는 프로그램 간에 일련의 옥텟을 안정적으로, 순서대로, 에러 없이 교환할 수 있게 해주는 프로토콜
ICMP	• IP 패킷을 처리할 때 발생하는 문제를 알려주는 프로토콜

90 UDP 헤더에 포함되지 않는 것은?

① Checksum
② UDP Total Length
③ Sequence Number
④ Source Port Address

해설

• Sequence Number는 TCP 헤더에 포함되어 있다.

【두음쌤】 UDP 헤더 구조
「소데 랭체」 - Source Port Number / Destination Port Number / UDP Length / UDP Checksum

91 IP Address에서 네트워크 ID와 호스트 ID를 구별하는 방식은?

① 서브넷 마스크 ② 클래스 E
③ 클래스 D   ④ IPv6

해설

• IP Address에서 네트워크 ID와 호스트 ID는 서브넷 마스크를 통해서 구별한다.

92 TCP 헤더와 관련한 설명으로 틀린 것은?

① 순서번호(Sequence Number)는 전달하는 바이트마다 번호가 부여된다.
② 수신 번호 확인(Acknowledgement Number)은 상대편 호스트에서 받으려는 바이트 번호를 정의한다.
③ 체크섬(Checksum)은 데이터를 포함한 세그먼트의 오류를 검사한다.
④ 윈도우 크기는 송수신 측의 버퍼 크기로 최대 크기는 32767bit이다.

해설

• 윈도우 크기는 송수신 측의 버퍼 크기로 전체 16bit로 되어있고, 216까지 표시할 수 있기 때문에 최대 크기는 65,535byte이다.
• TCP 헤더의 구성요소는 다음과 같다.

헤더	설명	크기
Source/Destination Port Number	• 송신지 Port 번호, 목적지 Port 번호 • 양쪽 호스트 내 종단 프로세스 식별	각 16비트
Sequence Number	• 바이트 단위로 구분되어 순서화되는 번호 • TCP에서는 신뢰성 및 흐름 제어 기능 제공	32비트
Acknowledgement Number	• 확인응답번호/승인번호 • 상대편 호스트에서 받으려는 바이트 번호를 정의	32비트
HLEN (Header Length)	• TCP 헤더 길이를 4바이트(32 비트) 단위로 표시	4비트
Window Size	• TCP 연결 설정과 연결 해제 메시지를 구분하는 것이 제어 필드의 기능이며, 제어 필드는 1bit로 구성 • URG, ACK, PSH, RST, SYN, FIN으로 구성	6비트
Checksum	• 해당 세그먼트의 송신 측이 현재 수신하고자 하는 윈도우의 크기(기본 단위는 바이트) • 윈도우 크기는 송수신 측의 버퍼 크기로 전체 16bit로 되어 있고, 216까지 표시할 수 있기 때문에 최대 크기는 65,535byte임	16비트

정답

89 ② 90 ③ 91 ① 92 ④

헤더	설명	크기
Urgent Pointer	• 헤더 및 데이터의 에러 확인을 위해 사용되는 16비트 체크 섬 필드 • 데이터를 포함한 세그먼트의 오류를 검사	16비트

◉ 21년 1회, 25년 3회

93 UDP 특성에 해당하는 것은?

① 양방향 연결형 서비스를 제공한다.
② 송신 중에 링크를 유지 관리하므로 신뢰성이 높다.
③ 순서 제어, 오류 제어, 흐름 제어 기능을 한다.
④ 흐름 제어나 순서 제어가 없어 전송 속도가 빠르다.

해설

• UDP는 비연결성이고, 신뢰성이 없으며, 순서화되지 않은 데이터그램 서비스를 제공하는 전송 계층(4계층)의 통신 프로토콜이다.
• UDP의 특성은 다음과 같다.

특성	설명
비연결성 및 비신뢰성	• 데이터그램 지향의 전송계층용 프로토콜(논리적인 가상회선 연결이 필요 없음) • 메시지가 제대로 도착했는지 확인하지 않음(확인 응답 없음) • 검사 합을 제외한 특별한 오류 검출 및 제어 없음(오류 제어 거의 없음)
순서화되지 않은 데이터그램 서비스 제공	• 수신된 메시지의 순서를 맞추지 않음 • 흐름 제어를 위한 피드백을 제공하지 않음
실시간 응용 및 멀티캐스팅 가능	• 빠른 요청과 응답이 필요한 실시간 응용에 적합 • 여러 다수 지점에 전송 가능
단순 헤더	• 헤더는 고정 크기의 8바이트(TCP는 20바이트)만 사용 • 헤더 처리에 시간과 노력을 필요로 하지 않음

◉ 20년 4회

94 TCP/IP에서 사용되는 논리 주소를 물리 주소로 변환시켜 주는 프로토콜은?

① TCP ② ARP
③ FTP ④ IP

해설

• 주요 프로토콜은 다음과 같다.

프로토콜	설명
TCP	• 전송 계층에 위치하면서 근거리 통신망이나 인트라넷, 인터넷에 연결된 컴퓨터에서 실행되는 프로그램 간에 일련의 옥텟을 안정적으로, 순서대로 에러 없이 교환할 수 있게 해주는 프로토콜
ARP	• IP 네트워크상에서 논리 주소(IP 주소)를 물리 주소(MAC 주소)로 변환하는 프로토콜
FTP	• TCP/IP 프로토콜을 가지고 서버와 클라이언트 사이의 파일을 전송하기 위한 응용계층 프로토콜
IP	• 네트워크 계층에 속하는 신뢰성 없는 비 연결형 데이터그램 프로토콜

◉ 21년 2회, 22년 3회, 24년 1회, 25년 2회

95 SSH(Secure Shell)에 대한 설명으로 틀린 것은?

① SSH의 기본 네트워크 포트는 220번을 사용한다.
② 전송되는 데이터는 암호화된다.
③ 키를 통한 인증은 클라이언트의 공개키를 서버에 등록해야 한다.
④ 서로 연결되어 있는 컴퓨터 간 원격 명령 실행이나 쉘 서비스 등을 수행한다.

해설

• SSH(Secure Shell)의 특징은 다음과 같다.
• Telnet보다 강력한 보안을 제공하는 원격 접속 프로토콜이다.
• 서로 연결되어 있는 컴퓨터 간 원격 명령 실행이나 쉘 서비스 등을 수행한다.
• 키를 통한 인증은 클라이언트의 공개키를 서버에 등록해야 하고 전송되는 데이터는 암호화된다.
• SSH는 인증, 암호화, 압축, 무결성을 제공한다.
• SSH의 기본 네트워크 포트는 22번을 사용한다.

정답

93 ④ 94 ② 95 ①

> 20년 4회, 22년 3회

96 TCP 흐름 제어기법 중 프레임이 손실되었을 때, 손실된 프레임 1개를 전송하고 수신자의 응답을 기다리는 방식으로 한 번에 프레임 1개만 전송할 수 있는 기법은?

① Slow Start
② Sliding Window
③ Stop and Wait
④ Congestion Avoidance

해설

- TCP 흐름 제어기법은 다음과 같다.

기법	설명
정지-대기 (Stop & Wait) 기법	• 수신자가 에러 체크 후 에러가 있으면 에러 난 데이터부터 하나씩 다시 받는 기법 • 프레임이 손실되었을 때, 손실된 프레임 1개를 전송하고 수신자의 응답을 기다리는 방식으로 한 번에 프레임 1개만 전송할 수 있음
슬라이딩 윈도우 (Sliding Window) 기법	• 수신 측에서 설정한 윈도우의 크기만큼 송신 측에서 확인 응답(ACK) 없이 전송할 수 있게 하여 흐름을 동적으로 제어하는 기술

> 21년 3회

97 물리적 배치와 상관없이 논리적으로 LAN을 구성하여 Broadcast Domain을 구분할 수 있게 해주는 기술로 접속된 장비들의 성능향상 및 보안성 증대 효과가 있는 것은?

① VLAN ② STP ③ L2AN ④ ARP

해설

보기	설명
VLAN (Virtual Local Area Network)	• 물리적 배치와 상관없이 논리적으로 LAN을 구성하여 Broadcast Domain을 구분할 수 있게 해주는 기술로 접속된 장비들의 성능향상 및 보안성 증대 효과가 있음
STP (Spanning Tree Protocol)	• 2개 이상의 스위치가 여러 경로로 연결될 때, 무한 루프 현상을 막기 위해서 우선순위 따라 1개의 경로로만 통신하도록 하는 프로토콜
ARP (Address Resolution Protocol)	• IP 네트워크상에서 IP 주소를 MAC 주소(물리 주소)로 변환하는 프로토콜

> 22년 1회, 24년 3회

98 OSI 7계층 중 데이터링크 계층에 해당하는 프로토콜이 아닌 것은?

① HTTP   ② HDLC
③ PPP   ④ LLC

해설

- HTTP는 응용 계층에 해당한다.
- OSI 7계층 데이터 링크 계층의 프로토콜은 HDLC, PPP, Frame-Relay, FDDI, ATM, LLC, ALOHA가 있다.

> 22년 1회, 24년 3회, 25년 1회

99 TCP/IP 계층 구조에서 IP의 동작 과정에서의 전송 오류가 발생하는 경우에 대비해 오류 정보를 전송하는 목적으로 사용하는 프로토콜은?

① ECP(Error Checking Protocol)
② ARP(Address Resolution Protocol)
③ ICMP(Internet Control Message Protocol)
④ PPP(Point-to-Point Protocol)

해설

- TCP/IP 계층 구조에서 IP의 동작 과정에서의 전송 오류가 발생하는 경우에 대비해 오류 정보를 전송하는 목적으로 사용하는 프로토콜은 ICMP이다.

프로토콜	설명
ARP	• IP 네트워크상에서 논리 주소(IP 주소)를 물리 주소(MAC 주소)로 변환하는 프로토콜
PPP	• 네트워크 분야에서 두 통신 노드 간의 직접적인 연결을 위해 일반적으로 사용되는 데이터 링크 프로토콜

정답

96 ③   97 ①   98 ①   99 ③

100 IP 주소 체계와 관련된 설명으로 틀린 것은?

① IPv6의 패킷 헤더는 32 Octet의 고정된 길이를 가진다.
② IPv6는 주소 자동 설정(Auto Configuration) 기능을 통해 손쉽게 이용자의 단말을 네트워크에 접속시킬 수 있다.
③ IPv4는 호스트 주소를 자동으로 설정하며 유니캐스트(Unicast)를 지원한다.
④ IPv4는 클래스별로 네트워크와 호스트 주소의 길이가 다르다.

해설
- IPv4 헤더는 20 Octet의 기본 헤더 부분과 옵션 부분으로 구성되어 있고, IPv6 헤더는 40 Octet의 고정된 길이를 가지고 있다.

101 IPv6에 대한 특성으로 틀린 것은?

① 표시 방법은 8비트씩 4부분의 10진수로 표시한다.
② 2^{128}개의 주소를 표현할 수 있다.
③ 등급별, 서비스별로 패킷을 구분할 수 있어 품질보장이 용이하다.
④ 확장 기능을 통해 보안 기능을 제공한다.

해설
- IPv6는 16비트씩 8부분으로 나눈 16진수로 표시한다.
- IPv4와 IPv6의 특징은 다음과 같다.

구분	IPv4	IPv6
주소 길이	32bit	128bit
표시 방법	8비트씩 4부분으로 나눈 10진수 (192.168.10.1)	16비트씩 8부분으로 나눈 16진수 (2001:9e76:...:e11c)
주소 개수	약 43억 개	4.3×10^{38}
QoS	Best Effort 방식 / 보장 곤란	등급별, 서비스별 패킷 구분 보장
보안 기능	IPSec 프로토콜 별도 설치	확장 기능에서 기본 제공

102 IP 프로토콜에서 사용하는 필드와 해당 필드에 대한 설명으로 틀린 것은?

① Header Length는 IP 프로토콜의 헤더 길이를 32비트 워드 단위로 표시한다.
② Packet Length는 IP를 제외한 패킷 전체의 길이를 나타내며 최대 크기는 $2^{32}-1$비트이다.
③ Time To Live는 송신 호스트가 패킷을 전송하기 전 네트워크에서 생존할 수 있는 시간을 지정한 것이다.
④ Version Number는 IP 프로토콜의 버전 번호를 나타낸다.

해설

보기	설명
Header Length	• IP 프로토콜의 헤더 길이를 4바이트 단위로 나타내는 필드
Packet Length	• IP를 포함한 패킷 전체 길이를 바이트 단위로 표시하는 필드 • IP 패킷의 길이는 0~65535바이트
Time To Live(TTL)	• 송신 호스트가 패킷을 전송하기 전 네트워크에서 생존할 수 있는 시간을 표시하는 필드 • 패킷이 각 라우터를 지나갈 때마다 1씩 감소
Version Number	• IP 프로토콜의 버전 번호

103 IP 프로토콜의 주요 특징에 해당하지 않는 것은?

① 체크섬(Checksum) 기능으로 데이터 체크섬(Data Checksum)만 제공한다.
② 패킷을 분할, 병합하는 기능을 수행하기도 한다.
③ 비연결형 서비스를 제공한다.
④ Best Effort 원칙에 따른 전송 기능을 제공한다.

해설
- IP 프로토콜에서는 Data에 대해서는 체크섬(Checksum)을 하지 않고, 헤더(Header)에 대해서만 체크섬(Checksum)을 제공한다.

정답
100 ①   101 ①   102 ②   103 ①

> 22년 2회, 23년 2회

104 RIP 라우팅 프로토콜에 대한 설명으로 틀린 것은?

① 경로 선택 매트릭은 홉 카운트(Hop Count)이다.
② 라우팅 프로토콜을 IGP와 EGP로 분류했을 때 EGP에 해당한다.
③ 최단 경로 탐색에 Bellman-Ford 알고리즘을 사용한다.
④ 각 라우터는 이웃 라우터들로부터 수신한 정보를 이용하여 라우팅 표를 갱신한다.

해설

• RIP는 IGP 프로토콜이다.

구분	종류
IGP(Internal Gateway Routing Protocol)	RIP, OSPF
EGP(External Gateway Routing Protocol)	BGP

> 22년 2회, 24년 3회

105 UDP 프로토콜의 특징이 아닌 것은?

① 비연결형 서비스를 제공한다.
② 단순한 헤더 구조로 오버헤드가 적다.
③ 주로 주소를 지정하고, 경로를 설정하는 기능을 한다.
④ TCP와 같이 트랜스포트 계층에 존재한다.

해설

• UDP는 4계층인 전송 계층으로, 주소를 지정하고, 경로를 설정하는 기능은 3계층인 네트워크 계층에서 수행한다.
• UDP의 특성은 다음과 같다.

특성	설명
비연결성 및 비신뢰성	• 데이터그램 지향의 전송계층용 프로토콜 • 메시지가 제대로 도착했는지 확인하지 않음 • 검사 합을 제외한 특별한 오류 검출 및 제어 없음
순서화되지 않은 데이터그램 서비스 제공	• 수신된 메시지의 순서를 맞추지 않음
실시간 응용 및 멀티캐스팅 가능	• 빠른 요청과 응답이 필요한 실시간 응용에 적합
단순 헤더	• 헤더는 고정 크기의 8바이트(TCP는 20바이트)만 사용

> 19년 1회, 23년 1회

106 IPv4(Internet Protocol) 헤더 구조에 포함되지 않는 것은?

① Version
② Reserved Len
③ Protocol
④ Identification

해설

• Reserved Len은 헤더 항목이 아니다.

【두음쌤】 IPv4 헤더 구조
「버헤타토 아플프 타플체 소데」 – Version / Header Length / Type of Service / Total Length / Identification / Flag / Fragment Offset / Time To Live / Protocol / Header Checksum / Source address / Destination Address

> 24년 1회

107 OSI(Open System Interconnection) 7계층별 PDU(Protocol Data Unit) 중 틀린 것은?

① 물리계층 – 메시지
② 전송계층 – 세그먼트
③ 네트워크계층 – 패킷
④ 데이터링크계층 – 프레임

해설

• 물리 계층의 PDU는 비트(Bit)이다.
• OSI(Open System Interconnection) 7 계층별 PDU(Protocol Data Unit)는 다음과 같다.

계층	PDU
응용 계층(Application Layer) 표현 계층(Presentation Layer) 세션 계층(Session Layer)	메시지(Message) 데이터(Data)
전송 계층(Transport Layer)	세그먼트(Segment)
네트워크 계층(Network Layer)	패킷(Packet)
데이터 링크 계층(Data Link Layer)	프레임(Frame)

정답

104 ② 105 ③ 106 ② 107 ①

108 다음 중 세션 계층 프로토콜로 가장 알맞은 것은?

① ARP(Address Resolution Protocol)
② RPC(Remote Procedure Call)
③ TCP(Transmission Control Protocol)
④ HDLC(High-level Data Link Control)

해설
- RPC(Remote Procedure Call)는 세션 계층 프로토콜로 별도의 원격 제어를 위한 코딩 없이 다른 주소 공간에서 함수나 프로시저를 실행할 수 있는 프로세스간 통신에 사용된다.
- 주요 프로토콜은 다음과 같다.

프로토콜	설명
ARP (Address Resolution Protocol)	IP 네트워크상에서 IP 주소를 MAC 주소(물리 주소)로 변환하는 프로토콜
TCP (Transmission Control Protocol)	전송 계층에 위치하면서 근거리 통신망이나 인트라넷, 인터넷에 연결된 컴퓨터에서 실행되는 프로그램 간에 일련의 옥텟을 안정적으로, 순서대로, 에러 없이 교환할 수 있게 해주는 프로토콜
HDLC (High-level Data Link Control)	점대점 방식이나 다중방식의 통신에 사용되는 ISO에서 표준화한 동기식 비트 중심의 데이터 링크 프로토콜

109 최대 홉 수를 15로 제한한 라우팅 프로토콜은?

① RIP
② OSPF
③ Static
④ EIGRP

해설
- RIP의 특징은 다음과 같다.
- 최대 홉 수(Hop Count)를 15개로 제한
- 사용 포트로는 UDP를 사용(UDP 포트 번호 520 사용)
- 30초마다 전체 라우팅 정보를 브로드캐스팅

110 RIP(Routing Information Protocol)에 대한 설명으로 틀린 것은?

① 거리 벡터 라우팅 프로토콜이라고도 한다.
② 소규모 네트워크 환경에 적합하다.
③ 최대 홉 카운트를 115홉 이하로 한정하고 있다.
④ 최단 경로 탐색에는 Bellman-Ford 알고리즘을 사용한다.

해설
- RIP의 특징은 다음과 같다.
- 거리 벡터 라우팅 기반 메트릭(Metric) 정보를 인접 라우터와 주기적으로 교환하여 라우팅 테이블을 갱신하고 라우팅 테이블을 구성/계산하는데 Bellman-Ford 알고리즘을 사용하는 내부 라우팅 프로토콜
- 최대 홉 수(Hop Count)를 15개로 제한
- 사용 포트로는 UDP를 사용(UDP 포트 번호 520 사용)
- 30초마다 전체 라우팅 정보를 브로드캐스팅

111 TCP, UDP 등의 프로토콜을 이용하여 서버나 네트워크의 트래픽을 로드 밸런싱하는 장비는?

① L4 스위치
② 브리지
③ 허브
④ 라우터

해설
- 주요 네트워크 장비는 다음과 같다.

장비	설명
L4 스위치 (L4 Switch)	• 4계층에서 네트워크 단위들을 연결하는 통신 장비 • TCP/UDP 등 스위칭 수행 • 서버나 네트워크의 트래픽을 로드 밸런싱하는 스위치
브리지 (Bridge)	• 두 개의 근거리 통신망(LAN)을 서로 연결해 주는 통신망
허브 (Hub)	• 여러 대의 컴퓨터를 연결하여 네트워크로 보내거나, 하나의 네트워크로 수신된 정보를 여러 대의 컴퓨터로 송신하기 위한 장비
라우터 (Router)	• 서로 다른 네트워크 대역에 있는 호스트들 상호 간에 통신할 수 있도록 해주는 네트워크 장비

정답
108 ② 109 ① 110 ③ 111 ①

112 OSI 7계층 중 암호화, 코드 변환, 데이터 압축의 역할을 담당하는 계층은?

① Data Link Layer
② Application Layer
③ Presentation Layer
④ Session Layer

해설

- OSI 7계층 주요 계층은 다음과 같다.

계층	설명
데이터 링크 계층 (Data Link Layer)	어떤 전송 링크와 노드를 거쳐 패킷을 전달할 것인지의 경로 선택을 규정하는 계층
응용 계층 (Application Layer)	응용 프로세스와 직접 관계하여 일반적인 응용 서비스를 수행하는 역할을 담당하는 계층
표현 계층 (Presentation Layer)	응용 프로세스 간에 데이터 표현상의 차이와 상관없이 통신할 수 있도록 독립성을 제공하는(코드 변환, 데이터 압축 등) 계층
세션 계층 (Session Layer)	애플리케이션 간의 통신을 위한 제어구조를 제공하는 계층

113 IETF에서 고안한 IPv4에서 IPv6로 전환하는 데 사용되는 전략이 아닌 것은?

① Dual Stack
② Tunneling
③ Address Translation
④ Source Routing

해설

- Source Routing는 IPv4에서 IPv6로 전환하는 데 사용되는 전략이 아니다.

【두음쌤】 IPv4에서 IPv6으로 전환
「듀터주」 – 듀얼 스택(Dual Stack) / 터널링(Tunneling) / 주소 변환(Address Translation)

114 물리 네트워크 주소를 이용하여 논리 주소로 변환시켜 주는 프로토콜은?

① SMTP
② RARP
③ ICMP
④ DNS

해설

- 주요 프로토콜은 다음과 같다.

프로토콜	설명
SMTP	이메일을 보내기 위해 이용되는 프로토콜
RARP	물리 네트워크 주소(MAC 주소)를 이용하여 논리 네트워크 주소(IP 주소)로 변환시켜 주는 프로토콜
ICMP	인터넷 환경에서 오류에 관한 처리를 지원하는 용도로 사용하는 프로토콜
DNS	호스트의 도메인 이름을 호스트의 네트워크 주소로 바꾸거나 그 반대의 변환을 수행하는 프로토콜

115 IP 주소와 호스트 이름 간의 변환을 제공하는 시스템은?

① DNS
② NFS
③ Router
④ Modem

해설

- IP 주소와 호스트 이름 간의 변환을 제공하는 시스템은 DNS(Domain Name System)이다.

정답

112 ③   113 ④   114 ②   115 ①

Chapter 04 기타

1 기타

○ 22년 1회

01 다음과 같은 형태로 임계 구역의 접근을 제어하는 상호배제 기법은?

```
P(S) : while S <= 0 do skip;
S := S - 1;
V(S) : S := S + 1;
```

① Dekker Algorithm
② Lamport Algorithm
③ Peterson Algorithm
④ Semaphore

해설

- 세마포어(Semaphore)는 멀티 프로그래밍 환경에서 공유 자원에 대한 접근을 제한하는 방법이다.
- 세마포어는 P(임계 구역 들어가기 전 수행), V(임계 구역에서 나올 때 수행) 연산을 기반으로 구현한다.
- P 또는 V를 수행하는 동안 프로세스는 인터럽트를 당하지 않게 되어 상호배제를 구현할 수 있게 된다.

연산	코드	설명
P 연산	P(S) : while S <= 0 do skip; S := S - 1;	• 최초의 S 값은 1 • S가 0이면 1이 될 때까지 대기 • S를 0으로 만들어 다른 프로세스가 들어오지 못하게 함
V 연산	V(S) : S := S + 1;	• 현재 상태는 S가 0 • S를 1로 원위치시켜 해제함

- 임계 구역의 접근을 제어하는 상호배제 기법은 다음과 같다.

기법	설명
데커 알고리즘 (Dekker Algorithm)	• flag와 turn이라는 변수로 임계영역에 들어갈 프로세스(혹은 스레드)를 결정하는 기법
램포트 알고리즘 (Lamport Algorithm)	• 프로세스에게 고유한 번호를 부여하고, 번호를 기준으로 우선순위를 정하여 우선순위가 높은 프로세스가 먼저 임계 구역에 진입하도록 구현하는 기법
피터슨 알고리즘 (Peterson Algorithm)	• 공유 메모리를 활용하여 여러 개의 프로세스가 하나의 자원을 함께 사용할 때 문제가 발생하지 않도록 해주는 기법 • 데커 알고리즘과 유사하지만 다른 프로세스에게 진입 기회를 양보한다는 차이가 있음

○ 20년 3회

02 다음 중 bash 쉘 스크립트에서 사용할 수 있는 제어문이 아닌 것은?

① if
② for
③ repeat_do
④ while

해설

- bash 쉘 스크립트는 조건에 if, 반복에 for, while을 사용할 수 있다.

정답

01 ④   02 ③

○ 20년 4회

03 다음과 같은 세그먼트 테이블을 가지는 시스템에서 논리 주소(2, 176)에 대한 물리 주소는?

세그먼트 번호	시작 주소	길이(바이트)
0	670	248
1	1752	422
2	222	198
3	996	604

① 398 ② 400
③ 1928 ④ 1930

해설
- 세그먼트 번호가 2이고, 2번의 base 주소는 222, 할당된 크기(limit)는 176(최대 할당 가능한 크기는 198)이므로 할당 가능하다.
- 물리 주소는 222 + 176 = 398번지가 된다.

○ 20년 4회

04 PHP에서 사용 가능한 연산자가 아닌 것은?

① @ ② #
③ 〈 〉 ④ ===

해설
- PHP에서 #은 한 줄 주석이다.
- PHP의 대표적인 연산자들은 다음과 같다.

연산자	설명
@	• 오류 억제 연산자 • 오류 메시지를 무시함
〈 〉	• 값이 다름을 표현하는 연산자
===	• 값도 같고 타입도 같은지 확인하는 연산자

○ 23년 3회

05 다음 중 프로토콜의 포트 번호가 올바르지 않은 것은?

① TFTP - UDP 69
② SNMP - UDP 161
③ RPC - TCP 112
④ TELNET - TCP 23

해설
- 주요 프로토콜은 다음과 같다.

프로토콜	설명	포트번호
TFTP (Trivial File Transfer Protocol)	• 파일을 전송하기 위한 프로토콜이지만, FTP보다 더 단순한 방식으로 파일을 전송하고 데이터 전송 과정에서 데이터가 손실될 수 있는 단점을 가지고 있는 프로토콜	UDP 69번 포트
SNMP (Simple Network Management Protocol)	• TCP/IP의 네트워크 관리 프로토콜로, 라우터나 허브 등 네트워크 장치로부터 정보를 수집 및 관리하며, 정보를 네트워크 관리 시스템에 보내는 데 사용하는 인터넷 표준 프로토콜	UDP 161번 포트(Agent) UDP 162번 포트(Manager)
RPC (Remote Procedure Call)	• 원격 프로시저 호출이라고 불리며, 별도의 원격 제어를 위한 코딩 없이 다른 주소 공간에서 함수나 프로시저를 실행할 수 있는 프로세스간 통신에 사용되는 프로토콜	TCP/UDP 111번 포트
TELNET	• 인터넷이나 로컬 영역에서 네트워크 연결에 사용되는 네트워크 프로토콜	TCP 23번 포트

○ 22년 3회

06 리눅스에서 현재 시스템에 로그인한 사용자 정보를 확인하는 명령어는 무엇인가?

① ls ② cat
③ finger ④ mkdir

해설
- 주요 명령어는 다음과 같다.

명령어	설명
ls	• 현재 디렉토리 내 파일 및 폴더들의 목록을 표시하는 명령어
cat	• 파일의 내용을 화면에 출력하는 명령어
finger	• 현재 시스템에 로그인한 사용자 정보(계정정보)를 확인하는 명령어
mkdir	• 디렉토리 생성할 경우 사용되는 명령어

정답
03 ① 04 ② 05 ③ 06 ③

> 24년 3회

07 malloc 함수가 저장되는 메모리 영역은?

① 코드 영역
② 데이터 영역
③ 스택 영역
④ 힙 영역

해설

- malloc 함수는 C 언어에서 동적 메모리 할당을 위해 사용되는 함수이다.
- 힙(Heap) 영역에 메모리를 할당하며, 할당된 메모리는 free 함수를 호출하여 소멸시킬 수 있다.
- 메모리 영역은 다음과 같다.

영역	설명
코드 영역	• 실행될 코드가 저장되는 메모리 공간 • CPU는 코드 영역에서 저장된 명령문들을 하나씩 가져가서 실행
데이터 영역	• 전역 변수와 static 변수가 할당되는 메모리 공간 • 프로그램 실행 시 데이터 생성되며, 프로그램 종료 시 소멸
스택 영역	• 지역 변수와 매개 변수가 할당되는 메모리 공간 • 함수 진입 시 데이터 생성되며, 함수를 빠져나갈 시 소멸설해

정답

07 ④

정보시스템 구축관리

- **Chapter 01** 소프트웨어 개발방법론 활용
- **Chapter 02** IT 프로젝트 정보시스템 구축관리
- **Chapter 03** 소프트웨어 개발 보안 구축
- **Chapter 04** 시스템 보안 구축
- **Chapter 05** 기타

Chapter 01 소프트웨어 개발방법론 활용

❶ 소프트웨어 개발방법론 선정

◐ 21년 1회, 25년 3회

01 정형화된 분석 절차에 따라 사용자 요구사항을 파악, 문서화하는 체계적 분석 방법으로 자료흐름도, 자료 사전, 소단위 명세서의 특징을 갖는 것은?

① 구조적 개발방법론
② 객체지향 개발방법론
③ 정보공학 방법론
④ CBD 방법론

해설

- 정형화된 분석 절차에 따라 사용자 요구사항을 파악, 문서화하는 체계적 분석 방법으로 자료흐름도, 자료 사전, 소단위 명세서의 특징을 갖는 방법론은 구조적 개발방법론이다.
- 소프트웨어 방법론의 종류는 다음과 같다.

종류	설명
구조적 방법론 (Structured Development)	정형화된 분석 절차에 따라 사용자 요구 사항을 파악, 문서화하는 체계적 분석 방법으로 자료흐름도, 자료 사전, 소단위 명세서의 특징을 갖는 방법론
객체 지향 방법론 (Object-Oriented Development)	현실 세계의 개체(Entity)를 하나의 객체(Object)로 만들어서 소프트웨어를 개발할 때 조립하듯이 객체들을 조립해서 소프트웨어를 구현하는 방법론
정보공학 방법론 (Information Engineering Development)	정보 시스템의 개발을 위해 개발, 분석, 설계, 구축에 정형화된 기법들을 상호 연관성 있게 통합 및 적용하는 자료(Data) 중심의 방법론
컴포넌트 기반 방법론 (CBD; Component Based Development)	소프트웨어를 구성하는 컴포넌트를 조립해서 하나의 새로운 응용 프로그램을 작성하는 방법론

◐ 19년 1회, 2회, 24년 2회

02 소프트웨어 생명주기 모형에서 프로토타입 모형의 장점이 아닌 것은?

① 단기간 제작 목적으로 인하여 비효율적인 언어나 알고리즘을 사용할 수 있다.
② 개발 과정에서 사용자의 요구를 충분히 반영한다.
③ 최종 결과물이 만들어지기 전에 의뢰자가 최종 결과물의 일부 혹은 모형을 볼 수 있다.
④ 의뢰자나 개발자 모두에게 공동의 참조 모델을 제공한다.

해설

- 프로토타입 모형은 빠른 개발, 사용자 피드백 반영이 중요하기 때문에, 비효율적인 언어나 알고리즘 사용은 개발 과정을 지연시키고 비용을 증가시킨다.
- 프로토타입 모형의 특징 및 장점은 다음과 같다.
  - 최종 결과물이 만들어지기 전에 의뢰자가 최종 결과물의 일부 또는 모형 확인이 가능하다.
  - 프로토타입은 발주자나 개발자 모두에게 공동의 참조 모델을 제공한다.
  - 프로토타입은 구현 단계의 구현 골격이다.
  - 고객이 요구한 주요 기능을 프로토타입으로 구현하여, 고객의 피드백을 통해 개선, 보완하여 완성 소프트웨어를 만들어가는 모델이다.

정답
01 ① 02 ①

> 18년 1회, 3회, 20년 3회

03 프로토타이핑 모형(Prototyping Model)에 대한 설명으로 옳지 않은 것은?

① 개발단계에서 오류 수정이 불가하므로 유지보수비용이 많이 발생한다.
② 최종 결과물이 만들어지기 전에 의뢰자가 최종 결과물의 일부 혹은 모형을 볼 수 있다.
③ 프로토타입은 발주자나 개발자 모두에게 공동의 참조 모델을 제공한다.
④ 프로토타입은 구현 단계의 구현 골격이 될 수 있다.

해설
- 프로토타이핑 모형(Prototyping Model)은 고객이 요구한 주요 기능을 프로토타입(Prototype)으로 구현하여, 고객의 피드백을 통해 개선, 보완하여 유지보수 비용이 많이 발생하지는 않는다.

> 17년 2회, 19년 3회

04 소프트웨어 생명주기 모형 중 고전적 생명주기 모형으로서 선형 순차적 모델이라고도 하며, 타당성 검토, 계획, 요구사항 분석, 설계, 구현, 테스트, 유지보수의 단계를 통해 소프트웨어를 개발하는 모형은?

① 폭포수 모형
② 프로토타입 모형
③ 나선형 모형
④ RAD 모형

해설
- 소프트웨어 생명주기 모형 중 고전적 생명주기 모형으로서 선형 순차적 모델이라고도 하며, 타당성 검토, 계획, 요구사항 분석, 설계, 구현, 테스트, 유지보수의 단계를 통해 소프트웨어를 개발하는 모형은 폭포수 모형이다.

> 17년 2회

05 소프트웨어 공학의 전통적인 개발 방법인 선형 순차 모형의 순서를 옳게 나열한 것은?

① 구현 → 분석 → 설계 → 테스트 → 유지보수
② 유지보수 → 테스트 → 분석 → 설계 → 구현
③ 분석 → 설계 → 구현 → 테스트 → 유지보수
④ 테스트 → 설계 → 유지보수 → 구현 → 분석

해설
- 소프트웨어 생명주기 모델은 분석 → 설계 → 구현 → 테스트 → 유지보수 순서대로 진행한다.

【두음쌤】 소프트웨어 생명주기 모델 단계
「요설구테유」 - 요구사항 분석 / 설계 / 구현 / 테스트 / 유지보수
→ 요망한 혀(요설)가 구태(테)의연하다.

> 17년 2회, 20년 3회, 4회, 24년 1회

06 소프트웨어 개발 모델 중 나선형 모델의 네 가지 주요 활동이 순서대로 나열된 것은?

ⓐ 계획 수립   ⓑ 고객 평가
ⓒ 개발 및 검증 ⓓ 위험 분석

① ⓐ-ⓑ-ⓓ-ⓒ 순으로 반복
② ⓐ-ⓓ-ⓒ-ⓑ 순으로 반복
③ ⓐ-ⓑ-ⓒ-ⓓ 순으로 반복
④ ⓐ-ⓒ-ⓑ-ⓓ 순으로 반복

해설
- 나선형 모델은 계획 및 정의 → 위험 분석 → 개발 → 고객 평가 순으로 진행한다.

【두음쌤】 나선형 모델 절차
「계위개고」 - 계획 및 정의 / 위험 분석 / 개발 / 고객 평가
→ 닭고기(계) 위와 개고기가 맛있는 집

정답
03 ① 04 ① 05 ③ 06 ②

07 프로토타입을 지속적으로 발전시켜 최종 소프트웨어 개발까지 이르는 개발 방법으로 위험 관리가 중심인 소프트웨어 생명주기 모형은?

① 나선형 모형
② 델파이 모형
③ 폭포수 모형
④ 기능점수 모형

해설
- 기능점수와 델파이 모형은 비용산정 모델이다.
- 주요 소프트웨어 생명주기 모델은 다음과 같다.

모형	설명
나선형 모형	시스템 개발 시 위험을 최소화하기 위해 점진적으로 완벽한 시스템으로 개발해 나가는 모형
폭포수 모형	고전적 생명주기 모형으로 선형 순차적 모델이라고도 부름

08 나선형(Spiral) 모형의 주요 태스크에 해당하지 않는 것은?

① 버전 관리
② 위험 분석
③ 개발
④ 평가

해설
- 나선형 모델은 계획 및 정의 → 위험 분석 → 개발 → 고객 평가 순으로 진행한다.

【두음쌤】 나선형 모델 절차
「계위개고」 - 계획 및 정의 / 위험 분석 / 개발 / 고객 평가
→ 닭고기(계) 위와 개고기가 맛있는 집

09 소프트웨어 생명주기 모형 중 Spiral Model에 대한 설명으로 틀린 것은?

① 비교적 대규모 시스템에 적합하다.
② 개발 순서는 계획 및 정의, 위험 분석, 공학적 개발, 고객 평가 순으로 진행된다.
③ 소프트웨어를 개발하면서 발생할 수 있는 위험을 관리하고 최소화하는 것을 목적으로 한다.
④ 계획, 설계, 개발, 평가의 개발 주기가 한 번만 수행된다.

해설
- 소프트웨어 생명주기 모형 중 나선형 모델(Spiral Model)의 특징은 다음과 같다.
- 비교적 대규모 시스템에 적합 소프트웨어를 개발하면서 발생할 수 있는 위험을 관리하고 최소화하는 것을 목적으로 함
- 계획 및 정의, 위험 분석, 공학적 개발, 고객 평가의 개발 주기를 반복해서 수행함

10 폭포수 모형의 특징으로 거리가 먼 것은?

① 개발 중 발생한 요구사항을 쉽게 반영할 수 있다.
② 순차적인 접근방법을 이용한다.
③ 단계적 정의와 산출물이 명확하다.
④ 모형의 적용 경험과 성공 사례가 많다.

해설
- 폭포수 모형의 특징은 다음과 같다.
- 순차적인 소프트웨어 개발 프로세스
- 고전적 생명주기 모형으로 선형 순차적 모델이라고도 부름
- 모형의 적용 경험과 성공 사례가 많음
- 단계별 정의와 산출물이 명확
- 개발 중 발생한 요구사항을 쉽게 반영 불가

정답
07 ①　　08 ①　　09 ④　　10 ①

11 다음 내용이 설명하는 소프트웨어 개발 모형은?

> 소프트웨어 생명주기 모형 중 Boehm이 제시한 고전적 생명주기 모형으로서 선형 순차적 모델이라고도 하며, 타당성 검토, 계획, 요구사항 분석, 설계, 구현, 테스트, 유지보수의 단계를 통해 소프트웨어를 개발하는 모형

① 프로토타입 모형
② 나선형 모형
③ 폭포수 모형
④ RAD 모형

해설

- 소프트웨어 생명주기 모형 중 Boehm이 제시한 고전적 생명주기 모형으로서 선형 순차적 모델이라고도 하며, 타당성 검토, 계획, 요구사항 분석, 설계, 구현, 테스트, 유지보수의 단계를 통해 소프트웨어를 개발하는 모형은 폭포수 모형이다.
- 소프트웨어 생명주기 모델의 종류는 다음과 같다.

모델	설명
폭포수 모델 (Waterfall Model)	• 소프트웨어 개발 시 각 단계를 확실히 마무리 지은 후에 다음 단계로 넘어가는 모델 • Boehm이 제시한 고전적 생명주기 모형으로서 선형 순차적 모델이라고 함 • 가장 오래된 모델로 적용 경험과 성공 사례가 많음 • 단계별 정의와 산출물이 명확 • 요구사항 변경이 어려움
프로토타이핑 모델 (Prototyping Model)	• 고객이 요구한 주요 기능을 프로토타입으로 구현하여, 고객의 피드백을 반영하여 소프트웨어를 만들어가는 모델 • 프로토타입은 발주자나 개발자 모두에게 공동의 참조 모델을 제공 • 프로토타입은 구현 단계의 구현 골격
나선형 모델 (Spiral Model)	• 시스템 개발 시 위험을 최소화하기 위해 점진적으로 완벽한 시스템으로 개발해 나가는 모델
반복적 모델 (Iteration Model)	• 구축 대상을 나누어 병렬적으로 개발 후 통합하거나, 반복적으로 개발하여 점증 완성 시키는 SDLC 모델 • 사용자의 요구사항 일부분 혹은 제품 일부분을 반복적으로 개발하여 최종 시스템으로 완성하는 모델

12 생명주기 모형 중 가장 오래된 모형으로 많은 적용 사례가 있지만, 요구사항의 변경이 어렵고 각 단계의 결과가 확인되어야 다음 단계로 넘어갈 수 있는 선형 순차적, 고전적 생명주기 모형이라고도 하는 것은?

① Waterfall Model
② Prototype Model
③ COCOMO Model
④ Spiral Model

해설

- 생명주기 모형 중 가장 오래된 모형으로 많은 적용 사례가 있지만, 요구사항의 변경이 어렵고 각 단계의 결과가 확인되어야 다음 단계로 넘어갈 수 있는 선형 순차적, 고전적 생명주기 모형은 폭포수 모델(Waterfall Model)이다.
- 소프트웨어 생명주기 모델의 종류는 다음과 같다.

모델	설명
폭포수 모델 (Waterfall Model)	• 소프트웨어 개발 시 각 단계를 확실히 마무리 지은 후에 다음 단계로 넘어가는 모델
프로토타이핑 모델 (Prototyping Model)	• 고객이 요구한 주요 기능을 프로토타입으로 구현하여, 고객의 피드백을 반영하여 소프트웨어를 만들어가는 모델
나선형 모델 (Spiral Model)	• 시스템 개발 시 위험을 최소화하기 위해 점진적으로 완벽한 시스템으로 개발해 나가는 모델

13 NS(Nassi-Schneiderman) Chart에 대한 설명으로 거리가 먼 것은?

① 논리의 기술에 중점을 둔 도형식 표현 방법이다.
② 연속, 선택 및 다중 선택, 반복 등의 제어 논리 구조로 표현한다.
③ 주로 화살표를 사용하여 논리적인 제어구조로 흐름을 표현한다.
④ 조건이 복합되어 있는 곳의 처리를 시각적으로 명확히 식별하는 데 적합하다.

정답
11 ③ 12 ① 13 ③

해설
- 나씨–슈나이더만 차트는 화살표가 표시되지 않고, GOTO도 사용할 수 없다.
- 나씨–슈나이더만 차트 특징은 다음과 같다.
  - 논리의 기술에 중점을 둔 도형식 표현 방법
  - 연속, 선택 및 다중 선택, 반복 등의 제어 논리 구조로 표현
  - 조건이 복합되어 있는 곳의 처리를 시각적으로 명확히 식별하는 데 적합

해설
- 모듈의 분할과 정복에 의한 하향식 설계 방식은 구조적 방법론이다.
- 소프트웨어를 구성하는 컴포넌트를 조립해서 하나의 새로운 응용 프로그램을 작성하는 방법론인 CBD 방법론의 특징은 다음과 같다.
  - 생산성과 품질을 높이고, 유지보수 비용을 최소화할 수 있음
  - 컴포넌트 제작 기법을 통해 재사용성을 향상
  - 독립적인 컴포넌트 단위의 관리로 복잡성 최소화

◐ 20년 4회

14 CBD(Component Based Development)에 대한 설명으로 틀린 것은?

① 개발 기간 단축으로 인한 생산성 향상
② 새로운 기능 추가가 쉬운 확장성
③ 소프트웨어 재사용이 가능
④ 1960년대까지 가장 많이 적용되었던 소프트웨어 개발 방법

해설
- CBD의 특징은 다음과 같다.
  - 소프트웨어를 구성하는 컴포넌트를 조립해서 하나의 새로운 응용 프로그램을 작성하는 방법론
  - 개발 기간 단축으로 인한 생산성 향상
  - 새로운 기능 추가 쉬움(확장성)
  - 소프트웨어 재사용이 가능
  - CBD는 2000년대에 적용되었던 개발 방법

◐ 21년 2회, 24년 2회

16 CBD(Component Based Development) SW 개발 표준 산출물 중 분석 단계에 해당하는 것은?

① 클래스 설계서
② 통합시험 결과서
③ 프로그램 코드
④ 사용자 요구사항 정의서

해설
- CBD 기반의 SW 개발 표준 산출물은 다음과 같다.

단계	산출물
분석	사용자 요구사항 정의서, 유스케이스 명세서, 요구사항 추적표
설계	클래스 설계서, 사용자 인터페이스 설계서, 컴포넌트 설계서, 인터페이스 설계서, 아키텍처 설계서, 총괄 시험 계획서, 시스템시험 시나리오, 엔티티 관계 모형 기술서, 데이터베이스 설계서, 통합시험 시나리오, 단위시험 케이스, 데이터 전환 및 초기데이터 설계서
구현	프로그램 코드, 단위시험 결과서, 데이터베이스 테이블
시험	통합시험 결과서, 시스템시험 결과서, 사용자 지침서, 운영자 지침서, 시스템 설치 결과서, 인수시험 시나리오, 인수시험 결과서

◐ 21년 1회, 22년 3회

15 소프트웨어 개발방법론 중 CBD(Component Based Development)에 대한 설명으로 틀린 것은?

① 생산성과 품질을 높이고, 유지보수 비용을 최소화할 수 있다.
② 컴포넌트 제작 기법을 통해 재사용성을 향상시킨다.
③ 모듈의 분할과 정복에 의한 하향식 설계 방식이다.
④ 독립적인 컴포넌트 단위의 관리로 복잡성을 최소화할 수 있다.

정답
14 ④ 15 ③ 16 ④

◐ 20년 4회, 25년 3회

17 SoftTech 사에서 개발된 것으로 구조적 요구분석을 하기 위해 블록 다이어그램을 채택한 자동화 도구는?

① SREM
② PSL/PSA
③ HIPO
④ SADT

해설
- 구조적 요구분석을 하기 위해 블록 다이어그램을 채택한 자동화 도구는 SADT가 있다.

◐ 18년 2회

18 비용 예측을 위한 기능점수 방법에 대한 설명 중 가장 옳지 않은 것은?

① 입력, 출력, 질의, 파일, 인터페이스의 개수로 소프트웨어의 규모를 표현한다.
② 기능점수는 원시 코드의 구현에 이용되는 프로그래밍 언어에 종속적이다.
③ 경험을 바탕으로 단순, 보통, 복잡한 정도에 따라 가중치를 부여한다.
④ 프로젝트의 영향도와 가중치의 합을 이용하여 기능점수를 계산한다.

해설
- 기능점수에 대한 특징은 다음과 같다.
- 원시 코드의 구현에 이용되는 프로그래밍 언어에 독립적이다.
- 경험을 바탕으로 단순, 보통, 복잡한 정도에 따라 가중치를 부여한다.
- 프로젝트의 영향도와 가중치의 합을 이용하여 기능점수를 계산한다.

◐ 18년 1회, 20년 4회, 21년 2회, 25년 1회

19 소프트웨어 비용 추정 모형(Estimation Models)이 아닌 것은?

① COCOMO
② Putnam
③ Function-Point
④ PERT

해설
- PERT는 주어진 프로젝트가 얼마나 완성되었는지 분석하는 일정 산정기법이다.
- 비용 추정 모형은 다음과 같다.

분류	종류
하향식 비용 산정 방법	전문가 감정 기법, 델파이 기법
상향식 비용 산정 방법	코드 라인 수(LoC), M/M, COCOMO 모형, Putnam 모형, FP 모형, 개발 단계별 노력 기법

◐ 20년 1회, 21년 1회, 22년 1회

20 LoC 기법에 의하여 예측된 총 라인 수가 50000 라인, 프로그래머의 월평균 생산성이 200라인, 개발에 참여할 프로그래머가 10인일 때, 개발 소요 기간은?

① 25개월
② 50개월
③ 200개월
④ 2000개월

해설
(Man Month) = (LoC) / (프로그래머의 월간 생산성)
= 50000 / 200 = 250
(프로젝트 기간) = (Man Month) / (프로젝트 인력)
= 250 / 10 = 25

정답
17 ④ 18 ② 19 ④ 20 ①

21 S/W 각 기능의 원시 코드 라인 수의 비관치, 낙관치, 중간치를 측정하여 예측치를 구하고 이를 이용하여 비용을 산정하는 기법은?

① Effort Per Task 기법
② 전문가 감정 기법
③ 델파이 기법
④ LoC 기법

해설

• 비용산정 모델은 다음과 같다.

보기	설명
개발 단계별 노력(Effort Per Task) 기법	• LoC 기법을 확장한 기법으로, LoC 기법을 코딩 단계뿐만 아니라 SW 개발 생명주기 단계별로 적용시켜 모든 단계에서의 비용을 산정하는 기법
전문가 감정 기법	• 조직 내에 있는 경험이 많은 2명 이상의 전문가에게 비용산정을 의뢰하는 기법 편리하고 신속하게 비용을 산정할 수 있지만, 개인적이고 주관적임
델파이 기법	• 전문가 감정 기법의 주관적인 판단을 보완하기 위해 많은 전문가의 의견을 종합하여 비용을 산정하는 기법 • 1명의 조정자와 여러 전문가로 구성됨
LoC (Lines of Code)	• 소프트웨어 각 기능의 원시 코드 라인 수의 낙관치, 중간치, 비관치를 측정하여 예측치를 구하고 이를 이용하여 비용을 산정하는 기법

22 COCOMO 모델에 의한 비용 산정 과정에 해당하지 않는 것은?

① 보헴(Boehm)이 제안한 모형으로 프로그램 규모에 따라 비용을 산정한다.
② 요구 기능을 증가시키는 인자별로 가중치를 부여하여 기능의 점수를 계산하여 비용을 산정한다.
③ 개발 노력 승수(Development Effort Multipliers)를 결정한다.
④ 비용 산정 유형으로 단순형, 중간형, 임베디드형이 있다.

해설

• 요구 기능을 증가시키는 인자별로 가중치를 부여하여 기능의 점수를 계산하여 비용을 산정하는 방식은 기능점수(FP) 방식이다.

23 COCOMO(Constructive Cost Model) 모형에 대한 설명으로 옳지 않은 것은?

① 산정 결과는 프로젝트를 완성하는 데 필요한 Man-Month로 나타난다.
② 보헴(Boehm)이 제안한 것으로 원시 코드 라인수에 의한 비용산정 기법이다.
③ 비용 견적의 유연성이 높아 소프트웨어 개발비 견적에 널리 통용되고 있다.
④ 프로젝트 개발 유형에 따라 object, dynamic, function의 3가지 모드로 구분한다.

해설

• COCOMO 모형은 프로젝트 개발 유형에 따라 Organic Mode, Semi-Detached Mode, Embedded Mode로 구분된다.

24 소프트웨어 비용산정 기법 중 개발 유형으로 Organic, Semi-detach, Embedded로 구분되는 것은?

① PUTNAM
② COCOMO
③ FP
④ SLIM

해설

• COCOMO의 소프트웨어 개발 유형은 다음과 같다.

유형	설명
조직형 (Organic Mode)	• 기관 내부에서 개발된 중/소규모의 소프트웨어로 일괄 자료 처리나 과학 기술 계산용, 비즈니스 자료 처리 개발에 적용 • 5만(50KDSI) 라인 이하의 소프트웨어를 개발하는 유형
반 분리형 (Semi-Detached Mode)	• 단순형과 임베디드형의 중간형 트랜잭션 처리 시스템이나, 데이터베이스 관리 시스템, 컴파일러, 인터프리터와 같은 유틸 개발에 적용 • 30만(300KDSI) 라인 이하의 소프트웨어를 개발하는 유형
임베디드형 (Embedded Mode)	• 초대형 규모의 트랜잭션 처리 시스템이나 운영체제, 실시간처리 시스템 등의 시스템 프로그램 개발에 적용 • 30만(300KDSI) 라인 이상의 소프트웨어를 개발하는 유형

정답

21 ④ 22 ② 23 ④ 24 ②

25 COCOMO 모델의 프로젝트 유형으로 거리가 먼 것은?

① Organic ② Semi-detached
③ Embedded ④ Sequential

해설
- Sequential은 COCOMO 모델의 프로젝트 유형이 아니다.

【두음쌤】 COCOMO의 소프트웨어 개발 유형
「오세임」 – Organic Mode / Semi-Detached Mode / Embedded Mode

26 소프트웨어 비용산정 기법 중 산정 요원과 조정자에 의해 산정하는 방법은?

① 기능점수 기법 ② LoC 기법
③ COCOMO 기법 ④ 델파이 기법

해설
- 비용산정 모델은 다음과 같다.

보기	설명
기능점수 기법	요구 기능을 증가시키는 인자별로 가중치를 부여하고, 요인별 가중치를 합산하여 총 기능의 점수를 계산하여 비용을 산정하는 방식
LoC 기법	소프트웨어 각 기능의 원시 코드 라인 수의 비관치, 낙관치, 중간치를 측정하여 예측치를 구하고 이를 이용하여 비용을 산정
COCOMO 기법	보헴(Boehm)이 제안한 모형으로 프로그램 규모에 따라 비용을 산정
델파이 기법	전문가의 경험적 지식을 통한 문제 해결 및 미래 예측을 위한 기법 산정 요원과 조정자에 의해 비용 산정

27 기능점수(Functional Point) 모형에서 비용산정에 이용되는 요소가 아닌 것은?

① 클래스 인터페이스
② 명령어(사용자 질의 수)
③ 데이터 파일
④ 출력 보고서

해설
- 비용산정에 이용되는 요소는 다음과 같다.

소프트웨어 기능 증대 요인	가중치		
	단순	보통	복잡
자료 입력(입력 양식)	3	4	6
정보 출력(출력 보고서)	4	5	7
명령어(사용자 질의 수)	3	4	5
데이터 파일	6	10	15
필요한 외부 루틴과의 인터페이스	5	7	10

28 Putnam 모형을 기초로 해서 만든 자동화 추정 도구는?

① BYL ② SLIM
③ ESTIMACS ④ PERT

해설
- 푸트남(Putnam) 모형의 특징은 다음과 같다.
- 푸트남 모형의 자동화 추정 도구는 SLIM이 있다.
- 소프트웨어 개발 주기의 간 단계별로 요구할 인력의 분포를 가정하는 모형이다.

29 Rayleigh-Norden 곡선의 노력 분포도를 이용한 프로젝트 비용산정 기법은?

① Putnam 모형 ② 델파이 모형
③ COCOMO 모형 ④ 기능점수 모형

해설
- Putnam 모형은 다음과 같다.
- 소프트웨어 개발 주기의 각 단계별로 요구할 인력의 분포를 가정하는 모형
- 푸트남이 제안한 것으로 생명주기 예측 모형이라고 함
- 시간에 따른 함수로 표현되는 Rayleigh-Norden 곡선의 노력 분포도를 기초로 함
- 대형 프로젝트의 노력 분포 산정에 이용 개발 기간이 늘어날수록 프로젝트 적용 인원의 노력이 감소됨
- 자동화 추정 도구로 Rayleigh-Norden 곡선과 푸트남 예측 모델을 기초로 하여 개발된 SLIM이 있음

정답
25 ④ 26 ④ 27 ① 28 ② 29 ①

> 20년 3회, 25년 2회

30 CPM 네트워크가 다음과 같을 때 임계 경로의 소요 기일은?

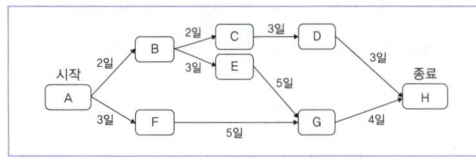

① 10일　　② 12일
③ 14일　　④ 16일

해설

- 시작에서 완료까지 가장 긴 경로인 14일이 임계경로의 소요 기일이다.

A→B→C→D→H	2+2+3+3 = 10일
A→B→E→G→H	2+3+5+4 = 14일
A→F→G→H	3+5+4 = 12일

> 21년 3회, 25년 1회

31 COCOMO Model 중 기관 내부에서 개발된 중소 규모의 소프트웨어로 일괄 자료 처리나 과학 기술 계산용, 비즈니스 자료 처리용으로 5만 라인 이하의 소프트웨어를 개발하는 유형은?

① Embedded　　② Organic
③ Semi-detached　　④ Semi-embedded

해설

- COCOMO의 소프트웨어 개발 유형은 다음과 같다.

유형	설명
조직형 (Organic Mode)	• 기관 내부에서 개발된 중/소규모의 소프트웨어로 일괄 자료 처리나 과학 기술 계산용, 비즈니스 자료 처리 개발에 적용 • 5만(50KDSI) 라인 이하의 소프트웨어를 개발하는 유형
반 분리형 (Semi Detached Mode)	• 단순형과 임베디드형의 중간형 트랜잭션 처리 시스템이나, 데이터베이스 관리 시스템, 컴파일러, 인터프리터와 같은 유틸 개발에 적용 • 30만(300KDSI) 라인 이하의 소프트웨어를 개발하는 유형
임베디드형 (Embedded Mode)	• 초대형 규모의 트랜잭션 처리 시스템이나 운영체제, 실시간처리 시스템 등의 시스템 프로그램 개발에 적용 • 30만(300KDSI) 라인 이상의 소프트웨어를 개발하는 유형

> 22년 2회, 24년 3회, 25년 2회

32 정보공학 방법론에서 데이터베이스 설계의 표현으로 사용하는 모델링 언어는?

① Package Diagram
② State Transition Diagram
③ Deployment Diagram
④ Entity-Relationship Diagram

해설

- 정보공학 방법론에서 데이터베이스 설계의 표현으로 사용하는 모델링 언어는 ERD(Entity-Relationship Diagram)이다.
- 주요 다이어그램은 다음과 같다.

다이어그램	설명
패키지 다이어그램 (Package Diagram)	• 유스케이스나 클래스 등의 모델 요소들을 그룹화한 패키지들의 관계를 표현하는 다이어그램
상태전이 다이어그램 (State Transition Diagram)	• 하나의 객체가 자신이 속한 클래스의 상태 변화 혹은 다른 객체와의 상호작용에 따라 상태가 어떻게 변화하는지 표현하는 다이어그램 • 모든 가능한 상태와 전이를 표현 • 진입 조건, 탈출 조건, 상태 전이 등 기술
배치 다이어그램 (Deployment Diagram)	• 컴포넌트 사이의 종속성을 표현하는 다이어그램 • 결과물, 프로세스, 컴포넌트 등 물리적 요소들의 위치를 표현

> 22년 1회, 23년 1회

33 소프트웨어 생명주기 모델 중 나선형 모델(Spiral Model)과 관련한 설명으로 틀린 것은?

① 소프트웨어 개발 프로세스를 위험 관리(Risk Management) 측면에서 본 모델이다.
② 위험 분석(Risk Analysis)은 반복적인 개발 진행 후 주기의 마지막 단계에서 최종적으로 한 번 수행해야 한다.
③ 시스템을 여러 부분으로 나누어 여러 번의 개발 주기를 거치면서 시스템이 완성된다.
④ 요구사항이나 아키텍처를 이해하기 어렵다거나 중심이 되는 기술에 문제가 있는 경우 적합한 모델이다.

정답

30 ③　31 ②　32 ④　33 ②

해설
- 나선형 모델은 시스템 개발 시 위험을 최소화하기 위해 점진적으로 완벽한 시스템으로 개발해 나가는 모델이다.
- 나선형 모델의 절차는 계획 및 정의 → 위험 분석 → 개발 → 고객 평가 순으로 개발 주기를 반복해서 수행한다.
- 위험 분석은 마지막 단계가 아닌 두 번째 단계에서 수행한다.

▶ 22년 1회, 25년 3회

34 프로그램의 설계도의 하나인 NS Chart에 대한 설명으로 가장 거리가 먼 것은?

① 논리의 기술에 중점을 두고 도형을 이용한 표현 방법이다.
② 이해하기 쉽고 코드 변환이 용이하다.
③ 화살표나 GOTO를 사용하여 이해하기 쉽다.
④ 연속, 선택, 반복 등의 제어 논리 구조를 표현한다.

해설
- NS Chart는 화살표가 표시되지 않고, GOTO도 사용할 수 없다.

▶ 22년 2회, 23년 3회

35 소프트웨어 개발 방법론 중 애자일(Agile) 방법론의 특징과 가장 거리가 먼 것은?

① 각 단계의 결과가 완전히 확인된 후 다음 단계 진행
② 소프트웨어 개발에 참여하는 구성원들 간의 의사소통 중시
③ 환경 변화에 대한 즉시 대응
④ 프로젝트 상황에 따른 주기적 조정

해설
- 각 단계의 결과가 완전히 확인된 후 다음 단계로 진행하는 모델은 폭포수 모델이다.
- 애자일 방법론은 소프트웨어 개발방법론의 하나로서 개발과 함께 즉시 피드백을 받아서 유동적으로 개발하는 방법이다.
- 애자일 방법론의 주요 원칙은 다음과 같다.
  - 공정과 도구보다 개인과 상호 작용
  - 계획을 따르기보다 변화에 대응하기
  - 포괄적인 문서보다 동작하는 소프트웨어
  - 계약 협상보다 고객과의 협력

▶ 22년 1회

36 상향식 비용 산정 기법 중 LoC(원시 코드 라인 수) 기법에서 예측치를 구하기 위해 사용하는 항목이 아닌 것은?

① 낙관치 ② 기대치 ③ 비관치 ④ 모형치

해설
- LoC(Lines Of Code)는 소프트웨어 각 기능의 원시 코드 라인 수의 낙관치, 중간치(기대치), 비관치를 측정하여 예측치를 구하고 이를 이용하여 비용을 산정하는 기법이다.
- 예측치를 이용하여 생산성, 노력, 개발 기간 등의 비용을 산정한다.

$$예측치 = \frac{o+4m+p}{6}$$
(o: 낙관치, m: 중간치(기대치), p: 비관치)

비관치: 가장 많이 측정된 코드 라인 수
중간치(기대치): 측정된 모든 코드 라인 수의 평균
낙관치: 가장 적게 측정된 코드 라인 수

▶ 22년 2회, 23년 3회

37 두 명의 개발자가 5개월에 걸쳐 10000라인의 코드를 개발하였을 때, 월별(Man-Month) 생산성 측정을 위한 계산 방식으로 가장 적합한 것은?

① 10000 / 2
② 10000 / (5×2)
③ 10000 / 5
④ (2×10000) / 5

해설
- Man Month 관련 공식은 다음과 같다.
  (Man Month) = (LoC)/(프로그래머의 월간 생산성)
  (프로젝트 기간) = (Man Month)/(프로젝트 인력)
- (프로젝트 인력)은 2, (프로젝트 기간)은 5개월, (LoC)는 10000이므로 식에 대입한다.
  (Man Month) = 10000/(프로그래머의 월간 생산성) … ㉠
  5 = (Man Month)/2 … ㉡
- ㉠식 (Man Month)인 10000/(프로그래머의 월간 생산성)을 ㉡의 (Man Month)에 넣는다.
  5 = 10000/(프로그래머의 월간 생산성)/2
- 그리고 양변에 2를 곱한다.
  5×2 = 10000/(프로그래머의 월간 생산성)
- 양변에 프로그래머의 월간 생산성을 곱해주고, (5×2)를 나눠준다.
  (프로그래머의 월간 생산성) = 10000/(5×2)

정답
34 ③   35 ①   36 ④   37 ②

> 22년 1회, 23년 2회

38 소프트웨어 프로젝트 관리에 대한 설명으로 가장 옳은 것은?

① 개발에 따른 산출물 관리
② 소요 인력은 최대화하되 정책 결정은 신속하게 처리
③ 주어진 기간은 연장하되 최소의 비용으로 시스템을 개발
④ 주어진 기간 내에 최소의 비용으로 사용자를 만족시키는 시스템을 개발

해설
- 소프트웨어 프로젝트 관리는 주어진 기간 내에 최소의 비용으로 사용자를 만족시키는 시스템을 개발하기 위한 전반적인 활동이다.
- 프로젝트 관리에는 일정 관리, 범위 관리, 위험 관리, 품질 관리 등이 있다.
- 개발에 따른 산출물 관리는 프로젝트 관리가 아닌 형상 관리이다.
- 최소의 비용으로 개발해야 하므로 소요인력은 최소로 해야 한다.

보기	설명
작업 분할 구조도 (WBS; Work Breakdown Structure)	• 프로젝트 목표를 달성하기 위해 필요한 활동과 업무를 세분화하는 작업 • 프로젝트 구성 요소들을 계층 구조로 분류하여 프로젝트의 전체 범위를 정의하고, 프로젝트 작업을 관리하기 쉽도록 작게 세분화함
폭포수 모델 (Waterfall Model)	• 소프트웨어 개발 시 각 단계를 확실히 마무리 지은 후에 다음 단계로 넘어가는 모델 • Boehm이 제시한 고전적 생명 주기 모형으로서 선형 순차적 모델이라고 함

> 22년 2회, 25년 3회

40 프로젝트 일정 관리 시 사용하는 PERT 차트에 대한 설명에 해당하는 것은?

① 각 작업들이 언제 시작하고 언제 종료되는지에 대한 일정을 막대 도표를 이용하여 표시한다.
② 시간선(Time-Line) 차트라고도 한다.
③ 수평 막대의 길이는 각 작업의 기간을 나타낸다.
④ 작업들 간의 상호 관련성, 결정경로, 경계 시간, 자원할당 등을 제시한다.

해설
- PERT 차트는 프로젝트에 필요한 전체 작업의 상호관계를 표시하는 네트워크이다.
- 프로젝트 일정 관리에 사용되는 차트의 종류는 다음과 같다.

종류	설명
PERT 차트	• 프로젝트에 필요한 전체 작업의 상호관계를 표시하는 네트워크 • 작업들 간의 상호 관련성, 결정경로, 경계 시간, 자원할당 등을 알 수 있음
GANTT 차트	• 시간선(Time-Line) 차트라고 하고, 작업이 언제 시작하고 언제 종료되는지에 대한 일정을 막대 도표를 이용하여 표시한 일정표 • 수평 막대의 길이는 각 작업의 기간을 나타냄

> 22년 1회, 3회

39 프로젝트에 내재된 위험 요소를 인식하고 그 영향을 분석하여 이를 관리하는 활동으로서, 프로젝트를 성공시키기 위하여 위험 요소를 사전에 예측, 대비하는 모든 기술과 활동을 포함하는 것은?

① Critical Path Method
② Risk Analysis
③ Work Breakdown Structure
④ Waterfall Model

해설
- 위험 분석(Risk Analysis)은 프로젝트에 내재된 위험 요소를 인식하고 그 영향을 분석하여 이를 관리하는 활동이다.
- 위험 분석에는 프로젝트를 성공시키기 위하여 위험 요소를 사전에 예측, 대비하는 모든 기술과 활동을 포함한다.

보기	설명
주 공정법 (Critical Path Method)	• 여러 작업의 수행 순서가 얽혀 있는 프로젝트의 일정을 계산하는 기법 • 모든 자원 제약 사항을 배제한 상태로 프로젝트의 시작과 끝을 나타내는 노드(Node)와 노드 간을 연결을 통해 공정을 계산하기 위한 액티비티(Activity) 표기법

정답
38 ④ 39 ② 40 ④

> 22년 1회, 23년 1회

41 간트 차트(Gantt Chart)에 대한 설명으로 틀린 것은?

① 프로젝트를 이루는 소작업 별로 언제 시작되고 언제 끝나야 하는지를 한눈에 볼 수 있도록 도와준다.
② 자원 배치 계획에 유용하게 사용된다.
③ CPM 네트워크로부터 만드는 것이 가능하다.
④ 수평 막대의 길이는 각 작업(Task)에 필요한 인원수를 나타낸다.

해설
- 간트 차트는 업무별로 일정의 시작과 끝을 그래픽으로 표시하여 전체 일정을 한눈에 볼 수 있는 프로젝트 일정 관리를 위한 바(Bar) 형태의 차트이다.
- 간트 차트는 프로젝트를 이루는 소작업 별로 언제 시작되고 언제 끝나야 하는지를 한눈에 볼 수 있도록 도와준다.
- 자원 배치 계획에 유용하게 사용되며, CPM 네트워크로부터 만드는 것이 가능하다.
- 수평 막대의 길이는 작업(Task)에 필요한 시간을 나타낸다.

해설
- 자원 제약사항을 고려하여 일정을 작성하는 기법은 중요 연쇄 프로젝트 관리(CCPM)이다.

보기	설명
주 공정법 (Critical Path Method)	• 여러 작업의 수행 순서가 얽혀 있는 프로젝트의 일정을 계산하는 기법 • 모든 자원 제약 사항을 배제한 상태로 프로젝트의 시작과 끝을 나타내는 노드(Node)와 노드 간의 연결을 통해 공정을 계산하기 위한 액티비티(Activity) 표기법
PERT	• 일의 순서를 계획적으로 정리하기 위한 수렴 기법으로 비관치, 중간치, 낙관치의 3점 추정 방식을 통해 일정을 관리하는 기법
중요 연쇄 프로젝트 관리 (CCPM)	• 주 공정 연쇄법으로 자원 제약사항을 고려하여 일정을 작성하는 기법
간트 차트	• 업무별로 일정의 시작과 끝을 그래픽으로 표시하여 전체 일정을 한눈에 볼 수 있는 프로젝트 일정 관리를 위한 바(Bar) 형태의 차트

> 24년 1회

42 다음 중 일정 관리 모델에 대한 설명으로 틀린 것은?

① CPM(Critical Path Method)은 모든 자원 제약사항을 배제한 상태로 프로젝트의 시작과 끝을 나타내는 노드(Node)와 노드 간의 연결을 통해 공정을 계산하기 위한 액티비티(Activity) 표기법이다.
② PERT(Program Evaluation and Review Technique)는 자원 제약사항을 고려하여 일정을 작성하는 기법이다.
③ 간트 차트(Gantt Chart)는 업무별로 일정의 시작과 끝을 그래픽으로 표시하여 전체 일정을 한눈에 볼 수 있는 프로젝트 일정 관리를 위한 바(Bar) 형태의 차트이다.
④ CPM(Critical Path Method)은 여러 작업의 수행 순서가 얽혀 있는 프로젝트의 일정을 계산하는 기법이다.

> 24년 3회

43 다음 내용이 설명하는 소프트웨어 개발 모형은 무엇인가?

- 소프트웨어 개발 시 각 단계를 확실히 마무리 지은 후에 다음 단계로 넘어가는 모델
- Boehm이 제시한 모형으로서 선형 순차적 모델이라고 함

① Waterfall Model
② Prototyping Model
③ Spiral Model
④ Iteration Model

정답
41 ④   42 ②   43 ①

해설

- 소프트웨어 생명주기 모델의 종류는 다음과 같다.

모델	설명
폭포수 모델 (Waterfall Model)	소프트웨어 개발 시 각 단계를 확실히 마무리 지은 후에 다음 단계로 넘어가는 모델
프로토타이핑 모델 (Prototyping Model)	고객이 요구한 주요 기능을 프로토타입으로 구현하여, 고객의 피드백을 반영하여 소프트웨어를 만들어가는 모델
나선형 모델 (Spiral Model)	시스템 개발 시 위험을 최소화하기 위해 점진적으로 완벽한 시스템으로 개발해 나가는 모델
반복적 모델 (Iteration Model)	• 구축 대상을 나누어 병렬적으로 개발 후 통합하거나, 반복적으로 개발하여 점증 완성 시키는 SDLC 모델 • 사용자의 요구사항 일부분 혹은 제품 일부분을 반복적으로 개발하여 최종 시스템으로 완성하는 모델

◎ 25년 1회

44 다음 중 위험관리 절차의 순서로 맞는 것은?

① 위험 분석 및 평가 → 위험관리 계획 → 위험 감시 및 조치 → 위험 식별
② 위험 식별 → 위험 분석 및 평가 → 위험 관리 계획 → 위험 감시 및 조치
③ 위험관리 계획 → 위험 식별 → 위험 감시 및 조치 → 위험 분석 및 평가
④ 위험 감시 및 조치 → 위험 식별 → 위험 분석 및 평가 → 위험관리 계획

해설

- 위험 관리 절차는 위험 식별 → 위험 분석 및 평가 → 위험 관리 계획 → 위험 감시 및 조치 순이다.

② 소프트웨어 개발 방법론 테일러링

◎ 20년 1회, 4회, 23년 1회, 24년 1회

45 CMM(Capability Maturity Model) 모델의 레벨로 옳지 않은 것은?

① 최적단계
② 관리단계
③ 정의단계
④ 계획단계

해설

- CMM의 성숙도 단계는 초기화 / 관리 / 정의 / 정량적관리 / 최적화 단계가 있다.

【두음쌤】 CMM(I) 단계적 표현 모델의 성숙도 단계
「초관정관최」 – 초기화 / 관리 / 정의 / 정량적 관리 / 최적화

◎ 20년 3회

46 소프트웨어 개발 표준 중 소프트웨어 품질 및 생산성 향상을 위해 소프트웨어 프로세스를 평가 및 개선하는 국제 표준은?

① SCRUM
② ISO/IEC 12509
③ SPICE
④ CASE

해설

- 소프트웨어 개발 표준 중 소프트웨어 품질 및 생산성 향상을 위해 소프트웨어 프로세스를 평가 및 개선하는 국제 표준은 SPICE이다.

보기	설명
SCRUM	매일 정해진 시간, 장소에서 짧은 시간의 개발을 하는 팀을 위한 프로젝트 관리 중심 방법론
SPICE	소프트웨어 프로세스 평가를 위한 국제 표준
CASE	소프트웨어 생명주기의 전체 단계를 연결해 주고 자동화해주는 통합된 도구

정답

44 ② 45 ④ 46 ③

◑ 20년 4회, 25년 2회, 3회

47 소프트웨어 프로세스에 대한 개선 및 능력측정 기준에 대한 국제 표준은?

① ISO 14001
② IEEE 802.5
③ IEEE 488
④ SPICE

해설
- SPICE는 소프트웨어 프로세스에 대한 개선 및 능력측정 기준에 대한 국제 표준이다.

◑ 20년 1회, 23년 3회

48 테일러링 개발방법론의 내부 기준에 해당하지 않는 것은?

① 납기/비용
② 기술 환경
③ 구성원 능력
④ 국제 표준 품질 기준

해설
- 국제표준 품질 기준은 외부기준이다.

【두음쌤】 테일러링 개발방법론 기준
「목요프구 국법」 – (내부) 목표환경 / 요구사항 / 프로젝트 특성 / 구성원 능력, (외부) 국제 표준 품질 기준 / 법적 규제
→ 목표일에 프로야구는 국법(룰)이지!

◑ 21년 2회, 23년 3회, 24년 2회

49 ISO 12207 표준의 기본 생명주기의 주요 프로세스에 해당하지 않는 것은?

① 획득 프로세스
② 개발 프로세스
③ 성능평가 프로세스
④ 유지보수 프로세스

해설
- ISO/IEC 12207은 소프트웨어의 획득, 공급, 개발, 운영, 유지보수를 체계적으로 관리하기 위한 소프트웨어 생명주기 단계별 필요 프로세스를 규정한 국제 표준이다.
- ISO/IEC 12207은 기본 생명주기 프로세스, 지원 생명주기 프로세스, 조직 생명주기 프로세스로 구분한다.

구성	주요 프로세스
기본 생명주기 프로세스	획득, 공급, 개발, 운영, 유지보수 프로세스
지원 생명주기 프로세스	품질 보증, 검증, 확인, 활동 검토, 감사, 문서화, 형상 관리, 문제해결 프로세스
조직 생명주기 프로세스	관리, 기반 구조, 훈련, 개선 프로세스

◑ 22년 1회

50 SPICE 모델의 프로세스 수행 능력 수준의 단계별 설명이 틀린 것은?

① 수준 7 – 미완성 단계
② 수준 5 – 최적화 단계
③ 수준 4 – 예측 단계
④ 수준 3 – 확립 단계

해설
- SPICE 모델에서 수준 7은 존재하지 않는다.

【두음쌤】 SPICE 프로세스 수행 능력 수준
「불수관 확예최」 – 불안정(0) / 수행(1) / 관리(2) / 확립(3) / 예측(4) / 최적화(5)

정답
47 ④ 48 ④ 49 ③ 50 ①

51 소프트웨어 개발 프레임워크를 적용할 경우 기대효과로 거리가 먼 것은?

① 품질 보증
② 시스템 복잡도 증가
③ 개발 용이성
④ 변경 용이성

해설

- 소프트웨어 개발 프레임워크 적용 시 기대효과는 다음과 같다.

기대효과	설명
품질 보증	테스트 및 검증 도구, 디자인 패턴, 보안 메커니즘 등과 같은 품질 보증을 위한 기능을 제공
시스템 복잡도 감소	잘 정의된 구조를 통해 소프트웨어의 복잡성 감소
개발/유지보수 용이성	모듈화된 구조를 통해 소프트웨어 개발 및 변경에 대한 대응이 용이
중복 예산 절감	공통 컴포넌트를 재사용하여 중복적인 작업을 피하고 이미 검증된 컴포넌트를 활용으로 인한 개발 속도 증가로 예산 절감
상호 운용성 향상	표준화된 인터페이스와 연계 모듈을 제공하여 다른 시스템 또는 서비스와의 상호 운용성을 향상

52 소프트웨어 개발 프레임워크의 적용 효과로 볼 수 없는 것은?

① 공통 컴포넌트 재사용으로 중복 예산 절감
② 기술 종속으로 인한 선행사업자 의존도 증대
③ 표준화된 연계 모듈 활용으로 상호 운용성 향상
④ 개발 표준에 의한 모듈화로 유지보수 용이

해설

- 기술 종속으로 인한 선행 사업자 의존도 증대는 소프트웨어 개발 프레임워크의 적용 효과가 아니다.

53 소프트웨어 개발 프레임워크와 관련한 설명으로 틀린 것은?

① 반제품 상태의 제품을 토대로 도메인별로 필요한 서비스 컴포넌트를 사용하여 재사용성 확대와 성능을 보장받을 수 있게 하는 개발 소프트웨어이다.
② 개발해야 할 애플리케이션의 일부분이 이미 구현되어 있어 동일한 로직 반복을 줄일 수 있다.
③ 라이브러리와 달리 사용자 코드가 직접 호출하여 사용하기 때문에 소프트웨어 개발 프레임워크가 직접 코드의 흐름을 제어할 수 없다.
④ 생산성 향상과 유지보수성 향상 등의 장점이 있다.

해설

- 소프트웨어 개발 프레임워크는 반제품 상태의 제품을 토대로 도메인별로 필요한 서비스 컴포넌트를 사용하여 재사용성 확대와 성능을 보장받을 수 있게 하는 개발 소프트웨어이다.
- 소프트웨어 개발 프레임워크가 직접 코드의 흐름을 제어할 수 있다.
- 생산성 향상과 유지보수성 향상 등의 장점이 있다.

정답

51 ② 52 ② 53 ③

▶ 22년 1회

54 소프트웨어 개발 방법론의 테일러링(Tailoring)과 관련한 설명으로 틀린 것은?

① 프로젝트 수행 시 예상되는 변화를 배제하고 신속히 진행하여야 한다.
② 프로젝트에 최적화된 개발 방법론을 적용하기 위해 절차, 산출물 등을 적절히 변경하는 활동이다.
③ 관리 측면에서의 목적 중 하나는 최단기간에 안정적인 프로젝트 진행을 위한 사전 위험을 식별하고 제거하는 것이다.
④ 기술적 측면에서의 목적 중 하나는 프로젝트에 최적화된 기술 요소를 도입하여 프로젝트 특성에 맞는 최적의 기법과 도구를 사용하는 것이다.

해설
- 테일러링은 프로젝트에 최적화된 개발 방법론을 적용하기 위해 절차, 산출물 등을 적절히 변경하는 활동이다.
- 테일러링은 프로젝트 수행 시 예상되는 변화를 고려하여 신속히 진행하여야 한다.

▶ 22년 2회, 23년 2회

55 소프트웨어 개발 프레임워크와 관련한 설명으로 가장 적절하지 않은 것은?

① 반제품 상태의 제품을 토대로 도메인별로 필요한 서비스 컴포넌트를 사용하여 재사용성 확대와 성능을 보장받을 수 있게 하는 개발 소프트웨어이다.
② 라이브러리와는 달리 사용자 코드에서 프레임워크를 호출해서 사용하고, 그에 대한 제어도 사용자 코드가 가지는 방식이다.
③ 설계 관점에 개발 방식을 패턴화시키기 위한 노력의 결과물인 소프트웨어 상태로 집적화시킨 것으로 볼 수 있다.
④ 프레임워크의 동작 원리를 그 제어 흐름의 일반적인 프로그램 흐름과 반대로 동작한다고 해서 IoC(Inversion of Control)라고 설명하기도 한다.

해설
- 소프트웨어 개발 프레임워크는 직접 코드의 흐름을 제어할 수 있으며 사용자는 그 안에서 필요한 코드를 짜 넣는 방식이고, 라이브러리는 프레임워크와는 달리 사용자 코드에서 프레임워크를 호출해서 사용하고, 그에 대한 제어도 사용자 코드가 가지는 방식이다.
- 소프트웨어 개발 프레임워크의 특징은 다음과 같다.

개발 측면의 특징	성능 측면의 특징
• 소프트웨어 개발 프레임워크는 설계 관점에 개발방식을 패턴화시키기 위한 노력의 결과물로 소프트웨어 상태로 집적화시킨 것으로 볼 수 있음 • 프레임워크의 동작 원리를 그 제어 흐름의 일반적인 프로그램 흐름과 반대로 동작한다고 해서 제어의 역행(IoC; Inversion of Control)이라고도 함 • 소프트웨어 개발 프레임워크는 직접 코드의 흐름을 제어할 수 있으며 사용자는 그 안에서 필요한 코드를 짜 넣는 방식이고, 라이브러리는 프레임워크와는 달리 사용자 코드에서 프레임워크를 호출해서 사용하고, 그에 대한 제어도 사용자 코드가 가짐	• 생산성 향상과 유지보수성 향상 등의 장점이 있음 • 개발해야 할 애플리케이션의 일부분이 이미 내장된 클래스 라이브러리로 구현이 되어 있어서 그 기반이 되는 이미 존재하는 부분을 확장 및 이용하는 것으로 볼 수 있음 • JAVA 기반의 대표적인 소프트웨어로는 스프링(Spring)이 있음

정답
54 ① 55 ②

> 22년 2회, 24년 3회

56 다음 설명에 해당하는 소프트웨어는?

- 개발해야 할 애플리케이션의 일부분이 이미 내장된 클래스 라이브러리로 구현되어 있다.
- 따라서, 그 기반이 되는 이미 존재하는 부분을 확장 및 이용하는 것으로 볼 수 있다.
- JAVA 기반의 대표적인 소프트웨어로는 스프링(Spring)이 있다.

① 전역 함수 라이브러리
② 소프트웨어 개발 프레임워크
③ 컨테이너 아키텍처
④ 어휘 분석기

해설
- 소프트웨어 개발 프레임워크는 개발해야 할 애플리케이션의 일부분이 이미 내장된 클래스 라이브러리로 구현되어 있다.
- 소프트웨어 개발 프레임워크는 반제품 상태의 제품을 토대로 도메인별로 필요한 서비스 컴포넌트를 사용하여 재사용성 확대와 성능을 보장받을 수 있게 하는 개발 소프트웨어이다.

> 24년 1회

58 다음 중 CMMI 성숙도 레벨에 대한 설명으로 올바르지 않은 것은?

① 초기화 단계는 정의된 프로세스가 없고 작업자 능력에 따라 성과가 좌우되는 단계이다.
② 관리 단계는 조직의 표준 프로세스를 활용하여 업무를 수행하는 상태 표준화, 일관된 프로세스가 존재하는 단계이다.
③ 정량적 관리 단계는 정량적 기법을 활용하여 핵심 프로세스를 통제하는 단계이다.
④ 최적화 단계는 프로세스 역량 향상을 위해 신기술 도입, 프로세스 혁신 활동 수행하는 단계이다.

해설
- 관리 단계는 특정한 프로젝트 내의 프로세스가 정의되고 수행되는 단계이다.
- 조직의 표준 프로세스를 활용하여 업무를 수행하는 상태 표준화, 일관된 프로세스가 존재하는 단계는 정의 단계이다.

> 20년 3회

57 전자 칩과 같은 소프트웨어 부품, 즉 블록(모듈)을 만들어서 끼워 맞추는 방법으로 소프트웨어를 완성시키는 재사용 방법은?

① 합성 중심
② 생성 중심
③ 분리 중심
④ 구조 중심

해설
- 소프트웨어 재사용 방법은 다음과 같다.

기대효과	설명
합성 중심 (Composition-Based)	전자 칩과 같은 소프트웨어 부품, 즉 블록(모듈)을 만들어서 끼워 맞추어 소프트웨어를 완성시키는 방법으로, 블록 구성 방법이라고 함
생성 중심 (Generation-Based)	추상화 형태로 쓰여진 명세를 구체화하여 프로그램을 만드는 방법으로, 패턴 구성 방법이라고 함

정답
56 ② 57 ① 58 ②

Chapter 02 IT 프로젝트 정보시스템 구축관리

1 네트워크 구축 관리

◎ 20년 1회

01 여러 개의 독립된 통신 장치가 UWB(Ultra Wideband) 기술 또는 블루투스 기술을 사용하여 통신망을 형성하는 무선 네트워크 기술은?

① PICONET
② SCRUM
③ NFC
④ WI-SUN

해설
- 피코넷(Piconet)은 마스터(Master)-슬레이브(Slave) 방식으로 링크를 설정하고, 한 대의 마스터로 7대까지의 슬레이브를 연결하여 네트워크를 구성할 수 있도록 하는 방식이다.
- 블루투스 네트워크 구성에는 피코넷(Piconet), 스캐터넷(Scatternet)이 있다.

◎ 20년 3회, 24년 1회, 25년 1회

02 기존 무선 랜의 한계 극복을 위해 등장하였으며, 대규모 디바이스의 네트워크 생성에 최적화되어 차세대 이동통신, 홈네트워킹, 공공 안전 등의 특수목적을 위한 새로운 방식의 네트워크 기술을 의미하는 것은?

① Software Defined Perimeter
② Virtual Private Network
③ Local Area Network
④ Mesh Network

해설

보기	설명
SDP (Software Defined Perimeter)	• 인증 및 인가가 되기 전에는 DNS 정보나 IP 주소를 알 수 없는 '블랙 클라우드(Black Cloud)' 네트워크로 동작하는 컴퓨터 보안 접근 방식
VPN (Virtual Private Network)	• 공중 네트워크를 통해 몇몇 단체의 내용을 외부에 드러내지 않고 통신할 목적으로 쓰이는 사설 통신망
LAN (Local Area Network)	• 근거리 통신망은 네트워크 매체를 이용하여 집, 사무실, 학교 등의 건물과 같은 가까운 지역을 한데 묶는 컴퓨터 네트워크
Mesh Network	• 기존 무선 랜의 한계 극복을 위해 대규모 디바이스의 네트워크 생성에 최적화되어 차세대 이동통신, 홈 네트워킹, 공공 안전 등의 특수 목적을 위한 새로운 방식의 네트워크 기술

◎ 16년 3회, 23년 3회

03 망(Network) 구조의 기본 유형이 아닌 것은?

① 버스형
② 링형
③ 트리형
④ 십자형

해설
- 네트워크 구조는 버스형, 트리형, 링형, 성형이 있다.

【두음쌤】 네트워크 설치 구조(토폴로지) 종류
「버트링성」 - 버스형 / 트리형 / 링형 / 성형

정답
01 ① 02 ④ 03 ④

○ 22년 2회, 24년 2회

04 다음에서 설명하는 IT 기술은?

- 네트워크를 제어부, 데이터 전달부로 분리하여 네트워크 관리자가 보다 효율적으로 네트워크를 제어, 관리할 수 있는 기술
- 기존의 라우터, 스위치 등과 같이 하드웨어에 의존하는 네트워크 체계에서 안정성, 속도, 보안 등을 소프트웨어로 제어, 관리하기 위해 개발됨
- 네트워크 장비의 펌웨어 업그레이드를 통해 사용자의 직접적인 데이터 전송 경로 관리가 가능하고, 기존 네트워크에는 영향을 주지 않으면서 특정 서비스의 전송 경로 수정을 통하여 인터넷상에서 발생하는 문제를 처리할 수 있음

① SDN(Software Defined Networking)
② NFS(Network File System)
③ Network Mapper
④ AOE Network

해설
- SDN(Software Defined Networking)은 네트워크를 제어부(Control Plane), 데이터 전달부(Data Plane)로 분리하여 네트워크 관리자가 보다 효율적으로 네트워크를 제어, 관리할 수 있는 기술이다.
- SDN은 기존의 라우터, 스위치 등과 같이 하드웨어에 의존하는 네트워크 체계에서 안정성, 속도, 보안 등을 소프트웨어로 제어, 관리하기 위해 개발되었다.

○ 22년 2회

05 다음 내용이 설명하는 기술로 가장 적절한 것은?

- 다른 국을 향하는 호출이 중계에 의하지 않고 직접 접속되는 그물 모양의 네트워크다.
- 통신량이 많은 비교적 소수의 국 사이에 구성될 경우 경제적이며 간편하지만, 다수의 국 사이에는 회선이 세분화되어 비경제적일 수도 있다.
- 해당 형태의 무선 네트워크의 경우 대용량을 빠르고 안전하게 전달할 수 있어 행사장이나 군 등에서 많이 활용된다.

① Virtual Local Area Network
② Simple Station Network
③ Mesh Network
④ Modem Network

해설
- 다른 국을 향하는 호출이 중계에 의하지 않고 직접 접속되는 그물 모양의 네트워크는 메시 네트워크(Mesh Network)이다.
- 메시 네트워크는 통신량이 많은 비교적 소수의 국 사이에 구성될 경우 경제적이며 간편하지만, 다수의 국 사이에는 회선이 세분화되어 비경제적일 수도 있다.
- 메시 네트워크는 대용량을 빠르고 안전하게 전달할 수 있어 행사장이나 군 등에서 많이 활용된다.

정답
04 ①   05 ③

○ 22년 2회, 23년 1회, 2회, 25년 2회

06 기기를 키오스크에 갖다 대면 원하는 데이터를 바로 가져올 수 있는 기술로 10cm 이내 근접 거리에서 기가급 속도로 데이터 전송이 가능한 초고속 근접 무선 통신(NFC; Near Field Communication) 기술은?

① BcN(Broadband Convergence Network)
② Zing
③ Marine Navi
④ C-V2X(Cellular Vehicle To Everything)

해설

보기	설명
Zing	• 기기를 키오스크에 갖다 대면 원하는 데이터를 바로 가져올 수 있는 기술로 10cm 이내 근접 거리에서 기가 급 속도로 데이터 전송이 가능한 초고속 근접 무선통신(NFC; Near Field Communication) 기술 • 3Gbps급의 기기 간 최대 전송속도(무선 구간) 및 직관적 사용자 인터페이스 (Touch & Get 방식) 기반의 대용량 데이터 순간 전송 제공
BcN (Broadband convergence Network)	• 통신/방송/인터넷이 융합된 품질 보장형 광대역 멀티미디어 서비스를 언제 어디서나 끊김 없이 안전하게 이용할 수 있는 광대역 통합망
C-V2X (Cellular-Vehicle-to-Everything)	• 이동통신(3GPP 릴리즈 14) 기술 기반의 V2X 통신 기술로 차량이 유/무선망을 통해 다른 차량 및 도로 등 인프라가 구축된 사물과 정보를 교환할 수 있는 자율주행자동차를 위한 통신기술

○ 17년 3회

07 SONET(Synchronous Optical Network)에 대한 설명으로 틀린 것은?

① 광전송망 노드와 망 간의 접속을 표준화한 것이다.
② 다양한 전송기기를 상호 접속하기 위한 광 신호와 인터페이스 표준을 제공한다.
③ 광전송용 동기식 다중화 방식에 의한 디지털 신호 계위 북미 표준이다.
④ 프레임 중계 서비스와 프레임 교환 서비스가 있다.

해설

• 프레임 중계 서비스와 프레임 교환 서비스를 제공하는 것은 프레임 릴레이 프로토콜이다.

○ 18년 1회, 20년 3회

08 다음 LAN의 네트워크 토폴로지는 어떤 형인가?

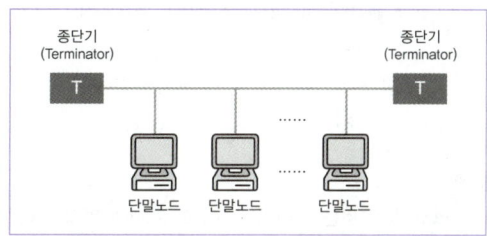

① 버스형
② 성형
③ 링형
④ 그물형

해설

• 버스형 구조는 하나의 네트워크 회선에 여러 대의 노드가 멀티 포인트로 연결되어 있는 구조 형태이다.
• 네트워크 설치 구조(토폴로지) 종류별 설치 형태는 버스형, 트리형, 링형, 성형 등이 있다.

항목	구조도	설명
버스형		• 하나의 네트워크 회선에 여러 대의 노드가 멀티 포인트로 연결된 구조 형태
트리형		• 각 노드가 계층적으로 연결되어 있는 구성 형태로 나뭇가지가 사방으로 뻗어 있는 것과 유사한 모양의 구조 형태
링형		• 모든 노드가 하나의 링에 순차적으로 연결되는 형태
성형		• 각 단말 노드가 허브라는 네트워크 장비에 점 대 점으로 연결되어 있는 구성 형태

정답

06 ②   07 ④   08 ①

09 다음 LAN의 네트워크 토폴로지는 어떤 형인가?

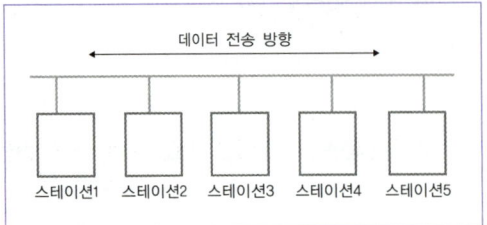

① 그물형 ② 십자형
③ 버스형 ④ 링형

해설
- 버스형 구조는 하나의 네트워크 회선에 여러 대의 노드가 멀티 포인트로 연결된 구조 형태이다.

10 다음이 설명하는 다중화 기술은?

- 광섬유를 이용한 통신기술의 하나를 의미함
- 파장이 서로 다른 복수의 광신호를 동시에 이용하는 것으로 광섬유를 다중화하는 방식
- 빛의 파장 축과 파장이 다른 광선은 서로 간섭을 일으키지 않는 성질을 이용

① Wavelength Division Multiplexing
② Frequency Division Multiplexing
③ Code Division Multiplexing
④ Time Division Multiplexing

해설

- 다중화 방식은 다음과 같다.

방식	설명
파장 분할 다중화 (WDM)	파장이 서로 다른 복수의 광신호를 동시에 이용하는 것으로 광섬유를 다중화하는 방식
주파수 분할 다중화 (FDM)	하나의 주파수 대역폭을 다수의 작은 대역폭으로 분할하여 전송하는 방식
코드 분할 다중화 (CDM)	디지털 신호에 디지털 코드로 변환해 전송하는 방식
시간 분할 다중화 (TDM)	회선의 대역폭을 일정 시간으로 분할하여 전송하는 방식

11 전기 및 정보통신기술을 활용하여 전력망을 지능화, 고도화함으로써 고품질의 전력 서비스를 제공하고 에너지 이용 효율을 극대화하는 전력망은?

① 사물 인터넷
② 스마트 그리드
③ 디지털 아카이빙
④ 미디어 빅뱅

해설

보기	설명
사물 인터넷 (IoT; Internet of Things)	각종 사물에 센서와 통신 기능을 내장하여 무선 통신을 통해 각종 사물을 인터넷에 연결하는 기술
스마트 그리드 (Smart Grid)	전기 및 정보통신기술을 활용하여 전력망을 지능화, 고도화함으로써 고품질의 전력 서비스를 제공하고 에너지 이용 효율을 극대화하는 전력망
디지털 아카이빙 (Digital Archiving)	지속해서 보존할 가치를 가진 디지털 객체를 장기간 관리하여 이후의 이용을 보장할 수 있도록 변환, 압축 저장하여 DB화하는 작업
미디어 빅뱅 (Media Big Bang)	신문과 방송의 겸영, 방송과 통신의 융합, 기술 진보에 따른 IP TV, 3D TV, 스마트 TV 등 뉴미디어가 등장하면서 미디어 산업 전체가 빅뱅과 같이 크고 빠르게 재편되는 상황

정답
09 ③   10 ①   11 ②

12 다음 내용이 설명하는 것은? ◎ 21년 1회, 24년 1회

- 사물 통신, 사물 인터넷과 같이 대역폭이 제한된 통신환경에 최적화하여 개발된 푸시기술 기반의 경량 메시지 전송 프로토콜
- 메시지 매개자(Broker)를 통해 송신자가 특정 메시지를 발행하고 수신자가 메시지를 구독하는 방식
- IBM이 주도하여 개발

① GRID ② TELNET
③ GPN   ④ MQTT

해설
- IoT 장치, 텔레메트리 장치 등에서 최적화되어 사용할 수 있도록 개발된 프로토콜로, 브로커를 사용한 발행(Publish)/구독(Subscribe) 방식의 경량 메시징을 전송하는 프로토콜은 MQTT이다.

13 TCP/IP 기반 네트워크에서 동작하는 발행-구독 기반의 메시징 프로토콜로 최근 IoT 환경에서 자주 사용되고 있는 프로토콜은? ◎ 21년 3회

① MLFQ   ② MQTT
③ Zigbee ④ MTSP

해설

보기	설명
MQTT (Message Queuing Telemetry Transport)	• IoT 장치, 텔레메트리 장치 등에서 최적화되어 사용할 수 있도록 개발된 프로토콜로, 브로커를 사용한 발행(Publish)/구독(Subscribe) 방식의 경량 메시징을 전송하는 프로토콜
COAP	• M2M 노드들 사이에서 이벤트에 대한 송수신을 비동기적으로 전송하는 REST 기반의 프로토콜이자 제약이 있는(Constrained) 장치들을 위한 특수한 인터넷 애플리케이션 프로토콜
Zigbee	• 근거리 통신을 지원하는 IEEE 802.15.4 표준 중 하나로, 868/915MHz, 2.4GHz 주파수 대역을 이용하는 저전력, 저속, 저비용의 근거리 무선 통신 기술

14 다음에서 설명하는 통신 용어는 무엇인가? ◎ 24년 1회

- 고정된 기반 망의 도움 없이 이동 노드 간에 자율적으로 구성되는 망으로서, 네트워크에 자율성과 융통성을 부여한 네트워크
- Peer-to-Peer 통신, 다중 홉, 이동 노드 간 동적 네트워크를 구성할 수 있는 특징이 있고, 망을 구성한 후 단기간 사용되는 경우나 유선망을 구성하기 어려운 경우에 적합

① BcN(Broadband convergence Network)
② 애드 혹 네트워크(Ad-hoc Network)
③ UWB(Ultra Wide Band)
④ Zing

해설
- 고정된 기반 망의 도움 없이 이동 노드 간에 자율적으로 구성되는 망으로서, 네트워크에 자율성과 융통성을 부여한 네트워크는 애드 혹 네트워크이다.

보기	설명
BcN (Broadband convergence Network)	• 통신·방송·인터넷이 융합된 품질 보장형 광대역 멀티미디어 서비스를 언제 어디서나 끊김 없이 안전하게 이용할 수 있는 광대역 통합망
UWB (Ultra Wide Band)	• 매우 낮은 전력을 사용하며, 초 광대역 주파수 대역으로 디지털 데이터를 전송하는 무선 전송 기술 • 무선 디지털 펄스라고도 하며, 0.5m/W 정도의 저전력으로 많은 양의 데이터를 1km의 거리까지 전송 가능
Zing	• 기기를 키오스크에 갖다 대면 원하는 데이터를 바로 가져올 수 있는 기술로 10cm 이내 근접 거리에서 기가급 속도로 데이터 전송이 가능한 초고속 근접 무선통신(NFC; Near Field Communication) 기술

정답
12 ④ 13 ② 14 ②

15 다음에서 설명하는 네트워크 설치 구조는 무엇인가? ▶ 24년 1회

> • 모든 노드가 전부 연결되어 서로 직접 접속하는 그물 모양 형태
> • 대용량을 빠르고 안전하게 전달할 수 있고, 한 노드가 고장 나도, 다른 네트워크에 영향을 주지 않음

① 메시(Mesh)형 구조
② 링(Ring)형 구조
③ 트리(Tree)형 구조
④ 버스(Bus)형 구조

해설
• 모든 노드가 전부 연결되어 서로 직접 접속하는 그물 모양 형태의 네트워크 설치 구조는 메시형 구조이다.

② SW 구축 관리

16 다음 빈칸에 알맞은 기술은? ▶ 20년 3회, 23년 2회

> (   )은/는 웹에서 제공하는 정보 및 서비스를 이용하여 새로운 소프트웨어나 서비스, 데이터베이스 등을 만드는 기술이다.

① Quantum Key Distribution
② Digital Rights Management
③ Grayware
④ Mashup

해설
• Mashup의 특징은 다음과 같다.
• 웹으로 제공하고 있는 정보와 서비스를 융합하여 새로운 소프트웨어나 서비스, 데이터베이스 등을 만드는 기술
• 서로 다른 웹 사이트의 콘텐츠를 조합하여 새로운 차원의 콘텐츠나 서비스를 창출하는 웹 사이트 또는 애플리케이션을 의미

17 물리적인 사물과 컴퓨터에 동일하게 표현되는 가상 모델로 실제 물리적인 자산 대신 소프트웨어로 가상화함으로써 실제 자산의 특성에 대한 정확한 정보를 얻을 수 있고, 자산 최적화, 돌발 사고 최소화, 생산성 증가 등 설계부터 제조, 서비스에 이르는 모든 과정의 효율성을 향상시킬 수 있는 모델은? ▶ 20년 3회, 24년 3회

① 최적화
② 실행 시간
③ 디지털 트윈
④ N-Screen

정답
15 ①   16 ④   17 ③

해설

보기	설명
디지털 트윈	물리적인 사물과 컴퓨터에 동일하게 표현되는 가상 모델로 실제 물리적인 자산 대신 소프트웨어로 가상화함으로써 실제 자산의 특성에 대한 정확한 정보를 얻을 수 있고, 자산 최적화, 돌발사고 최소화, 생산성 증가 등 설계부터 제조, 서비스에 이르는 모든 과정의 효율성을 향상시킬 수 있는 모델
N-Screen	하나의 콘텐츠를 PC, 스마트폰 등 다양한 기기를 통해 이용할 수 있는 서비스

◆ 20년 4회, 23년 3회, 25년 1회

18 서비스 지향 아키텍처 기반 애플리케이션을 구성하는 층이 아닌 것은?

① 표현 층
② 프로세스 층
③ 제어 클래스 층
④ 비즈니스 층

해설
- SOA는 서비스라고 정의되는 분할된 애플리케이션 조각들을 느슨한 결합을 통해 하나의 완성된 애플리케이션을 구현하기 위한 아키텍처이다.
- SOA는 비즈니스 층, 표현 층, 프로세스 층으로 구성되어 있다.

◆ 21년 1회, 25년 3회

19 다음 내용이 설명하는 것은?

- 블록체인 개발 환경을 클라우드로 서비스하는 개념
- 블록체인 네트워크에 노드의 추가 및 제거가 용이
- 블록체인의 기본 인프라를 추상화하여 블록체인 응용 프로그램을 만들 수 있는 클라우드 컴퓨팅 플랫폼

① OTT
② BaaS
③ SDDC
④ Wi-SUN

해설
- 블록체인 개발 환경을 클라우드로 서비스하는 BaaS (Blockchain-as-a-Service)의 특징은 다음과 같다.
- 블록체인 네트워크에 노드의 추가 및 제거가 용이
- 블록체인의 기본 인프라를 추상화하여 블록체인 응용 프로그램을 만들 수 있는 클라우드 컴퓨팅 플랫폼

◆ 21년 3회, 25년 2회

20 구글의 구글 브레인 팀이 제작하여 공개한 기계학습(Machine Learning)을 위한 오픈 소스 소프트웨어 라이브러리는?

① 타조(Tajo)
② 원 세그(One Seg)
③ 포스퀘어(Foursquare)
④ 텐서플로(TensorFlow)

해설

보기	설명
타조 (Tajo)	• 하둡 기반의 대용량 데이터를 SQL 형태의 명령을 통해 분산 분석 작업을 지원하는 대용량 데이터 웨어하우스 • 하둡의 HDFS를 메인 저장소로 활용하고, 다양한 파일 형태와 압축을 지원하며, ANSI-SQL 표준 준수 및 자동 최적화를 지원하는 하둡 에코 시스템
포스퀘어 (Foursquare)	• 위치 기반 소셜 네트워크 서비스이자 이를 개발한 회사의 명칭으로 사용자는 포스퀘어 서비스에서 자신의 휴대 전화의 애플리케이션 또는 단문 메시지 서비스를 이용해 특정 장소에 "체크인"(Check-In)을 할 수 있는 기술
텐서플로 (TensorFlow)	• 구글의 구글 브레인 팀이 제작하여 공개한 기계 학습(Machine Learning)을 위한 오픈소스 소프트웨어 라이브러리

정답

18 ③   19 ②   20 ④

> 21년 3회, 22년 3회, 25년 1회

21 국내 IT 서비스 경쟁력 강화를 목표로 개발되었으며 인프라 제어 및 관리 환경, 실행 환경, 개발 환경, 서비스 환경, 운영 환경으로 구성된 개방형 클라우드 컴퓨팅 플랫폼은?

① N2OS
② PaaS-TA
③ KAWS
④ Metaverse

해설

보기	설명
파스타 (PaaS-TA)	• 국내 IT 서비스 경쟁력 강화를 목표로 개발되었으며 인프라 제어 및 관리 환경, 실행 환경, 개발 환경, 서비스 환경, 운영 환경으로 구성된 NIA 주도로 개발된 개방형 클라우드 컴퓨팅 플랫폼
메타버스 (Metaverse)	• 가상·초월과 세계·우주의 합성어로서, 3차원 가상 세계를 뜻하는 용어 • 정치·경제·사회·문화의 전반적 측면에서 현실과 비현실 모두 공존할 수 있는 생활형·게임형 가상 세계

> 21년 1회

22 기존 컴퓨터 시스템이 미리 정해 놓은 알고리즘에 따라서 작동하는 것과 다르게 기계 스스로 패턴 및 추론을 거쳐 작업을 할 수 있는 알고리즘 및 통계 모델과 관련한 연구를 무엇이라 하는가?

① NLP(Natural Language Processing)
② CNN(Convolution Neural Network)
③ ML(Machine Learning)
④ RNN(Recurrent Neural Network)

해설
• 기계학습(Machine Learning; ML)은 기존 컴퓨터 시스템이 미리 정해 놓은 알고리즘에 따라서 작동하는 것과 다르게 기계 스스로 패턴 및 추론을 거쳐 작업을 할 수 있는 알고리즘 및 통계 모델과 관련한 연구를 의미한다.

> 24년 2회

23 다음에서 설명하는 용어는 무엇인가?

• 서비스라고 정의되는 분할된 애플리케이션 조각들을 느슨한 결합을 통해 하나의 완성된 애플리케이션을 구현하기 위한 구조

① CPS(Cyber-Physical System)
② 디지털 트윈(Digital Twin)
③ 서비스 지향 아키텍처
  (SOA; Service Oriented Architecture)
④ 전문가 시스템(Expert System)

해설
• 서비스라고 정의되는 분할된 애플리케이션 조각들을 느슨한 결합을 통해 하나의 완성된 애플리케이션을 구현하기 위한 아키텍처는 서비스 지향 아키텍처(SOA; Service Oriented Architecture)이다.

> 25년 1회

24 다음에서 설명하는 용어로 올바른 것은?

• 클라우드를 통해 GPU 자원을 필요할 때마다 유연하게 사용할 수 있는 서비스
• 사용자가 직접 고가의 GPU 하드웨어를 구매하거나 유지 관리하지 않고도 인터넷을 통해 GPU 자원을 빌려서 사용할 수 있는 서비스
• 대규모 데이터 세트 학습 시 병렬 연산 수행 및 그래픽 렌더링 처리 시 활용됨

① GPUaaS
② BaaS
③ SDDC
④ TensorFlow

해설
• 클라우드 기반에서 GPU를 제공하는 서비스는 GPUaaS(GPU as a Service)이다.

정답
21 ② 22 ③ 23 ③ 24 ①

25 다음에서 설명하는 용어로 올바른 것은?

> • 가상·초월과 세계·우주의 합성어로서, 3차원 가상 세계를 뜻하는 용어이다.
> • 가상 병원 등 현실에도 이용되는 기술이다.

① 메타버스(Metaverse)
② 증강 현실(Augmented Reality)
③ 포스퀘어(Foursquare)
④ 매시업(Mashup)

해설
• 메타버스(Metaverse)는 가상·초월과 세계·우주의 합성어로서, 3차원 가상 세계를 뜻하는 용어이다.

26 다음에서 설명하는 블록체인의 기술 요소는 무엇인가?

> • 블록체인 위에서 사전에 정해진 조건이 충족되면 코드가 자동 실행되어 중개자 없이 신뢰 기반으로 계약이 이행되는 기술

① Distributed Ledger Technology
② Smart Contract
③ Consensus Algorithm
④ Peer-to-Peer Network

해설
• 블록체인의 기술 요소는 다음과 같다.

요소	설명
분산원장 기술 (DLT; Distributed Ledger Technology)	블록체인 네트워크 참여자들이 동일한 거래 원장 데이터를 공유 및 동기화하여 중앙 기관 없이도 데이터의 신뢰성과 투명성을 확보하는 기술
스마트 계약 (Smart Contract)	블록체인 위에서 사전에 정해진 조건이 충족되면 코드가 자동 실행되어 중개자 없이 신뢰 기반으로 계약이 이행되는 기술
합의 알고리즘 (Consensus Algorithm)	블록체인 네트워크 내 여러 노드가 거래의 유효성과 블록의 정당성에 대해 일치된 결정을 내리는 알고리즘
P2P 네트워크 (Peer-to-Peer Network)	• 중앙 서버 없이 참여자 간 직접 연결된 네트워크 구조 • 탈중앙화를 실현하고 단일 장애 지점을 제거한 네트워크 구조

3 HW 구축 관리

27 소프트웨어 정의 데이터센터(SDDC; Software Defined Data Center)에 대한 설명으로 틀린 것은?

① 컴퓨팅, 네트워킹, 스토리지, 관리 등을 모두 소프트웨어로 정의한다.
② 인력 개입 없이 소프트웨어 조작만으로 자동 제어 관리한다.
③ 데이터센터 내 모든 자원을 가상화하여 서비스한다.
④ 특정 하드웨어에 종속되어 특화된 업무를 서비스하기에 적합하다.

해설
• SDDC에 대한 특성은 다음과 같다.
 • 컴퓨팅, 네트워킹, 스토리지, 관리 등을 모두 소프트웨어로 정의한다.
 • 인력 개입 없이 소프트웨어 조작만으로 자동 제어 관리한다.
 • 데이터센터 내 모든 자원을 가상화하여 서비스한다.

28 다음 내용이 설명하는 스토리지 시스템은?

> • 하드 디스크와 같은 데이터 저장 장치를 호스트 버스 어댑터에 직접 연결하는 방식
> • 저장 장치와 호스트 기기 사이에 네트워크 디바이스가 있지 말아야 하고 직접 연결하는 방식으로 구성

① DAS
② NAS
③ N-SCREEN
④ NFC

정답
25 ①　26 ②　27 ④　28 ①

해설

보기	설명
DAS	• 하드 디스크와 같은 데이터 저장 장치를 호스트 버스 어댑터에 직접 연결하는 방식으로 구성된 기술
NAS	• 서버와 저장 장치를 네트워크로 연결하는 방식으로 구성된 기술
N-SCREEN	• 하나의 콘텐츠를 PC, 스마트폰 등 다양한 기기를 통해 이용할 수 있는 서비스
NFC	• RFID의 확장 기술로, 10cm 이내에서 저전력, 비접촉식 무선 통신 기술

○ 21년 2회, 25년 2회

29 다음 내용이 설명하는 것은?

> • 네트워크상에 광 채널 스위치의 이점인 고속 전송과 장거리 연결 및 멀티 프로토콜 기능을 활용
> • 각기 다른 운영체제를 가진 여러 기종이 네트워크상에서 동일 저장 장치의 데이터를 공유하게 함으로써, 여러 개의 저장 장치나 백업 장비를 단일화시킨 시스템

① SAN ② MBR
③ NAC ④ NIC

해설

보기	설명
SAN (Storage Area Network)	• 서버와 스토리지를 저장 장치 전용 네트워크로 상호 구성하여 고가용성, 고성능, 융통성, 확장성을 보장하고 데이터를 블록(Block) 단위로 관리하는 기술 • 네트워크상에 광 채널 스위치의 이점인 고속 전송과 장거리 연결 및 멀티 프로토콜 기능을 활용 • 각기 다른 운영체제를 가진 여러 기종이 네트워크상에서 동일 저장 장치의 데이터를 공유하게 함으로써, 여러 개의 저장 장치나 백업 장비를 단일화시킨 시스템
네트워크 접근 제어 (NAC; Network Access Control)	• 단말기가 내부 네트워크에 접속을 시도할 때 이를 제어하고 통제하는 기능을 제공하는 솔루션 • 바이러스나 웜 등의 보안 위협으로부터 네트워크 제어 및 통제 기능을 수행

보기	설명
네트워크 인터페이스 컨트롤러(NIC; Network Interface Controller)	• 컴퓨터를 네트워크에 연결하여 통신하기 위해 사용하는 하드웨어 장치로 네트워크 카드(Network Card), 랜 카드(LAN Card)라고 부름

○ 21년 2회, 22년 3회

30 PC, TV, 휴대폰에서 원하는 콘텐츠를 끊김 없이 자유롭게 이용할 수 있는 서비스는?

① Memristor
② MEMS
③ SNMP
④ N-Screen

해설

보기	설명
멤리스터 (Memristor)	• 메모리(Memory)와 레지스터(Register)의 합성어로, 전류의 방향과 양 등 기존의 경험을 모두 기억하는 특별한 소자
초소형 전자 기계 시스템 (MEMS; Micro Electro Mechanical System)	• 초정밀 반도체 제조 기술을 바탕으로 전자기계 소자를 육안으로는 보이지 않을 정도로 작은 수 ㎜에서 수 ㎛의 크기로 제작하는 초미세 장치
SNMP (Simple Network Management Protocol)	• TCP/IP의 네트워크 관리 프로토콜로, 라우터나 허브 등 네트워크 장치로부터 정보를 수집 및 관리하며, 정보를 네트워크 관리 시스템에 보내는 데 사용하는 인터넷 표준 프로토콜
엔 스크린 (N-Screen)	• 하나의 멀티미디어 콘텐츠(영화, 음악 등)를 N개의 기기에서 '연속적으로' 자유롭게 이용할 수 있는 서비스 및 기술

정답

29 ① 30 ④

> 21년 3회

31 다음에서 설명하는 IT 스토리지 기술은?

> - 가상화를 적용하여 필요한 공간만큼 나눠 사용할 수 있도록 하며 서버 가상화와 유사함
> - 컴퓨팅 소프트웨어로 규정하는 데이터 스토리지 체계이며, 일정 조직 내 여러 스토리지를 하나처럼 관리하고 운용하는 컴퓨터 이용 환경
> - 스토리지 자원을 효율적으로 나누어 쓰는 방법으로 이해할 수 있음

① Software Defined Storage
② Distribution Oriented Storage
③ Network Architected Storage
④ Systematic Network Storage

해설

보기	설명
SDS (Software Defined Storage)	• 서버와 전통적인 스토리지 장치에 장착된 물리적 디스크 드라이브를 가상화 기술을 적용하여 필요한 공간만큼 나눠서 사용할 수 있도록 논리적인 스토리지로 통합한 가상화 기술 • 컴퓨팅 소프트웨어로 규정하는 데이터 스토리지 체계이며, 일정 조직 내 여러 스토리지를 하나의 스토리지처럼 관리하고 운용하는 컴퓨터 이용 환경
NAS (Network Attached Storage)	• 서버와 저장 장치를 네트워크로 연결하는 방식으로 구성된 스토리지 기술 • 구성 설정이 간편하며 별도의 운영 체제를 가진 서버 한 곳에서 파일을 관리하기 때문에 서버 간의 스토리지 및 파일 공유가 용이 • 저장 장치와 서버를 직접 연결하는 것이 아니라 네트워크를 통해 스토리지에 접속하고, 파일 단위로 관리

> 22년 1회, 24년 2회, 25년 2회

32 다음이 설명하는 IT 기술은?

> - 컨테이너 응용 프로그램의 배포를 자동화하는 오픈 소스 엔진이다.
> - 소프트웨어 컨테이너 안에 응용 프로그램들을 배치시키는 일을 자동화해 주는 오픈 소스 프로젝트이자 소프트웨어로 볼 수 있다.

① StackGuard
② Docker
③ Cipher Container
④ Scytale

해설

- 도커(Docker)는 소프트웨어 컨테이너 안에 응용 프로그램들을 배치시키는 일을 자동화해 주는 소프트웨어이다.
- 스택 가드(StackGuard)는 카나리(Canary)라고 불리는 무결성 체크용 값을 복귀 주소와 변수 사이에 삽입해 두고, 카나리 값을 체크하여 변할 경우 복귀 주소를 호출하지 않는 버퍼 오버플로우 대응 기법이다.

> 22년 1회, 23년 3회

33 정보시스템과 관련한 다음 설명에 해당하는 것은?

> - 각 시스템 간에 공유 디스크를 중심으로 클러스터링으로 엮여 다수의 시스템을 동시에 연결할 수 있다.
> - 조직, 기업의 기간 업무 서버 등의 안정성을 높이기 위해 사용될 수 있다.
> - 여러 가지 방식으로 구현되며 2개의 서버를 연결하는 것으로 2개의 시스템이 각각 업무를 수행하도록 구현하는 방식이 널리 사용된다.

① 고가용성 솔루션(HACMP)
② 점대점 연결 방식(Point-to-Point Mode)
③ 스턱스넷(Stuxnet)
④ 루팅(Rooting)

정답
31 ①   32 ②   33 ①

해설
- HACMP(High Availability Cluster Multi-Processing)는 2대 이상의 시스템을 1개의 클러스터로 묶어서 각 시스템을 모니터링하고, 메인 시스템의 장애 발생 시 서브 시스템으로 전환하여 시스템 중단을 최소화해주는 기술이다.
- 조직, 기업의 기간 업무 서버 등의 안정성을 높이기 위해 사용된다.

보기	설명
스턱스넷 (Stuxnet)	독일 지멘스사의 SCADA 시스템을 공격 목표로 제작된 악성 코드로 원자력, 전기, 철강, 반도체, 화학 등 주요 산업 기반 시설의 제어 시스템에 침투해서 오작동을 일으키는 악성 코드 공격 기법
루팅 (Rooting)	모바일 기기에서 구동되는 안드로이드 운영 체제상에서 최상위 권한(루트 권한)을 얻음으로써 해당 기기의 생산자 또는 판매자 측에서 걸어놓은 제약을 해제하는 행위

○ 24년 2회

34 다음 중 NAS에 대한 설명으로 올바르지 않은 것은?

① NAS는 서버와 저장 장치를 네트워크로 연결하는 방식으로 구성된 기술이다.
② NAS는 주어진 데이터 전송 성능을 보장하고, 전용 케이블을 사용하여 안정성이 우수하다.
③ NAS는 구성 설정이 간편하며 별도의 운영체제를 가진 서버 한 곳에서 파일을 관리하기 때문에 서버 간에 스토리지 및 파일 공유가 용이하다.
④ NAS는 네트워크 대역폭을 잠식할 수 있고, OLTP 성능 저하 문제 발생이 가능하며, 채널 접속 단계 증가로 장애 포인트가 늘어난다.

해설
- 주어진 데이터 전송 성능을 보장하고, 전용케이블 사용하여 안정성이 우수한 저장 장치의 유형은 DAS(Direct Attached Storage)이다.

○ 24년 3회

35 다음에서 설명하는 클라우드 컴퓨팅 유형은 무엇인가?

- 소프트웨어 및 관련 데이터는 중앙에 호스팅되고 사용자는 웹 브라우저 등의 클라이언트를 통해 접속하여 소프트웨어를 서비스 형태로 이용하는 서비스

① IaaS
② PaaS
③ SaaS
④ BaaS

해설
- 소프트웨어 및 관련 데이터는 중앙에 호스팅되고 사용자는 웹 브라우저 등의 클라이언트를 통해 접속하여 소프트웨어를 서비스 형태로 이용하는 서비스는 소프트웨어형 서비스(SaaS; Software as a Service)이다.

정답
34 ②   35 ③

4 DB 구축 관리

36 NoSQL의 설명으로 틀린 것은?

① Not Only SQL의 약자이다.
② 특정 시점에서는 데이터의 일관성이 보장되지 않는 속성이 있다.
③ 언제든지 데이터는 접근할 수 있어야 하는 속성이 있고, 분산 시스템이기 때문에 항상 가용성을 중시한다.
④ 일정 시간이 지나면 데이터의 일관성이 유지되지 않는 속성이 있다.

해설
- NoSQL의 특성(BASE)의 Eventually Consistency에 의해 일정 시간이 지나면 데이터의 일관성이 유지되는 속성을 가지고 있다.

37 빅데이터 분석 기술 중 대량의 데이터를 분석하여 데이터 속에 내재되어 있는 변수 사이의 상호관계를 규명하여 일정한 패턴을 찾아내는 기법은?

① Data Mining   ② Wm-Bus
③ Digital Twin   ④ Zigbee

해설

보기	설명
Data Mining	빅데이터 분석 기술 중 대량의 데이터를 분석하여 데이터 속에 있는 변수 사이의 상호관계를 규명하여 일정한 패턴을 찾아내는 기법
Digital Twin	물리적인 사물과 컴퓨터에 동일하게 표현되는 가상 모델로 실제 물리적인 자산 대신 소프트웨어로 가상화함으로써 실제 자산의 특성에 대한 정확한 정보를 얻을 수 있고, 자산 최적화, 돌발 사고 최소화, 생산성 증가 등 설계부터 제조, 서비스에 이르는 모든 과정의 효율성을 향상시킬 수 있는 모델
Zigbee	근거리 통신을 지원하는 IEEE 802.15.4 표준 중 하나로, 868/915MHz, 2.4GHz 주파수 대역을 이용하는 저전력, 저속, 저비용의 근거리 무선 통신 기술

38 다음이 설명하는 용어로 옳은 것은?

- 오픈 소스를 기반으로 한 분산 컴퓨팅 플랫폼이다. 일반 PC 급 컴퓨터들로 가상화된 대형 스토리지를 형성한다.
- 다양한 소스를 통해 생성된 빅데이터를 효율적으로 저장하고 처리한다.

① 하둡(Hadoop)
② 비컨(Beacon)
③ 포스퀘어(Foursquare)
④ 맴리스터(Memristor)

해설
- 하둡의 특징은 다음과 같다.
- 오픈 소스를 기반으로 한 분산 컴퓨팅 플랫폼
- 일반 PC 급 컴퓨터들로 가상화된 대형 스토리지를 형성하고 그 안에 보관된 거대한 데이터 세트를 병렬로 처리할 수 있도록 개발된 자바 소프트웨어 프레임워크로 구글, 야후 등에 적용

39 다음 내용에 적합한 용어는?

- 대용량 데이터를 분산 처리하기 위한 목적으로 개발된 프로그래밍 모델이다.
- Google에 의해 고안된 기술로써 대표적인 대용량 데이터 처리를 위한 병렬 처리 기법을 제공한다.
- 임의의 순서로 정렬된 데이터를 분산 처리하고 이를 다시 합치는 과정을 거친다.

① MapReduce   ② SQL
③ Jihacking   ④ Logs

해설
- MapReduce는 대용량 데이터를 분산 처리하기 위한 목적으로 개발된 프로그래밍 모델이다.

정답
36 ④ 37 ① 38 ① 39 ①

40 하둡(Hadoop)과 관계형 데이터베이스 간에 데이터를 전송할 수 있도록 설계된 도구는?

① Apnic
② Topology
③ Sqoop
④ SDB

해설
- 정형 데이터 수집에 사용되는 빅데이터 수집 도구로 하둡(Hadoop)과 관계형 데이터베이스 간에 데이터를 전송할 수 있도록 설계된 도구는 스쿱(Sqoop)이다.

41 Python 기반의 웹 크롤링(Web Crawling) 프레임워크로 옳은 것은?

① Li-fi
② Scrapy
③ CrawlCat
④ SBAS

해설
- Scrapy는 웹 사이트를 크롤링하여 구조화된 데이터를 수집하는 파이썬(Python) 기반의 애플리케이션 프레임워크이다.
- 데이터 마이닝, 정보 처리, 이력 기록 같은 다양한 애플리케이션에 사용되는 수집 기술이다.

정답
40 ③   41 ②

Chapter 03 소프트웨어 개발 보안 구축

1 소프트웨어 개발 보안 설계

◆ 19년 2회, 23년 1회

01 시스템 내의 정보와 자원은 인가된 사용자만 접근이 허용되며, 정보가 전송 중에 노출되더라도 데이터를 읽을 수 없다는 보안 원칙은?

① 부인 방지
② 무결성
③ 기밀성
④ 가용성

해설
- 기밀성은 선별적인 접근 체계를 만들어 인가되지 않은 개인이나 시스템에 의한 접근에 따른 정보 공개·노출을 차단한다.

◆ 20년 1회

02 시스템 내의 정보는 오직 인가된 사용자만 수정할 수 있는 보안 요소는?

① 기밀성
② 부인 방지
③ 가용성
④ 무결성

해설
- 무결성은 정당한 방법을 따르지 않고선 데이터가 변경될 수 없으며, 데이터의 정확성 및 완전성과 고의·악의로 변경되거나 훼손 또는 파괴되지 않음을 보장하는 특성이다.

◆ 20년 3회, 22년 2회, 23년 3회

03 소프트웨어 개발에서 정보보안 3요소에 해당하지 않는 설명은?

① 기밀성: 인가된 사용자에 대해서만 자원 접근이 가능하다.
② 무결성: 인가된 사용자에 대해서만 자원 수정이 가능하며 전송 중인 정보는 수정되지 않는다.
③ 가용성: 인가된 사용자는 가지고 있는 권한 범위 내에서 언제든 자원 접근이 가능하다.
④ 휘발성: 인가된 사용자가 수행한 데이터는 처리 완료 즉시 폐기되어야 한다.

해설
- 정보보안의 3대 요소는 다음과 같다.

보기	설명
기밀성 (Confidentiality)	• 선별적인 접근 체계를 만들어 인가되지 않은 개인이나 시스템에 의한 접근에 따른 정보 공개·노출을 차단
무결성 (Integrity)	• 정당한 방법에 따르지 않고 데이터가 변경될 수 없으며, 데이터의 정확성 및 완전성과 고의·악의로 변경되거나 훼손 또는 파괴되지 않음을 보장
가용성 (Availability)	• 정당한 권한을 가진 사용자나 애플리케이션에 대해 원하는 데이터에 대한 원활한 접근을 제공하는 서비스를 지속할 수 있도록 보장

정답
01 ③   02 ④   03 ④

04 정보보안의 3요소에 해당하지 않는 것은?

① 기밀성 ② 무결성
③ 가용성 ④ 휘발성

해설
- 정보보안의 3요소는 기밀성, 무결성, 가용성이다.

【두음쌤】 정보보안의 3대 요소
「기무가」 - 기밀성 / 무결성 / 가용성

05 다음 지문이 설명하는 공격 기법은 무엇인가?

- 검증되지 않은 외부 입력 데이터가 포함된 웹 페이지가 전송되는 경우, 사용자가 해당 웹 페이지를 열람함으로써 웹 페이지에 포함된 부적절한 스크립트가 실행되는 공격

① SQL 삽입(Injection)
② XSS
③ CSRF
④ 오류 메시지 통한 정보 노출

해설

보기	설명
SQL 삽입	응용 프로그램의 보안 취약점을 이용해서 악의적인 SQL 구문을 삽입, 실행시켜서 데이터베이스(DB)의 접근을 통해 정보를 탈취 등의 행위를 하는 공격
XSS	검증되지 않은 외부 입력 데이터가 포함된 웹 페이지가 전송되는 경우, 사용자가 해당 웹 페이지를 열람함으로써 웹 페이지에 포함된 부적절한 스크립트가 실행되는 공격
사이트 간 요청 위조 (CSRF)	사용자가 자신의 의지와는 무관하게 공격자가 의도한 행위를 특정 웹 사이트에 요청하게 하는 공격
오류 메시지 통한 정보 노출	프로그램이 실행 환경, 사용자, 관련 데이터에 대한 민감한 정보를 포함하는 오류 메시지를 생성하여 공격자의 악성 행위를 도와주는 보안 취약점

06 SQL Injection 공격과 관련한 설명으로 틀린 것은?

① SQL Injection은 임의로 작성한 SQL 구문을 애플리케이션에 삽입하는 공격 방식이다.
② SQL Injection 취약점이 발생하는 곳은 주로 웹 애플리케이션과 데이터베이스가 연동되는 부분이다.
③ DBMS의 종류와 관계없이 SQL Injection 공격 기법은 모두 동일하다.
④ 로그인과 같이 웹에서 사용자의 입력값을 받아 데이터베이스 SQL 문으로 데이터를 요청하는 경우 SQL Injection을 수행할 수 있다.

해설
- SQL 삽입 공격은 데이터베이스 종류에 따라 약간씩 다른 공격기법을 필요로 한다.
- SQL 삽입 공격은 로그인하는 웹 애플리케이션에서 패스워드 부분에 XX' OR 1 = 1-- 와 같은 쿼리를 삽입하여 DB가 연동될 때 참으로 인식하여 로그인을 통과한다.

07 다음 JAVA 코드에서 밑줄로 표시된 부분에는 어떤 보안 약점이 존재하는가? (단, key는 암호화 키를 저장하는 변수이다.)

```
import javax.crypto.KeyGenerator;
import javax.crypto.spec.SecretKeySpec;
import javax.crypto.Cipher;
    ...생략...
public String encryiptString(String usr) {
    String key = "22df3023sf-2:asn!@#/)as";
    if (key != null) {
        byte[ ] bTpEncrypt = usr.getBytes("UTF - 8");
        ...생략...
```

① 무결성 검사 없는 코드 다운로드
② 중요 자원에 대한 잘못된 권한 설정
③ 하드 코드 된 암호화 키 사용
④ 적절한 인증 없는 중요 기능 허용

정답
04 ④   05 ②   06 ③   07 ③

해설

- 보안 기능 취약점 중 하드 코드 된 비밀번호의 특징은 다음과 같다.

설명	대책
프로그램 코드 내부에 패스워드 포함 시 관리자 정보가 노출될 수 있는 보안 취약점	패스워드는 암호화하여 별도 파일에 저장 소프트웨어 설치 시 직접 패스워드나 키를 입력하도록 설계하여 방지

▶ 22년 2회

08 취약점 관리를 위한 응용 프로그램의 보안 설정과 가장 거리가 먼 것은?

① 서버 관리실 출입 통제
② 실행 프로세스 권한 설정
③ 운영체제의 접근 제한
④ 운영체제의 정보 수집 제한

해설

- 서버 관리실 출입 통제는 응용 프로그램의 보안 설정이 아니고, 물리적 측면의 보안 통제에 해당한다.
- 취약점 관리를 위한 응용 프로그램의 보안 설정은 다음과 같다.

설정	설명
응용 프로그램의 실행 프로세스 권한 설정	응용 프로그램 자체에 취약점이 있을 때 이를 이용해 해당 프로세서의 권한을 얻을 수가 있기 때문에 IIS에서 그 실행 프로세서 권한을 별도로 만들어 사용 유닉스에서는 nobody와 같이 제한된 계정 권한을 사용
응용 프로그램을 통한 운영체제의 접근 권한	응용 프로그램을 통해 운영체제의 파일이나 명령을 실행할 수 있으므로 보안 설정 필요
응용 프로그램을 통한 운영체제의 정보 수집 제한	응용 프로그램이 운영체제에 직접적인 영향을 주지 않아도 특정 기능으로 정보를 노출할 수 있으므로 정보 수집 제한 필요

▶ 20년 3회, 23년 1회, 25년 2회

09 실무적으로 검증된 개발 보안 방법론 중 하나로써 SW 보안의 모범 사례를 SDLC(Software Development Life Cycle)에 통합한 소프트웨어 개발 보안 생명주기 방법론은?

① CLASP
② CWE
③ PIMS
④ Seven Touchpoints

해설

- 주요 방법론은 다음과 같다.

방법론	설명
CLASP (OWASP CLASP)	개념 관점, 역할 기반 관점, 활동 평가 관점, 활동 구현 관점, 취약성 관점 등의 활동 중심, 역할 기반의 프로세스로 구성된 보안 프레임워크로 이미 운영 중인 시스템에 적용하기 쉬운 개발 보안 방법론 프로그램 설계나 코딩 오류를 찾아내어 개선하기 위해 개발팀에 취약점 목록을 제공
Seven TouchPoints	실무적으로 검증된 개발 보안 방법론 중 하나로써 SW 보안의 모범 사례를 SDLC(Software Development Life Cycle)에 통합한 소프트웨어 개발 보안 생명주기 방법론

정답

08 ① 09 ④

> 21년 3회, 24년 2회

10 오픈 소스 웹 애플리케이션 보안 프로젝트로서 주로 웹을 통한 정보 유출, 악성 파일 및 스크립트, 보안 취약점 등을 연구하는 곳은?

① WWW
② OWASP
③ WBSEC
④ ITU

해설

보기	설명
월드 와이드 웹 (World Wide Web; WWW; W3)	• 인터넷에 연결된 컴퓨터를 통해 사람들이 정보를 공유할 수 있는 전 세계적인 정보 공간
OWASP (The Open Web Application Security Project)	• 오픈 소스 웹 애플리케이션 보안 프로젝트로서 주로 웹을 통한 정보 유출, 악성 파일 및 스크립트, 보안 취약점 등을 연구하는 기관
국제전기통신연합 (ITU; International Telecommunication Union)	• 전기 통신의 개선과 효율적인 사용을 위한 국제 협력 증진, 전기 통신 인프라, 기술, 서비스 등의 보급 및 이용 촉진과 회원국 간 전기 통신 수단 사용 보장을 목적으로 하는 국제 기구이자 정보통신기술 관련 문제를 책임지는 유엔 전문 기구

> 24년 2회

11 다음 지문이 설명하는 공격 기법은 무엇인가?

> • 공격용 악성 URL을 생성한 후 이메일로 사용자에게 전송하면 사용자가 URL 클릭 시 즉시 공격 스크립트가 피해자로 반사되어 접속 사이트에 민감정보를 공격자에게 전송하는 기법

① Stored XSS
② Reflected XSS
③ CSRF(Cross-Site Request Forgery)
④ DOM(Document Object Model) XSS

해설

• 공격용 악성 URL을 생성한 후 이메일로 사용자에게 전송하면 사용자가 URL 클릭 시 즉시 공격 스크립트가 피해자로 반사되어 접속 사이트에 민감정보를 공격자에게 전송하는 기법은 Reflected XSS이다.

> 25년 1회

12 정보 보안의 목표 3가지 중 정당한 방법을 따르지 않고선 데이터가 변경될 수 없으며, 데이터의 정확성 및 완전성과 고의/악의로 변경되거나 훼손 또는 파괴되지 않음을 보장하는 특성은?

① Reliability
② Interoperability
③ Integrity
④ Usability

해설

• SW 개발 보안의 3대 요소는 기밀성, 무결성, 가용성이 있다.

요소	설명
기밀성 (Confidentiality)	• 인가되지 않은 개인 혹은 시스템 접근에 따른 정보 공개 및 노출을 차단하는 특성 • 인가된 사용자에 대해서만 자원 접근이 가능해야 하는 특성
무결성 (Integrity)	• 정당한 방법을 따르지 않고선 데이터가 변경될 수 없으며, 데이터의 정확성 및 완전성과 고의/악의로 변경되거나 훼손 또는 파괴되지 않음을 보장하는 특성
가용성 (Availability)	• 권한을 가진 사용자나 애플리케이션이 원하는 서비스를 지속 사용할 수 있도록 보장하는 특성

정답

10 ② 11 ② 12 ③

❷ 소프트웨어 개발 보안 구현

> ● 19년 2회

13 공개키 시스템(Public Key System)에 대한 설명으로 옳지 않은 것은?

① 암호와 해독에 다른 키를 사용한다.
② 암호 키는 공개되어 있어서 누구나 사용할 수 있다.
③ 해독 키를 가진 사람만이 해독할 수 있다.
④ 키 분배가 비밀키 시스템(Private Key System)보다 어렵다.

해설
- 공개키 시스템의 특징은 다음과 같다.
- 암호 방식의 한 종류로 사전에 개인 키를 나눠 가지지 않은 사용자들이 안전하게 통신하는 방식이다.
- 비대칭 키 암호 방식에서는 공개키와 개인 키가 존재하며, 공개키는 누구나 알 수 있지만, 그에 대응하는 개인 키는 키의 소유자만이 알 수 있어야 한다.
- 공개키는 보안 타협 없이 공개적으로 배포가 가능하므로 키분배가 비밀키 시스템보다 쉽다.

> ● 19년 1회, 22년 3회

14 Cryptography와 가장 관계없는 것은?

① RISC
② DES Algorithm
③ Public Key System
④ RSA Algorithm

해설
- RISC는 CPU 명령어 개수를 줄여 하드웨어 구조를 좀 더 간단하게 만드는 방식으로 암호학(Cryptography)과 거리가 멀다.

보기	설명
DES	• 대칭 키 기반의 블록 암호화 알고리즘 • 블록 크기는 64bit, 키 길이는 56bit인 페이스텔(Feistel) 구조
PKI	• Public Key Infrastructure(System)의 약자 • 공개키 암호 방식을 바탕으로 한 디지털 인증서를 활용하는 구조
RSA	• 1977년 3명의 MIT 수학 교수(Rivest, Shamir, Adleman)가 고안한 큰 인수의 곱을 소인수 분해하는 수학적 알고리즘 이용하는 공개키 암호화 알고리즘 • 비밀키의 복호화가 어려운 RSA 안전성은 소인수 분해 문제의 어려움에 근거를 두고 있음

> ● 20년 1회, 24년 3회

15 소인수 분해 문제를 이용한 공개키 암호화 기법에 널리 사용되는 암호 알고리즘 기법은?

① RSA
② ECC
③ PKI
④ PEM

해설

보기	설명
RSA	• 1977년 3명의 MIT 수학 교수(Rivest, Shamir, Adleman)가 고안한 큰 인수의 곱을 소인수 분해하는 수학적 알고리즘 이용하는 공개키 암호화 알고리즘
ECC	• 타원 곡선 암호(ECC)는 유한체 위에서 정의된 타원곡선 군에서의 이산대수의 문제에 기초한 공개 키 암호화 알고리즘
PKI	• 공개키 암호 방식을 바탕으로 한 디지털 인증서를 활용하는 구조
PEM	• 암호화, 인증, 무결성 등의 이메일을 위한 보안시스템

> ● 20년 3회

16 블록 암호화 방식이 아닌 것은?

① DES
② RC4
③ AES
④ SEED

해설

보기	설명
DES	• 1975년 미국의 연방 표준국(NIST)에서 발표한 대칭 키 기반의 블록 암호화 알고리즘 • 블록 크기는 64bit, 키 길이는 56bit인 페이스텔(Feistel) 구조
RC4	• 로널드 라이베스트가 만든 스트림 암호
AES	• 2001년 미국 표준 기술 연구소(NIST)에서 발표한 블록 암호화 알고리즘
SEED	• 1999년 국내 한국인터넷진흥원(KISA)이 개발한 블록 암호화 알고리즘

정답

13 ④ 14 ① 15 ① 16 ②

▶ 20년 3회

17 큰 숫자를 소인수 분해하기 어렵다는 기반하에 1978년 MIT에 의해 제안된 공개키 암호화 알고리즘은?

① DES ② ARIA
③ SEED ④ RSA

해설

보기	설명
DES	• 대칭 키 기반의 블록 암호화 알고리즘 • 블록 크기는 64bit, 키 길이는 56bit인 페이스텔(Feistel) 구조
ARIA	• 경량 환경 및 하드웨어에서의 효율성 향상을 위해 개발되었으며, ARIA가 사용하는 대부분의 연산은 XOR과 같은 단순한 바이트 단위 연산으로 구성
SEED	• 128비트 비밀키로부터 생성된 16개의 64비트 라운드 키를 사용하여 총 16회의 라운드를 거쳐 128비트의 평문 블록을 128비트 암호문 블록으로 암호화하여 출력하는 방식
RSA	• 1977년 3명의 MIT 수학 교수(Rivest, Shamir, Adleman)가 고안한 큰 인수의 곱을 소인수 분해하는 수학적 알고리즘 이용하는 공개키 암호화 알고리즘 • 비밀키의 복호화가 어려운 RSA 안전성은 소인수 분해 문제의 어려움에 근거를 두고 있음

▶ 20년 4회

18 공개키 암호화 방식에 대한 설명으로 틀린 것은?

① 공개키로 암호화된 메시지는 반드시 공개키로 복호화해야 한다.
② 비대칭 암호기법이라고도 한다.
③ 대표적인 기법은 RSA 기법이 있다.
④ 키 분배가 용이하고, 관리해야 할 키 개수가 적다.

해설
• 공개키로 암호화된 메시지는 반드시 개인 키로 복호화해야 한다.

▶ 22년 2회, 23년 1회, 24년 1회

19 대칭 암호 알고리즘과 비대칭 암호 알고리즘에 대한 설명으로 틀린 것은?

① 대칭 암호 알고리즘은 비교적 실행 속도가 빠르기 때문에 다양한 암호의 핵심 함수로 사용될 수 있다.
② 대칭 암호 알고리즘은 비밀키 전달을 위한 키 교환이 필요하지 않아 암호화 및 복호화의 속도가 빠르다.
③ 비대칭 암호 알고리즘은 자신만이 보관하는 비밀키를 이용하여 인증, 전자서명 등에 적용이 가능하다.
④ 대표적인 대칭키 암호 알고리즘으로는 AES, IDEA 등이 있다.

해설
• 대칭 암호 알고리즘은 비밀키 전달을 위한 키 교환이 필요하고, 암호화 및 복호화의 속도가 빠르다.

▶ 21년 1회, 22년 3회

20 다음 암호 알고리즘 중 성격이 다른 하나는?

① MD4 ② MD5
③ SHA-1 ④ AES

해설
• MD4, MD5, SHA-1은 일방향 암호 방식인 해시 암호 방식이고, AES는 양방향 방식 중 대칭 키 암호 방식이다.

정답
17 ④ 18 ① 19 ② 20 ④

> 21년 1회, 23년 3회, 25년 3회

21 정보보호를 위한 암호화에 대한 설명으로 틀린 것은?

① 평문 – 암호화되기 전의 원본 메시지
② 암호문 – 암호화가 적용된 메시지
③ 복호화 – 평문을 암호문으로 바꾸는 작업
④ 키(Key) – 적절한 암호화를 위하여 사용하는 값

해설
- 복호화는 암호문을 평문으로 바꾸는 작업이다.
- 암호 알고리즘 관련 주요 용어는 다음과 같다.

용어	설명
평문 (Plain / Plaintext)	암호화되기 전의 원본 메시지
암호문 (Cipher / Ciphertext)	암호화가 적용된 메시지
암호화(Encrypt / Encryption / Encoding)	평문을 암호문으로 바꾸는 작업
복호화(Decrypt / Decryption / Decoding)	암호문을 평문으로 바꾸는 작업
키 (Key)	적절한 암호화를 위하여 사용하는 값
치환 암호 (Substitution Cipher; 대치 암호)	비트, 문자 또는 문자의 블록을 다른 비트, 문자 또는 블록으로 대체하는 방법
전치 암호 (Transposition Cipher)	비트, 문자 또는 블록이 원래 의미를 감추도록 자리바꿈 등을 이용하여 재배열하는 방법

> 21년 1회

22 스트림 암호화 방식의 설명으로 옳지 않은 것은?

① 비트/바이트/단어들을 순차적으로 암호화한다.
② 해시 함수를 이용한 해시 암호화 방식을 사용한다.
③ RC4는 스트림 암호화 방식에 해당한다.
④ 대칭 키 암호화 방식이다.

해설
- 해시 함수를 이용한 해시 암호화 방식은 일방향 암호 방식이고 스트림 암호화 방식은 양방향 대칭 키 암호 방식이다.

> 21년 1회, 23년 3회, 24년 2회

23 공개키 암호에 대한 설명으로 틀린 것은?

① 10명이 공개키 암호를 사용할 경우 5개의 키가 필요하다.
② 복호화 키는 비공개되어 있다.
③ 송신자는 수신자의 공개키로 문서를 암호화한다.
④ 공개키 암호로 널리 알려진 알고리즘은 RSA가 있다.

해설
- 공개키 암호 방식에서 키의 개수는 2n개이다.
- 10명이 공개키 암호를 사용할 경우 20개의 키가 필요하다.

> 21년 2회, 23년 1회, 24년 3회

24 해시(Hash) 기법에 대한 설명으로 틀린 것은?

① 임의 길이의 입력 데이터를 받아 고정된 길이의 해시값으로 변환한다.
② 주로 공개키 암호화 방식에서 키 생성을 위해 사용한다.
③ 대표적인 해시 알고리즘으로 HAVAL, SHA-1 등이 있다.
④ 해시 함수는 일방향 함수(One-Way Function)이다.

해설
- 해시(Hash) 기법은 일방향 암호 방식으로 임의 길이의 정보를 입력받아, 고정된 길이의 암호문(해시값)을 출력하는 방식이다.
- 해시 함수는 일방향 함수(One-Way Function)이다.
- 대표적인 해시 알고리즘으로 HAVAL, MD5, SHA-1, SHA-256/384/512, HAS-160이 있다.

정답
21 ③ 22 ② 23 ① 24 ②

> 21년 2회, 25년 1회

25 암호화키와 복호화 키가 동일한 암호화 알고리즘은?

① RSA ② AES
③ DSA ④ ECC

해설
- 암호화 키와 복호화 키가 동일한 암호화 알고리즘은 대칭 키 암호화 알고리즘으로 DES, 3DES, SEED, AES, ARIA, IDEA, LFSR 등이 있다.

> 21년 3회, 23년 3회

26 비대칭 암호화 방식으로 소수를 활용한 암호화 알고리즘은?

① DES ② AES
③ SMT ④ RSA

해설

보기	설명
DES (Data Encryption Standard)	• 1975년 미국의 연방 표준국(NIST)에서 발표한 대칭 키 기반의 블록 암호화 알고리즘 • 블록 크기는 64bit, 키 길이는 56bit인 페이스텔(Feistel) 구조
AES (Advanced Encryption Standard)	• 2001년 미국 표준 기술 연구소(NIST)에서 발표한 대칭 키 기반의 블록 암호화 알고리즘 • DES의 개인 키에 대한 전사적 공격이 가능해지고, 3 DES의 성능문제를 극복하기 위해 개발 • 블록 크기는 128비트이며, 키 길이에 따라 128비트, 192비트, 256비트로 분류 AES의 라운드 수는 10, 12, 14라운드로 분류되며, 한 라운드는 SubBytes, ShiftRows, MixColumns, AddRoundKey의 4가지 계층으로 구성
RSA (Rivest-Shamir-Adleman)	• 1977년 3명의 MIT 수학 교수(Rivest, Shamir, Adleman)가 고안한 큰 인수의 곱을 소인수 분해하는 수학적 알고리즘 이용하는 비대칭키 암호화 알고리즘 • 비대칭 암호화 방식으로 소수를 활용한 암호화 알고리즘

> 21년 3회

27 시스템에 저장되는 패스워드들은 Hash 또는 암호화 알고리즘의 결괏값으로 저장된다. 이때 암호공격을 막기 위해 똑같은 패스워드들이 다른 암호 값으로 저장되도록 추가되는 값을 의미하는 것은?

① Pass Flag ② Bucket
③ Opcode ④ Salt

해설
- 해시 함수의 경우 레인보우 테이블 공격에 취약할 수 있으므로 이러한 취약점을 극복하기 위해서 솔트 키를 추가하는 방법과 키 스트레칭 방법이 사용된다.
- 해시 함수 취약점 대응 방법은 다음과 같다.

대응 방법	설명
솔트(Salt) 키	• 시스템에 저장되는 패스워드들은 Hash 또는 암호화 알고리즘의 결괏값으로 저장되는데 솔트 키는 암호공격을 막기 위해 똑같은 패스워드들이 다른 암호 값으로 저장되도록 추가되는 임의의 문자열
키 스트레칭 (Key Stretching)	• 해시값을 알아보지 못하도록 하기 위해서 원문의 해시값을 입력값으로, 다시 그 해시값을 입력값으로 n번 반복해서 적용하는 방법

> 22년 1회

28 DES는 몇 비트의 암호화 알고리즘인가?

① 8 ② 24
③ 64 ④ 132

해설
- DES는 1975년 미국의 연방 표준국(NIST)에서 발표한 대칭키 기반의 64비트 블록 암호화 알고리즘이다.
- 블록 크기는 64bit, 키 길이는 56bit인 페이스텔(Feistel) 구조를 가진다.

정답

25 ②　26 ④　27 ④　28 ③

29. 비밀키 암호에 대한 설명으로 틀린 것은?

① 5명이 공개키 암호를 사용할 경우 5개의 키가 필요하다.
② 암호화 키와 복호화 키가 같다.
③ 암호 알고리즘은 공개되어 있다.
④ 비밀키 암호로 널리 알려진 알고리즘은 AES가 있다.

해설
- 비밀키 암호 방식에서 키의 개수는 n(n – 1) / 2개이다.
- 5명이 비밀키 암호를 사용할 경우 10개의 키가 필요하다.

30. 다음 중 대칭 키 암호 알고리즘의 유형이 아닌 것은?

① DES　　② SHA
③ AES　　④ SEED

해설
- DES, AES, SEED는 대칭 키 암호 방식이다.
- SHA는 해시 암호 방식이다.

31. 다음에서 설명하는 해시 함수 취약점 대응방법은 무엇인가?

> 해시값을 알아보지 못하도록 하기 위해서 원문의 해시값을 입력값으로, 다시 그 해시값을 입력값으로 n번 반복해서 적용하는 방법

① 솔트(Salt) 키
② 키 스트레칭(Key Stretching)
③ 디피-헬만(Diffie-Hellman)
④ RSA

해설
- 해시 함수 취약점 대응 방법은 다음과 같다.

대응 방법	설명
솔트(Salt) 키	시스템에 저장되는 패스워드들은 Hash 또는 암호화 알고리즘의 결괏값으로 저장되는데 솔트 키는 암호공격을 막기 위해 똑같은 패스워드들이 다른 암호 값으로 저장되도록 추가되는 임의의 문자열
키 스트레칭 (Key Stretching)	해시값을 알아보지 못하도록 하기 위해서 원문의 해시값을 입력값으로, 다시 그 해시값을 입력값으로 n번 반복해서 적용하는 방법

32. 암호문에 대응하는 일부 평문이 가용한 상황에서의 암호공격 방법은?

① 암호문 단독 공격
② 알려진 평문 공격
③ 선택 평문 공격
④ 선택 암호문 공격

해설
- 암호 공격의 유형은 다음과 같다.

유형	설명
암호문 단독 공격 (COA; Ciphertext Only Attack)	공격자가 암호문만을 가지고, 암호 시스템을 분석하거나 평문을 추측하는 공격 기법
알려진 평문 공격 (KPA; Known Plaintext Attack)	공격자가 일부 암호문-평문 쌍을 가지고 있을 때, 암호 시스템을 해독하려는 공격 기법
선택 평문 공격 (CPA; Chosen Plaintext Attack)	공격자가 자유롭게 선택한 평문을 암호화하여 해당 암호문을 얻을 수 있는 상황에서, 암호 시스템을 공격하는 기법
선택 암호문 공격 (CCA; Chosen Cipher Text Attack)	공격자가 자유롭게 선택한 암호문을 복호화하여 해당하는 평문을 얻을 수 있는 상황에서, 암호 시스템을 공격하는 기법

정답
29 ①　30 ②　31 ②　32 ②

33 다음에서 설명하고 있는 블록 암호화 운영 모드는 무엇인가?

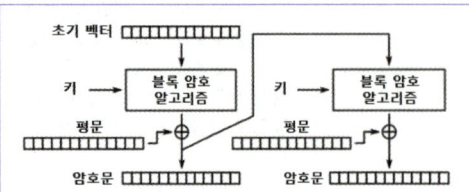

- 이전 암호문을 현재 블록의 암호 알고리즘의 입력으로 하여 나온 출력값을 현재 블록의 평문과 XOR 연산하여 암호화하는 방식

① ECB ② CBC
③ CFB ④ OFB

해설
- CFB는 이전 암호문을 현재 블록의 암호 알고리즘의 입력으로 하여 나온 출력값을 현재 블록의 평문과 XOR 연산하여 암호화하는 방식이다.

34 다음 중 유한체 위에서 정의된 타원곡선 군에서의 이산 대수의 문제에 기초한 공개키 암호화 알고리즘 기법은?

① RSA ② ECC
③ PKI ④ PEM

해설

보기	설명
RSA	• 1977년 3명의 MIT 수학 교수(Rivest, Shamir, Adleman)가 고안한 큰 인수의 곱을 소인수 분해하는 수학적 알고리즘 이용하는 공개키 암호화 알고리즘
ECC	• 타원 곡선 암호(ECC)는 유한체 위에서 정의된 타원곡선 군에서의 이산대수의 문제에 기초한 공개 키 암호화 알고리즘
PKI	• 공개키 암호 방식을 바탕으로 한 디지털 인증서를 활용하는 구조
PEM	• 암호화, 인증, 무결성 등의 이메일을 위한 보안시스템

35 다음 중 블록 알고리즘의 특징을 옳게 설명한 것은?

① IDEA는 DES를 대체하기 위해 스위스 연방 기술 기관에서 개발한 8라운드의 알고리즘이다.
② AES는 미국 연방 표준 알고리즘으로 DES를 대체하는 64비트 암호 알고리즘이다.
③ SEED는 128비트 암호 알고리즘으로 NIST에서 개발한 대칭키 암호 알고리즘 표준이다.
④ DES의 취약점을 보완하기 위하여 3DES가 개발되었고, 3DES는 AES보다 보안성이 뛰어나 3DES 사용을 권장한다.

해설
- 암호 알고리즘은 다음과 같다.

알고리즘	설명
IDEA	• DES를 대체하기 위해 스위스 연방 기술 기관에서 개발한 암호 알고리즘 • 64비트 블록 암호, 128비트 키, 8라운드로 구성되어 있음
AES	• DES의 안전성에 문제가 제기됨에 따라 2000년 새로운 미국 표준 블록 암호로 채택된 128비트 블록 암호
SEED	• 전자상거래, 금융, 무선통신 등에서 전송되는 개인정보와 같은 중요한 정보를 보호하기 위해 1999년 2월 KISA와 국내 암호 전문가들이 순수 국내기술로 개발한 128비트 블록 암호 알고리즘
3DES	• DES가 더 이상 안전하지 않다는 것이 증명되어 DES를 보완하기 위해 고안된 알고리즘

- 3DES는 DES보다는 안전하지만, 보안성이 낮기 때문에 3DES보다는 AES 사용을 권장한다.

정답
33 ③ 34 ② 35 ①

Chapter 04 시스템 보안 구축

1 시스템 보안 설계

01 IP 또는 ICMP의 특성을 악용하여 특정 사이트에 집중적으로 데이터를 보내 네트워크 또는 시스템의 상태를 불능으로 만드는 공격 방법은?

① TearDrop
② Smishing
③ Qshing
④ Smurfing

해설

보기	설명
Tear Drop	IP 패킷의 재조합 과정에서 잘못된 Fragment Offset 정보로 인해 수신시스템 이 문제를 발생하도록 만드는 DoS 공격
Smishing	문자 메시지를 이용하여 신뢰할 수 있는 사람 또는 기업이 보낸 것처럼 가장하여 개인 비밀정보를 요구하거나 휴대폰 소액 결제를 유도하는 피싱 공격(사이버 사기)
Qshing	스마트 폰을 이용하여 금융 업무를 처리하는 사용자에게 인증 등이 필요한 것처럼 속여 QR 코드를 통해 악성 앱을 내려받도록 유도, 금융 정보 등을 빼내는 피싱 공격(사이버 사기)
Smurfing	출발지 주소를 공격 대상의 IP로 설정하여 네트워크 전체에게 ICMP Echo 패킷을 직접 브로드캐스팅하여 마비시키는 공격

02 컴퓨터 사용자의 키보드 움직임을 탐지해 ID, 패스워드 등 개인의 중요한 정보를 몰래 빼가는 해킹 공격은?

① Key Logger Attack
② Worm
③ Rollback
④ Zombie Worm

해설

보기	설명
Key Logger Attack	컴퓨터 사용자의 키보드 움직임을 탐지해서 저장하고, ID나 패스워드, 계좌 번호, 카드 번호 등과 같은 개인의 중요한 정보를 몰래 빼 가는 해킹 공격
Worm	스스로를 복제하여 네트워크 등의 연결을 통하여 전파하는 악성 소프트웨어 컴퓨터 프로그램
Rollback	하나의 트랜잭션이 비정상적으로 종료되어 트랜잭션 원자성이 깨질 경우 처음부터 다시 시작하거나, 부분적으로 연산을 취소

03 다음 설명의 정보보안 침해 공격 관련 용어는?

> 인터넷 사용자의 컴퓨터에 침입해 내부 문서 파일 등을 암호화해 사용자가 열지 못하게 하는 공격으로, 암호 해독용 프로그램의 전달을 조건으로 사용자에게 돈을 요구하기도 한다.

① Smishing
② C-brain
③ Trojan Horse
④ Ransomware

정답

01 ④ 02 ① 03 ④

해설

보기	설명
Smishing	문자 메시지를 이용하여 신뢰할 수 있는 사람 또는 기업이 보낸 것처럼 가장하여 개인 비밀정보를 요구하거나 휴대폰 소액 결제를 유도하는 피싱 공격(사이버 사기)
C-brain	프로그램이 가장 먼저 실행되는 부트 섹터에 자리잡은 최초의 컴퓨터 바이러스
Trojan Horse	악성 루틴이 숨어 있는 프로그램으로 겉보기에는 정상적인 프로그램으로 보이지만 실행하면 악성 코드를 실행
Ransomware	인터넷 사용자의 컴퓨터에 침입해 내부 문서 파일 등을 암호화해 사용자가 열지 못하게 하는 공격으로, 암호 해독용 프로그램의 전달을 조건으로 사용자에게 돈을 요구하는 공격 방법

> 21년 1회, 23년 1회, 2회

04 소셜 네트워크에서 악의적인 사용자가 지인 또는 특정 유명인으로 가장하여 활동하는 공격 기법은?

① APT
② Phishing
③ Logic Bomb
④ Cyberbullying

해설

- 소셜 네트워크에서 악의적인 사용자가 지인 또는 특정 유명인으로 가장하여 불특정 다수의 정보를 탈취하는 공격 기법은 피싱(Phishing)이다.

보기	설명
APT (Advanced Persistent Threat)	특수목적의 조직이 하나의 표적에 대해 다양한 IT 기술을 이용하여, 지속적으로 정보를 수집하고, 취약점을 분석하여 피해를 주는 공격 기법
피싱 (Phishing)	소셜 네트워크에서 악의적인 사용자가 지인 또는 특정 유명인으로 가장하여 불특정 다수의 정보를 탈취하는 공격 기법
논리 폭탄 (Logic Bomb)	특정 날짜나 시간 등 조건이 충족되었을 때 악의적인 기능(Function)을 유발할 수 있게 만든 코드의 일부분으로 소프트웨어 시스템에 의도적으로 삽입된 악성 코드
사이버불링 (Cyberbullying)	웹 사이트나 이메일, 스마트폰 메신저, 온라인 게임, SNS 등 인터넷 관련 공간에서 특정인을 집단적으로 따돌리거나 집요하게 괴롭히는 행위

> 21년 3회, 22년 3회

05 다음 내용이 설명하는 것은?

> 개인과 기업, 국가적으로 큰 위협이 되고 있는 주요 사이버 범죄 중 하나로 Snake, Darkside 등 시스템을 잠그거나 데이터를 암호화해 사용할 수 없도록 하고 이를 인질로 금전을 요구하는 데 사용되는 악성 프로그램

① Format String
② Ransomeware
③ Buffer Overflow
④ Adware

해설

- 주요 보안 용어는 다음과 같다.

용어	설명
포맷 스트링 (Format String)	포맷 스트링을 인자로 하는 함수의 취약점을 이용한 공격으로 외부로부터 입력된 값을 검증하지 않고 입출력 함수의 포맷 스트링을 그대로 사용하는 경우 발생하는 취약점 공격 기법
랜섬웨어 (Ransomeware)	시스템을 잠그거나 데이터를 암호화해 사용할 수 없도록 하고 이를 인질로 금전을 요구하는 데 사용되는 악성 프로그램
버퍼 오버플로우 (Buffer Overflow)	메모리에 할당된 버퍼 크기를 초과하는 양의 데이터를 입력하여 이로 인해 프로세스의 흐름을 변경시켜서 악성 코드를 실행시키는 공격 기법
애드웨어 (Adware; Advertising-Supported Software)	특정 소프트웨어를 실행할 때 또는 설치 후 자동으로 광고가 표시되는 프로그램

정답

04 ②   05 ②

06 백도어 탐지 방법으로 틀린 것은?

① 무결성 검사
② 닫힌 포트 확인
③ 로그 분석
④ SetUID 파일 검사

해설

- 백도어 탐지 방법은 다음과 같다.

탐지 방법	설명
무결성 검사	• 리눅스에서 Tripwire 툴을 이용한 무결성 검사 실시 • "No such file or directory"라는 메시지가 출력되면 정상
프로세스 및 열린 포트 확인	• TCPView로 열린 포트를 확인하고 백도어 탐지 • 리눅스에서는 ps -ef 명령어(동작 중인 프로세스 확인), netstat -an(열린 포트 확인)을 통해 백도어 확인
로그 분석	• wtmp, secure, lastlog, pacct, history, messages를 사용하여 로그 분석 후 백도어 탐지
Setuid 파일 검사	• 새로 생성된 setuid 파일이나 변경된 파일 확인을 통해 백도어 탐지

해설

- 버퍼 오버플로우 공격 대응 방안은 다음과 같다.

대응 방안	설명	
스택가드 활용	• 카나리라고 불리는 무결성 체크용 값을 복귀 주소와 변수 사이에 삽입해 두고, 버퍼 오버플로우 발생 시 카나리 값을 체크, 변할 경우 복귀 주소를 호출하지 않는 방식으로 대응	
스택쉴드 활용	• 함수 시작 시 복귀 주소를 Global RET라는 특수 스택에 저장해 두고, 함수 종료 시 저장된 값과 스택의 RET 값을 비교해 다를 경우 오버플로우로 간주하고 프로그램 실행을 중단	
ASLR 활용	• 메모리 공격을 방어하기 위해 주소 공간 배치를 난수화하고, 실행 시마다 메모리 주소를 변경시켜 버퍼 오버플로우를 통한 특정 주소 호출을 차단	
안전한 함수 활용	버퍼 오버플로우에 취약한 함수	strcat( ), strcpy( ), gets( ), scanf( ), sscanf( ), vscanf( ), vsscanf( ), sprintf( ), vsprintf( )
	버퍼 오버플로우에 안전한 함수	strncat( ), strncpy( ), fgets( ), fscanf( ), vfscanf( ), snprintf( ), vsnprintf( )

07 메모리상에서 프로그램의 복귀 주소와 변수 사이에 특정 값을 저장해 두었다가 그 값이 변경되었을 경우 오버플로우 상태로 가정하여 프로그램 실행을 중단하는 기술은?

① 모드 체크
② 리커버리 통제
③ 시스로그
④ 스택가드

08 메모리상에서 프로그램의 복귀 주소와 변수 사이에 특정 값을 저장해 두었다가 그 값이 변경되었을 경우 오버플로우 상태로 가정하여 프로그램 실행을 중단하는 기술은?

① Stack Guard
② Bridge
③ ASLR
④ FIN

해설

- 메모리상에서 프로그램의 복귀 주소와 변수 사이에 특정 값을 저장해 두었다가 그 값이 변경되었을 경우 오버플로우 상태로 가정하여 프로그램 실행을 중단하는 기술은 스택가드이다.

정답

06 ② 07 ④ 08 ①

▶ 20년 3회

09 DDoS 공격과 연관이 있는 공격 방법은?

① Secure shell
② Tribe Flood Network
③ Nimda
④ DeadLock

해설
- DDoS 공격 도구(방법)에는 Trinoo, Tribe Flood Network, Stacheldraht가 있다.

▶ 21년 1회, 23년 1회, 24년 2회, 25년 3회

10 세션 하이재킹을 탐지하는 방법으로 거리가 먼 것은?

① FTP SYN SEGMENT 탐지
② 비동기화 상태 탐지
③ ACK STORM 탐지
④ 패킷의 유실 및 재전송 증가 탐지

해설
- FTP SYN SEGMENT 탐지는 세션 하이재킹을 탐지하는 방법이 아니다.
- 세션 하이재킹 특징 및 탐지 방법은 다음과 같다.

특징	• TCP Sequence Number의 보안상 취약점으로 발생 • Victim과 Server 사이의 패킷을 스니핑하여 Sequence Number를 획득하고, 공격자는 데이터 전송 중인 Victim과 Server 사이를 비동기화 상태로 강제적으로 만든 다음에 스니핑하여 획득한 Client Sequence Number를 이용하여 공격하는 방식 • 비동기화 상태로 패킷이 유실되어 재전송 패킷 증가 세션 하이재킹을 통해 ACK Storm 증가, 네트워크 부하 증가 현상 발생
탐지 방법	• 비동기화 상태 탐지 • ACK 패킷 비율 모니터링 • 특정 세션에서 패킷 유실 및 재전송이 증가하는 것을 탐지 • 기대하지 않은 접속의 리셋 탐지

▶ 21년 3회, 23년 3회

11 특정 사이트에 매우 많은 ICMP Echo를 보내면, 이에 대한 응답(Respond)을 하기 위해 시스템 자원을 모두 사용해 버려 시스템이 정상적으로 동작하지 못하도록 하는 공격 방법은?

① Role-Based Access Control
② Ping Flood
③ Brute-Force
④ Trojan Horses

해설

보기	설명
RBAC (Role Based Access Control)	• 중앙 관리자가 사용자와 시스템의 상호관계를 통제하며 조직 내 맡은 역할(Role)에 기초하여 자원에 대한 접근을 제한하는 접근통제 방법
Ping Flood	• 특정 사이트에 매우 많은 ICMP Echo를 보내면, 이에 대한 응답을 하기 위해 시스템 자원을 모두 사용해버려 시스템이 정상적으로 동작하지 못하도록 하는 공격 방법
Brute-Force	• 패스워드로 사용될 수 있는 영문자(대소문자), 숫자, 특수문자 등을 무작위로 패스워드 자리에 대입하여 패스워드를 알아내는 공격기법
Trojan Horses	• 악성 루틴이 숨어 있는 프로그램으로 겉보기에는 정상적인 프로그램으로 보이지만 실행하면 악성 코드를 실행하는 프로그램

정답
09 ② 10 ① 11 ②

▶ 20년 1회, 21년 1회

12 크래커가 침입하여 백도어를 만들어 놓거나, 설정 파일을 변경했을 때 분석하는 도구는?

① tripwire   ② tcpdump
③ cron   ④ netcat

해설

보기	설명
Tripwire	• 크래커가 침입하여 시스템에 백도어를 만들어 놓거나 설정 파일을 변경해 놓았을 때 이러한 사실을 알 수 있게 분석하는 도구 • Tripwire는 시스템 내의 지정한 중요한 디렉토리와 파일에 대한 데이터베이스를 생성한 후에 Tripwire를 실행할 때 새로 생성된 데이터베이스와 비교하여 그 차이점을 체크함으로써 시스템 관리자가 시스템 내에서 어떠한 변화가 있는지 감지할 수 있게 해주는 도구
tcpdump	• 네트워크 인터페이스를 거치는 패킷의 내용을 출력해주는 프로그램 • 스니핑 도구의 일종으로 자신의 컴퓨터로 들어오는 모든 패킷의 내용을 도청할 수 있으며, 공격자에 대한 추적 및 공격유형 분석을 위한 패킷 분석 시 활용할 수 있는 도구
cron	• 유닉스/리눅스에서 시간 기반으로 정해진 작업을 스케줄링하기 위한 소프트웨어 유틸리티
netcat	• TCP, UDP 프로토콜을 사용하는 네트워크 연결에서 데이터를 읽고 쓰는 유틸리티 프로그램

▶ 20년 4회, 22년 3회, 23년 2회, 24년 3회

13 다음은 정보의 접근통제 정책에 대한 설명이다. (ㄱ)에 들어갈 내용으로 옳은 것은?

정책	(ㄱ)	DAC	RBAC
권한 부여	시스템	데이터 소유자	중앙관리자
접근 결정	보안등급 (Label)	신분 (Identity)	역할 (Role)
정책 변경	고정적 (변경 어려움)	변경 용이	변경 용이
장점	안정적 중앙 집중적	구현 용이 유연함	관리 용이

① NAC   ② MAC
③ SDAC   ④ AAC

해설
- MAC의 권한은 시스템이 부여하고, 접근 결정은 보안등급을 통해서 적용한다.
- 서버 접근통제 유형은 다음과 같다.

유형	설명
임의적 접근통제 (DAC)	• 주체나 그룹의 신분(신원)에 근거하여 객체에 대한 접근을 제한하는 방법
강제적 접근통제 (MAC)	• 객체에 포함된 정보의 허용 등급과 접근 정보에 대하여 주체가 갖는 접근 허가 권한에 근거하여 객체에 대한 접근을 제한하는 방법
역할 기반 접근통제 (RBAC)	• 중앙 관리자가 사용자와 시스템의 상호관계를 통제하며 조직 내 맡은 역할(Role)에 기초하여 자원에 대한 접근을 제한하는 방법

▶ 21년 1회, 24년 2회

14 정보 보안을 위한 접근통제 정책 종류에 해당하지 않는 것은?

① 임의적 접근통제
② 데이터 전환 접근통제
③ 강제적 접근통제
④ 역할 기반 접근통제

해설
- 정보 보안을 위한 접근통제 유형은 다음과 같다.

유형	설명
임의적 접근통제 (DAC)	• 주체나 그룹의 신분(신원)에 근거하여 객체에 대한 접근을 제한하는 방법
강제적 접근통제 (MAC)	• 객체에 포함된 정보의 허용등급과 접근 정보에 대하여 주체가 갖는 접근허가 권한에 근거하여 객체에 대한 접근을 제한하는 방법
역할 기반 접근통제 (RBAC)	• 중앙관리자가 사용자와 시스템의 상호관계를 통제하며 조직 내 맡은 역할(Role)에 기초하여 자원에 대한 접근을 제한하는 방법

정답
12 ①   13 ②   14 ②

15 다음 내용이 설명하는 접근제어 모델은?

- 군대의 보안 레벨처럼 정보의 기밀성에 따라 상하 관계가 구분된 정보를 보호하기 위해 사용
- 자신의 권한보다 낮은 보안 레벨 권한을 가진 경우에는 높은 보안 레벨의 문서를 읽을 수 없고 자신의 권한보다 낮은 수준의 문서만 읽을 수 있다.
- 자신의 권한보다 높은 보안 레벨의 문서에는 쓰기가 가능하지만, 보안 레벨이 낮은 문서의 쓰기 권한은 제한한다.

① Clark Wilson Integrity Model
② PDCA Model
③ Bell-Lapadula Model
④ Chinese Wall Model

해설

- 접근통제 보호 모델의 유형은 다음과 같다.

유형	설명
벨-라파둘라 모델	• 미 국방부 지원 보안 모델로 보안 요소 중 기밀성을 강조하며 강제적 정책에 의해 접근 통제하는 모델
비바 모델	• 벨-라파둘라 모델의 단점을 보완한 무결성을 보장하는 최초의 모델
클락-윌슨 모델	• 무결성 중심의 상업용 모델로 설계된 모델 • 주체/프로그램/객체의 세 부분 관계를 사용한 무결성 모델
만리장성 모델	• 충돌을 야기하는 어떠한 정보의 흐름도 차단해야 한다는 모델로 이익 충돌 회피를 위한 모델

16 시스템이 몇 대가 되어도 하나의 시스템에서 인증에 성공하면 다른 시스템에 대한 접근 권한도 얻는 시스템을 의미하는 것은?

① SOS   ② SBO
③ SSO   ④ SOA

해설

- 인증 솔루션 유형에는 SSO, IAM, EAM이 있다.

유형	설명
SSO (Single Sign On)	• 시스템이 몇 대가 되어도 하나의 시스템에서 인증에 성공하면 다른 시스템에 대한 접근 권한도 얻는 시스템 • 한 번의 시스템 인증을 통하여 여러 정보시스템에 재인증 절차 없이 접근할 수 있는 통합 로그인 솔루션
EAM (Extra Access Management)	• 통합인증과 권한 부여, 조직 내 자원 관리, 보안 정책 수립을 단일한 방식으로 제공하는 솔루션
IAM (Identify Access Management)	• 조직이 필요로 하는 보안 정책을 수립하고 정책에 따라 자동으로 사용자의 계정과 권한을 관리하는 솔루션

17 정보 시스템 내에서 어떤 주체가 특정 개체에 접근하려 할 때 양쪽의 보안 레이블(Security Label)에 기초하여 높은 보안 수준을 요구하는 정보(객체)가 낮은 보안 수준의 주체에게 노출되지 않도록 하는 접근제어 방법은?

① Mandatory Access Control
② User Access Control
③ Discretionary Access Control
④ Data-Label Access Control

해설

강제적 접근통제 (MAC; Mandatory Access Control)	• 정보 시스템 내에서 어떤 주체가 특정 개체에 접근하려 할 때 양쪽의 보안 레이블(Security Label)에 기초하여 높은 보안 수준을 요구하는 정보(객체)가 낮은 보안 수준의 주체에게 노출되지 않도록 하는 접근제어 방법
임의적 접근통제 (DAC; Discretionary Access Control)	• 시스템에 대한 접근을 사용자/그룹의 신원 기반으로 접근을 제한하는 방법(신분 기반 접근통제) • DAC에서 사용자는 자원과 관련된 ACL(Access Control List)이 수정됨으로써 자원에 대한 권한을 부여
사용자 계정 컨트롤 (UAC; User Access Control)	• 프로그램에서 관리자 수준의 권한이 필요한 작업을 수행할 때 사용자에게 알려서 제어할 수 있도록 도와주는 기능

정답
15 ③   16 ③   17 ①

18 DoS(Denial of Service) 공격과 관련한 내용으로 틀린 것은?

① Ping of Death 공격은 정상 크기보다 큰 ICMP 패킷을 작은 조각(Fragment)으로 쪼개어 공격 대상이 조각화된 패킷을 처리하게 만드는 공격 방법이다.
② Smurf 공격은 멀티캐스트(Multicast)를 활용하여 공격 대상이 네트워크의 임의의 시스템에 패킷을 보내게 만드는 공격이다.
③ SYN Flooding은 존재하지 않는 클라이언트가 서버별로 한정된 접속 가능 공간에 접속한 것처럼 속여 다른 사용자가 서비스를 이용하지 못하게 하는 것이다.
④ Land 공격은 패킷 전송 시 출발지 IP 주소와 목적지 IP 주솟값을 똑같이 만들어서 공격 대상에게 보내는 공격 방법이다.

해설

- DoS 주요 공격 유형은 다음과 같다.

주요 공격 유형	설명
죽음의 핑 (PoD; Ping of Death)	정상 크기보다 큰 ICMP 패킷을 작은 조각(Fragment)으로 쪼개어 공격 대상이 조각화된 패킷을 처리하게 만드는 공격기법
스머프(Smurf)/ 스머핑(Smurfing)	출발지 주소를 공격 대상의 IP로 설정하여 네트워크 전체에게 ICMP Echo 패킷을 직접 브로드캐스팅(Directed Broadcasting)하여 마비시키는 공격기법
SYN 플러딩 (SYN Flooding)	존재하지 않는 클라이언트가 서버별로 한정된 접속 가능 공간에 접속한 것처럼 속여 다른 사용자가 서비스를 이용하지 못하게 하는 공격기법
랜드 어택 (Land Attack)	패킷 전송 시 출발지 IP 주소와 목적지 IP 주솟값을 똑같이 만들어서 공격 대상에게 보내는 공격기법

19 다음 설명에 해당하는 공격 기법은?

> 시스템 공격 기법 중 하나로 허용범위 이상의 ICMP 패킷을 전송하여 대상 시스템의 네트워크를 마비시킨다.

① Ping of Death
② Session Hijacking
③ Piggyback Attack
④ XSS

해설

보기	설명
죽음의 핑 (PoD; Ping of Death)	ICMP 패킷(Ping)을 정상적인 크기보다 아주 크게 만들어 전송하면 다수의 단편화가 발생하고, 수신 측에서는 단편화된 패킷을 처리(재조합)하는 과정에서 많은 부하가 발생하여 정상적인 서비스를 하지 못하도록 하는 공격기법
Session Hijacking	케빈 미트닉이 사용했던 공격 방법의 하나로 TCP의 세션 관리 취약점을 이용한 공격기법
Piggyback Attack	사회공학적 방법으로 몰래 따라 들어가는 방법
XSS (Cross Site Scripting)	검증되지 않은 외부 입력 데이터가 포함된 웹 페이지가 전송되는 경우, 사용자가 해당 웹 페이지를 열람함으로써 웹 페이지에 포함된 부적절한 스크립트가 실행되는 공격

정답
18 ②　19 ①

> 22년 2회, 25년 1회

20 악성 코드의 유형 중 다른 컴퓨터의 취약점을 이용하여 스스로 전파하거나 메일로 전파되며 스스로를 증식하는 것은?

① Worm
② Rogue Ware
③ Adware
④ Reflection Attack

해설

보기	설명
웜 (Worm)	• 스스로를 복제하여 네트워크 등의 연결을 통하여 전파하는 악성 소프트웨어 컴퓨터 프로그램 • 컴퓨터 바이러스와 비슷하지만, 바이러스가 다른 실행 프로그램에 기생하여 실행되는 데 반해 웜은 독자적으로 실행되며 다른 실행 프로그램이 필요하지 않은 특징이 있음
애드웨어 (Adware)	• 특정 소프트웨어를 실행할 때 또는 설치 후 자동으로 광고가 표시되는 프로그램
반사공격 (Reflection Attack)	• DRDoS 공격에 사용되는 방법으로 공격자는 피해자의 IP 주소를 위조하고 반사 서버에 정보 요청을 보내고, 서버는 정보 요청에 대한 응답을 피해자의 IP 주소로 보내는 방식

> 22년 2회

21 클라우드 기반 HSM(Cloud-based Hardware Security Module)에 대한 설명으로 틀린 것은?

① 클라우드(데이터센터) 기반 암호화 키 생성, 처리, 저장 등을 하는 보안 기기이다.
② 국내에서는 공인 인증제의 폐지와 전자서명법 개정을 추진하면서 클라우드 HSM 용어가 자주 등장하였다.
③ 클라우드에 인증서를 저장하므로 기존 HSM 기기나 휴대폰에 인증서를 저장해 다닐 필요가 없다.
④ 하드웨어가 아닌 소프트웨어적으로만 구현되기 때문에 소프트웨어식 암호 기술에 내재된 보안 취약점을 해결할 수 없다는 것이 주요 단점이다.

해설
• 클라우드 기반 HSM(Cloud-based Hardware Security Module)은 클라우드(데이터센터) 기반 암호화 키 생성, 처리, 저장 등을 하는 보안 기기이다.
• 클라우드에 인증서를 저장하므로 기존 HSM 기기나 휴대폰에 인증서를 저장해 다닐 필요가 없다.
• 클라우드 기반 HSM은 전용 하드웨어가 전담하기 때문에 소프트웨어 전용 암호 기술에 내재된 보안 취약점을 해결할 수 있다.

> 22년 2회

22 각 사용자 인증의 유형에 대한 설명으로 가장 적절하지 않은 것은?

① 지식: 주체는 '그가 알고 있는 것'을 보여주며 예시로는 패스워드, PIN 등이 있다.
② 소유: 주체는 '그가 가지고 있는 것'을 보여주며 예시로는 토큰, 스마트카드 등이 있다.
③ 존재: 주체는 '그를 대체하는 것'을 보여주며 예시로는 패턴, QR 등이 있다.
④ 행위: 주체는 '그가 하는 것'을 보여주며 예시로는 서명, 움직임, 음성 등이 있다.

해설
• 인증 기술의 유형은 다음과 같다.

유형	설명	예시
지식 기반 인증	• 사용자가 기억하고 있는 지식 • 당신이 알고 있는 것 (Something You Know)	ID/패스워드
소유 기반 인증	• 소지하고 있는 사용자 물품 • 당신이 가지고 있는 것 (Something You Have)	공인인증서, OTP
생체 기반 인증	• 고유한 사용자의 생체 정보 • 당신 그 자체인 것 (Something You Are)	홍채, 정맥, 얼굴, 지문
특징 기반 인증 (행위 기반 인증)	• 사용자의 특징을 활용 • 당신이 하는 것 (Something You Do)	서명, 발걸음, 몸짓

정답
20 ① 21 ④ 22 ③

23. 접근 통제 방법 중 조직 내에서 직무, 직책 등 개인의 역할에 따라 결정하여 부여하는 접근 정책은?

① RBAC
② DAC
③ MAC
④ QAC

해설
- 접근통제 방법 중 조직 내에서 직무, 직책 등 개인의 역할에 따라 결정하여 부여하는 접근 정책은 RBAC이다.

24. 시스템의 사용자가 로그인하여 명령을 내리는 과정에 대한 시스템의 동작 중 다음 설명에 해당하는 것은?

- 자신의 신원(Identity)을 시스템에 증명하는 과정이다.
- 아이디와 패스워드를 입력하는 과정이 가장 일반적인 예시라고 볼 수 있다.

① Aging
② Accounting
③ Authorization
④ Authentication

해설
- 자신의 신원(Identity)을 시스템에 증명하는 과정은 인증(Authentication)이다.
- 아이디와 패스워드를 입력하는 과정이 인증의 가장 일반적인 예시이다.
- 접근통제 요소는 다음과 같다.

요소	설명
인증 (Authentication)	접근을 시도하는 가입자 또는 단말에 대한 식별 및 신분을 검증
인가 (Authorization)	검증된 가입자나 단말에게 어떤 수준의 권한과 서비스를 허용
계정 관리 (Accounting)	리소스 사용에 대한 정보를 수집하고 관리하는 서비스

25. 다음 중 네트워크 서비스 공격에 대한 설명으로 올바르지 않은 것은?

① 사전(Dictionary) 크래킹은 시스템 또는 서비스의 ID와 패스워드를 크랙하기 위해서 ID와 패스워드가 될 가능성이 있는 단어를 파일로 만들어 놓고 이 파일의 단어를 대입하여 크랙하는 공격 기법이다.
② 무차별(Brute Force) 크래킹은 패스워드로 사용될 수 있는 영문자(대소문자), 숫자, 특수문자 등을 수학 공식에 따라 조합해서 패스워드 자리에 대입하여 패스워드를 알아내는 공격 기법이다.
③ 패스워드 하이브리드 공격(Password Hybrid Attack)은 사전 공격과 무차별 대입공격을 결합하여 공격하는 기법이다.
④ 레인보우 테이블 공격(Rainbow Table Attack)은 테이블에 모아 놓고, 크래킹하고자 하는 해시값을 테이블에서 검색해서 역으로 패스워드를 찾는 공격 기법이다.

해설
- 무차별(Brute Force) 크래킹은 패스워드로 사용될 수 있는 영문자(대소문자), 숫자, 특수문자 등을 무작위로 패스워드 자리에 대입하여 패스워드를 알아내는 공격 기법이다.

26. 다음 중 공격자가 IP Fragment Offset 값을 서로 중첩되도록 조작하여 전송하고, 이를 수신한 시스템이 재조합하는 과정에서 오류가 발생하도록 하여 시스템의 기능을 마비시키는 공격방식은 무엇인가?

① Ping of Death
② Tear Drop
③ Land Attack
④ UDP Flooding

해설
- 공격자가 IP Fragment Offset 값을 서로 중첩되도록 조작하여 전송하고, 이를 수신한 시스템이 재조합하는 과정에서 오류가 발생하도록 하여 시스템의 기능을 마비시키는 공격방식은 티어드롭(Tear Drop)이다.

정답
23 ① 24 ④ 25 ② 26 ②

27 다음 중 백도어 탐지 방법으로 올바르지 않은 것은?

① 리눅스에서 Tripwire 툴을 이용한 무결성 검사
② TCPView로 열린 포트를 확인하고 백도어 탐지
③ wtmp, secure, lastlog, pacct, history, messages를 사용하여 로그 분석 후 백도어 탐지
④ 스택 가드(Stack Guard)를 활용하여 백도어 탐지

해설

- 백도어 탐지 방법은 다음과 같다.

무결성 검사	• 리눅스에서 Tripwire 툴을 이용한 무결성 검사 실시 • "No such file or directory"라는 메시지가 출력되면 정상
프로세스 및 열린 포트 확인	• TCPView로 열린 포트를 확인하고 백도어 탐지 • 리눅스에서는 ps -ef 명령어(동작 중인 프로세스 확인), netstat -an(열린 포트 확인)를 통해 백도어 확인
로그 분석	• wtmp, secure, lastlog, pacct, history, messages를 사용하여 로그 분석 후 백도어 탐지
Setuid 파일 검사	• 새로 생성된 setuid 파일이나 변경된 파일 확인을 통해 백도어 탐지

24년 3회

28 다음 설명의 정보보안 침해 공격 관련 용어는?

- 특정 날짜나 시간 등 조건이 충족되었을 때 악의적인 기능을 유발할 수 있게 만든 코드의 일부분으로 소프트웨어 시스템에 의도적으로 삽입된 악성 코드

① Ransomware
② Logic Bomb
③ Zero Day Attack
④ Trojan Horses

해설

보기	설명
랜섬웨어 (Ransomware)	• 개인과 기업, 국가적으로 큰 위협이 되고 있는 주요 사이버 범죄 중 하나로 Snake, Darkside 등 시스템을 잠그거나 데이터를 암호화해 사용할 수 없도록 하고 이를 인질로 금전을 요구하는 데 사용되는 악성 프로그램
논리 폭탄 (Logic Bomb)	• 특정 날짜나 시간 등 조건이 충족되었을 때 악의적인 기능(Function)을 유발할 수 있게 만든 코드의 일부분으로 소프트웨어 시스템에 의도적으로 삽입된 악성 코드
제로데이 공격 (Zero Day Attack)	• 보안 취약점이 발견되어 널리 공표되기 전에 해당 취약점을 악용하여 이루어지는 보안 공격 • 공격의 신속성을 의미하는 것으로, 일반적으로 컴퓨터에서 취약점이 발견되면 제작자나 개발자가 취약점을 보완하는 패치를 배포하고 사용자가 이를 다운받아 대처하지만, 제로데이 공격은 대응책이 공표되기도 전에 공격이 이루어지기 때문에 대처 방법이 없음
트로이 목마 (Trojan Horses)	• 악성 루틴이 숨어 있는 프로그램으로 겉보기에는 정상적인 프로그램으로 보이지만 실행하면 악성 코드를 실행

25년 1회

29 사용자가 자신의 ID와 패스워드를 제3자 애플리케이션에 직접 제공하지 않고, 특정한 자원에 대한 접근 권한을 안전하게 위임할 수 있도록 설계된 오픈 표준 인증 프레임워크는 무엇인가?

① FIDO(Fast IDentity Online)
② SECaaS(Security as a Service)
③ OAuth(Open Authorization)
④ SaaS(Software as a Service)

해설

- 사용자가 자신의 ID/PW를 제3자 애플리케이션에 직접 제공하지 않고, 특정한 자원에 대한 접근 권한을 안전하게 위임할 수 있도록 설계된 오픈 표준 인증 프레임워크는 OAuth이다.

정답

27 ④ 28 ② 29 ③

▶ 25년 1회

30 다음에서 설명하는 보안 용어로 올바른 것은?

- 사이버 공격을 프로세스 기반으로 분석하여 각 단계에서 가해지는 위협 요소를 파악하고 공격을 완화하기 위해, 공격할 때 쓰는 방법을 7단계로 정의한 공격 분석 모델이다.
- 록히드 마틴의 공격형 방위시스템이라고 부른다.

① Stuxnet
② Obfuscation
③ Cyberbullying
④ Cyber Kill Chain

해설
- 사이버 공격을 프로세스 기반으로 분석하여 각 단계에서 가해지는 위협 요소를 파악하고 공격을 완화하기 위해, 공격할 때 쓰는 방법을 7단계로 정의한 공격 분석 모델은 사이버 킬체인(Cyber Kill Chain)이다.

▶ 25년 2회

31 다음 중 ID/패스워드 입력은 어떤 인증 유형에 속하는가?

① Something You Know
② Something You Have
③ Something You Are
④ Something You Do

해설
- 인증 기술의 유형은 다음과 같다.

유형	설명	예시
지식 기반 인증	• 사용자가 기억하고 있는 지식 • 당신이 알고 있는 것 (Something You Know)	ID/패스워드
소유 기반 인증	• 소지하고 있는 사용자 물품 • 당신이 가지고 있는 것 (Something You Have)	공인인증서, OTP
생체 기반 인증	• 고유한 사용자의 생체 정보 • 당신 그 자체인 것 (Something You Are)	홍채, 정맥, 얼굴, 지문
특징 기반 인증 (행위 기반 인증)	• 사용자의 특징을 활용 • 당신이 하는 것 (Something You Do)	서명, 발걸음, 몸짓

▶ 25년 3회

32 다음에서 설명하는 인증 기술로 올바른 것은?

- 비밀번호 없는 인증을 구현하기 위한 인증 표준으로, 보안성과 사용자 편의성을 동시에 추구하는 차세대 인증 기술이다.
- 기존의 ID/Password 방식에서 벗어나 생체 인증, 보안 키 등을 이용하여 보다 강력하고 사용자 친화적인 인증 방식을 제공하는 것이 목적이다.

① FIDO(Fast IDentity Online)
② 양자암호통신(Quantum Cryptography and Communications)
③ OAuth(Open Authorization)
④ SECaaS(Security as a Service)

해설
- 비밀번호 없는 인증을 구현하기 위한 인증 표준으로, 보안성과 사용자 편의성을 동시에 추구하는 차세대 인증 기술은 FIDO(Fast IDentity Online)이다.
- FIDO는 기존의 ID/Password 방식에서 벗어나 생체 인증, 보안 키 등을 이용하여 보다 강력하고 사용자 친화적인 인증 방식을 제공하는 것이 목적이다.

정답
30 ④ 31 ① 32 ①

2 시스템 보안 구현

33 이용자가 인터넷과 같은 공중망에 사설망을 구축하여 마치 전용망을 사용하는 효과를 가지는 보안 솔루션은?

① ZIGBEE
② NDD
③ IDS
④ VPN

해설

보기	설명
ZIGBEE	• 근거리 통신을 지원하는 IEEE 802.15.4 표준 중 하나로, 868/915MHz, 2.4GHz 주파수 대역을 이용하는 저전력, 저속, 저비용의 근거리 무선 통신 기술
IDS	• 네트워크에서 발생하는 이벤트를 모니터링하고 비인가 사용자에 의한 자원 접근과 보안 정책 위반 행위(침입)를 실시간으로 탐지하는 시스템
VPN	• 이용자가 인터넷과 같은 공중망에 사설망을 구축하여 마치 전용망을 사용하는 효과를 가지는 보안 솔루션

34 컴퓨터 운영체제의 커널에 보안 기능을 추가한 것으로 운영체제의 보안상 결함으로 인하여 발생 가능한 각종 해킹으로부터 시스템을 보호하기 위하여 사용되는 것은?

① GPIB
② CentOS
③ XSS
④ Secure OS

해설
• 보안 운영체제(Secure OS)는 컴퓨터 운영체제의 커널에 보안 기능을 추가한 솔루션이다.

35 침입 차단 시스템(방화벽) 중 다음과 같은 형태의 구축 유형은?

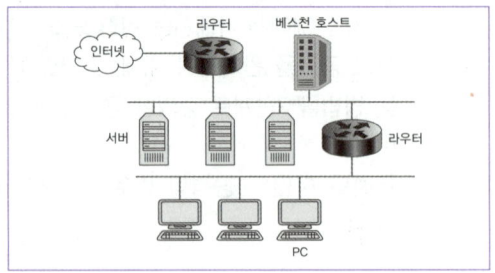

① Block Host
② Tree Host
③ Screened Subnet
④ Ring Homed

해설
• 침입 차단 시스템(방화벽) 구축 유형은 다음과 같다.

유형	설명
스크리닝 라우터 (Screening Router)	• 망과 망 사이에 라우터를 설치하고 라우터에 ACL을 구성 • 일반적인 라우터 기능 외에 추가적으로 패킷 헤더 내용을 보고 패킷 통과 여부를 결정할 수 있는 필터링 기능이 있음
베스천 호스트 (Bastion Host)	• 침입 차단 소프트웨어가 설치되어 내부와 외부 네트워크 사이에서 일종의 게이트 역할을 수행하는 호스트 • 접근 제어 기능과 더불어 게이트웨이로서 가상 서버(Proxy Server)의 설치 • 인증, 로그 등을 담당
듀얼 홈드 게이트웨이 (Dual Homed Gateway)	• 2개의 네트워크 인터페이스(2개의 랜카드)를 가진 베스천 호스트를 이용한 구성으로, 논리적으로만 구분하는 베스천 호스트에 비해서 물리적으로 구분이 있으므로 더 안전함
스크린드 호스트 게이트웨이 (Screened Host Gateway)	• 스크리닝 라우터와 베스천 호스트의 혼합구성 네트워크, 전송 계층에서 스크리닝 라우터가 1차로 필터링하고 애플리케이션 계층에서 2차로 베스천 호스트가 방어를 하므로 더 안전함
스크린드 서브넷 게이트웨이 (Screened Subnet Gateway)	• 스크리닝 라우터 2개 + 베스천 호스트 1개로 구성 • 스크리닝 라우터 2개 사이에 하나의 서브넷(망)(DMZ 망)을 구성하고, 서브넷에 베스천 호스트를 적용하는 구성 • [스크리닝 라우터 → 베스천 호스트 서브넷 → 스크리닝 라우터 → 내부망] 순서로 접근 • 가장 안전하지만 가장 비싸고 가장 느림

정답
33 ④   34 ④   35 ③

> 21년 2회, 23년 1회, 3회

36 Secure OS의 보안 기능으로 거리가 먼 것은?

① 식별 및 인증
② 임의적 접근통제
③ 고가용성 지원
④ 강제적 접근통제

해설
- Secure OS는 컴퓨터 운영체제의 커널에 보안 기능을 추가한 솔루션이다.
- Secure OS의 보안 기능은 다음과 같다.
  - 사용자 식별 및 인증 기능
  - 임의적 접근통제(DAC), 강제적 접근통제(MAC) 기능
  - 객체 재사용 보호 기능
  - 모든 접근에 대한 통제 기능
  - 패스워드 설정, 정책 설정 시 신뢰 경로를 통한 통신 기능
  - 모든 보안 관련 기록이 저장되고 보호되는 감사 기능
  - 참조 모니터(Reference Monitor)를 통해 모든 접근통제 제어 기능

> 21년 2회, 24년 3회, 25년 1회

37 서버에 열린 포트 정보를 스캐닝해서 보안 취약점을 찾는 데 사용하는 도구는?

① type
② mkdir
③ ftp
④ nmap

해설
- nmap은 윈도우, 리눅스 포트 스캔 툴로 서버에 열린 포트 정보를 스캐닝해서 보안 취약점을 찾는다.

> 21년 3회, 23년 2회, 3회

38 침입탐지 시스템(IDS: Intrusion Detection System)과 관련한 설명으로 틀린 것은?

① 이상 탐지 기법(Anomaly Detection)은 Signature Base나 Knowledge Base라고도 불리며 이미 발견되고 정립된 공격 패턴을 입력해 두었다가 탐지 및 차단한다.
② HIDS(Host-Based Intrusion Detection)는 운영체제에 설정된 사용자 계정에 따라 어떤 사용자가 어떤 접근을 시도하고 어떤 작업을 했는지에 대한 기록을 남기고 추적한다.
③ NIDS(Network-Based Intrusion Detection System)로는 대표적으로 Snort가 있다.
④ 외부 인터넷에 서비스를 제공하는 서버가 위치하는 네트워크인 DMZ(Demilitarized Zone)에는 IDS가 설치될 수 있다.

해설
- 침입 탐지 시스템(IDS: Intrusion Detection System)의 탐지 기법과 유형은 다음과 같다.

구분	유형	설명
침입탐지 시스템의 탐지 기법	오용 탐지 기법 (Misuse Detection)	Signature Base나 Knowledge Base라고도 불리며 이미 발견되고 정립된 공격 패턴을 입력해두었다가 탐지 및 차단하는 기법
	이상 탐지 기법 (Anomaly Detection)	행위 또는 통계치 기반으로 탐지하는 기법으로 알려지지 않은 공격 탐지는 가능하지만 오탐율이 높음
침입탐지 시스템의 유형	호스트 기반 침입탐지 시스템 (HIDS; Host-Based Intrusion Detection)	유닉스나 윈도우 운영체제에 설정된 사용자 계정에 따라 어떤 사용자가 어떤 접근을 시도하고 어떤 작업을 했는지에 대한 기록을 남기고 추적하는 방식으로 동작됨
	네트워크 기반 침입탐지시스템 (NIDS; Network-Based Intrusion Detection System)	네트워크에 접근하는 공격을 탐지하는 시스템으로 네트워크에서 독립적으로 운용하는 방식으로 동작됨

정답
36 ③   37 ④   38 ①

> 22년 1회, 23년 2회

39 다음 내용이 설명하는 로그 파일은?

- 리눅스 시스템에서 사용자의 성공한 로그인/로그아웃 정보 기록
- 시스템의 종료/시작 시간 기록

① tapping ② xtslog
③ linuxer ④ wtmp

해설
- wtmp는 리눅스 시스템에서 /var/log/wtmp 파일에 저장되며 사용자의 로그인/로그아웃 정보와 시스템의 시작/종료 시간을 기록한 로그이다.

> 22년 3회, 24년 2회

41 사전에 정상적인 패턴을 저장해 두고 정상적인 패턴 이외에 다른 패턴이 발생했을 때 침입을 탐지하는 방식은 무엇인가?

① Error Detection
② Misuse Detection
③ User Detection
④ Anomaly Detection

해설
- 이상 탐지(Anomaly Detection)는 사전에 정상적인 패턴을 저장해 두고 정상적인 패턴 이외에 다른 패턴이 발생했을 때 침입을 탐지하는 방식이다.

> 22년 2회

40 어떤 외부 컴퓨터가 접속되면 접속 인가 여부를 점검해서 인가된 경우에는 접속이 허용되고, 그 반대의 경우에는 거부할 수 있는 접근 제어 유틸리티는?

① tcp wrapper
② trace checker
③ token finder
④ change detector

해설
- TCP 래퍼(TCP Wrapper)는 어떤 외부 컴퓨터가 접속되면 접속 인가 여부를 점검해서 인가된 경우에는 접속이 허용되고, 그 반대의 경우에는 거부할 수 있는 접근제어 유틸리티이다.
- TCP 래퍼는 클라이언트의 IP 주소를 확인하여 시스템 관리자가 접근을 허용한 호스트들에 대해서만 서비스를 허용하기 때문에 외부의 해킹으로부터 시스템을 보호할 수 있다.

> 25년 2회

42 다음에서 설명하는 침입 탐지 유형은?

- 공격자가 실제로 시스템에 침입하였으나 침입 탐지 시스템은 해당 공격을 정상적인 동작으로 인식하여 침입을 탐지하지 못한 탐지 유형

① True Positive ② False Positive
③ True Negative ④ False Negative

해설
- 침입 탐지 시스템의 탐지 유형은 다음과 같다.

유형	설명
True Positive (TP)	• 공격자가 실제로 시스템에 침입하였고, 침입 탐지 시스템은 이를 침입으로 정확히 탐지한 탐지 유형 • 공격이 발생했으며, IDS가 이를 경고하여 정상적으로 대응이 가능한 상황
False Positive (FP)	• 정상적인 행위를 침입 탐지 시스템이 침입으로 잘못 인식하여 경고를 발생시킨 탐지 유형 • 오탐으로 인해 불필요한 경고가 생성되고, 운영자에게 혼선을 줄 수 있는 상황
True Negative (TN)	• 정상적인 행위를 침입 탐지 시스템이 정상으로 인식하여 경고를 발생시키지 않은 탐지 유형 • 문제가 없는 트래픽을 잘 구분하여 시스템 자원을 낭비하지 않은 이상적인 상황

정답
39 ④ 40 ① 41 ④ 42 ④

False Negative (FN)	• 공격자가 실제로 시스템에 침입하였으나 침입 탐지 시스템은 해당 공격을 정상적인 동작으로 인식하여 침입을 탐지하지 못한 탐지 유형 • 가장 위험한 유형으로, 공격을 놓쳐 보안 사고로 이어질 수 있는 상황

→ 25년 3회

43 무선통신 환경에서 사용되는 보안 프로토콜 중 다음에서 설명하는 프로토콜은?

- IEEE 802.11i 규격을 완전히 수용하는 표준 프로토콜이다.
- 이전 WEP의 취약점을 보완한 대안 프로토콜로 AES-CCMP를 통한 암호화 기능 향상, EAP 사용자 인증 강화 등이 포함된다.

① WPA ② WPA2
③ WEP2 ④ TKIP

해설

• 무선 데이터 암호화 기술은 다음과 같다.

유형	설명
WEP (Wired Equivalent Privacy)	• Wi-Fi 표준에 정의되어 있는 보안 프로토콜 • 고정된 암호 키를 사용하여 보안에 취약
TKIP (Temporal Key Integrity Protocol)	• WEP을 대체하기 위한 임시 키 무결성 프로토콜 • 패킷당 키 할당, 키 값 재설정 등의 방식으로 암호 키를 변경할 수 있음
WPA (Wi-Fi Protected Access)	• WEP의 취약점 대안으로, RC4 암호화 프로토콜과 TKIP 프로토콜을 통해 데이터 암호화를 향상시킨 프로토콜
WPA2 (Wi-Fi Protected Access2)	• AES 암호화 알고리즘의 필수 사용과 TKIP를 대체하는 CCMP(블록체인 메시지 인증 코드 프로토콜이 있는 카운터 암호 모드)를 도입한 프로토콜

→ 25년 3회

44 다음에서 설명하는 용어는 무엇인가?

- 프로세서(Processor) 안에 독립적인 보안 구역을 따로 두어 중요한 정보를 보호하는 하드웨어 기반의 보안 기술이다.
- 하나의 CPU를 보안 구역(Secure World)과 일반 구역(Normal World)으로 분리하여 보안이 필요한 작업은 보안 구역에서 실행하도록 하는 ARM 사에서 개발한 기술이다.

① 트러스트존(TrustZone)
② 보안 운영체제(Secure OS)
③ 참조 모니터(Reference Monitor)
④ TCP 래퍼(TCP Wrapper)

해설

• 프로세서(Processor) 안에 독립적인 보안 구역을 따로 두어 중요한 정보를 보호하는 하드웨어 기반의 보안 기술은 트러스트존(TrustZone)이다.

정답
43 ② 44 ①

Chapter 05 기타

1 기타

01 Secure 코딩에서 입력 데이터의 보안 약점과 관련한 설명으로 틀린 것은? ◐ 22년 1회, 25년 1회

① SQL 삽입: 사용자의 입력값 등 외부 입력값이 SQL 쿼리에 삽입되어 공격
② 크로스 사이트 스크립트: 검증되지 않은 외부 입력값에 의해 브라우저에서 악의적인 코드가 실행
③ 운영체제 명령어 삽입: 운영체제 명령어 파라미터 입력값이 적절한 사전검증을 거치지 않고 사용되어 공격자가 운영체제 명령어를 조작
④ 자원 삽입: 사용자가 내부 입력값을 통해 시스템 내에 사용이 불가능한 자원을 지속적으로 입력함으로써 시스템에 과부하 발생

해설

- 시큐어 코딩에서 입력 데이터의 보안 약점에 대한 주요 공격은 다음과 같다.

공격	설명
SQL 삽입	사용자의 입력값 등 외부 입력값이 SQL 쿼리에 삽입되어 공격
크로스 사이트 스크립트(XSS)	검증되지 않은 외부 입력값에 의해 브라우저에서 악의적인 코드가 실행
운영체제 명령어 삽입	운영체제 명령어 파라미터 입력값이 적절한 사전 검증을 거치지 않고 사용되어, 공격자가 운영체제 명령어를 조작
경로 조작 및 · 자원 삽입	외부 입력된 값의 사전 검증이 없거나 잘못될 처리될 경우, 입력값 조작을 통해 시스템이 보호하는 자원에 임의로 접근할 수 있는 보안 약점 발생

02 Windows 파일 시스템인 FAT과 비교했을 때의 NTFS의 특징이 아닌 것은? ◐ 22년 1회

① 보안에 취약
② 대용량 볼륨에 효율적
③ 자동 압축 및 안정성
④ 저용량 볼륨에서의 속도 저하

해설

- NTFS(New Technology File System)는 Microsoft의 MSDOS부터 쓰인 FAT(File Allocation Table)를 대체하기 위해 만들어진 Windows 파일 시스템이다.
- FAT에서 개선된 NTFS의 특징은 다음과 같다.

특징	설명
대용량 볼륨에 효율적	파일 용량 한계가 완화
자동 압축 및 안정성	압축 파티션 기능을 제공
저용량 볼륨의 속도 저하	FAT보다 속도가 낮음
보안 기능 제공	강력한 보안 기능을 제공

03 취약점 관리를 위해 일반적으로 수행하는 작업이 아닌 것은? ◐ 22년 1회

① 무결성 검사
② 응용 프로그램의 보안 설정 및 패치(Patch) 적용
③ 중단 프로세스 및 닫힌 포트 위주로 확인
④ 불필요한 서비스 및 악성 프로그램의 확인과 제거

해설

- 취약점 관리를 위해 무결성 검사, 보안 설정 및 패치 적용, 불필요한 서비스 및 악성 프로그램의 확인과 제거 등의 작업을 수행한다.
- 취약점 관리를 위해서는 중단 프로세스 및 닫힌 포트 위주로 확인하는 것이 아니라 동작 중인 프로세스 및 열린 포트를 확인한다.
- 동작 중인 프로세스 확인 방법은 'ps -f' 명령어를 사용하며, 열린 포트 확인 방법은 'netstat -n' 명령어를 사용한다.

정답

01 ④ 02 ① 03 ③

04 리눅스에서 생성된 파일 권한이 644일 경우 umask 값은?

① 022
② 666
③ 777
④ 755

해설
- umask는 컴퓨팅에서 새로 생성된 파일의 파일 권한을 어떻게 설정할지를 제어하는 명령어이다.
- 파일 권한은 최대 666, 디렉터리 권한은 최대 777까지 가능하다. (파일은 실행권한이 없기 때문에 666까지만 가능)
- 권한 값 계산 방법은 다음과 같다.
  생성된 파일 권한의 값 = 파일 권한의 최대값 – umask 값
- 644 = 666 – umask이므로, umask = 022가 된다.

05 다음 설명에 해당하는 시스템은?

- 1990년대 David Clock이 처음 제안하였다.
- 비정상적인 접근의 탐지를 위해 의도적으로 설치해 둔 시스템이다.
- 침입자를 속여 실제 공격당하는 것처럼 보여줌으로써 크래커를 추적 및 공격기법의 정보를 수집하는 역할을 한다.
- 쉽게 공격자에게 노출되어야 하며 쉽게 공격이 가능한 것처럼 취약해 보여야 한다.

① Apache
② Hadoop
③ Honeypot
④ MapReduce

해설
- 비정상적인 접근의 탐지를 위해 의도적으로 설치해 둔 시스템은 허니팟이다.

보기	설명
Apache	아파치 소프트웨어 프로젝트를 지원하는 비영리 재단
Hadoop	대용량 데이터처리를 위한 오픈 소스를 기반의 분산 컴퓨팅 플랫폼
Honeypot	비정상적인 접근의 탐지를 위해 의도적으로 설치해 둔 시스템
MapReduce	대용량 데이터를 분산 처리하기 위한 목적으로 개발된 프로그래밍 모델

06 위조된 매체 접근제어(MAC) 주소를 지속적으로 네트워크로 흘려보내, 스위치 MAC 주소 테이블의 저장 기능을 혼란시켜 더미 허브(Dummy Hub)처럼 작동하게 하는 공격은?

① Parsing
② LAN Tapping
③ Switch Jamming
④ FTP Flooding

해설
- Switch Jamming (MAC Flooding)은 스위치의 기능을 마비시키는 공격이다.
- 스위치는 자신의 MAC 주소 테이블의 저장 공간이 가득 차게 되면 네트워크 패킷을 브로드캐스트하는 특성을 가진다.
- 공격자는 이런 단점을 악용하여 수많은 MAC 주소들을 지속적으로 보내 스위치의 MAC 주소 테이블을 꽉 차게 만든다.
- 스위치는 특정 수신자에게 전송해야 할 패킷을 모든 매체에 전송하게 되고, 공격자는 스위치를 통해 전송되는 모든 패킷을 스니핑하여 네트워크 정보를 얻는다.

07 OSI 7 Layer 전 계층의 프로토콜과 패킷 내부의 콘텐츠를 파악하여 침입 시도, 해킹 등을 탐지하고 트래픽을 조정하기 위한 패킷 분석 기술은?

① PLCP(Packet Level Control Processor)
② Traffic Distributor
③ Packet Tree
④ DPI(Deep Packet Inspection)

해설
- DPI는 네트워크에서 전송되는 패킷의 헤더와 페이로드 내 정보를 분석하는 콘텐츠 내용 분석 기술이다.
- 네트워크 보안, 네트워크 관리, 콘텐츠 관리의 목적으로 사용된다.
- DPI는 OSI 7 Layer 전 계층의 프로토콜과 패킷 내부의 콘텐츠를 파악하여 침입 시도, 해킹 등을 탐지하고 트래픽을 조정하기 위한 패킷 분석 기술이다.

정답
04 ① 05 ③ 06 ③ 07 ④

08 블루투스(Bluetooth) 공격과 해당 공격에 대한 설명이 올바르게 연결된 것은? ▶ 22년 1회

① 블루버그(BlueBug) – 블루투스의 취약점을 활용하여 장비의 파일에 접근하는 공격으로 OPP를 사용하여 정보를 열람
② 블루스나프(BlueSnarf) – 블루투스를 이용해 스팸처럼 명함을 익명으로 퍼뜨리는 것
③ 블루프린팅(BluePrinting) – 블루투스 공격 장치의 검색 활동을 의미
④ 블루재킹(BlueJacking) – 블루투스 장비 사이의 취약한 연결 관리를 악용한 공격

해설
- 주요 블루투스 공격기법은 다음과 같다.

공격기법	설명
블루버그(BlueBug)	블루투스 장비 간 취약한 연결 관리를 악용한 공격
블루스나프(BlueSnarf)	블루투스 연결을 통해 무선 기기에서 무단으로 정보에 액세스하는 공격
블루프린팅(BluePrinting)	블루투스 공격 장치를 검색하는 활동
블루재킹(BlueJacking)	블루투스를 이용해 스팸메일처럼 메시지를 익명으로 퍼트리는 공격

09 물리적 위협으로 인한 문제에 해당하지 않는 것은? ▶ 22년 2회, 25년 1회

① 화재, 홍수 등 천재지변으로 인한 위협
② 하드웨어 파손, 고장으로 인한 장애
③ 방화, 테러로 인한 하드웨어와 기록장치를 물리적으로 파괴하는 행위
④ 방화벽 설정의 잘못된 조작으로 인한 네트워크, 서버 보안 위협

해설
- 보안 위협의 종류에는 인적 위협, 기술적 위협, 물리적 위협이 있다.
- 방화벽 설정의 잘못된 조작으로 인한 네트워크, 서버 보안 위협은 기술적 위협이다.
- 물리적 위협은 다음과 같다..

위협	설명
자연재해	화재, 홍수, 낙뢰, 지진 등으로 인한 천재지변으로 인한 위협
장애	하드웨어 파손, 고장으로 인한 장애 위협
파괴 행위	방화, 테러로 인한 하드웨어와 기록장치를 물리적으로 파괴하는 행위

10 다음 내용이 설명하는 것은? ▶ 23년 3회

- 리눅스재단의 오픈소스 블록체인 프로젝트로, 프라이빗 블록체인 기술의 표준이다.
- 허가된 사용자만 사용 가능하고, 각각의 사용자에 대한 권한 설정이 가능하다.
- 필요한 구성요소만 선택하여 사용할 수 있는 모듈화된 구성요소를 가지고 있다.
- Go, Java, JavaScript 등 다양한 언어로 개발할 수 있다.

① 하이퍼레저(Hyperledger)
② 주키퍼(Zookeeper)
③ 척와(Chukwa)
④ 카프카(Kafka)

해설
- 리눅스재단의 오픈 소스 블록체인 프로젝트로, 프라이빗 블록체인 기술의 표준은 하이퍼레저이다.

정답
08 ③   09 ④   10 ①

11 다음 내용이 설명하는 것은?

- 컴퓨터 서버와 운영 시설을 한곳에 모아 놓은 장소로 허가받지 않은 외부에서는 접근이 불가능하며, 임의의 서버가 중단되더라도 다른 서버로 대체되어 원활한 서비스 제공
- 클라이언트 망과 분리하여 따로 관리되고 부하 분산, 안정성 제고 등의 장점이 있음

① Server Farm   ② DMZ
③ Intranet   ④ IaaS

해설
- 컴퓨터 서버와 운영 시설을 한곳에 모아 놓은 장소로 허가받지 않은 외부에서는 접근이 불가능하며, 임의의 서버가 중단되더라도 다른 서버로 대체되어 원활한 서비스를 제공하는 장소는 서버팜(Server Farm)이다.

12 다음 설명과 관련된 용어는?

- 실제로는 존재하지 않거나 출시되지 않은 제품, 소프트웨어, 하드웨어 등을 말한다.
- 일반적으로 기업이나 개인이 제품을 발표한 후, 실제로는 출시되지 않거나 개발이 중단된 경우에 사용된다.

① Phishing   ② Grayware
③ Ransomware   ④ Vaporware

해설
- 주요 블루투스 공격기법은 다음과 같다.

보기	설명
피싱 (Phishing)	소셜 네트워크에서 악의적인 사용자가 지인 또는 특정 유명인으로 가장하여 불특정 다수의 정보를 탈취하는 공격 기법
그레이웨어 (Grayware)	바이러스나 명백한 악성 코드를 포함하지 않는 합법적 프로그램이면서도 사용자를 귀찮게 하거나 위험한 상황에 빠뜨릴 수 있는 프로그램
랜섬웨어 (Ransomware)	시스템을 잠그거나 데이터를 암호화해 사용할 수 없도록 하고 이를 인질로 금전을 요구하는 데 사용되는 악성 프로그램
베이퍼웨어 (Vaporware)	기업이나 개인이 제품을 발표한 후, 실제로는 출시되지 않거나 개발이 중단된 제품

13 무선 연결된 디바이스들 간에 상호작용할 수 있도록 도와주는 오픈 소스 프레임워크로 IoT 기기 간의 통신을 쉽게 해주는 솔루션은 무엇인가?

① MEC   ② Alljoyn
③ NOMA   ④ NDN

해설

보기	설명
MEC (Mobile Edge Computing/ Cloud)	무선 기지국에 분산 클라우드 컴퓨팅 기술을 적용하여 서비스와 캐싱 콘텐츠를 이용자 단말에 가까이 전개함으로써 모바일 코어 망의 혼잡을 완화하는 기술
Alljoyn	• 무선 연결된 디바이스들 간에 상호 작용할 수 있도록 도와주는 오픈 소스 프레임워크 • IoT 기기 간의 통신을 쉽게 해주는 솔루션 중 하나로, 기기들은 자신의 기능을 노출하고 다른 기기들의 기능을 호출할 수 있는 프레임워크
NOMA (Non-Orthogonal Multiple Access)	동일한 시간, 주파수, 공간 자원상에 두 대 이상의 단말에 대한 데이터를 동시에 전송하여 주파수 효율을 향상시키는 비직교 다중 접속 기술
NDN (Named Data Networking)	기존의 IP 주소 대신 Data의 이름을 활용하여 정보(콘텐츠)의 효율적인 검색 및 배포를 목적으로 하는 미래 인터넷 기술

14 다음 중 보안 솔루션이 아닌 것은?

① Secure Coding   ② IPS
③ IDS   ④ WAF

해설
- Secure Coding은 소스 코드 등에 잠재적인 보안 취약점을 제거하고, 보안을 고려하여 기능을 설계 및 구현하는 등 개발 과정에서 지켜야 할 일련의 보안 활동이다.

정답
11 ①   12 ④   13 ②   14 ①

백전백승 기출문제

- 2025년 1회
- 2025년 2회
- 2025년 3회

백전백승 기출문제 — 2025년 1회

1과목 소프트웨어 설계

01 분리된 컴포넌트들로 이루어진 분산 시스템에서 사용되며, 이 컴포넌트들은 원격 서비스 호출을 통해 상호 작용할 수 있도록 중개 역할을 수행하는 아키텍처 패턴은 무엇인가?

① 마스터-슬레이브(Master-Slave) 패턴
② 클라이언트-서버(Client-Server) 패턴
③ 파이프-필터(Pipe-Filter) 패턴
④ 브로커(Broker) 패턴

해설
- 브로커 패턴(Broker Pattern)은 분산 환경에서 컴포넌트 간의 통신을 중재(Broker)하여 서로 원격지에 있어도 서비스 호출이 가능한 구조를 제공한다.

02 파이프 필터 형태의 소프트웨어 아키텍처에 대한 설명으로 옳은 것은?

① 노드와 간선으로 구성된다.
② 서브 시스템이 입력 데이터를 받아 처리하고, 결과를 다음 서브 시스템으로 넘겨주는 과정을 반복한다.
③ 계층 모델이라고도 한다.
④ 3개의 서브 시스템(모델, 뷰, 제어)으로 구성되어 있다.

해설
- 소프트웨어 아키텍처 패턴 중 파이프-필터 패턴(Pipe-Filter Pattern)은 서브 시스템이 입력 데이터를 받아 처리하고, 결과를 다음 서브 시스템으로 넘겨주는 과정을 반복하는 패턴이다.
- 필터 컴포넌트는 재사용성이 좋고, 추가가 쉽기 때문에 확장이 용이하다.

03 UML의 상태 다이어그램(State Diagram)의 구성요소 중 객체의 전이를 유발하는 자극으로 상태의 변화를 주는 현상은 무엇인가?

① 상태(State)
② 이벤트(Event)
③ 전이 조건(Transition Condition)
④ 전이(Transition)

해설
- 상태 다이어그램의 구성요소는 다음과 같다.

상태(State)	객체가 존재할 수 있는 조건
시작 상태(Initial State)	객체의 시작 상태
종료 상태(Final State)	객체의 종료 상태
전이(Transition)	객체의 상태가 다른 상태로 변경되는 상태
이벤트(Event)	상태의 변화를 주는 현상
전이 조건(Transition Condition)	특정 조건 만족 시 전이가 발생하도록 하기 위해 사용되는 속성값의 불린 식

04 다음 중 UI(User Interface) 제스처가 아닌 것은?

① 프레스(Press)
② 드래그(Drag)
③ 플릭(Flick)
④ 프로세스(Process)

해설
- UI 제스처는 Tap, Double tap, Drag, Flick, Pinch, Spread, Press, Press+Tap 등이 있다.

정답
01 ④　02 ②　03 ②　04 ④

05 다음 중 객체 지향 기법에 대한 설명으로 올바르지 않은 것은?

① 추상화(Abstraction): 하나의 메시지에 대해 각 객체가 가지고 있는 고유한 방법으로 응답할 수 있는 능력으로 오버라이딩이 대표적 기법
② 정보 은닉(Information Hiding): 코드 내부 데이터와 메서드를 숨기고 공개 인터페이스를 통해서만 접근이 가능하도록 하는 코드 보안 기술
③ 상속성(Inheritance): 상위 클래스의 속성과 메서드를 하위 클래스에서 재정의 없이 물려받아 사용하는 기법
④ 캡슐화(Encapsulation): 서로 연관된 데이터와 함수를 함께 묶어 외부와 경계를 만들고 필요한 인터페이스만을 밖으로 드러내는 기법

해설

다형성(Polymorphism)	하나의 메시지에 대해 각 객체가 가지고 있는 고유한 방법으로 응답할 수 있는 능력으로 오버라이딩이 대표적 기법
추상화(Abstraction)	공통 성질을 추출하여 추상 클래스를 설정하는 기법
정보 은닉(Information Hiding)	코드 내부 데이터와 메서드를 숨기고 공개 인터페이스를 통해서만 접근이 가능하도록 하는 코드 보안 기술
상속성(Inheritance)	상위 클래스의 속성과 메서드를 하위 클래스에서 재정의 없이 물려받아 사용하는 기법
캡슐화(Encapsulation)	서로 연관된 데이터와 함수를 함께 묶어 외부와 경계를 만들고 필요한 인터페이스만을 밖으로 드러내는 기법

06 다음 중 UML의 관계 중 한 객체가 다른 객체에 오퍼레이션을 수행하도록 지정하는 관계를 표현하고, 사물에서 기능 쪽으로 속이 빈 점선 화살표를 연결하여 표현하는 관계는?

① 연관(Association) 관계
② 의존(Dependency) 관계
③ 일반화(Generalization) 관계
④ 실체화(Realization) 관계

해설

- UML 관계의 유형은 다음과 같다.

연관(Association) 관계	• 2개 이상의 사물이 서로 관련된 상태를 표현하는 관계 • 사물 사이를 실선으로 연결하여 표현하며, 방향성은 화살표로 표현 • 서로에게 영향을 주는 양방향 관계의 경우 화살표를 생략하고 실선으로만 연결
의존(Dependency) 관계	• 사물 사이에 서로 연관이 있으나 필요에 따라 서로에게 영향을 주는 짧은 시간 동안만 연관을 유지하는 관계를 표현하는 관계 • 사물의 변화가 다른 사물에도 영향을 미치는 관계 • 일반적으로 한 클래스가 다른 클래스를 오퍼레이션의 매개변수로 사용하는 경우에 나타나는 관계 • 영향을 주는 사물이 영향을 받는 사물 쪽으로 점선 화살표를 연결하여 표현
일반화(Generalization) 관계	• 하나의 사물이 다른 사물에 비해 더 일반적인지 구체적인지를 표현하는 관계 • 일반적인 개념을 부모(상위)라고 하고, 구체적인 개념을 자식(하위)이라 함 • 구체적(하위)인 사물에서 일반적(상위)인 사물 쪽으로 속이 빈 화살표를 연결하여 표현
실체화(Realization) 관계	• 한 객체가 다른 객체에 오퍼레이션을 수행하도록 지정하는 관계를 표현하는 관계 • 사물에서 기능 쪽으로 속이 빈 점선 화살표를 연결하여 표현

정답

05 ① 06 ④

07 객체 지향 개념에서 다형성(Polymorphism)과 관련한 설명으로 틀린 것은?

① 다형성은 현재 코드를 변경하지 않고 새로운 클래스를 쉽게 추가할 수 있게 한다.
② 다형성이란 여러 가지 형태를 가지고 있다는 의미로, 여러 형태를 받아들일 수 있는 특징을 말한다.
③ 메서드 오버라이딩(Overriding)은 상위 클래스에서 정의한 일반 메소드의 구현을 하위 클래스에서 무시하고 재정의할 수 있다.
④ 오버로딩(Overloading)의 경우 매개 변수 타입은 동일하지만 메소드명을 다르게 함으로써 구현, 구분할 수 있다.

해설
- 오버로딩(Overloading)은 매개변수의 유형과 개수가 다르게 하여 같은 이름의 메서드를 여러 개 가지는 기법이다.

08 아키텍처 설계과정이 올바른 순서로 나열된 것은?

> ㉮ 설계 목표 설정
> ㉯ 시스템 타입 결정
> ㉰ 스타일 적용 및 커스터마이즈
> ㉱ 서브 시스템의 기능, 인터페이스 동작 작성
> ㉲ 아키텍처 설계 검토

① ㉮ → ㉯ → ㉰ → ㉱ → ㉲
② ㉲ → ㉮ → ㉯ → ㉱ → ㉰
③ ㉮ → ㉲ → ㉯ → ㉱ → ㉰
④ ㉮ → ㉯ → ㉰ → ㉲ → ㉱

해설
- 아키텍처 설계과정은 설계 목표 설정 → 시스템 타입 결정 → 스타일 적용 및 커스터마이즈 → 서브 시스템의 기능 → 인터페이스 동작 작성 → 아키텍처 설계 검토 순으로 되어 있다.

09 설계 기법 중 하향식 설계 방법과 상향식 설계 방법에 대한 비교 설명으로 가장 옳지 않은 것은?

① 하향식 설계에서는 통합 검사 시 인터페이스가 이미 정의되어 있어 통합이 간단하다.
② 하향식 설계에서 레벨이 낮은 데이터 구조의 세부 사항은 설계 초기 단계에서 필요하다.
③ 상향식 설계는 최하위 수준에서 각각의 모듈들을 설계하고 이러한 모듈이 완성되면 이들을 결합하여 검사한다.
④ 상향식 설계에서는 인터페이스가 이미 성립되어 있지 않더라도 기능 추가가 쉽다.

해설
- 상향식 설계는 하위 기능들로부터 시작하여 제일 상위에 있는 기능(Main User Function)에 접근해 가는 방식이다.
- 상향식 설계는 최하위 수준에서 각각의 모듈들을 상세하게 설계하고 이러한 모듈이 완성되면 전체적으로 이들을 결합하여 설계하는 방식으로 인터페이스가 이미 성립되어 있어야지 기능 추가가 쉽다.

10 객체 지향 설계 원칙에 해당하지 않는 것은?

① 단일 책임의 원칙(Single Responsibility Principle)
② 리스코프 치환의 원칙(Liskov Substitution Principle)
③ 인터페이스 통합의 원칙(Interface Integration Principle)
④ 개방 폐쇄 원칙(Open Closed Principle)

해설

	객체 지향 설계 원칙
SOLID	단일 책임의 원칙(Single Responsibility Principle) / 개방 폐쇄 원칙(Open Closed Principle) / 리스코프 치환의 원칙(Liskov Substitution Principle) / 인터페이스 분리의 원칙(Interface Segregation Principle) / 의존성 역전의 원칙(Dependency Inversion Principle)

정답
07 ④ 08 ① 09 ④ 10 ③

11 통신을 위한 프로그램을 생성하여 포트를 할당하고, 클라이언트의 통신 요청 시 클라이언트와 연결하는 내·외부 송·수신 연계 기술은?

① DB 링크 기술
② 소켓 기술
③ 스크럼 기술
④ 프로토타입 기술

해설

DB 링크 기술	• 데이터베이스에서 제공하는 DB 링크 객체를 이용하는 기술
소켓 기술	• 서버는 통신을 위한 소켓을 생성하여 포트를 할당하고 클라이언트의 통신 요청 시 클라이언트와 연결하고 통신하는 기술

12 다음 중 가장 높은 응집도(Cohesion)에 해당하는 것은?

① 순서적 응집도(Sequential Cohesion)
② 시간적 응집도(Temporal Cohesion)
③ 논리적 응집도(Logical Cohesion)
④ 절차적 응집도(Procedural Cohesion)

해설

• 응집도의 유형은 '우연적 < 논리적 < 시간적 < 절차적 < 통신적 < 순차적 < 기능적 응집도' 순서로 응집도가 높아진다.

응집도의 유형	
우논시절 통순기	우연적 / 논리적 / 시간적 / 절차적 / 통신적 / 순차적 / 기능적 응집도

13 HIPO(Hierarchy Input Process Output)에 대한 설명으로 거리가 먼 것은?

① 상향식 소프트웨어 개발을 위한 문서화 도구이다.
② HIPO 차트 종류에는 가시적 도표, 총체적 도표, 세부적 도표가 있다.
③ 기능과 자료의 의존 관계를 동시에 표현할 수 있다.
④ 보기 쉽고 이해하기 쉽다.

해설

• HIPO는 하향식 소프트웨어 개발을 위한 문서화 도구이다.
• HIPO 특징은 다음과 같다.

  • 체계적인 문서 관리가 가능하다.
  • 기호, 도표 등을 사용해서 보기가 쉽고 이해도 쉽다.
  • 기능과 자료의 의존 관계를 동시에 표현할 수 있다.
  • 변경, 유지보수가 용이하다.
  • 시스템의 기능을 고유 모듈들로 분할하여 이들 간의 인터페이스를 계층 구조로 표현한 것을 HIPO 차트(Chart)라고 한다.
  • 변경, 유지보수가 용이하다.

• HIPO 차트 종류는 가시적 도표, 총체적 도표, 세부적 도표가 있다.

14 분산 시스템을 위한 마스터-슬레이브(Master-Slave) 아키텍처에 대한 설명으로 틀린 것은?

① 일반적으로 실시간 시스템에서 사용된다.
② 마스터 프로세스는 일반적으로 연산, 통신, 조정을 책임진다.
③ 슬레이브 프로세스는 데이터 수집 기능을 수행할 수 없다.
④ 마스터 프로세스는 슬레이브 프로세스들을 제어할 수 있다.

해설

• 마스터-슬레이브 패턴은 연산, 통신, 조정을 책임지는 마스터와 제어되고 동기화되는 대상인 슬레이브로 구성되는 패턴이다.
• 슬레이브 프로세스는 데이터 수집 기능을 수행할 수 있다.

정답

11 ②　12 ①　13 ①　14 ③

15 기본 유스케이스 수행 시 특별한 조건을 만족할 때 수행하는 유스케이스는?

① 연관
② 확장
③ 선택
④ 특화

해설

- 유스케이스 수행 시 특별한 조건을 만족할 때 수행하는 유스케이스는 확장 관계이다.

《include》 포함 관계	• 하나의 유스케이스가 어떤 시점에 반드시 다른 유스케이스를 실행하는 포함 관계
《extend》 확장 관계	• 하나의 유스케이스가 어떤 시점에 다른 유스케이스를 실행할 수도 있고, 그렇지 않을 수도 있는 관계 • 기본 유스케이스 수행 시 특별한 조건을 만족할 때 수행

16 자료 흐름도(DFD)의 요소별 표기 형태의 연결이 옳지 않은 것은?

① Process: 원
② Data Flow: 화살표
③ Data Store: 평행선
④ Terminator: 오각형

해설

- 자료 흐름도(데이터 흐름도) 구성요소는 다음과 같다.

처리기 (Process)	• 입력된 데이터를 원하는 형태로 변환하여 출력하기 위한 요소	원 (○)
데이터 흐름 (Data Flow)	• DFD의 구성요소(프로세스, 데이터 저장소, 외부 엔터티)들 간의 주고받는 데이터 흐름을 나타내는 요소	화살표 (→)
데이터 저장소 (Data Store)	• 데이터가 저장된 장소를 나타내는 요소 • 평행선 안에는 데이터 저장소의 이름을 넣음	평행선 (=)
단말 (Terminator)	• 프로세스 처리 과정에서 데이터가 발생하는 시작과 종료를 나타내는 요소 • 사각형 안에는 외부 엔터티의 이름을 넣음	사각형 (□)

17 CASE(Computer Aided Software Engineering)에 대한 설명으로 가장 옳지 않은 것은?

① 프로그램의 구현과 유지보수 작업만을 중심으로 소프트웨어 생산성 문제를 해결한다.
② 소프트웨어 생명주기의 전체 단계를 연결해 주고 자동화해 주는 통합된 도구를 제공한다.
③ 개발 과정의 속도를 향상시킨다.
④ 소프트웨어 부품의 재사용을 가능하게 한다.

해설

- CASE의 기능은 프로그램의 구현과 유지보수 작업만을 중심으로 하는 것이 아니라 요구분석, 설계, 구현, 검사 및 디버깅 과정 전체 또는 일부를 자동화하는 것이다.

18 요구사항 분석에 대한 설명으로 올바르지 않은 것은?

① 요구사항 분석은 계획 단계 이전에 수행해야 하고, 변경하지 못한다.
② 요구사항 분석 단계는 추출된 요구사항에 대해 충돌, 중복, 누락 등의 분석을 통해 완전성과 일관성을 확보하는 단계이다.
③ 요구사항 분석의 주요 활동으로는 후보 요구사항 모델링, 요구사항의 우선순위 부여, 해당 릴리즈에 수행할 요구사항 선정, 요구사항 협의가 있다.
④ 요구사항 분석 활동으로 비용과 일정에 대한 제약설정, 타당성 조사, 요구사항 정의 문서화가 있다.

정답

15 ②　16 ④　17 ①　18 ①

해설
- 요구사항 분석 단계에서 요구사항에 대한 협의, 우선 순위 부여 등을 통하여 요구사항 변경이 가능하다.
- 추출된 요구사항에 대해 충돌, 중복, 누락 등의 분석을 통해 완전성과 일관성을 확보하는 활동
- 주요 활동으로는 후보 요구사항 모델링, 요구사항의 우선 순위 부여, 해당 릴리즈에 수행할 요구사항 선정, 요구사항 협의가 있음
- 요구사항 분석 활동으로 비용과 일정에 대한 제약설정, 타당성 조사, 요구사항 정의 문서화가 있음

19 소프트웨어의 상위 설계에 속하지 않는 것은?

① 아키텍처 설계
② 모듈 설계
③ 인터페이스 정의
④ 사용자 인터페이스 설계

해설
- 자료 구조 설계, 아키텍처 설계, 인터페이스 설계, 프로시저 설계는 상위 설계에 속하지만, 모듈 설계는 하위 설계에 속한다.

20 소프트웨어를 보다 쉽게 이해할 수 있고 적은 비용으로 수정할 수 있도록 겉으로 보이는 동작의 변화 없이 내부 구조를 변경하는 것은?

① Refactoring
② Architecting
③ Specification
④ Renewal

해설
- 리팩토링은 프로그램의 기능을 바꾸지 않으면서 중복제거, 단순화 등을 위해 시스템 재구성을 한다는 원리이다.

2과목 소프트웨어 개발

21 다음 중 이진 탐색 트리(Binary Search Tree)에 대한 설명으로 틀린 것은?

① 각 노드는 최대 두 개의 자식 노드를 가진다.
② 검색에 대한 시간복잡도는 균형 잡힌 상태이면 $O(\log_2 n)$의 시간이 걸린다.
③ 검색에 대한 시간복잡도는 균형이 잡히지 않은 상태라면 최대 $O(n)$의 시간이 걸린다.
④ 부모 노드보다 큰 값은 왼쪽으로, 부모 노드보다 작은 값은 오른쪽 노드에 생성된다.

해설
- 이진 탐색 트리에서 부모 노드보다 큰 값은 오른쪽으로, 부모 노드보다 작은 값은 왼쪽 노드에 생성된다.

22 소프트웨어 테스트에서 검증(Verification)과 확인(Validation)에 대한 설명으로 틀린 것은?

① 소프트웨어 테스트에서 검증과 확인을 구별하면 찾고자 하는 결함 유형을 명확하게 하는 데 도움이 된다.
② 검증은 소프트웨어 개발 과정을 테스트하는 것이고, 확인은 소프트웨어 결과를 테스트하는 것이다.
③ 검증은 작업 제품이 요구 명세의 기능, 비기능 요구사항을 얼마나 잘 준수하는지 측정하는 작업이다.
④ 검증은 작업 제품이 사용자의 요구에 적합한지 측정하며, 확인은 작업 제품이 개발자의 기대를 충족시키는지를 측정한다.

정답
19 ② 20 ① 21 ④ 22 ④

해설

- 테스트 시각에 따른 분류는 다음과 같다.

검증 (Verification)	• 소프트웨어 개발 과정을 테스트 • 올바른 제품을 생산하고 있는지 검증 • 이전 단계에서 설정된 개발 규격과 요구를 충족시키는지 판단 • 개발자 혹은 시험자의 시각으로 소프트웨어가 명세화된 기능을 올바로 수행하는지 알아보는 과정
확인 (Validation)	• 소프트웨어 결과를 테스트 • 만들어진 제품이 제대로 동작하는지 확인 • 최종 사용자 요구 또는 소프트웨어 요구에 적합한지 판단 • 사용자 시각으로 올바른 소프트웨어가 개발되었는지 입증하는 과정

23 DRM(Digital Right Management)과 관련한 설명으로 틀린 것은?

① 디지털 콘텐츠와 디바이스의 사용을 제한하기 위해 하드웨어 제조업자, 저작권자, 출판업자 등이 사용할 수 있는 접근 제어 기술을 의미한다.
② 디지털 미디어의 생명주기 동안 발생하는 사용 권한 관리, 과금, 유통 단계를 관리하는 기술로도 볼 수 있다.
③ 클리어링 하우스(Clearing House)는 사용자에게 콘텐츠 라이센스를 발급하고 권한을 부여해 주는 시스템을 말한다.
④ 원본을 안전하게 유통하기 위한 전자적 보안은 고려하지 않기 때문에 불법 유통과 복제의 방지는 불가능하다.

해설

- DRM은 배포를 위한 패키징 시에 디지털 콘텐츠의 지적 재산권을 보호하고 관리하는 기능을 제공하며, 안전한 유통과 배포를 보장하는 도구이자 솔루션이다.

24 다음 트리에 대한 중위 순회(In-Order Traversal) 운행 결과는?

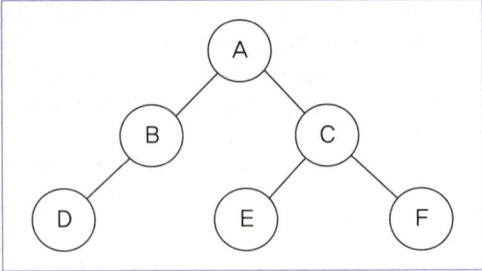

① D B A E C F
② A B D C E F
③ D B E C F A
④ A B C D E F

해설

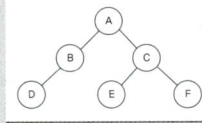	중위 순회는 Left → Root → Right 순으로 방문한다.
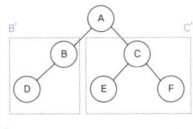	A를 루트로 두었을 때 B, D가 있는 트리를 B'로 두고 C, E, F가 있는 트리를 C'로 두면 A는 Root, B'는 Left, C'는 Right가 되므로 B' → A → C'가 된다.

- B' 트리를 중위 순회하면 다음과 같다.

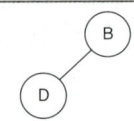	B를 루트로 두었을 때 B는 Root, D는 Left가 되므로 D → B가 된다.

- C' 트리를 중위 순회하면 다음과 같다.

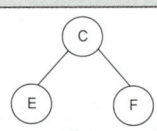	C를 루트로 두었을 때 C는 Root, E는 Left, F는 Right가 되므로 E → C → F가 된다.

- 처음에 B' → A → C'이었고, B'은 D → B이므로 합치면 (D → B) → A → C'가 된다.
- (D → B) → A → C'에서 C'은 E → C → F이므로 D → B → A → E → C → F가 된다.
- 중위 순회를 하면 D → B → A → E → C → F가 된다.

정답
23 ④ 24 ①

25 하향식 통합 테스트에 대한 설명으로 가장 옳지 않은 것은?

① 시스템구조의 위층에 있는 모듈부터 아래층의 모듈로 내려오면서 통합한다.
② 일반적으로 스텁(Stub)을 드라이버(Driver)보다 쉽게 작성할 수 있다.
③ 검사 초기에는 시스템의 구조를 사용자에게 보여줄 수 없다.
④ 상위층에서 검사 사례(Test Case)를 쓰기가 어렵다.

해설
- 하향식 통합 테스트의 특징은 다음과 같다.
  - 메인 제어 모듈은 작성된 프로그램을 사용하고, 아직 작성되지 않은 하위 모듈을 제어한다.
  - 스텁은 하위 모듈의 반환 값(Return Value)만 전달하면 되지만, 드라이버는 상위 모듈 흐름을 작성해야 하므로 스텁이 개발하기 쉽다.
  - 위에서 아래로 내려오기 때문에 검사 초기에 시스템의 구조가 파악되어야 한다.

26 소프트웨어 생명주기 모델 중 V 모델과 관련한 설명으로 틀린 것은?

① 요구 분석 및 설계 단계를 거치지 않으며 항상 통합 테스트를 중심으로 V 형태를 이룬다.
② Perry에 의해 제안되었으며 세부적인 테스트 과정으로 구성되어 신뢰도 높은 시스템을 개발하는데 효과적이다.
③ 개발 작업과 검증 작업 사이의 관계를 명확히 들어내 놓은 폭포수 모델의 변형이라고 볼 수 있다.
④ 폭포수 모델이 산출물 중심이라면 V 모델은 작업과 결과의 검증에 초점을 둔다.

해설
- V 모델은 요구 분석 및 설계 단계를 거쳐 구현, 테스트 등 각 단계를 연결하여 V 형태를 이루는 모델이다.
- V 모델은 Perry에 의해 제안되었으며 세부적인 테스트 과정으로 구성되어 신뢰도 높은 시스템을 개발하는 데 효과적이고 개발 작업과 검증 작업 사이의 관계를 명확히 들어내 놓은 폭포수 모델의 변형이라고 볼 수 있다.
- 폭포수 모델이 산출물 중심이라면 V 모델은 작업과 결과의 검증에 초점을 둔다.

27 힙 정렬(Heap Sort)에 대한 설명으로 틀린 것은?

① 정렬할 입력 레코드들로 힙을 구성하고 가장 큰 키값을 갖는 루트 노드를 제거하는 과정을 반복하여 정렬하는 기법이다.
② 평균 수행 시간은 $O(n\log_2 n)$이다.
③ 완전이진 트리(Complete Binary Tree)로 입력 자료의 레코드를 구성한다.
④ 최악의 수행 시간은 $O(2n^4)$이다.

해설
- 힙 정렬은 정렬할 입력 레코드들로 힙을 구성하고 가장 큰 키 값을 갖는 루트 노드를 제거하는 과정을 반복하여 정렬하는 알고리즘이다.
- 완전이진 트리로 입력 자료의 레코드를 구성한다.
- 힙 정렬의 수행 시간은 다음과 같다.

최적 수행 시간	$O(n\log_2 n)$
평균 수행 시간	$O(n\log_2 n)$
최악 수행 시간	$O(n\log_2 n)$

28 다음 자료를 버블 정렬을 이용하여 오름차순으로 정렬할 경우 PASS 2의 수행 결과는?

9, 6, 7, 3, 5

① 3, 5, 6, 7, 9
② 6, 7, 3, 5, 9
③ 3, 5, 9, 6, 7
④ 6, 3, 5, 7, 9

정답
25 ③ 26 ① 27 ④ 28 ④

해설

초깃값	9, 6, 7, 3, 5	• 첫 번째 값과 두 번째 값을 비교하여 큰 값을 뒤로 이동
PASS 1	6, 9, 7, 3, 5	• 두 번째 값과 세 번째 값을 비교하여 큰 값을 뒤로 이동
	6, 7, 9, 3, 5	• 세 번째 값과 네 번째 값을 비교하여 큰 값을 뒤로 이동
	6, 7, 3, 9, 5	• 네 번째 값과 다섯 번째 값을 비교하여 큰 값을 뒤로 이동
	6, 7, 3, 5, 9	• 다시 첫 번째 값과 두 번째 값을 비교하여 큰 값을 뒤로 이동
PASS 2	6, 7, 3, 5, 9	• 두 번째 값과 세 번째 값을 비교하여 큰 값을 뒤로 이동
	6, 3, 7, 5, 9	• 세 번째 값과 네 번째 값을 비교하여 큰 값을 뒤로 이동
	6, 3, 5, 7, 9	• 마지막 값(다섯 번째 값)은 PASS 1일 때 가장 큰 값이므로 PASS 2일 때 종료

29 알고리즘 설계 기법으로 거리가 먼 것은?

① Divide and Conquer
② Greedy
③ Static Block
④ Backtracking

해설

알고리즘 기법	
분동탐백	분할과 정복(Divide and Conquer) / 동적계획법(Dynamic Programming) / 탐욕법(Greedy) / 백트래킹(Backtracking)

30 소프트웨어 품질 관련 국제 표준인 ISO/IEC 25000에 관한 설명으로 옳지 않은 것은?

① 소프트웨어 품질 평가를 위한 소프트웨어 품질평가 통합모델 표준이다.
② System and Software Quality Requirements and Evaluation으로 줄여서 SQuaRE라고도 한다.
③ ISO/IEC 2501n에서는 소프트웨어의 내부 측정, 외부 측정, 사용품질 측정, 품질 측정 요소 등을 다룬다.
④ 기존 소프트웨어 품질 평가 모델과 소프트웨어 평가 절차 모델인 ISO/IEC 9126과 ISO/IEC 14598을 통합하였다.

해설

• ISO/IEC 25000는 기존 소프트웨어 품질평가 모델과 소프트웨어 평가 절차 모델인 ISO/IEC 9126과 ISO/IEC 14598을 통합한 소프트웨어 품질 평가 모델 국제 표준으로 SQuaRE(System and Software Quality Requirements and Evaluation)라고 한다.
• ISO/IEC 2502n에서 소프트웨어의 내부 측정, 외부 측정, 사용 품질 측정, 품질 측정 요소 등을 다룬다

31 자료 구조에 대한 설명으로 틀린 것은?

① 큐는 비선형 구조에 해당한다.
② 큐는 First In-First Out 처리를 수행한다.
③ 스택은 Last In-First Out 처리를 수행한다.
④ 스택은 서브루틴 호출, 인터럽트 처리, 수식 계산 및 수식 표기법에 응용된다.

해설

• 큐는 선형 구조에 해당한다.

정답

29 ③ 30 ③ 31 ①

32 테스트를 목적에 따라 분류했을 때, 강도(Stress) 테스트에 대한 설명으로 옳은 것은?

① 시스템에 고의로 실패를 유도하고 시스템이 정상적으로 복귀하는지 테스트한다.
② 시스템에 과다 정보량을 부과하여 과부하 시에도 시스템이 정상적으로 작동되는지를 테스트한다.
③ 사용자의 이벤트에 시스템이 응답하는 시간, 특정 시간 내에 처리하는 업무량, 사용자 요구에 시스템이 반응하는 속도 등을 테스트한다.
④ 부당하고 불법적인 침입을 시도하여 보안 시스템이 불법적인 침투를 잘 막아내는지 테스트한다.

해설
- 강도 테스트는 시스템 처리 능력 이상의 부하, 즉 임계점 이상의 부하를 가하여 비정상적인 상황에서의 처리를 테스트하는 기법이다.

33 테스트 케이스와 관련한 설명으로 틀린 것은?

① 테스트의 목표 및 테스트 방법을 결정하기 전에 테스트 케이스를 작성해야 한다.
② 프로그램에 결함이 있더라도 입력에 대해 정상적인 결과를 낼 수 있기 때문에 결함을 검사할 수 있는 테스트 케이스를 찾는 것이 중요하다.
③ 개발된 서비스가 정의된 요구사항을 준수하는지 확인하기 위한 입력값과 실행 조건, 예상 결과의 집합으로 볼 수 있다.
④ 테스트 케이스 실행이 통과되었는지 실패하였는지 판단하기 위한 기준을 테스트 오라클(Test Oracle)이라고 한다.

해설
- 테스트의 목표 및 테스트 방법을 결정한 이후에 테스트 케이스를 작성해야 한다.
- 테스트 케이스 작성 절차는 다음과 같다.
  ① 테스트 대상 프로젝트 범위와 접근 방법 이해를 위해서 테스트 계획 검토 및 자료 확보
  ② 위험 평가 및 우선순위 결정
  ③ 테스트 요구사항 정의
  ④ 테스트 구조 설계 및 테스트 방법 결정
  ⑤ 테스트 케이스 정의 및 작성
  ⑥ 테스트 케이스 타당성 확인 및 유지보수

34 단위 테스트에서 테스트의 대상이 되는 하위 모듈을 호출하고, 파라미터를 전달하는 가상의 모듈로 상향식 테스트에 필요한 것은?

① 테스트 스텁(Test Stub)
② 테스트 드라이버(Test Driver)
③ 테스트 슈트(Test Suites)
④ 테스트 케이스(Test Case)

해설
- 테스트 드라이버(Test Driver)는 상향식 통합시험을 위해 단위 테스트에서 테스트의 대상이 되는 하위 모듈을 호출하는 상위 모듈의 역할로, 필요에 따라 파라미터를 전달하는 가상의 모듈이다.

정답

32 ② 33 ① 34 ②

35 다음 설명에 부합하는 용어로 옳은 것은?

> - 소프트웨어 구조를 이루며, 다른 것들과 구별될 수 있는 독립적인 기능을 갖는 단위이다.
> - 하나 또는 몇 개의 논리적인 기능을 수행하기 위한 명령어들의 집합이라고도 할 수 있다.
> - 서로 모여 하나의 완전한 프로그램으로 만들어질 수 있다.

① 통합 프로그램
② 저장소
③ 모듈
④ 데이터

해설
- 모듈에 대한 설명은 다음과 같다.
- 소프트웨어 개발에 있어 기능을 단위 모듈별로 분할하고 추상화하여 성능을 향상시키고, 유지보수를 효과적으로 하기 위한 구현 기법이다.
- 소프트웨어 구조를 이루며, 다른 것들과 구별될 수 있는 독립적인 기능을 갖는 단위이다.
- 인터페이스 모듈, 데이터베이스 접근 모듈 등 통합 구현에 필요한 단위 컴포넌트를 구현한다.

36 다음 중 단위 테스트를 통해 발견할 수 있는 오류가 아닌 것은?

① 알고리즘 오류에 따른 원치 않는 결과
② 탈출구가 없는 반복문의 사용
③ 모듈 간의 비정상적 상호 작용으로 인해 원치 않은 결과
④ 틀린 계산 수식에 의한 잘못된 결과

해설
- 모듈 간의 인터페이스 관련 오류 및 결함을 찾아내기 위한 체계적인 테스트 기법은 통합 테스트이다.

37 알고리즘 시간 복잡도 O(1)이 의미하는 것은?

① 컴퓨터 처리가 불가
② 알고리즘 입력 데이터 수가 한 개
③ 알고리즘 수행 시간이 입력 데이터 수와 관계없이 일정
④ 알고리즘 길이가 입력 데이터보다 작음

해설
- 알고리즘 시간 복잡도 O(1)은 알고리즘 수행 시간이 입력 데이터 수와 관계없이 일정하다는 의미이다.

38 다음 자료에 대하여 삽입 정렬 기법을 사용하여 오름차순으로 정렬하고자 한다. 1회전 후의 결과는?

| 5, 4, 3, 2, 1 |

① 4, 3, 2, 1, 5
② 3, 4, 5, 2, 1
③ 4, 5, 3, 2, 1
④ 1, 2, 3, 4, 5

해설
- 삽입 정렬은 이미 정렬된 부분과 비교하여, 자신의 위치를 찾아 삽입하는 알고리즘이다.

초깃값	5, 4, 3, 2, 1	맨 앞의 값인 5는 정렬되어 있다고 가정
1회전	4, 5, 3, 2, 1	초깃값에서 두 번째 값인 4는 5보다 작으므로 5 앞으로 이동
2회전	3, 4, 5, 2, 1	1회전 때 세 번째 값인 3은 4보다 작으므로 4 앞으로 이동
3회전	2, 3, 4, 5, 1	2회전 때 네 번째 값인 2는 3보다 크므로 3 앞으로 이동
4회전	1, 2, 3, 4, 5	3회전 때 다섯 번째 값인 1은 2보다 작으므로 2 앞으로 이동

정답
35 ③   36 ③   37 ③   38 ③

39 EAI(Enterprise Application Integration)의 구축 유형으로 옳지 않은 것은?

① Point-to-Point
② Hub & Spoke
③ Message Bus
④ Tree

해설

EAI 구축 유형	
포허 메하	포인트 투 포인트 / 허브 앤 스포크 / 메시지 버스 / 하이브리드

40 인터페이스 구현 시 사용하는 기술 중 다음 내용이 설명하는 것은?

> JavaScript를 사용한 비동기 통신 기술로 클라이언트와 서버 간에 XML 데이터를 주고 받는 기술

① Procedure
② Trigger
③ Greedy
④ AJAX

해설
- 인터페이스 구현 시 사용하는 기술 중 JavaScript를 사용한 비동기 통신 기술로 클라이언트와 서버 간에 XML 데이터를 주고 받는 기술은 AJAX이다.

3과목 데이터베이스 구축

41 SQL에서 스키마(Schema), 도메인(Domain), 테이블(Table), 뷰(View), 인덱스(Index)를 정의하거나 변경 또는 삭제할 때 사용하는 언어는?

① DML(Data Manipulation Language)
② DDL(Data Definition Language)
③ DCL(Data Control Language)
④ IDL(Interactive Data Language)

해설
- SQL에서 스키마(Schema), 도메인(Domain), 테이블(Table), 뷰(View), 인덱스(Index)를 정의하거나 변경 또는 삭제할 때 사용하는 언어는 DDL이다.

데이터 정의어 (DDL)	· 데이터를 정의하는 언어 · 테이블이나 관계의 구조를 생성하는 데 사용
데이터 조작어 (DML)	· 데이터베이스에 저장된 자료들을 입력, 수정, 삭제, 조회하는 언어
데이터 제어어 (DCL)	· 데이터베이스 관리자가 데이터 보안, 무결성 유지, 병행 제어, 회복을 위해 사용하는 제어용 언어

42 트랜잭션의 상태 중 트랜잭션의 마지막 연산이 실행된 직후의 상태로, 모든 연산의 처리는 끝났지만, 트랜잭션이 수행한 최종 결과를 데이터베이스에 반영하지 않은 상태는?

① Active
② Partially Committed
③ Committed
④ Aborted

해설
- 마지막 명령문이 실행된 후에 가지는 상태로 모든 연산의 처리는 끝났지만, 트랜잭션이 수행한 최종 결과를 데이터베이스에 반영하지 않은 상태는 부분 완료 상태(Partially Committed)이다.

정답
39 ④ 40 ④ 41 ② 42 ②

43 관계 데이터 모델에서 릴레이션(Relation)에 관한 설명으로 옳은 것은?

① 릴레이션의 각 행을 스키마(Schema)라 하며, 예로 도서 릴레이션을 구성하는 스키마에는 도서번호, 도서명, 저자, 가격 등이 있다.
② 릴레이션의 각 열을 튜플(Tuple)이라 하며, 하나의 튜플은 각 속성에서 정의된 값을 이용하여 구성된다.
③ 도메인(Domain)은 하나의 속성이 가질 수 있는 같은 타입의 모든 값의 집합으로 각 속성의 도메인은 원자값을 갖는다.
④ 속성(Attribute)은 한 개의 릴레이션의 논리적인 구조를 정의한 것으로 릴레이션의 이름과 릴레이션에 포함된 속성들의 집합을 의미한다.

해설

스키마(Schema)	• 데이터베이스의 구조, 제약조건 등의 정보를 담고 있는 기본적인 구조
튜플(Tuple)	• 릴레이션의 행(Row)에 해당하는 요소
속성(Attribute)	• 릴레이션의 열(Column)에 해당하는 요소

44 릴레이션 조작 시 데이터들이 불필요하게 중복되어 예기치 않게 발생하는 곤란한 현상을 의미하는 것은?

① normalization
② rollback
③ cardinality
④ anomaly

해설
• 이상 현상(Anomaly)은 릴레이션 조작 시 데이터들이 불필요하게 중복되어 예기치 않게 발생하는 곤란한 현상이다.

45 다음 조건을 모두 만족하는 정규형은?

- 테이블 R에 속한 모든 도메인이 원잣값만으로 구성되어 있다.
- 테이블 R에서 키가 아닌 모든 필드가 키에 대해 함수적으로 종속되며, 키의 부분집합이 결정자가 되는 부분 종속이 존재하지 않는다.
- 테이블 R에 존재하는 모든 함수적 종속에서 결정자가 후보키이다.

① BCNF
② 제1정규형
③ 제2정규형
④ 제3정규형

해설

	데이터베이스 정규화 단계
원부이결다조	원자화(1) / 부분 함수 종속 제거(2) / 이행 함수 종속 제거(3) / 결정자 함수 종속 제거(BCNF) / 다치 종속성 제거(4) / 조인 종속성 제거(5)

46 릴레이션 R1에 속한 애트리뷰트의 조합인 외래키를 변경하려면 이를 참조하고 있는 릴레이션 R2의 기본키도 변경해야 하는데 이를 무엇이라 하는가?

① 정보 무결성
② 고유 무결성
③ 널 제약성
④ 참조 무결성

해설
• 참조 무결성은 릴레이션 R1에 속한 애트리뷰트의 조합인 외래키를 변경하려면 이를 참조하고 있는 릴레이션 R2의 기본키도 변경해야 하는 무결성이다.

정답
43 ③ 44 ④ 45 ① 46 ④

47 관계 대수의 순수관계 연산자가 아닌 것은?

① join
② project
③ division
④ section

해설

- section은 순수관계 연산자가 아니다.

순수 관계 연산자	
셀프조디	셀렉트 / 프로젝트 / 조인 / 디비전

48 릴레이션에 있는 모든 튜플에 대해 유일성은 만족시키지만 최소성은 만족시키지 못하는 키는?

① 후보키
② 기본키
③ 슈퍼키
④ 외래키

해설

- 모든 튜플에 대해 유일성은 만족하지만 최소성은 만족하지 못하는 키는 슈퍼키이다.

후보키	• 유일성, 최소성 만족 • 수퍼키 중에서 최소성을 만족하는 키
기본키	• 유일성, 최소성 만족 • 테이블의 각 튜플을 고유하게 식별하는 컬럼
대체키	• 유일성, 최소성 만족 • 기본키를 제외한 나머지 후보키
외래키	• 테이블 간의 참조 데이터 무결성을 위한 제약조건, 한 릴레이션의 컬럼이 다른 릴레이션의 기본키로 이용되는 키

49 학적 테이블에서 전화번호가 NULL 값이 아닌 학생명을 모두 검색할 때, SQL 구문으로 옳은 것은?

① SELECT 학생명 FROM 학적 WHERE 전화번호 DON'T NULL;
② SELECT 학생명 FROM 학적 WHERE 전화번호 != NOT NULL;
③ SELECT 학생명 FROM 학적 WHERE 전화번호 IS NOT NULL;
④ SELECT 학생명 FROM 학적 WHERE 전화번호 IS NULL;

해설

- NULL에 대한 연산자는 "IS NULL"(NULL 값인 것), "IS NOT NULL"(NULL 값이 아닌 것) 두 가지가 있다.
- IS NOT NULL로 검색하면 NULL이 아닌 값을 찾을 수 있다.

50 물리 데이터 저장소의 파티션 설계에서 파티션 유형으로 옳지 않은 것은?

① 범위 분할(Range Partitioning)
② 해시 분할(Hash Partitioning)
③ 조합 분할(Composite Partitioning)
④ 유닛 분할(Unit Processing)

해설

파티셔닝 유형	
레해리컴라	Range Partitioning(범위 분할) / Hash Partitioning(해시 분할) / List Partitioning(목록 분할) / Composite Partitioning(조합 분할) / Round-Robin(라운드 로빈)

정답

47 ④ 48 ③ 49 ③ 50 ④

51 SELECT절에서 중복값을 제거하는 명령어로 알맞은 것은?
① SELECT ② DISTINCT
③ FROM   ④ ORDER BY

해설
- SELECT절에서 중복값을 제거하는 명령어는 DISTINCT이다.

SELECT	검색하고자 하는 속성명을 기술함
FROM	질의에 의해 검색될 데이터들을 포함하는 테이블명을 기술함
ORDER BY	속성값을 정렬하고자 할 때 사용

52 분산 데이터베이스의 투명성(Transparency) 중 사용자나 응용 프로그램이 접근할 데이터의 물리적 위치를 알아야 할 필요가 없는 성질에 해당하는 투명성은?
① 위치 투명성(Location Transparency)
② 복제투명성(Replication Transparency)
③ 병행 투명성(Concurrency Transparency)
④ 분할 투명성(Fragmentation Transparency)

해설
- 사용자나 응용 프로그램이 접근할 데이터의 물리적 위치를 알아야 할 필요가 없는 성질은 위치 투명성이다.

53 병행 제어의 로킹(Locking) 단위에 대한 설명으로 옳지 않은 것은?
① 데이터베이스, 파일, 레코드 등은 로킹 단위가 될 수 있다.
② 로킹 단위가 작아지면 로킹 오버헤드가 감소한다.
③ 로킹 단위가 작아지면 데이터베이스 공유도가 증가한다.
④ 한꺼번에 로킹 할 수 있는 객체의 크기를 로킹 단위라고 한다.

해설
- 로킹 단위 크면 오버헤드는 높아지고, 병행성 수준은 낮아진다.

54 관계 해석에서 'for all: 모든 것에 대하여'의 의미를 나타내는 논리 기호는?
① ∃   ② ∈
③ ∀   ④ ∪

해설
- for all에서 All의 'A'를 뒤집어 놓은 형태인 '∀'가 정답이다.

55 시스템 카탈로그에 대한 설명으로 틀린 것은?
① 시스템 카탈로그는 DBMS가 스스로 생성하고 유지하는 데이터베이스 내의 특별한 테이블들의 집합체이다.
② 일반 사용자도 SQL을 이용하여 시스템 카탈로그를 직접 갱신할 수 있다.
③ DBMS는 자동적으로 시스템 카탈로그 테이블들의 행을 삽입, 삭제, 수정한다.
④ 시스템 카탈로그는 데이터베이스 구조에 관한 메타 데이터를 포함한다.

해설
- 시스템 카탈로그는 일반 사용자가 조회는 가능하나 갱신은 할 수 없다.

정답
51 ②　52 ①　53 ②　54 ③　55 ②

56. A의 원소는 B의 여러 원소와 대응할 수 있지만 B의 원소는 A의 원소 하나만 대응 가능한 것은 무슨 관계인가?

① 1:N 관계
② 1:1 관계
③ N:M 관계
④ 자기참조관계

해설

1:1 관계	• A의 원소와 B의 원소가 하나만 대응이 가능한 관계
1:N 관계	• A의 원소는 B의 여러 원소와 대응할 수 있지만 B의 원소는 A의 원소 하나만 대응 가능한 관계
N:M 관계	• A의 원소는 B의 여러 원소와 대응할 수 있고 B의 원소도 A의 여러 원소와 대응 가능한 관계
자기참조관계	• 자기자신과 관계를 맺는 관계

57. 뷰(VIEW)에 대한 설명으로 틀린 것은?

① 뷰 위에 또 다른 뷰를 정의할 수 있다.
② 뷰에 대한 조작에서 삽입, 갱신, 삭제 연산은 제약이 따른다.
③ 뷰의 정의는 기본 테이블과 같이 ALTER 문을 이용하여 변경한다.
④ 뷰가 정의된 기본 테이블이 제거되면 뷰도 자동적으로 제거된다.

해설
• 뷰(View)는 변경할 수 없으므로 삭제 후 생성(DROP → CREATE)해야 한다.

58. 다음 SQL 실행 결과로 가장 알맞은 것은?

[SQL]

```
SELECT 학과명, 학번 FROM R1
WHERE 학번 = (SELECT 학번 FROM R2
WHERE 이름 = '김철수');
```

[R1] 테이블

학번	학과명
1000	컴퓨터학과
2000	건축과
3000	전자공학
4000	전기과

[R2] 테이블

학번	이름
1000	홍길동
2000	장길산
3000	임꺽정
4000	김철수

①
학과명	학번
컴퓨터학과	1000
전기과	4000

②
학과명	학번
컴퓨터학과	1000
건축과	2000
전기과	4000

③
학과명	학번
전기과	4000

④
학과명	학번
전자공학	3000
전기과	4000

해설
SELECT 학번 FROM R2 WHERE 이름 = '김철수'를 실행한 결과는 아래와 같다.

학번
4000

학번이 4000인 학과명, 학번을 조회한다.
SELECT 학과명, 학번 FROM R1 WHERE 학번 = 4000;

학과명	학번
전기과	4000

정답
56 ①　57 ③　58 ③

59 SQL 문장의 기술이 적당치 않은 것은?

① SELECT … FROM … WHERE …
② INSERT … ON … VALUES …
③ UPDATE … SET … WHERE …
④ DELETE FROM … WHERE …

해설
- INSERT 명령어는 다음과 같다.
  INSERT INTO 테이블명(속성명1, …) VALUES(데이터1, …);

60 관계 해석에 대한 설명으로 틀린 것은?

① 튜플 관계 해석과 도메인 관계 해석이 있다.
② 질의에 대한 해를 구하기 위해 수행해야 할 연산의 순서를 명시해야 하는 절차적인 언어이다.
③ 릴레이션을 정의하는 방법을 제공한다.
④ 수학의 프레디킷 해석(Predicate Calculus)에 기반을 두고 있다.

해설

관계 대수와 관계 해석	
대절해비	관계 대수는 절차적 언어 / 관계 해석은 비절차적 언어

4과목 프로그래밍 언어 활용

61 다음 C언어 프로그램이 실행되었을 때, 실행 결과는?

01	#include <stdio.h>
02	int main(int argc, char *argv[ ]){
03	int a = 1, b = 2;
04	int r = (++a, a++, b++);
05	printf("%d", r);
06	return 0;
07	}

① 1   ② 2   ③ 3   ④ 4

해설

03	• 정수형 변수 a는 1, b는 2로 초기화
04	• 콤마 연산자로 (++a), (a++), (r = b++) 순서대로 실행 • (++a)를 하면 a는 2가 되고, (a++)을 하면 a는 3이 됨 • (r = b++)을 하면 b 값인 2를 r에 대입한 후에 b를 1 증가시켜서 b는 3이 됨
05	• r 값인 2를 출력

62 다음 C언어 프로그램이 실행되었을 때, 실행 결과는?

01	#include <stdio.h>
02	int main(int argc, char *argv[ ]){
03	int a = 1, b = 2;
04	if(a < b){
05	if(a != 1);
06	printf("A");
07	printf("B");
08	}
09	else
10	printf("C");
11	
12	return 0;
13	}

① A   ② B   ③ AB   ④ C

정답
59 ②　60 ②　61 ②　62 ③

해설

03	• 정수형 변수 a는 1, b는 2로 초기화
04	• a < b는 1 < 2이므로 참이 되어 if 문을 실행
05	• a != 1은 1 != 1이므로 거짓이 되어 if 문은 거짓이 됨 • if 문에 세미콜론이 바로 붙어 있으면 조건만 보고 아무것도 하지 않는 것과 같음
06	• A를 출력
07	• B를 출력
08	• 04라인의 if 문 블록이 끝
09~10	• 04~08라인의 if 문을 실행했으므로 else 문은 실행하지 않음

63 다음 C언어 프로그램에서 밑줄친 부분과 같은 의미를 가지는 코드는?

```
01    #include <stdio.h>
02    int main( ){
03      int a, b;
04      for(a = 0; a < 2; a++)
05        for(b = 0; b < 2; b++)
06          printf("%d", !a && !b);
07      return 0;
08    }
```

① !a || !b
② !(a || b)
③ !(a && b)
④ a || b

해설

• !a && !b는 a = 0, b = 0일 때만 1이고, 나머지일 때는 0이 된다.

a	b	!a	!b	!a && !b
0	0	1	1	1
0	1	1	0	0
1	0	0	1	0
1	1	0	0	0

• !(a || b)일 때 a = 0, b = 0일 때만 1이고, 나머지일 때는 0이 된다.

a	b	①	②	③	④
0	0	1	1	1	0
0	1	1	0	1	1
1	0	1	0	1	1
1	1	0	0	0	1

• 드모르간 법칙(De Morgan's Law)에 의해서 !a && !b은 !(a || b)과 같고, !a || !b는 !(a && b)와 같다.

64 TCP, UDP 등의 프로토콜을 이용하여 서버나 네트워크의 트래픽을 로드 밸런싱하는 장비는?

① L4 스위치
② 브리지
③ 허브
④ 라우터

해설

L4 스위치 (L4 Switch)	• 4계층에서 네트워크 단위들을 연결하는 통신 장비 • TCP/UDP 등 스위칭 수행 • 서버나 네트워크의 트래픽을 로드 밸런싱하는 스위치
브리지 (Bridge)	• 두 개의 근거리 통신망(LAN)을 서로 연결해 주는 통신망
허브 (Hub)	• 여러 대의 컴퓨터를 연결하여 네트워크로 보내거나, 하나의 네트워크로 수신된 정보를 여러 대의 컴퓨터로 송신하기 위한 장비
라우터 (Router)	• 서로 다른 네트워크 대역에 있는 호스트들 상호 간에 통신할 수 있도록 해주는 네트워크 장비

65 다음 파이썬 프로그램이 실행되었을 때, 실행 결과는?

```
01    x = [[0 for a in range(2)] for b in range(4)]
02    print(x)
```

① [0, 0]
② [[0, 0], [0, 0], [0, 0], [0, 0]]
③ [[0, 1], [0, 1], [0, 1], [0, 1]]
④ [[0, 0], [1, 1], [2, 2], [3, 3]]

해설

01	• 내부 리스트 [0 for a in range(2)]는 0을 2번 사용하므로 [0, 0]이 됨 • 바깥쪽 리스트 [[0, 0] for b in range(4)]는 [0, 0]을 4번 사용하므로 [[0, 0], [0, 0], [0, 0], [0, 0]]가 되어, x에 [[0, 0], [0, 0], [0, 0], [0, 0]]를 대입
02	• x 값인 [[0, 0], [0, 0], [0, 0], [0, 0]]를 출력

정답

63 ② 64 ① 65 ②

66 RIP 라우팅 프로토콜에 대한 설명으로 틀린 것은?

① 경로 선택 매트릭은 홉 카운트(Hop Count) 이다.
② 라우팅 프로토콜을 IGP와 EGP로 분류했을 때 EGP에 해당한다.
③ 최단 경로 탐색에 Bellman-Ford 알고리즘을 사용한다.
④ 각 라우터는 이웃 라우터들로부터 수신한 정보를 이용하여 라우팅 표를 갱신한다.

해설

IGP(Internal Gateway Routing Protocol)	RIP, OSPF
EGP(External Gateway Routing Protocol)	BGP

67 4개의 프레임을 수용할 수 있는 주기억 장치가 있으며, 초기에는 모두 비어 있다고 가정한다. 다음의 순서로 페이지 참조가 발생할 때, FIFO 페이지 교체 알고리즘을 사용할 경우 페이지 결함의 발생 횟수는?

페이지 참조 순서: 1, 2, 3, 1, 2, 4, 5, 1, 4

① 4회   ② 5회   ③ 6회   ④ 7회

해설
- 페이지 결함 발생 횟수는 6회이다.
- FIFO 알고리즘은 주기억 장치 페이지에 순차적으로 참조 스트링이 들어오고, 페이지 교체는 가장 먼저 들어온 페이지부터 교체한다.

참조 스트링	1	2	3	1	2	4	5	1	4
페이지 프레임	1	2	3	1	2	4	5	1	4
		1	2	2	2	3	4	5	5
			1	1	1	2	3	4	4
						1*	2*	3	3
페이지 부재	①	②	③			④	⑤	⑥	

① 참조 스트링 1이 페이지 프레임에 없으므로 페이지 부재
② 참조 스트링 2가 페이지 프레임에 없으므로 페이지 부재
③ 참조 스트링 3이 페이지 프레임에 없으므로 페이지 부재
④ 참조 스트링 4가 페이지 프레임에 없으므로 페이지 부재
⑤ 참조 스트링 5가 페이지 프레임에 없으므로 페이지 부재가 일어나고, 가장 먼저 들어온 1이 빠짐
⑥ 참조 스트링 1이 페이지 프레임에 없으므로 페이지 부재가 일어나고, 페이지 프레임에서 더 먼저 들어온 2가 빠짐

68 UNIX에서 새로운 프로세스를 생성하는 명령어는?

① ls
② cat
③ fork
④ chmod

해설

ls	자신이 속해있는 폴더 내에서의 파일 및 폴더들의 목록(list)을 표시하는 명령어
cat	파일의 내용을 화면에 출력하는 명령어
fork	새로운 프로세스를 생성하는 명령어
chmod	특정 파일 또는 디렉터리의 퍼미션을 수정하는 명령어

69 OSI 7계층 중 암호화, 코드 변환, 데이터 압축의 역할을 담당하는 계층은?

① Data Link Layer
② Application Layer
③ Presentation Layer
④ Session Layer

해설

데이터 링크 계층 (Data Link Layer)	어떤 전송 링크와 노드를 거쳐 패킷을 전달할 것인지의 경로 선택을 규정하는 계층
응용 계층 (Application Layer)	응용 프로세스와 직접 관계하여 일반적인 응용 서비스를 수행하는 역할을 담당하는 계층
표현 계층 (Presentation Layer)	응용 프로세스 간에 데이터 표현상의 차이와 상관없이 통신할 수 있도록 독립성을 제공하는(코드 변환, 데이터 압축 등) 계층
세션 계층 (Session Layer)	애플리케이션 간의 통신을 위한 제어구조를 제공하는 계층

정답

66 ②   67 ③   68 ③   69 ③

70 자바스크립트(JavaScript)와 관련한 설명으로 틀린 것은?

① 프로토타입(Prototype)의 개념이 존재한다.
② 컴파일 언어로 타입 검사를 엄격하게 한다.
③ Prototype Link와 Prototype Object를 활용할 수 있다.
④ 객체 기반의 스크립트 프로그래밍 언어다.

해설
- 자바스크립트의 특징은 다음과 같다.
- 객체 기반의 스크립트 프로그래밍 언어
- 타입을 명시할 필요가 없는 인터프리터 언어
- 웹 브라우저 내에서 주로 사용하며, 다른 응용 프로그램의 내장 객체에도 접근할 수 있는 기능이 존재
- 자바스크립트는 브라우저마다 지원되는 버전이 상이
- 프로토타입(Prototype)의 개념이 존재하고, Prototype Link와 Prototype Object를 활용할 수 있음

71 다음 자바 프로그램이 실행되었을 때, 실행 결과는?

```
01    class Rectangle {
02      private int width = 0;
03      private int height = 0;
04      public int area( ) {
05        return this.width * this.height;
06      }
07      public Rectangle(int width, int height) {
08        this.width = width;
09        this.height = height;
10      }
11    }
12    public class Soojebi {
13      public static void main(String[ ] args) {
14        int x = 10;
15        int y = 20;
16        Rectangle rec = new Rectangle(x, y);
17        int area = rec.area();
18        System.out.println("area=" + area);
19      }
20    }
```

① area=0
② area=10
③ area=20
④ area=200

해설

13	• main 메서드부터 시작
14	• x 변수에 10을 대입
15	• y 변수에 20을 대입
16	• 생성자 Rectangle(10, 20)을 실행
07	• Rectangle(10, 20)에 의해 실행되므로 width = 10, height = 20이 됨
08	• width 값 10을 Rectangle의 width 변수에 대입
09	• height 값 20을 Rectangle의 height 변수에 대입
16	• rec 변수에 Rectangle 인스턴스를 대입
17	• rec.area( )를 실행
04~06	• Rectangle 인스턴스에 width = 10, height = 20이었으므로 10*20 = 200을 반환
17	• rec.area( )는 200이므로 area = 200이 됨
18	• area는 200이므로 "area=" + 200인 "area=200"을 출력

72 C언어에서 비트 논리 연산자에 해당하지 않는 것은?

① ^
② ?
③ &
④ ~

해설

&	• 두 값을 비트로 연산하여 같은 비트의 값이 모두 1이면 해당 비트 값이 1이 되고, 그렇지 않으면 0이 되는 연산자
|	• 두 값을 비트로 연산하여 같은 비트의 값이 하나라도 1이면 해당 비트 값이 1이 되고, 그렇지 않으면 0이 되는 연산자
^	• 두 값을 비트로 연산하여 같은 비트의 값이 서로 다르면 해당 비트 값이 1이 되고, 그렇지 않으면 0이 되는 연산자
~	• 모든 비트의 값을 반대로 바꾸는 반전 기능을 하는 연산자

정답
70 ② 71 ④ 72 ②

73 프레임워크(Framework)에 대한 설명으로 옳은 것은?

① 소프트웨어 구성에 필요한 기본 구조를 제공함으로써 재사용이 가능하게 해준다.
② 소프트웨어 개발 시 구조가 잡혀있기 때문에 확장이 불가능하다.
③ 소프트웨어 아키텍처(Architecture)와 동일한 개념이다.
④ 모듈화(Modularity)가 불가능하다.

해설
- 프레임워크(Framework)는 소프트웨어 구성에 필요한 기본 구조를 제공함으로써 재사용이 가능하게 해준다.

74 다음 C언어 프로그램이 실행되었을 때의 결과는?

```
01  #include <stdio.h>
02  int main( ){
03    char a;
04    a = 'A' + 1;
05    printf("%d", a);
06    return 0;
07  }
```

① 1　　② 11
③ 66　　④ 98

해설

02	• main 함수의 시작 부분(프로그램이 제일 처음 실행되는 부분)
03	• 문자 타입 변수 a를 선언
04	• 'A'의 아스키 코드가 65이므로 'A'+1은 66이 됨 • 'A'+1인 66을 a 변수에 대입
05	• a를 화면에 출력함

75 TCP/IP 계층 구조에서 IP의 동작 과정에서의 전송 오류가 발생하는 경우에 대비해 오류 정보를 전송하는 목적으로 사용하는 프로토콜은?

① ECP(Error Checking Protocol)
② ARP(Address Resolution Protocol)
③ ICMP(Internet Control Message Protocol)
④ PPP(Point-to-Point Protocol)

해설
- TCP/IP 계층 구조에서 IP의 동작 과정에서의 전송 오류가 발생하는 경우에 대비해 오류 정보를 전송하는 목적으로 사용하는 프로토콜은 ICMP이다.

ARP	• IP 네트워크상에서 IP 주소를 MAC 주소(물리 주소)로 변환하는 프로토콜
PPP	• 네트워크 분야에서 두 통신 노드 간의 직접적인 연결을 위해 일반적으로 사용되는 데이터 링크 프로토콜

76 시간적 구역성(Temporal Locality)과 거리가 먼 것은?

① 루프
② 서브루틴
③ 배열 순회
④ 스택

해설
- 배열 순회는 공간적 구역성에 활용된다.
- 시간적 구역성(Temporal Locality)은 Loop(반복, 순환), 스택(Stack), 부 프로그램(Sub Routine), Counting(1씩 증감), 집계(Totaling)에 사용되는 변수(기억장소)에 활용된다.

정답
73 ①　74 ③　75 ③　76 ③

77 은행가 알고리즘(Banker's Algorithm)은 교착상태의 해결 방법 중 어떤 기법에 해당하는가?

① Avoidance
② Detection
③ Prevention
④ Recovery

해설
- 회피기법에는 은행가 알고리즘, Wound-Wait, Wait-Die가 있다.

78 C 언어에서의 변수 선언으로 틀린 것은?

① int else;
② int Test2;
③ int pc;
④ int True;

해설
- else는 이미 사용되고 있는 예약어로 변수로 사용할 수 없다.

구분	규칙	사용 가능 예시	사용 불가능 예시
사용 가능 문자	영문 대문자/소문자, 숫자, 밑줄('_')의 사용이 가능	a, A, a1, _, _hello	?a, ⟨a
변수 사용 규칙	첫 자리에는 숫자를 사용할 수 없음	_1, a1, a100	1, 1a, 1A, 1234
	변수 이름의 중간에는 공백을 사용할 수 없음	my_student	my student
변수 의미 부여	이미 사용되고 있는 예약어의 경우에는 변수로 사용할 수 없음	For, If, While	int, short, long, for, while, do, continue, break, if, else

79 JAVA의 예외(Exception)와 관련된 설명으로 틀린 것은?

① 문법 오류로 인해 발생한 것
② 오동작이나 결과에 악영향을 미칠 수 있는 실행시간 동안에 발생한 오류
③ 배열의 인덱스가 그 범위를 넘어서는 경우 발생하는 오류
④ 존재하지 않는 파일을 읽으려고 하는 경우에 발생하는 오류

해설
- 예외(Exception)는 문법 오류로 인해 발생하는 것이 아니다.
- 예외는 개발자가 구현한 코드에서 발생하며, 발생할 상황을 미리 예측하여 처리할 수 있도록 만든 안전장치이다.
- 주요 예외는 다음과 같다.

RuntimeException	오동작이나 결과에 악영향을 미칠 수 있는 실행시간 동안에 발생한 오류
ArrayIndexOutOfBoundsException	배열의 인덱스가 그 범위를 넘어서는 경우 발생하는 오류
FileNotFoundException	존재하지 않는 파일을 읽으려고 하는 경우에 발생하는 오류

80 IEEE 802.11 워킹 그룹의 무선 LAN 표준화 현황 중 QoS 강화를 위해 MAC 기능 지원을 채택한 것은?

① 802.11a
② 802.11b
③ 802.11g
④ 802.11e

해설

802.11a	5GHz 대역에서 54Mbps 속도를 제공
802.11b	2.4GHz 대역에서 11Mbps 속도를 제공
802.11g	802.11b와 비슷하나 속도가 향상(22Mbps 이상)
802.11e	QoS 강화를 위해 MAC 지원 기능을 채택 / 초고속 서비스(IP 전화, 비디오)에 QoS를 제공

정답
77 ① 78 ① 79 ① 80 ④

5과목 정보시스템 구축관리

81 암호문에 대응하는 일부 평문이 가용한 상황에서의 암호공격 방법은?

① 암호문 단독 공격
② 알려진 평문 공격
③ 선택 평문 공격
④ 선택 암호문 공격

해설

암호문 단독 공격 (COA; Ciphertext Only Attack)	• 공격자가 암호문만을 가지고, 암호 시스템을 분석하거나 평문을 추측하는 공격 기법
알려진 평문 공격 (KPA; Known Plaintext Attack)	• 공격자가 일부 암호문-평문 쌍을 가지고 있을 때, 암호 시스템을 해독하려는 공격 기법
선택 평문 공격 (CPA; Chosen Plaintext Attack)	• 공격자가 자유롭게 선택한 평문을 암호화하여 해당 암호문을 얻을 수 있는 상황에서, 암호 시스템을 공격하는 기법
선택 암호문 공격 (CCA; Chosen Ciphertext Attack)	• 공격자가 자유롭게 선택한 암호문을 복호화하여 해당하는 평문을 얻을 수 있는 상황에서, 암호 시스템을 공격하는 기법

82 물리적 위협으로 인한 문제에 해당하지 않는 것은?

① 화재, 홍수 등 천재지변으로 인한 위협
② 하드웨어, 파손, 고장으로 인한 장애
③ 방화, 테러로 인한 하드웨어와 기록장치를 물리적으로 파괴하는 행위
④ 방화벽 설정의 잘못된 조작으로 인한 네트워크 서버 보안 위협

해설

- 보안 위협의 종류에는 인적 위협, 기술적 위협, 물리적 위협이 있다.
- 방화벽 설정의 잘못된 조작으로 인한 네트워크, 서버 보안 위협은 기술적 위협이다.
- 물리적 위협은 다음과 같다.

자연재해	• 화재, 홍수, 낙뢰, 지진 등으로 인한 천재지변으로 인한 위협
장애	• 하드웨어 파손, 고장으로 인한 장애 위협
파괴 행위	• 방화, 테러로 인한 하드웨어와 기록장치를 물리적으로 파괴하는 행위

83 다음 설명에 해당하는 시스템은?

- 1990년대 David Clock이 처음 제안하였다.
- 비정상적인 접근의 탐지를 위해 의도적으로 설치해 둔 시스템이다.
- 침입자를 속여 실제 공격당하는 것처럼 보여줌으로써 크래커를 추적 및 공격 기법의 정보를 수집하는 역할을 한다.
- 쉽게 공격자에게 노출되어야 하며 쉽게 공격이 가능한 것처럼 취약해 보여야 한다.

① Apache
② Hadoop
③ Honeypot
④ MapReduce

해설

- 비정상적인 접근의 탐지를 위해 의도적으로 설치해 둔 시스템은 허니팟이다.

Apache	• 아파치 소프트웨어 프로젝트를 지원하는 비영리 재단
Hadoop	• 대용량 데이터처리를 위한 오픈 소스 기반의 분산 컴퓨팅 플랫폼
Honeypot	• 비정상적인 접근의 탐지를 위해 의도적으로 설치해 둔 시스템
MapReduce	• 대용량 데이터를 분산 처리하기 위한 목적으로 개발된 프로그래밍 모델

정답
81 ②　82 ④　83 ③

84 다음에서 설명하는 용어로 올바른 것은?

- 클라우드를 통해 GPU 자원을 필요할 때마다 유연하게 사용할 수 있는 서비스
- 사용자가 직접 고가의 GPU 하드웨어를 구매하거나 유지 관리하지 않고도 인터넷을 통해 GPU 자원을 빌려서 사용할 수 있는 서비스
- 대규모 데이터 세트 학습 시 병렬 연산 수행 및 그래픽 렌더링 처리 시 활용됨

① GPUaaS
② BaaS
③ SDDC
④ TensorFlow

해설
- 클라우드 기반에서 GPU를 제공하는 서비스는 GPUaaS (GPU as a Service)이다.

85 다음 중 위험관리 절차의 순서로 맞는 것은?

① 위험 분석 및 평가 → 위험관리 계획 → 위험 감시 및 조치 → 위험 식별
② 위험 식별 → 위험 분석 및 평가 → 위험관리 계획 → 위험 감시 및 조치
③ 위험관리 계획 → 위험 식별 → 위험 감시 및 조치 → 위험 분석 및 평가
④ 위험 감시 및 조치 → 위험 식별 → 위험 분석 및 평가 → 위험관리 계획

해설
- 위험 관리 절차는 위험 식별 → 위험 분석 및 평가 → 위험 관리 계획 → 위험 감시 및 조치 순이다.

86 서비스 지향 아키텍처 기반 애플리케이션을 구성하는 층이 아닌 것은?

① 표현 층
② 프로세스 층
③ 제어 클래스 층
④ 비즈니스 층

해설
- SOA는 서비스라고 정의되는 분할된 애플리케이션 조각들을 느슨한 결합을 통해 하나의 완성된 애플리케이션을 구현하기 위한 아키텍처이다.
- SOA는 비즈니스 층, 표현 층, 프로세스 층으로 구성되어 있다.

87 소프트웨어 비용 추정 모형(Estimation Models)이 아닌 것은?

① COCOMO
② Putnam
③ Function-Point
④ PERT

해설
- PERT는 주어진 프로젝트가 얼마나 완성되었는지 분석하는 일정 산정기법이다.
- 비용 추정 모형은 다음과 같다.

하향식 비용 산정 방법	전문가 감정 기법, 델파이 기법
상향식 비용 산정 방법	코드 라인 수(LoC), M/M, COCOMO 모형, Putnam 모형, FP 모형, 개발 단계별 노력 기법

정답
84 ①　85 ②　86 ③　87 ④

88. Secure 코딩에서 입력 데이터의 보안 약점과 관련한 설명으로 틀린 것은?

① SQL 삽입: 사용자의 입력값 등 외부 입력값이 SQL 쿼리에 삽입되어 공격
② 크로스 사이트 스크립트: 검증되지 않은 외부 입력값에 의해 브라우저에서 악의적인 코드가 실행
③ 운영체제 명령어 삽입: 운영체제 명령어 파라미터 입력값이 적절한 사전 검증을 거치지 않고 사용되어 공격자가 운영체제 명령어를 조작
④ 자원 삽입: 사용자가 내부 입력값을 통해 시스템 내에 사용이 불가능한 자원을 지속적으로 입력함으로써 시스템에 과부하 발생

해설

- 시큐어 코딩에서 입력 데이터의 보안 약점에 대한 주요 공격은 다음과 같다.

구분	설명
SQL 삽입	사용자의 입력값 등 외부 입력값이 SQL 쿼리에 삽입되어 공격
크로스 사이트 스크립트(XSS)	검증되지 않은 외부 입력값에 의해 브라우저에서 악의적인 코드가 실행
운영체제 명령어 삽입	운영체제 명령어 파라미터 입력값이 적절한 사전 검증을 거치지 않고 사용되어, 공격자가 운영체제 명령어를 조작
경로 조작 및 자원 삽입	외부 입력된 값의 사전 검증이 없거나 잘못될 처리될 경우, 입력값 조작을 통해 시스템이 보호하는 자원에 임의로 접근할 수 있는 보안 약점 발생

89. 국내 IT서비스 경쟁력 강화를 목표로 개발되었으며 인프라 제어 및 관리 환경, 실행 환경, 개발 환경, 서비스 환경, 운영 환경으로 구성된 개방형 클라우드 컴퓨팅 플랫폼은?

① N2OS
② PaaS-TA
③ KAWS
④ Metaverse

해설

구분	설명
파스타 (PaaS-TA)	국내 IT서비스 경쟁력 강화를 목표로 개발되었으며 인프라 제어 및 관리 환경, 실행 환경, 개발 환경, 서비스 환경, 운영 환경으로 구성된 NIA 주도로 개발된 개방형 클라우드 컴퓨팅 플랫폼
메타버스 (Metaverse)	가상·초월과 세계·우주의 합성어로서, 3차원 가상 세계를 뜻하는 용어임. 정치·경제·사회·문화의 전반적 측면에서 현실과 비현실 모두 공존할 수 있는 생활형·게임형 가상 세계

90. 서버에 열린 포트 정보를 스캐닝해서 보안 취약점을 찾는 데 사용하는 도구는?

① type
② mkdir
③ ftp
④ nmap

해설

- nmap은 윈도우, 리눅스 포트 스캔 툴로 서버에 열린 포트 정보를 스캐닝해서 보안 취약점을 찾는다.

정답
88 ④   89 ②   90 ④

91 사용자가 자신의 ID와 패스워드를 제3자 애플리케이션에 직접 제공하지 않고, 특정한 자원에 대한 접근 권한을 안전하게 위임할 수 있도록 설계된 오픈 표준 인증 프레임워크는 무엇인가?

① FIDO(Fast IDentity Online)
② SECaaS(Security as a Service)
③ OAuth(Open Authorization)
④ SaaS(Software as a Service)

해설
- 사용자가 자신의 ID/PW를 제3자 애플리케이션에 직접 제공하지 않고, 특정한 자원에 대한 접근 권한을 안전하게 위임할 수 있도록 설계된 오픈 표준 인증 프레임워크는 OAuth이다.

92 다음에서 설명하는 보안 용어로 올바른 것은?

- 사이버 공격을 프로세스 기반으로 분석하여 각 단계에서 가해지는 위협 요소를 파악하고 공격을 완화하기 위해, 공격할 때 쓰는 방법을 7단계로 정의한 공격 분석 모델이다.
- 록히드 마틴의 공격형 방위시스템이라고 부른다.

① Stuxnet
② Obfuscation
③ Cyberbullying
④ Cyber Kill Chain

해설
- 사이버 공격을 프로세스 기반으로 분석하여 각 단계에서 가해지는 위협 요소를 파악하고 공격을 완화하기 위해, 공격할 때 쓰는 방법을 7단계로 정의한 공격 분석 모델은 사이버 킬체인(Cyber Kill Chain)이다.

93 기존 무선 랜의 한계 극복을 위해 등장하였으며, 대규모 디바이스의 네트워크 생성에 최적화되어 차세대 이동통신, 홈네트워킹, 공공안전 등의 특수목적을 위한 새로운 방식의 네트워크 기술을 의미하는 것은?

① Software Defined Perimeter
② Virtual Private Network
③ Local Area Network
④ Mesh Network

해설

SDP (Software Defined Perimeter)	인증 및 인가가 되기 전에는 DNS 정보나 IP 주소를 알 수 없는 '블랙 클라우드(Black Cloud)' 네트워크로 동작하는 컴퓨터 보안 접근 방식
VPN (Virtual Private Network)	공중 네트워크를 통해 몇몇 단체의 내용을 외부에 드러내지 않고 통신 할 목적으로 쓰이는 사설 통신망
LAN (Local Area Network)	네트워크 매체를 이용하여 집, 사무실, 학교 등의 건물과 같은 가까운 지역을 한 데 묶는 컴퓨터 네트워크
Mesh Network	기존 무선 랜의 한계 극복을 위해 대규모 디바이스의 네트워크 생성에 최적화되어 차세대 이동통신, 홈 네트워킹, 공공 안전 등의 특수목적을 위한 새로운 방식의 네트워크 기술

정답
91 ③   92 ④   93 ④

94 다음 설명에 해당하는 공격 기법은?

> 시스템 공격 기법 중 하나로 허용범위 이상의 ICMP 패킷을 전송하여 대상 시스템의 네트워크를 마비시킨다.

① Ping of Death
② Session Hijacking
③ Piggyback Attack
④ XSS

해설

죽음의 핑 (PoD; Ping of Death)	• ICMP 패킷(Ping)을 정상적인 크기보다 아주 크게 만들어 전송하면 다수의 단편화가 발생하고, 수신 측에서는 단편화된 패킷을 처리(재조합)하는 과정에서 많은 부하가 발생하여 정상적인 서비스를 하지 못하도록 하는 공격 기법
Session Hijacking	• 케빈 미트닉이 사용했던 공격 방법의 하나로 TCP의 세션 관리 취약점을 이용한 공격 기법
Piggyback Attack	• 사회공학적 방법으로 몰래 따라 들어가는 방법
XSS (Cross Site Scripting)	• 검증되지 않은 외부 입력 데이터가 포함된 웹 페이지가 전송되는 경우, 사용자가 해당 웹 페이지를 열람함으로써 웹 페이지에 포함된 부적절한 스크립트가 실행되는 공격

95 정보 보안의 목표 3가지 중 정당한 방법을 따르지 않고선 데이터가 변경될 수 없으며, 데이터의 정확성 및 완전성과 고의/악의로 변경되거나 훼손 또는 파괴되지 않음을 보장하는 특성은?

① Reliability
② Interoperability
③ Integrity
④ Usability

해설

• SW 개발 보안의 3대 요소는 기밀성, 무결성, 가용성이 있다.

기밀성 (Confidentiality)	• 인가되지 않은 개인 혹은 시스템 접근에 따른 정보 공개 및 노출을 차단하는 특성 • 인가된 사용자에 대해서만 자원 접근이 가능해야 하는 특성
무결성 (Integrity)	• 정당한 방법을 따르지 않고선 데이터가 변경될 수 없으며, 데이터의 정확성 및 완전성과 고의/악의로 변경되거나 훼손 또는 파괴되지 않음을 보장하는 특성
가용성 (Availability)	• 권한을 가진 사용자나 애플리케이션이 원하는 서비스를 지속 사용할 수 있도록 보장하는 특성

96 암호화키와 복호화 키가 동일한 암호화 알고리즘은?

① RSA
② AES
③ DSA
④ ECC

해설

• 암호화 키와 복호화 키가 동일한 암호화 알고리즘은 대칭 키 암호화 알고리즘으로 DES, 3DES, SEED, AES, ARIA, IDEA, LFSR 등이 있다.

정답

94 ① 95 ③ 96 ②

97 악성 코드의 유형 중 다른 컴퓨터의 취약점을 이용하여 스스로 전파하거나 메일로 전파되며 스스로를 증식하는 것은?

① Worm
② Rogue Ware
③ Adware
④ Reflection Attack

해설

웜 (Worm)	• 스스로를 복제하여 네트워크 등의 연결을 통하여 전파하는 악성 소프트웨어 컴퓨터 프로그램 • 컴퓨터 바이러스와 비슷하지만, 바이러스가 다른 실행 프로그램에 기생하여 실행되는 데 반해 웜은 독자적으로 실행되며 다른 실행 프로그램이 필요하지 않은 특징이 있음
애드웨어 (Adware)	• 특정 소프트웨어를 실행할 때 또는 설치 후 자동으로 광고가 표시되는 프로그램
반사공격 (Reflection Attack)	• DRDoS 공격에 사용되는 방법으로 공격자는 피해자의 IP 주소를 위조하고 반사 서버에 정보 요청을 보내고, 서버는 정보 요청에 대한 응답을 피해자의 IP 주소로 보내는 방식

98 OSI 7 Layer 전 계층의 프로토콜과 패킷 내부의 콘텐츠를 파악하여 침입 시도, 해킹 등을 탐지하고 트래픽을 조정하기 위한 패킷 분석 기술은?

① PLCP(Packet Level Control Processor)
② Traffic Distributor
③ Packet Tree
④ DPI(Deep Packet Inspection)

해설

• DPI는 네트워크에서 전송되는 패킷의 헤더와 페이로드 내 정보를 분석하는 콘텐츠 내용 분석 기술이다.
• 네트워크 보안, 네트워크 관리, 콘텐츠 관리의 목적으로 사용된다.
• DPI는 OSI 7 Layer 전 계층의 프로토콜과 패킷 내부의 콘텐츠를 파악하여 침입 시도, 해킹 등을 탐지하고 트래픽을 조정하기 위한 패킷 분석 기술이다.

99 COCOMO Model 중 기관 내부에서 개발된 중소 규모의 소프트웨어로 일괄 자료 처리나 과학 기술 계산용, 비즈니스 자료 처리용으로 5만 라인 이하의 소프트웨어를 개발하는 유형은?

① Embedded
② Organic
③ Semi-detached
④ Semi-embedded

해설

• COCOMO의 소프트웨어 개발 유형은 다음과 같다.

조직형 (Organic Mode)	• 기관 내부에서 개발된 중·소규모의 소프트웨어로 일괄 자료 처리나 과학 기술 계산용, 비즈니스 자료 처리 개발에 적용 • 5만(50KDSI) 라인 이하의 소프트웨어를 개발하는 유형
반 분리형 (Semi-Detached Mode)	• 단순형과 임베디드형의 중간형 • 트랜잭션 처리 시스템이나, 데이터베이스 관리 시스템, 컴파일러, 인터프리터와 같은 유틸 개발에 적용 • 30만(300KDSI) 라인 이하의 소프트웨어를 개발하는 유형
임베디드형 (Embedded Mode)	• 초대형 규모의 트랜잭션 처리 시스템이나 운영체제, 실시간처리 시스템 등의 시스템 프로그램 개발에 적용 • 30만(300KDSI) 라인 이상의 소프트웨어를 개발하는 유형

100 소프트웨어 비용산정 기법 중 산정 요원과 조정자에 의해 산정하는 방법은?

① 기능점수 기법
② LoC 기법
③ COCOMO 기법
④ 델파이 기법

해설

• 소프트웨어 비용 산정 기법 중 1명의 조정자와 여러 전문가(산정 요원)에 의해 산정하는 방법은 델파이 기법이다.

정답

97 ① 98 ④ 99 ② 100 ④

백전백승 기출문제 — 2025년 2회

 1과목 소프트웨어 설계

01 유스케이스 다이어그램의 구성요소가 아닌 것은?

① 유스케이스(Usecase)
② 액터(Actor)
③ 시스템(System)
④ 클래스(Class)

해설
- 유스케이스 다이어그램은 시스템이 제공하고 있는 기능 및 그와 관련된 외부 요소를 사용자의 관점에서 표현하는 다이어그램이다.
- 유스케이스 다이어그램의 구성요소는 유스케이스, 액터, 시스템이 있다.

02 XP(eXtreme Programming)의 기본원리로 볼 수 없는 것은?

① Linear Sequential Method
② Pair Programming
③ Collective Ownership
④ Continuous Integration

해설
- XP의 12가지 기본원리는 다음과 같다.
- 짝 프로그래밍(Pair Programming)
- 공동 코드 소유(Collective Ownership)
- 지속적인 통합(CI; Continuous Integration)
- 계획 세우기(Planning Process)
- 작은 릴리즈(Small Release)
- 메타포어(Metaphor)
- 간단한 디자인(Simple Design)
- 테스트 기반 개발(TDD; Test Driven Development)
- 리팩토링(Refactoring)
- 40시간 작업(40-Hour Work)
- 고객 상주(On Site Customer)
- 코드 표준(Coding Standard)

03 정형 기술 검토(FTR)의 지침 사항으로 가장 옳지 않은 것은?

① 제품의 검토에만 집중한다.
② 문제 영역을 명확히 표현한다.
③ 참가자의 수를 제한하고 사전 준비를 강요한다.
④ 논쟁이나 반박을 제한하지 않는다.

해설
- 정형 기술 검토에서는 논쟁이나 반박을 제한해야 하는 것이 지침이다.
- 정형 기술 검토(FTR) 지침은 다음과 같다.
- 제품의 검토에만 집중한다.
- 의제를 제한하여 진행한다.
- 논쟁과 반박을 제한한다.
- 문제 영역을 명확히 표현한다.
- 참가자 수를 제한한다.
- 자원과 시간 일정을 할당한다.
- 검토 과정과 결과를 재검토한다.

04 다음에서 설명하는 응집도의 유형은 무엇인가?

> 동일한 입력과 출력을 사용하여 다른 기능을 수행하는 활동들이 모여 있을 경우의 응집도

① 논리적 응집도
② 절차적 응집도
③ 시간적 응집도
④ 교환적 응집도

정답
01 ④ 02 ① 03 ④ 04 ④

해설
- 동일한 입력과 출력을 사용하여 다른 기능을 수행하는 활동들이 모여 있을 경우의 응집도는 교환적 응집도이다.
- 교환적 응집도는 통신적 응집도라고도 부른다.

논리적 응집도	유사한 성격을 갖거나 특정 형태로 분류되는 처리 요소들이 한 모듈에서 처리되는 경우의 응집도
절차적 응집도	모듈이 다수의 관련 기능을 가질 때 모듈 안의 구성요소들이 그 기능을 순차적으로 수행할 경우의 응집도
시간적 응집도	연관된 기능이라기보다는 특정 시간에 처리되어야 하는 활동들을 한 모듈에서 처리할 경우의 응집도

05 스크럼(Scrum)에서 해당 스프린트가 계획대로 나아가고 있는지, 목표를 달성하기 위해 팀 차원의 조정이 필요한지를 확인하고 작업 진행 상황을 점검하는 것은?

① 스프린트 회고
② 스크럼 미팅
③ 백로그
④ 버전 관리

해설
- 스크럼 미팅은 팀원이 매일 짧은 시간 동안 모여 스프린트 진행 상황을 공유하고 조정하는 회의이다.
- 매일 15분 정도 미팅으로 To-Do List 계획을 수립하며 데일리 미팅이라고도 한다.

06 자료 흐름도(DFD)의 요소별 표기 형태의 연결이 옳지 않은 것은?

① Process: 원
② Data Flow: 화살표
③ Data Store: 삼각형
④ Terminator: 사각형

해설
- 데이터 저장소(Data Store)는 데이터가 저장된 장소이고, 평행선(=)으로 표시하며, 평행선 안에는 데이터 저장소의 이름을 넣는다.

07 다음 중 스크럼(Scrum)에서 제품 책임자(Product Owner)의 역할로 가장 적절한 것은?

① 팀의 기술적 장애를 해결하고 스프린트 회고를 주도한다.
② 스크럼 프로세스를 따르고, 팀이 스크럼을 효과적으로 활용할 수 있도록 보장하는 역할을 수행한다.
③ 이해관계자의 의견을 종합하여 제품에 대한 요구사항을 작성한다.
④ 스크럼 팀이 스크럼 원칙과 규칙을 잘 따르도록 안내한다.

해설
- 제품 책임자(Product Owner)는 이해관계자의 의견을 종합하여 제품에 대한 요구사항을 작성하는 주체이다.
- 제품 백로그의 작성과 우선순위 조정, 제품의 비즈니스 가치 극대화에 책임을 진다.
- 기술적인 장애를 해결하는 것은 스크럼 마스터의 역할이다.

08 다음 중 UI 화면 설계를 위해서 정책이나 프로세스 및 콘텐츠의 구성, 와이어 프레임(UI, UX), 기능에 대한 정의, 데이터베이스의 연동 등 구축하는 서비스를 위한 대부분 정보가 수록된 문서는?

① 와이어 프레임(Wireframe)
② 스토리보드(Storyboard)
③ 프로토타입(Prototype)
④ 유스케이스(Usecase)

해설
- UI 화면 설계를 위해서 정책이나 프로세스 및 콘텐츠의 구성, 와이어 프레임(UI, UX), 기능에 대한 정의, 데이터베이스의 연동 등 구축하는 서비스를 위한 대부분 정보가 수록된 문서는 스토리보드이다.

와이어 프레임 (Wireframe)	이해관계자들과의 화면구성을 협의하거나 서비스의 간략한 흐름을 공유하기 위해 화면 단위의 레이아웃을 설계하는 작업
프로토타입 (Prototype)	정적인 화면으로 설계된 와이어 프레임 또는 스토리보드에 동적 효과를 적용함으로써 실제 구현된 것처럼 시뮬레이션 할 수 있는 모형
유스케이스 (Usecase)	사용자 관점에서 시스템의 활동을 표현하는 동적 다이어그램

정답

05 ② 06 ③ 07 ③ 08 ②

09 CASE(Computer Aided Software Engineering)에 대한 설명으로 틀린 것은?

① 소프트웨어 모듈의 재사용성이 향상된다.
② 자동화된 기법을 통해 소프트웨어 품질이 향상된다.
③ 소프트웨어 사용자들에게 사용 방법을 신속히 숙지시키기 위해 사용된다.
④ 소프트웨어 유지보수를 간편하게 수행할 수 있다.

해설
- CASE 도구는 개발자들이 도구 사용법을 익히는 데 많은 시간과 비용이 소요된다.
- 분석 자동화 도구인 CASE 도구의 특징은 다음과 같다.
  - 표준화 적용과 문서화를 통한 보고를 통해 품질 개선이 가능하다.
  - 변경 사항과 변경으로 인한 영향에 대한 추적이 쉽다.
  - 자동화된 기법을 통해 소프트웨어 품질이 향상된다.
  - 소프트웨어 모듈의 재사용성이 향상된다.
  - 소프트웨어 유지보수를 간편하게 수행할 수 있다.

10 User Interface 설계 시 오류 메시지나 경고에 관한 지침으로 가장 거리가 먼 것은?

① 메시지는 이해하기 쉬워야 한다.
② 오류로부터 회복을 위한 구체적인 설명이 제공되어야 한다.
③ 오류로 인해 발생할 수 있는 부정적인 내용을 적극적으로 사용자들에게 알려야 한다.
④ 소리나 색의 사용을 줄이고 텍스트로만 전달하도록 한다.

해설
- User Interface 설계 시 오류 메시지나 경고를 위해서는 소리나 색 등을 이용하여 듣거나 보기 쉽게 의미 전달을 해야 한다.

11 코드 설계에서 일정한 일련번호를 부여하는 방식의 코드는?

① 연상 코드
② 블록 코드
③ 순차 코드
④ 표의 숫자 코드

해설
- 코드 설계 종류로는 연상 코드, 블록 코드, 순차 코드, 표의 숫자 코드, 십진 코드, 그룹 분류식 코드가 있다.

연상 코드	코드만 보고 대상을 연상할 수 있도록 명칭 일부를 약호(간단하고 알기 쉽게 나타내어 만든 부호) 형태로 넣어 연상할 수 있도록 구성된 코드
블록 코드	• 공통성이 있는 것끼리 블록으로 구분하고, 각 블록 내에서 일련번호를 부여하는 코드 • 구분 코드라고도 불림
순차 코드	• 일정한 기준에 따라 순서대로 일련번호를 부여한 코드
표의 숫자 코드	• 대상 자료의 물리적인 수치인 길이, 넓이, 용량 등을 표시한 코드
십진 코드 (Decimal Code)	• 10진수 형태로 표현한 코드
그룹 분류식 코드 (Group Classification Code)	• 대상을 기준에 따라 대분류, 중분류, 소분류로 구분하여 번호를 부여한 코드

12 다음에서 설명하는 구조 패턴은 무엇인가?

> 기존에 구현되어 있는 클래스에 필요한 기능을 추가해 나가는 설계 패턴으로 기능 확장이 필요할 때 객체 간의 결합을 통해 기능을 동적으로 유연하게 확장할 수 있게 해주어 상속의 대안으로 사용하는 디자인 패턴

① Bridge
② Decorator
③ Facade
④ Flyweight

정답
09 ③   10 ④   11 ③   12 ②

해설

Bridge	• 기능의 클래스 계층과 구현의 클래스 계층을 연결하고, 구현부에서 추상 계층을 분리하여 추상화된 부분과 실제 구현 부분을 독립적으로 확장할 수 있는 디자인 패턴
Decorator	• 기존에 구현되어 있는 클래스에 필요한 기능을 추가해 나가는 설계 패턴으로 기능 확장이 필요할 때 객체 간의 결합을 통해 기능을 동적으로 유연하게 확장할 수 있게 해주어 상속의 대안으로 사용하는 디자인 패턴
Facade	• 복잡한 시스템에 대하여 단순한 인터페이스를 제공함으로써 사용자와 시스템 간 또는 여타 시스템과의 결합도를 낮추어 시스템 구조에 대한 파악을 쉽게 하는 패턴으로 오류에 대해서 단위별로 확인할 수 있게 하며, 사용자의 측면에서 단순한 인터페이스 제공을 통해 접근성을 높일 수 있는 디자인 패턴
Flyweight	• 다수의 객체로 생성될 경우 모두가 갖는 본질적인 요소를 클래스 화하여 공유함으로써 메모리를 절약하고, '클래스의 경량화'를 목적으로 하는 디자인 패턴

13 다음 중 물리적 시스템을 구성하고 있는 각 부분들의 분산 형태와 설치에 초점을 두는 소프트웨어 아키텍처 4+1 뷰는 무엇인가?

① Usecase View
② Deployment View
③ Logical View
④ Process View

해설

• 물리적 시스템을 구성하고 있는 각 부분들의 분산 형태와 설치에 초점을 두는 소프트웨어 아키텍처 4+1 뷰는 배포 뷰(Deployment View)이다.

14 객체 지향 기법에서 클래스에 속한 각각의 객체를 의미하는 것은?

① 인스턴스(Instance)
② 메시지(Message)
③ 메서드(Method)
④ 모듈(Module)

해설

• 프로그램에서 클래스를 통해 만든 실제의 실행 객체, 프로그램의 실행 단계에서 나타나는 것은 인스턴스(Instance)이다.

15 GoF(Gangs of Four) 디자인 패턴 중 생성 패턴으로 옳은 것은?

① Singleton Pattern
② Adapter Pattern
③ Decorator Pattern
④ State Pattern

해설

• 싱글톤 패턴(Singleton Pattern)은 생성 패턴이다.

디자인 패턴 종류(생성 패턴)	
생빌 프로 팩앱싱	생성(빌더 / 프로토타입 / 팩토리 메서드 / 앱스트랙 팩토리 / 싱글톤)

16 럼바우(Rumbaugh)의 객체 지향 분석기법 중 다음에서 설명하는 모델링은 무엇인가?

> 프로세스들의 자료 흐름을 중심으로 처리 과정을 표현하는 모델링

① 객체 모델링
② 동적 모델링
③ 기능 모델링
④ 정적 모델링

정답

13 ② 14 ① 15 ① 16 ③

해설

- 프로세스들의 자료 흐름을 중심으로 처리 과정을 표현하는 모델링은 기능 모델링이다.

객체 모델링 (Object Modeling)	• 정보 모델링이라고도 하며, 시스템에서 요구하는 객체를 찾고 객체 간의 관계를 정의하는 모델링 • 가장 중요하며 선행되어 진행 • 객체 다이어그램을 활용하여 표현
동적 모델링 (Dynamic Modeling)	• 시간의 흐름에 따라 객체들 사이의 제어 흐름, 동작 순서 등의 동적인 행위를 표현하는 모델링 • 상태 다이어그램을 활용하여 표현
기능 모델링 (Functional Modeling)	• 프로세스들의 자료 흐름을 중심으로 처리 과정을 표현하는 모델링 • 자료 흐름도(DFD)를 활용하여 표현

17 클래스 설계 원칙에 대한 바른 설명은?

① 단일 책임 원칙: 하나의 클래스만 변경 가능하다.
② 개방-폐쇄의 원칙: 클래스는 확장에 대해 열려있어야 하며 변경에 대해 닫혀있어야 한다.
③ 리스코프 교체의 원칙: 여러 개의 책임을 가진 클래스는 하나의 책임을 가진 클래스로 대체되어야 한다.
④ 의존관계 역전의 원칙: 클라이언트는 자신이 사용하는 메서드와 의존관계를 갖지 않도록 해야 한다.

해설

- 객체 지향 설계 원칙(SOLID)은 다음과 같다.

단일 책임의 원칙	• 하나의 클래스는 하나의 목적을 위해서 생성되며, 클래스가 제공하는 모든 서비스는 하나의 책임을 수행하는 데 집중되어 있어야 한다는 원칙
개방 폐쇄 원칙	• 소프트웨어의 구성요소(컴포넌트, 클래스, 모듈, 함수)는 확장에는 열려있고, 변경에는 닫혀있어야 한다는 원칙
리스코프 치환의 원칙	• 서브 타입(상속받은 하위 클래스)은 어디서나 자신의 기반 타입(상위 클래스)으로 교체할 수 있어야 한다는 원칙
인터페이스 분리의 원칙	• 한 클래스는 자신이 사용하지 않는 인터페이스는 구현하지 말아야 한다는 원칙
의존성 역전의 원칙	• 실제 사용 관계는 바뀌지 않으며, 추상을 매개로 메시지를 주고받음으로써 관계를 최대한 느슨하게 만드는 원칙

18 객체 지향 기법에서 클래스들 사이의 '부분-전체(part-whole)' 관계 또는 '부분(is-a-part-of)'의 관계로 설명되는 연관성을 나타내는 용어는?

① 일반화 ② 추상화
③ 캡슐화 ④ 집단화

해설

- 객체 지향의 관계성은 다음과 같다.

일반화	• is-a 관계 • 클래스 간의 개념적인 포함 관계 • 상위 클래스의 특성을 하위 클래스가 상속받음
집단화	• is-part-of 관계, part-whole 관계 • 서로 관련 있는 여러 개의 객체를 묶어 한 개의 상위 객체를 만드는 특징이 있음 • 일반화와 달리 상위 클래스의 성질들이 하위 클래스로 상속되지는 않음

19 인터페이스 요구사항 검토 방법에 대한 설명이 옳은 것은?

① 리팩토링: 작성자 이외의 전문 검토 그룹이 요구사항 명세서를 상세히 조사하여 결함, 표준 위배, 문제점 등을 파악
② 동료 검토: 요구사항 명세서 작성자가 요구사항 명세서를 설명하고 이해관계자들이 설명을 들으면서 결함을 발견
③ 일반화 관계: 자동화된 요구사항 관리 도구를 이용하여 요구사항 추적성과 일관성을 검토
④ CASE 도구: 검토 자료를 회의 전에 배포해서 사전 검토한 후 짧은 시간 동안 검토 회의를 진행하면서 결함을 발견

해설

- 동료 검토는 다음과 같다.
- 2~3명이 진행하는 리뷰의 형태
- 요구사항 명세서 작성자가 요구사항 명세서를 설명하고 이해 관계자들이 설명을 들으면서 결함을 발견하는 형태로 진행

정답

17 ②　18 ④　19 ②

20 다음 중 대상 자료의 물리적인 수치인 길이, 넓이, 용량 등을 표시한 코드는 무엇인가?

① Mnemonic Code
② Block Code
③ Significant Digit Code
④ Decimal Code

해설

- 대상 자료의 물리적인 수치인 길이, 넓이, 용량 등을 표시한 코드는 표의 숫자 코드(Significant Digit Code)이다.

연상 코드 (Mnemonic Code)	코드만 보고 대상을 연상할 수 있도록 명칭 일부를 약호(간단하고 알기 쉽게 나타내어 만든 부호) 형태로 넣어 구성된 코드
블록 코드 (Block Code)	• 공통성이 있는 것끼리 블록으로 구분하고, 각 블록 내에서 일련번호를 부여하는 코드 • 구분 코드라고도 불림
십진 코드 (Decimal Code)	• 10진수 형태로 표현한 코드

2과목 소프트웨어 개발

21 SPICE(ISO/IEC 15504) 모델에서 정의한 프로세스의 성숙도 수준(Capability Level)에 대한 설명으로 옳지 않은 것은?

① 레벨 0은 프로세스가 수행되지 않거나 불완전하게 수행되는 상태이다.
② 레벨 1은 정의된 자원의 한도 내에서 그 프로세스가 작업 산출물을 인도한다.
③ 레벨 3은 소프트웨어 공학 원칙에 기반하여 정의된 프로세스가 수행된다.
④ 레벨 4는 프로세스가 목적 달성을 위해 통제되고, 양적인 측정을 통해서 일관되게 수행된다.

해설

- SPICE의 성숙도 수준은 다음과 같이 정의된다.

Level 0	불완전	프로세스가 구현되지 않았거나, 프로세스가 그 목적을 달성하지 못한 단계
Level 1	수행	프로세스의 목적이 전반적으로 이루어진 단계
Level 2	관리	정의된 자원의 한도 내에서 그 프로세스가 작업 산출물을 인도
Level 3	확립	소프트웨어 공학 원칙에 기반하여 정의된 프로세스가 수행
Level 4	예측	프로세스가 목적 달성을 위해 통제되고, 양적인 측정을 통해서 일관되게 수행
Level 5	최적화	프로세스 수행을 최적화하고, 지속적으로 업무 목적을 만족

정답
20 ③ 21 ②

22 하향식 통합시험을 위해 일시적으로 필요한 조건만을 가지고 임시로 제공되는 시험용 모듈은?

① Stub ② Driver
③ Procedure ④ Function

해설

테스트 스텁 (Test Stub)	하향식 통합시험을 위해 일시적으로 필요한 조건만을 가지고 임시로 제공되는 시험용 모듈
테스트 드라이버 (Test Driver)	상향식 통합시험을 위해 모듈 테스트 수행 후의 결과를 도출하는 시험용 모듈
프로시저 (Procedure)	특정한 로직을 처리하기만 하고 결괏값을 반환하지 않는 서브 프로그램
함수 (Function)	하나의 특별한 목적의 작업을 수행하기 위해 독립적으로 설계된 코드의 집합

・테스트 장치 구성요소는 다음과 같다.

23 다음 중 테스트 오라클(Test Oracle)에 해당하지 않는 것은?

① 코드 기반 오라클
② 일관성 검사 오라클
③ 참 오라클
④ 샘플링 오라클

해설

테스트 오라클 종류	
참샘휴일	참 오라클 / 샘플링 오라클 / 휴리스틱 오라클 / 일관성 검사 오라클

24 디지털 저작권 관리(DRM) 기술과 거리가 먼 것은?

① 콘텐츠 암호화 및 키 관리
② 콘텐츠 식별체계 표현
③ 콘텐츠 오류 감지 및 복구
④ 라이선스 발급 및 관리

해설

・DRM 기술요소는 암호화 기술, 키 관리 기술, 식별 기술, 저작권 표현 기술, 암호화 파일 생성 기술, 정책 관리 기술, 크랙 방지 기술, 인증 기술이 있다.

25 상향식 통합 테스트 절차로 가장 알맞은 것은?

a. 상위의 모듈에서 데이터의 입력과 출력을 확인하기 위한 더미 모듈인 드라이버 작성한다.
b. 테스트가 완료되면 각 클러스터들은 프로그램의 위쪽으로 결합되며, 드라이버는 실제 모듈 또는 컴포넌트로 대체한다.
c. 하위 레벨의 모듈 또는 컴포넌트들이 하위 모듈의 기능을 수행하는 클러스터(Cluster)로 결합한다.
d. 각 통합된 클러스터 단위 테스트를 수행한다.

① a → d → c → b
② c → a → d → b
③ a → c → d → b
④ c → d → a → b

해설

1단계	하위 레벨의 모듈 또는 컴포넌트들이 하위 모듈의 기능을 수행하는 클러스터(Cluster)로 결합
2단계	상위의 모듈에서 데이터의 입력과 출력을 확인하기 위한 더미 모듈인 드라이버 작성
3단계	각 통합된 클러스터 단위 테스트
4단계	테스트가 완료되면 각 클러스터들은 프로그램의 위쪽으로 결합되며, 드라이버는 실제 모듈 또는 컴포넌트로 대체

정답

22 ① 23 ① 24 ③ 25 ②

26 동시에 소스를 수정하는 것을 방지하며 다른 방향으로 진행된 개발 결과를 합치거나 변경 내용을 추적할 수 있는 소프트웨어 버전 관리 도구는?

① RCS(Revision Control System)
② RTS(Reliable Transfer Service)
③ RTC(Remote Procedure Call)
④ RVS(Relative Version)

해설
- RCS는 CVS(Concurrent Version System)와 달리 소스 파일의 수정을 한 사람만으로 제한하여 다수의 사람이 파일의 수정을 동시에 할 수 없도록 파일 잠금 방식으로 버전을 관리하는 도구이다.
- RCS는 다른 방향으로 진행된 개발 결과를 합치거나 변경 내용을 추적할 수 있는 소프트웨어 버전 관리 도구이다.

27 다음 설명의 소프트웨어 테스트의 기본원칙은?

- 파레토 법칙이 좌우한다.
- 애플리케이션 결함의 대부분은 소수의 특정한 모듈에 집중되어 존재한다.
- 결함은 발생한 모듈에서 계속 추가로 발생할 가능성이 높다.

① 살충제 패러독스
② 결함 집중
③ 오류 부재의 궤변
④ 완벽한 테스팅은 불가능

해설
- 소프트웨어 테스트의 원리는 다음과 같다.

살충제 패러독스	동일한 테스트 케이스에 의한 반복적 테스트는 새로운 버그를 찾지 못한다는 원리
결함 집중	• 적은 수의 모듈(20% 모듈)에서 대다수 결함(80% 결함)이 발견된다는 원리 • 파레토 법칙(Pareto Principle)의 내용인 80대 20 법칙 적용
오류 부재의 궤변	요구사항을 충족시켜주지 못한다면, 결함이 없다고 해도 품질이 높다고 볼 수 없다는 원리
완벽 테스팅은 불가능	무한 경로(한 프로그램 내의 내부 조건은 무수히 많을 수 있음), 무한 입력값(입력이 가질 수 있는 모든 값의 조합이 무수히 많음)으로 인한 완벽한 테스트가 어렵다는 원리

28 다음 중 테스트 장치 구성요소에 대한 설명 중 올바르지 않은 것은?

① 테스트 슈트(Test Suite)는 테스트 케이스를 실행 환경에 따라 구분해 놓은 테스트 케이스의 집합이다.
② 테스트 시나리오(Test Scenario)는 애플리케이션의 테스트 되어야 할 기능 및 특징, 테스트가 필요한 상황을 작성한 문서이다.
③ 테스트 스텁(Stub)은 테스트가 필요한 모듈에 인자를 넘겨주고 테스트를 완료한 후 그 결괏값을 받는 역할을 하는 가상의 모듈이다.
④ 테스트 스크립트(Test Script)는 테스트 케이스의 실행 순서(절차)를 작성한 문서이다.

해설
- 테스트 드라이버와 테스트 스텁의 특징은 다음과 같다.

테스트 드라이버 (Test Driver)	• 상향식 통합시험을 위해 모듈 테스트 수행 후의 결과를 도출하는 시험용 모듈 • 테스트가 필요한 모듈에 인자를 넘겨주고 테스트를 완료한 후 그 결괏값을 받는 역할을 하는 가상의 모듈
테스트 스텁 (Test Stub)	• 하향식 통합시험을 위해 일시적으로 필요한 조건만을 가지고 임시로 제공되는 시험용 모듈 • 상위 모듈에 의해 호출되는 하위 모듈의 역할

정답
26 ① 27 ② 28 ③

29 다음 중 컴파일, 테스트, 정적 분석 등을 통해 동작할 수 있는 소프트웨어 생성 도구는?

① 테스트 커버리지 도구(Test Coverage Tool)
② 빌드도구(Build Tool)
③ 테스트 도구(Test Tool)
④ 인스펙션 도구(Inspection Tool)

해설

- 컴파일, 테스트, 정적 분석 등을 통해 동작할 수 있는 소프트웨어 생성 도구는 빌드 도구이다.

테스트 커버리지 도구 (Test Coverage Tool)	테스트 코드가 대상 소스 코드에 대해 어느 정도 커버하는지 분석하는 도구
테스트 도구 (Test Tool)	작성된 테스트 코드에 따라 자동으로 테스트를 수행해 주는 도구
인스펙션 도구 (Inspection Tool)	프로그램을 실행하지 않고, 소스 코드 자체로 품질을 판단할 수 있는 정적 분석 도구

30 소프트웨어 형상 관리(Configuration Management)에 대한 설명으로 가장 타당한 것은?

① 개발 인력을 관리하는 것
② 개발 일정을 관리하는 것
③ 개발과정의 변화되는 사항을 관리하는 것
④ 테스트 과정에서 소프트웨어를 통합하는 것

해설

- 소프트웨어 형상 관리(Configuration Management)는 소프트웨어 개발 과정의 변화되는 사항을 관리하는 것이다.

31 인터페이스 구현 검증 도구가 아닌 것은?

① Foxbase
② STAF
③ watir
④ xUnit

해설

인터페이스 구현 검증 도구	
엑스피 엔셀웨	xUnit / STAF / FitNesse / NTAF / Selenium / watir

32 형상 관리의 개념과 절차에 대한 설명으로 틀린 것은?

① 형상 식별은 형상 관리 계획을 근거로 형상 관리의 대상이 무엇인지 식별하는 과정이다.
② 형상 관리를 통해 가시성과 추적성을 보장함으로써 소프트웨어의 생산성과 품질을 높일 수 있다.
③ 형상 통제 과정에서는 형상 목록의 변경 요구를 즉시 수용 및 반영해야 한다.
④ 형상 감사는 형상 관리 계획대로 형상 관리가 진행되고 있는지, 형상 항목의 변경이 요구사항에 맞도록 제대로 이뤄졌는지 등을 살펴보는 활동이다.

해설

- 형상 통제 과정에서는 형상 목록의 변경 요구를 형상통제위원회(CCB)의 검토 후 수용 및 반영해야 한다.

형상 식별	형상 관리 계획을 근거로 형상 관리의 대상이 무엇인지 식별하는 활동
형상 통제	형상 항목의 변경 사항에 대하여 형상통제위원회가 승인/기각/보류를 결정하고, 승인된 변경 사항의 이행을 체계적으로 통제하는 활동
형상 감사	형상 관리 계획대로 형상 관리가 진행되고 있는지, 형상 항목의 변경이 요구사항에 맞도록 제대로 이뤄졌는지 등을 살펴보는 활동
형상 기록	소프트웨어 형상 및 변경 관리에 대한 각종 수행 결과를 기록하는 활동

정답

29 ② 30 ③ 31 ① 32 ③

33 다음 중 어렵거나 변경 가능성이 있는 모듈을 타 모듈로부터 은폐하는 개념은?

① 정보 은닉(Information Hiding)
② 분할과 정복(Divide & Conquer)
③ 데이터 추상화(Data Abstraction)
④ 모듈 독립성(Module Independency)

해설

- 어렵거나 변경 가능성이 있는 모듈을 타 모듈로부터 은폐하는 개념은 정보 은닉(Information Hiding)이다.

분할과 정복 (Divide & Conquer)	복잡한 문제를 분해, 모듈 단위로 문제 해결
데이터 추상화 (Data Abstraction)	각 모듈 자료 구조를 액세스하고 수정하는 함수 내에 자료 구조의 표현 내역을 은폐
모듈 독립성 (Module Independency)	낮은 결합도와 높은 응집도를 가짐

34 해싱 함수(Hashing Function)의 종류가 아닌 것은?

① 제곱법(mid-square)
② 숫자 분석법(digit analysis)
③ 개방 주소법(open addressing)
④ 제산법(division)

해설

해싱 함수	
산곱숫 폴기무	제산법 / 제곱법 / 숫자 분석법 / 폴딩법 / 기수 변환법 / 무작위 방법

35 통합 테스트(Integration Test)와 관련한 설명으로 틀린 것은?

① 시스템을 구성하는 모듈의 인터페이스와 결합을 테스트하는 것이다.
② 하향식 통합 테스트의 경우 넓이 우선(Breadth First) 방식으로 테스트를 할 모듈을 선택할 수 있다.
③ 상향식 통합 테스트의 경우 시스템 구조도의 최상위에 있는 모듈을 먼저 구현하고 테스트한다.
④ 모듈 간의 인터페이스와 시스템의 동작이 정상적으로 잘되고 있는지를 빨리 파악하고자 할 때 상향식보다는 하향식 통합 테스트를 사용하는 것이 좋다.

해설

- 상향식 통합 테스트는 애플리케이션 구조에서 최하위 레벨의 모듈 또는 컴포넌트로부터 점진적으로 상위 모듈과 함께 테스트하는 기법이다.

36 소스 코드 정적 분석(Static Analysis)에 대한 설명으로 틀린 것은?

① 소스 코드를 실행시키지 않고 분석한다.
② 코드에 있는 오류나 잠재적인 오류를 찾아내기 위한 활동이다.
③ 하드웨어적인 방법으로만 코드 분석이 가능하다.
④ 자료 흐름이나 논리 흐름을 분석하여 비정상적인 패턴을 찾을 수 있다.

해설

- 정적 분석 방법(도구)은 다음과 같다.
- 정적 분석 도구는 만들어진 애플리케이션을 실행하지 않고 분석하는 방법이다.
- 대부분의 경우 소스 코드에 대한 코딩 표준, 코딩 스타일, 코드 복잡도 및 남은 결함을 발견하기 위하여 사용한다.
- 테스트를 수행하는 사람이 작성된 소스 코드에 대한 이해를 바탕으로 도구를 이용해서 분석하는 것을 말한다.
- 자료 흐름이나 논리 흐름을 분석하여 비정상적인 패턴을 찾을 수 있다.

정답

33 ① 34 ③ 35 ③ 36 ③

37 다음 그림에서 트리의 차수(Degree)는?

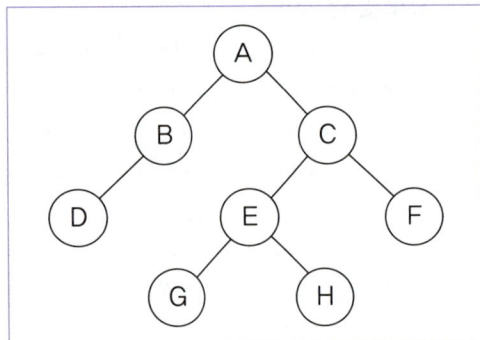

① 1
② 2
③ 3
④ 4

해설
- 해당 트리에서 최대 차수는 2개이다.
- 차수란 특정 노드에 연결된 자식 노드의 수이다.
- A 차수: B/C(2개), B 차수: D(1개), C 차수: E/F(2개), E 차수: G/H(2개)

38 순서가 있는 리스트에서 데이터의 삽입(Push), 삭제(Pop)가 한 쪽 끝에서 일어나며 LIFO(Last-In-First-Out)의 특징을 가지는 자료 구조는?

① Tree
② Graph
③ Stack
④ Queue

해설
- 스택은 한 방향으로만 자료를 넣고 꺼낼 수 있는 LIFO(Last-In First-Out) 형식의 자료 구조이다.
- 한 방향으로만 PUSH와 POP을 이용하여 자료를 넣고 꺼낸다.

39 여러 사람이 같은 프로젝트에 참여할 경우, 각자 수정 부분은 자동으로 동기화 되어 팀원 전체가 볼 수 있는 시스템으로 가장 알맞은 것은?

① SCM(Source Code Management)
② CI(Continuous Integration) 서버
③ 테스트 도구(Test Tool)
④ 인스펙션 도구(Inspection Tool)

해설
- 여러 사람이 같은 프로젝트에 참여할 경우, 각자 수정 부분은 자동으로 동기화 되어 팀원 전체가 볼 수 있는 시스템은 SCM이다.

CI(Continuous Integration) 서버	• 빌드 프로세스를 관리하는 서버
테스트 도구 (Test Tool)	• 작성된 테스트 코드에 따라 자동으로 테스트를 수행해 주는 도구로, 빌드 도구의 스크립트에서 실행
인스펙션 도구 (Inspection Tool)	• 프로그램을 실행하지 않고, 소스 코드 자체로 품질을 판단할 수 있는 정적 분석 도구 • 코딩 표준 준수 검사, 코드 메트릭 측정, 중복 코드 검사, 코드 인스펙션 검사

40 소프트웨어 패키징에 대한 설명으로 틀린 것은?

① 패키징은 개발자 중심으로 진행한다.
② 신규 및 변경 개발 소스를 식별하고, 이를 모듈화하여 상용제품으로 패키징한다.
③ 고객의 편의성을 위해 매뉴얼 및 버전 관리를 지속적으로 한다.
④ 범용 환경에서 사용이 가능하도록 일반적인 배포 형태로 패키징이 진행된다.

해설
- 소프트웨어 패키징은 사용자 중심으로 진행된다.

정답
37 ②　38 ③　39 ①　40 ①

3과목 데이터베이스 구축

41 다음 중 SQL에서의 DDL 문이 아닌 것은?
① CREATE
② DELETE
③ ALTER
④ DROP

해설

DDL 명령어	
크알드트	CREATE / ALTER / DROP / TRUNCATE

42 트랜잭션의 실행이 실패하였음을 알리는 연산자로 트랜잭션이 수행한 결과를 원래의 상태로 원상 복귀시키는 연산은?
① COMMIT 연산
② BACKUP 연산
③ LOG 연산
④ ROLLBACK 연산

해설
- 트랜잭션의 실행이 실패하였음을 알리는 연산자로 트랜잭션이 수행한 결과를 원래의 상태로 원상 복귀시키는 연산은 ROLLBACK 연산이다.

43 이행적 함수 종속 관계를 의미하는 것은?
① A → B이고 B → C일 때, A → C를 만족하는 관계
② A → B이고 B → C일 때, A → B를 만족하는 관계
③ A → B이고 B → C일 때, B → A를 만족하는 관계
④ A → B이고 B → C일 때, C → B를 만족하는 관계

해설
- 이행 함수 종속 관계는 A → B이고 B → C일 때, A → C를 만족하는 관계이다.

44 중앙관리자가 주체와 객체의 상호관계를 제어하며 조직 내에서 맡은 역할에 기초하여 자원에 대한 접근 허용 여부 결정하는 방법?
① DAC(Discretionary Access Control)
② RBAC(Role Based Access Control)
③ MAC(Mandatory Access Control)
④ ABAC(Attribute Based Access Control)

해설

DAC (Discretionary Access Control)	• 신원 기반 접근제어 정책 • 주체나 그들이 속해 있는 그룹들의 신분에 근거하여 객체에 대한 접근을 제한하는 방법
MAC (Mandatory Access Control)	• 규칙 기반 접근제어 정책 • 객체에 포함된 정보의 비밀성과 이러한 비밀성의 접근 정보에 대하여 주체가 갖는 권한에 근거하여 객체에 대한 접근을 제한하는 방법
ABAC (Attribute Based Access Control)	• 속성 기반 접근제어 정책

45 참조 무결성을 유지하기 위하여 DROP 문에서 부모 테이블의 항목 값을 삭제할 경우 자동적으로 자식 테이블의 해당 레코드를 삭제하기 위한 옵션은?
① CLUSTER
② CASCADE
③ SET-NULL
④ RESTRICTED

해설
- DROP TABLE 명령어의 옵션에는 CASCADE와 RESTRICT가 있다.

CASCADE	• 참조하는 테이블까지 연쇄적으로 제거하는 옵션
RESTRICT	• 다른 테이블이 삭제할 테이블을 참조 중이면 제거하지 않는 옵션

정답
41 ② 42 ④ 43 ① 44 ② 45 ②

46 데이터베이스의 인덱스와 관련한 설명으로 틀린 것은?

① 문헌의 색인, 사전과 같이 데이터를 쉽고 빠르게 찾을 수 있도록 만든 데이터 구조이다.
② 테이블에 붙여진 색인으로 데이터 검색 시 처리 속도 향상에 도움이 된다.
③ 인덱스의 추가, 삭제 명령어는 각각 ADD, DELETE이다.
④ 대부분 데이터베이스에서 테이블을 삭제하면 인덱스도 같이 삭제된다.

해설
• 인덱스의 추가, 삭제 명령어는 각각 CREATE, DROP이다.

47 분산 데이터베이스의 투명성(Transparency)에 해당하지 않는 것은?

① Location Transparency
② Replication Transparency
③ Failure Transparency
④ Media Access Transparency

해설

분산 데이터베이스 투명성	
위 복 병 분 장	위치 투명성(Location Transparency) / 복제 투명성(Replication Transparency) / 병행 투명성(Concurrency Transparency) / 분할 투명성(Fragmentation Transparency) / 장애 투명성(Failure Transparency)

48 다음 파티셔닝 유형 중 수평 분할 설명 중 옳은 것은?

① Range Partitioning은 분할 키값이 범위 내에 있는지 여부로 구분하는 기법이다.
② List Partitioning은 해시 함수의 값에 따라 파티션에 포함할지 여부를 결정하는 기법이다.
③ Composite Partitioning은 값 목록에 파티션을 할당하고 분할 키 값을 그 목록에 맞추어 목록을 선택하는 기법이다.
④ 라운드 로빈(Round-Robin)은 범위 분할, 해시 분할, 목록 분할 중 2개 이상의 파티셔닝을 결합하는 기법이다.

해설

범위 분할 (Range Partitioning)	분할 키값이 범위 내에 있는지 여부로 구분하는 기법
해시 분할 (Hash Partitioning)	해시 함수의 값에 따라 파티션에 포함할지 여부를 결정하는 기법
목록 분할 (List Partitioning)	값 목록에 파티션을 할당하고 분할 키 값을 그 목록에 맞추어 목록을 선택하는 기법
조합 분할 (Composite Partitioning)	범위 분할, 해시 분할, 목록 분할 중 2개 이상의 파티셔닝을 결합하는 기법
라운드 로빈 (Round-Robin)	라운드 로빈으로 회전하면서 새로운 행을 파티션에 할당하는 기법

정답
46 ③   47 ④   48 ①

49 데이터 모델의 구성요소 중 데이터베이스에 논리적으로 표현될 대상으로서의 개체 타입과 개체 타입 간의 관계를 의미하는 것은?

① Structure
② Operation
③ Relation
④ Constraint

해설

구조 (Structure)	데이터베이스에 논리적으로 표현될 대상으로서의 개체 타입과 개체 타입들 간의 관계로, 데이터 구조 및 정적 성질을 표현하는 요소
연산 (Operation)	데이터베이스에 저장된 실제 데이터를 처리하는 작업에 대한 명세로서 데이터베이스를 조작하는 요소
제약조건 (Constraint)	데이터베이스에 저장될 수 있는 실제 데이터의 논리적인 제약조건

50 player 테이블에는 player_name, team_id, height 컬럼이 존재한다. 아래 SQL 문에서 문법적 오류가 있는 부분은?

```
(1) SELECT player_name, height
(2) FROM player
(3) WHERE team_id = 'Korea'
(4) AND height BETWEEN 170 OR 180;
```

① (1) ② (2)
③ (3) ④ (4)

해설

- 값1보다 크거나 같고, 값2보다 작거나 같을 때 BETWEEN을 사용할 경우 문법은 다음과 같다.

속성명 BETWEEN 값1 AND 값2;

51 트랜잭션(Transaction)은 보통 일련의 연산 집합이란 의미로 사용하며 하나의 논리적 기능을 수행하는 작업의 단위이다. 트랜잭션이 가져야 할 특성으로 거리가 먼 것은?

① 원자성(Atomicity)
② 병행성(Concurrency)
③ 격리성(Isolation)
④ 영속성(Durability)

해설

트랜잭션의 특징	
ACID	Atomicity / Consistency / Isolation / Durability

52 뷰(View)에 대한 설명 중 옳은 내용으로만 나열한 것은?

ⓐ 뷰는 저장장치 내에 물리적으로 존재한다.
ⓑ 뷰가 정의된 기본 테이블이 삭제되더라도 뷰는 자동적으로 삭제되지 않는다.
ⓒ DBA는 보안 측면에서 뷰를 활용할 수 있다.
ⓓ 뷰로 구성된 내용에 대한 삽입, 삭제, 갱신 연산에는 제약이 따른다.

① ⓐ, ⓑ, ⓒ, ⓓ
② ⓐ, ⓒ, ⓓ
③ ⓑ, ⓓ
④ ⓒ, ⓓ

해설

- 뷰의 특징은 다음과 같다.
- 뷰는 물리적이 아닌 논리적으로 구성되어 있고, 논리적 독립성을 제공한다.
- 뷰를 통해서 데이터에 접근하게 함으로써 뷰에 보이지 않는 데이터를 안전하게 보호하는 효과가 있다.
- 뷰는 데이터 접근제어에 대한 보안을 제공한다.
- 뷰는 삽입, 삭제, 갱신 연산은 제약사항이 따른다.
- 뷰가 정의된 기본 테이블이 삭제되면 뷰는 자동으로 삭제된다

정답

49 ①　50 ④　51 ②　52 ④

53 다음은 관계 대수의 수학적 표현식이다. 해당하는 연산은?

$$R \times S = \{r \cdot s | r \in R \wedge s \in S\}$$
$$r = <a_1, a_2, \cdots a_n,>, s = <b_1, b_2, \cdots b_n>$$

① 합집합
② 교집합
③ 차집합
④ 카티션 프로덕트

해설
- R×S이므로 카티션 프로덕트이다.

54 시스템 카탈로그에 대한 설명으로 틀린 것은?

① 시스템 카탈로그의 갱신은 무결성 유지를 위하여 SQL을 이용하여 사용자가 직접 갱신하여야 한다.
② 데이터베이스에 포함되는 데이터 객체에 대한 정의나 명세에 대한 정보를 유지 관리한다.
③ DBMS가 스스로 생성하고 유지하는 데이터베이스 내의 특별한 테이블 집합체이다.
④ 카탈로그에 저장된 정보를 메타 데이터라고도 한다.

해설
- 사용자가 INSERT, DELETE, UPDATE 문으로 시스템 카탈로그를 갱신하는 것은 허용되지 않는다.
- 사용자가 SQL 문을 실행시켜 기본 테이블, 뷰, 인덱스 등에 변화를 주면 시스템이 자동으로 갱신된다.

55 다음 SQL 문의 실행 결과로 생성되는 튜플 수는?

SELECT 급여 FROM 사원;

● [사원] 테이블

사원ID	사원명	급여	부서ID
101	박철수	30000	1
102	한나라	35000	2
103	김감동	40000	3
104	이구수	35000	2
105	최초록	40000	3

① 1 ② 3
③ 4 ④ 5

해설
- SELECT 문에 WHERE 절이 없으면 테이블의 모든 튜플을 조회하기 때문에 테이블의 튜플 수인 5가 된다.

56 관계 해석에 대한 설명으로 옳지 않은 것은?

① 수학의 프레디킷 해석에 기반을 두고 있다.
② 관계 데이터 모델의 제안자인 코드(Codd)가 관계 데이터베이스에 적용할 수 있도록 설계하여 제안하였다.
③ 튜플 관계 해석과 도메인 관계 해석이 있다.
④ 원하는 정보와 그 정보를 어떻게 유도하는가를 기술하는 절차적 특성을 가진다.

해설

	관계 대수와 관계 해석
대절해비	관계 대수는 절차적 언어 / 관계 해석은 비절차적 언어

정답
53 ④ 54 ① 55 ④ 56 ④

57 분산 데이터베이스 시스템과 관련한 설명으로 틀린 것은?

① 물리적으로 분산된 데이터베이스 시스템을 논리적으로 하나의 데이터베이스 시스템처럼 사용할 수 있도록 한 것이다.
② 물리적으로 분산되어 지역별로 필요한 데이터를 처리할 수 있는 지역 컴퓨터를 분산 처리기라고 한다.
③ 분산 데이터베이스 시스템을 위한 통신 네트워크 구조가 데이터 통신에 영향을 주므로 효율적으로 설계해야 한다.
④ 데이터베이스가 분산되어 있음을 사용자가 인식할 수 있도록 분산 투명성을 배제해야 한다.

해설
- 분산 데이터베이스 시스템에서 사용자가 데이터베이스를 하나의 데이터베이스처럼 인식하도록 분산 데이터베이스 투명성 기술이 구현되어야 한다.

58 다음 SQL 문의 실행 결과는?

```
SELECT 가격 FROM 도서가격
  WHERE 책번호 = (SELECT 책번호
    FROM 도서 WHERE 책명='자료구조');
```

○ 도서

책번호	책명
111	운영체제
222	자료구조
555	컴퓨터구조

○ 도서가격

책번호	가격
111	20000
222	25000
333	10000
444	15000

① 10000　② 15000
③ 20000　④ 25000

해설
- WHERE 절 서브쿼리로 실제 결과는 다음과 같다.

```
SELECT 가격
FROM 도서가격
WHERE 책번호=(SELECT 책번호
    FROM 도서
    WHERE 책명='자료구조');
```

- (SELECT 책번호 FROM 도서 WHERE 책명='자료구조') 서브쿼리에서 나온 '책번호'와 '도서가격' 테이블에 있는 '책번호'와 같은 책의 '가격'을 출력

○ 결과

가격
25000

59 정규화 과정 중 1NF에서 2NF가 되기 위한 조건은?

① 1NF를 만족하고 모든 도메인이 원자값이어야 한다.
② 1NF를 만족하고 키가 아닌 모든 애트리뷰트들이 기본키에 이행적으로 함수 종속되지 않아야 한다.
③ 1NF를 만족하고 다치 종속이 제거되어야 한다.
④ 1NF를 만족하고 키가 아닌 모든 속성이 기본키에 완전 함수적 종속되어야 한다.

해설
- 제2정규형은 부분 함수 종속을 제거해야 한다.

데이터베이스 정규화 단계	
원부이결다조	원자화(1) / 부분 함수 종속 제거(2) / 이행 함수 종속 제거(3) / 결정자 함수 종속 제거(BCNF) / 다치 종속성 제거(4) / 조인 종속성 제거(5)

정답
57 ④　58 ④　59 ④

60 다음 릴레이션의 차수(Degree)와 카디널리티(Cardinality)는?

학번	이름	학년	전공
20001	이순신	1학년	컴퓨터
20002	이황	2학년	전자공학
20003	신사임당	3학년	기계공학

① Degree: 4, Cardinality: 3
② Degree: 3, Cardinality: 4
③ Degree: 3, Cardinality: 12
④ Degree: 12, Cardinality: 3

해설
- 차수(Degree)는 속성(Attribute)의 수이므로 4, 카디널리티(Cardinality)는 튜플의 수이므로 3이다.

4과목 프로그래밍 언어 활용

61 다음 C언어 프로그램이 실행되었을 때, 실행 결과는?

```
01  #include <stdio.h>
02  int main( ){
03    int a = 231;
04    int b = 8;
05    int x = 22;
06    x = a/b + (a%b > 0?1:0);
07    printf("%d", x);
08    return 0;
09  }
```

① 22 ② 25
③ 28 ④ 29

해설

03	• a를 231로 초기화
04	• b를 8로 초기화
05	• x를 22로 초기화
06	• 괄호 안의 값을 먼저 계산하면 a%b > 0?1:0 = 231%8 > 0?1:0 = 7 > 0?1:0이므로 7 > 0이 참이 되어 1이 됨 **231 % 8** • 나머지는 7이 됨 **7 > 0** • 참(True)이 됨 **참 ? 1 : 0** • 조건식이 참이면 ? 다음의 값을 선택하고 조건식이 거짓이면 : 다음의 값을 선택 • 7 > 0이 참이므로 ? 다음의 1을 선택 • a/b+1 = 231/8+1 = 28+1 = 29가 되어 x는 29가 됨
07	• x 값인 29를 출력

정답
60 ①   61 ④

62 한 개의 논릿값이 참이면 거짓을 반환하고, 거짓이면 참을 반환하는 연산자는?

① & ② #
③ ^ ④ !

해설

&	두 값을 비트로 연산하여 같은 비트의 값이 모두 1이면 해당 비트값이 1이 되고, 그렇지 않으면 0이 되는 연산자
^	두 값을 비트로 연산하여 같은 비트의 값이 서로 다르면 해당 비트값이 1이 되고, 그렇지 않으면 0이 되는 연산자
!	한 개의 논릿값이 참이면 거짓을 반환하고, 거짓이면 참을 반환(NOT 연산)하는 연산자

63 다음은 파이썬으로 만들어진 반복문 코드이다. 이 코드의 결과는?

```
01  while(True):
02      print('A')
03      print('B')
04      print('C')
05      continue
06      print('D')
```

① A, B, C 출력이 반복된다.
② A, B, C까지만 출력된다.
③ A, B, C, D 출력이 반복된다.
④ A, B, C, D까지만 출력된다.

해설

- while 문에서 조건문이 True이므로 무한 반복을 수행한다.
- while 문 안에서 A, B, C까지 출력하고 다음 반복을 수행하므로 D는 출력하지 않는다.

01	while 문에서 조건문이 True이므로 무한 반복을 수행함
02	'A'를 출력
03	'B'를 출력
04	'C'를 출력
05	continue를 실행하여 다음 반복으로 건너뜀
06	'D'는 출력하지 않음

64 IPv6의 헤더 항목이 아닌 것은?

① Flow label
② Payload length
③ HOP limit
④ Section

해설

IPv6 헤더 구조	
버트플 페넥홉 소데	Version / Traffic Class / Flow Label / Payload Length / Next Header / Hop Limit / Source Address / Destination Address

65 다음 파이썬으로 구현된 프로그램의 실행 결과로 옳은 것은?

```
01  a = [0,10,20,30,40,50,60,70,80,90]
02  print(a[:7:2])
```

① [20, 60]
② [60, 20]
③ [0, 20, 40, 60]
④ [10, 30, 50, 70]

해설

01	• 리스트를 선언
02	• 0부터 6번째(7번째 인덱스 직전)까지 인덱스가 2씩 증가되도록 출력 • 0번째 값인 0, 2번째 값인 20, 4번째 값인 40, 6번째 값인 60까지 출력

66 OSI 7계층 데이터 링크 계층의 프로토콜로 맞지 않는 것은?

① HTTP ② HDLC
③ PPP   ④ LLC

해설

- HTTP는 응용 계층이다.
- OSI 7계층 데이터 링크 계층의 프로토콜은 HDLC, PPP, Frame-Relay, FDDI, ATM, LLC, ALOHA가 있다.

정답

62 ④ 63 ① 64 ④ 65 ③ 66 ①

67 Microsoft의 Windows 운영체제의 특징이 아닌 것은?

① GUI 기반 운영체제이다.
② 트리 디렉터리 구조를 가진다.
③ 선점형 멀티태스킹 방식을 사용한다.
④ 소스가 공개된 개방형(Open) 시스템이다.

해설
- 윈도우(Windows)는 Dos 기반에서 개발된 OS로 현재는 사용자가 사용하기 편한 GUI 모드로 제공된다.
- Microsoft의 Windows 운영체제는 소스가 공개되지 않았으며, 소스가 공개된 개방형 운영체제로는 리눅스가 존재한다.

68 빈 기억 공간에 크기가 20KB, 16KB, 8KB, 40KB일 때 기억 장치 배치 전략으로 "Best Fit"을 사용하여 17KB의 프로그램을 적재할 경우 내부 단편화의 크기는 얼마인가?

① 3KB　　② 23KB
③ 64KB　　④ 67KB

해설
- 최적 적합은 가용 공간 중에서 가장 크기가 비슷한 공간을 선택하여 프로세스를 적재하는 방식이다.
- 17KB 프로그램이 적재될 수 있는 곳은 20KB와 40KB인데, 17KB와 크기가 가장 비슷한 곳은 20KB이다.
- 내부 단편화는 분할된 공간에 프로세스를 적재한 후 남은 공간으로 20KB 공간에 17KB를 넣게 되면 3KB가 남게되므로, 내부 단편화는 3KB이다.

69 SSH(Secure Shell)에 대한 설명으로 틀린 것은?

① SSH의 기본 네트워크 포트는 220번을 사용한다.
② 전송되는 데이터는 암호화된다.
③ 키를 통한 인증은 클라이언트의 공개키를 서버에 등록해야 한다.
④ 서로 연결되어 있는 컴퓨터 간 원격 명령 실행이나 쉘 서비스 등을 수행한다.

해설
- SSH(Secure Shell)의 특징은 다음과 같다.
- Telnet보다 강력한 보안을 제공하는 원격 접속 프로토콜이다.
- 서로 연결되어 있는 컴퓨터 간 원격 명령 실행이나 쉘 서비스 등을 수행한다.
- 키를 통한 인증은 클라이언트의 공개키를 서버에 등록해야 하고 전송되는 데이터는 암호화된다.
- SSH는 인증, 암호화, 압축, 무결성을 제공한다.
- SSH의 기본 네트워크 포트는 22번을 사용한다.

70 다음 자바 프로그램 조건문에 대해 삼항 조건 연산자를 사용하여 옳게 나타낸 것은?

```
int i = 7, j = 9;
int k;
if(i > j)
  k = i - j;
else
  k = i + j;
```

① int i = 7, j = 9;
　int k;
　k = (i > j)?(i − j):(i + j);
② int i = 7, j = 9;
　int k;
　k = (i < j)?(i − j):(i + j);
③ int i = 7, j = 9;
　int k;
　k = (i > j)?(i + j):(i − j);
④ int i = 7, j = 9;
　int k;
　k = (i < j)?(i + j):(i − j);

해설
- 삼항 연산자가 '(조건식) ? a : b'와 같을 때, 조건식이 참일 경우 변수 a가 실행되고 거짓일 경우 변수 b가 실행된다.
- 주어진 if 문에서 'if(i>j)'은 조건식이다. if 문이 참인 경우에는 k = i − j; 가 실행되고 거짓인 경우에는 k = i + j; 가 실행된다.
- 삼항 연산자로 변경하면 k = (i > j)?(i − j):(i + j);와 같이 변경할 수 있다.

정답
67 ④　68 ①　69 ①　70 ①

71 다음 JAVA 프로그램이 실행되었을 때의 결과는?

```
01  public class Soojebi{
02    public static void main(String[ ] args){
03      int cnt = 0;
04      do{
05        cnt++;
06      } while (cnt < 0);
07      if(cnt==1)
08        cnt++;
09      else
10        cnt = cnt + 3;
11      System.out.printf("%d", cnt);
12    }
13  }
```

① 2 ② 3
③ 4 ④ 5

해설
- do-while 구문은 1번은 실행하므로 cnt++이 실행되어 1이 된다.
- if 문에서 cnt가 1이므로 cnt++이 실행되어 2가 된다.

03	• cnt 변수를 0으로 초기화
04	• do~while 반복문을 수행
05	• cnt 값을 1 증가시켜 cnt는 1이 됨
06	• cnt < 0이 거짓이므로 do~while 반복문 탈출
07~08	• cnt가 1이면 cnt 값을 1 증가시킴
09~10	• cnt가 1이 아니면 cnt에 3을 더한 후 cnt에 대입
11	• cnt를 화면에 출력함

72 JAVA에서 힙(Heap)에 남아있으나 변수가 가지고 있던 참조 값을 잃거나 변수 자체가 없어짐으로써 더 이상 사용되지 않는 객체를 제거해주는 역할을 하는 모듈은?

① Heap Collector
② Garbage Collector
③ Memory Collector
④ Variable Collector

해설
- 자바에서는 메모리 관리를 위해 가비지 컬렉터를 사용한다.

73 개발 환경 구성을 위한 빌드(Build) 도구에 해당하지 않는 것은?

① Ant
② Kerberos
③ Maven
④ Gradle

해설
- 커버로스(Kerberos)는 컴퓨터 네트워크 인증 및 암호화 프로토콜이자 시스템이다.
- 개발 도구 분류는 다음과 같다.

빌드 도구	• Ant, Maven, Gradle
구현 도구	• Eclipse, Spring Tool Suite, Visual Studio
테스트 도구	• xUnit, PMD, Findbugs, cppCheck, SonarQube
형상 관리 도구	• CVS, SVN, Git

74 다음 C언어로 작성된 프로그램을 실행하였을 때 출력 결과로 옳은 것은?

```
01  #include <stdio.h>
02  struct KEY{
03    int a;
04    int b;
05  };
06  int main(int argc, char *argv[ ]){
07    struct KEY y;
08    struct KEY *p;
09    p = &y;
10    y.a = 100;
11    y.b = 200;
12    printf("%d", p->a);
13    return 0;
14  }
```

① 100 ② 200
③ 10000 ④ 20000

정답
71 ① 72 ② 73 ② 74 ①

해설

	• 포인터 변수일 때는 –>로 값을 접근한다.
02~05	• KEY라는 이름의 구조체 타입을 정의 • KEY 구조체에서 a, b라는 이름의 정수형 변수를 사용
07	• KEY라는 구조체를 y라는 변수로 선언
08	• KEY라는 구조체의 포인터를 p라는 변수로 선언
09	• y의 주솟값을 p라는 포인터 변수에 저장
10	• y 안의 a 변수에 100을 대입
11	• y 안의 b 변수에 200을 대입 y a 100 b 200
12	• p는 포인터이므로 '–>'을 이용해 접근하고, y.a에 의해 이미 100이 저장되어 있으므로 100이 출력됨 • p는 p = &y;에 의해 y의 주솟값(p는 y의 주솟값)을 가지고 있고, y.a = 100;에 의해 y안에 a 변수는 100이 저장되어 있으므로 p–>a는 y가 가리키고 있는 a의 값인 100이 됨

75 IETF에서 고안한 IPv4에서 IPv6로 전환하는 데 사용되는 전략이 아닌 것은?

① Dual Stack
② Tunneling
③ Address Translation
④ Source Routing

해설

IPv4에서 IPv6으로 전환	
듀터주	듀얼 스택(Dual Stack) / 터널링(Tunneling) / 주소변환(Address Translation)

76 사용자가 요청한 디스크 입·출력 내용이 다음과 같은 순서로 큐에 들어 있을 때 SSTF 스케줄링을 사용한 경우의 처리 순서는? (단, 현재 헤드 위치는 53이고, 제일 안쪽이 1번, 바깥쪽이 200번 트랙이다.)

> 큐의 내용: 98 183 37 122 14 124 65 67

① 53-65-67-37-14-98-122-124-183
② 53-98-183-37-122-14-124-65-67
③ 53-37-14-65-67-98-122-124-183
④ 53-67-65-124-14-122-37-183-98

해설

• SSTF는 현재 위치에서 탐색 거리(Seek Distance)가 가장 짧은 트랙에 대한 요청을 먼저 서비스하는 기법으로 현재 헤드 위치에서 가장 가까운 거리에 있는 트랙으로 헤드를 이동시킨다.

위치	14	37	65	67	98	122	124	183
53	39	16	12	14	45	69	71	130
65	51	28		2	33	57	59	118
67	53	30			31	55	58	116
37	23				61	24	26	85
14					84	108	110	169
98						24	26	85
122							2	61
124								59

77 페이지 교체 기법 중 LRU와 비슷한 알고리즘이며, 최근에 사용하지 않은 페이지를 교체하는 기법으로 시간 오버헤드를 줄이기 위해 각 페이지마다 참조 비트와 변형 비트를 두는 교체 기법은?

① FIFO ② LFU
③ NUR   ④ OPT

해설

• NUR는 LRU와 비슷한 알고리즘으로, 최근에 사용하지 않은 페이지를 교체하는 기법이다.
• 각 페이지마다 참조 비트와 변형 비트가 사용된다.

정답

75 ④   76 ①   77 ③

78 라이브러리의 개념과 구성에 대한 설명 중 틀린 것은?

① 라이브러리란 필요할 때 찾아서 쓸 수 있도록 모듈화되어 제공되는 프로그램을 말한다.
② 프로그래밍 언어에 따라 일반적으로 도움말, 설치파일, 샘플코드 등을 제공한다.
③ 외부 라이브러리는 프로그래밍 언어가 기본적으로 가지고 있는 라이브러리를 의미하며, 표준 라이브러리는 별도의 파일 설치를 필요로 하는 라이브러리를 의미한다.
④ 라이브러리는 모듈과 패키지를 총칭하며, 모듈이 개별 파일이라면 패키지는 파일들을 모아 놓은 폴더라고 볼 수 있다.

해설
• 표준 라이브러리는 프로그래밍 언어가 기본적으로 가지고 있는 라이브러리를 의미하고, 외부 라이브러리는 표준 라이브러리와 달리 별도의 파일을 설치한다.

79 다음의 프로그램을 실행한 결과로 옳은 것은?

```
01    #include <stdio.h>
02    int main(int argc, char *argv[ ]){
03      int a[ ] = {1, 2, 3, 4};
04      int b[ ] = {5, 6, 7, 8};
05      int *pa[ ] = {a, b};
06      printf("%d", *(pa[1]+1));
07    }
```

① 2　　　　　② 3
③ 5　　　　　④ 6

해설

03	• a에 배열을 선언 후 {1, 2, 3, 4}로 초기화
04	• b에 배열을 선언 후 {5, 6, 7, 8}로 초기화
05	• pa는 배열에 대한 포인터로 배열을 가리키고 있는 a, b로 초기화

pa[0]	pa[1]
a	b

06	• pa[1]는 b이므로 *(pa[1]+1) == *(b+1)이 됨 • *(b+1)은 b의 1번째(b[1]) 값을 가리키므로 6이 됨

80 CIDR(Classless Inter-Domain Routing) 표기로 203.241.132.82/27과 같이 사용되었다면, 해당 주소의 서브넷 마스크(Subnet Mask)는?

① 255.255.255.0
② 255.255.255.224
③ 255.255.255.240
④ 255.255.255.248

해설
• /27이므로 서브넷 마스크는 1을 27개 채운 주소이다.

2진수	11111111.11111111.11111111.11100000
10진수	255.255.255.224

정답
78 ③　79 ④　80 ②

5과목 정보시스템 구축관리

81 다음에서 설명하는 침입 탐지 유형은?

> 공격자가 실제로 시스템에 침입하였으나 침입 탐지 시스템은 해당 공격을 정상적인 동작으로 인식하여 침입을 탐지하지 못한 탐지 유형

① True Positive
② False Positive
③ True Negative
④ False Negative

해설

- 침입 탐지 시스템의 탐지 유형은 다음과 같다.

True Positive (TP)	• 공격자가 실제로 시스템에 침입하였고, 침입 탐지 시스템은 이를 침입으로 정확히 탐지한 탐지 유형 • 공격이 발생했으며, IDS가 이를 경고하여 정상적으로 대응이 가능한 상황
False Positive (FP)	• 정상적인 행위를 침입 탐지 시스템이 침입으로 잘못 인식하여 경고를 발생시킨 탐지 유형 • 오탐으로 인해 불필요한 경고가 생성되고, 운영자에게 혼선을 줄 수 있는 상황
True Negative (TN)	• 정상적인 행위를 침입 탐지 시스템이 정상으로 인식하여 경고를 발생시키지 않은 탐지 유형 • 문제가 없는 트래픽을 잘 구분하여 시스템 자원을 낭비하지 않은 이상적인 상황
False Negative (FN)	• 공격자가 실제로 시스템에 침입하였으나 침입 탐지 시스템은 해당 공격을 정상적인 동작으로 인식하여 침입을 탐지하지 못한 탐지 유형 • 가장 위험한 유형으로, 공격을 놓쳐 보안 사고로 이어질 수 있는 상황

82 정보공학 방법론에서 데이터베이스 설계의 표현으로 사용하는 모델링 언어는?

① Package Diagram
② State Transition Diagram
③ Deployment Diagram
④ Entity-Relationship Diagram

해설

- 정보공학 방법론에서 데이터베이스 설계의 표현으로 사용하는 모델링 언어는 ERD(Entity-Relationship Diagram)이다.

패키지 다이어그램 (Package Diagram)	• 유스케이스나 클래스 등의 모델 요소들을 그룹화한 패키지들의 관계를 표현하는 다이어그램
상태전이 다이어그램 (State Transition Diagram)	• 하나의 객체가 자신이 속한 클래스의 상태 변화 혹은 다른 객체와의 상호작용에 따라 상태가 어떻게 변화하는지 표현하는 다이어그램 • 모든 가능한 상태와 전이를 표현·진입 조건, 탈출 조건, 상태 전이 등 기술
배치 다이어그램 (Deployment Diagram)	• 컴포넌트 사이의 종속성을 표현하는 다이어그램 • 결과물, 프로세스, 컴포넌트 등 물리적 요소들의 위치를 표현

83 정보 보안의 3요소에 해당하지 않는 것은?

① 기밀성
② 무결성
③ 가용성
④ 휘발성

해설

정보 보안의 3대 요소	
기무가	기밀성 / 무결성 / 가용성

정답
81 ④   82 ④   83 ④

84 Python 기반의 웹 크롤링(Web Crawling) 프레임워크로 옳은 것은?

① Li-fi
② Scrapy
③ CrawlCat
④ SBAS

해설
- Scrapy는 웹 사이트를 크롤링하여 구조화된 데이터를 수집하는 파이썬(Python) 기반의 애플리케이션 프레임워크이다.
- 데이터 마이닝, 정보 처리, 이력 기록 같은 다양한 애플리케이션에 사용되는 수집 기술이다.

85 컴퓨터 사용자의 키보드 움직임을 탐지해 ID, 패스워드 등 개인의 중요한 정보를 몰래 빼가는 해킹 공격은?

① Key Logger Attack
② Worm
③ Rollback
④ Zombie Worm

해설

Key Logger Attack	컴퓨터 사용자의 키보드 움직임을 탐지해서 저장하고, ID나 패스워드, 계좌 번호, 카드 번호 등과 같은 개인의 중요한 정보를 몰래 빼 가는 해킹 공격
Worm	스스로를 복제하여 네트워크 등의 연결을 통하여 전파하는 악성 소프트웨어 컴퓨터 프로그램
Rollback	하나의 트랜잭션이 비정상적으로 종료되어 트랜잭션 원자성이 깨질 경우, 처음부터 다시 시작하거나, 부분적으로 연산을 취소

86 다음 중 유한체 위에서 정의된 타원곡선 군에서의 이산 대수의 문제에 기초한 공개키 암호화 알고리즘 기법은?

① RSA ② ECC
③ PKI ④ PEM

해설

RSA	1977년 3명의 MIT 수학 교수(Rivest, Shamir, Adleman)가 고안한 큰 인수의 곱을 소인수 분해하는 수학적 알고리즘 이용하는 공개키 암호화 알고리즘
ECC	유한체 위에서 정의된 타원곡선 군에서의 이산 대수의 문제에 기초한 공개키 암호화 알고리즘
PKI	공개키 암호 방식을 바탕으로 한 디지털 인증서를 활용하는 구조
PEM	암호화, 인증, 무결성 등의 이메일을 위한 보안 시스템

87 다음 내용이 설명하는 것은?

- 네트워크상에 광 채널 스위치의 이점인 고속 전송과 장거리 연결 및 멀티 프로토콜 기능을 활용
- 각기 다른 운영체제를 가진 여러 기종이 네트워크상에서 동일 저장 장치의 데이터를 공유하게 함으로써, 여러 개의 저장 장치나 백업 장비를 단일화시킨 시스템

① SAN ② MBR
③ NAC ④ NIC

해설

SAN (Storage Area Network)	서버와 스토리지를 저장 장치 전용 네트워크로 상호 구성하여 고가용성, 고성능, 융통성, 확장성을 보장하고 데이터를 블록(Block) 단위로 관리하는 기술
NAC (Network Access Control)	단말기가 내부 네트워크에 접속을 시도할 때 이를 제어하고 통제하는 기능을 제공하는 솔루션
NIC (Network Interface Controller)	컴퓨터를 네트워크에 연결하여 통신하기 위해 사용하는 하드웨어 장치로 네트워크 카드(Network Card) • 랜 카드(LAN Card)라고 부름

정답
84 ②　85 ①　86 ②　87 ①

88. 소프트웨어 프로세스에 대한 개선 및 능력측정 기준에 대한 국제 표준은?

① ISO 14001
② IEEE 802.5
③ IEEE 488
④ SPICE

해설
- SPICE는 소프트웨어 프로세스에 대한 개선 및 능력측정 기준에 대한 국제 표준이다.

89. 다음이 설명하는 IT기술은?

- 컨테이너 응용 프로그램의 배포를 자동화하는 오픈 소스 엔진이다.
- 소프트웨어 컨테이너 안에 응용 프로그램들을 배치시키는 일을 자동화해 주는 오픈 소스 프로젝트이자 소프트웨어로 볼 수 있다.

① StackGuard
② Docker
③ Cipher Container
④ Scytale

해설
- 도커(Docker)는 소프트웨어 컨테이너 안에 응용 프로그램들을 배치시키는 일을 자동화해 주는 소프트웨어이다.
- 스택 가드(StackGuard)는 카나리(Canary)라고 불리는 무결성 체크용 값을 복귀 주소와 변수 사이에 삽입해 두고, 카나리 값을 체크하여 변할 경우 복귀 주소를 호출하지 않는 버퍼 오버플로우 대응 기법이다.

90. DoS(Denial of Service) 공격과 관련한 내용으로 틀린 것은?

① Ping of Death 공격은 정상 크기보다 큰 ICMP 패킷을 작은 조각(Fragment)으로 쪼개어 공격 대상이 조각화된 패킷을 처리하게 만드는 공격 방법이다.
② Smurf 공격은 멀티캐스트(Multicast)를 활용하여 공격 대상이 네트워크의 임의의 시스템에 패킷을 보내게 만드는 공격이다.
③ SYN Flooding은 존재하지 않는 클라이언트가 서버별로 한정된 접속 가능 공간에 접속한 것처럼 속여 다른 사용자가 서비스를 이용하지 못하게 하는 것이다.
④ Land 공격은 패킷 전송 시 출발지 IP 주소와 목적지 IP 주솟값을 똑같이 만들어서 공격 대상에게 보내는 공격 방법이다.

해설
- DoS 주요 공격 유형은 다음과 같다.

죽음의 핑 (PoD; Ping of Death)	정상 크기보다 큰 ICMP 패킷을 작은 조각(Fragment)으로 쪼개어 공격 대상이 조각화된 패킷을 처리하게 만드는 공격 기법
스머프 (Smurf)/ 스머핑 (Smurfing)	출발지 주소를 공격 대상의 IP로 설정하여 네트워크 전체에게 ICMP Echo 패킷을 직접 브로드캐스팅(Directed Broadcasting)하여 마비시키는 공격 기법
SYN 플러딩 (SYN Flooding)	존재하지 않는 클라이언트가 서버별로 한정된 접속 가능 공간에 접속한 것처럼 속여 다른 사용자가 서비스를 이용하지 못하게 하는 공격 기법
랜드 어택 (Land Attack)	패킷 전송 시 출발지 IP 주소와 목적지 IP 주솟값을 똑같이 만들어서 공격 대상에게 보내는 공격 기법

정답
88 ④　89 ②　90 ②

91 구글의 구글 브레인 팀이 제작하여 공개한 기계학습(Machine Learning)을 위한 오픈 소스 소프트웨어 라이브러리는?

① 타조(Tajo)
② 원 세그(One Seg)
③ 포스퀘어(Foursquare)
④ 텐서플로(TensorFlow)

해설

텐서플로 (TensorFlow)	• 구글의 구글 브레인 팀이 제작하여 공개한 기계학습(ML; Machine Learning)을 위한 오픈 소스 소프트웨어 라이브러리
타조 (Tajo)	• 하둡 기반의 대용량 데이터를 SQL 형태의 명령을 통해 분산 분석 작업을 지원하는 대용량 데이터 웨어하우스 • 하둡의 HDFS를 메인 저장소로 활용하고, 다양한 파일 형태와 압축을 지원하며, ANSI-SQL 표준 준수 및 자동 최적화를 지원하는 하둡 에코 시스템
포스퀘어 (Foursquare)	• 위치 기반 소셜 네트워크 서비스이자 이를 개발한 회사의 명칭으로 사용자는 포스퀘어 서비스에서 자신의 휴대전화의 애플리케이션 또는 단문 메시지 서비스를 이용해 특정 장소에 "체크-인"(Check-In)을 할 수 있는 기술

92 전기 및 정보통신기술을 활용하여 전력망을 지능화, 고도화함으로써 고품질의 전력 서비스를 제공하고 에너지 이용 효율을 극대화하는 전력망은?

① 사물 인터넷
② 스마트 그리드
③ 디지털 아카이빙
④ 미디어 빅뱅

해설

사물 인터넷 (IoT; Internet of Things)	• 각종 사물에 센서와 통신 기능을 내장하여 무선통신을 통해 각종 사물을 인터넷에 연결하는 기술
스마트 그리드 (Smart Grid)	• 전기 및 정보통신기술을 활용하여 전력망을 지능화, 고도화함으로써 고품질의 전력 서비스를 제공하고 에너지 이용 효율을 극대화하는 전력망
디지털 아카이빙 (Digital Archiving)	• 지속해서 보존할 가치를 가진 디지털 객체를 장기간 관리하여 이후의 이용을 보장할 수 있도록 변환, 압축 저장하여 DB화하는 작업
미디어 빅뱅 (Media Big Bang)	• 신문과 방송의 겸영, 방송과 통신의 융합, 기술 진보에 따른 IP TV, 3D TV, 스마트 TV 등 뉴미디어가 등장하면서 미디어 산업 전체가 빅뱅과 같이 크고 빠르게 재편되는 상황

93 기기를 키오스크에 갖다 대면 원하는 데이터를 바로 가져올 수 있는 기술로 10cm 이내 근접 거리에서 기가급 속도로 데이터 전송이 가능한 초고속 근접 무선 통신(NFC; Near Field Communication) 기술은?

① BcN(Broadband Convergence Network)
② Zing
③ Marine Navi
④ C-V2X(Cellular Vehicle To Everything)

해설

Zing	• 기기를 키오스크에 갖다 대면 원하는 데이터를 바로 가져올 수 있는 기술 • 10cm 이내 근접 거리에서 기가급 속도로 데이터 전송이 가능한 초고속 근접 무선통신 기술
BcN (Broadband convergence Network)	• 통신·방송·인터넷이 융합된 품질 보장형 광대역 멀티미디어 서비스를 언제 어디서나 끊김이 없이 안전하게 이용할 수 있는 광대역 통합망
C-V2X (Cellular-Vehicle-to-Everything)	• 차량이 유·무선망을 통해 다른 차량 및 도로 등 인프라가 구축된 사물과 정보를 교환할 수 있는 자율 주행 자동차를 위한 통신 기술

정답
91 ④   92 ②   93 ②

94 다음에서 설명하고 있는 블록 암호화 운영 모드는 무엇인가?

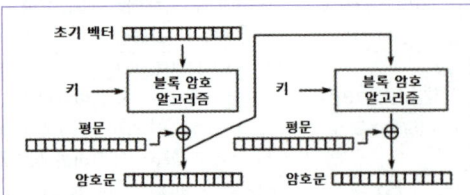

- 이전 암호문을 현재 블록의 암호 알고리즘의 입력으로 하여 나온 출력값을 현재 블록의 평문과 XOR 연산하여 암호화하는 방식

① ECB
② CBC
③ CFB
④ OFB

해설
- CFB는 이전 암호문을 현재 블록의 암호 알고리즘의 입력으로 하여 나온 출력값을 현재 블록의 평문과 XOR 연산하여 암호화하는 방식이다.

95 CPM 네트워크가 다음과 같을 때 임계경로의 소요 기일은?

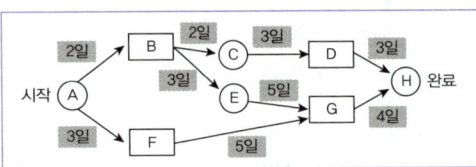

① 10일
② 12일
③ 14일
④ 16일

해설
- 시작에서 완료까지 가장 긴 경로인 14일이다.

A → B → C → D → H	2 + 2 + 3 + 3 = 10일
A → B → E → G → H	2 + 3 + 5 + 4 = 14일
A → F → G → H	3 + 5 + 4 = 12일

96 다음 중 ID/패스워드 입력은 어떤 인증 유형에 속하는가?

① Something You Know
② Something You Have
③ Something You Are
④ Something You Do

해설
- 인증 기술의 유형은 다음과 같다.

유형	설명	예
지식 기반 인증	• 사용자가 기억하고 있는 지식 • 당신이 알고 있는 것(Something You Know)	ID/패스워드
소지 기반 인증	• 소지하고 있는 사용자 물품 • 당신이 가진 것(Something You Have)	공인인증서, OTP
생체 기반 인증	• 고유한 사용자의 생체 정보 • 당신 그 자체인 것(Something You Are)	홍채, 정맥, 얼굴, 지문
특징 기반 인증	• 사용자의 특징을 활용 • 당신이 하는 것(Something You Do)	서명, 발걸음, 몸짓

정답
94 ③   95 ③   96 ①

97 실무적으로 검증된 개발 보안 방법론 중 하나로써 SW 보안의 모범 사례를 SDLC (Software Development Life Cycle)에 통합한 소프트웨어 개발 보안 생명주기 방법론은?

① CLASP
② CWE
③ PIMS
④ Seven Touchpoints

해설

OWASP CLASP (CLASP)	• 개념 관점, 역할 기반 관점, 활동 평가 관점, 활동 구현 관점, 취약성 관점 등의 활동 중심, 역할 기반의 프로세스로 구성된 보안 프레임워크로 이미 운영 중인 시스템에 적용하기 쉬운 개발 보안 방법론 • 프로그램 설계나 코딩 오류를 찾아내어 개선하기 위해 개발팀에 취약점 목록을 제공
Seven TouchPoints	• 실무적으로 검증된 개발 보안 방법론 중 하나로써 SW 보안의 모범 사례를 SDLC(Software Development Life Cycle)에 통합한 소프트웨어 개발 보안 생명주기 방법론

98 다음 내용이 설명하는 것은?

- 컴퓨터 서버와 운영 시설을 한곳에 모아 놓은 장소로 허가받지 않은 외부에서는 접근이 불가능하며, 임의의 서버가 중단되더라도 다른 서버로 대체되어 원활한 서비스 제공
- 클라이언트 망과 분리하여 따로 관리되고 부하 분산, 안정성 제고 등의 장점이 있음

① Server Farm
② DMZ
③ Intranet
④ IaaS

해설

• 컴퓨터 서버와 운영 시설을 한곳에 모아 놓은 장소로 허가받지 않은 외부에서는 접근이 불가능하며, 임의의 서버가 중단되더라도 다른 서버로 대체되어 원활한 서비스를 제공하는 장소는 서버 팜(Server Farm)이다.

99 다음 지문이 설명하는 공격 기법은 무엇인가?

검증되지 않은 외부 입력 데이터가 포함된 웹 페이지가 전송되는 경우, 사용자가 해당 웹 페이지를 열람함으로써 웹 페이지에 포함된 부적절한 스크립트가 실행되는 공격

① SQL 삽입(Injection)
② XSS
③ CSRF
④ 오류 메시지 통한 정보 노출

해설

• 검증되지 않은 외부 입력 데이터가 포함된 웹 페이지가 전송되는 경우, 사용자가 해당 웹 페이지를 열람함으로써 웹 페이지에 포함된 부적절한 스크립트가 실행되는 공격은 XSS이다.

100 다음에서 설명하는 용어로 올바른 것은?

- 가상·초월과 세계·우주의 합성어로서, 3차원 가상 세계를 뜻하는 용어이다.
- 가상 병원 등 현실에도 이용되는 기술이다.

① 메타버스(Metaverse)
② 증강 현실(Augmented Reality)
③ 포스퀘어(Foursquare)
④ 매시업(Mashup)

해설

• 메타버스(Metaverse)는 가상·초월과 세계·우주의 합성어로서, 3차원 가상 세계를 뜻하는 용어이다.

정답

97 ④ 98 ① 99 ② 100 ①

백전백승 기출문제 — 2025년 3회

1과목 소프트웨어 설계

01 다음 중 MVC 아키텍처 패턴에서 사용자 입력을 처리하고 모델과 뷰 사이에서 전달자 역할을 수행하는 구성요소는?

① Model
② View
③ Controller
④ Observer

해설

모델(Model)	• 핵심 기능과 데이터 보관
뷰(View)	• 사용자에게 정보 표시(하나 이상의 뷰가 정의될 수 있음)
컨트롤러(Controller)	• 사용자로부터 요청을 입력 받아 처리 • 모델과 뷰 사이에서 전달자 역할을 수행

02 소프트웨어 아키텍처 모델 중 MVC(Model-View-Controller)와 관련한 설명으로 틀린 것은?

① MVC 모델은 사용자 인터페이스를 담당하는 계층의 응집도를 높일 수 있고, 여러 개의 다른 UI를 만들어, 그 사이에 결합도를 낮출 수 있다.
② 모델(Model)은 뷰(View)와 제어(Controller) 사이에서 전달자 역할을 하며, 뷰마다 모델 서브 시스템이 각각 하나씩 연결된다.
③ 뷰(View)는 모델(Model)에 있는 데이터를 사용자 인터페이스에 보이는 역할을 담당한다.
④ 제어(Controller)는 모델(Model)에 명령을 보냄으로써 모델의 상태를 변경할 수 있다.

해설
• 전달자 역할은 모델(Model)이 아닌 제어(Controller)이다.

03 다음 중 이해관계자와 직접 대화를 통해 정보를 구하는 정보 수집 방법은?

① 인터뷰
② 브레인스토밍
③ 델파이 기법
④ 설문 조사

해설

인터뷰(Interview)	• 이해관계자와 직접 대화를 통해 정보를 구하는 공식적·비공식적 정보 수집 방법
브레인스토밍(Brainstorming)	• 말을 꺼내기 쉬운 분위기로 만들어, 회의 참석자들이 내놓은 아이디어들을 비판 없이 수용할 수 있도록 하는 회의
델파이 기법(Delphi Method)	• 전문가의 경험적 지식을 통한 문제 해결 및 미래 예측을 위한 기법
설문 조사(Survey)	• 설문지 또는 여론조사 등을 이용해 간접적으로 정보를 수집 • 개발될 시스템의 사용자가 다수일 때 의견 수렴에 용이

04 요구사항 명세기법에 대한 설명으로 틀린 것은?

① 비정형 명세기법은 사용자의 요구를 표현할 때 자연어를 기반으로 서술한다.
② 비정형 명세기법은 사용자의 요구를 표현할 때 Z 비정형 명세기법을 사용한다.
③ 정형 명세기법은 사용자의 요구를 표현할 때 수학적인 원리와 표기법을 이용한다.
④ 정형 명세기법은 비정형 명세기법에 비해 표현이 간결하다.

해설
• 정형 명세기법은 사용자의 요구를 표현할 때 Z-스키마 언어를 활용한다.

정답
01 ③   02 ②   03 ①   04 ②

05 요구사항 정의 및 분석·설계의 결과물을 표현하기 위한 모델링 과정에서 사용되는 다이어그램(Diagram)이 아닌 것은?

① Data Flow Diagram
② UML Diagram
③ E-R Diagram
④ AVL Diagram

해설

- AVL 트리는 스스로 균형을 잡는 이진 탐색 트리이고, AVL 다이어그램은 존재하지 않는다.

Data Flow Diagram (DFD)	• 데이터가 각 프로세스를 따라 흐르면서 변환되는 모습을 표현하는 방식
UML Diagram	• 객체 지향 소프트웨어 개발 과정에서 산출물을 명세화, 시각화, 문서화할 때 사용되는 모델링 기술과 방법론을 통합해서 만든 언어인 UML로 표현하는 방식
E-R Diagram	• 개체 타입과 관계 타입을 기본 개념으로 현실 세계를 개념적으로 표현하는 방식

06 럼바우(Rumbaugh)의 객체 지향 분석 절차를 가장 바르게 나열한 것은?

① 객체 모형 → 동적 모형 → 기능 모형
② 객체 모형 → 기능 모형 → 동적 모형
③ 기능 모형 → 동적 모형 → 객체 모형
④ 기능 모형 → 객체 모형 → 동적 모형

해설

- 럼바우의 객체 지향 분석 절차는 객체 모델링 → 동적 모델링 → 기능 모델링 순서로 진행한다.

07 소프트웨어 설계 시 제일 상위에 있는 Main User Function에서 시작하여 기능을 하위 기능들로 분할해 가면서 설계하는 방식은?

① 객체 지향 설계
② 데이터 흐름 설계
③ 상향식 설계
④ 하향식 설계

해설

- 소프트웨어 설계 시 제일 상위에 있는 Main User Function에서 시작하여 기능을 하위 기능들로 분할해 가면서 설계하는 방식은 하향식 설계이다.

08 다음이 설명하는 UML(Unified Modeling Language) 다이어그램은?

> 객체들이 어떻게 상호 동작하는지를 메시지 순서에 초점을 맞춰 나타낸 것으로, 어떠한 작업이 객체 간에 발생하는지를 시간 순서에 따라 보여준다.

① 클래스(Class) 다이어그램
② 순차(Sequence) 다이어그램
③ 배치(Deployment) 다이어그램
④ 컴포넌트(Component) 다이어그램

해설

- 순차(Sequence) 다이어그램은 객체들이 어떻게 상호 동작하는지를 메시지 순서에 초점을 맞춰 나타낸 것으로, 어떠한 작업이 객체 간에 발생하는지를 시간 순서에 따라 보여준다.

정답

05 ④   06 ①   07 ④   08 ②

09 XP에 대한 설명으로 올바르지 않은 것은?

① 고객과 직접 대면하며 요구사항을 이야기하기 위해 사용자 스토리(User Story)를 활용할 수 있다.
② 기존의 방법론에 비해 실용성(Pragmatism)을 강조한 것이라고 볼 수 있다.
③ 페어 프로그래밍은 혼자 할 때보다 더 오류가 적은 프로그램을 만들 수 있다.
④ 재사용성을 위해서 단순함을 포기해야 한다.

해설
- XP는 재사용성을 위해서 단순함을 포기하지는 않는다.
- 용기(Courage), 단순성(Simplicity), 의사소통(Communication), 피드백(Feedback), 존중(Respect)은 XP의 5가지 가치이다.

11 소프트웨어 설계 시 고려 사항으로 거리가 먼 것은?

① 전체적이고 포괄적인 개념을 설계한 후 차례로 세분화하고 구체화시켜 나간다.
② 요구사항을 모두 구현해야 하고 유지보수가 용이해야 한다.
③ 모듈은 독립적인 기능을 갖도록 설계해야 한다.
④ 모듈 간의 상관성은 높이고 변경이 쉬워야 한다.

해설
- 효과적인 모듈 설계를 위해서는 결합도를 약하게 해야 모듈 간의 독립성을 확보한다. 또한 모듈 간의 상관성을 낮춰야 한다.

10 UML에서 사물(Things)로 사용할 수 없는 것은?

① Behavioral Things
② Structural Things
③ Grouping Things
④ Internet Of Things

해설
- UML 구성요소 중 사물(Things)은 추상적인 개념으로 구조 사물, 행동 사물, 그룹 사물, 주해 사물이 있다.

구조 사물 (Structural Things)	• UML 모델의 정적인 부분들을 정의 • 시스템의 물리적, 개념적 요소를 표현 예 클래스, 유스케이스, 컴포넌트, 노드 등
행동 사물 (Behavioral Things)	• UML 모델의 동적인 부분을 표현 • 시간과 공간에 따른 요소들의 행위를 표현 예 상호 작용, 상태 머신 등
그룹 사물 (Grouping Things)	• UML 모델의 요소들을 그룹으로 묶어서 표현 예 패키지 등
주해 사물 (Annotational Things)	• UML 모델을 설명(주석) • 부가적인 설명이나 제약조건 등을 표현 예 노트 등

12 UML의 활동 다이어그램에 대한 설명으로 올바른 것은?

① 시스템이 어떤 기능을 수행하는지를 객체의 처리 로직이나 조건에 따른 처리의 흐름으로 순서대로 표현하는 다이어그램
② 동작에 참여하는 객체들이 주고 받는 메시지를 표현하는데, 메시지뿐만 아니라 객체 간의 연관까지 표현하는 다이어그램
③ 객체 간 상호 작용을 메시지 흐름으로 표현하는 다이어그램
④ 하나의 객체가 자신이 속한 클래스의 상태 변화 혹은 다른 객체와의 상호 작용에 따라 상태가 어떻게 변화하는지 표현하는 다이어그램

해설
- 활동 다이어그램(Activity Diagram)은 시스템이 어떤 기능을 수행하는지를 객체의 처리 로직이나 조건에 따른 처리의 흐름으로 순서대로 표현하는 다이어그램이다.

정답
09 ④   10 ④   11 ④   12 ①

13 사용자 인터페이스(User Interface)에 대한 설명으로 틀린 것은?

① 사용자와 시스템이 정보를 주고받는 상호작용이 잘 이루어지도록 하는 장치나 소프트웨어를 의미한다.
② 편리한 유지보수를 위해 개발자 중심으로 설계되어야 한다.
③ 배우기가 용이하고 쉽게 사용할 수 있도록 만들어져야 한다.
④ 사용자 요구사항이 UI에 반영될 수 있도록 구성해야 한다.

해설
- 편리한 사용을 위해 개발자 중심이 아닌 사용자 중심으로 설계되어야 한다.

14 애자일 소프트웨어 개발 기법의 가치가 아닌 것은?

① 프로세스와 도구보다는 개인과 상호 작용에 더 가치를 둔다.
② 계약 협상보다는 고객과의 협업에 더 가치를 둔다.
③ 실제 작동하는 소프트웨어보다는 이해하기 좋은 문서에 더 가치를 둔다.
④ 계획을 따르기보다는 변화에 대응하는 것에 더 가치를 둔다.

해설

애자일 선언문	
개변동고	개인과 상호 작용 / 변화에 대응 / 동작하는 소프트웨어 / 고객과 협력

15 다음 결합도의 종류에 대한 설명 중 틀린 것은?

① Content Coupling: 다른 모듈 내부에 있는 변수나 기능을 다른 모듈에서 사용하는 경우의 결합도이다.
② Stamp Coupling: 파라미터가 아닌 모듈 밖에 선언되어있는 전역 변수를 참조하고 전역 변수를 갱신하는 식으로 상호작용하는 경우의 결합도이다.
③ Data Coupling: 모듈 간의 인터페이스로 전달되는 파라미터를 통해서만 모듈 간의 상호작용이 일어나는 경우의 결합도이다.
④ Control Coupling: 어떤 모듈이 다른 모듈의 내부 논리 조직을 제어하기 위한 목적으로 제어 신호를 이용하여 통신하는 경우의 결합도이다.

해설

내용 결합도 (Content Coupling)	다른 모듈 내부에 있는 변수나 기능을 다른 모듈에서 사용하는 경우의 결합도
공통 결합도 (Common Coupling)	파라미터가 아닌 모듈 밖에 선언되어 있는 전역 변수를 참조하고 전역 변수를 갱신하는 식으로 상호작용하는 경우의 결합도
제어 결합도 (Control Coupling)	어떤 모듈이 다른 모듈의 내부 논리 조직을 제어하기 위한 목적으로 제어 신호를 이용하여 통신하는 경우의 결합도
스탬프 결합도 (Stamp Coupling)	모듈 간의 인터페이스로 배열이나 객체, 구조 등이 전달되는 경우의 결합도
자료 결합도 (Data Coupling)	모듈 간의 인터페이스로 전달되는 파라미터를 통해서만 모듈 간의 상호 작용이 일어나는 경우의 결합도

정답
13 ② 14 ③ 15 ②

16 다음은 객체 지향 기법 중 무엇에 대한 설명인가?

> • is-instance-of 관계
> • 공통된 속성에 의해 정의된 객체 구성원들의 인스턴스

① 분류화　　② 집단화
③ 일반화　　④ 연관화

해설

• 관계성의 종류는 다음과 같다.

분류화	• is-instance-of 관계 • 공통된 속성에 의해 정의된 객체 구성원들의 인스턴스
집단화	• is part of 관계, part-whole 관계 • 서로 관련 있는 여러 개의 객체를 묶어 한 개의 상위 객체를 만드는 특징이 있음 • 일반화와 달리 상위 클래스의 성질들이 하위 클래스로 상속되지는 않음
일반화	• is-a 관계 • 클래스들 간의 개념적인 포함 관계 • 상위 클래스의 특성을 하위 클래스가 상속받음
연관화	• is-member-of 관계 • 클래스와 객체의 참조 및 이용관계 • 같은 계층에 속하는 클래스들 사이의 상호 의존성을 보여주는 비 계층적 관계성을 나타냄

17 UML의 기본 구성요소가 아닌 것은?

① Things　　② Terminal
③ Relationship　　④ Diagram

해설

• UML은 사물, 관계, 다이어그램으로 구성된다.

사물 (Things)	• 추상적인 개념으로, 주제를 나타내는 요소 • 단어 관점에서 '명사' 또는 '동사'를 의미
관계 (Relationships)	• 사물의 의미를 확장하고 명확히 하는 요소 • 사물과 사물을 연결하여 관계를 표현하는 요소 • 단어 관점에서 '형용사' 또는 '부사'를 의미
다이어그램 (Diagrams)	• 사물과 관계를 모아 그림으로 표현한 형태 • 형식과 목적에 따라 9가지로 정의

18 소프트웨어 개발에 이용되는 모델(Model)에 대한 설명 중 거리가 먼 것은?

① 모델은 개발 대상을 추상화하고 기호나 그림 등으로 시각적으로 표현한다.
② 모델을 통해 소프트웨어에 대한 이해도를 향상시킬 수 있다.
③ 모델을 통해 이해 당사자 간의 의사소통이 향상된다.
④ 모델을 통해 향후 개발될 시스템의 유추는 불가능하다.

해설

• 모델은 객체, 시스템 또는 개념에 대한 구조나 작업을 보여주기 위한 패턴이다.
• 모델은 개발 대상을 추상화하고 기호나 그림 등으로 시각적으로 표현한다.
• 모델을 통해 소프트웨어에 대한 이해도를 향상할 수 있고, 이해 당사자 간의 의사소통이 향상된다.
• 모델은 문제가 발생하는 상황에 대한 이해를 높이고 해결책을 설명한다.
• 모델을 통해 향후 개발될 시스템에 대한 유추가 가능하다.

정답

16 ①　17 ②　18 ④

19 다음 중 요구분석 단계에 대한 설명으로 올바르지 않은 것은?

① 요구분석은 사용자의 요구를 추출하여 목표를 정하고 어떤 방식으로 해결할 것인지 결정하는 단계이다.
② 보다 구체적인 명세를 위해 소단위 명세서가 활용될 수 있다.
③ 요구분석 단계에서 동적 분석과 정적 분석을 통해 잘못된 요구사항을 걸러내야 한다.
④ 모델링 표기를 위해 DFD(Data Flow Diagram), UML 다이어그램, E-R 다이어그램을 사용한다.

해설
- 정적 분석과 동적 분석은 설계, 구현, 테스트 단계에서 수행한다.
- 요구분석의 특징은 다음과 같다.
  - 요구분석은 소프트웨어 개발의 실제적인 첫 단계로 사용자의 요구에 대해 이해하는 단계
  - 분석 결과의 문서화를 통해 향후 유지보수에 유용하게 활용할 수 있음
  - 보다 구체적인 명세를 위해 소단위 명세서가 활용될 수 있음
  - 개발 비용이 가장 많이 소요되는 단계는 아님
  - 요구분석 중 도메인 분석(Domain Analysis)은 요구에 대한 정보를 수집하고 배경을 분석하여 이를 토대로 모델링을 하게 됨

20 소프트웨어 아키텍처 설계에서 시스템 품질 속성이 아닌 것은?

① 가용성(Availability)
② 독립성(Isolation)
③ 변경 용이성(Modifiability)
④ 사용성(Usability)

해설

시스템 아키텍처 품질 속성	
가변성 보사시	가용성 / 변경 용이성 / 성능 / 보안성 / 사용 편의성 / 시험 용이성

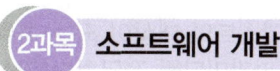
2과목 소프트웨어 개발

21 다음 설명에 해당하는 품질 개선 모델은?

- 조직의 프로세스 개선을 위한 모델로, 조직의 능력(Capability)과 성숙도(Maturity)를 기준으로 프로세스의 성숙 단계를 평가하고 개선 방향을 제시하는 모델이다.
- 적용 및 평가 방식은 조직 차원의 성숙도를 평가하는 단계별 표현과 프로세스 영역별 능력도를 평가하는 연속적 표현이 있음

① ISO 9126
② CMMi
③ Six Sigma
④ SPICE

해설

ISO 9126	• 소프트웨어 품질을 측정하고, 평가하기 위해서 소프트웨어의 품질 요소와 특성을 정의하는 국제 표준
CMMi	• 기존 CMM 모델을 통합하고 ISO 15504 (SPICE)를 준수하는 소프트웨어 개발 능력/성숙도 평가 및 프로세스 개선 활동의 지속적인 품질 개선 모델 • 적용 및 평가 방식은 단계별 표현과 연속적 표현이 있음
SPICE (ISO/IEC 15504)	• 소프트웨어 프로세스를 평가하고 개선함으로써 품질 및 생산성을 높이고자 하는 국제 표준

정답
19 ③ 20 ② 21 ②

22 단위 테스트에서 테스트의 대상이 되는 하위 모듈을 호출하고, 파라미터를 전달하는 가상의 모듈로 상향식 테스트에 필요한 것은?

① 테스트 스텁(Test Stub)
② 테스트 드라이버(Test Driver)
③ 테스트 슈트(Test Suites)
④ 테스트 케이스(Test Case)

해설
- 테스트 드라이버(Test Driver)는 상향식 통합시험을 위해 단위 테스트에서 테스트의 대상이 되는 하위 모듈을 호출하는 상위 모듈의 역할로, 필요에 따라 파라미터를 전달하는 가상의 모듈이다.

23 다음 설명에 해당하는 인수 테스트 유형은?

실제 환경에서 일정 수의 사용자에게 대상 소프트웨어를 사용하게 하고 피드백을 통해 문제점을 파악하고 개선하는 방식의 테스트다.

① 알파 테스트(Alpha Test)
② 회귀 테스트(Regression Test)
③ 화이트박스 테스트(White-box Test)
④ 베타 테스트(Beta Test)

해설
- 베타 테스트(Beta Test)는 실제 사용자 환경에서 일반 사용자들이 소프트웨어를 사용해보고 피드백을 제공하는 인수 테스트의 일종이다.

24 다음 트리를 전위 순회(Preorder Traversal)한 결과는?

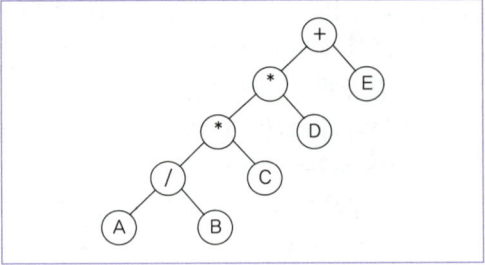

① +*AB/*CDE
② AB/C*D*E+
③ A/B*C*D+E
④ +**/ABCDE

해설
- 전위 순회는 먼저 노드를 방문하고, 왼쪽 서브 트리를 방문한 후, 오른쪽 서브 트리를 방문하는 순으로 순회하는 방식이다.
- 전위 순회 계산식은 '루트 → 좌 → 우' 순서대로 노드를 방문한다.

정답
22 ② 23 ④ 24 ④

25 다음 전위식(Prefix)을 후위식(Postfix)으로 옳게 표현한 것은?

> − / * A + B C D E

① A B C + D / * E −
② A B * C D / + E −
③ A B * C + D / E −
④ A B C + * D / E −

해설

- 수식 Prefix를 Postfix로 바꾸는 방법은 다음과 같다.
① 전위식은 Root → Left → Right 순인데, Root는 연산자를 나타내므로 연산자, 피연산자, 피연산자 형태를 찾고 묶는다.(연산자, 피연산자, 피연산자 형태도 묶으면 피연산자가 된다.)

```
− / * A + B C D E
− / * A ( + B C ) D E
− / ( * A ( + B C ) ) D E
− ( / ( * A ( + B C ) ) D ) E
( − ( / ( * A ( + B C ) ) D ) E )
```

② Postfix는 기호들을 괄호 안에서 가장 뒤쪽으로 옮긴다.

```
( − ( / ( * A ( + B C ) ) D ) E )
( ( ( A ( B C + ) * ) D / ) E − )
```

③ 괄호를 제거한다.

```
A B C + * D / E −
```

26 소프트웨어 재공학이 소프트웨어의 재개발에 비해 갖는 장점으로 거리가 먼 것은?

① 위험부담 감소
② 비용 절감
③ 시스템 명세의 오류억제
④ 개발시간의 증가

해설

- 소프트웨어 재공학이 재개발에 비해 갖는 주요한 장점은 위험부담 감소, 비용 절감, 시스템 명세의 오류억제가 있다.

27 테스트와 디버그의 목적으로 옳은 것은?

① 테스트는 오류를 찾는 작업이고, 디버깅은 오류를 수정하는 작업이다.
② 테스트는 오류를 수정하는 작업이고, 디버깅은 오류를 찾는 작업이다.
③ 둘 다 소프트웨어의 오류를 찾는 작업으로 오류 수정은 하지 않는다.
④ 둘 다 소프트웨어 오류의 발견, 수정과 무관하다.

해설

- 테스트와 디버그의 차이는 다음과 같다.

항목	테스트	디버그
개념	시스템이 정해진 요구를 만족하는지, 예상과 실제 결과가 어떤 차이를 보이는지 검사하고 평가하는 단계	개발 중에 발생하는 시스템의 논리적인 오류나 버그를 찾아서 수정하는 과정
목적	오류를 찾는 작업	오류를 수정하는 작업

28 소프트웨어 형상 관리의 의미로 적절한 것은?

① 비용에 관한 사항을 효율적으로 관리하는 것
② 개발 과정의 변경 사항을 관리하는 것
③ 테스트 과정에서 소프트웨어를 통합하는 것
④ 개발 인력을 관리하는 것

해설

- 형상 관리는 소프트웨어 생명주기 동안 발생하는 변경사항을 체계적으로 관리하여 소프트웨어의 품질 보증을 향상시키는 관리적 활동이다.

정답

25 ④   26 ④   27 ①   28 ②

29 형상 관리 도구의 주요 기능으로 거리가 먼 것은?

① 정규화(Normalization)
② 체크인(Check-in)
③ 체크아웃(Check-Out)
④ 커밋(Commit)

해설

형상 관리 도구의 기능	
인아커	체크인 / 체크아웃 / 커밋

30 SW 패키징 도구 활용 시 고려사항과 거리가 먼 것은?

① 패키징 시 사용자에게 배포되는 SW이므로 보안을 고려한다.
② 사용자 편의성을 위한 복잡성 및 비효율성 문제를 고려한다.
③ 보안상 단일 기종에서만 사용할 수 있도록 해야 한다.
④ 제품 SW 종류에 적합한 암호화 알고리즘을 적용한다.

해설

- SW 패키징 도구 활용 시에는 암호화/보안, 이기종 연동, 복잡성 및 비효율성 문제, 최적합 암호화 알고리즘 적용을 고려해야 한다.

31 소프트웨어 개발 활동을 수행함에 있어서 시스템이 고장(Failure)을 일으키게 하며, 오류(Error)가 있는 경우 발생하는 것은?

① Fault
② Testcase
③ Mistake
④ Inspection

해설

오류 (Error)	• 결함(Defect)의 원인이 되는 것으로, 일반적으로 사람(소프트웨어 개발자, 분석가 등)에 의해 생성된 실수(Human Mistake)
결점 (Fault)	• 소프트웨어 개발 활동을 수행함에 있어서 시스템이 고장(Failure)을 일으키게 하며, 오류(Error)가 있는 경우 발생하는 현상

32 트리 구조에서 단말 노드의 개수는?

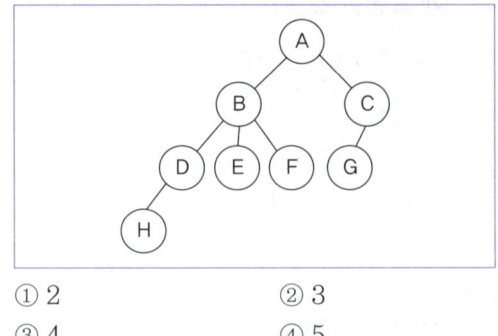

① 2
② 3
③ 4
④ 5

해설

- 단말 노드는 자식이 없는 노드로 단말 노드는 {E, F, G, H}이다.

33 화이트 박스 테스트와 관련한 설명으로 틀린 것은?

① 화이트 박스 테스트의 이해를 위해 논리 흐름도(Logic-Flow Diagram)를 이용할 수 있다.
② 테스트 데이터를 이용해 실제 프로그램을 실행함으로써 오류를 찾는 동적 테스트(Dynamic Test)에 해당한다.
③ 프로그램의 구조를 고려하지 않기 때문에 요구나 명세를 기초로 결정한다.
④ 테스트 데이터를 선택하기 위하여 검증 기준(Test Coverage)을 정한다.

해설

- 화이트박스 테스트는 코드 분석과 프로그램 구조에 대한 지식을 바탕으로 문제가 발생할 가능성이 있는 모듈 내부를 직접 관찰하고, 테스트하는 방법이다.
- 블랙박스 테스트는 프로그램의 구조를 고려하지 않고 요구나 명세를 기초로 테스트하는 방법이다.

정답
29 ① 30 ③ 31 ① 32 ③ 33 ③

34 외계인 코드(Alien Code)에 대한 설명으로 옳은 것은?

① 프로그램의 로직이 복잡하여 이해하기 어려운 프로그램을 의미한다.
② 아주 오래되거나 참고문서 또는 개발자가 없어 유지보수 작업이 어려운 프로그램을 의미한다.
③ 오류가 없어 디버깅 과정이 필요 없는 프로그램을 의미한다.
④ 사용자가 직접 작성한 프로그램을 의미한다.

해설
- 외계인 코드는 매우 오래되거나 참고 문서 또는 개발자가 없어 유지보수 작업이 몹시 어려운 코드이다.

35 소프트웨어 형상 관리에서 관리 항목에 포함되지 않는 것은?

① 프로젝트 요구 분석서
② 소스 코드
③ 운영 및 설치 지침서
④ 프로젝트 개발 비용

해설
- 형상 관리는 소프트웨어 개발을 위한 변경사항을 관리하므로 프로젝트의 개발 비용은 거리가 멀다.

36 이진 검색 알고리즘에 대한 설명으로 틀린 것은?

① 탐색 효율이 좋고 탐색 시간이 적게 소요된다.
② 검색할 데이터가 정렬되어 있어야 한다.
③ 피보나치 수열에 따라 다음에 비교할 대상을 선정하여 검색한다.
④ 비교 횟수를 거듭할 때마다 검색 대상이 되는 데이터의 수가 절반으로 줄어든다.

해설
- 이진 검색은 정렬되어 있는 리스트에서 탐색 범위를 절반씩 좁혀가며 데이터를 탐색하는 알고리즘이다.
- 탐색 효율이 좋고 탐색 시간이 적게 소요된다.

37 n개의 노드로 구성된 무방향 그래프의 최대 간선 수는?

① $n-1$
② $n(n-1)/2$
③ $n/2$
④ $n(n+1)$

해설
- n개의 노드로 구성되어 있는 무방향 그래프의 최대 간선 수는 $n(n-1)/2$이 된다.

38 소프트웨어 품질 목표 중 쉽게 배우고 사용할 수 있는 정도를 나타내는 것은?

① Correctness
② Reliability
③ Usability
④ Integrity

해설
- 사용성(Usability)은 소프트웨어 품질 목표 중 쉽게 배우고 사용할 수 있는 정도이다.

39 개별 모듈을 시험하는 것으로 모듈이 정확하게 구현되었는지, 예정한 기능이 제대로 수행되는지를 점검하는 것이 주요 목적인 테스트는?

① 통합 테스트(Integration Test)
② 단위 테스트(Unit Test)
③ 시스템 테스트(System Test)
④ 인수 테스트(Acceptance Test)

해설

단위 테스트	사용자 요구사항에 대한 단위 모듈, 서브루틴 등을 테스트하는 단계
통합 테스트	단위 테스트를 통과한 컴포넌트 간의 인터페이스를 테스트하는 단계
시스템 테스트	개발 프로젝트 차원에서 정의된 전체 시스템 또는 제품의 동작에 대해 테스트하는 단계
인수 테스트	계약상의 요구사항이 만족되었는지 확인하기 위한 테스트 단계

정답
34 ② 35 ④ 36 ③ 37 ② 38 ③ 39 ②

40 평가 점수에 따른 성적 부여는 다음 표와 같다. 이를 구현한 소프트웨어를 경곗값 분석 기법으로 테스트하고자 할 때 다음 중 테스트 케이스의 입력값으로 옳지 않은 것은?

평가 점수	성적
80~100	A
60~79	B
0~59	C

① 59　　② 80
③ 90　　④ 101

해설
- 블랙박스 테스트 유형 중 경곗값 분석 테스트(Boundary Value Analysis Testing)는 등가분할 후 경곗값 부분에서 오류 발생 확률이 높아서 경곗값을 포함하여 테스트 케이스를 설계하여 테스트하는 기법이다.
- 90이라는 숫자는 80~100의 경계가 아닌 가운데 값이므로 경곗값 분석 테스트라고 보기 어렵다.

3과목 데이터베이스 구축

41 DML에 해당하는 것으로만 나열된 것은?

ⓐ SELECT　ⓑ UPDATE
ⓒ INSERT　ⓓ GRANT

① ⓐ, ⓑ, ⓒ
② ⓐ, ⓑ, ⓓ
③ ⓐ, ⓒ, ⓓ
④ ⓐ, ⓑ, ⓒ, ⓓ

해설
- GRANT는 데이터 제어어(DCL)이다

42 트랜잭션의 특성 중 아래 내용에 해당하는 것은?

> 시스템이 가지고 있는 고정요소는 트랜잭션 수행 전과 트랜잭션 수행 완료 후에 같아야 한다.

① 원자성(Atomicity)
② 일관성(Consistency)
③ 격리성(Isolation)
④ 영속성(Durability)

해설

원자성(Atomicity)	트랜잭션을 구성하는 연산 전체가 모두 정상적으로 실행되거나 모두 취소되어야 하는 성질
일관성(Consistency)	시스템이 가지고 있는 고정요소는 트랜잭션 수행 전과 트랜잭션 수행 완료 후의 상태가 같아야 하는 성질
격리성(Isolation)	동시에 실행되는 트랜잭션들이 서로 영향을 미치지 않아야 한다는 성질
영속성(Durability)	성공이 완료된 트랜잭션의 결과는 영속적으로 데이터베이스에 저장되어야 하는 성질

정답
40 ③　41 ①　42 ②

43 어떤 릴레이션 R의 모든 조인 종속성의 만족이 R의 후보키를 통해서만 만족된다. 이 릴레이션 R은 어떤 정규형의 릴레이션인가?

① 5정규형
② 4정규형
③ 3정규형
④ 보이스-코드 정규형

해설
- 제5정규형은 조인 종속성을 제거해야 한다.

44 다른 릴레이션의 기본키를 참조하는 키를 의미하는 것은?

① 필드키
② 슈퍼키
③ 외래키
④ 후보키

해설
- 외래키는 테이블 간의 참조 데이터 무결성을 위한 제약 조건이고, 한 릴레이션의 컬럼이 다른 릴레이션의 기본키로 이용된다.

45 트랜잭션들을 수행하는 도중 장애로 인해 손상된 데이터베이스를 손상되기 이전의 정상적인 상태로 복구시키는 작업은?

① 회복(Recovery)
② 재시작(Restart)
③ 완료(Commit)
④ 중단(Abort)

해설
- 회복은 손상된 데이터베이스를 손상되기 이전의 정상적인 상태로 복구시키는 작업이다.

46 STUDENT 테이블에 독일어과 학생 50명, 중국어과 학생 30명, 영어영문학과 학생 50명의 정보가 저장되어 있을 때, 다음 두 SQL 문의 실행 결과 튜플 수는? (단, DEPT 칼럼은 학과명)

ⓐ SELECT DEPT FROM STUDENT;
ⓑ SELECT DISTINCT DEPT FROM STUDENT;

① ⓐ 3, ⓑ 3
② ⓐ 50, ⓑ 3
③ ⓐ 130, ⓑ 3
④ ⓐ 130, ⓑ 130

해설
- 단순 SELECT(조건 검색)의 경우 전체 테이블의 튜플을 검색하기 때문에 130건(= 50 + 30 + 50)이 조회된다.
- DISTINCT(중복 제거)의 경우 동일한 튜플을 제거하고 검색하기 때문에 독일어과 1건, 중국어과 1건, 영어영문학과 1건으로 총 3건이 조회된다.

47 SQL 문에서 SELECT에 대한 설명으로 옳지 않은 것은?

① FROM 절에는 질의에 의해 검색될 데이터들을 포함하는 테이블 명을 기술한다.
② 검색 결과에 중복되는 레코드를 없애기 위해서는 WHERE 절에 'DISTINCT' 키워드를 사용한다.
③ HAVING 절은 GROUP BY 절과 함께 사용되며, 그룹에 대한 조건을 지정한다.
④ ORDER BY 절은 특정 속성을 기준으로 정렬하여 검색할 때 사용한다.

해설
- 검색 결과에 중복되는 레코드를 없애기 위해서는 SELECT 절에 'DISTINCT' 키워드를 사용한다.

정답
43 ①   44 ③   45 ①   46 ③   47 ②

48 다음 BETWEEN 연산의 의미와 동일한 것은?

```
SELECT *
 FROM 성적
WHERE (점수 BETWEEN 90 AND 95) AND 학
과="컴퓨터공학"
```

① 점수 >= 90 AND 점수 <= 95
② 점수 > 90 AND 점수 < 95
③ 점수 > 90 AND 점수 <= 95
④ 점수 >= 90 AND 점수 < 95

해설
- BETWEEN A AND B는 'A보다 크거나 같고, B보다 작거나 같다'이다.
- "점수 BETWEEN 90 AND 95"는 "점수 >= 90 AND 점수 <= 95"이다.

49 집합연산자에 대한 설명으로 틀린 것은?

① UNION ALL은 UNION과 유사하나 중복된 항목을 포함하여 결과를 반환한다.
② UNION이 교집합을 의미한다.
③ INTERSECT는 두 쿼리 결과에 공통적으로 존재하는 집합이다.
④ MINUS는 차집합을 의미한다.

해설
- UNION은 교집합이 아닌 합집합을 의미한다.

50 다음 중 SQL의 집계 함수가 아닌 것은?

① AVG
② COUNT
③ SUM
④ CREATE

해설
- 집계 함수에는 COUNT, SUM, AVG, MAX, MIN, STDDEV, VARIANCE가 있다.

51 데이터베이스 설계 시 물리적 설계 단계에서 수행하는 사항이 아닌 것은?

① 저장 레코드 양식 설계
② 레코드 집중의 분석 및 설계
③ 접근 경로 설계
④ 목표 DBMS에 맞는 스키마 설계

해설
- 목표 DBMS에 맞는 스키마 설계는 논리적 설계 단계이다.

52 다음 [조건]에 부합하는 SQL 문을 작성하고자 할 때, [SQL 문]의 빈칸에 들어갈 내용으로 옳은 것은?(단, '팀코드' 및 '이름'은 속성이며, '직원'은 테이블이다.)

[조건]

이름이 '정도일'인 팀원이 소속된 팀코드를 이용하여 해당 팀에 소속된 팀원들의 이름을 출력하는 SQL 문 작성

[SQL문]

```
SELECT 이름
FROM 직원
WHERE 팀코드 = (         );
```

① WHERE 이름 = '정도일'
② SELECT 팀코드 FROM 이름
　WHERE 직원 = '정도일'
③ WHERE 직원 = '정도일'
④ SELECT 팀코드 FROM 직원
　WHERE 이름 = '정도일'

해설
- WHERE 절에 팀코드 = (   )에 단일 값이 나와야 하므로 단순한 값이거나 서브 쿼리이어야 한다.
- 이름이 '정도일'인 팀원이 소속된 팀코드를 조회해야 하므로 직원 테이블(FROM 직원)에서 이름이 '정도일'(WHERE 이름 = '정도일')인 팀원이 소속된 팀코드(SELECT 팀코드)를 조회한다.

정답

48 ① 　 49 ② 　 50 ④ 　 51 ④ 　 52 ④

53. SQL 구문에서 "HAVING" 절과 같이 사용해야 하는 구문은 무엇인가?

① GROUP BY
② ORDER BY
③ UPDATE
④ JOIN

해설
- 그룹값을 처리하기 위해서는 GROUP BY로 그룹화하고 HAVING 절을 사용해야 한다.

54. 데이터베이스 무결성과 보안의 차이점에 대한 설명으로 가장 적합한 것은?

① 무결성은 권한이 있는 사용자로부터 데이터베이스를 보호하는 것이고, 보안은 권한이 없는 사용자로부터 데이터베이스를 보호하는 것이다.
② 무결성은 권한이 없는 사용자로부터 데이터베이스를 보호하는 것이고, 보안은 권한이 있는 사용자로부터 데이터베이스를 보호하는 것이다.
③ 무결성과 보안은 모두 권한이 있는 사용자로부터 데이터베이스를 보호하는 것이지만, 보안은 사용자 계정과 비밀번호로 관리한다.
④ 무결성과 보안은 모두 권한이 없는 사용자로부터 데이터베이스를 보호하는 것이지만, 무결성은 DBMS가 자동적으로 보장해준다.

해설
- 무결성은 UPDATE, INSERT, DELETE 활동을 통해 데이터베이스에 저장된 데이터값과 그것이 표현하는 실제값이 일치하는 정확성을 유지한다.
- UPDATE, INSERT, DELETE는 권한이 있는 사용자여야 가능하다.
- 보안은 권한 없는 사용자가 데이터 조작하는 것을 방지하는 기술이다.

55. 제3정규형에서 보이스코드 정규형(BCNF)으로 정규화하기 위한 작업은?

① 원자값이 아닌 도메인을 분해
② 부분 함수 종속 제거
③ 이행 함수 종속 제거
④ 결정자가 후보키가 아닌 함수 종속 제거

해설

데이터베이스 정규화 단계	
원부이결다조	원자화(1) / 부분 함수 종속 제거(2) / 이행 함수 종속 제거(3) / 결정자 함수 종속 제거(BCNF) / 다치 종속성 제거(4) / 조인 종속성 제거(5)

56. 무결성 제약조건 중 개체 무결성 제약조건에 대한 설명으로 옳은 것은?

① 릴레이션 내의 튜플들이 각 속성의 도메인에 정해진 값만을 가져야 한다.
② 기본키는 NULL 값을 가져서는 안 되며 릴레이션 내에 오직 하나의 값만 존재해야 한다.
③ 자식 릴레이션의 외래키는 부모 릴레이션의 기본키와 도메인이 동일해야 한다.
④ 자식 릴레이션의 값이 변경될 때 부모 릴레이션의 제약을 받는다.

해설

속성 무결성	속성의 값은 기본값, NULL 여부, 도메인(데이터 타입, 길이)이 지정된 규칙을 준수해야하는 제약조건
개체 무결성	한 엔티티에서 같은 기본키(PK)를 가질 수 없거나, 기본키(PK)의 속성이 NULL을 허용할 수 없는 제약조건
참조 무결성	외래키가 참조하는 다른 개체의 기본키에 해당하는 값이 기본키 값이나 NULL이어야 하는 제약조건

정답
53 ① 54 ① 55 ④ 56 ②

57 다음 중 파티셔닝 기법의 특징으로 옳지 않은 것은?

① 물리적 파티셔닝으로 인해 전체 데이터 훼손 가능성은 줄어들고 데이터 가용성이 향상된다.
② 데이터베이스를 작은 단위로 관리하여 편리하다.
③ 병렬 데이터베이스 환경 중 수평 분할에서 활용되는 분할 기법이다.
④ 테이블을 파티션 단위로 나누어 데이터에 접근하므로 성능이 저하된다.

해설
- 파티셔닝의 특징은 다음과 같다.
- 물리적 파티셔닝으로 인해 전체 데이터 훼손 가능성은 줄어들고 데이터 가용성이 향상된다.
- 데이터베이스를 작은 단위로 관리하여 편리하다.
- 부하를 각각 파티션들로 분산시켜 성능을 향상 시킨다.

58 다음 SQL 문에서 ( ) 안에 들어갈 내용으로 옳은 것은?

```
UPDATE 인사급여 (   ) 호봉=15 WHERE 성명='홍길동';
```

① SET
② FROM
③ INTO
④ IN

해설
- DML 문법 중 UPDATE는 SET과 함께 쓰인다.

갱신	• UPDATE ~ SET ~
삭제	• DELETE ~ FROM ~
삽입	• INSERT INTO ~ VALUES ~

59 로킹 단위(Locking Granularity)에 대한 설명으로 옳은 것은?

① 로킹 단위가 크면 병행성 수준이 낮아진다.
② 로킹 단위가 크면 병행 제어 기법이 복잡해진다.
③ 로킹 단위가 작으면 로크(lock)의 수가 적어진다.
④ 로킹은 파일 단위로 이루어지며, 레코드와 필드는 로킹 단위가 될 수 없다.

해설
- 로킹 단위가 크면 병행성 수준이 낮아진다.

60 시스템 카탈로그에 대한 설명으로 틀린 것은?

① 시스템 카탈로그는 DBMS가 스스로 생성하고 유지하는 데이터베이스 내의 특별한 테이블들의 집합체이다.
② 일반 사용자도 SQL을 이용하여 시스템 카탈로그를 직접 갱신할 수 있다.
③ DBMS는 자동적으로 시스템 카탈로그 테이블들의 행을 삽입, 삭제, 수정한다.
④ 시스템 카탈로그는 데이터베이스 구조에 관한 메타 데이터를 포함한다.

해설
- 시스템 카탈로그는 일반 사용자가 조회는 가능하나 갱신은 할 수 없다.
- 시스템 카탈로그 특성은 다음과 같다.
  - 시스템 카탈로그들이 자료 사전(Data Dictionary)이라고도 부른다.
  - 시스템 카탈로그에 저장된 정보를 메타 데이터(Meta-data)라고 부른다.
  - INSERT, DELETE, UPDATE 문으로 카탈로그를 갱신하는 것은 허용되지 않는다(카탈로그는 DBMS가 스스로 생성하고 유지).
  - 사용자가 SQL 문을 실행시켜 기본 테이블, 뷰, 인덱스 등에 변화를 주면 시스템이 자동으로 갱신된다.

정답
57 ④ 58 ① 59 ① 60 ②

4과목 프로그래밍 언어 활용

61 다음 자바 프로그램이 실행되었을 때, 실행 결과는?

```
01  public class Soojebi {
02    public static void main(String[ ] args){
03      int[] c = {500, 100, 50, 10};
04      int m = 6790;
05      int a = 0;
06      for(int i = 0; i < c.length; i++) {
07        int cnt = m/c[i];
08        a += cnt;
09        m = m - cnt*c[i];
10      }
11      System.out.printf("%d", a);
12    }
13  }
```

① 4　　　　　② 20
③ 420　　　　④ 894

해설

03	c 배열을 500, 100, 50, 10으로 초기화				
	c[0]	c[1]	c[2]	c[3]	
	500	100	50	10	
04	m을 6790으로 초기화				
05	a를 0으로 초기화				
06	c.legnth는 4 i = 0일 때 i < 4는 참이므로 for 문을 실행				
07	m = 6790, c[0] = 500이고, 둘 다 정수이므로 6790/500 = 13이 되어 cnt에 13을 대입				
08	a에 cnt 값인 13을 더해주어 a는 13이 됨				
09	m - cnt*c[0] = 6790 - 13*500 = 290이므로 m에 290을 대입				
06	i++에 의해 i = 1이 되면, i < 4는 참이므로 for 문을 실행				
07	m = 290, c[1] = 100이고, 290/100 = 2가 되어 cnt에 2를 대입				
08	a에 cnt 값인 2를 더해주어 a는 15가 됨				
09	m - cnt*c[1] = 290 - 2*100 = 90이므로 m에 90을 대입				
06	i++에 의해 i = 2가 되면, i < 4는 참이므로 for 문을 실행				
07	m = 90, c[2] = 50이고, 90/50 = 1이 되어 cnt에 1을 대입				
08	a에 cnt 값인 1을 더해주어 a는 16이 됨				
09	m - cnt*c[2] = 90 - 1*50 = 40이므로 m에 40을 대입				
06	i++에 의해 i = 3이 되면, i < 4는 참이므로 for 문을 실행				
07	m = 40, c[3] = 10이고, 40/10 = 4가 되어 cnt에 4를 대입				
08	a에 cnt 값인 4를 더해주어 a는 20이 됨				
09	m - cnt*c[3] = 40 - 4*10 = 0이므로 m에 0을 대입				
06	i++에 의해 i = 4가 되면, i < 4는 거짓이므로 for 문을 종료				
11	a 값인 20을 출력				

62 다음 C언어 프로그램이 실행되었을 때, 밑줄 친 곳에 들어가는 값 중 출력 값이 다른 것은?

```
01  #include <stdio.h>
02  int main( ){
03    int a[3] = {1};
04    int *p = a;
05    printf("%x", ___);
06    return 0;
07  }
```

① &p　　　　② &a[0]
③ p　　　　　④ a

해설

1차원 포인터	값	
a	a[0]	1
a+1	a[1]	0
a+2	a[2]	0

03	a 배열을 선언
04	p는 1차원 포인터로 a(1차원 포인터)와 동일
05	• 16진수로 출력 • &p에서 p는 a와 동일하므로 &p는 &a와 동일(&p는 a와 다름) • &a[0]은 a[0]의 주소이므로 a와 동일 • p는 a와 동일

정답

61 ②　　62 ①

63 파이썬에서 여러 자료를 한 번에 저장하는 자료형으로만 묶인 것은?

① int, float, str
② float, bool, list
③ bool, tuple, set
④ list, set, tuple

해설
• 파이썬에서 여러 자료를 한 번에 저장하는 자료형는 list, set, tuple, dictionary 형이 있다.

64 삼각함수, 제곱근, 지수 등 수학적인 함수를 내장하는 헤더파일은 무엇인가?

① stdlib.h
② string.h
③ stdio.h
④ math.h

해설

stdlib.h	• 표준 라이브러리 헤더 • 문자열을 숫자로 바꿔주는 atoi, atof 등의 함수가 있음
string.h	• 문자열 처리 함수들을 정의하는 헤더
stdio.h	• 표준 입출력 헤더 • printf와 같은 출력 함수, scanf와 같은 입력 함수가 있음
math.h	• 삼각함수, 제곱근, 지수 등 수학적인 함수를 내장하는 헤더

65 다음 C언어로 작성한 프로그램의 실행 결과로 가장 옳은 것은?

```
01  #include <stdio.h>
02  int main(int argc, char *argv[ ]){
03    int sum = 0;
04    int i = 0;
05    for(i = 0; i < 10; i++){
06      sum += i;
07    }
08    printf("%d", sum);
09    return 0;
10  }
```

① 36
② 45
③ 55
④ 66

해설

03	• sum을 0으로 초기화
04	• i를 0으로 초기화
05~07	• i = 0부터 1씩 증가하여 i < 10을 만족할 때까지 반복 • for 문을 실행하면서 i 값을 sum에 더해줌 <table><tr><td>i</td><td>0</td><td>1</td><td>2</td><td>3</td><td>4</td><td>5</td><td>6</td><td>7</td><td>8</td><td>9</td></tr><tr><td>sum</td><td>0</td><td>1</td><td>3</td><td>6</td><td>10</td><td>15</td><td>21</td><td>28</td><td>36</td><td>45</td></tr></table>
08	• sum 값인 45를 출력

66 물리 네트워크 주소를 이용하여 논리 주소로 변환시켜 주는 프로토콜은?

① SMTP
② RARP
③ ICMP
④ DNS

해설

SMTP	• 이메일을 보내기 위해 이용되는 프로토콜
RARP	• 물리 네트워크 주소(MAC 주소)를 이용하여 논리 네트워크 주소(IP 주소)로 변환시켜 주는 프로토콜
ICMP	• 인터넷 환경에서 오류에 관한 처리를 지원하는 용도로 사용하는 프로토콜
DNS	• 호스트의 도메인 이름을 호스트의 네트워크 주소로 바꾸거나 그 반대의 변환을 수행하는 프로토콜

정답
63 ④   64 ④   65 ②   66 ②

67 FIFO 스케줄링에서 3개의 작업 도착 시간과 CPU 사용 시간(Burst Time)이 다음 표와 같다. 이때 모든 작업들의 평균 반환시간(Turn Around Time)은 약 얼마인가?

작업	도착시간	CPU 사용시간(Burst Time)
JOB 1	0	13
JOB 2	3	35
JOB 3	8	2

① 16　　② 17
③ 20　　④ 33

해설
- 종료 시간을 구한 이후 반환시간을 구하고, 평균 반환시간을 구한다.

	0	…	12	13	…	47	48	49
JOB 1		…						
JOB 2					…			
JOB 3								

작업	도착시간	서비스 시간 (실행시간)	종료 시간	반환시간
JOB 1	0		13	13(13-0)
JOB 2	3		48	45(48-3)
JOB 3	8		59	42(50-8)

- 평균 반환시간 = (13 + 45 + 42)/3 = 33(소수점 이하 반올림 처리)

68 교착상태 발생의 필요 충분 조건이 아닌 것은?

① 상호배제(Mutual Exclusion)
② 점유와 대기(Hold and Wait)
③ 환형 대기(Circular Wait)
④ 선점(Preemption)

해설

교착상태 발생 조건	
상점비환	상호배제 / 점유와 대기 / 비선점 / 환형대기

69 UDP 특성에 해당하는 것은?

① 양방향 연결형 서비스를 제공한다.
② 송신 중에 링크를 유지 관리하므로 신뢰성이 높다.
③ 순서 제어, 오류 제어, 흐름 제어 기능을 한다.
④ 흐름 제어나 순서 제어가 없어 전송 속도가 빠르다.

해설
- UDP는 비연결성이고, 신뢰성이 없으며, 순서화되지 않은 데이터그램 서비스를 제공하는 전송 계층(4계층)의 통신 프로토콜로 속도가 빠르다.
- UDP의 특성은 다음과 같다.

비연결성 및 비신뢰성	• 데이터그램 지향의 전송계층용 프로토콜 (논리적인 가상회선 연결이 필요 없음) • 메시지가 제대로 도착했는지 확인하지 않음(확인 응답 없음) • 검사 합을 제외한 특별한 오류 검출 및 제어 없음(오류 제어 거의 없음)
순서화되지 않은 데이터그램 서비스 제공	• 수신된 메시지의 순서를 맞추지 않음 • 흐름 제어를 위한 피드백을 제공하지 않음
실시간 응용 및 멀티캐스팅 가능	• 빠른 요청과 응답이 필요한 실시간 응용에 적합 • 여러 다수 지점에 전송 가능
단순 헤더	• 헤더는 고정 크기의 8바이트(TCP는 20바이트)만 사용 • 헤더 처리에 시간과 노력을 필요로 하지 않음

정답
67 ④　68 ④　69 ④

70 다음 JAVA 프로그램이 실행되었을 때의 ㉠에 들어갈 결과는?

```
01  public class Soojebi{
02    public static void main(String[ ] args){
03      int r1 = 1;
04      int r2 = 1;
05      int r3 = 0;
06      while(r3 < 100) {
07        r3 = r1+r2;
08        r1 = r2;
09        r2 = r3;
10        System.out.print(r3);
11      }
12    }
13  }
```

○ 실행 결과

23581321 ____㉠____ 89144

① 55　　　　　② 0611
③ 3455　　　　④ 478

해설

03~05	• 정수형 변수 r1은 1, r2는 1, r3는 0으로 초기화 함
06~11	• while 반복문에서 r3 < 100이 참이면 반복문을 수행함 • r1 + r2의 값을 r3에 대입 • r2의 값을 r1에 대입 • r3의 값을 r2에 대입 • r3의 값을 출력

r3 < 100	r1	r2	r3(출력)
0<100 (참)	1	2	2
2<100 (참)	2	3	3
3<100 (참)	3	5	5
5<100 (참)	5	8	8
8<100 (참)	8	13	13
13<100 (참)	13	21	21
21<100 (참)	21	34	34
34<100 (참)	34	55	55
55<100 (참)	55	89	89
89<100 (참)	89	144	144
144<100 (거짓)			

71 다음 Python 프로그램의 실행 결과가 [실행결과]와 같을 때, 빈칸에 적합한 것은?

```
01  x = 20
02
03  if x == 10:
04    print('10')
05    _____ x == 20:
06    print('20')
07  else:
08    print('other')
```

○ 실행 결과

20

① either
② elif
③ else if
④ else

해설

• 파이썬의 if 문은 다음과 같다.

if 조건식 : 　명령어1 elif 조건식 : 　명령어2 else : 　명령어3	• if의 조건식이 참이면 명령어1 실행 • if 조건식은 거짓이고, elif의 조건식이 참이면 명령어2 실행 • if, elif 조건식이 모두 거짓이면 명령어3 실행

정답

70 ③　　71 ②

72 a[0]의 주소값이 10일 경우 다음 C언어 프로그램이 실행되었을 때의 결과는?(단, int 형의 크기는 4Byte로 가정한다.)

```
01   #include <stdio.h>
02   int main(int argc, char *argv[ ]){
03     int a[] = {14, 22, 30, 38};
04     printf("%u, ", &a[2]);
05     printf("%u", a);
06     return 0;
07   }
```

① 14, 10
② 14, 14
③ 18, 10
④ 18, 14

해설
- a[2] 번지의 주소는 a[0] 번지로부터 2번지 떨어져 있고, 하나의 번지는 int 형만큼 차이가 나기 때문에 1번지 증가할 때마다 4씩 증가한다.
- &a[2]는 a[2]의 주소이므로 10에서 두 번지의 거리인 8을 더한 18이 되고, a는 a[0]의 주소이므로 10이 된다.

03	정수형 배열 a를 14, 22, 30, 38로 초기화
04	printf 안에 %u는 부호 없는 10진수로 출력을 의미하는 포맷 스트링
05	• a[2]는 0번지로부터 2번지 떨어져 있고, &a[2]는 a[2]의 주소를 의미 • a는 &a[0]과 같고, a[0]의 주소를 의미

73 IP 주소와 호스트 이름 간의 변환을 제공하는 시스템은?

① DNS
② NFS
③ Router
④ Modem

해설
- IP 주소와 호스트 이름 간의 변환을 제공하는 시스템은 DNS(Domain Name System)이다.

74 C 언어에서 문자열을 정수형으로 변환하는 라이브러리 함수는?

① atoi( )
② atof( )
③ itoa( )
④ ceil( )

해설
- C 언어에서 문자열을 정수형으로 변환하는 라이브러리 함수는 atoi 함수이다.
- atoi 함수는 표준 라이브러리 헤더 파일(stdlib.h)을 include한 후 사용한다.

atoi 함수	문자열(str)을 정수(int)형으로 변환하는 라이브러리 함수
atof 함수	문자열(str)을 실수(float, double)형으로 변환하는 라이브러리 함수
itoa 함수	정수(int)형을 문자열(str)로 변환하는 라이브러리 함수
ceil 함수	소숫점 올림 라이브러리 함수

75 200.1.1.0/24 네트워크를 FLSM 방식을 이용하여 10개의 Subnet으로 나누고 IP Subnet-Zero를 적용했다. 이때 서브네팅된 네트워크 중 10번째 네트워크의 Broadcast IP 주소는?

① 200.1.1.159
② 201.1.5.175
③ 202.1.11.254
④ 203.1.255.245

해설
- IP 주소를 2진수로 바꾸면 다음과 같다.

10진수	200.1.1.0
2진수	11001000.00000001.00000001.00000000

- /24이므로 서브넷 마스크는 1을 24개 채운다.

2진수	11111111.11111111.11111111.00000000

- IP 주소와 서브넷 마스크를 AND 연산한 결과가 네트워크 주소이다.

```
      11001000.00000001.00000001.00000000
  &   11111111.11111111.11111111.00000000
2진수  11001000.00000001.00000001.00000000
```

정답
72 ③   73 ①   74 ①   75 ①

- 10개의 Subnet으로 나누기 때문에 $2^n \geq 10$을 만족하는 n은 4이므로 서브넷 마스크 중 25번째 비트~ 28번째 비트(4비트)는 Subnet을 위해 사용한다.

1번째 서브넷	11001000.00000001.00000001.00000000
2번째 서브넷	11001000.00000001.00000001.00010000
3번째 서브넷	11001000.00000001.00000001.00100000
4번째 서브넷	11001000.00000001.00000001.00110000
5번째 서브넷	11001000.00000001.00000001.01000000
6번째 서브넷	11001000.00000001.00000001.01010000
7번째 서브넷	11001000.00000001.00000001.01100000
8번째 서브넷	11001000.00000001.00000001.01110000
9번째 서브넷	11001000.00000001.00000001.10000000
10번째 서브넷	11001000.00000001.00000001.10010000

- 10번째 서브넷은 11001000.00000001.00000001.10010000이고, 호스트 ID는 29번째 비트~32번째 비트(4비트)이다.(브로드캐스트일 때 호스트 ID는 모두 1로 채움)

10번째 서브넷 브로드캐스트 IP 주소	11001000.00000001.00000001.10011111

- 10번째 서브넷 브로드캐스트 IP 주소는 11001000.00000001.00000001.10011110이므로 10진수로 200.1.1.159이다.

76 JAVA에서 힙(Heap)에 남아있으나 변수가 가지고 있던 참조 값을 잃거나 변수 자체가 없어짐으로써 더 이상 사용되지 않는 객체를 제거해주는 역할을 하는 모듈은?

① Heap Collector
② Garbage Collector
③ Memory Collector
④ Variable Collector

해설
- 자바에서는 메모리 관리를 위해 가비지 컬렉터를 사용한다.

77 다음 설명의 ㉠과 ㉡에 들어갈 내용으로 옳은 것은?

> 가상기억 장치의 일반적인 구현 방법에는 프로그램을 고정된 크기의 일정한 블록으로 나누는 (㉠) 기법과 가변적인 크기의 블록으로 나누는 (㉡) 기법이 있다.

① ㉠: Paging, ㉡: Segmentation
② ㉠: Segmentation, ㉡: Allocation
③ ㉠: Segmentation, ㉡: Compaction
④ ㉠: Paging, ㉡: Linking

해설
- 주기억 장치 할당 기법 중 분산 할당 기법의 유형은 다음과 같다.

페이징 기법 (Paging)	프로그램을 고정된 크기의 일정한 블록으로 나누어 주기억 장치의 분산된 공간에 적재시킨 후 프로세스를 수행시키는 기법
세그먼테이션 기법 (Segmentation)	가상기억 장치 내의 프로세스를 가변적인 크기의 블록으로 나누고 메모리를 할당하는 기법
페이징/세그먼테이션 혼용기법	하나의 세그먼트를 정수 배의 부분 페이지로 다시 분할하는 기법

78 프로세스 상태의 종류가 아닌 것은?

① Ready
② Running
③ Request
④ Exit

해설
- Request는 프로세스 상태의 종류에 해당하지 않는다.
- Exit는 완료(종료) 상태를 의미한다.

프로세스 상태	
생준실대완	생성(Create) 상태 / 준비(Ready) 상태 / 실행(Running) 상태 / 대기(Waiting) 상태 / 완료(Complete) 상태

정답
76 ②   77 ①   78 ③

79 WAS(Web Application Server)가 아닌 것은?

① JEUS
② JVM
③ Tomcat
④ WebSphere

해설
- 웹 애플리케이션 서버(WAS; Web Application Server)는 사용자에게 동적 서비스를 제공하기 위해 웹 서버로부터 요청을 받아 데이터 처리를 수행하거나, 웹 서버와 데이터베이스 서버 또는 웹 서버와 파일 서버 사이에서 인터페이스 역할을 수행하는 서버로 제품에는 Oracle WebLogic, Apache Tomcat, IBM WebSphere, JEUS 등이 있다.

80 다음 JAVA 프로그램이 실행되었을 때의 결과는?

01	public class Soojebi{
02	public static void main(String[ ] args){
03	int x=5, y=0, z=0;
04	y = x++;
05	z = --x;
06	System.out.println(x + ", " + y + ", " + z);
07	}
08	}

① 5, 5, 5
② 5, 6, 5
③ 6, 5, 5
④ 5, 6, 4

해설

03	• x = 5, y = 0, z = 0로 초기화
04	• x를 먼저 y에 대입한 후에 x를 1 증가시킴(x = 6, y = 5, z = 0)
05	• x를 1 감소시킨 후에 z에 대입(x = 5, y = 5, z = 5)
06	• x 값인 5를 출력한 후 ","를 출력하고, y 값인 5를 출력한 후 ","를 출력하고, z 값인 5를 출력한 후 ","를 출력

5과목 정보시스템 구축관리

81 다음에서 설명하는 인증 기술로 올바른 것은?

- 비밀번호 없는 인증을 구현하기 위한 인증 표준으로, 보안성과 사용자 편의성을 동시에 추구하는 차세대 인증 기술이다.
- 기존의 ID/Password 방식에서 벗어나 생체 인증, 보안 키 등을 이용하여 보다 강력하고 사용자 친화적인 인증 방식을 제공하는 것이 목적이다.

① FIDO(Fast IDentity Online)
② 양자암호통신(Quantum Cryptography and Communications)
③ OAuth(Open Authorization)
④ SECaaS(Security as a Service)

해설
- 비밀번호 없는 인증을 구현하기 위한 인증 표준으로, 보안성과 사용자 편의성을 동시에 추구하는 차세대 인증 기술은 FIDO(Fast IDentity Online)이다.
- FIDO는 기존의 ID/Password 방식에서 벗어나 생체 인증, 보안 키 등을 이용하여 보다 강력하고 사용자 친화적인 인증 방식을 제공하는 것이 목적이다.

정답
79 ②   80 ①   81 ①

82 정형화된 분석 절차에 따라 사용자 요구사항을 파악, 문서화하는 체계적 분석 방법으로 자료흐름도, 자료 사전, 소단위 명세서의 특징을 갖는 것은?

① 구조적 개발방법론
② 객체지향 개발방법론
③ 정보공학 방법론
④ CBD 방법론

해설
- 정형화된 분석 절차에 따라 사용자 요구사항을 파악, 문서화하는 체계적 분석 방법으로 자료흐름도, 자료 사전, 소단위 명세서의 특징을 갖는 방법론은 구조적 개발방법론이다.

83 SoftTech 사에서 개발된 것으로 구조적 요구분석을 하기 위해 블록 다이어그램을 채택한 자동화 도구는?

① SREM
② PSL/PSA
③ HIPO
④ SADT

해설
- 구조적 요구분석을 하기 위해 블록 다이어그램을 채택한 자동화 도구로 SADT가 있다.

84 프로그램의 설계도의 하나인 NS Chart에 대한 설명으로 가장 거리가 먼 것은?

① 논리의 기술에 중점을 두고 도형을 이용한 표현 방법이다.
② 이해하기 쉽고 코드 변환이 용이하다.
③ 화살표나 GOTO를 사용하여 이해하기 쉽다.
④ 연속, 선택, 반복 등의 제어 논리 구조를 표현한다.

해설
- NS Chart는 화살표가 표시되지 않고, GOTO도 사용할 수 없다.

85 소프트웨어 개발 표준 중 소프트웨어 품질 및 생산성 향상을 위해 소프트웨어 프로세스를 평가 및 개선하는 국제 표준은?

① SCRUM
② ISO/IEC 12509
③ SPICE
④ CASE

해설
- 소프트웨어 개발 표준 중 소프트웨어 품질 및 생산성 향상을 위해 소프트웨어 프로세스를 평가 및 개선하는 국제 표준은 SPICE이다.

SCRUM	매일 정해진 시간, 장소에서 짧은 시간의 개발을 하는 팀을 위한 프로젝트 관리 중심 방법론
SPICE	소프트웨어 프로세스 평가를 위한 국제 표준
CASE	소프트웨어 생명주기의 전체 단계를 연결해 주고 자동화해주는 통합된 도구

86 프로젝트 일정 관리 시 사용하는 PERT 차트에 대한 설명에 해당하는 것은?

① 각 작업들이 언제 시작하고 언제 종료되는지에 대한 일정을 막대 도표를 이용하여 표시한다.
② 시간선(Time-Line) 차트라고도 한다.
③ 수평 막대의 길이는 각 작업의 기간을 나타낸다.
④ 작업들 간의 상호 관련성, 결정경로, 경계시간, 자원할당 등을 제시한다.

해설
- PERT 차트는 프로젝트에 필요한 전체 작업의 상호관계를 표시하는 네트워크이다.

PERT 차트	• 프로젝트에 필요한 전체 작업의 상호관계를 표시하는 네트워크 • 작업들 간의 상호 관련성, 결정경로, 경계시간, 자원할당 등을 알 수 있음
GANTT 차트	• 시간선(Time-Line) 차트라고 하고, 작업이 언제 시작하고 언제 종료되는지에 대한 일정을 막대 도표를 이용하여 표시한 일정표 • 수평 막대의 길이는 각 작업의 기간을 나타냄

정답
82 ① 83 ④ 84 ③ 85 ③ 86 ④

87 소프트웨어 개발 프레임워크를 적용할 경우 기대효과로 거리가 먼 것은?

① 품질 보증
② 시스템 복잡도 증가
③ 개발 용이성
④ 변경 용이성

해설

- 소프트웨어 개발 프레임워크 적용 시 기대효과는 다음과 같다.

품질 보증	테스트 및 검증 도구, 디자인 패턴, 보안 메커니즘 등과 같은 품질 보증을 위한 기능을 제공
시스템 복잡도 감소	잘 정의된 구조를 통해 소프트웨어의 복잡성 감소
개발/유지보수 용이성	모듈화된 구조를 통해 소프트웨어 개발 및 변경에 대한 대응이 용이

88 다음 중 블록 알고리즘의 특징을 옳게 설명한 것은?

① IDEA는 DES를 대체하기 위해 스위스 연방 기술 기관에서 개발한 8라운드의 알고리즘이다.
② AES는 미국 연방 표준 알고리즘으로 DES를 대체하는 64비트 암호 알고리즘이다.
③ SEED는 128비트 암호 알고리즘으로 NIST에서 개발한 대칭키 암호 알고리즘의 표준이다.
④ DES의 취약점을 보완하기 위하여 3DES가 개발되었고, 3DES는 AES보다 보안성이 뛰어나 3DES 사용을 권장한다.

해설

IDEA	• DES를 대체하기 위해 스위스 연방 기술 기관에서 개발한 암호 알고리즘 • 64비트 블록 암호, 128비트 키, 8라운드로 구성되어 있음
AES	• DES의 안전성에 문제가 제기됨에 따라 2000년 새로운 미국 표준 블록 암호로 채택된 128비트 블록 암호
SEED	• 전자상거래, 금융, 무선통신 등에서 전송되는 개인정보와 같은 중요한 정보를 보호하기 위해 1999년 2월 KISA와 국내 암호 전문가들이 순수 국내기술로 개발한 128비트 블록 암호 알고리즘
3DES	• DES가 더 이상 안전하지 않다는 것이 증명되어 DES를 보완하기 위해 고안된 알고리즘

- 3DES는 DES보다는 안전하지만, 보안성이 낮기 때문에 3DES보다는 AES 사용을 권장한다.

89 소프트웨어 정의 데이터센터(SDDC; Software Defined Data Center)에 대한 설명으로 틀린 것은?

① 컴퓨팅, 네트워킹, 스토리지, 관리 등을 모두 소프트웨어로 정의한다.
② 인력 개입 없이 소프트웨어 조작만으로 자동 제어 관리한다.
③ 데이터센터 내 모든 자원을 가상화하여 서비스한다.
④ 특정 하드웨어에 종속되어 특화된 업무를 서비스하기에 적합하다.

해설

- SDDC는 특정 하드웨어에 종속되지 않는다.
- SDDC의 특성은 다음과 같다.
- 컴퓨팅, 네트워킹, 스토리지, 관리 등을 모두 소프트웨어로 정의
- 인력 개입 없이 소프트웨어 조작만으로 자동 제어 관리
- 데이터센터 내 모든 자원을 가상화하여 서비스

정답

87 ② 88 ① 89 ④

90 다음 내용이 설명하는 것은?

- 블록체인 개발 환경을 클라우드로 서비스하는 개념
- 블록체인 네트워크에 노드의 추가 및 제거가 용이
- 블록체인의 기본 인프라를 추상화하여 블록체인 응용 프로그램을 만들 수 있는 클라우드 컴퓨팅 플랫폼

① OTT
② BaaS
③ SDDC
④ Wi-SUN

해설
- 블록체인 개발 환경을 클라우드로 서비스하는 BaaS(Blockchain-as-a-Service)의 특징은 다음과 같다.
- 블록체인 네트워크에 노드의 추가 및 제거가 용이
- 블록체인의 기본 인프라를 추상화하여 블록체인 응용 프로그램을 만들 수 있는 클라우드 컴퓨팅 플랫폼

91 세션 하이재킹을 탐지하는 방법으로 거리가 먼 것은?

① FTP SYN SEGMENT 탐지
② 비동기화 상태 탐지
③ ACK STORM 탐지
④ 패킷의 유실 및 재전송 증가 탐지

해설
- FTP SYN SEGMENT 탐지는 세션 하이재킹을 탐지하는 방법이 아니다.
- 세션 하이재킹 특징 및 탐지 방법은 다음과 같다.
- 비동기화 상태 탐지
- ACK 패킷 비율 모니터링
- 특정 세션에서 패킷 유실 및 재전송이 증가하는 것을 탐지
- 기대하지 않은 접속의 리셋 탐지

92 컴퓨터 운영체제의 커널에 보안 기능을 추가한 것으로 운영체제의 보안상 결함으로 인하여 발생 가능한 각종 해킹으로부터 시스템을 보호하기 위하여 사용되는 것은?

① GPIB
② CentOS
③ XSS
④ Secure OS

해설
- 보안 운영체제(Secure OS)는 컴퓨터 운영체제의 커널에 보안 기능을 추가한 솔루션이다.

93 나선형(Spiral) 모형의 주요 태스크에 해당하지 않는 것은?

① 버전 관리
② 위험 분석
③ 개발
④ 평가

해설

나선형 모델 절차	
계위개고	계획 및 정의 / 위험 분석 / 개발 / 고객 평가

정답
90 ② 91 ① 92 ④ 93 ①

94 무선통신 환경에서 사용되는 보안 프로토콜 중 다음에서 설명하는 프로토콜은?

> - IEEE 802.11i 규격을 완전히 수용하는 표준 프로토콜이다.
> - 이전 WEP의 취약점을 보완한 대안 프로토콜로 AES-CCMP를 통한 암호화 기능 향상, EAP 사용자 인증 강화 등이 포함된다.

① WPA
② WPA2
③ WEP2
④ TKIP

해설

- 무선 데이터 암호화 기술은 다음과 같다.

WEP (Wired Equivalent Privacy)	• Wi-Fi 표준에 정의되어 있는 보안 프로토콜 • 고정된 암호 키를 사용하여 보안에 취약
TKIP (Temporal Key Integrity Protocol)	• WEP을 대체하기 위한 임시 키 무결성 프로토콜 • 패킷당 키 할당, 키 값 재설정 등의 방식으로 암호 키를 변경할 수 있음
WPA (Wi-Fi Protected Access)	• WEP의 취약점 대안으로, RC4 암호화 프로토콜과 TKIP 프로토콜을 통해 데이터 암호화를 향상시킨 프로토콜
WPA2 (Wi-Fi Protected Access2)	• AES 암호화 알고리즘의 필수 사용과 TKIP를 대체하는 CCMP(블록체인 메시지 인증 코드 프로토콜이 있는 카운터 암호 모드)를 도입한 프로토콜

95 시스템의 사용자가 로그인하여 명령을 내리는 과정에 대한 시스템의 동작 중 다음 설명에 해당하는 것은?

> - 자신의 신원(Identity)을 시스템에 증명하는 과정이다.
> - 아이디와 패스워드를 입력하는 과정이 가장 일반적인 예시라고 볼 수 있다.

① Aging
② Accounting
③ Authorization
④ Authentication

해설

- 자신의 신원(Identity)을 시스템에 증명하는 과정은 인증(Authentication)이다.
- 아이디와 패스워드를 입력하는 과정이 인증의 가장 일반적인 예시이다.

인증 (Authentication)	• 접근을 시도하는 가입자 또는 단말에 대한 식별 및 신분을 검증
인가 (Authorization)	• 검증된 가입자나 단말에게 어떤 수준의 권한과 서비스를 허용
계정 관리 (Accounting)	• 리소스 사용에 대한 정보를 수집하고 관리하는 서비스

96 다음에서 설명하는 블록체인의 기술 요소는 무엇인가?

> - 블록체인 위에서 사전에 정해진 조건이 충족되면 코드가 자동 실행되어 중개자 없이 신뢰 기반으로 계약이 이행되는 기술

① Distributed Ledger Technology
② Smart Contract
③ Consensus Algorithm
④ Peer-to-Peer Network

해설

- 블록체인의 기술 요소는 다음과 같다.

분산원장 기술 (DLT; Distributed Ledger Technology)	• 블록체인 네트워크 참여자들이 동일한 거래 원장 데이터를 공유 및 동기화하여 중앙 기관 없이도 데이터의 신뢰성과 투명성을 확보하는 기술
스마트 계약 (Smart Contract)	• 블록체인 위에서 사전에 정해진 조건이 충족되면 코드가 자동 실행되어 중개자 없이 신뢰 기반으로 계약이 이행되는 기술
합의 알고리즘 (Consensus Algorithm)	• 블록체인 네트워크 내 여러 노드가 거래의 유효성과 블록의 정당성에 대해 일치된 결정을 내리는 알고리즘
P2P 네트워크 (Peer-to-Peer Network)	• 중앙 서버 없이 참여자 간 직접 연결된 네트워크 구조 • 탈중앙화를 실현하고 단일 장애 지점을 제거한 네트워크 구조

정답
94 ② 95 ④ 96 ②

97 다음에서 설명하는 용어는 무엇인가?

> - 프로세서(Processor) 안에 독립적인 보안 구역을 따로 두어 중요한 정보를 보호하는 하드웨어 기반의 보안 기술이다.
> - 하나의 CPU를 보안 구역(Secure World)과 일반 구역(Normal World)으로 분리하여 보안이 필요한 작업은 보안 구역에서 실행하도록 하는 ARM 사에서 개발한 기술이다.

① 트러스트존(TrustZone)
② 보안 운영체제(Secure OS)
③ 참조 모니터(Reference Monitor)
④ TCP 래퍼(TCP Wrapper)

해설
- 프로세서(Processor) 안에 독립적인 보안 구역을 따로 두어 중요한 정보를 보호하는 하드웨어 기반의 보안 기술은 트러스트존(TrustZone)이다.

98 다음 중 보안 솔루션이 아닌 것은?

① Secure Coding
② IPS
③ IDS
④ WAF

해설
- Secure Coding은 소스 코드 등에 잠재적인 보안 취약점을 제거하고, 보안을 고려하여 기능을 설계 및 구현하는 등 개발 과정에서 지켜야 할 일련의 보안 활동이다.

침입 방지 시스템 (IPS; Intrusion Prevention System)	네트워크에 대한 공격이나 침입을 실시간적으로 차단하고, 유해 트래픽에 대한 조치를 능동적으로 처리하는 시스템
침입 탐지 시스템 (IDS; Intrusion Detection System)	네트워크에서 발생하는 이벤트를 모니터링하고 비인가 사용자에 의한 자원 접근과 보안 정책 위반 행위(침입)를 실시간으로 탐지하는 시스템
웹 방화벽 (WAF; Web Application Firewall)	• 일반적인 네트워크 방화벽과는 달리 웹 애플리케이션 보안에 특화된 보안장비 • SQL 인젝션, XSS 등과 같은 웹 공격을 탐지하고 차단하는 기능

99 정보보호를 위한 암호화에 대한 설명으로 틀린 것은?

① 평문 - 암호화되기 전의 원본 메시지
② 암호문 - 암호화가 적용된 메시지
③ 복호화 - 평문을 암호문으로 바꾸는 작업
④ 키(Key) - 적절한 암호화를 위하여 사용하는 값

해설
- 복호화는 암호문을 평문으로 바꾸는 작업이다.
- 암호 알고리즘 관련 주요 용어는 다음과 같다.

평문 (Plain/Plaintext)	암호화되기 전의 원본 메시지
암호문 (Cipher/Ciphertext)	암호화가 적용된 메시지
암호화 (Encrypt/Encryption/Encoding)	평문을 암호문으로 바꾸는 작업
복호화 (Decrypt/Decryption/Decoding)	암호문을 평문으로 바꾸는 작업
키 (Key)	적절한 암호화를 위하여 사용하는 값
치환 암호 (Substitution Cipher; 대치 암호)	비트, 문자 또는 문자의 블록을 다른 비트, 문자 또는 블록으로 대체하는 방법
전치 암호 (Transposition Cipher)	비트, 문자 또는 블록이 원래 의미를 감추도록 자리바꿈 등을 이용하여 재배열하는 방법

정답
97 ① 98 ① 99 ③

100 다음 중 공격자가 IP Fragment Offset 값을 서로 중첩되도록 조작하여 전송하고, 이를 수신한 시스템이 재조합하는 과정에서 오류가 발생하도록 하여 시스템의 기능을 마비시키는 공격방식은 무엇인가?

① Ping of Death
② Tear Drop
③ Land Attack
④ UDP Flooding

해설
- 공격자가 IP Fragment Offset 값을 서로 중첩되도록 조작하여 전송하고, 이를 수신한 시스템이 재조합하는 과정에서 오류가 발생하도록 하여 시스템의 기능을 마비시키는 공격방식은 티어드롭(Tear Drop)이다.

정답
100 ②

1과목 소프트웨어 설계

플랫폼 성능 특성 측정항목
경사응가
경과시간 / 사용률 / 응답시간 / 가용성
➡ 경사진 곳에서 토끼가 응가를 한다.

DBMS 현행 시스템 분석 고려사항
가성호기구
가용성 / 성능 / 상호호환성 / 기술지원 / 구축비용
➡ 가성비 따지지 않고 호화스러운 기구를 구매했다.

데이터 흐름도 구성요소
프플스터
Process / Data Flow / Data Store / Terminator

UML의 특징
가구명문
가시화 / 구축 / 명세화 / 문서화 언어
➡ 생활 가구의 명문!

UML 사물의 유형
구행그주
구조 사물 / 행동 사물 / 그룹 사물 / 주해 사물

UML 구성 요소
사관다
사물 / 관계 / 다이어그램
➡ 사과한다(사관다)

구조적/정적 다이어그램
클객 컴배 복패
클래스 / 객체 / 컴포넌트 / 배치 / 복합체 구조 / 패키지

행위적/동적 다이어그램
유시커 상활타
유스케이스 / 시퀀스 / 커뮤니케이션 / 상태 / 활동 / 타이밍

애자일 선언문
개변동고
개인과 상호작용 / 변화에 대응 / 동작하는 소프트웨어 / 고객과 협력

XP 5가지 가치
용단의 피존
용기 / 단순성 / 의사소통 / 피드백 / 존중
➡ 포켓몬 트레이너 '용단'의 '피존'이 공격했다!

UI 유형
CG NO
CLI / GUI / NUI / OUI
○ 이 영화는 CG를 No(안썼다)

UI 설계 원칙
직유 학유
직관성 / 유효성 / 학습성 / 유연성
○ 정답을 직접 유도하거나 학습시켜서 유도함

UI 화면 설계 구분
와스프목
와이어 프레임 / 스토리 보드 / 프로토타입 / 목업
○ 엔트맨의 여자 친구인 와스프는 목이 예쁘다.

공통 모듈 원칙
정명 완일추
정확성 / 명확성 / 완전성 / 일관성 / 추적성

응집도의 유형
우논시절 통순기
우연적 / 논리적 / 시간적 / 절차적 / 통신적 / 순차적 / 기능적 응집도
○ 우리가 논 시절의 통합짱은 순기다.

결합도의 유형
내공 외제 스자
내부 / 공통 / 외부 / 제어 / 스탬프 / 자료 결합도
○ 내부공사는 외제를 쓰자!(스자)

HIPO 차트 종류
가총세
가시적 도표 / 총체적 도표 / 세부적 도표
○ 가짜 총이 세 개 있다.

소프트웨어 아키텍처 4+1 뷰
유논프구배
유스케이스 뷰 / 논리 뷰 / 프로세스 뷰 / 구현 뷰 / 배포 뷰

아키텍처 비용 평가모델 종류
SACAA
SAAM / ATAM / CBAM / ADR / ARID
○ 사카린

시스템 품질 속성
가변성 보사시
가용성 / 변경 용이성 / 성능 / 보안성 / 사용 편의성 / 시험 용이성

객체지향 구성 요소
클객 메 메인속
클래스 / 객체 / 메소드 / 메시지 / 인스턴스 / 속성
○ 앞으로 클 자객을 메메한 인간의 속내

객체지향 기법
캡상다추정관
캡슐화 / 상속성 / 다형성 / 추상화 / 정보은닉 / 관계성

추상화 기법
과자제

과정 추상화 / 자료 추상화 / 제어 추상화

객체 모델링 기법(OMT)의 3가지 모델
객동기

객체 모델링 / 동적 모델링 / 기능 모델링
➡ 광복 후에 우리 사회는 급격한 객(격)동기를 겪었다.

디자인 패턴 구성 요소
패문솔 사결샘

패턴 이름 / 문제 / 솔루션 / 사례 / 결과 / 샘플 코드

목적에 따른 디자인패턴 유형
생구행

생성 / 구조 / 행위
➡ 생선구이를 먹으면 행복하다.

디자인 패턴 분류 - 생성 패턴
생빌 프로 팹앱싱

생성-빌더 / 프로토타입 / 팩토리 메서드 / 앱스트랙 팩토리 / 싱글톤
➡ 생더블 날빌을 프로브 안뽑고 하길래 팩토리 애(앱)드 온해서 신(싱)나게 두들겼다.

디자인 패턴 분류 - 구조 패턴
구 브데 퍼플 프록 컴어

구조-브리지 / 데코레이터 / 퍼사이드 / 플라이 웨이트 / 프록시 / 컴포지트 / 어댑터
➡ 9(구) 부대(브데) 퍼플(보라색) 프로(록)토스 컴퓨터 병력이 어디에 있지?

요구사항 개발 단계
도분명확

요구사항 도출 / 요구사항 분석 / 요구사항 명세 / 요구사항 확인 및 검증
➡ 도둑의 분노는 명확해졌다.

요구사항 검토 기법
동워인

동료 검토 / 워크 스루 / 인스펙션
➡ 동쪽에서 워(war) 일으킨 사람(인)

미들웨어 솔루션 유형
디원메트 레객와

DB 미들웨어 / 원격 프로시저 호출 / 메시지 지향 미들웨어 / 트랜잭션 처리 모니터 / 레거시웨어 / 객체기반 미들웨어 / WAS
➡ 디원 전기 메트를 레드색 객실로 가져와!

2과목 소프트웨어 개발

단위모듈 구현 원리
정분추모

정보은닉 / 분할과 정복 / 추상화 / 모듈 독립성
➡ 정분이 났던 그를 추모하다.

형상 관리 절차
식통감기

형상 식별 / 형상 통제 / 형상 감사 / 형상 기록
➡ 식후 통증 감기

형상관리 도구 기능

인아커

체크인 / 체크아웃 / 커밋

형상관리 도구 사례

CSG

CVS / SVN / Git
➡ MSG 대신 CSG

배포 도구 구성 요소

암키식저 파정크인

암호화 / 키 관리 / 식별 기술 / 저작권 표현 / 암호화 파일 생성 / 정책 관리 / 크랙 방지 / 인증

제품 소프트웨어 패키징 도구 활용 고려사항

암이복최

암호화, 보안 / 이기종 연동 / 복잡성 및 비효율성 문제 / 최적합 암호화 알고리즘 적용
➡ 암표를 팔다 만난 이복형제 최씨

DRM 구성요소

제소분 클콘패 컨보

콘텐츠 제공자 / 콘텐츠 소비자 / 콘텐츠 분배자 / 클리어링 하우스 / DRM 콘텐츠 / 패키저 / DRM 컨트롤러 / 보안 컨테이너

DRM 기술요소

암키식저 파정크인

암호화 / 키 관리 / 식별 기술 / 저작권 표현 / 암호화 파일 생성 / 정책 관리 / 크랙 방지 / 인증

제품 소프트웨어 설치 매뉴얼 구성요소

개파절아 삭버고준

제품 소프트웨어 개요 / 설치 관련 파일 / 설치 절차 / 설치 아이콘 / 삭제 방법 / 설치 버전 및 작성자 / 고객 지원 방법 및 FAQ / 준수 정보 & 제한 보증

SO 9126 품질 특성

기신사효유이

기능성 / 신뢰성 / 사용성 / 효율성 / 유지보수성 / 이식성
➡ 기씨 성을 가진 신사가 부서에서 업무 효율(유)이 제일 높다.

SO/IEC 14598 품질 특성

반재공객

반복성 / 재현성 / 공정성 / 객관성
➡ 살아남은 병사 반이 재공격했지만 객사함

SO 9126 품질 특성

기신사효유이

기능성 / 신뢰성 / 사용성 / 효율성 / 유지보수성 / 이식성
➡ 기씨 성을 가진 신사가 부서에서 업무 효율(유)이 제일 높다.

SO/IEC 25000 구성요소

관모측요평

품질 관리 / 품질 모델 / 품질 측정 / 품질 요구 / 품질 평가

버전관리 도구 유형
공클분
공유 폴더 방식 / 클라이언트/서버 방식 / 분산 저장소 방식
➡ 공대 클럽 분위기가 우울하다.

빌드 자동화 구성요소
CS 빌테커인
CI서버 / SCM / 빌드 도구 / 테스트 도구 / 테스트 커버리지 도구 / 인스펙션 도구

테스트 오라클 종류
참샘휴일
참 오라클 / 샘플링 오라클 / 휴리스틱 오라클 / 일관성 검사 오라클
➡ 참새가 휴일에 쉰다.

테스트 레벨 종류
단통시인
단위 테스트 / 통합 테스트 / 시스템 테스트 / 인수 테스트
➡ 단통법(단말 통신법) 어긴 것을 시인하다.

블랙박스 테스트 유형
동경결상 유분페원비오
동등 분할 / 경계값 분석 / 결정 테이블 / 상태전이 / 유스케이스 / 분류트리 / 페어와이즈 / 원인-결과 그래프 / 비교테스트 / 오류추정

화이트박스 테스트 유형
구결조 조변다 기제데루
구문 / 결정 / 조건 / 조건-결정 / 변경 조건-결정 / 다중 조건 / 기본 경로 커버리지 / 제어 흐름 테스트 / 데이터 흐름 테스트 / 루프 테스트

테스트 목적에 따른 분류
회안성 강 구회병
회복 / 안전 / 성능 / 강도 / 구조 / 회귀 / 병행 테스트
➡ 중국의 회안성 강쪽에 사는 구회병씨

소프트웨어 테스트의 원리
결완초집 살정오
결함이 존재 / 완벽한 테스팅 불가능 / 초기에 테스팅 시작 / 결함집중 / 살충제 패러독스 / 정황에 의존 / 오류 부재의 궤변

테스트 장치 구성요소
드스슈 케시스목
드라이버 / 스텁 / 슈트 / 케이스 / 시나리오 / 스크립트 / 목 오브젝트

하향식/상향식 통합 수행단계
하스 상드
하향식-스텁 / 상향식-드라이버
➡ 하얀스타킹을 상으로 드렸다.

알고리즘 기법
분동탐백
분할과 정복 / 동적계획법 / 탐욕법 / 백트래킹

해싱함수

산곱숫 폴기무

제산법 / 제곱법 / 숫자 분석법 / 폴딩법 / 기수변환법 / 무작위방법

클린 코드의 작성 원칙

가단의 중추

가독성 / 단순성 / 의존성 최소 / 중복성 제거 / 추상화

EAI 구축 유형

포허 메하

포인트 투 포인트 / 허브 엔 스포크 / 메시지 버스 / 하이브리드

◯ 전쟁 중에 포탄 허용을 매주 하나씩 승인함

시큐어 코딩 가이드 적용 대상

입보시 에코캡아

입력데이터 검증 및 표현 / 보안 기능 / 시간 및 상태 / 에러처리 / 코드오류 / 캡슐화 / API오용

◯ 입어본 시원한 에코무늬의 캡(모자) 달린 옷을 아주 싸게 사다.

데이터베이스 암호화 기법 유형

애플하

API 방식 / Plug-in 방식 / Hybrid 방식

◯ 애플(사과) 하나

인터페이스 구현 검증도구

엑스피 엔셀웨

xUnit / STAF / FitNesse / NTAF / Selenium / watir

◯ 윈도우 엑스피는 안살레(엔셀웨)

 3과목 데이터베이스 구축

명령어 종류

정조제

데이터 정의어(DDL) / 데이터 조작어(DML) / 데이터 제어어(DCL)

◯ 조선시대 최고의 왕은 정조제~

DML의 유형

세인업데

SELECT / INSERT / UPDATE / DELETE

◯ 내친구 세인이 집에 업데

SELECT 명령문

셀프 웨 구해오

SELECT / FROM / WHERE / GROUP BY / HAVING / ORDER BY

◯ 셀프 웨이터를 구해오라

INSERT 명령어

인인벨

INSERT INTO / VALUES

UPDATE 명령문

업셋웨

UPDATE / SET / WHERE

DELETE 명령문
델프웨
DELETE / FROM / WHERE

데이터 제어어 기능
보무병회
데이터 보안 / 무결성 유지 / 병행수행 제어 / 회복

GRANT 명령어
그온투
GRANT 권한 ON 테이블 TO 사용자

REVOKE 명령어
그온투
GRANT 권한 ON 테이블 TO 사용자

REVOKE 명령어
리온프
REVOKE 권한 ON 테이블 FROM 사용자

DDL 명령어
크알드트
CREATE / ALTER / DROP / TRUNCATE
➡ 크리스마스를 위한 계란 알 두 트럭

트랜잭션의 특징
ACID
Atomicity / Consistency / Isolation / Durability

병행 제어 기법
로2 낙타다
로킹 / 2PC / 낙관적 검증 / 타임 스탬프 순서 / 다중버전 동시성
➡ 록(로) 콘서트에 2마리의 낙타를 타고 가다.

트랜잭션의 상태
활부완실철
활동 / 부분완료 / 완료 / 실패 / 철회 상태
➡ 이번달 할부(활부)금 완전 싫죠~(완실철)

TCL 명령어
커롤체
커밋 / 롤백 / 체크 포인트

집합 연산자 유형
유유인마
유니온 / 유니온올 / 인터섹션 / 마이너스
➡ 유유상종이다 인마!

논리적 조인 유형
내외교셀
내부 조인 / 외부 조인 / 교차 조인 / 셀프 조인

일반 집합 연산
합교차카
합집합 / 교집합 / 차집합 / 카티션 프로덕트

순수 관계 연산자
셀프조디
셀렉트 / 프로젝트 / 조인 / 디비전

관계대수와 관계해석
대절해비
관계 대수는 절차적 언어 / 관계 해석은 비절차적 언어

데이터 모델에 표시해야 할 요소
구연제
구조(Structure) / 연산(Operation) / 제약조건(Constraint)

데이터 모델링 절차
요개논물
요구조건 분석 / 개념적 설계 / 논리적 설계 / 물리적 설계
- 요괴(개)의 눈(논)물

개체-관계 모델 구성요소
개속관
개체 / 속성 / 관계
- 개속 관계를 유지하자

이상현상
삽삭갱
삽입이상 / 삭제이상 / 갱신이상
- 삽살개(삽삭갱)

정규화 단계
원부이 결다조
원자화(1) / 부분 함수 종속 제거(2) / 이행 함수 종속 제거(3) / 결정자 함수 종속(BCNF) / 다치 종속성 제거(4) / 조인 종속성 제거(5NF)

스토리지 구성
다나스
DAS / NAS / SAN
- 아팠는데 다나스(다 나았음)

분산 데이터베이스 구성
전분할지
전역 스키마 / 분할 스키마 / 할당 스키마 / 지역 스키마
- 전을 못 먹으면 얼마나 분할지 모르겠다.

분산 데이터베이스 투명성
위 복병 분장
위치 투명성 / 복제 투명성 / 병행 투명성 / 분할 투명성 / 장애 투명성
- 위나라의 복병이 분장을 하고 침투했다.

파티셔닝 유형
레해리컴라
레인지 파티셔닝 / 해시 파티셔닝 / 리스트 파티셔닝 / 컴포지트 파티셔닝 / 라운드로빈

빌드 도구
그래임마
Gradle / Maven / Ant
- 이거 먹어도 돼요? 그래 임마

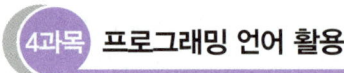 **4과목 프로그래밍 언어 활용**

개발 도구의 분류
빌구테형
빌드 도구 / 구현 도구 / 테스트 도구 / 형상관리 도구
◑ 탐관오리가 잘못을 빌구 태형(테형)을 당했다.

프레임워크의 특징
모재확역
모듈화 / 재사용성 / 확장성 / 제어의 역행
◑ 모든 재화를 확실하게 역으로 옮김

배치 프로그램의 유형
이온정
이벤트 배치 / 온디맨드 배치 / 정기배치
◑ 이온정수기

연산자 우선순위
증산시 관비 논삼대
증감 연산자 / 산술 연산자 / 시프트 연산자 / 관계 연산자 / 비트 연산자 / 논리 연산자 / 삼항 연산자 / 대입 연산자
◑ 증산 시장에서 관노비들이 논을 산대

예외처리 구성
쓰트캐
쓰로우 / 트라이 / 캐치
◑ 쓰다고 트집잡힌 케익

운영체제의 제어 프로그램 종류
제감작데
제어 프로그램 (감시 프로그램 / 작업 제어 프로그램 / 데이터 관리 프로그램)

윈도우즈 계열 운영체제 특징
지선자 오
그래픽 사용자 인터페이스(GUI) 제공 / 선점형 멀티태스킹 방식 제공 / 자동감지 기능(Plug and Play) 제공 / OLE 사용
◑ 지선자씨의 오빠

유닉스 계열 운영체제 특징
대작 사이계
대화식 운영체제 기능 제공 / 다중 작업 기능 제공 / 다중 사용자 기능 제공 / 이식성 제공 / 계층적 트리 구조 파일 시스템 제공
◑ 대다수는 사이다를 계속 좋아한다.

메모리 관리 기법의 종류
반배할교
반입기법 / 배치기법 / 할당기법 / 교체기법
◑ 반 배치 때 할배 교감 오심

배치기법의 유형
초적악
최초 적합(First fit) / 최적 적합(Best fit) / 최악 적합(Worst-fit)
◑ 초저각(초적악) Shot

지역성의 유형
시공순
시간 지역성 / 공간 지역성 / 순차 지역성

프로세스 상태
생준 실대완
생성 상태 / 준비 상태 / 실행 상태 / 대기 상태 / 완료 상태
➡ 생존 준비를 위한 실행을 위해 대두와 완두콩을 준비

PCB 구성요소
프상카레 스계입메
PID(프로세스 식별자) / 프로세스 상태 / 프로그램 카운트 / 레지스터 저장 영역 / 프로세서 스케줄링 정보 / 계정 정보 / 입출력 상태 정보 / 메모리 관리 정보
➡ 프로 상차림을 위해 카레와 스시계통의 음식과 입맛 돋는 메실 준비

선점 스케줄링 알고리즘
SMMR
SRT / MLQ / MLFQ / RR
➡ Show Me the Money 다음 Round에 진출!

비선점 스케줄링 알고리즘
우기 HFS
우선순위 / 기한부 / HRN / FCFS / SJF
➡ 우리 기업은 홈 패밀리 서비스(HFS)를 제공한다.

HRN 우선순위 공식
대서서
{(대기 시간 + 서비스 시간)} / (서비스 시간)

반환시간 및 대기시간 계산 방법
반종도 대반서
반환시간=종료시간 − 도착시간 / 대기시간=반환시간 − 서비스 시간

교착상태 발생 조건
상점비환
상호배제 / 점유와 대기 / 비선점 / 환형 대기

교착상태 해결방법
예회발복
예방 / 회피 / 발견 / 복구

원거리 통신망(WAN) 연결 기술
전회패
전용 회선 방식 / 회선 교환 방식 / 패킷 교환 방식
➡ 기사시험 전회 차에 패스하지 못했다.

프로토콜의 기본요소
구의타
구문 / 의미 / 타이밍
➡ 구의역에서 택시를 타다.

OSI 7계층
아파서 티내다, 피나다
Application(7) / Presentation(6) / Session(5) / Transport(4) / Network(3) / Data Link(2) / Physical(1)
➡ 아파서 사람들에게 티냈는데, 피까지 났다.

자동반복 요청 방식(ARQ)의 종류
스고셀
Stop-and-wait ARQ 방식 / Go-back-N ARQ 방식 / Selective repeat ARQ 방식

IPv4 헤더 구조
버헤타토 아플프 타플해 소데
Version / Header Length / Type of Service / Total length / Identification / Flag / Fragment Offset / Time To Live / Protocol / Header checksum / Source address / Destination Address

IPv6 헤더 구조
버트플 페넥홉 소데
Version / Traffic Class / Flow Label / Payload length / Next header / Hop limit / Source address / Destination address

IPv4의 전송방식
유멀브
유니캐스트 / 멀티캐스트 / 브로드 캐스트

IPv6의 전송방식
유멀애
유니캐스트 / 멀티캐스트 / 애니캐스트

IPv4에서 IPv6로 전환방법
듀터주
듀얼 스택 / 터널링 / 주소변환
- 신망이 두(듀)터운 터주대감

TCP 특징
신연흐혼
신뢰성 보장 / 연결 지향적 특징 / 흐름제어 / 혼잡제어
- 신년(연)에는 교통 흐름이 혼잡하다.

UDP 헤더 구조
소데 랭체
Source Port Number / Destination Port Number / UDP length / UDP Checksum

5과목 정보시스템 구축관리

소프트웨어 개발 생명주기 단계별 보안 활동
요설구테유
요구사항 분석 단계 / 설계 단계 / 구현 단계 / 테스트 단계 / 유지보수 단계
- 요망한 혀(요설)가 구태(테)의연하다.

소프트웨어 생명주기 모델 종류
폭프나반
폭포수 모델 / 프로토타이핑 모델 / 나선형 모델 / 반복적 모델

나선형 모델 절차
계위개고
계획 및 정의 / 위험 분석 / 개발 / 고객 평가
- 닭고기(계) 위와 개고기가 맛있는 집

소프트웨어 개발 방법론 종류
구정객컴 애제
구조적 방법론 / 정보공학 방법론 / 객체지향 방법론 / 컴포넌트 기반 방법론 / 애자일 방법론 / 제품 계열 방법론
- 구대 정파가 객잔에 컴컴한 밤에 모여 애제자를 마교로 보내기로 함

요구사항 개발 프로세스
도분명확
도출 / 분석 / 명세 / 확인 및 검증
- 도둑의 분노는 명확해졌다.

요구사항 관리 절차
협기변확
요구사항 협상 / 요구사항 기준선 / 요구사항 변경관리 / 요구사항 확인 및 검증
- 협상에 대한 기준선이 변경되어 확인이 필요

COCOMO의 소프트웨어 개발 유형
오세임
Organic Mode / Semi-Detached Mode / Embedded Mode

ISO/IEC 12207 구성
기조지
기본 공정 / 조직 공정 / 지원 공정
- 기존 정당을 조지다.

CMMI 단계적 표현 모델의 성숙도 레벨
초관 정관최
초기화 / 관리 / 정의 / 정량적 관리 / 최적화

SPICE 프로세스 수행 능력 수준
불수관 확예최
불안정 / 수행 / 관리 / 확립 / 예측 / 최적화
- 불이 나서 수도관이 막혀서 확실한 예비 최적화 수도관을 재 설치함

테일러링 프로세스
정표 상세문
특징 정의 / 표준 프로세스 선정 및 검증 / 상위 커스터마이징 / 세부 커스터마이징 / 문서화
- 사랑의 정표로 상세하게 문신을 새겨줌

테일러링 개발 방법론 기준
목요프구 국법
(내부) 목표환경 / 요구사항 / 프로젝트 특성 / 구성된 능력, (외부) 국제 표준 품질 기준 / 법적 규제
- 목요일에 프로야구는 국법이지!

네트워크 설치 구조(토폴로지) 종류
버트링메성
버스형 / 트리형 / 링형 / 메시형 / 성형
- 버터링(버트링)은 매우 성공한 과자이다.

클라우드 컴퓨팅 분류
사공하
사설 클라우드 / 공용 클라우드 / 하이브리드 클라우드
- 사공이 하나도 없다.

클라우드 서비스 유형
인플소
인프라형 서비스(IaaS) / 플랫폼형 서비스(PaaS) / 소프트웨어형 서비스(SaaS)
- 인플루엔자 소식이 전해진다. 예방 접종 필수!

SDDC 구성요소
컴네스프
SDC(Computing) / SDN(Networking) / SDS(Storage) / 프로비저닝
- 컴퓨터 네 대에 스프를 쏟음

스토리지 장치의 유형
다나스
DAS / NAS / SAN
- 아팠는데 다나스(다 나았음)

NoSQL의 유형
키컬도그
Key-Value Store / Column Family Data Store / Document Store / Graph Store
- Key Color Dog

데이터베이스 보안이 추구하는 3대 요소
SW 개발 보안의 3대 요소
기무가
기밀성 / 무결성 / 가용성
- 군대를 기무사로 가게 된다.

인증기술의 유형
지소생특
지식 기반 / 소지 기반 / 생체 기반 / 특징 기반 인증
- 우리 마을에 지원소가 생겨서 특별해졌다.

접근통제 보호모델
벨기비무
벨-라파듈라 → 기밀성, 비바모델 → 무결성 보장
- 벨기에까지 비행은 무리

2025 1회 정보처리기사 필기 시험 합격 #비전공

안녕하세요. 드디어 여기에 글을 쓸 수 있게 되어서 기쁘네요 :)
저는 오늘 1회 마지막 날 필기 시험을 봤고 85/85/75/70/65로 합격했습니다! 우선 수제비 책을 선택하게 되어서 좋았던 점을 이야기해보고 싶어요.

1. 비전공자도 이해하기 쉽게 잘 설명되어 있어요.

설명의 완급 조절이 너무 잘 되어 있습니다. 공부하는데 딱 한 달의 시간 뿐이었던 저는 사실 모든 내용을 완벽하게 볼 수는 없었는데요. 공부하다보면 '학습 포인트'로 어떤 시각으로 봐야할 지 알려줍니다. 주로 나오는 문제 유형에 맞춰 어떤 방향으로 공부할지 알려주기 때문에 좀 더 효율적으로 공부할 수 있었어요. 가끔은 시간이 부족하다면 넘어가라는 조언도 해줄 때가 있는데, 시간이 많지 않았던 저에게는 놓아줄 부분은 놓아줘야 했기 때문에 도움이 많이 되었습니다.

두음도 처음에는 이게… 뭐지? 했는데 나중에는 유시커상활타… 우논시절통순기… 하면서 두음만 줄줄 외우고 있습니다. ㅎㅎ 용어들이 직관적이지 않아서 두음으로 먼저 종류를 모두 외운 후 각각의 설명을 보는 게 훨씬 이해하기 좋습니다.

2. 카페에 정보가 많고 활성화가 잘 되어 있습니다.

저는 이 부분이 수제비의 독보적인 장점인 것 같아요. 카페에서 도움을 많이 받았습니다. 특히 문제 복원 부분, 시험 하루 전에 정말 유용했어요. 카페 이용하시는 분들이 많기도 하고, 다들 서로 서로 도움 주려고 하기 때문에 많은 정보를 얻을 수 있었어요.

그리고 문제를 풀다가 또는 내용이 이해가 안될 때 카페에 질문을 남기면 정말 빛의 속도로 답변을 남겨주십니다. 최고에요 :)

공부 방법은 [필기 1/2권 1회독]-[필기 기출문제집]-[암기] 이 순서대로 했습니다. 개념 1회독하는데 시간이 꽤 걸렸고, 마지막에는 문제풀이와 오답풀이로 시간을 보냈습니다.

저는 웹 개발자로 공부하고 있는데, 이것 저것 알아보다 정보처리기사 자격증이 이 업계에서 중요하다고 들어서 도전하게 되었어요. 처음엔 마음도 조급하고 괜히 무리했나? 라는 생각도 했지만 결국 해냈네요. 너무 뿌듯합니다.

필기 붙여놓고 실기는 천천히 준비할 계획이었는데, 욕심이 나네요ㅎㅎ 무리하지 않는 선에서 도전해볼까 합니다. 실기까지 잘 부탁드려요 :)

BEST 합격수기 ② 정보처리기사 필기 비전공자 합격 후기 −2025년 2회 시험

95/85/95/75/75로 합격했습니다! 한 달 정도 준비했고 수제비 책+수제비 에듀 인강을 병행했습니다. 독학하기에는 비전공자라서 어려운 개념이 많아 인강으로 학습했는데 인강 비용 그 이상 뽕 뽑았습니다!

1회독은 책+인강으로 학습했고, 2회독은 인강 전체 수강 후 책으로만 복습하였습니다. 3회독은 인강 2배속으로 들으며 5일동안 5과목 복습 학습했습니다. 그리고 두음법칙은 진짜 마법이에요 ㅋㅋㅋ 시험장 가면 그냥 술술술 생각이 절로 납니다. 시험 체감상 난이도는 '중'으로 느껴졌습니다.

#1, 2, 3과목
어렵다고 느껴진 문제는 거의 없었지만 엥? 이건 처음보는 문젠데?하는 문제에서 틀린 것 같습니다. 기출 출제 비율이 높았고, 지엽적으로 나온 문제는 없다고 느꼈습니다. 3과목은 제일 자신있었는데 한 문제 틀렸네요. 기출 출제 비율이 제일 높았던 과목인거 같습니다.

#4과목
비전공자라서 프로그래밍부분은 진짜 자신 없었고, 기출문제에 나온 문제들만 최소 5번 풀고 시험 보았습니다. 엥 이거 뭐지? 하는 프로그래밍 문제 2문제 정도 있었고 나머지 3~4문제 정도는 기출 풀면 충분히 맞출 수 있는 문제였습니다. 저는 파이썬 문제가 3문제 정도 나왔습니다. 아, 그리고 서브넷 마스크 관련 부분 나왔습니다!

#5과목
제일 걱정했던 부분인데 처음보는 문제 3~4문제 정도되었고 나머지는 기출이나 책에서 한번쯤 읽어본 내용이었습니다. 5과목은 마지막에 복습을 돌려서 그런지 확실하게 숙지하지 못한 부분이 있었는데 그 부분에서 틀린 것 같습니다. 포맷스트링과 레이스 컨디션 나온 페이지 공부하고 가시면 도움이 되실 것 같습니다! 두음 위주로 복습하시고 기출 문제 최소 2회독 이상 하시면 좋은 결과 받을 수 있는 확신이 드는 시험이었습니다!

모두들 수제비와 함께 합격 길만 걸으세요!! 무리하지 않는 선에서 도전해볼까 합니다. 실기까지 잘 부탁드려요 :)